Die Liberalisierung des Gasmarktes in Deutschland

von

Nadja Daniela Klag

Tectum Verlag
Marburg 2003

Klag, Nadja Daniela:
Die Liberalisierung des Gasmarktes in Deutschland
/ von Nadja Daniela Klag
- Marburg : Tectum Verlag, 2003
Zugl: Heidelberg, Univ. Diss. 2002
ISBN 978-3-8288-8457-1

Tectum Verlag
Marburg 2003

„Ich kann freilich nicht sagen, ob es besser wird wenn es anders wird; aber soviel kann ich sagen, es muss anders werden, wenn es gut werden soll."

Georg Christoph Lichtenberg, Physiker (1742-1799)

Für meine Eltern

Für meine Eltern

Inhaltsverzeichnis

1 EINLEITUNG 21
    1.1 ZIEL DER ARBEIT UND THESENFORMULIERUNG 26
    1.2 EIN POLITIKWISSENSCHAFTLICHES DESIDERAT 28
    1.3 AUFBAU UND VORGEHENSWEISE 29
    1.4 THEORETISCHE ANSÄTZE 33
        1.4.1 Die Advocacy-Coalition 35
        1.4.2 Capture-Theory 37
        1.4.3 Policy-Analyse 39
        1.4.4 Weitere Theorien 43
    1.5 UMRECHNUNGSFAKTOREN 44
    1.6 BEGRIFFSDEFINITIONEN 46
        1.6.1 (De-)Regulierung 46
        1.6.2 Liberalisierung 48
        1.6.3 Energiepolitik 49

2 HISTORISCHER EXKURS IN DIE FÜNF PHASEN DEUTSCHER ENERGIEPOLITIK 53
    2.1 ERSTE PHASE (1948/49 – 1957) 55
    2.2 ZWEITE PHASE (1958 – 1972) 56
    2.3 DRITTE PHASE (1973 – 1980) 58
    2.4 VIERTE PHASE (1981 – 1989) 59
    2.5 FÜNFTE PHASE (1990 – 2000) 60
    2.6 FAZIT 62

3 DIE ENTWICKLUNG DES DEUTSCHEN GASMARKTES 63
    3.1 DER PARADIGMENWECHSEL 66
    3.2 ERDGAS ALLGEMEIN: DER PRIMÄRENERGIEVERBRAUCH (PEV) 68
        3.2.1 Weltweiter Primärenergieverbrauch und Erdgashandel 68
        3.2.2 Primärenergieverbrauch in Deutschland 72
    3.3 ENTWICKLUNG DER ERDGASNUTZUNG UND DES ENDVERBRAUCHS 73
        3.3.1 Energieprognosen 75
    3.4 ERDGASRESERVEN 77
        3.4.1 Weltweite Reserven 77
        3.4.2 Der europäische Erdgasmarkt – Reserven und Preise 80
    3.5 ZUSAMMENFASSUNG – PRODUKTION UND VERBRAUCH 83

4 TECHNISCHE BEGRIFFSKLÄRUNG 85
    4.1 ENTSTEHUNG VON GAS UND VON ERDGASLAGERSTÄTTEN 85
    4.2 ZUSAMMENSETZUNG VON GAS UND SEINE QUALITÄT 86

4.3 DER FAKTOR UMWELT.. 89
4.4 GASGEWINNUNG (EXPLORATION UND PRODUKTION)............................ 93
4.5 GEOGRAPHISCHE ASPEKTE UND INVESTITIONEN IN DEUTSCHLAND........... 94
4.6 BOHRTECHNIKEN 95
4.7 FLÜSSIGER UND GASFÖRMIGER TRANSPORT.. 97
   4.7.1 Liquefied Natural Gas (LNG) *98*
   4.7.2 Pipelinetransport... *100*
4.8 LEITUNGEN UND VERDICHTERSTATIONEN.. 100
4.9 IMPORTE UND SPEICHER... 103

**5 INSTITUTIONELLE UND WIRTSCHAFTLICHE STRUKTUR
DER GASWIRTSCHAFT** **107**

5.1 DIE ENERGIEWIRTSCHAFT.. 107
   5.1.1 Energiewirtschaft weltweit... *107*
   5.1.2 Die (Energie-)Wirtschaft in Deutschland *109*
5.2 DIE ERDGASWIRTSCHAFT IN DEUTSCHLAND 114
   5.2.1 Produktion und Import... *115*
   Importe aus Russland 119
   Importe aus Norwegen 120
   Importe aus den Niederlanden.. 121
   Importe aus Dänemark 121
   Importe aus Großbritannien.. 122
   5.2.2 Transport und Weiterverteilung... *123*
   5.2.3 Die Endverbraucherstufe *123*
5.3 DIE ÖLPREISBINDUNG 126
   5.3.1 Woher kommt die Ölpreisbindung? *126*
   5.3.2 Für und Wider Ölpreisbindung... *127*
   5.3.3 Verlauf der Rohölpreise im Jahr 2000.................................... *132*

6 DIE FERNGASGESELLSCHAFTEN IN DEUTSCHLAND **135**

6.1 AVACON AG, HELMSTEDT.. 137
6.2 BAYERNGAS GMBH, MÜNCHEN.. 140
6.3 BEB ERDÖL-ERDGAS GMBH, HANNOVER... 142
6.4 EWE AG, OLDENBURG 145
6.5 ERDGAS MÜNSTER, MÜNSTER 147
6.6 ERDGASVERSORGUNGSGESELLSCHAFT THÜRINGEN-SACHSEN MBH,
ERFURT.. 149
6.7 FERNGAS NORDBAYERN, NÜRNBERG.. 150
6.8 GAS-UNION GMBH, FRANKFURT 152
6.9 GASVERSORGUNG SÜDDEUTSCHLAND GMBH (GVS), STUTTGART 154
6.10 MOBIL ERDGAS-ERDÖL GMBH, HAMBURG 156

6.11 RUHRGAS AG, ESSEN 158
6.12 RWE-GAS, ESSEN 162
6.13 SAARFERNGAS AG, SAARBRÜCKEN 165
6.14 THYSSENGAS GMBH, DUISBURG 167
6.15 VERBUNDNETZ GAS AG, LEIPZIG 169
6.16 WINTERSHALL AG, KASSEL 171
6.17 ZUSAMMENFASSUNG 175

7 VERFLECHTUNGEN DER DEUTSCHEN ENERGIEWIRTSCHAFT.. 179

7.1 DIE BETEILIGUNGEN DER GASWIRTSCHAFT 179
  7.1.1 Die Ruhrgas AG.. 181
  Die RAG und Gelsenberg GmbH.. 182
  Die Beteiligungen der Ruhrgas AG an Stadtwerken.................. 185
  Beteiligungen der Ruhrgas an ausländischen Energieunternehmen 186
7.2 DIE STADTWERKE 186
7.3 EXKURS IN DIE VERFLECHTUNGEN DER STROMWIRTSCHAFT 189
  7.3.1 VEAG.. 189
  7.3.2 Contigas und Thüga.. 190
  7.3.3 Energieverbund: HEW, Bewag, Laubag und VEAG 192
  7.3.4 Aufstieg und Fall des Energiekonzerns Enron 195

8 SONDERKAPITEL: GROßFUSIONEN 199

8.1 UMSATZSTÄRKSTE (ENERGIE-)UNTERNEHMEN IN DEUTSCHLAND........... 199
8.2 E.ON... 200
  8.2.1 Viag und Veba werden E.ON... 200
  Kurze Unternehmensgeschichte von Veba 200
  Kurze Unternehmensgeschichte von Viag 201
  Beteiligungen von Veba und Viag im Gasbereich..................... 201
  8.2.2 Aktuelle Zahlen und Fakten bei E.ON 202
  8.2.3 E.ON und BP.. 204
  8.2.4 Die Beteiligungen der E.ON AG an Ruhrgas 206
  Standpunkt des Bundeskartellamtes... 207
  Standpunkt der Regierung... 209
  8.2.5 Ministerentscheid im Falle E.ON/Ruhrgas..................... 210
  8.2.6 Klage vor Oberlandesgericht.. 211
  8.2.7 E.ON und seine Beteiligungen an ausländischen Energieunternehmen... 212
  8.2.8 E.ON und das Wassergeschäft... 213
8.3 DER RWE-KONZERN 214
  8.3.1 RWE und VEW 214
  Die Bedenken des Bundeskartellamtes gegen die Fusion RWE und VEW 214

Verschmelzung der WGF auf die WFG 215
8.3.2   RWE-DEA und Shell 216
Für und Wider der Fusion Shell-DEA.. 217
8.3.3   RWE-Beteiligung an Thyssengas 217
8.3.4   RWE und seine Auslandsbeteiligungen............................. 218
8.3.5   RWE und das Wassergeschäft... 219
8.4   DIE AUFGABENFELDER DER FGGS IN DEUTSCHLAND............................ 220

9   DIE ROLLE DER POLITIK IM LIBERALISIERUNGSPROZESS..... 223
9.1   DIE ENERGIEKONSENSGESPRÄCHE... 223
9.1.1   Energiekonsens Gespräche – die Vorgeschichte............... 223
9.1.2   Verlauf der Energiekonsensgespräche 227
9.1.3   Die Zeit nach den Energiekonsens-Gesprächen............... 228
9.1.4   Fazit: Politikwissenschaftliche Bedingungen für erfolgreiche
Konsensgespräche... 229
9.1.5   Zeittafel der Konsensgespräche.. 232
9.2   DER ENERGIEDIALOG 2000 234
9.2.1   Die Initiatoren und Teilnehmer... 237
9.2.2   Auftakt und Verlauf des Energiedialogs 2000................... 238
9.2.3   Das Ergebnis... 240
9.2.4   Die Leitlinien – der Konsens... 242
9.2.5   Zeittafel des Energiedialogs 2000 245

10   RECHTLICHE RAHMENBEDINGUNGEN UND AUSGANGS-
SITUATION 247
10.1   ENWG 248
10.1.1   Der lange Weg zur Neuregelung des EnWG..................... 248
10.1.2   Die Klage gegen das neue EnWG 249
10.1.3   Inhalt und Bedeutung des neuen EnWG von 1998 254
10.1.4   Vorgeschichte zur Novellierung des EnWG von 1998....... 260
10.1.5   Die Öffentliche Anhörung des Ausschusses für Wirtschaft und
Technologie des Deutschen Bundestages 262
10.1.6   Inhaltliche Schwerpunkte der Anhörung und Forderungen der
Experten 263
Stärkung der bestehenden Wettbewerbsaufsicht............................ 263
Regulierungsbehörde und Netzzugangsverordnung 264
Das „Unbundling"... 265
Zugang zu den Gasspeichern.. 266
Sonstige Themen 266
10.1.7   Novellierung des EnWG im Jahr 2002 268
10.2   GWB UND KARTELLRECHT 271

10.2.1   Wettbewerb im Allgemeinen.. 271
10.2.2   Weitere Begriffsdefinitionen: Kartelle und Fusionen...................... 272
10.2.3   Das Gesetz gegen Wettbewerbsbeschränkungen (GWB)................. 272
10.2.4   Wettbewerbsbehörden.. 274
10.2.5   Unabhängigkeit des Bundeskartellamtes................................... 275
10.2.6   Die Ministererlaubnis 276
10.3   EU-BINNENMARKTRICHTLINIE ERDGAS 279
10.3.1   Inhalt der EU-Binnenmarktrichtlinie Erdgas............................. 280
10.3.2   Mangelnde Umsetzung der Richtlinie in den Mitgliedstaaten.......... 284
Allgemeine Kritikpunkte der EU-Kommission 284
Kritik der EU-Kommission an deutscher (Nicht-) Umsetzung.................. 286
10.3.3   Vorschläge zur Novellierung der EU-Binnenmarktrichtlinie
Erdgas 287

11   EINE VERBÄNDEVEREINBARUNG FÜR ERDGAS....................... 289

11.1   KERNFRAGEN DER GASMARKTLIBERALISIERUNG....................... 289
11.2   RAHMENBEDINGUNGEN EINER VERBÄNDEVEREINBARUNG FÜR ERDGAS .. 292
11.2.1   Unterschiede zwischen Gas und Strom.................................... 293
Kurzer historischer Stromexkurs... 293
Technische Unterschiede zwischen den Produkten Strom und Gas 298
Aufkommens- und Transportsituation im Gas- und Stromsektor.............. 300
Weitere Unterschiede und Zusammenfassung...................................... 300
11.2.2   Technisch-wirtschaftliche Grundvoraussetzungen für die
Verbändevereinbarung 302
Die Stromverbändevereinbarungen als „Muster" für die
Verbändevereinbarung Gas? 302
Struktur des Erdgastransports in Deutschland 303
Bedeutung des Druckverlaufs für den Erdgastransport 303
Grundüberlegungen zur Auslegung von Erdgastransportleitungen 304
Die maßgeblichen Investitionsanteile beim Leitungsbau 304
Leitungskapazität und entstehende Kosten... 305
Transportfragen und die Verbändevereinbarung................................... 306
Durchleitung aus Sicht der Betreiber 307
11.2.3   Zusammenfassung.. 308
11.3   DAS RINGEN UM EINE VERBÄNDEVEREINBARUNG FÜR GAS 308
11.3.1   Die Rolle der Verbände im Liberalisierungsprozess in
Deutschland 308
DVGW (Deutscher Verein des Gas- und Wasserfachs e.V.)................... 309
FIGAWA (Bundesvereinigung der Firmen im Gas- und Wasserfach e.V.) 310
W.E.G. (Wirtschaftsverband Erdöl- und Erdgasgewinnung e.V.)............. 311
BGW (Bundesverband der deutschen Gas- und Wasserwirtschaft) 311
VKU (Verband kommunaler Unternehmen).. 312
BDI (Bundesverband der Deutschen Industrie) 313

VIK (Verband der industriellen Kraftwirtschaft)..................................... 313
VEA (Bundesverband der Energie-Abnehmer) 314
RWI (Rheinisch-Westfälisches Institut für Wirtschaftsforschung) 314
EFET (European Federation of Energy Traders) 315
11.3.2 Die erste Verbändevereinbarung für Erdgas (Juli 2000)............... 316
Kritik an der ersten Verbändevereinbarung Gas 319
*11.3.3 Der erste Nachtrag zur Verbändevereinbarung Erdgas
(März 2001)* 320
Kritik am ersten Nachtrag der Verbändevereinbarung Erdgas 321
*11.3.4 Der zweite Nachtrag zur Verbändevereinbarung Erdgas
(September 2001)*.. 322
Kritik am zweiten Nachtrag der Verbändevereinbarung Erdgas 323
11.3.5 Die zweite Verbändevereinbarung für Erdgas (Mai 2002) 324
Kritik an der zweiten Verbändevereinbarung für Gas 325
11.4 ROLLE UND SICHTWEISE DER BUNDESKARTELLBEHÖRDE...................... 326
11.4.1 Abgrenzung zwischen Bundeskartellamt und EU-Kommission........ 326
Aufgabenverteilung zwischen Bonn und Brüssel 327
Fälle und Entscheidungen des Bundeskartellamtes 327
11.4.2 Bewertung von Marktliberalisierungen...................................... 329
Energiemarkt: Strom 329
Energiemarkt: Gas... 330
Post, Telekommunikation und Bahn 331
11.4.3 Fazit.. 332

**12 DEUTSCHLAND ZWISCHEN LIBERALISIERUNG UND
REGULIERUNG** **333**

12.1 BEISPIELE REGULIERTER MÄRKTE 333
12.2 REAKTION DER POLITIK AUF DIE GASMARKTLIBERALISIERUNG 335
12.3 AUSSAGEN DER BUNDESREGIERUNG ZUR STAATLICHEN REGULIERUNG ... 336
12.4 LIBERALISIERUNG UND VERÄNDERUNGEN – ERFAHRUNGEN ANDERER
LÄNDER.. 339
12.5 DER BLICK ÜBER DIE LANDESGRENZE 342
12.5.1 Die Niederlande 347
12.5.2 Frankreich.. 351
12.5.3 Großbritannien... 352
12.5.4 USA... 356
12.5.5 Zusammenfassung 359

13 SCHLUSS.. **363**

14 LITERATURLISTE **369**

15   ANHANG **387**

15.1   MITGLIEDER DER STEUERUNGSGRUPPE DES ENERGIEDIALOGS 2000 387

15.2   GESETZ GEGEN WETTBEWERBSBESCHRÄNKUNGEN (GWB)
VOM 1. JANUAR 1999 389

15.3   GESETZ ZUR NEUREGELUNG DES ENERGIEWIRTSCHAFTSRECHTS (ENWG)
VOM 24. APRIL 1998 394

15.4   ENTWURF VOM 4. DEZEMBER 2000 FÜR EIN ERSTES GESETZ ZUR ÄNDERUNG
DES GESETZES ZUR NEUREGELUNG DES ENERGIEWIRTSCHAFTSRECHTS.............. 401

15.5   VERBÄNDEVEREINBARUNG FÜR ERDGAS VOM 4. JULI 2000 401

15.6   ERSTER NACHTRAG VOM 15. MÄRZ 2001 ZUR VERBÄNDEVEREIN
BARUNG FÜR ERDGAS... 410

15.7   ZWEITER NACHTRAG VOM 21. SEPTEMBER 2001 ZUR VERBÄNDEVEREIN-
BARUNG FÜR ERDGAS... 417

15.8   AUSZÜGE AUS DER EU-RICHTLINIE FÜR ERDGAS VOM 22. JUNI 1998 418

Tabellen- und Abbildungsverzeichnis

Tabellen:

TABELLE 1: DIE JEWEILS FÜNF GRÖßTEN ERDGASERZEUGER, ERDGASEXPORTEURE, -IMPORTEURE UND DIE FÜNF LÄNDER MIT DEM HÖCHSTEN PRO KOPF PEV 22

TABELLE 2: GESETZLICHE UND GEBRÄUCHLICHE UMRECHNUNGSFAKTOREN FÜR ENERGIEEINHEITEN 46

TABELLE 3: PRIMÄRENERGIEVERBRAUCH IN DER BUNDESREPUBLIK DEUTSCHLAND 1950-96 NACH ENERGIETRÄGERN (ANGABEN IN PJ) 54

TABELLE 4: ERDGASFÖRDERUNG UND –REICHWEITE (R/A) 2000 84

TABELLE 5: ERDGASVERBRAUCH 2000 84

TABELLE 6: STOFFLICHE EIGENSCHAFTEN VERSCHIEDENER GASSORTEN (BRENN-STOFFEIGENSCHAFTEN IM LIEFER- BZW. VERWENDUNGSZUSTAND). BESTANDTEILE IN VOLUMEN-PROZENT 87

TABELLE 7: KENNDATEN DER DEUTSCHEN ERDGASSPEICHERUNG 104

TABELLE 8: ARBEITSGASVOLUMEN UND ANZAHL DER SPEICHER IM INTERNATIO-NALEN VERGLEICH 105

TABELLE 9: ECKDATEN DER WIRTSCHAFTSENTWICKLUNG IN DEUTSCHLAND 109

TABELLE 10: GASPREISE FÜR DIE INDUSTRIE (OHNE STEUERN) IN EURO: 112

TABELLE 11: GASPREISE FÜR DIE HAUSHALTE (OHNE STEUERN) IN EURO: 112

TABELLE 12: ENTWICKLUNG DER NATURGAS-IMPORTE NACH DEUTSCH LAND (IN TJ) 117

TABELLE 13: PROZENTUALE ANTEILE AUSGEWÄHLTER ENERGIETRÄGER AM GESAMTEN PRIMÄRENERGIEVERBRAUCH (PEV) IN DEUTSCHLAND (BIS EINSCHL. 1990 NUR ALTE BUNDESLÄNDER): 124

TABELLE 14: BEHEIZUNGSSTRUKTUR DES WOHNUNGSBESTANDES IN DEUTSCH LAND (BIS EINSCHL. 1990 NUR ALTE BUNDESLÄNDER) IN PROZENT 125

TABELLE 15: PRO UND CONTRA SOWIE MÖGLICHE KOMPROMISSLINIE DER ÖLPREISBINDUNG 132

TABELLE 16: ABSATZ DER FERNGASGESELLSCHAFTEN IM VERGLEICH 1997, 1999 UND 2000 135

TABELLE 17: GASABGABE DER ZEHN GRÖßTEN GVU AN ENDVERBRAUCHER 136

TABELLE 18: GASABGABE DER ZEHN GRÖßTEN GVU AN INDUSTRIEKUNDEN 136

TABELLE 19: BETEILIGUNGEN VON PREUSSENELEKTRA UND BAYERNWERK AN GASANBIETERN 202

TABELLE 20: E.ON ENERGIE UND WICHTIGE BETEILIGUNGEN AM DEUTSCHEN GASMARKT 203

TABELLE 21: E.ON-KONZERN NACH UNTERNEHMENSBEREICHEN 2000 (GERUNDET IN MRD. EURO) 204

TABELLE 22: TÄTIGKEITSFELDER DER FERNGASGESELLSCHAFTEN 221

TABELLE 23: CHRONOLOGIE DES GESETZGEBUNGSVERFAHREN ZUR ENWG-
NEUREGELUNG.. 249
TABELLE 24: LISTE DER SACHVERSTÄNDIGEN... 263
TABELLE 25: BRUTTOSTROMERZEUGUNG IN DEUTSCHLAND NACH ENERGIE
TRÄGERN IN MRD. KWH (IM JAHR 2000) 296
TABELLE 26: STROMGEWINNUNG DURCH VERSCHIEDENE ENERGIETRÄGER.......... 297
TABELLE 27: ERZEUGER, EXPORTEURE UND IMPORTEURE VON STROM................. 298
TABELLE 28: MARKTSTUFEN IN AUSGEWÄHLTEN EUROPÄISCHEN
GASWIRTSCHAFTEN – D, GB, ITL, NL, F, B, ES 346
TABELLE 29: HERKUNFT DES NATURGAS IN DEN NIEDERLANDEN (IN PROZENT).... 348
TABELLE 30: GASEXPORTE AUS DEN NIEDERLANDEN (IN MRD. M³)...................... 350
TABELLE 31: ZAHL DER KUNDEN IN GROßBRITANNIEN, DIE NACH DER MARKT-
ÖFFNUNG ZU EINEM ANDEREN GASVERSORGER GEWECHSELT HABEN............... 354
TABELLE 32: PREISREDUKTIONEN DURCH LIBERALISIERUNG IN DEN USA NACH
FÜNF UND ZEHN JAHREN (IN PROZENT) 358

Abbildungen:

ABBILDUNG 1: WELTWEITER PEV NACH ENERGIETRÄGERN (1999)....................... 70
ABBILDUNG 2: PEV NACH ENERGIETRÄGERN FÜR DIE BUNDESREPUBLIK
DEUTSCHLAND (2001) 72
ABBILDUNG 3: ENTWICKLUNG DER ENERGIEBEDINGTEN KOHLENDIOXID
EMISSIONEN IN DEUTSCHLAND... 91
ABBILDUNG 4: GASVERBRAUCH DEUTSCHLANDS (2000) NACH SEKTOREN
AUFGETEILT 126
ABBILDUNG 5: ENTWICKLUNG DER HEIZÖL- UND GASPREISE IN DEUTSCHLAND
VON OKTOBER 1997 BIS OKTOBER 2001 129
ABBILDUNG 6: AKTIONÄRSSTRUKTUR DER FERNGAS NORDBAYERN 151
ABBILDUNG 7: ENERGIEBETEILIGUNGEN DER RUHRGAS AG IM INLAND 181
ABBILDUNG 8: ANTEILSEIGNER DER RUHRGAS AG, ESSEN 182
ABBILDUNG 9: ANTEILSEIGNER DER RAG AG 185
ABBILDUNG 10: DAS THÜGA-NETZWERK.. 192
ABBILDUNG 11: VERFLECHTUNG DER ANTEILSEIGNER VON BEWAG, LAUBAG,
VEAG UND HEW (STAND: DEZEMBER 2001)... 194
ABBILDUNG 12: GRAFIK ZUM FALL E.ON. RUHRGAS 209
ABBILDUNG 13:VERGLEICH NETZZUGANGSENTGELTE GAS FÜR DIE
ÜBERREGIONALE FERNGASVERSORGUNG (IN PF/KWH H_o):............................ 291
ABBILDUNG 14: VERGLEICH NETZZUGANGSENTGELTE GAS FÜR DIE
REGIONALE FERNGASVERSORGUNG (IN PF/KWH H_o) 290
ABBILDUNG 15: VERGLEICH NETZZUGANGSENTGELTE GAS FÜR DIE
ENDVERTEILUNG (IN PF/KWH H_o)... 291

ABBILDUNG 16: ANTEIL DER ENERGIETRÄGER AN DER BRUTTOSTROM
ERZEUGUNG (2000) IN PROZENT 296
ABBILDUNG 17:ANTEILE DER ENERGIETRÄGER AN DER STROMERZEUGUNG
WELTWEIT 1973 297
ABBILDUNG 18: ANTEILE DER ENERGIETRÄGER AN DER STROMERZEUGUNG
WELTWEIT 1998 297
ABBILDUNG 19: DAS EUROPÄISCHE GASLEITUNGSSYSTEM 343

Abkürzungsverzeichnis

Allgemein:

a	Jahr (lat. „anno")
BDI	Bundesverband der Deutschen Industrie
Bf	Beschwerdeführer/in
BGR	Bundesanstalt für Geowissenschaften und Rohstoffe
BGW	Bundesverband der deutschen Gas- und Wasserwirtschaft
BIP	Bruttoinlandsprodukt
BM	Bundesminister
BMWi	Bundesministerium für Wirtschaft und Technologie
BT	Bundestag
BVerfG	Bundesverfassungsgericht
e. A.	einstweilige Anordnung
EEG	Erneuerbare-Energien-Gesetz
EK	Enquête-Kommission
EURGas	EU-Binnenmarktrichtlinie Erdgas
EURStrom	EU-Binnenmarktrichtlinie für Strom
EVU(s)	Elektrizitätsversorgungsunternehmen
FAZ	Frankfurter Allgemeine Zeitung
FES	Friedrich-Ebert Stiftung
FGG(s)	Ferngasgesellschaft(en)
FGN	Ferngas Nordbayern
GG	Grundgesetz
GVU(s)	Gasversorgungsunternehmen
GVS	Gasversorgung Süddeutschland
HEW	Hamburgische Electricitäts-Werke
KWK	Kraft-Wärme-Kopplung
Laubag	Lausitzer Braunkohle AG
LNG	Liquefied natural gas (Flüssiggas)
NTPA	negotiated third party access
NUP	Non-utility-party
PEV	Primärenergieverbrauch
R	Reichweite
RGE	Ruhrgas Energie Beteiligungs-AG
RTPA	regulated third party access
SKE	Steinkohleeinheiten
VAE	Vereinigte Arabische Emirate
Vb	Verfassungsbeschwerde
VEAG	Vereinigte Energiewerke Aktiengesellschaft
VIK	Verband der industriellen Kraftwirtschaft
VKU	Verband kommunaler Unternehmen
VNG	Verbundnetz Gas AG
VV	Verbändevereinbarung
ZfK	Zeitschrift für kommunale Wirtschaft

Maßeinheiten:

Barrel	163,656 Liter
E	Exa (Trillion)
G	Giga (Milliarde)
hl	Hektoliter
H_O	oberer Heizwert
H_U	unterer Heizwert
k	Kilo (Tausend)
km	Kilometer
kWh	Kilowattstunden
M	Mega (Million)
m^3	Kubikmeter
mbar	Millibar
Mio.	Millionen
Mrd.	Milliarden
P	Peta (Billiarde)
PJ	Petajoule
ROE	Rohöleinheiten
SKE	Steinkohleeinheiten
t	Tonnen
T	Tera (Billion)
TJ	Terajoule

Dank

Vielen Menschen, die mir im Laufe dieser Arbeit eine große Unterstützung und Hilfe waren, gilt mein Dank, weswegen ich ihnen die nachfolgenden Zeilen widmen möchte.

In erste Linie danke ich Professor von Beyme, der sich mir spontan als Doktorvater anbot und damit den entscheidenden Funken zündete. Mit seiner unerschütterlichen Ruhe und seiner Zuversicht in mein Tun hat er mir das notwendige Selbstvertrauen gegeben.

Zum WWW (wichtigsten wissenschaftlichen Wegbegleiter) wurde mir Dr. habil. Lutz Mez, der mir in allen thematischen Fragen mit Rat und Tat beiseite stand und dessen Hilfe ich gar nicht genug betonen kann.

Besonders danken möchte ich auch Dr. Regina Hill für den warmen Empfang im verschneiten Kassel. Ihre spontane Einladung und fundierte Sachkenntnis als „Praktikerin" hat viele Stellen in der Arbeit „wasserdicht" gemacht.

Daneben gab es unzählige sehr gute Telefongespräche mit Mitarbeitern der Ferngasgesellschaften, der Verbände und des BMWi. Ich möchte Ihnen allen für Ihre Zeit und Geduld danken, die Sie mir persönlich im Namen Ihrer Arbeitgeber entgegengebracht haben.

Betriebsblindheit im Laufe eines Dissertationsvorhabens ist ein bekanntes Phänomen. Daher gilt den fleißigen „Lektoren" meine ganze Bewunderung und ich möchte mich von ganzem Herzen bei ihnen allen bedanken für die klugen Anregungen, die Zeit und das Interesse, die sie meiner Arbeit geschenkt haben.

Kommen wir zur „Mischpoche":

Meine Eltern, denen ich diese Doktorarbeit widmen möchte, gehören zu den „Ur-Bewegern" dieser Arbeit. Ihnen gebührt der Dank nicht nur für die vergangenen Dissertationsjahre, sondern für meinen gesamten Bildungsweg.

Dank auch meinem Mann, der die euphorischen wie kellertiefen Momente mitgetragen und mir den Willen, nie aufzugeben, selbst vorgelebt hat.

Nicht zuletzt möchte ich meinem (noch ungeborenen) Sohn danken, der durch sein Auftreten Realitäten schuf indem er die Zeitdimension neu definierte, was uns allen, einschließlich der Dissertation, zugute kam.

Bonn, Februar 2002

1 Einleitung

Ohne Energie gibt es kein Leben und keinen Fortschritt. Seit Beginn der Mensch-
heitsgeschichte war die Energiefrage immer auch (Über-)Lebensfrage schlechthin.

Den längsten Teil unserer Historie hat der Mensch als Jäger- und Sammler ver-
bracht. Energie wurde dabei zunächst weitgehend für die Nahrungsmittelzu-
bereitung genutzt. Mit der „neolithischen Revolution", d. h. dem Übergang zum
Ackerbau vor 12.000 bis 10.000 Jahren, traten zusätzlich mechanische und chemische Energieformen hinzu. Doch das Solarenergiesystem scheiterte schließlich am
Bevölkerungswachstum und der damit verbundenen Flächenknappheit. Ein Zustand, der aus heutiger Sicht als Energieverknappung bezeichnet werden kann (Sie-
ferle, 1997: 27ff).

Der Übergang zum fossilen Energiezeitalter wurde im 18. Jahrhundert mit der Ver-
kokung und der Entwicklung des *Puddle*-Verfahrens (Verhüttung von Eisen auf der
Basis von Steinkohle) eingeleitet und fand seinen Durchbruch mit der Entwicklung
der Dampfmaschine. Problem der industriellen Energienutzung war und ist, dass sie
auf dem Verbrauch fossiler Energieträger beruht, also auf Solarenergie, die während
vieler Jahrtausende in Gestalt von fossilierter Biomasse entstand. Deren einmalig
vorhandener Bestand vermindert sich im Zuge der Nutzung und ist damit irgend-
wann aufgebraucht, bevor sich „Nachschub" bilden kann. Was die Endlichkeit dieses Systems bereits vorwegnimmt.

Energie bedeutet also auf der einen Seite vermehrtes wirtschaftliches Wachstum,
wenn auch kein unbegrenztes. Auf der anderen Seite führt der ansteigende Energieverbrauch zu Umwelt- und Klimaschäden, die ihrerseits wiederum hohe Kosten
verursachen, wenn sie nicht schon irreparablen Schäden angerichtet haben.

Erdöl steht im Jahr 1999 mit 35 Prozent des weltweiten Primärenergieverbrauchs
(PEV) an erster Stelle, gefolgt von Kohle mit 23,5 Prozent und Gas auf Platz drei
mit 20,7 Prozent des durchschnittlichen Verbrauchs (IEA, 2001:6). Das restliche
Fünftel verteilt sich auf Kernenergie, erneuerbare Energien, Wasserkraft und son-
stige Energieträger. Gas wird beim Endverbrauch weltweit größtenteils direkt zur
Wärmeerzeugung genutzt und nur zu 17,1 Prozent in Strom umgewandelt, während
Kohle zu 38,1 Prozent, Kernenergie ähnlich wie Wasserkraft zu 17,2 Prozent bzw.

17,5 Prozent und Öl nur zu 8,5 Prozent zur Stromumwandlung genutzt werden (IEA, 2001:24).

Die Anteile des weltweiten Verbrauchs von 1999, nach Sektoren aufgeteilt, sehen je nach Energieträger sehr unterschiedlich aus. Beim Gas verhält es sich ähnlich wie für den weltweiten Stromverbrauch. Über die Hälfte wird von Haushalten, Kleinverbrauchern und der Landwirtschaft aufgebraucht (Gas: 50,8 Prozent, Strom: 56,3 Prozent). Die Industrie liegt sowohl bei Gas als auch bei Strom an zweiter Stelle mit 43,8 Prozent bzw. 41,9 Prozent. Der Transport verbraucht lediglich 5,4 Prozent des gesamten Gasaufkommens von 45.134 PJ (Zahlen siehe: IEA, 2001:34f). Ganz im Gegensatz zum Öl, das im Transportsektor mit 57,6 Prozent seinen Hauptabnehmer findet. Die Industrie verbraucht hingegen nur 19,7 Prozent der 120.831 PJ. Der Rest teilt sich in nichtenergetischen Verbrauch (6,4 Prozent) und in die „übrigen Sektoren", also Haushalte, Kleinverbraucher und Landwirtschaft (IEA, 2001:33). Kohle wiederum wird zu 78 Prozent von der Industrie abgenommen und verwertet, während die „übrigen Sektoren" (s. o.) die restlichen 22 Prozent (von insgesamt 23.153 PJ) unter sich aufteilen (IEA, 2001:32).

In Tabelle 1 werden die fünf wichtigsten Erdgaserzeuger, die fünf größten Erdgasexporteure, die fünf Länder mit der höchsten Erdgasimportquote und die fünf Länder mit dem höchsten PEV dargestellt. Die Angaben der IEA sind dabei in Millionen Kubikmetern (Mio. m^3) und in Prozenten wiedergegeben. Die des Statistischen Bundesamtes wurden von Millionen Tonnen ROE (pro Kopf) in PJ mit dem Faktor 41,868 umgerechnet (siehe Kapitel 1.5, Seite 44).

Tabelle 1: Die jeweils fünf größten Erdgaserzeuger, Erdgasexporteure, -importeure und die fünf Länder mit dem höchsten pro Kopf PEV

ERZEUGER	in Mio m^3	Anteil in %	EXPORTEUR	in Mio m^3	Anteil in %
Russland	589.484	24,4	Russland	203.408	36,9
USA	531.054	21,9	Kanada	88.589	16,1
Kanada	176.797	7,3	Algerien	55.781	10,1
Großbritannien	104.958	4,3	Norwegen	42.645	7,7
Rest	1.017.415	42,1	Rest	160.476	29,1
Welt (gesamt)	2.420.708	100,0	Welt (gesamt)	550.899	100,0

Quelle: *IEA (1999)* Quelle: *IEA (1999)*

IMPORTEUR	in Mio m³	Anteil in %
USA	89.256	16,4
Deutschland	74.247	13,6
Japan	68.996	12,7
Ukraine	53.549	9,8
Rest	259.212	47,5
Welt (gesamt)	545.260	100,0

Quelle: *IEA (1998)*

PEV PRO KOPF	PJ pro Kopf	Anteil in %
VAE	816,4	k.A.
Singapur	368,4	k.A.
USA	330,8	25,2
Deutschland	173,3	k.A.
China*	31,0	10,6
Welt (gesamt)	356263,2	100,0

Quelle: *Statistisches Bundesamt (2000)*

Erdgas wird wie Tabelle 1 zeigt, zu knapp 60 Prozent von vier Ländern (Russland, den USA, Kanada und Großbritannien) produziert. Größter Exporteur ist ebenfalls Russland, weit vor Kanada, Algerien und Norwegen. Zusammen vertreiben diese Länder 70 Prozent der Exporte weltweit. Die größten Erdgas-Importeure wiederum sind die USA (obwohl sie gleichzeitig an zweiter Stelle der weltweiten Erdgasförderung stehen), Deutschland, gefolgt von Japan und der Ukraine.

Was den PEV im internationalen Vergleich angeht, so gibt die Reihenfolge der in Tabelle 1 aufgeführten Länder kein *Ranking* wieder. Deutschland liegt mit 173,3 PJ pro Einwohner statistisch gesehen, demnach nicht auf Platz vier, sondern auf Platz sieben in Europa.[1] Auf den ersten (europäischen) Plätzen stehen Belgien und Luxemburg (je 238,6 PJ), die Niederlande (226,0 PJ), Schweden (205,2 PJ), Norwegen (196,7 PJ), Finnland (188,4 PJ) und Frankreich (174,6 PJ). Wenngleich die USA größter Energieverbraucher der Welt sind (25 Prozent am weltweiten PEV), liegen sie mit 330,8 PJ pro Einwohner noch weit hinter den VAE, den Vereinigten Arabischen Emiraten (816,4 PJ), Kuwait (in Tabelle 1, Seite 22 nicht aufgeführt mit 401,5 PJ) und Singapur (368,4 PJ).

Bis in die 70er Jahre des 20. Jahrhunderts hinein bestand das Dilemma darin, dass der Energieverbrauch an das Wirtschaftswachstum gekoppelt war (Lindberg, 1977). Heute ist diese „goldene Regel", d. h. die Entkopplung von Primärenergieverbrauch (PEV) und Bruttoinlandsprodukt (BIP), die man seit Mitte der 70er Jahre für

---

[1] Dazu werden in diesem Fall neben den EU-Mitgliedsstaaten noch die Schweiz und Norwegen gezählt (siehe Statistisches Bundesamt 2000).

Deutschland beobachtet,[2] selbst in so genannten Drittweltländern und Schwellen-ländern obsolet. Die ökonomische Bedeutung von Energie als „Arbeitsfaktor" besteht allerdings weiter. Angesichts der Endlichkeit fossiler Ressourcen und effizienter energieschonender Technologien steht die Energieverwendung vor einem Umbruch. Zweck und Ziel aller Bemühungen um Verwendung und Einsparung ist nur eines: der Preis. Je höher die Energiepreise in einem Land, desto größere Schwierigkeiten haben insbesondere energieintensive Industrien kostengünstig, d. h. somit wettbewerbsfähig zu produzieren.[3] Wie die Arbeit anhand unabhängiger Studien (z. B. der IEA) an anderer Stelle noch zeigt, wird der Gasmarkt in Deutschland und weiteren Industrieländern in Zukunft wachsende Bedeutung erlangen und sich auch gegen die fossilen Konkurrenzenergien (Kernkraft, Erdöl, Stein- und Braunkohle) durchsetzen. Zumal sich derzeit die politischen und rechtlichen Rahmenbedingungen in Europa, durch Vorgaben der EU-Kommission in Brüssel (EU-Binnenmarkt-richtlinien für Elektrizität und Erdgas, s. u.) in einigen Ländern, darunter auch Deutschland, erheblich verändern. Einstige Branchenmonopole leitungsgebundener Energien, Telekommunikation, Post- und Bahn müssen nach den Beschlüssen aus Brüssel aufgelöst werden. Ehemalige Staatsunternehmen werden aus diesem Grund privatisiert und die Märkte liberalisiert.

An dieser Stelle setzt die vorliegende Arbeit ein. Mit Blick auf die Ferngasstufe in Deutschland soll die Situation nach dem Inkrafttreten der EU-Binnenmarktricht-linien für Strom und Gas[4] historisch umrissen und in seiner politischen, rechtlichen und vor allem wirtschaftlichen Bedeutung wiedergegeben werden. Mit Hilfe der Liberalisierungs-Erfahrungen in anderen Sektoren (z. B. dem Elektrizitätsmarkt)

---

[2] Siehe: Zeitschrift Brennstoff-Wärme-Kraft (BWK), Bd. 53 (2001), Nr.4 -April, Seiten 9197.

[3] Abgesehen von einigen wenigen Ausnahmen wie z. B. Japan. Denn trotz starker Energieimport-abhängigkeit und dementsprechend hohen Preisen (siehe 3.2., Seite 68), ist selbst die energie-intensive Industrie Japans wettbewerbsfähig auf dem Weltmarkt.

[4] Richtlinie 98/30/EG des Europäischen Parlaments und des Rates vom 22. Juni 1998 betreffend gemeinsame Vorschriften für den Erdgasbinnenmarkt; Amtsblatt der EG, Nr. L 204 vom 21. Juli 1998, Seite 1 sowie die Richtlinie 96/92/EG des Europäischen Parlaments und des Rates vom 19. Dezember 1996 betreffend gemeinsame Vorschriften für den Elektrizitätsbinnenmarkt; Amts-blatt der EG, Nr. L 027 vom 30. Januar 1997, Seite 20.

und in anderen Ländern wird angesichts des noch nicht abgeschlossenen Prozesses ein denkbares Zukunftsszenario für Gas vorgestellt.

In Deutschland haben leitungsgebundene Märkte seit ihrer Entstehung und für viele Jahrzehnte eine traditionell monopolistische Stellung innegehabt. Energiepolitik und Energierecht (z. B. GWB) haben der Versorgungstätigkeit, also Erzeugung, Transport und Endversorgung die Stellung eines „natürlichen Monopols" verliehen und dieses gefestigt.[5] Im Zuge der Liberalisierung und Deregulierung der deutschen Energiebranche im Gesamtkontext eines EU-weiten Energiebinnenmarktes kommen vielfältige strategische Neuanforderungen auf die Elektrizitäts- und Gaswirtschaft zu, die im Rahmen einer Neuorientierung kontinuierlichen Veränderungen unterliegen.

Die Öffnung der nationalen Energiemärkte und die Zulassung eines freien Wettbewerbs beinhalten in verstärktem Maße einen grenzüberschreitenden Substitutionswettbewerb unter den Energieträgern und auch den Energieversorgungsunternehmen.

Der Kernpunkt der Strom- und Gasrichtlinie, freien Wettbewerb auf dem Energiesektor zu erreichen, stellt alle Energieversorgungsunternehmen vor eine ernstzunehmende Herausforderung. Die veränderten Rahmenbedingungen erfordern Anstrengungen insbesondere im Hinblick auf ein gesteigertes Kostenbewusstsein und eine straffe Organisation zur Unterstützung langfristiger Rahmenvorgaben durch geeignete Handlungsparameter und -richtlinien.

In den anglo-amerikanischen Ländern sind erste Liberalisierungsansätze, die nicht einfach mit Deregulierung gleichgesetzt werden können, bereits in den 70er und 80er Jahren des 20. Jahrhunderts zu finden. Gleichzeitig haben Länder wie Großbritannien und die USA die Erfahrung gemacht,

> „daß eine Liberalisierung beispielsweise von Strommärkten, die auf eine gehaltvolle Verbraucherfreiheit abzielt und die Imperative einer dauerhaft-umweltge-

---

[5] Ein natürliches Monopol liegt vor, wenn die Kosten jeder im relevanten Bereich der Nachfrage liegenden Leistungserstellung dann minimiert werden, wenn das Leistungsangebot in der Hand eines Unternehmens konzentriert wird. Soll heißen: die Gesamtkosten der Bereitstellung (von Teilmengen) eines Gutes durch mehrere Anbieter sind höher als die Kosten der Bereitstellung der Gesamtmenge durch nur einen Anbieter. Siehe auch: Knieps (2001), Kapitel 4, Seiten 67-77.

rechten Energiepolitik berücksichtigt, schon wegen des fortwährenden Transportmonopols einer regulativen Marktorganisation bedarf." (Schneider, 1999:5)

Bei der Liberalisierung des Erdgasmarktes drängt sich nun die Frage auf, ob bisherige Erfahrungen beispielsweise aus den erwähnten anglo-amerikanischen Ländern oder auch Erfahrungen, die in Deutschland bei der Liberalisierung des Strommarktes gemacht wurden, nicht ohne weiteres auf den deutschen Gasmarkt übertragen werden können. Hier bietet sich ein Vergleich an, bei dem zwei Aspekte im Vordergrund stehen, für die die vorliegenden Arbeit eine Antwort entwickelt:

1. die natürlichen Unterschiede, die beim Ländervergleich geographischer Natur sind, während es beim Strom-Gas-Vergleich um die wesentlichen Energieeigenschaften geht.

2. die politischen und wirtschaftlichen Dimensionen, sowohl beim Strom-Gas-Vergleich als auch gerade beim Ländervergleich.

Doch eine Klärung dieser Fragen alleine führt noch nicht zum Verständnis wie Wirkungszusammenhänge zwischen Politik und (Gas-)Wirtschaft postuliert werden können. Also: wer mit wem bei welchen Entscheidungsfindungsprozessen im informellen Austausch steht.

Außerdem darf bei der Energieversorgung im Allgemeinen nicht vergessen werden, dass sie als öffentliche Dienstleistung für die Gesellschaft und die Wirtschaft gesehen wird (siehe Kapitel 3.1, Seite 66). Der Staat hat bei der Energieversorgung, die sowohl soziale als auch zunehmend umweltpolitische Aspekte beinhaltet, eine „Gewährleistungsverantwortung" (Schneider, 1999:34) übernommen, der er gerecht werden muss und die er nicht einfach an die Privatwirtschaft weiterreichen kann.

1.1 Ziel der Arbeit und Thesenformulierung

Ziel dieser Arbeit ist es, die Entwicklungen des Liberalisierungsprozesses auf dem deutschen Gasmarkt darzustellen. Dabei steht der wirtschaftswissenschaftliche Aspekt zeitweilig im Vordergrund, da sich die politischen Akteure – in erster Linie vertreten durch den Minister für Wirtschaft und Technologie – durch ihr passiv moderierendes Verhalten weitgehend aus der Entscheidungsfindung heraushalten und die aktive Rolle den Unternehmen und ihren Vertretern überlassen (siehe Kapitel 11, Seite 289). Inwiefern dabei die in dieser Arbeit aufgestellte These gerechtfertigt ist, dass die Gaswirtschaft sich traditionell selber reguliert und auch in einer „liberalisierten Zukunft" nach Autonomie strebt, lässt sich nur bedingt anhand gängiger politikwissenschaftlicher Theorien (siehe Kapitel 1.4 „Theoretische Ansätze") erklären, da diese mehr danach streben

„to explain a fairly general set of phenomena" (Dudley u.a., 2000:124)

und der Dynamik eines noch nicht abgeschlossenen Prozesses eher abwartend gegenüberstehen. Eine genauere Darstellung erhält vor allem der Aspekt der gaswirtschaftlichen Verflechtungen, da diese erst einen Einblick in die traditionell monopolistisch strukturierte Versorgungswirtschaft ermöglichen und damit gleichzeitig die Problematik im Hinblick auf die Gasmarktliberalierung deutlich machen. Diesbezüglich werden die Entscheidungen und Ansichten des Bundeskartellamtes, das sich bislang als neutrale Behörde, um die ihm übertragenen Aufgaben, erwiesen hat, in Kapitel 8 (Seite 199) und ausführlicher in Kapitel 11.4 (Seite 326) wiedergegeben.

Der Fokus der gesamten Arbeit ist auf die Ebene der FGGs gerichtet und berührt die Regional- und Kommunalebene, schon allein der Quantität wegen (auf der Verteilerebene existieren über 600 Gasversorger), nur am Rande, wenn ein direkter und grundsätzlicher Zusammenhang mit der Ferngasstufe besteht (so u. a. in Kapitel 7.2, Seite 186).

Neben dem Auslöser staatlichen Handelns[6] soll auf politischer Ebene dargestellt werden, wie der Prozess um die nationale Liberalisierung der Gasmärkte vonstatten geht, d. h., welche institutionellen und personellen Faktoren dabei eine Rolle spielen, wie viel Druck die geographischen sowie wirtschaftlichen Rahmenbedingungen auf die Entscheidungsträger erzeugen und damit (in-)direkt Einfluss auf politische Entscheidungsprozesse nehmen. Hierzu werden auch noch einmal die nationalen Gesetzestexte sowie die europäische Gasrichtlinie genauer analysiert (Kapitel 10, Seite 247) und zu der Verbändevereinbarung für Gas (VV I Gas) in Bezug

---

[6] In diesem Fall waren die Richtlinien der EU-Kommission zur Strom- und Gasmarkliberalisierung wichtigste Determinanten des Agenda-Setting.

gebracht (Kapitel 11, Seite 289). Dazu ist eine genauere Betrachtung des Energieträgers Strom erforderlich, der eine immer stärkere Verflechtung u. a. zum Gasmarkt aufweist und auch hinsichtlich der Liberalisierung großen Einfluss auf den gesamten Energiebereich ausübt.

1.2 Ein politikwissenschaftliches Desiderat

Was den Stand der Forschung bei der Liberalisierung der Strom- und Gasmärkte angeht, so beschränkt sich die Literatur – beim Gas noch eher als beim Strom – angesichts der derzeitigen Aktualität des Themas weitgehend auf Artikel und Gutachten, mit Forschungsansätzen, die sich durch einen hohen Grad der Spezialisierung auszeichnen. Eine wechselseitige inhaltliche Ergänzung der Untersuchungen ist allerdings kaum zu verzeichnen, sie stehen vielmehr zusammenhangslos nebeneinander (d. h., es findet keine *„cumulative knowledge extension"* statt, wie Feick und Jann[7] den Zustand in anderem Zusammenhang bezeichnen).

In der Regel sind Energiepolitikanalysen komparativ und qualitativ angelegt.[8] Wenige Länder (vorwiegend die USA und einzelne Staaten der Europäischen Union) werden miteinander verglichen. Da der ordnungsrechtliche Rahmen für die Mitgliedstaaten der Europäischen Union zur Liberalisierung der nationalen Strom- und Gasmärkte durch die EU-Binnenmarktrichtlinien für Elektrizität (von 1996) und für Gas (von 1998) vorgegeben wird, steht der Vergleich mit anderen europäischen Ländern (beim Strommarkt vor allem mit Großbritannien) im Vordergrund der Untersuchungen.[9]

Eine eingehende oder umfassende Betrachtung der Umbrüche auf dem Erdgasmarkt aus politischer Sicht ist noch nicht erfolgt, da der Prozess noch nicht abgeschlossen wurde und somit keine politikwissenschaftlich befriedigende Bewertung

---

[7] Feick, Jürgen/Jann, Werner (1989): „Nations matter" - Vom Eklektizismus zur Integration in der vergleichenden Policy-Forschung?, in: Manfred G. Schmidt (Hrsg.): Staatstätigkeit. International und historisch vergleichende Analysen, PVS-Sonderheft 19, Opladen, Seiten 196-220.

[8] Vgl. Kern, Kristine (u.a.): Erfolgskriterien und Erfolgsbedingungen von (Umwelt-)Politik im internationalen Vergleich: Eine Literaturstudie, FFU-Report 94-3, Seiten 53.

[9] Zur Vertiefung dieses Themas empfohlen: Atle Midttun (2001).

erfolgen kann. Speziell dann nicht, wenn beispielsweise der *Policy-Cycle* als Grundlage in Erwägung gezogen wird (Kapitel 1.4.3, Seite 39).

Die Arbeiten zum Themenkomplex Liberalisierung leitungsgebundener Energien stammen vorwiegend aus dem volkswirtschaftlichen und juristischen Bereich.[10] Auf diesen Gebieten wurden bereits Ergebnisse erzielt, die einer expliziten Darstellung und Wertung Genüge tun. Dazu kommt, dass die, für einen Politikwissenschaftler mehr oder weniger „fachfremden" Themenkomplexe und Studieninhalte, seiner eigenen Arbeit eine solide Basis geben, auf die er seine Erkenntnisse stützen und Ableitungen für den politischen Bereich treffen kann.

1.3 Aufbau und Vorgehensweise

Die vorliegende Arbeit bezieht sich auf den Zeitraum vom in Kraft treten der EU-Binnenmarktrichtlinie für Erdgas (August 1998) bis Dezember 2001.[11] Sie gliedert sich in drei Teile: Historisch-technisch, wirtschaftlich und politisch-rechtlich.

Der erste Teil „Historischer Exkurs in die fünf Phasen deutscher Energiepolitik" (Kapitel 2, Seite 53) behandelt zunächst die geschichtliche Seite und stellt dar, wie sich die Energiepolitik im allgemeinen Zusammenhang in Deutschland aus der Wirtschaftspolitik entwickelt hat (Kapitel 2.1, Seite 55 bis Kapitel 2.5, Seite 60). Kapitel 3 „Die Entwicklung des deutschen Gasmarktes" (Seite 63) beginnt mit einer kurzen separaten Betrachtung, die konkret auf den Gasmarkt in Deutschland von seiner frühesten Entstehung bis heute eingeht. In Kapitel 3.1 (Seite 66) wird der Paradigmenwechsel aufgezeigt, der bei der Umstellung einer monopolistisch strukturierten Energiewirtschaft zu einer liberalisierten erfolgte. Kapitel 3.2 (Seite 68) behandelt den statistischen Teil, mit dessen Hilfe die aktuellen Daten und Prognosen, angefangen mit dem Primärenergieverbrauch (PEV) weltweit (Kapitel 3.2.1, Seite 68) bzw. speziell auf Deutschland bezogen (Kapitel 3.2.2, Seite 72) über die Erdgasnutzung und den Endverbrauch (Kapitel 3.3, Seite 73) bis hin zu

---

[10] Siehe hierzu u. a.: Börner (1996), Kumkar (2000), Schneider (1999), Plorin (1997).

[11] Ausnahme: Das Urteil des Bundeskartellamtes gegen eine Übernahme der Ruhrgas AG durch E.ON im Januar 2002, konnte die bis dato offengelassene Frage beantworten und wurde daher nachträglich in den vorliegendne Text miteingebracht

den Erdgasreserven (Kapitel 3.4, Seite 77) und Prognosen in der Zusammenfassung (Kapitel 3.5, Seite 83) aufgezeigt werden.

Die Begrenztheit der Ressourcen sowie die steigende Zahl der Weltbevölkerung und ihres Energieverbrauchs, deuten bereits auf die weltweite Problematik hin, die durch den zweiten Fokus, der die Technik der Gasversorgung behandelt, noch zusätzlich konkretisiert wird (Kapitel 4, Seite 85). Dieser Ebene gilt neben den fachlich relevanten Begriffserklärungen (geologische Entstehung, chemische Zusammensetzung etc.) auch ein Einblick in das kostenintensive weitverzweigte Leitungsnetz (Kapitel 4.1, Seite 85 bis Kapitel 4.8, Seite 100) und die Notwendigkeiten von Gasspeichern (Kapitel 4.9, Seite 103), die den Grundtenor der strittigen Punkte bei der Suche nach einer freiwilligen Vereinbarung zur Liberalisierung der Gasmärkte vorwegnehmen. Da die Energiewirtschaft in den 70er Jahren des 20. Jahrhunderts einem verstärkten ökologischen Problemdruck ausgesetzt ist und die Umweltbelastung von Erdgas im Vergleich zu anderen fossilen Energieträgern am geringsten ist, soll in diesem Zusammenhang auch der Faktor Umwelt behandelt werden (Kapitel 4.3, Seite 89).

Teil zwei der Arbeit („Institutionelle und wirtschaftliche Struktur der Gaswirtschaft", Seite 107) behandelt wirtschaftliche Fragen der Arbeit. Es wird zunächst auf die Weltenergiewirtschaft im Allgemeinen eingegangen (Kapitel 5.1, Seite 107), worauf der Blick in Kapitel 5.2 (Seite 114) sodann auf die Struktur der deutschen Erdgaswirtschaft im Einzelnen gerichtet wird, die sich in die Bereiche „Produktion/Import" (Seite 115), „Fortleitung/ Weiterleitung" (Seite 123) und „Endverbrauch" (Seite 123) einteilen lässt.

Da eine Liberalisierung auch auf die Reduzierung der Preise gerichtet ist, stellt sich in Deutschland unweigerlich die Frage nach der Ölpreisbindung von Gas. In Kapitel 5.3 (Seite 126) wird ausführlich über die Herkunft der Preisbindung (Seite 126), über das Für und Wider einer Ölpreiskopplung (Seite 127) und den „Verlauf der Rohölpreise im Jahr 2000" (Seite 132) diskutiert.

Das Hauptaugenmerk der Arbeit liegt, wie die Überschrift bereits durch den Zusatz „unter besonderer Berücksichtigung" hervorhebt, auf den überregionalen und regionalen FGGs, die durch Produktion bzw. den Import und die Weiterverteilung

von Erdgas an andere Gasversorgungsunternehmen (GVU) sowie an die Endverbraucher den wichtigsten Aufgabenbereich abdecken. Auf diese sehr heterogene
Gruppe geht Kapitel 6 „Die Ferngasgesellschaften in Deutschland" (Seite 135) in
einer ausführlichen Darstellung der einzelnen Unternehmen ein. Dabei werden die
internen Verflechtungen zwischen der Gaswirtschaft selber und auch externe Beteiligungen an bzw. von Strom-, Öl- oder anderen Energieunternehmen teils angesprochen, teils aber auch ausgespart, um sie ausführlicher in Kapitel 7 "Verflechtung
der deutschen Gaswirtschaft" (Seite 179) herauszustellen.

Kapitel 8 („Sonderkapitel: Großfusionen", Seite 199) beschäftigt sich mit den beiden Großfusionen zwischen Veba und Viag zu E.ON (Kapitel 8.2, Seite 200) und
dem Zusammenschluss von RWE und VEW zu der neuen RWE (Kapitel 8.3, Seite
214).

Darin werden die Hintergründe der Fusionen und Vorhalte, insbesondere der Kartellbehörde, gegenüber den neuen Energiekonzernen geschildert sowie ihre Beteiligungen und zukünftigen Ziele erläutert.

Im dritten Teil der Arbeit kommt die Rolle der Politik im Liberalisierungsprozess
zum Tragen (Kapitel 9, Seite 223 bis Kapitel 12, Seite 333). Um auch auf diesen
Seiten einen historisch verständlichen Rahmen zu liefern, werden zunächst die
Energiekonsensgespräche von 1993 (Kapitel 9.1, Seite 223) und anschließend in
kurzen Zügen der Energiedialog 2000 (Kapitel 9.2, Seite 234) dargestellt und erläutert.

Da die Regierung als Exekutive über die Umsetzung der EU-Binnenmarktrichtlinie
für Gas (EURGas) entscheidet (siehe Kapitel 10.3, Seite 279), werden die rechtlichen Grundlagen deutscher Energiepolitik durch das Energiewirtschaftsgesetz
(EnWG) und das Gesetz gegen Wettbewerbsbeschränkungen (GWB) in den Kapiteln 10.1 (Seite 248) und 10.2 (Seite 271) vertieft. Der rechtliche Hintergrund ist
die Basis zum Verständnis der freiwilligen Verbändevereinbarung für Gas
(VV I Gas), die in Kapitel 11 (Seite 289) thematisiert wird. Da die VV I Gas sich

stark an den Verbändevereinbarungen für Strom[12] anlehnt, diese aber nicht direkt übernimmt, sondern in mehreren Punkten abändert, werden die Rahmenbedingungen der VV I Gas anhand eines Vergleichs mit dem Produkt Strom betrachtet (Kapitel 11.2.1, Seite 293). Ebenso werden die nicht unerheblichen technisch-wirtschaftlichen Grundvoraussetzungen der VV I Gas erläutert (Kapitel 0, Seite 302).

Die Tatsache, dass Deutschland sich für den verhandelten Netzzugang (NTPA) und keinen regulierten (RTPA) entschieden hat, hebt die Rolle der (mit-)bestimmenden Verbände hervor. Und zwar nicht nur derer, die an den Verhandlungen schließlich teilgenommen haben (BDI, VIK, BGW und VKU), sondern auch derer, die parallel dazu agieren und sich sogar direkt in die Entscheidungsfindung einbringen konnten (z. B. EFFET).

Kapitel 11.3 (Seite 308) nähert sich dem „Ringen um eine freiwillige VV I Gas" und führt die Ergebnisse der VV I Gas sowie deren zwei Nachträge ebenso wie die Kritikpunkte an ihr nacheinander auf. In Kapitel 11.4 (Seite 326) findet sich ein ausführlicher Exkurs zur Rolle und Sichtweise der Bundeskartellbehörde. Neben den Verbänden und der Politik kommt den Wettbewerbshütern eine entscheidende Funktion im Liberalisierungsprozess zu (vgl. Kapitel 8 „Sonderkapitel: Großfusionen", Seite 199).

In Kapitel 12 („Deutschland zwischen Liberalisierung und Regulierung" auf Seite 333) schließlich wird der Blick über die eigenen Landesgrenzen hinaus auf ausländische Märkte gelenkt, die teilweise schon über längere Liberalisierungserfahrungen verfügen. Die Zusammenfassung in Kapitel 13 (Seite 363) ist durch diese Einblicke nicht einfacher, aber versöhnlicher, denn die Frage nach einem „Königsweg", der auf jedes Land übertragbar ist, findet seine Beantwortung. Ebenso erhält

---

[12] Auf die erste „Vereinbarung über Kriterien zur Bestimmung von Netzzugangsentgelten für elektrische Energie" (VV I Strom) haben sich am 13. Dezember 1999 der BDI, VIK und VDEW verständigt (siehe auch unter: http://www.stromtarife.de/specials/Vereinbarung.html). Sie tritt am 1. Jan. 2000 in Kraft. Die zweite Vereinbarung mit dem Titelzusatz „(...) und über Prinzipien der Netznutzung" (VV II Strom plus) wurde genau zwei Jahre später (13. Dez. 2001) durch BDI, VIK, VDEW, Verband der Netzbetreiber (VDN), ARE und VKU beschlossen (im Internet abrufbar z. B. unter: http://www.ihk-muenster.de/energie/bindata/Verbaendevereinbarung_II_plus.pdf) mit Wirkung zum 1. Jan. 2002.

die Hauptthese, nach der sich der Gasmarkt traditionell selber reguliert, eine abschließende Betrachtung.

Zunächst jedoch sollen die einzelnen politikwissenschaftlichen Theorien, die für die Untersuchung herangezogen wurden, im Einzelnen ausführlich dargestellt werden.

1.4 Theoretische Ansätze

Die Politikwissenschaft in Deutschland fokussiert seit den 70er Jahren zunehmend einzelne Politikfelder (Jann, 1995:550), speziell die inhaltliche Dimension der Politik. In der modernen Politikanalyse (Begriff vgl. Prittwitz, 1994; Patzelt, 1993) geht es um die Frage, inwieweit Wissenschaft zur Erklärung politischer Entscheidungsprozesse bzw. wechselseitiger Zusammenhänge verschiedener Dimensionen der Politik beitragen kann (Mez, 1994a:133). Als Erklärungsmodell dient das politologische Dreieck, das die Bereiche „*politics*", „*policy*" und „*polity*" gegenüberstellt (siehe auch Alemann, 1995:542ff, Jänicke, 1999:49ff, Patzelt, 1993:22ff, Schubert, 1991:26).

Unter „*politics*" versteht man den politischen Prozess, der durch verschiedene politische Akteure, deren Interessen und Wertorientierungen, durch die sozioökonomischen Rahmenbedingungen sowie durch die Machtverhältnisse im politischen System bestimmt wird. „*Polity*" ist das politisch-institutionelle Gefüge, ein Ordnungsrahmen, der durch informelle und organisatorische Normen geprägt wird. „*Policy*" beschreibt die konkreten Politikinhalte und Programme in einem Politikfeld und setzt sie in Beziehung zu den Interessen, Problemdefinitionen und Wertvorstellungen, die ihnen zugrunde liegen.

Das Ergebnis der Zuwendung politikwissenschaftlicher Arbeiten auf die Politikinhalte ist die Etablierung einer eigenständigen Forschungsrichtung, der Politik(feld)analyse.[13] Dabei handelt es sich um eine problemorientierte Perspektive auf die politischen Prozesse und Resultate innerhalb der einzelnen Politikfelder. Tho-

---

[13] Zur Diskussion innerhalb der Politikwissenschaft um das Verhältnis der Policy-Analyse und der traditionellen Politikwissenschaft: Hartwich, 1985, Sabatier, 1988 bis 2000 sowie zu den „Entwicklungsphasen" der Policy-Analyse (Schmidt, 1987:199-204).

mas R. Dye formuliert bereits in seinem Buchtitel eine der wohl meistzitierten Definitionen:

„(Policy analysis is finding out) What governments do, why they do it, and what difference it makes." (Dye, 1976)

Die Energiepolitik, nimmt man sie als eigenständiges Politikfeld, ist eng mit der politischen und wirtschaftlichen Struktur eines Landes verknüpft. Politik und Wirtschaft bedingen sich sozusagen gegenseitig. Läuft es in einer Volkswirtschaft gut, so profitieren auch die Politiker des Landes durch sehr wahrscheinliche Wiederwahlen davon. Was die Liberalisierung der leitungsgebundenen Energiemärkte Strom- und Gas angeht, so finden sich auf Dyes Definition zwei unterschiedliche Handlungsmuster wieder. Die Regierung war im Fall des Strommarktes wesentlich engagierter in den Prozess eingebunden als sie es für den Gasmarkt für erforderlich sah. Ob sich das unterschiedliche Verhalten auch im Ergebnis verschieden ausgewirkt hat findet in der Arbeit eine Antwort.

Die Entkopplung von Wirtschaftswachstum und Energieverbrauch ist in Deutschland zwar Ende der 70er Jahre erfolgt, doch haben sich die traditionell gewachsenen Strukturen weitgehend erhalten. Bis zur Liberalisierung des Strommarktes, bildeten die Stromunternehmen beispielsweise ein „natürliches Monopol" (wirtschaftswissenschaftliche Begriffsdefinition unter Fußnote 5, Seite 25) in Deutschland, d. h. ein einzelner Anbieter konnte billiger produzieren als jede andere Anzahl von Anbietern.[14] Ähnlich sieht es auf dem gegenwärtig zu liberalisierenden Gasmarkt aus.[15] Inwieweit nun die Hauptakteure der Energiepolitik, also die Energieversorgungsunternehmen und die staatlichen Kontrollorgane, mit ihrem Einfluss auf die Ausgestaltung der Energiepolitik einwirken, lässt sich mit Hilfe verschiedener politikwissenschaftlicher Theorien näher erklären.

In der Arbeit soll anhand der Gasmarktliberalisierung herausgefunden werden, in welchem Maß Staat und Gaswirtschaft Einfluss aufeinander ausüben. Denn obwohl

---

[14] Definition siehe Prof. Dr. Jürgen Kähler, im Sommersemester 2000 in der Vorlesung „Industrieökonomie und Wettbewerbspolitik" an der Uni Erlangen (auch unter htttp://www.phil.uni-erlangen.de/economics/kaehler/ss2000/ industr/03mpregu/03mpregu.pdf).

[15] Bei Strom, Gas wie auch der Bahn ist der Aufbau paralleler und gleichzeitig konkurrierender Systeme schon aufgrund des Landschaftsschutzes problematisch.

der Gasmarkt traditionell als Monopolwirtschaft agierte, was dem Staat grundsätzlich die Möglichkeit gab durch Kontrolle regulierend einzuwirken, ist bereits in der zweiten Hälfte des 19. Jahrhunderts eine Selbstregulierung der deutschen Gaswirtschaft etabliert worden, die eine staatliche Kontrolle nur in geringem Maße zuließ.

Was die Erklärungsansätze für Regulierung seitens der Politik auf öffentliche Unternehmen angeht, so kritisierte der amerikanische Politikwissenschaftler William T. Gormley die damals vorherrschenden Modelle und kommt zu dem Schluss, dass es keinen umfassenden Analyserahmen gibt. Vielmehr lassen sich Gormley zufolge nur mehrere Erklärungsansätze kategorisieren, darunter die so genannte Eroberungstheorie (*Capture theory*), die im Weiteren ausführlich beschrieben wird. Als theoretischer Denkrahmen und zur Gliederung des Arbeitsmaterials dient das Modell des „*Policy-Cycle*" (u. a. Windhoff-Héritier, 1987) als „Hintergrundfolie" (Héritier, 1993:19).

Doch zunächst sollen aufeinander folgend alle drei theoretische Konzepte (*Advocacy-Coalition, Capture-Theory, Policy-Cycle*) vorgestellt werden:

1.4.1 Die Advocacy-Coalition

Die Theorie der *Advocacy-Coalition* ist eine Neuerung innerhalb der Politikfeldanalyse (s. u.) und auf die Einführung eines neuen Erklärungsansatzes von Sabatier (1993, 1998) zurückzuführen. Es geht dabei um die Frage, wodurch ein Thema auf die politische Agenda (*agenda-setting*) kommt und ein politischer Prozess ausgelöst wird. Sabatier geht in seinen Untersuchungen zu diesem Thema davon aus, dass verschiedene Akteure und Organisationen, so genannte *Advocacy*-Koalitionen bilden. Der *Advocacy*-Koalitionen-Ansatz versucht demnach, die Vielzahl von relevanten Akteuren zu strukturieren (Héritier, 1993:17). Die Anzahl dieser Koalitionen ist meistens nicht groß in der Regel aber relativ stabil, da ihr Wertesystem homogen ist und kaum verändert werden kann. Je nach Themenbereich gibt es auch nur eine Koalition.

Sabatier nimmt an, dass die

> „Kern-Überzeugungen gegenüber Veränderungen ziemlich resistent sind." (Sabatier, 1993:129)

Das Konzept geht davon aus, dass die Koalitionen ein so genanntes handlungsleitendes *belief system* verbindet (Sabatier, 1993:121ff). Die Koalitionen untereinander konkurrieren wiederum um Einfluss auf die politischen Entscheidungsträger. Sabatier zufolge bestimmt die stärkste Gruppe die Programme und ihre Ausgestaltung im Sinne eigener Wertvorstellungen (Sabatier, 1993:121). Aufgrund der angesprochenen großen Stabilität innerhalb einer Koalition treten nur selten Veränderungen im Machtgefüge und im Einflussbereich auf (Sabatier, 1993:136ff). Der wahrscheinlichste Grund für eine Verschiebung liegt demnach nicht in der internen Machtverschiebung oder Wertesystemänderung, sondern in so genannten Schocks von außen, die die Einstellungen oder den Rang interagierender Personen verändern und damit eine Neuorientierung herbeiführen.

Schocks, die Veränderungen auslösen, können Sabatier zufolge punktueller oder allgemeiner Natur sein. Entweder entstehen sie durch eine bis dato vollkommen neue Situation in ehemals stabilen Systemparametern eines *Policy*-Bereichs (z. B. der Ölpreisschock Anfang und Ende der 70er Jahre, die Entdeckung oder das Versiegen von Bodenschätzen, Verfassungsänderungen, soziokultureller Wandel etc.). Oder aber sie entstehen aufgrund allgemeiner Ereignisse, z. B. Konjunkturentwicklungen im sozio-ökonomischen Bereich oder Fortschritte in einzelnen Technologien, ebenso durch differente Einstellungen der Bevölkerung hinsichtlich bestimmter Themen wie Umweltschutz oder aber durch politische Regierungswechsel.

Sabatier formuliert für die Erklärung des kausalen Zusammenhangs zwischen Koalitionen und Systemveränderungen durch äußere Schocks eine Hypothese, in der er die Stärke eines Schocks dem Erfolg oder Versagen bei der politischen Formulierung zugrunde legt. Demnach führt ein Ereignis nur dann zu einer Veränderung, wenn der Schock stark genug war, um das Wertesystem der bis dahin alles beherrschenden Koalition zu verändern oder aber die Prioritäten der politischen Themen, wodurch eine bis dato „unterdrückte" Koalition die Führung im Meinungsbildungsprozess übernimmt und aufsteigt.

Im konkreten Untersuchungsfall der Gasmarktliberalisierung kann nicht wirklich von einem „Schock" gesprochen werden, der Koalitionen verdrängen oder ändern könnte. Der Liberalisierungsgedanke bestand schon lange vor in Kraft treten der Binnenmarktrichtlinien für die leitungsgebundenen Energiemärkte (EURStrom und EURGas).[16] Von einem „Schock" hinsichtlich der EURGas kann auch schon deshalb nicht die Rede sein, da ihr die EURStrom vorausging. Die gegenwärtige Situation ist somit nicht mit der „Erdölpreis-Krise" der 70er Jahre oder dem Atomunfall in Tschernobyl vergleichbar. Dennoch erschüttert und verändert die Richtlinie in Deutschland eine in Jahrzehnten gewachsene Struktur nachhaltig. Ob durch diesen Aspekt Koalitionen vor Umstellungen stehen und im Zuge der Veränderungen neue Partnerschaften eingehen bleibt abzuwarten.

1.4.2 Capture-Theory

Wie viel Einfluss der Staat auf die Energiewirtschaft ausüben soll und wie viel er darf, hat die Wissenschaft seit Entstehung der Energiewirtschaft beschäftigt. In den USA haben sich Politik- und Wirtschaftswissenschaftler schon vor dem Zweiten Weltkrieg (1939-1945) mit der Frage beschäftigt, inwieweit öffentliche (Energieversorgungs-) Unternehmen reguliert werden sollten und durch wen. Reguliert der Staat die Energiewirtschaft, so gilt die Aufmerksamkeit der Studien dieser Entwicklung und der Frage, durch welche Elemente sie am stärksten beeinflusst wird (z. B. durch Institutionen, durch Verbände, durch die Wirtschaft, durch die Demographie, durch die Geographie etc.).

William T. Gormley, ein amerikanischer Politikwissenschaftler, kam zu der Überzeugung, dass keines der herrschenden Modelle zur Erklärung des Regulierungsprozesses ausreicht, um die staatliche Regulierung der öffentlichen Unternehmen zu erklären (Gormley, 1982:315). Seiner Meinung nach ist ein umfassender Analyserahmen zu erstellen, der die unterschiedlichen Modelle von Regulierungseinfluss konsolidiert. Folgende fünf Kategorien lassen sich dafür aufstellen, wobei diese Kategorien nicht umfassend sind und auch Überschneidungen von Theorien zulassen:

- Eroberungstheorie (*Capture Theory*)
- Interessengruppen-Theorie
- Vermittlungs-Verwaltungstheorie

---

[16] Vergleiche Gutachten der Deregulierungskommission (1991).

- Institutionen-Theorie
- ökonomische und demographische Theorie.

Die Eroberungstheorie wurde hauptsächlich zwischen 1950 und 1960 entwickelt. Sie erklärt

> „Verwaltungsentscheidungen als Antworten auf externen Druck, der in erster Linie und manchmal ausschließlich von der regulierten Industrie ausgeübt wird." (Mez, 1991a)

Bei dieser Art von Regulierung wird der Interessenaustausch besonders deutlich. Als Beispiel soll die amerikanische Politik dienen: Die Regierung entwickelt dabei Rahmenbedingungen, durch welche die Energieunternehmen (z. B. Stromerzeuger) ihren Profit maximieren können und im Gegenzug dazu Stimmen und Ressourcen für den Wahlkampf zur Verfügung stellen. Die Eroberungstheorie trifft aber nur dort zu, wo die regulierende Verwaltung komplett durch die regulierte Industrie vereinnahmt wurde. Das setzt eine gewisse „Alleinherrschaft" dieses Industriezweiges voraus, die nicht durch die Existenz anderer ebenfalls mächtiger Unternehmen geschwächt wird. Doch selbst wenn der Einfluss der regulierten Unternehmen auf den Regulierungsprozess nicht unterschätzt werden sollte, bleibt er in einem maßvollen und keinesfalls dominanten Verhältnis gegenüber der Verwaltung.

In der Interessengruppen-Theorie schafft die Verwaltung einen Ausgleich zwischen konkurrierenden Interessen und Werten. Diese Theorie entstand zwischen 1960 und 1970. Damals waren in den USA eine Reihe von Bevollmächtigtenverwaltungen entstanden, die zwar für die Regierung arbeiteten, aber die Verbraucherinteressen repräsentierten. Es geht in dieser Theorie daher um Akteure, die außerhalb von Regierung und Unternehmen als Interessengruppe eine wichtige Rolle im Regulierungsprozess erhalten. Zu dieser Kategorie der von außen Einfluss gewinnender Interessengruppen zählen neben den Verbraucherverbänden und Umweltschützern auch Industrien und Unternehmen, die nicht reguliert sind.

Der Regulierungsprozess ist ein komplizierter und je nach Umfang arbeitsintensiver Vorgang. Das Personal des Regulators, jene Menschen, die an den Schaltstellen der Verwaltung sitzen, haben so gesehen den nächsten Zugang zu allen Fragen und

üben neben der wachsenden Einflussnahme der Akteure außerhalb der regulieren-
den Verwaltung ebenso großen Einfluss auf die Ergebnisse aus.

Ähnlich sieht es bei der Institutionen-Theorie aus, die die zunehmende Professiona-
lität legislativer Einrichtungen hervorhebt, mit der die regulierende Bürokratie gelenkt wird.

In wieweit Bildung, Einkommen und demographische Aspekte einen Einfluss auf
den Regulierungsprozess nehmen, findet sich in separaten Studien auf die in diesem
Kontext nicht weiter eingegangen werden kann. Ferner wurde die politische Kultur
nach Einflusspotentialen untersucht. Im Zusammenhang mit der vorliegenden Studie führen aber auch diese Überlegungen zu weit. Aus diesen Gründen, soll allein
die *Capture-Theory* in den weiteren Verlauf der Untersuchung miteinfließen.

1.4.3 Policy-Analyse

Wie bei der Definition der drei politikwissenschaftlichen Schlüsselbegriffe „*politics*", „*policy*" und „*polity*" bereits deutlich wurde, ist es notwendig, die aus dem
anglo-amerikanischen Sprachraum stammenden Begriffe abzuklären. Denn während die deutsche Sprache normalerweise aus einem breiten vieldimensionalen
Wortschatz schöpft, hält sie für den politischen Raum nunmehr nur noch einen Begriff bereit.[17] Im Englischen hingegen wird, wie gesehen, auch semantisch in drei
Politikdimensionen unterschieden.

Bei der *Policy*-Analyse geht es nicht um das allgemeine politische System oder um
politische Prozesse, sondern um konkretes staatliches Wirken in einem Politikfeld.
Das bedeutet im Fall der vorliegenden Untersuchung: um das Wirken in dem Politikfeld Energie, insbesondere unter dem Gesichtspunkt des fossilen Energieträgers
Erdgas.

Die *Policy*-Analyse entstand aus der *Policy*-Forschung, die Anfang der 50er Jahre
in Arbeiten der amerikanischen Wissenschaftler Lerner und Laswell[18] auftauchte

---

[17] Vom Mittelalter bis in das 19. Jahrhundert existierte der Begriff „Policeyen". Dieser wurde allerdings auf die Herstellung innerer und äußerer Sicherheit und schließlich allein auf den Berufs-
stand „Polizei" reduziert (von Beyme, 1985).

[18] Siehe Lerner, David/Laswell, Harold D. (eds.) (1951): The Policies Sciences. Recent Developments in Scope and Method, Stanford, Stanford University Press.

(Windhoff-Héritier, 1987:10). Damals wurde der politische Prozess in Phasen aufgeteilt, die sich, wie Sabatier schreibt, an der „holistisch-synoptischen Systemtheorie Eastons" orientierten (Sabatier, 1993:116). David Easton (1965) ging in seinem Buch davon aus, dass der Staat ununterbrochen mit den Forderungen von Interessengruppen konfrontiert wird (Input), die das politische System behandelt (Verarbeitung) und schließlich nach außen produziert (Output).[19] Aus diesem zunächst recht simplen Dreischritt (Input-Verarbeitung-Output) wurde ein kompliziertes Regelwerk mit mehreren Phasen (so genanntes „Phasenmodell").

Als Grundbegriff der *Policy*-Analyse steht der Politikzyklus (*policy cycle*), der folgende Stadien unterscheidet (siehe auch Windhoff-Héritier, 1987, 1993, Prittwitz, 1994, Howlett/Ramesh, 1995 etc.):

- Problemwahrnehmung (*problem perception*)
- Thematisierung (*agenda setting*)
- Politikformulierung/Genese (*policy formulation*)
- legislative Umsetzung (*implementation*)
- Ergebnisbewertung (*evaluation*)
- Politikneuformulierung oder Abschluss des Themas (*termination*)

Das Phasenmodell beginnt demnach mit der Problemdefinition, die allerdings nicht von der Politik, d. h. dem Parlament, wahrgenommen werden muss. Es genügt, ein öffentliches Interesse zu wecken. Dieses kann durch Aktionen gesellschaftlicher Gruppen, Verbände, aber auch durch die Meinung von Experten oder der Medien erfolgen.

Auf der zweiten Stufe wird das Thema von entscheidungsnahen Akteuren hinsichtlich Handlungsoptionen, Maßnahmen, Wirkungen sowie Kosten-Nutzen-Rechnung diskutiert und auf die politische Tagesordnung gesetzt, was in diesem Fall wiederum auch unter Ausschluss der Öffentlichkeit geschehen kann.

Sind die wichtigsten Akteure in einem Politikfeld übereingekommen, dass Handlungsbedarf besteht, formulieren sie eine Vorlage, in der Ziele und Maßnahmen sowie die entsprechende Zielgruppe definiert und eine Selektion der Mittel und In-

---

[19] Das systemtheoretische Modell Eastons (1965) im Sinne Schuberts (1991:28).

strumente vorgenommen wird. Das Parlament fällt sodann die Entscheidung über das gesetzesförmige Handlungsprogramm, z. B. in Form einer Verordnung oder eines Gesetzes bzw. einer Verwaltungsvorschrift.

Nach der Politikformulierung folgt die Implementation. Entscheidend dabei ist, dass ein entsprechender Zeitplan eingehalten wird und die Adressaten die Anforderungen auch wirklich erfüllen. Wurde ein Gesetz geschaffen, so kann das „Programmanagement" (Rieder, 1998:19) die Zielgruppe zu einem bestimmten Verhalten veranlassen, die von der Beratung bis hin zur richterlichen Einklage bei Nichtbefolgung reicht.

Der Prozess wird durch eine Beurteilung der Ergebnisse beendet. Ist der Haupttenor positiv, kann das Thema ad acta gelegt werden. Besteht dagegen ein Wirkungsdefizit oder sind unerwartete Nebenwirkungen aufgetreten, die das Problem nicht nur nicht lösen, sondern zusätzlich erweitern, kann eine Politikneuformulierung erfolgen, womit der gesamte Prozess von vorne beginnt.

Der *Policy*-Zyklus hat aufgrund seiner positiven Eigenschaften als theoretisches Konstrukt mit unterschiedlichen Stadien eine große Verbreitung gefunden (Schubert, 1991:77ff). Von Vorteil ist seine deskriptive und damit sehr klar ordnende Eigenschaft, mit der sich auch dynamische Prozesse verständlich beschreiben lassen. Außerdem bildet die Abfolge der verschiedenen Phasen ein normativ praktisches Raster für die Beurteilung politischer Entscheidungsfindungsprozesse (Sabatier, 1993:117). Ein weiterer grundsätzlich positiv zu bewertender Aspekt sind die einzelne Phasen, die separat und auch im Hinblick auf ganz bestimmte Akteure untersucht werden können (Dye, 1991:25). Dabei besteht allerdings gleichzeitig die Gefahr, den *Policy*-Zyklus zu strikt in seine einzelnen Phasen zu zerteilen und nicht mehr als einheitliches Ganzes zu betrachten (Majone, 1989:11). Wiederum haben empirische Untersuchungen gezeigt, dass sich die einzelnen Phasen nicht klar voneinander abgrenzen lassen, sondern überschneiden oder auch nebeneinander existieren. Ebensowenig lassen sich verschiedene Politikinhalte sektoral differenzieren (Hesse, 1982:25), vielmehr überlappen und beeinflussen sie sich wechselseitig (Héritier, 1993:9).

Im Laufe der 80er Jahre machte sich eine Phase der Verunsicherung und Veränderung innerhalb der *Policy*-Analyse breit als Reaktion auf die Kritik, die im Wesentlichen auf folgende Punkte einging: zum einen das Fehlen theoretisch fundierter kausaler Zusammenhänge zwischen den einzelnen Phasen (Héritier, 1993:11, Sabatier, 1993:118). Zum anderen hat die *Policy*-Analyse Schwierigkeiten, die komplexen Vorgänge der Wirklichkeit bei der Analyse und inhaltlichen Erörterung einzelner Politikfelder überzeugend zu erklären (Wiettrock/de Leon, 1985:1). Konkret auf die Gasmarktentwicklung bezogen, ist der erforderliche Rahmen, in dem sich der *Policy*-Zyklus bewegt, nämlich über einen Zeitraum von ungefähr zehn Jahren (Sabatier, 1993:119), als problematisch anzusehen. Die Veränderungen auf den leitungsgebundenen Märkten sind noch nicht abgeschlossen, und eine Evaluation daher noch nicht möglich.

Nimmt man das Phasenmodell hingegen lediglich als Abgrenzung von Analyseschritten und als ordnendes Konzept, anstatt eines analytisch abgeschlossenen, trifft die geäußerte Kritik nicht zu. Die *Policy*-Analyse ist Rahmen oder auch „Hintergrundfolie" (Héritier, 1993:19), auf der weitere Theorien aufgebaut und miteinander in Beziehung gesetzt werden können.

Parallel dazu muss die Politik-Arena untersucht werden,

> „in der die Konflikte um die Auswahl von Optionen und die eigentliche Programmentscheidung ausgetragen werden. Und schließlich ist auch im Rahmen einer Netzwerk-Analyse das Beziehungsgeflecht zwischen den verschiedenen energiepolitischen Akteuren zu untersuchen. Aus allen diesen Analyseschritten kann dann unter Umständen ein politischer Lernprozeß abgeleitet werden." (Mez, 1991a).

Konkret auf die Arbeit bezogen heißt das: Fragen zur Liberalisierung werden, wie die gesamte Energiepolitik, von drei Gruppen erörtert: dem Staat (das heißt den Parlamentariern des Deutschen Bundestages und der politischen Administration), gesellschaftlich organisierten Verbänden und Assoziationen sowie Einzelner, die sich in informellen Gruppen zusammenschließen und versuchen, öffentliches Handeln zu initiieren. Die Aufgabe der Politikwissenschaft ist es, bestimmte Realisierungsanforderungen nachzuzeichnen. Hierfür dient ihr der *Policy*-Zyklus als heuristisches Modell.

1.4.4 Weitere Theorien

Nach den empirischen Untersuchungen des amerikanischen Politikwissenschaftlers Leon N. Lindberg gibt es von der Nachkriegszeit bis zur ersten Ölpreiskrise ein gemeinsames Muster in der Energiepolitik der Industriestaaten, das er als „Energiesyndrom" bezeichnet. Dabei führen gleichzeitig auftretende Symptome wie z. B. eine ständig wachsende Energienachfrage, die ausgeübte Dominanz der Energieproduzenten auf die Politik oder auch ein interagierendes Set von politischen, strukturellen und institutionellen Hindernissen, zu einem abnormen Systemversagen (Lindberg, 1977).

Nach dem ersten Ölpreisschock beginnt sich das „Energiesyndrom" graduell aufzulösen und, wie Kitschelt feststellt, dem Experimentieren mit vier verschiedenen Energiepolitik-Optionen (*„Business as usual"*, „etatozentrische Mobilisierung", „Pluralisierung und/oder Liberalisierung", „Kompromissbildung", s. u.) zu weichen (Kitschelt, 1983:68f). Diese Optionen (siehe Aufzählung) können neben dem *Policy*-Zyklus ebenfalls als heuristische Hilfe zur Analyse von Energiepolitik verstanden werden.

- Bei der *Business-as-usual*-Option beschränken sich die politischen Interventionen in die Energiewirtschaft auf kurzfristige ad hoc-Aktionen, die unsystematisch und unkoordiniert den Marktprozessen untergeordnet werden.

- Bei der etatozentrischen Mobilisierung hingegen nimmt der Staat eine dominante, lenkende Position ein, indem er die energiepolitischen Kompetenzen an sich zieht.

- Bei der Kompromiss-Option achtet die staatliche Energiepolitik darauf, dass alle Antagonisten im Entscheidungsprozess repräsentiert werden. Das setzt die Politisierung der Energiewirtschaft sowie die Abkehr traditionell vorherrschender Zielvorstellungen der Energiepolitik voraus.

- Als „softe" Politik kann die Pluralisierungs- und/oder Liberalisierungs-Option gesehen werden. Der Staat beschränkt sich auf eine „Schiedsrichterrolle", während die Unternehmen und Verbände die Politikformulierung übernehmen. Da nicht er die Entscheidung trifft, sondern die Wirtschaft, ist für diese das Ergebnis umso verbindlicher.

Punkt vier ist gegenwärtiger Stand bei der Liberalisierung der Erdgasmärkte. Der Staat bewegt sich koordinierend im Hintergrund, übt nur hin und wieder sanften Druck aus, wenn anstehende Entscheidungen aufgrund mangelnder Kompromissbereitschaft der Beteiligten oder durch Verhandlungsunwillen verschoben werden.

Angesichts der Verzögerungen beim Abschluss der VV I Gas hatte sich Bundeswirtschaftsminister Müller in den Prozess eingeschaltet und den Beteiligten ein Ultimatum gestellt, nach dessen Ablauf der Minister selber in die Verhandlungen eingreifen wollte. Die Androhung eines Regulators stand damit im Raum.[20]

Generell stärkere Beachtung finden seit Mitte der 80er Jahre des 20. Jahrhunderts Variablen wie Ideen, Wertvorstellungen und kulturelle Traditionen in Bezug auf den *Policy*-Prozess. Dabei handelt es sich nicht um einen neuen Erklärungsansatz, vielmehr um „weiche" Faktoren, die in Untersuchungen zunehmend an Bedeutung gewinnen. Diese müssen allerdings über einen längeren Zeitraum beobachtet werden, um überhaupt als Einflussfaktoren für den Politikprozess gelten zu können.

Die aufgezählten Theorien finden im Verlauf der Arbeit ihre Entsprechung, werden jedoch nicht explizit herausgestellt. Der Erfahrungswert und Erkenntnisstand ist bei der Gasmarktliberalisierung auch in anderen Ländern nicht fortgeschritten genug, um ihn schon jetzt abschließend auf die Arbeit anzuwenden. Im Vordergrund steht vielmehr die Nachzeichnung (deskriptiv) der Entwicklungen seit 1998 und die Darstellung (analytisch) der politischen Schwierigkeiten bei der Umwandlung einer traditionell monopolistisch strukturierten und regulierten Netzwerkindustrie in einen offenen, dem Markt überlassenen Wirtschaftssektor.

1.5 Umrechnungsfaktoren[21]

Am 2. Juli 1969 wurde das „Gesetz über die Einheiten im Messwesen" (siehe BGBl. I, Seite 981) erlassen (mit verbindlicher Wirkung zum 1. Januar 1976), mit dem die Umstellung von Einheiten des technischen Meßsystems auf das internationale System von Einheiten (*Système International d'Unités*, kurz: SI) für den ge-

---

[20] Siehe auch Tagespresse im Dezember 2000, z. B. FAZ, Berliner Zeitung.

[21] Ausführlichere Informationen zum Thema Energiebilanzen über: http://www.ag-energiebilan-zen.de/daten/vorwort.doc.

schäftlichen wie amtlichen Verkehr in der Bundesrepublik Deutschland geregelt wurde.

Nach den SI-Einheiten sind für die Bundesrepublik Deutschland folgende Einheiten gesetzlich verbindlich:

- Joule (J) für Energie, Arbeit und Wärmemengen
- Watt (W) für Leistung, Energiestrom und Wärmestrom

Neben den Angaben in Joule und Watt finden sich seit 1977 bis heute dennoch oftmals Tabellen mit Angaben in Steinkohleeinheiten (SKE) oder Rohöleinheiten (ROE), was einen Vergleich der Datenquellen erschwert. Um die unterschiedlichen Einheiten vergleichbar zu machen, müssen sie mit Hilfe eines Umrechnungsfaktors (siehe Tabelle 2) auf einen einheitlichen Nenner gebracht werden. Die Angaben beziehen sich bei SKE und ROE wie in den Energiebilanzen auf den unteren Heizwert (H_u), der bei Gas nur in Vergleichsrechnungen mit anderen Energieträgern zum Einsatz kommt (PEV, Wärmepreise). Als eigentliche Rechengröße gilt in der Gaswirtschaft aber der obere Heizwert (H_0). Das ist insofern relevant, da manche Energieträger ihre Qualität ändern, was sich auf ihren Heizwert auswirkt. In diesem Fall werden z. B. bei Stein- und Braunkohle, aber auch bei Mineralölprodukten von Zeit zu Zeit entsprechende Anpassungen der Umrechnungsfaktoren vorgenommen.[22]

---

[22] „Für die Bewertung des Außenhandels mit Strom sowie für die Bewertung von Wasser- und Windkraft, Photovoltaik sowie der Kernenergie, die zur Stromerzeugung eingesetzt werden, gibt es keinen einheitlichen Umrechnungsmaßstab wie den Heizwert. In diesen Fällen wird entsprechend dem Vorgehen der internationalen Organisationen (IEA, EUROSTAT etc.) auch in den Energiebilanzen für Deutschland von 1995 an das so genannte Wirkungsgradprinzip angewendet." (siehe http://www.ag-energiebilanzen.de/daten/vorwort.doc).

Tabelle 2: Gesetzliche und gebräuchliche Umrechnungsfaktoren für Energieeinheiten

Einheit	kWh	kJ	kcal	kg SKE	kg ROE	m³
1 kWh	1	3600	860	0,123	0,086	0,000032
1 kJ	0,000278	1	0,2388	0,0000341	0,0000239	0,113
1 kcal	0,001163	4,1868	1	0,00143	0,0001	0,00013
1 kg SKE	8,141	29308	7000	1	0,7	0,923
1 kg ROE	11,63	41868	10000	1,429	1	1,319
1 m³ (H_o)*	9,7692	35,169	8,400	1,202	0,84	1
*Vergleich: 1	8,8	31,7				1
m³ (H_u)	16	36	7,58	1,083	0,758	

Quelle: *AG Energiebilanzen, 2001*

Gemäß Tabelle 2 entsprechen also eine Millionen Tonnen SKE 29,308 PJ, d. h. 135 Mio. t SKE (multipliziert mit 29,308) sind umgerechnet 3.973 PJ. Bei der Umrechnung von Millionen Tonnen ROE in PJ gilt dementsprechend der Umrechnungsfaktor 41,868, d. h. 135 Mio. t ROE finden ihre Entsprechung in 5.652,2 PJ.

In den Ausführungen der Arbeit wurden Tabellen mit verschiedenen Maßeinheiten verwendet, ihre Werte allerdings durch die Umrechnungsfaktoren der AG Energiebilanzen vereinheitlicht (siehe Tabelle 1, Seite 22). Neben den Angaben in Joule werden für Erdgas auch Kubikmeter verwandt, die nicht umgerechnet werden. Die angegebenen Größen stehen jedoch immer in einem vergleichbaren Zusammenhang zueinander.

1.6 Begriffsdefinitionen

1.6.1 (De-)Regulierung

Von Seiten der EU-Kommission wurde bei der Umsetzung der EU-Binnenmarktrichtlinie für Erdgas auf einen nationalen, staatlichen Regulator gedrängt, der einen bis dato weitgehend inexistenten Markt in den einzelnen Mitgliedstaaten schaffen und kontrollieren sollte.

In einer Regulierung, der oft eine Privatisierung vorausgeht, wird demnach ein

„institutionalisiertes System staatlicher Eingriffe in privatwirtschaftliche Aktivitäten gesehen. Mit Regulierungsmaßnahmen werden die ‚Spielregeln' für unternehmerisches Handeln festgelegt und geändert. Die Einhaltung dieser Spielregeln wird überwacht, für den Fall der Nichteinhaltung werden Sanktionen angedroht." (Burger, 2001, 261).

Der Unterschied zwischen dem traditionellen Regulierungssystem und dem neuen Regulierungsparadigma besteht darin, dass nicht mehr Preise, Produktionsmengen oder auch Investitionen vorgeschrieben werden, sondern das Funktionieren des Marktes oberste Priorität hat, d. h., der Wettbewerb soll funktionieren. In Deutschland hat der Gesetzgeber lange Zeit als Regulator fungiert. Sowohl was Ladenöffnungszeiten, die Niederlassungsfreiheit der Ärzte, Subventionierung der Landwirte (z. B. durch Abnahmegarantien sowie Mindestpreise und Qualitätsanforderungen an Waren und Dienstleistungen) anging als auch die Regelung der leitungsgebundenen Energiemärkte. Letzteren wurde eine Sonderstellungen als „natürliches Monopol" (Definitionen u. Fußnote 5, Seite 25 und Fußnote 14, Seite 34) eingeräumt und geschlossene Versorgungsgebiete zugestanden. Das heißt, Netzbetetreiber und Lieferant waren identisch und der Verbraucher auf sie angewiesen. Aus diesem Grund wurden die Energieversorger (Gas- und Strom) einer behördlichen Kontrolle unterworfen. Sie mussten beispielsweise sowohl die Preise für Tarifkunden als auch die Investitionsvorhaben von der Aufsichtsbehörde genehmigen lassen, womit einem Missbrauch ihrer Monopolstellung vorgebeugt werden sollte. Die Stromversorgung gehörte bis zur Liberalisierung größtenteils der öffentlichen Hand und wurde als Teil der staatlichen Daseinsvorsorge gesehen (siehe auch Kapitel 3.1, Seite 66). Gleichzeitig war sie, im Unterschied zur Post und Eisenbahn, privatrechtlich verfasst.

Regulierung erfolgt unter wirtschaftswirtschaftlichen Gesichtspunkten meist dann, wenn Marktversagen vorliegt, d. h., Produktionsfaktoren nicht richtig eingesetzt werden, sich also von selbst keine effiziente Allokation herausbildet. Dies galt im besonderen Maß für die oben bereits erwähnten „natürlichen Monopole", die allgemein in Deutschland stark reguliert waren. Denn viele parallel verlaufende Strom- oder Gasnetze können allein angesichts ihrer hohen Baukosten ineffektiv sein, wenn schon das erste Netz nicht voll ausgelastet wird. Ganz abgesehen von umweltbelastenden Baumaßnahmen für die unterirdischen Rohrverlegungen.

Mit der Deregulierung erfolgt genau das Gegenteil. Sie ist

„ein wirtschaftspolitisches Programm (...), zur Reduzierung staatlicher Eingriffe in das Marktgeschehen. Durch Deregulierung sollen ineffiziente Normen und ordnungsrechtliche Vorschriften abgebaut, für Unternehmen größere Entscheidungsspielräume geschaffen, Wachstum begünstigt und Schattenwirtschaft eingedämmt werden."[23]

Deregulierung kann den Wohlstand einer Ökonomie erhöhen, indem Konkurrenz (er-) wächst. Tendenziell bewirkt dies sinkende Preise, wodurch die Nachfrage wiederum steigt. Gleichzeitig können aber auch Rationalisierungsmaßnahmen notwendig werden, die den Abbau von Personalüberkapazitäten bedeuten. Langfristig gesehen nehmen dieBeschäftigten jedoch durch die steigende Nachfrage und erhöhte Anbieterzahl auf dem Markt wieder zu. Ein optimales Ergebnis tritt ein, wenn das produktivste Unternehmen seinen Gewinn vermehrt und die ineffizienten hingegen verdrängt werden.

1.6.2 Liberalisierung

Die Liberalisierung ist im Rahmen der angebotsorientierten Wirtschaftspolitik gleichbedeutend mit Deregulierung und kann allgemein als eine Aufhebung, oder auch Reduzierung dirigistischer Eingriffe in einen freien Austausch von Gütern und Produktionsfaktoren beschrieben werden.[24] Spannt man den Bogen weiter, so steht beispielsweise die Handelsliberalisierung im direkten Zusammenhang mit der Globalisierung. Multinationale Zollreduzierungen, wie im Rahmen der GATT-Verhandlungen, hatten einen liberalisierenden und wachstumsfördernden Effekt, indem sie die vormals national agierenden Volkswirtschaften zu einer zunehmenden Öffnung ihrer Märkte bewegten.[25] Die institutionelle Verankerung der Handelsliberalisierung erfolgte im Grunde erst 1995 durch die Gründung der Welthandelsorganisation (WTO), deren Prinzipien die Nichtdiskriminierung, die Multilateralität und fortschreitende Liberalisierung der Märkte sind. In diesem Sinn ist die Liberalisierung eine

---

[23] Der Brockhaus multimedial 2002, Stichwort „Deregulierung".

[24] Der Brockhaus multimedial 2002, Stichwort „Liberalisierung".

[25] Siehe Arne Klau (Oktober 1999): „Globalisierung", Diskussionspapier des Instituts für allgemeine Wirtschaftsforschung, Freiburg, Seite 1 als PDF-Datei unter: http://www.vwl.uni-freiburg.de/fakultaet/moe/forschung/globalisierung.pdf (Stand Dez. 2001).

„Befreiung des Außenhandels von jeglichen Handelshemmnissen." [26]

Bei einer Politik der Liberalisierung, wie sie im Zuge der Schaffung eines Europäischen Binnenmarktes verstanden wurde, geht es um den Abbau von Gesetzen, die den Marktzutritt (neuer) Unternehmen erschweren bzw. den Wettbewerb beeinträchtigen,[27] und um die verpflichtende Einführung neuer (nationaler) Gesetze, die genau diese Entwicklung fördern.

1.6.3 Energiepolitik

Eine eigenständige Strom- oder Gaspolitik existiert nicht, vielmehr ist sie unter dem Gesamtbegriff der Energiepolitik zusammengefasst, denn unter Energiepolitik versteht man die

> „Gesamtheit der Maßnahmen, mit denen ein Staat Einfluß sowohl auf den Umfang des inländischen Energiebedarfs als auch auf die Form der Energieversorgung durch die in- und ausländische Energiewirtschaft nimmt, um angesichts der natürlichen Begrenztheit des Angebots an Energieträgern (v. a. Kohle, Erdöl, Erdgas, Wasserkraft, Uran) den Energiebedarf zu sichern. Energiepolitik ist Teil der allgemeinen Wirtschaftspolitik, jedoch mit engen Verbindungen zur Außen-, Umwelt-, Forschungs- und Sozialpolitik." [28]

Mit dem Regierungswechsel 1998 von einer christdemokratisch-liberalen Koalition zu einer rot-grünen, und zusammen mit dem neu amtierenden Wirtschaftsminister Dr. Werner Müller (parteilos), kann von einem dirigistischen Einfluss der Politik kaum noch gesprochen werden. Schon gar nicht in Bezug auf die Gasmarktliberalisierung, bei der dem Markt und den Unternehmen größtmöglicher Freiraum geschaffen wurde, was sich insbesondere in der freiwilligen VV I Gas und seit Mai 2002 in der VV II Gas äußert (siehe Kapitel 11, Seite 289). Schmidt definiert „Energiepolitik" in diesem Sinne zutreffender, wenn er schreibt, Energiepolitik ist

> „(...) im engeren Sinne die Staatstätigkeit, die auf verbindliche Regelungen des Systems der Erzeugung, Verteilung und Verwendung von Energie zielt. Im weiteren Sinne die Gesamtheit der institutionellen Bedingungen, Kräfte und Bestrebungen, die darauf gerichtet sind, gesellschaftlich verbindliche Entscheidungen über die

---

[26] Olsson, Michael (u.a.) (1993) : Kompakt-Lexikon Umwelt- und Wirtschaftspolitik, Wiesbaden.

[27] Der Brockhaus multimedial 2002, Stichwort „Praktische Erfahrungen mit Deregulierung".

[28] Meyers Lexikon: siehe unter http://www.meyer.bifab.de/meyer_frame.html (Stand: Juni 2000).

Struktur und Entwicklung der Bereitstellung, Verteilung und Verwendung von Energie zu treffen." (Schmidt, 1995:259)

Letztendlich kann Energiepolitik bis zum ersten Ölpreisschock eher als „marginaler Teil der Wirtschaftspolitik" [29] angesehen werden (siehe Kapitel 2, Seite 53). Heute steht sie im engen Zusammenhang mit anderen politischen Teilbereichen wie Finanz- und Wettbewerbspolitik, Regional-, Industrie- und Umweltpolitik und hängt mit der Außen- und Sicherheitspolitik sowie der Außenwirtschafts- und Entwicklungshilfepolitik zusammen. Daher sind auch an der Politikformulierung meist mehrere Ministerien beteiligt. Die Wirtschaft stellt sich, zusammen mit den Umweltverbänden, als ein entscheidender Akteur und damit als potenzieller „Partner" bei der Politikgestaltung im Energiebereich dar.[30]

Aus wirtschaftswissenschaftlicher Sicht wurde Energiepolitik noch 1995 definiert als

> „die Sicherung der (zentralen) Energieversorgung, indem sie, kurz- oder langfristig, die Entwicklung des Angebots und der Nachfrage marktkonform beeinflußt. Die Preispolitik ergibt sich aus dem (technisch wie wirtschaftlich bedingten) geringen Wettbewerb, während die Einwirkung auf Angebot und Nachfrage mit der Erschöpfung der Reserven an spaltbaren und fossilen Energieträgern und dem rapide steigenden Energiebedarf zusammenhängt. Die Maßnahmen richten sich darauf, neue Energiequellen (...) zu erschließen, das Energiesparen technisch und durch finanzielle Anreize zu fördern, den Wirkungsgrad bei der Umwandlung und im Verbrauch von Energie (unter Beachtung der Umweltschäden) zu steigern." (Grüske, 1995:155)

Was den Wettbewerb betrifft, so ist man in vielen Ländern dieser Welt und seit Ende der 90er Jahre des 20. Jahrhunderts auch in der EU ein gutes Stück vorangekommen. Ehemalige „Monopolmärkte" wie die für Strom und Gas sind liberalisiert und der Wettbewerb im vollen Gange. Schwierig in diesem Prozess ist vor allem

---

[29] Krennerich, Michael (1996): Energiepolitik, in: Nohlen, Dieter: Wörterbuch Staat und Politik, Bonn, Seite 124.

[30] Vgl. Artikel von Reinhard Loske, MdB in DIE ZEIT, Nr. 7 vom 10. Februar 2000, Seite 32. Loske schreibt darin von der Notwendigkeit, anstelle der „Verhinderungsallianzen" so genannten „Gestaltungsallianzen" zu formen, und davon, dass die Politik „bislang nicht hinreichend erkannt hat, welches Potential in solchen Interessenkongruenzen zwischen scheinbaren Antagonisten liegt."

der Rollentausch, den der Staat dabei vollzieht. Traditionell verfolgte er eine klare strategische Linie, indem er die Versorgung mit Energie als Grundrecht seiner Bürger garantierte (siehe hierzu auch Kapitel 3.1, Seite 66), insbesondere in Zeiten militärischer Konflikte wie 1973/74 und 1979/80. Weiterhin beruht die ökonomische Begründung staatlicher Intervention auf der Annahme, dass es ohne den staatlichen Regulator zu Marktversagen im Energiesektor kommt. Er ist es auch, der positive wie negative externe Effekte steuern konnte. Beispielsweise durch finanzielle Hilfen zur Erforschung neuer Technologien oder aber durch Gesetzesauflagen hinsichtlich entstehender Umweltbelastungen, die bei der Produktion oder Verwertung von Energieträgern entstehen und durch die Nutzungskosten nicht gedeckt sind. In diesem Zusammenhang spricht man auch von „Internalisierung externer Effekte" (siehe Kapitel 4.3, Seite 89).

Im weiteren Verlauf soll zunächst auf die Phasen deutscher Energiepolitik eingegangen werden, um anschließend speziell den Gasmarkt politisch und wirtschaftlich in den Mittelpunkt zu stellen.

52

2   Historischer Exkurs in die fünf Phasen deutscher Energiepolitik

Von 1959 bis 1975 vollzog sich ein tiefgreifender Wandel in der strukturellen Zusammensetzung des Energieverbrauchs in (West-)Deutschland (Meyer-Renschhausen, 1977:17).[31] Von der ursprünglichen Dominanz der Steinkohle in den ersten
beiden Jahrzehnten nach dem Zweiten Weltkrieg (1939-1945) ist heute nicht mehr
die Rede. Auch der Erdölverbrauch geht seit Mitte der 1970er Jahre zugunsten des
Erdgases zurück. Die Kernenergie wird weltweit aus Umwelt- und Kostengründen
(hohe Entsorgungskosten) kritisch betrachtet, wenngleich die neugewählte amerikanische Administration unter Präsident George W. Bush Junior, erneut auf die
Atomenergie zurückgreifen und sie ausbauen möchte.[32] Im bescheidenen Maße haben die sonstigen Energieträger seit den 1990er Jahren aufgeholt, zu denen neben
der Wasserkraft, Wind- und Sonnenenergie zählen.Der Primärenergieverbrauch
(PEV) der Bundesrepublik Deutschland stieg seit Ende des Zweiten Weltkriegs bis
in die 90er Jahre desselben Jahrhunderts kontinuierlich an (siehe Tabelle 3). Seit
1996 geht er leicht zurück. Das deutliche Absinken beim Verbrauch von Stein- und
Braunkohle wird nur durch die ersten Jahre nach der Wiedervereinigung Deutschlands für kurze Zeit aufgehalten, was vor allem an den großen Braunkohlevorkom-
men im Lausitzer Revier (Kombinat Schwarze Pumpe) und an der Abhängigkeit
der ostdeutschen Industrie von diesem Energieträger lag. Der Erdgasverbrauch hat
zugenommen und soll Prognosen zufolge weiter steigen auf 25 Prozent im Jahr
2010 und auf 27 Prozent zehn Jahre später.[33]

---

[31] Die Arbeit konzentriert sich im Folgenden lediglich auf die westdeutsche Energiepolitik, sofern
über die Zeit vor der Wiedervereinigung die Rede ist. Eine separate Erwähnung der ostdeutschen
Länder für die Zeit nach 1990 erfolgt nur als konkretes Beispiel für die Erdgasheizungen in Neubauten, da hier ein deutlicher Unterschied zu Westdeutschland besteht (siehe Kapitel 5.2.3, Seite
123).

[32] Siehe Energieprogramm der Administration Bush (http://www.energy.gov/index.html) und
deutsche Tagespresse im April 2001, nachdem Bush sein Energieprogramm vorgestellt hatte.

[33] Angaben der Prognos AG im Internet, Juli 2001 (http://www.prognos.de).

Tabelle 3: Primärenergieverbrauch in der Bundesrepublik Deutschland 1950-96 nach Energieträgern (Angaben in PJ)

	1950	1960	1970	1980*	1990	1994	1996	1999	2000
Steinkohle	2.893	3.760	2.837	2.497	2.306	2.139	2.090	1.890	2.008
Braunkohle	607	856	897	3.390	3.201	1.861	1.688	1.468	1.547
Feste Brenn-stoffe gesamt	**3.500**	**4.616**	**3.734**	**5.887**	**5.507**	**4.000**	**3.778**	**3.358**	**118,1**
Mineralöl	185	129	5.243	6.058	5.238	5.693	5.808	5.610	5.489
Erdgas	3	23	530	2.166	2.316	2.592	3.161	3.028	2.995
Wasserkraft	182	18	246	62	**58	65	73	88	106
Kernenergie	-	-	62	607	1.668	1.650	1.764	1.825	63,1
Sonstige	103	65	56	111	129	182	162	269	284
Insgesamt	**3.973**	**4.851**	**9.871**	**14.891**	**14.916**	**14.184**	**14.746**	**14.206**	**14.278**

Quelle: *BMWi 1973, Czakainski 1993:31, Harenberg Aktuell 1998:135, AG Energiebilanzen 2000, SaarFerngas Geschäftsbericht, 2000*

Zu den Fußnoten von Tabelle 3:

* Daten ab 1980 von der AG Energiebilanzen:

1980: http://www.ag-energiebilanzen.de/daten/pev_wirkungsgradansatz.xls.

1990 bis 1996: http://www.ag-energiebilanzen.de/daten/pev.xls.

1999: http://www.ag-energiebilanzen.de/daten/PEV99_00.xls.

2000: http://www.ag-energiebilanzen.de/daten/daten05.xls

Die Importabhängigkeit lag 1960 noch bei neun Prozent 1980 dagegen schon bei 61 Prozent. Von 1980 bis 1995 verringerten sich wiederum die CO_2-Emissionen von 1115 auf 895 Millionen Tonnen. Im darauffolgenden Jahr erhöhte sich der Wert leicht auf 910 Millionen Tonnen (1996). Siehe BMWi (1998).

** seit 1990 bis 2000 Wasserkraft und Windkraft zusammengefasst.

Wie die weiteren Ausführungen zeigen werden, bildeten vier Zielsetzungen im Laufe der Jahrzehnte das „magische Viereck" (Czakainski, 1993:18) deutscher Energiepolitik:[34]

1. die Wirtschaftlichkeit (vorwiegend Thema in den 1950er und 60er Jahren),

2. die Versorgungssicherheit (während und nach den Ölpreisschocks der 70er Jahre),

---

[34] Vergleiche hierzu auch Erdmann, Georg (1992): Energieökonomik, Theorie und Anwendung bzw. 2. überarbeitete Auflage von 1995, Zürich (oder als Taschenbuch beim Teubner Verlag, Stuttgart).

3. die Sozialverträglichkeit (massiver Protest der Atomkraftgegner in den 80er Jahren)

4. und die Umwelt- bzw. Klimapolitik (90er Jahre)[35].

Angesichts der Endlichkeit fossiler Energieträger und knapper Reserven weltweit wird das Thema Ressourcenschonung immer zentraler in politischen wie wirtschaftlichen Überlegungen. Wenngleich auch hier Länder wie die USA dem allgemeinen Trend entgegenzusteuern versuchen, indem sie beispielsweise die heimische Erdölproduktion (u. a. sogar in Naturschutzgebiete von Alaska) ausweiten, um importunabhängiger zu werden.[36]

Im folgenden soll zunächst ein kurzer Überblick der fünf Phasen allgemeiner deutscher Energiepolitik (von der Kohle über Erdöl bis zur Kernenergie und den nicht fossilen Energieträgern) skizziert werden. Daran schließt sich die spezielle Historie der deutschen Gaswirtschaft an, die schon Ende des 19. Jahrhunderts begann und zu deren besseren Verständnis die vorangestellten Ausführungen zur Entwicklung auf dem energiepolitischen Sektor notwendig sind.

2.1 Erste Phase (1948/49 – 1957)

Insgesamt lassen sich fünf Phasen in der Geschichte deutscher Energiepolitik erkennen, wobei der Begriff „Energiepolitik" sich wandelt wie noch zu zeigen sein wird. Denn von Energiepolitik im eigentlichen Sinn des Wortes, wie sie heute verstanden wird, kann bis Anfang der 60er Jahre nicht gesprochen werden (Czakainski, 1993:8). Primat der Politik nach 1949 war die möglichst preiswerte Energieversorgung, die sich im Begriff der „Wirtschaftlichkeit" ausdrückte.

In den Jahren von 1945 bis zur ersten Steinkohlekrise (1957) ging es fast ausschließlich um Kohlepolitik, die ein integriertes Segment der Wirtschaftspolitik war und somit unter das Ressort des damaligen Wirtschaftsminister Ludwig Erhardt

---

[35] Hierzu seien insbesondere die nach der „UN-Konferenz für Umwelt und Entwicklung" (Rio de Janeiro, 1992) bisher stattgefundenen Vertragsstaatenkonferenzen zur Klimarahmenkonvention erwähnt: 1995 in Berlin, 1996 in Genf, 1997 in Bonn, 1998 in Buenos Aires, 1999 in Bonn, 2000 in Den Haag, 2001 in Bonn und in Marrakesch 2002.

[36] Tagespresse und Artikel in DIE ZEIT (Nr. 20/2001) von Christian Tenbrock „Die energiegierige Nation" (auch unter: http://www.zeit.de/2001/20/Wirtschaft/200120_energie_neu.html abzurufen).

fiel. Wie Tabelle 3, Seite 54 zeigt, kommt es nach dem Zweiten Weltkrieg (1939-1945) zu einem starken Anstieg des PEV in Deutschland. Die Grundlage des Energieverbrauchs bildete bis Mitte der 50er Jahre des 20. Jahrhunderts die heimische Stein- und Braunkohle.

Nach Gründung der „Europäischen Gemeinschaft für Kohle und Stahl" (EGKS)[37] erfuhr der Kohlesektor in Deutschland einen wahren Aufschwung. Die anschließende Expansionsphase zog eine Reihe von Investitionen, Mechanisierungs- und Rationalisierungsvorhaben nach sich und hielt bis zur Krise von 1957 an. Der Höhepunkt der Steinkohleförderung in Deutschland wurde allerdings schon 1956 erreicht.[38] Durch jahrelange Kapazitätsgrenzen und Förderschwierigkeiten waren die Kohlehändler und Großverbraucher allerdings dazu übergegangen, Importverträge mit amerikanischen Lieferanten zu schließen. Vor den Wahlen zum ersten Deutschen Bundestag (1949) lag die „Energiefrage" in den Händen der Militärregierungen, die sie nach und nach an Bergwerks- und Abteilungsdirektoren, Beiräte, Fachausschüsse (für technische und wirtschaftliche Fragen) und Gewerkschaften sowie an neugegründete Organe (z. B. die Deutsche Kohlenbergbau-Leitung, DKBL) abgaben.

2.2 Zweite Phase (1958 – 1972)

Anfang der 60er Jahre wurde noch immer weitgehend Kohle- anstelle von Energiepolitik betrieben. In ihrem Mittelpunkt stand

> „(...) die Verteilung der Subventionen für den Erhalt von Förderkapazitäten der deutschen Steinkohle (...)." (Czakainski, 1989:28)

Doch in dieser zweiten Phase (west-)deutscher Energiepolitik (von 1958 bis 1972) ist eine vehemente Veränderung der Situation auf dem Energiemarkt zu beobachten. Mit dem steigenden Verbrauch und der strukturellen Veränderung was die Primär-

---

[37] Im April 1951 unterzeichnen Frankreich, Italien, die Benelux-Staaten und Deutschland den Vertrag, der am 25. Juli 1951 in Kraft tritt. Am 10. August 1951 nimmt die Hohe Behörde, wie nach dem Schumannplan vorgesehen, ihre Tätigkeit in Luxemburg auf.

[38] 1956 wurden 134,4 Millionen Tonnen Steinkohle gefördert (gegenüber 130,7 Millionen Tonnen im Vorjahr). Damit war Deutschland in der EG das einzige Land, das seine Produktion gegenüber 1955 noch steigern konnte (Kroker, 1993:80).

energien angeht, sank die Produktion heimischer Energieträger (Kroker, 1993:85f). Bei der Erdölförderung hatte dies mit dem Versiegen der ohnehin knappen Rohölquellen zu tun, deren Rückgang allerdings durch ein Überangebot billiger Mineralölprodukte auf dem Weltmarkt kompensiert wurde. Die rückläufige Entwicklung der Steinkohle hingegen lag nicht an ihrer Verfügbarkeit, sondern am sinkenden Verbrauch dergleichen (Meyer-Renschhausen, 1977:22). Hinzu kam in den 60er Jahren mit der Entdeckung niederländischer Erdgasfelder die wachsende Bedeutung von Importgas (Fischer/Häckel, 1987:27, Winje/Witt, 1991:201ff).[39] Die energiewirtschaftliche Importabhängigkeit Deutschlands verstärkte sich massiv. Lag diese 1950 noch bei minus 16,2 von Hundert, waren es 1955 minus 2,1 von Hundert.

1960 stieg sie erstmals in den positiven Bereich von 12,2 Prozent, 1965 verdoppelte sie sich auf 30 Prozent, 1970 waren es 48,3 Prozent und 1972 wurde die 50iger Grenze überschritten (Meyer-Renschhausen, 1977:23).

In diesem Zusammenhang soll das erste deutsche Umweltprogramm Erwähnung finden, das auf die Initiative der sozial-liberalen Regierung im Jahr 1971 zurückzuführen ist. Sie orientierte sich dabei an internationalen Entwicklungen, wie sie in der Umweltgesetzgebung der USA vorzufinden war (*National Environment Policy Act*, 1969).[40] Die Strömung dieser ersten Umweltorientierung basiert demnach nicht wie oft behauptet wird, auf dem Entstehen der Umweltbewegung, die erst im Laufe der 70er Jahre zunehmend zum außerparlamentarischen Motor für die Umwelt- und Energiepolitik der Bundesregierung wurde (Jänicke, 1999:30;57).

Zusammenfassend für diese Zeitspanne lässt sich feststellen, dass auch noch in den 60er Jahren von einer eigenständigen Energiepolitik kaum die Rede sein kann, da sie vorwiegender Bestandteil der Wirtschaftspolitik, insbesondere der Kohlepolitik war. Als Sektorpolitik war sie hinsichtlich ihrer gesamtwirtschaftlichen Auswirkun-

---

[39] Seit 1963 beziehen Unternehmen der deutschen Gaswirtschaft Erdgas aus den Niederlanden (Ruhrgas AG, 2000:7). Im Jahr 2000 waren es 15 Mrd. m^3, das entspricht 17 Prozent des Erdgasaufkommens in Deutschland.

[40] Weitere Beispiele sind Anstöße des Europarates zum Wasser- und Immissionsschutz wie z. B. die Wasser-Charta, und Charta zur Reinhaltung der Luft von 1968, das Europäische Naturschutzjahr 1970 etc. und die Vorbereitungen zur Umweltkonferenz der UNO 1972 in Stockholm.

gen allenfalls durch akademisches, aber kaum durch öffentliches Interesse geprägt (Czakainski, 1993:21).

2.3 Dritte Phase (1973 – 1980)

Die dritte Phase westdeutscher Energiepolitik kann als „Erdöljahrzehnt" bezeichnet werden. Importöl deckte über die Hälfte des PEV in Deutschland. Zwei Hauptmerkmale prägen diese Zeit: die beiden Ölpreisschocks (1973/74 und 1979/80), und die „Angst vor dem Frieren" (Hohensee, 1993:9), die durch den Bericht des *Club of Rome* (Meadows, 1973:45ff) zusätzlich geschürt wurde und nach Maßnahmen gegen die scheinbar drohende Energieknappheit verlangte.

Anlass für die Preissteigerung von Rohöl gab der vierte arabisch-israelische Krieg im Oktober 1973. Ein Barrel verteuerte sich von rund drei US-Dollar auf 11,7 US-Dollar um knapp 300 Prozent.[41] Damit wurde die Diversifizierung des bisherigen Energie-Mix' nach 1973 zum Grundsatz der Energiepolitik. Abkehr vom Erdöl, insbesondere vom dem des Nahen Ostens, zurück zur heimischen Kohle und zum Erdgas und politisch flankiert von Maßnahmen zur Einsparung und Effizienzsteigerung bei der Energienutzung (Czakainski, 1993:19).

Gleichzeitig wurde der Ausbau der Atomkraft von der Regierung als gute Möglichkeit gesehen, die Erdölabhängigkeit zu verringern. Zwar musste Uran zu 100 Prozent importiert werden, doch die produktionstechnisch bedingte Vorratshaltung großer Uranbrennstoffmengen im Inland hätten auch bei totalem Lieferstopp die Stromerzeugung für weitere vier Jahre sichergestellt.[42]

Der Anteil der Kernenergie am PEV war gegen Ende jener Phase (1980) mit 4,07 Prozent noch gering.[43] In diese Zeit fiel auch das erste Energieforschungsprogramm der Bundesregierung, das auf den Energiemix abstellte.

---

[41] Im Vergleich dazu: der Preisanstieg für Rohöl im Jahr 2000 von 20 US-$/Barrel (April) auf 38 US-$/Barrel (September) betrug 90 Prozent.

[42] Zum Vergleich: die eingelagerten Ölvorräte hätten eine Reichweite von rund 100 Tagen (vgl. Czakainski, 1993:20).

[43] Als Vergleich zu dieser Angabe: der Kernenergieanteil lag 1996 bei 12 Prozent und im Jahr 2000 bei 13 Prozent. Siehe unter: AG Energiebilanzen (http://www.ag-energiebilanzen.de/daten/pev.xls).

Die einheimische Kohle deckte Anfang der 80er Jahre nur noch einen Anteil von knapp 30 Prozent des PEV (1950 waren es 88 Prozent). Mehr als vier Fünftel davon wurden durch die Stahlindustrie verbraucht, die sich nahezu ausschließlich deutscher Steinkohle bediente, und durch die Elektrizitätswirtschaft, die 26 Prozent der Stromerzeugung aus Steinkohle gewinnt (Wirtschaftsvereinigung Bergbau, 1983:13). Obwohl die Bundesregierung die Verstromungsgesetze und die Kokskohlenbeihilfe als staatliche Instrumente einsetzte, um den Absatz der heimischen Kohle weiterhin zu sichern, wurde sie zugunsten der oben genannten Energieträger – Öl, Gas und Kernenergie – weiter zurückgedrängt und verharrte endgültig in einer Randposition. Außerdem wurde infolge des Preisschocks noch eine „Energiequelle" wichtig, die man jahrzehntelang vernachlässigt hatte: das Energiesparen. So kann im Zusammenhang mit dieser Zeit auch von der *CoCoNuke*-Phase (*Coal, Conservation* und *Nuclear Power*) gesprochen werden (Hohensee, 1993:9).

2.4 Vierte Phase (1981 – 1989)

Seit Anfang der 70er Jahren fand in Deutschland eine verstärkte Diskussion umweltrelevanter Themen statt, die sich 1979 in der Gründung einer „grünen" Politikgruppierungen artikulierte. Vier Jahre später (1983) zogen „Die Grünen", wie sie sich nannten in den Deutschen Bundestag ein. Vorwiegend beeinflusst durch die Debatte um das Waldsterben und den Erlass der Großfeuerungsanlagen-Verordnung (GFAVO), standen im Energiebereich Umweltschutzmaßnahmen an, die auf ihre legislative Ausformulierung warteten.

Seit Beginn der 80er Jahre trugen der BUND, andere Naturschutzverbände und ökologieorientierte Wirtschaftswissenschaftler dem Bundestag immer wieder Vorschläge zu einer ökologischen Steuerreform vor. Grundgedanke war der kombinierte Ansatz einer Primärenergiesteuererhöhung einerseits und der Entlastung des Faktors Arbeit andererseits. Mit den Energiesteuern sollten die Rentenversicherungsbeiträge sinken bzw. über Änderungen der Einkommensteuertarife die Arbeitskosten verringert werden. Mit dem Ziel einer Steigerung der Ressourcenproduktivität durch Innovation und Investitionen und nicht allein durch die Erhöhung der Arbeitsproduktivität. Nach Ansicht der zu diesem Thema positiv eingestellten Ökonomen konnte mit diesem Konzept die internationale Wettbewerbsfähigkeit der deutschen Wirtschaft weiter gewährleistet werden, wenngleich die Aufkommensneutralität aller Voraussicht nach zu Verschiebungen zwischen den Branchen geführt hätte (Bach u. a., 1994). Die „aufkommensneutralen ökologischen Steuerreformen" wurden auch in anderen europäischen Ländern sowie der EU-Kommission in verschiedenen politischen Programmen, öffentlichen Diskussionen sowie Gesetzesvorschlägen behandelt, jedoch nicht verbindlich umgesetzt.

Der vielleicht entscheidende Punkt in der Energiepolitikdebatte (nicht nur der Bundesregierung in Deutschland) betraf die Kernkraft. Der Reaktorunfall auf *Three Mile Island* (1978), besser bekannt als Störfall von Harrisburg (USA), und nicht zuletzt 1986 der Super-GAU in Tschernobyl (Ukraine) heizten die Diskussion um kerntechnische Anlagen, ihr Gefahrenpotential, ihre Akzeptanz in der Bevölkerung und einen möglichen Atomausstieg an. Die verzögerte Reaktion des für den Strahlenschutz zuständigen Bundesinnenministeriums, auf die Katastrophe im April 1986 führte zum drastischen Vertrauensverlust in großen Teilen der Öffentlichkeit (Fritzler, 1997:49) und am 5. Juni 1986 zur Gründung des Bundesministeriums für Umwelt, Naturschutz und Reaktorsicherheit (BMU). Walter Wallmann (CDU-Politiker und bis dahin Oberbürgermeister von Frankfurt a. M) wurde erster Umweltminister.[44] Gleichzeitig kündigte die SPD den bis dato gültigen Energiekonsens auf ihrem Nürnberger Parteitag (1986) auf und leitete die politische Auseinandersetzung um die friedliche Nutzung von Kernenergie ein.

2.5 Fünfte Phase (1990 – 2000)

Ist der Beginn der fünften Phase auch nicht präzise einer Jahreszahl zuzuordnen, so steht doch im Mittelpunkt eindeutig die Klimaschutzpolitik (Czakainski, 1993:19) und infolge der Endlichkeit fossiler Energieträger auch die Ressourcenschonung. Als wichtigstes Dokument ist die Klimarahmenkonvention (KRK) zu sehen, die 1992 auf dem UN-Umweltgipfel in Rio de Janeiro von 154 Staats- und Regierungschefs (darunter auch die Europäische Union) unterzeichnet wurde und 1994 schließlich in Kraft trat.

---

[44] Bereits im April 1987 schied dieser jedoch wieder aus, um Ministerpräsident von Hessen zu werden. Klaus Töpfer (CDU-Politiker und bis dato Umweltminister von Rheinland-Pfalz) trat seine Nachfolge an.

Wenngleich CO_2-Emissionen nicht zum ersten Mal thematisiert wurden,[45] so setzte eine ernsthaft geführte wissenschaftliche Debatte um erhöhte Kohlendioxid-Emissionen erst in den 70er Jahren ein (s. o „dritte und vierte Phase"). In Deutschland trat das Thema mit dem Abschlussbericht der Enquête-Kommission „Vorsorge zum Schutz der Erdatmosphäre" (Herbst 1990) auf die politische Agenda. Hinzu kam durch diverse Regierungsbeschlüsse, die Selbstverpflichtung Deutschlands, eine Reduktion seiner CO_2-Emission um 25 Prozent zwischen 1990 und 2005 zu erreichen (siehe Mez, 1997c:25).[46] Nach den Bundestagswahlen von 1994 konnte ein gedrosseltes Tempo in der deutschen Energie- und Umweltpolitik beobachtet werden (Jänicke, 1999:33). Jänicke zufolge ist dies nicht der Tatsache des Ministerwechsels (von Klaus Töpfer zu Angela Merkel) zuzuschreiben, sondern der Verschiebung gesellschaftlicher und politischer Prioritäten nach der deutschen Einigung und den mit ihr verbundenen Wirtschafts-, Finanz- und Beschäftigungsproblemen zu Lasten des Umweltschutzes. Formal gelten seit 1990 folgende Leitlinien (BMWi, 1992:10ff):

- Versorgungssicherheit, Wirtschaftlichkeit, Umweltverträglichkeit und Ressourcenschonung bleiben (...) unverzichtbare und gleichrangige Ziele der Energiepolitik.

- Bei allen energiepolitischen Entscheidungen sind ökologische Aspekte zu beachten. Das ökologisch Notwendige ist ökonomisch effizient zu gestalten.

- Energiepolitik ist marktwirtschaftlich auszurichten.

- Versorgungssicherheit wird vor allem durch Diversifizierung nach Energieträgern und Bezugsquellen sowie durch Nutzung heimischer Energieträger gewährleistet (...).

---

[45] 1896 hatte Svante Arrhenius (1859-1927), schwedischer Physiker, Chemiker und gleichzeitig Nobelpreisträger (1903 in Chemie) erstmals auf einen Zusammenhang zwischen der industriellen Kohleverbrennung und der Atmosphärenphysik hingewiesen (siehe Weizsäcker, Ernst Ulrich von/Lovins, Amory B./Lovings, L. Hunter, 1995: Faktor Vier. Doppelter Wohlstand - halbierter Naturverbrauch. Der neue Bericht an den Club of Rome, München, Droemer Knaur, Seite 249).

[46] Diese lässt sich laut Prognos AG jedoch nicht erreichen, da auch die „Erhöhung der Energieproduktivität (...) die energiebedingten CO_2-Emissionen (...) nicht soweit senken (kann), wie es dem Ziel der Bundesregierung entspräche" (Prognos AG: „Trendletter Energie" 1/2000).

- Zur Klimavorsorge, zur Ressourcenschonung und zur Versorgungssicherheit haben sparsame und rationelle Energieversorgung sowie die stärkere Erschließung und Nutzung erneuerbarer Energien besonderes Gewicht.
- Wirtschaftlichkeit zu den günstigsten gesamtwirtschaftlichen Kosten.
- Die nationale Energieversorgung ist weiter in die europäische und internationale Energiepolitik einzubinden.

2.6 Fazit

Für die Zeit nach dem Zweiten Weltkrieg bis heute kann festgehalten werden, dass sich das Bemühen verschiedener Akteure (Regierung, Bürgerinitiativen, Umweltverbände, Industrie, Wirtschaft und Gewerkschaften etc.), die Eckpfeiler der deutschen Energiepolitik (Wirtschaftlichkeit, Versorgungssicherheit, Sozialverträglichkeit, Umwelt- und Klimaschutz), auszubalancieren und aufzugreifen, wie ein roter Faden durch die Jahrzehnte zieht, ohne jedoch das Spannungsverhältnis der zentralen Zielgrößen im magischen Viereck durch einen Energiekonsens abzubauen. Was die Liberalisierung der leitungsgebundenen Energiemärkte (Strom und Gas) angeht, so stehen die Länder der Europäischen Union seit Ende der 90er Jahre vor grundsätzlichen Neuerungen, denen sich keine nationale Regierung entziehen kann. Wie nun der politische Entscheidungsfindungsprozess erfolgte, inwieweit Erfahrungen der Strommarktliberalisierung auf den Gasmarkt Anwendung finden, wie und vor allem durch wen die Politik auf diesem Sektor überhaupt formuliert wird und wer letztendlich Entscheidungen fällt, das sind, wie bereits am Anfang erwähnt die Fragen, die in den folgenden Kapiteln eine Antwort finden werden und denen notwendigerweise diese historische Einbettung vorausgehen musste. Die erfolgte Betrachtung stellt lediglich eine erste Verständnisgrundlage deutscher Energiepolitik im Allgemeinen dar, die jedoch an dieser Stelle keine Vertiefung erfährt.[47] Vielmehr soll der Blick nun speziell auf die Entwicklung der Gaswirtschaft in Deutschland gerichtet werden. Dabei geht es insbesondere um ihre strukturellen und historisch gewachsenen Besonderheiten, die als Erklärungsmuster für die gegenwärtige spezifische Situation, gerade auch im Vergleich zu Substitutionsenergien und anderen europäischen Ländern herangezogen werden.

---

[47] Weiterführende Literatur: Abelshauser (1984), Gebhardt (1957), Hohensee (1993), Kost (1952), Kroker (1993), Martiny (1981).

3 Die Entwicklung des deutschen Gasmarktes

Für mehr als 150 Jahre war die deutsche Gaswirtschaft auf Stadtgas und Kokereigas ausgerichtet, das aus Kraftwerken und aus der Kohlegewinnung stammte. In Berlin erfolgte die erste Straßenbeleuchtung 1826 durch Gas der British Imperial Continental Gas Association (I.C.G.A.). Der Vertrag, der zwischen dem I.C.G.A und dem Königlichen Preußischen Innenministerium geschlossen wurde, zeigt, dass das Unternehmen 31.000 Thaler pro Jahr für die Straßenbeleuchtung Berlins erhielt (Mez, 2002).[48]

Erst 1947 übernahm Berlin die öffentliche Beleuchtung der Straßen mit Gas. Mitte des 19. Jahrhunderts entstanden lokale Gaswerke. In der Zeit vor dem Ersten Weltkrieg (1914-1918) wurden die „Städtische Gaswerke AG" (heute GASAG) zum größten Gasversorger in Europa.

Ähnliche Entwicklungen erfolgten in allen größeren deutschen Städten und Gemeinden. 1910 entdeckte man das erste Erdgasvorkommen in Deutschland bei Hamburg (in der Nähe des Erdölfeldes Reitbrook). Dort hatte sich Erdgas entzündet, was als „Flammenkreuz von Neuengamme" zum historischen Spektakel wurde (Mez, 2002).

Bis zum Ersten Weltkrieg lag die Gaserzeugung und -verteilung fast vollständig in den Händen der Kommunen (Stadtwerke), die gegen den damals aufkommenden Gedanken einer Zusammenfassung mehrerer benachbarter Gaswerke waren. Eigentliches Ziel dabei war die Senkung der Herstellungskosten. Doch die Kommunen sahen in diesem Schritt ihre Selbstständigkeit und die regelmäßigen Einnahmen u. a. zum Ausgleich des Stadtverwaltungsetats bedroht (Schmitt, 1932:5).

---

[48] Ein anderes Beispiel ist die Stadt Sigmaringen: „Durch Vermittlung des Königlich Preußischen Oberamtmanns von Mannstein wurde am 18. Juli 1861 zwischen den Bürgerkollegien der Stadt Sigmaringen und dem Fabrik Besitzer L.A. Riedinger in Augsburg ein Vertrag auf 35 Jahre abgeschlossen, wonach sich letzterer verpflichtet, auf diese Dauer die Stadt Sigmaringen, d.h. Straßenbeleuchtung und die Beleuchtung der Gebäude wie Türen, mit Gas zu übernehmen. Die Stadt hat den Platz unentgeltlich zu beschaffen, auf welchem die Gasfabrik zu stehen kommen sollte. Durch die Munifizenz Seiner Königlichen Hoheit des verstorbenen Hochseligen Carl Anton von Hohenzollern wurde ihr dies möglich, indem Hochderselbe der Stadtgemeinde den hierzu nötigen Bauplatz auf der Sigmaringer Burgwiese schenkte. Dieser hohe Herr hatte überhaupt ein sehr großes Interesse an diesem Unternehmen." (Aufzeichnungen August Walters, erster Verwalter der Gasfabrik, 1861, Sigmaringen).

Ende 1920 wurde die deutsche Kohleindustrie weitgehend von Schacht- auf zentrale Großkokereien umgestellt, was die gaswirtschaftlichen Verhältnisse auf eine neue Grundlage stellte, da in den neuen Kraftwerken im Ruhrgebiet große Mengen an Kokereigas anfielen. In Anlehnung an das überregionale Stromverbundnetz propagierten die Kohleunternehmen schon bald den Gedanken eines überregionalen Gasnetzes, in das sie ihr Gas einspeisen und über ein Pipelinesystem an die Endverbraucher leiten wollten. Der Plan sah vor, Großstädte in Deutschland mit Großkokereien im Ruhrgebiet zu verbinden. Beispielsweise durch eine Leitung östlich der Ruhr über Hannover nach Berlin (Niemann, 1997:40).

Die 1926 gegründete Aktiengesellschaft für Kohlenverwertung (AgfKV) – später Ruhrgas AG – hatte sich für die Idee eines deutschlandweiten Gasnetzes besonders stark gemacht, stieß aber auf Widerstand aus allen Lagern, insbesondere den der Städte und konkurrierenden privaten Gasunternehmen. Die harsche Kritik der Städte, die teilweise seit dem 19. Jahrhundert ihre eigenen Gaswerke unterhielten, war, wie schon vor dem Ersten Weltkrieg, von ökonomischen Sorgen um Profiteinbußen geprägt sowie zusätzlich von den Befürchtungen der regionalen und kommunalen Verwaltungen, die Unternehmen im Ruhrgebiet könnten sich darauf beschränken, die profitablen Verbraucher (große Städte, Industrien, Kraftwerke) mit Gas zu versorgen und die Verbraucher der ländlichen Gebiete von den wirtschaftlichen und sozialen Vorteilen billigen Gases ausschließen (Niemann, 1997:39). Die unterschiedlichen ökonomischen und politischen Interessen besonders im Süden Niedersachsens zügelten die Entwicklungen für nahezu 15 Jahre. Erst die steigende Energienachfrage während des Krieges durch die Armee führten zu der Notwendigkeit, ein vernetztes Gasleitungssystem in Niedersachsen zu bauen (Niemann, 1997:39).

Stellt sich die Frage, warum die Städte und Kommunen durch ihre Verzögerungstaktik ein vielversprechendes technologisches System geradezu „blockierten". Die Antwort darauf allein in fehlendem „Offensivgeist oder mangelnder Kohärenz der *Gas-Community*" (Niemann, 1997:63) zu sehen, greift zu kurz. Im Gegensatz zum Strommarkt, der sich von Anfang an (infra-)strukturell dynamisch und erfolgreich formte, übersah man Anfang des 20. Jahrhunderts weitgehend die Bedeutung von Erdgas als Energieträger für die Zukunft. Darüber hinaus unterschieden sich sowohl die wirtschaftlichen und technologischen als auch die politischen Umstände in der

Gasindustrie diametral von jenen, denen die Stromversorgungsunternehmen gegenüberstanden. Denn während der Elektrizitätsmarkt schon vor dem Einbruch der Weltwirtschaftskrise als dominierendes System etabliert war, fiel die Aufbauphase der Ferngasversorgung genau in die Zeit einer wirtschaftlichen Rezession (Niemann, 1997:63).

Ein zweites Erdgasvorkommen (nach dem erwähnten Erdgasfund bei Hamburg im Jahr 1910) wurde 1944 bei Bentheim entdeckt. Als „Nebenprodukt" der Ölförderung wurde es zunächst nur abgefackelt, später zur Stimulierung der Erdölförderung wieder in die Lagerstätte eingepresst. 1954 stieß die „Deutsche Vakuum" im bayerischen Isen ebenfalls auf Erdgas. Zwei Jahre später erfolgte der erste Erdgasliefervertrag zwischen einem Gasproduzenten und einer Stadt. Für 20 Jahre sollten täglich 50.000 Kubikmeter Erdgas aus Isen an die Stadtwerke München geliefert werden, wofür letztere eine 55 Kilometer (später 78 Kilometer) lange Rohrleitung baute. Damit war München 1957 die erste Großstadt, die mit Erdgas beliefert wurde (Mobil Oil AG, 1999:54ff).

Fast zur gleichen Zeit stieß man in Norddeutschland erneut auf Erdgas. Gemeinsam mit den Partnern DEA und Preussag vermarktete Mobil das Erdölgas aus dem Vorkommen Boostedt/Bramsted für die Gasherstellung. Mit einer Tochter der Hamburger Gaswerke wurde daraufhin der erste Gasliefervertrag für Norddeutschland geschlossen.

Die Schwierigkeit des Erdgasverkaufs bestand darin, dass die Amortisation der für den Transport benötigten Gasleitungen nur auf Grundlage langfristiger Verträge möglich war. Diese wiederum setzten ausreichende Reserven voraus. Gleichzeitig mussten die Gaslieferanten für die Bedarfsschwankungen entschädigt werden, um zu bestimmten Jahres- und Tageszeiten eine hohe Abnahme zu ermöglichen und eine bestimmte Leitungskapazität für die Zeiten vorzuhalten, in denen weniger Bedarf bestand. Auch war man sich über den Preis, den man vom Kunden verlangen konnte, völlig im Unklaren. Dieser wurde schließlich aus zwei Komponenten zusammengesetzt: dem Leistungspreis (für die Vorhaltung von Leitungskapazitäten) und dem Arbeitspreis (pro gelieferte Einheit). Aus diesem Modell entwickelte sich der so genannte „anlegbare Preis", d. h. Gas wird zu dem Preis angeboten, den der betreffende Kunde für die konkurrierende Energie (Erdöl) aufwenden müsste (siehe Kapitel 5.3, Seite 126).

Trotz einer jährlichen Steigerungsrate des PEV von viereinhalb Prozent zwischen den Jahren 1950 und 1973, liegt der Anteil von Erdgas auch noch 1965 bei gerade einmal knappen zwei Prozent (siehe auch Tabelle 3, Seite 54). Der erste Ölpreisschock (1973/74) führte in eine wirtschaftliche Rezession, die von einem Rückgang im Gesamtenergieverbrauch begleitet wird. Der zweite Schock (1979/80) trifft die deutsche Wirtschaft nicht mehr ganz so vehement. Vielmehr wird die für unmöglich gehaltene Entkoppelung von Energieverbrauch und Wirtschaftswachstum in den folgenden Jahrzehnten Realität: 1990 erwirtschafteten die alten Bundesländer ein um 43,4 Prozent höheres Bruttosozialprodukt als 1973. Gleichzeitig werden nur 3,6 Prozent mehr Energie verbraucht (Bundeszentrale für Politische Bildung, 1992:20). Der Trend setzt sich auch in den letzten zehn Jahren des 20. Jahrhunderts fort, denn obwohl das Bruttoinlandsprodukt (BIP) zwischen 1991 und 1999 in Deutschland um rund elf Prozent zunahm, sank der PEV im gleichen Zeitraum um fast drei Prozent. Damit gehörte die „goldene Regel", d. h. ein Prozent Wirtschaftswachstum ist an ein Prozent zusätzlichen Primärenergieverbrauch gebunden, der Vergangenheit an. Während nun der Erdölanteil am PEV zurückging, stieg der Erdgasverbrauch von 5,7 Prozent (1970) auf 16,3 Prozent (1980) und pendelt sich zwischen 1995 bis 2001 auf rund 21 Prozent ein. Voraussichtlich soll der Gasanteil in Deutschland bis 2010 auf 25 Prozent, bis 2020 auf 27 Prozent steigen (Prognos, 1999).

Zusammenfassend kann die Erdgasentwicklung durchaus als eine sich mühsam entwickelnde, in den letzten Dekaden allerdings schnell anwachsende Branche gesehen werden, die durch die Liberalisierung in eiligem Tempo fortgeschrieben wird.

3.1 Der Paradigmenwechsel[49]

Bei so genannten „natürlichen Monopolen" (Definitionen unter Fußnote 5, Seite 25 und Fußnote 14, Seite 34), die wegen ihrer hohen Fixkosten erst ab einer gewissen

---

[49] Siehe auch unter: http://www.bmwa.gv.at/organisation/sekii/aw/content/publikationen/awjb 2001v2.pdf.

Größe kostengünstig zu betreiben sind, hängt die Marktorganisation oft mit der Eigentumsfrage zusammen. Bei den netzgebundenen Branchen wie Strom, Gas, Telekommunikation, Schienenverkehr, Post, Luft- und Nahverkehr war der Staat größtenteils traditionell als Monopolunternehmen tätig. Damit erfüllte er eine wichtige Rolle, die ihm gleichzeitig eine Versorgungspflicht auflud, der er gerecht werden musste und von der sogar ausgegangen wurde, dass nur er oder ein staatliches Unternehmen sie erfüllen können. Denn die Investitionen, beispielsweise beim Bau eines Kraftwerkes, dem Bau von Telefonleitungen oder dem Aufsuchen von Gas sind hoch. Außerdem sind sie an einen festen Standort gebunden, und häufig werden spezielle Technologien im Errichtungszeitpunkt bereits festgeschrieben, was ihre Durchführung zum Risiko macht (Burger, 2001:260). Wiederum führte die technologische Entwicklung dazu, dass eine Trennung zwischen der Erzeugung der Leistung selbst und dem Betrieb des Übertragungsnetzes möglich wurde. Im Fall von vertikal integrierten Unternehmen also die Trennung in verschiedene Rechnungskreise (*unbundling*) und theoretisch die Zutrittmöglichkeit anderer Anbieter zum Netz.

So war die Erzeugung von Strom durch verschiedene Anbieter eigentlich schon vor der Liberalisierung möglich, allerdings wurden die Netze weiterhin monopolistisch betrieben, womit Konkurrenz praktisch ausgeschlossen war. Beim Gas kommen weitere Aspekte hinzu, denn im Gegensatz zu Strom kann nicht jeder Gas erzeugen und in ein Netz einleiten (hierzu mehr ab Kapitel 11, Seite 289).

Es lässt sich also festhalten, dass die Kombination aus öffentlichem Eigentum und monopolistisch strukturierten Märkten u. a. dazu genutzt wurde, politische Ziele wie die oben genannte Versorgungssicherheit sowie soziale und mit Beginn der 80er Jahre des 20. Jahrhunderts auch zunehmend umweltverträgliche Aspekte zu garantieren. Zwischen den oben genannten Wirtschaftszweigen gibt es wiederum solche, bei denen eine Privatisierung, die nach marktwirtschaftlichen Grundsätzen funktioniert, leichter zu bewerkstelligen ist (Stromerzeugung, Busunternehmen, Kraftwerke etc.), als in anderen Bereichen (Stromnetz, Gasleitungen, Straßenbau etc.). Die Produktion an sich kann eher noch von privater Seite gewinnbringend geleistet werden. Aufgabe des Staates ist dagegen, das Funktionieren des Marktes, indem er beispielsweise den diskriminierungsfreien Zugang zu den Netzen, nötigenfalls per Gesetz gewährleistet.

3.2 Erdgas allgemein: der Primärenergieverbrauch (PEV)

3.2.1 Weltweiter Primärenergieverbrauch und Erdgashandel

Der PEV ist seit 1990 weltweit um mehr als zehn Prozent angestiegen (Handelsblatt 7. März 2001). Den größten Anteil daran haben Wachstumsländer in Asien und die Staaten Nordamerikas, wobei allein die USA einem höheren Verbrauch aufweist als alle OECD-Länder zusammen.[50] Gesunken ist der Energiebedarf nur in den Nachfolgestaaten der früheren Sowjetunion, was auf die wirtschaftlichen Umbrüche in diesen Staaten zurückzuführen ist (Ruhrgas AG Geschäftsbericht, 2000:47).

Der Weltenergieverbrauch im Jahr 2000 lag bei rund 370.000 PJ.[51] Der leichte Anstieg gegenüber 1999 war durch die gute konjunkturelle Verfassung der Weltwirtschaft insgesamt bedingt. Allerdings wurde er durch die relativ warmen Jahresdurchschnittstemperaturen auf der nördlichen Halbkugel gedämpft (BMWi, 2000:36). Nach IEA-Prognosen wird der PEV zwischen 1997 und 2020 jedes Jahr weltweit um durchschnittlich zwei Prozent ansteigen. Das sind 0,2 Prozentpunkte weniger als in den Jahren von 1971 bis 1997 (IEA, 2000:8). In der Europäischen Union wächst der Verbrauch allein von Erdgas alle zehn Jahre um 100 Milliarden Kubikmeter, was in etwa dem Jahresverbrauch von Deutschland bzw. Großbritannien entspricht (Handelsblatt, 11. Oktober 2001).

---

[50] Der Energiebedarf wird, Prognosen zufolge, in den kommenden Jahren stark zunehmen. Japans Vize-Außenminister Seishiro Eto sprach im März 2001 von 35 Prozent des Weltenergiebedarfs, die bis 2020 auf Asien entfallen werden, wobei Öl der Hauptenergieträger bleibt. Die Abhängigkeit Asiens vom arabischen Öl liegt seit über 20 Jahren bei durchschnittlich 75 Prozent (siehe Artikel: „Japan drängt auf eine gemeinsame Energiepolitik ganz Asiens" in: Handelsblatt vom 7. März 2001).

[51] Diese Angabe ist nur ein Annäherungswert. Die Zahlen beziehen sich auf die kommerziell gehandelte Energie, daher kommen unterschiedliche Ergebnisse heraus. Ein Großteil der Energienutzung findet darin keine Beachtung. Einige Zahlenbeispiele: 406.203 PJ (IEA, 2001:6), 358.892 PJ (BP, 2001:37), 366.350 PJ (unter: http://www.rag-coalinter.de/markt/dmarkt107.htm), 355.878 PJ (Stahl, 1998). Die Liste kann beliebig lang fortgesetzt werden.

Betrachtet man die einzelnen Energieträger, sieht das Zukunftsszenario im weltweiten Kontext und ausgehend vom Jahr 2000 folgendermaßen aus (IEA, 2001, Prognos AG/EWI, 1999):

- Erdöl hat am PEV in der Welt bislang einen Anteil von 35 bis 40 Prozent, den es auch in den kommenden zwei Dekaden halten wird.

- Steinkohle liegt Ende des 20. Jahrhunderts bei 23 bis 26 Prozent. Dieser Anteil könnte allerdings bis 2020 auf 24 Prozent sinken.

- Kernenergie beträgt noch rund sieben Prozent des weltweiten PEV, soll allerdings trotz eines wachsenden Bedarfs in asiatischen Länder 2010 seinen Höhepunkt erreicht haben und bis 2020 auf fünf Prozent fallen.

- Über zehn Prozent des PEV wird weltweit aus brennbaren Materialien (Holz) und Abfall (Kompostverbrennung) gewonnen. Diese Energiegewinnung erfolgt vorwiegend in so genannten Dritte Welt Ländern und Schwellenländern. Dieser Anteil wird auch in den nächsten 20 bis 30 Jahren bestehen bleiben.

- Knapp zwischen zwei bis drei Prozent verteilen sich zur Zeit im wesentlichen auf Wasserkraft und regenerative Energien (Sonne, Wind, Biomasse, Geothermie etc.). Ihr Anteil wird erst in ferner Zukunft deutlich steigen. 2020 liegt er vermutlich erst einen Prozentpunkt höher als im Jahr 2000.

- Die weltweite Naturgasförderung sowie der –verbrauch lagen im Jahr 2000 bei rund 90.000 PJ (BP, 2001:38), das waren sechs Prozent mehr als noch 1999 (84.000 PJ) und mehr als doppelt soviel wie 1975, bei einem Erdgasanteil von rund 41.000 PJ (vgl. IEA, 2001:6). Damit deckt Erdgas zur Jahrtausendwende fast ein Viertel der gesamten Weltenergienachfrage. Bis 2020 steigert sich der Verbrauch von Erdgas aller Voraussicht nach auf 26 Prozent. Kohle und Atomstrom verlieren dementsprechend an Prozentpunkten.[52] Damit wird Erdgas in Zukunft einen Anteil von über einem Viertel am PEV weltweit haben und zum Energieträger mit den größten Wachstumsperspektiven gehören.[53]

---

[52] Die Zahlen in diesem Abschnitt beziehen sich auf Angaben der IEA (IEA, 2000:8ff).

[53] Vgl. Aussagen von Gerhard Ott, Präsident des Deutschen nationalen Komitees beim Weltenergierat, zur Präsentation der Studie „Energie für Deutschland 2001" sowie die Esso-Energieprognose von 2001 mit einem Erdgasanteil von 30 Prozent am PEV in Deutschland. Die Prognos AG sieht den Erdgasanteil ebenfalls steigen, geht dabei aber etwas vorsichtiger von 27 bis 28 Prozent bis 2020 aus (Prognos, 1999).

Zur graphischen Veranschaulichung und als Vergleich zu Abbildung 2: „PEV nach Energieträgern für die Bundesrepublik Deutschland" auf Seite 72 dient Abbildung 1 (auf der nächsten Seite):

Abbildung 1: Weltweiter PEV nach Energieträgern (1999)

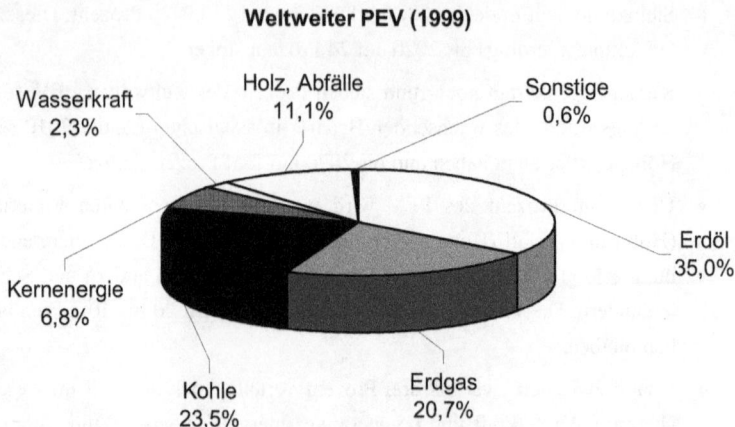

Weltweiter PEV (1999)

Wasserkraft 2,3%

Holz, Abfälle 11,1%

Sonstige 0,6%

Erdöl 35,0%

Kernenergie 6,8%

Kohle 23,5%

Erdgas 20,7%

Quelle: *IEA, 2001*

Das Volumen des grenzüberschreitenden Handels von Erdgas (rund 580 Milliarden Kubikmeter, das sind fünf Prozent mehr als 1999) entsprach wiederum einem Viertel der weltweiten Erdgasförderung in der Welt (Ruhrgas AG, 2001:47). Der Handel bei Erdgas erfolgt überwiegend intraregional. Es gibt auch keine Weltmärkte wie beim Rohöl (Rempel, 2001). Vielmehr bestehen weltweit drei großregionale Erdgasmärkte:

1. der europäische (mit den Hauptexporteuren Russland, Nord-Afrika, Norwegen und den Niederlanden),

2. der nordamerikanische Markt aus den NAFTA-Staaten und

3. der asiatische Markt, dessen größtes Problem die großen Entfernungen zwischen Hauptverbrauchern wie Japan, Südkorea, Taiwan und den und Lieferländern wie Indonesien, Malaysia oder Brunei sind (BGR, 1998).[54]

Die IEA geht zwischen 1990 bis 2020 von einer weltweit steigenden Erdgasnachfrage bis zu 86 Prozent aus (IEA, 2001). Nach derzeitigen Schätzungen der Reserven und Ressourcen (s. u.) kann diese Nachfrage auch gedeckt werden. Die Kostenfrage ist dabei entscheidend für die Entwicklung. Die hohen Investitionen, die für Exploration, Förderung und Lieferung getätigt werden müssen, führen zwar zu besseren (kostensenkenden) Technologien, dennoch bleibt die Ungewissheit für die Förderunternehmen und -länder, an Grenzen ihrer Kapazitäten zu stoßen. Der Transport macht einen erheblichen Teil der Gesamtkosten aus, denn größtenteils liegen die Produktionsorte weit entfernt von den Endverbrauchern (Kapitel 5.2, Seite 114).

77 Prozent der Mengen aus dem grenzüberschreitenden Handel wurden per Pipeline in gasförmigem Zustand geliefert. Die restlichen 23 Prozent in flüssiger Form als LNG (*Liquefied Natural Gas*).[55] In der EU werden die Investitionen für Produktion und Transport pro Dekade auf 30 bis 50 Milliarden US-Dollar hochgerechnet.[56] In den „Bestand" wird noch einmal die gleiche Summe investiert.[57]

In Zukunft wird sich weltweit die Unsicherheit bezüglich der Reichweite fossiler Energieträger allgemein stärker auf die Preis auswirken. So muss die energieimportabhängige japanische Wirtschaft mit einer zusätzlichen Steigerung ihrer ohnehin überdurchschnittlich hohen Energiekosten rechnen. Die prognostizierten Reserven fossiler Energieträger sind wiederum illusorisch, wenn ihr Verbrauch unvorhergesehen stark ansteigt, zum Beispiel durch sinkende Preise im Zuge der Liberalisierungen leitungsgebundener Energien.

---

[54] Die lateinamerikanischen Länder südlich des Äquator beginnen sich in den letzten Jahren ebenfalls zu einem Erdgasmarkt zusammenzuschließen.

[55] Vgl. Ruhrgas AG (2001:47), Gaz de France (1999:4).

[56] Siehe Handelsblatt, 11. Oktober 2001.

[57] Christian Heinrich, Geschäftsführer der Thyssengas, Duisburg, auf der Handelsblatt-Tagung „Energiewirtschaft Österreich" im Oktober 2001 in Wien.

3.2.2 Primärenergieverbrauch in Deutschland

Nachdem der PEV weltweit detailliert dargestellt wurde, soll nun der deutsche PEV genauer analysiert werden, denn die Schwerpunkte bei den Energieträgern unterscheiden sich durchaus wie anhand der Zahlen noch belegt wird. Der Energieverbrauch in Deutschland ist von 1950 bis zur Wiedervereinigung kontinuierlich angewachsen (siehe Tabelle 3, Seite 54). Erst seit Mitte der 90er Jahre ist ein latenter Rückgang des PEV zu erkennen.

Nach ersten Berechnungen der AG Energiebilanzen (Abbildung 2) Ende Januar 2002, lag der PEV für Deutschland im Jahr 2001 bei 14.500 PJ. Das sind rund 1,6 Prozent mehr als im Vorjahr. Diese Entwicklung wurde hauptsächlich durch die im Vergleich zum Vorjahr deutlich niedrigeren Temperaturen und die schwache konjunkturelle Entwicklung beeinflusst (die Gesamtwirtschaft wuchs 2001 gegenüber 2000 nur um 0,6 Prozent). Temperaturbereinigt ist der PEV gegenüber dem Vorjahr erneut leicht gesunken.[58] Nachdem der PEV zwischen 1991 und 1994 gesunken war, stieg er in den darauffolgenden Jahren wieder an (1996 sogar um 3,3 Prozent gegenüber dem Vorjahr) und ging bis 2001 noch einmal zurück (siehe AG Energiebilanzen).

Abbildung 2: PEV nach Energieträgern für die Bundesrepublik Deutschland (2001)

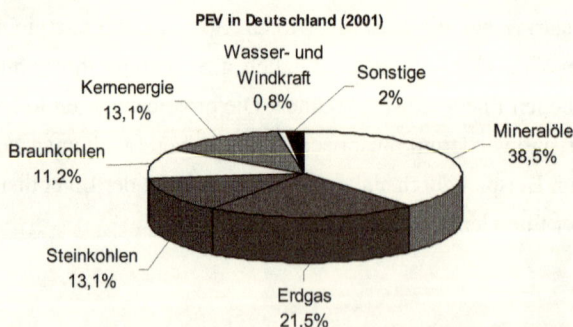

Quelle: *AG Energiebilanzen, 2001(http://www.ag-energiebilanzen.de/daten/daten05.xls)*

---

[58] AG Energiebilanzen, Pressemitteilung vom 25. Januar 2002: „Kühle Witterung lässt PEV im Jahr 2001 steigen".

Wie Abbildung 2 graphisch und prozentual veranschaulicht, lag der Erdgasanteil im Jahr 2001 (mit 3.124 PJ) an zweiter Stelle hinter dem Mineralölanteil (5.577 PJ), der wie schon in den Jahren zuvor auf rund 38 Prozent des PEVs stagniert.[59] Der Steinkohleverbrauch fällt mit 1.905 PJ fünf Prozent niedriger aus als im Jahr 2000, in dem die Kohle von der günstigen Konjunktur in der Stahlindustrie und dem annähernd stabilen Steinkohleneinsatz in der Elektrizitätswirtschaft profitierte.

Gleichzeitig stieg der Braunkohleanteil um 5,3 Prozent auf 1.630 PJ. Ausschlaggebend hierfür ist vor allem ihr Einsatz zur Stromerzeugung mit mehr als 90 Prozent der gesamten Braunkohlenförderung und die neu in Betrieb genommen ostdeutschen Braunkohlenkraftwerke in Lippendorf und Boxberg. Die Kernenergie hielt ihren Anteil von 13 Prozent (1.867 PJ). Ebenso Wind- und Wasserenergie (111 PJ).

Prognosen nach zu urteilen wird sich der PEV in Deutschland in den nächsten fünf bis zehn Jahren zwischen 14.200 und 14.600 PJ bewegen und ab 2020 auf 13.400 bis 13.800 PJ sinken.[60] Der Rückgang wird im Wesentlichen mit einer effizienteren Energienutzung und Energieeinsparungen begründet. Die Anteile der einzelnen Energieträger sollen sich dabei ganz unterschiedlich entwickeln. Danach wird der Anteil des Erdöls bis 2020 auf 35 Prozent sinken.[61] Ebenso der Anteil der Steinkohle, bei der die heimische Förderung in den kommenden Dekaden aus Kostengründen zurückgehen wird, während der Anteil an Importkohle steigt (BGR, 1998). Bis 2010 soll die Kernenergie auf zehn Prozent und bis 2020 auf vier bis acht Prozent fallen (Prognos AG, 1999).

3.3 Entwicklung der Erdgasnutzung und des Endverbrauchs

Erdgas ist ein relativ junger Energieträger, dessen Nutzung wesentlich später begann als die von Erdöl. Daher ist gegenwärtig weltweit erst ein geringerer Teil der Erdgasreserven aufgebraucht. In Westdeutschland stieg die Erdgasnutzung seit 1965 langsam an, so dass der Anteil der Naturgase bis zur Wiedervereinigung im

---

[59] Die Angaben beziehen sich auf vorläufige Werte der AG Energiebilanzen.

[60] Die Angaben beziehen sich auf Prognosen von: BGR (1998), Prognos/EWI (1999), Stahl (1998), IEA (2000) und Ruhrgas (2001).

[61] Die notwendigen Mengen von 130 bis 110 Millionen Tonnen müssen bis dahin vollständig importiert werden, da die Eigenförderung von heute rund drei Millionen Tonnen auf dem Feld Mittelplate/Diecksand nicht haltbar ist (BGR, 1998 und Stahl, 1998).

Jahr 1990 bei 17,5 Prozent lag und damit auch der Importanteil auf über drei Viertel stieg (Hohensee, 1993:69).[62] 1979 erreichte der Naturgasverbrauch seine Verbrauchsspitze von 1.934 PJ, der jedoch 1982 auf 1.611 PJ sank und sich bis 1985 bei rund 1.758 PJ erholte. Der Einbruch zu Beginn der 80er Jahre hatte mehrere Gründe: die Industrie verbrauchte rezessionsbedingt weniger Gas. Aber auch weil die Gaspreise durch ihre Kopplung an den Ölpreis mit dem zweiten Ölpreisschock in die Höhe getrieben wurden. Dadurch konnten sich Industrie und Kraftwerke im Wettbewerb schlechter behaupten (Hohensee, 1993:69). Dazu kam die anhaltende Subventionierung der Kohleverstromung sowie der Jahrhundertvertrag für Steinkohle, was die Konkurrenz zwischen beiden Energieträgern verschärfte.

In Ostdeutschland begann 1973 die erste Erdgasproduktion in der Region um Salzwedel, im Westen von Sachsen-Anhalt in einer Größenordnung von 10,2 Milliarden Kubikmeter (Mez, 1991:40). Der Gasanteil in der ehemaligen DDR lag um die neun Prozent, was 330 und 370 PJ entsprach (Mez, 1991:177). Nach der Wiedervereinigung wurden der Austausch von Stadtgas auf Erdgas sowie die Modernisierung existierender Kraftwerke und Pipelines zügig vorangetrieben, so dass Mitte der 90er Jahre, wenige Jahre nach dem Mauerfall die Umstellung abgeschlossen werden konnte.[63]

Heute wird Erdgas (in Deutschland) fast ausschließlich zum Heizen, Kochen und zur Warmwasserbereitung genutzt. Daher sind auch die Haushalte neben dem Gewerbe der absatzstärkste Sektor für Erdgas (neben der Industrie, Kraftwerken und sonstigen Sektoren). Bei der Beheizung der bundesweit im Jahr 2000 rund 36,9 Millionen Wohnungen liegt Erdgas mit 44,5 Prozent (1999: 43,3 Prozent, 1998: 42 Prozent, 1995: 37,3 Prozent und 1991: 29,4 Prozent)[64] vor den anderen Energieträgern Heizöl (32,6 Prozent), Fernheizung (12,3 Prozent), Strom (5,9 Prozent) und Kohle (4,7 Prozent) in Führung (mehr zu diesem Thema in Kapitel 5.2.3, Seite

---

[62] Wesentliche Bezugsländer waren die UdSSR (37 Prozent), die Niederlande (25 Prozent), Norwegen (13 Prozent) und Dänemark (weniger als ein Prozent). Siehe Tabelle 12, Seite 117.

[63] Vertiefende Literatur zu der ehemaligen DDR siehe: Mez (1991), Sitte (1994), Harms, Wolfgang (Hrgs.) (1991): Neuordnung der Energiewirtschaft in den ostdeutschen Ländern, Carl Heymanns Verlag KG, Gutmann, Gernot (Hrsg.u. a.) (1984): Das Energieproblem in Ostmitteleuropa, Marburg, Herder-Institut.

[64] DIW (2001b:83), Ruhrgas AG (2001:57).

123). Als kurzer Vergleich soll der Erdgasverbrauch weltweit dargestellt werden und wie er sich auf drei Sektoren verteilt:

In der gesamten Welt machen Haushalte, zusammen mit Kleinverbrauchern, Landwirtschaft und dem öffentlichen Dienst über die Hälfte der Nachfrage aus (IEA, 2001:34). Die Industrie benötigt von 45.133 PJ (gesamter Erdgasverbrauch weltweit) rund 44 Prozent. In Deutschland verbraucht der Industriesektor ungefähr ein Viertel der Nachfrage an Gas. Als dritten Sektor führt die IEA den Transport mit knapp sechs Prozent auf, der in Deutschland bislang keinerlei Rolle spielt. Kraftwerke hingegen, die in Deutschland wiederum 15 Prozent der Erdgasnachfrage stellen, werden international in keiner Statistik aufgeführt.

Ungefähr 28 Prozent, der Erdgaskunden in Deutschland sind Großabnehmer, die hauptsächlich von Ferngasgesellschaften (FGG) versorgt werden. Der Anteil von Erdgas zur Stromerzeugung ist von 9,3 Prozent (1999) auf 8,5 Prozent gefallen (DIW 2001b:87). Zurückzuführen ist dies auf die gestiegenen Importpreise.

Der deutliche Anstieg der Heizölpreise wirkte sich auf die Gaspreise aus, was die Umsätze der meisten Gasversorgungsunternehmen für das Jahr 2000 verbesserte (mehr zu diesem Thema in Kapitel 6, Seite 135).

3.3.1 Energieprognosen

Schon Mark Twain spöttelte einst, dass Prognosen allemal ein schwieriges Geschäft wären, insbesondere wenn es sich dabei um die Zukunft handelt. Dito sind Energieprognosen ein schwieriges Forschungsfeld.

Der Energieverbrauch ist im Laufe der Jahre und mit wachsender Weltbevölkerung stetig gestiegen. Da die Reserven und Ressourcen nicht endlos sind, versuchen Wissenschaftler mit Hilfe ausgefeilter mathematischer Methoden und Szenario-Techniken, Prognosen abzugeben, die den aktuellen wissenschaftlichen Stand der Forschung wiedergeben. Von der Frage, welche Anteile die verschiedenen fossilen (Primär-) Energieträger sowie ihre erneuerbare „Konkurrenz" in Zukunft haben werden, und vor allem wann die Vorräte endlicher Stoffe verbraucht sind, hängen die Entwicklung großer Industriezweige, deren Investitionsentscheidungen und gleichzeitig ganze Volkswirtschaften ab.

Die Schätzungen über verfügbare Energieträger, wurden seit der vermutlich bekanntesten Fehlprognose im Jahr 1972 des „Club of Rome" ständig nach oben korrigiert. Damals erschütterte die Studie „Grenzen des Wachstums" (Meadows, 1972) die westlichen Industrieländer mit der Behauptung, die endlichen Rohstoffreserven, allen voran Erdöl und Erdgas, würden in wenigen Jahrzehnten verbraucht sein und die wirtschaftlich darauf aufgebauten und vollkommen abhängigen Systeme kollabieren lassen.

1981 wurden die Aussagen präzisiert durch die 1977 in Auftrag gegebene US-Studie „Global 2000". Die Autoren gingen davon aus, dass die Förderkapazitäten bei Erdöl nicht so schnell steigen würden wie die Nachfrage. Die Produktion würde aber noch vor dem Ende des Jahrhunderts ihren Höhepunkt überschritten haben, wodurch das schwarze Gold lediglich bis zum Jahr 1990 wichtigster Energieträger bleiben könne (Council on Environmental Quality, 1981).

Durch neue Fördertechnologien werden die Prognosen bis heute erneut nach oben korrigiert, obwohl jährlich tatsächlich mehr Menschen mehr Energie verbrauchen. Nicht beschönigen lässt sich die Tatsache, dass der Höhepunkt der Förderung (zumindest beim Erdöl) definitiv überschritten ist. Von rund 140 Milliarden Tonnen Erdölreserven geht man heute aus, von denen rund 100 Milliarden Tonnen bereits gefördert wurden.[65] Die Schwierigkeit bei Erdöl und Erdgas liegt in der Exploration bisher unwirtschaftlicher Lagerstätten. 85 Milliarden Tonnen Erdöl liegen entdeckt aber derzeit weder technisch noch wirtschaftlich nutzbar unter der Erdoberfläche.[66]

Noch gravierender sieht die Situation beim Erdgas aus: Die Erdgasreserven weltweit werden auf rund 150 Billionen Kubikmeter beziffert (Wingas, s.o.). Damit

---

[65] Siehe Wingas, Erdgas-news, Ausgabe 4/2000, Seite 4.

[66] Die Daten über Strukturen, die häufig mehrere Kilometer unter der Erdoberfläche liegen, werden heute durch die Auswertung von Satellitendaten ermittelt. Lieferten die Satelliten ursprünglich nur fotografische, später auch Infrarot-Aufnahmen, so sind Aufzeichnungen über den Erdmagnetismus und gravimetrische Aufzeichnungen hinzugekommen, also solche, die sich mit dem Schwerkraftfeld der Erde befassen. Aus diesen Daten, deren Auswertung erst durch den Fortschritt der Computertechnik möglich geworden ist, lassen sich Rückschlüsse auf die unter der Erdoberfläche liegenden geologischen Strukturen ziehen. (vgl. Auszüge aus der Rede von Karl-Heinz Schult-Bornemann anlässlich der Vorstellung der Studie ‚Öldorado 2001' am 29. Juni 2001 in Berlin siehe unter:

http://www.esso.de/ueber_uns/energie_umwelt/oel_gasreserven/vortrag_oeldorado/vortrag7.html
)

können noch gut 60 Jahre Erdgas konsumiert werden. Viele Erdgaslager liegen aber in Permafrostgebieten, und um an sie heranzukommen, sind neue, teilweise noch nicht entwickelte Technologien erforderlich.

Zusammenfassend kann also festhalten werden, dass die so genannte „statistische Reichweite" (d. h. sichere Reserven abzüglich dem derzeitigen Verbrauch) und die „dynamische Reichweite" (sichere Reserven abzüglich künftiger Verbrauchsentwicklungen) unter Vorbehalt gesehen werden müssen. Sie beinhalten keine technischen Effizienzsteigerungen und auch keine Substitutionsmöglichkeiten, durch die Ressourcen geschont und damit länger genutzt werden könnten. Prognosen geben nur Anhaltspunkte, die bei Innovationen wie die der Horizontalbohrung (Erschließung mehrerer Felder von nur einer Bohrinsel aus) oder dem Einpressen von Gas zur besseren Ausschöpfung eines Lagers (Kapitel 4.6, Seite 95) revidiert werden müssen.

3.4 Erdgasreserven

3.4.1 Weltweite Reserven

Zum besseren Verständnis soll zunächst auf die Unterscheidung zwischen Erdgas-Reserven und Erdgas-Ressourcen eingegangen werden:

Als Reserven werden diejenigen Mengen bezeichnet, die in einer Lagerstätte nachgewiesen sind und mit bekannter Technologie wirtschaftlich gefördert werden können. Dazu zählen 60-90 Prozent der ursprünglich in Lagerstätten enthaltenen Erdgasmengen.[67] Wobei als Lagerstätten wiederum nur jene zählen, die wirtschaftlich ausreichende Mengen an Erdgas beinhalten und deren Speicherdurchlässigkeit groß genug ist, um eine wirtschaftliche Förderung zu gewährleisten (W.E.G., 2000a:9).

Unter Ressource wiederum werden zum einen diejenigen Vorräte verstanden, die geologisch nachgewiesen sind, derzeit jedoch nicht gewonnen werden können, weil sie zum Teil aus Mangel an Technologie nicht wirtschaftlich genug sind. Zum anderen gehören die Mengen dazu, die noch nicht nachgewiesen, aber aus geologischen Gründen in den betreffenden Gebieten „yet to find", also noch zu erwarten sind (Rempel, 2000).

---

[67] Vgl. Prognos (1996), Rempel (2000), W.E.G. (2000a).

Prognosen über die sicher gewinnbaren Erdgasreserven wurden in den vergangenen 40 Jahren ständig nach oben korrigiert (s. o.). Die Schätzungen fallen allerdings, wie bereits angesprochen, sehr unterschiedlich aus. Nach dem neusten Stand der BGR liegen die weltweiten Vorräte bei 418 Billionen Kubikmetern,[68] während der *US Geological Survey* (USGS) 436 Billionen Kubikmetern anführt (BGR, 2001; USGS, 2000). Das BMWi kommt in seinem Datenreport 2000 auf eine Reichweite von 65 Jahren bei gegenwärtiger Förderung (BMWi, 2000:46).

Hermann Scheer zitiert in seinem Buch 1999 folgende Quellen und ihre Prognosen (Zahlen in Klammern in Billionen Kubikmetern): *US Geological Survey* (131,8), *World Oil, Annual Internaional Outlook* (144,0), *Oil and Gas Journal* (144,3), *BP Statistical Review* (144,7) und die BGR (152,9). Bei einer Jahresförderung von weltweit 2,3 Billionen Kubikmetern wären diese in 57 bis 65 Jahren verbraucht (Scheer, 1999:101).

Eine ESSO-Studie aus dem Jahr 1999 stellt nach eigenen Berechnungen Erdgasreserven von 145,4 Billionen Kubikmeter fest, wovon 76,4 Prozent allein aus nur zehn Ländern stammen (Russland: 48,1; Iran: 23; Katar: 8,5; Vereinigte Arabische Emirate: 6; USA: 4,6; Algerien: 4,5; Venezuela: 4 und Nigeria: 3,5 – alle Angaben in Billionen Kubikmetern).[69] Die Prognos AG ging 1996 von konventionellen Ressourcen in einer Größenordnung von 369 Billionen Kubikmetern aus (Prognos AG, 1996:93).

Nach der BGR sind 15 Prozent der Erdgasreserven aufgebraucht. Bei einem jährlichen Nachfragezuwachs von drei Prozent, was den *IEA-Energy-Outlook*-Prognosen von 2000 entspricht, werden im Jahr 2025 ungefähr 40 Prozent der Erdgasreserven erschöpft sein (Rempel, 2001).[70] Das entspricht der heutigen Situation beim Erdöl. Selbst bei einem Wachstums-Szenarium von jährlich sechs Prozent bis 2025 werden die Erdgasvorräte zu diesem Zeitpunkt noch nicht einmal den *„depletion-midpoint"* (d. h. Energievorräte sind zur Hälfte erschöpft) erreicht haben. Im Gegensatz zum Erdöl kann allerdings das Förderniveau von Erdgas durch den vollkommen

---

[68] Dieses Gesamtpotential ist laut BGR aufgegliedert in bereits geförderte Mengen (68 Bill. m^3) sowie die Reserven (155 Bill. m^3) und Ressourcen (197 Bill. m^3).

[69] Aktuelle Informationen der ESSO AG nachzulesen unter: http://www.esso.de.

[70] Die Studie geht von insgesamt 420 Bill. m^3 konventionellem Erdgas aus, wovon 68 Bill. m^3 bereits gefördert wurden, 155 Bill m^3 als Reserven und 197 Bill. m^3 als Ressourcen vorliegen.

anderen Förderverlauf mit langjährigen Plateaubohrungen noch weit über diesen Punkt hinaus fast konstant gehalten werden (Rempel, 2001).

Die Region mit den größten Erdgasreserven und -ressourcen (rund 37 Prozent) ist zweifelsohne die GUS mit 52 Billionen Kubikmetern (Russland dominiert mit über 30 Prozent), gefolgt vom Mittleren und Nahen Osten (alle voran dem Iran) mit rund einem Drittel (entspricht 46 Billionen Kubikmetern).[71] Diese Regionen vom Nahen Osten bis zur Barentssee werden als „Strategische Ellipse" tituliert.

Die Reichweite der Reserven fällt unterschiedlich aus. So wurden in den USA bereits fast die Hälfte der gesamten Erdgasvorkommen gefördert, während in Russland erst um die zehn Prozent und im Nahen Osten noch weniger als zehn Prozent verbraucht sind. Bezogen auf eine weltweite Förderung zwischen zwei bis zweieinhalb Billionen Kubikmeternn, liegt die Reichweite von Erdgas bei 63 (geht man von den Reserven aus) bis 100 Jahren (zählt man die Ressourcen dazu).

Diese Zahlen sagen aber nichts über die tatsächliche Verfügbarkeit aus. Nimmt man den heutigen Energieverbrauch als Referenzwert, so hat in den USA der „Countdown", schon zur Jahrtausendwende begonnen, während die Regionen im Nahen Osten noch bis zu 200 Jahren Erdgas fördern werden (Rempel, 2001; BMWi, 2000:46).

Neben dem konventionellen Erdgas sind vor allem die Ressourcen an nicht-konventionellem Erdgas für die Zukunft interessant. Gashydratvorräte beispielsweise liegen nach Schätzungen des *Intergovernmental Panel on Climate Change* (IPCC) für etwa 12.000 Jahre vor. Sie werden bereits vorsichtig als „Energie der Zukunft" tituliert.[72]

---

[71] Nach BGR-Angaben verfügen alle OPEC-Länder zusammen über 42 Prozent der Erdgasreserven, während die OECD, als Wirtschaftgruppe mit dem höchsten Energieverbrauch, nur knapp zwölf Prozent an Reserven besitzt. In der EU sind es nur knapp drei Prozent, wobei Norwegen mit zwei Prozent das erdgasreichste Land West-Europas ist (BGR, 1998). Die BP-Statistik für 2000 geht von ganz anderen Werten aus: Danach hat die frühere Sowjetunion 37,8 Prozent der Erdgasreserven und der Nahe Osten 35 Prozent (der Iran besitzt 15,3 Prozent und liegt damit hinter der Russischen Föderation) Die OPEC-Staaten haben zusammen 37 Prozent. Die OECD 8,9 Prozent, von denen 2,2 Prozent aus der EU stammen (1,2 aus den Niederlanden und 0,8 aus Norwegen). Die restlichen Reserven von 18,3 Prozent verteilen sich über die ganze Welt (BP, 2001:20).

[72] Vgl. u. a. Schuh, Hans: Feuer aus dem Eis, DIE ZEIT, Nr. 30. 19. Juni 2001, „Wissen", Seite 27; Spiegel-Online 13. Juli 2001, Artikel in Tages- und Fachzeitschriften aus dem Internet.

3.4.2 Der europäische Erdgasmarkt – Reserven und Preise

Wenn die inländische Produktion von 20 Milliarden Kubikmeter in Deutschland aufrechterhalten werden kann, so reichen die Reserven (350 Milliarden Kubikmeter) nach Ansicht des Wirtschaftsverbandes Erdöl- und Erdgasgewinnung e.V. (W.E.G.) noch weitere 15 bis 20 Jahre, wenn die Produktion in gegenwärtiger Höhe aufrechterhalten wird und keine neuen Vorkommen dazukommen (W.E.G., 2000a:5). Bislang konnte die Förderung aus vorhandenen Lagerstätten durch deren Neubewertung bzw. durch Neufunde aber immer wieder ausgeglichen werden. So auch im Jahr 2000, in dem aufgrund von Neubewertungen von Lagerstätten die verbleibenden Erdgasreserven um 13,8 Milliarden Kubikmeter auf 377,3 Milliarden Kubikmeter angehoben werden konnten, was die Produktion von 21,6 Milliarden Kubikmeter, also sechs Prozent weniger als noch 1999, ausglich (NLfB, 2001:39). Nach neuesten Untersuchungen geht die BGR von der Annahme aus, dass sich Erdgas in tiefen, bislang kaum untersuchten Sedimentschichten Norddeutschlands gebildet haben kann, was auf bislang unberücksichtigte Erdgaspotentiale tief unter Norddeutschland hindeutet (BGR, 1999/2000:55). Insbesondere der technologische Fortschritt verbessert die Möglichkeit, an bis dato unwirtschaftliche Vorräte zu gelangen (Kapitel 4.6, Seite 95). Nach Meinung der Experten soll in Deutschland ein ebenso großes wie heute bereits bekanntes Reservevolumen entdeckt werden können (W.E.G., 2000a:6).

Führendes Bundesland bei der Erdgasförderung und was die inländischen Reserven angeht ist Niedersachsen (Kapitel 4.1, Seite 85). Weitere kleinere Lagerstätten finden sich im Alpenvorland, im Oberrheintal und im Thüringer Becken (W.E.G., 2000a:4). Seit Herbst 2000 werden auch aus dem ersten *Offshore*-Projekt im deutschen Wirtschaftsgebiet der Nordsee, schätzungsweise 1,2 Milliarden Kubikmeter Erdgas gefördert (W.E.G., 2000a:18). Die Förderplattform wurde im so genannten „Entenschnabel", rund 300 Kilometer vor der deutschen Küste, errichtet. In einer Lagerstätten-Tiefe von 2.600 Metern sollen 13,5 Milliarden Kubikmeter Erdgas liegen (W.E.G., 2000a:19).

Die deutsche Förderindustrie steht vor dem Dilemma der vielfach ungünstigen geologischen Verhältnisse, denn das Erdgas liegt in großen Tiefen. Damit sind hohe Kosten und wirtschaftliche Risiken verbunden, weil nicht alle Bohrungen erfolgreich sind.[73] Der überwiegende Teil der Erdgasreserven in Niedersachsen stammt aus Lagerstätten des Zechsteins, wovon wiederum 44 Prozent aus Sandsteinen des Rotliegenden und 40 Prozent aus Karbonaten stammen (NLfB, 2001:39). Diese sind in etwa 250 bis 300 Millionen Jahre alt und liegen überwiegend in Tiefen (Fachausdruck „Teufen") von 3.000 bis 5.000 Metern (W.E.G., 2000a:5). Die restlichen 16 Prozent stammen aus Lagerstätten der Trias, also vorwiegend Buntsandstein (NLfB, 2001:39).[74]

In anderen Ländern finden sich z. B. in Kohleflözen unkonventionelle Gasvorkommen, die bis zu 130 Billionen Kubikmeter erbringen sollen (Prognos, 1996). Dazu ist der Prognos AG zufolge allerdings die Ausschöpfung der Kohlevorräte notwendig, was wiederum eine erhebliche Umweltbelastung darstellt. Auch in den „dichten" Speichergesteinen liegt nach Meinung von Naturwissenschaftlern noch Erdgas. Doch allein die geschätzten zwei Billionen Kubikmeter, die lediglich einer einzigen weltweiten Jahresförderrate entsprechen, würden den immensen Aufwand nicht wirklich lohnen. Unklarheiten bezüglich der Kosten, bestehen auch für Gaspotentiale aus den Sedimentbecken. Wirklich lohnende Vorräte (ca. 1000 Billionen Kubikmeter) befinden sich in Hydraten und Aquiferen (Scheer, 1999:101). Diese Verbindung aus Gas mit Wasser existiert vor allem in den Permafrostgebieten von Alaska, Grönland, Kanada, Russland, der Antarktis und am Kontinentalhang der Ozeane (Scheer, 1999:102).

Deutschland ist in den europäischen Erdgasmarkt eingebunden. Dieser geht von Kasachstan über russisch Weißsibirien bis nach Nord-Afrika. Förderländer sind zu drei Viertel Russland, Großbritannien, die Niederlande und Algerien, wobei Russland mehr als die Hälfte des europäischen Erdgasbedarfs von 1.000 bis 1.100 Milliarden Kubikmetern produziert (BGR, 1998). 350 Milliarden Kubikmeter werden in Europa grenzüberschreitend gehandelt (weltweit wird ein Viertel der Erdgasförderungen gehandelt, s.o.), wovon der größte Teil in gasförmigem Zustand über Pipelines transportiert wird.

---

[73] Bei BEB wurden im Jahr 2000 zwei Explorations- und sieben Produktionsbohrungen auf Gas abgeteuft, davon waren fünf Bohrungen fündig, eine ging fehl und bei drei Bohrungen stand das Ergebnis zum Bilanzstichtag noch nicht sicher fest (BEB, Geschäftsbericht 2000:5).

[74] Siehe auch Kapitel 4, Seite 85.

Die europäischen Erdgasexportländer wie die Niederlande und Norwegen, verfügen nur über begrenzte Reserven von ca. 1,8 Billionen Kubikmetern bzw. 1,2 Billionen Kubikmetern (BP, 2001:20). Auch die Ressourcen von ca. 1,3 bzw. 3,9 Billionen Kubikmetern (BGR, 1998) sind, gemessen am Exportvolumen und dem Bedarf in Europa, bescheiden und schätzungsweise bis 2025 erschöpft. Russland steht mit Reserven von ca. 48,2 Billionen Kubikmetern (BP, 2001; BGR,1998) ein hohes Potenzial zur Verfügung. Diese Quellen liegen allerdings 4000-5000 Kilometer von Westeuropa entfernt. Die Felder auf der Jamal-Halbinsel im hohen Norden Russlands besitzen unerschlossene Reserven von schätzungsweise zehn Billionen Kubikmetern (BGR, 1998). Allein für ihre Erschließung wird mit einem Investitionsbedarf von ca. zehn Milliarden US-Dollar gerechnet. Hinzu kämen Pipelinekosten nach Deutschland von etwa 30 Milliarden US-Dollar. Die Transportkosten würden dieses Erdgas mit ca. 5,11 Euro (zehn DM) pro Kubikmeter belasten.[75]

In vergangenen zehn Jahren lag der Grenzübergangspreis für Erdgas in Deutschland zwischen 0,13 und 0,15 DM pro Kubikmeter. Nach einem Absinken 1999 tendierte er im Jahr 2000 wieder stark nach oben. Die Preisschwankungen ergeben sich vor allem durch die Bindung des Erdgaspreises an den Ölpreis (siehe Kapitel 5.3, Seite 126). Für die relativ stabilen Erdgaspreise spielte auch der Energiemix in Deutschland eine maßgebliche Rolle. Es bleibt abzuwarten, wie sich die Liberalisierung des Gasmarktes auf die künftige Preisentwicklung auswirken wird. Preisreduzierungen wie auf dem Strommarkt werden nicht erwartet. Manche Prognosen gehen eher noch von einem Aufwärtstrend aus. Dieser wird jedoch weniger von der Reservensituation bestimmt, als von steigenden Transportentfernungen und höheren Erschließungskosten für neue Felder. Um eine zukunfts- und wettbewerbsfähige Erdgasversorgung sicherzustellen, sind erhebliche Investitionen für die Infrastruktur erforderlich (BGR, 1998; W.E.G, 2000a). Voraussetzung ist nach Meinung der meisten FGGs eine Politik, die durch gesicherte Rahmenbedingungen einen reibungslosen Handel gewährleistet.[76]

---

[75] Nachzulesen unter: http://www.bgr.de/b123/rohstoffsituation98.htm (Stand: August 2001).
[76] Aussagen von Mitarbeitern der Wingas, Ruhrgas, EWE, GSV und VNG.

3.5 Zusammenfassung – Produktion und Verbrauch

Bevölkerungswachstum und steigendes Einkommen führen in der Regel zu einem höheren PEV. Dennoch wird der Energieverbrauch laut Prognosen weltweit auch weiterhin jährlich nicht um mehr als durchschnittliche zwei Prozent ansteigen. Erdöl bleibt weltweit betrachtet mit einem Anteil von rund 40 Prozent führender Energieträger, gefolgt von Erdgas,[77] das in den kommenden Jahren über ein Viertel des PEV ausmachen wird und damit die Steinkohle auch aus wirtschaftlicher und umweltrelevanter Überlegenheit auf Platz drei verweist.[78] Nuklearenergie wird in der Welt-PEV-Statstik nach dem schnellen Wachstum während der 1980er Jahre keine Zugewinne mehr verzeichnen, sondern langsam wieder sinken. Verhältnismäßig stark könnten dagegen die Erneuerbaren Energien wachsen, allerdings nicht in den kommenden Dekaden, sondern in langfristiger Perspektive. In Deutschland sieht der PEV ähnlich aus, jedoch gänzlich ohne den Anteil von brennbaren Materialien bzw. Abfall (Kompost), wie sie in den so genannten Dritte Welt Ländern häufig zur Energieverwendung eingesetzt werden.

Tabelle 4 und Tabelle 5 geben die Erdgasproduktion und den -verbrauch der zehn wichtigsten Länder für 2000 in Milliarden Kubikmetern und als prozentualen Anteil wieder. Dabei stehen die USA jeweils an erster Stelle. Was die inländische Förderung Nordamerikas angeht, so hat das Land bereits den *depletion-mid-point* seiner Erdgasreserven weit überschritten und kann sich nur noch wenige Jahre ihrer bedienen. Die BP-Statstik geht von 8,7 Jahren für die USA und 10,3 Jahre für Kanada aus. In Mexiko haben die Reserven noch eine Reichweite von ungefähr 24 Jahren. Gemessen an den Gesamtreserven wird Nordamerika in knapp zehn Jahren über keine eigene Erdgasproduktion mehr verfügen. In Europa sind die Reserven rein rechnerisch gesehen in 17,5 Jahren erschöpft. Der Nahe Osten wird, gemessen zum Verbrauch und derzeitigem Export der erdgasfördernden Länder, am längsten über Erdgasreserven verfügen (BP; 2001:20).

---

[77] Die BGR geht von der Annahme aus, „daß Erdgas zumindest in der ersten Hälfte des 21. Jahrhunderts die Rolle von Erdöl als (Anm.: weltweit) wichtigster Energieträger übernehmen könnte." (BGR, 1999/2000:56).

[78] Der Erdgasverbrauch ist im Jahr 2000 in den USA um 4,8 Prozent gewachsen, in der EU waren es 3,6 Prozentpunkte und in der asiatisch-pazifischen Region 7,8 Prozent (BP, 2000).

Tabelle 4: Förderung u. Reichweite (R/a)

Tabelle 5: Erdgasverbrauch 2000

Land	Mrd. m³	in %	R/a
USA	555,6	22,9	8,7
Russ. Föd.	545,0	22,5	83,7
Kanada	167,8	6,9	10,3
Großbritannien	108,1	4,5	7,0
Algerien	89,3	3,7	50,6
Indonesien	63,9	2,6	32,0
Iran	60,2	2,5	>100
Niederlande	57,3	2,4	26,9
Norwegen	52,4	2,2	23,8
Usbekistan	52,2	2,2	34,0
Sonstige	670,5	27,6	52,3
WELT	**2.422,3**	**100**	**61,0**

Land	Mrd. m³	in %
USA	654,4	27,2
Russ. Föd.	377,2	15,7
Großbritannien	95,7	4,0
Deutschland	79,2	3,3
Kanada	77,8	3,2
Japan	76,2	3,2
Ukraine	68,5	2,9
Italien	63,8	2,7
Iran	62,9	2,6
Usbekistan	49,8	2,1
Sonstige	799,1	33,2
WELT	**2.404,6**	**100**

Quelle: *BP statistical review of world energy, june 2001*

Angesichts der nunmehr überschaubaren Reichweite fossiler Energiereserven allgemein und Erdgasreserven im Speziellen werden unkonventionelle Erdgasvorkommen wie z. B. Gashydrate (vgl. Kapitel 4.2, Seite 86) immer interessanter für eine zukunftsfähige weltweite Energieversorgung. Das sind feste, eisähnliche Verbindungen aus Wasser und Erdgas, die in Porenräumen der Gesteine unter ganz bestimmten Druck- und Temperaturbedingungen vorkommen. Diese Voraussetzungen werden in Sedimenten der Ozeane und Polarregionen erfüllt.

Obwohl es bei der globalen Bilanzierung noch Unsicherheiten gibt, gehen Experten heute von einer Größenordnung um 10.000 Gigatonnen Kohlenstoff aus, der in Gashydraten gebunden ist.[79] Dies übersteigt die Kohlenstoffmenge derzeit bekannter Vorkommen fossiler Brennstoffe bei weitem und stellt ein großes Potenzial für die Zukunft dar, sobald die konventionellen Energieträger erschöpft sein werden. Vorraussetzung dafür ist allerdings, dass, unabhängig von der Treibhausproblematik durch das Kohlendioxid bei der der Verbrennung,[80] Fördermethoden entwickelt werden, die einen wirtschaftlichen und umweltschonenden Abbau sowohl im marinen Bereich als auch in Permafrostgebieten erlauben.

---

[79] Vgl. BGR, 1999/2000; Geomar 2001 (unter http://www.gashydrate.de), Fachzeitschriften etc.

[80] Methan wirkt in der Atmosphäre ähnlich wie Kohlendioxid als Treibhausgas (allerdings 30-mal stärker) und beteiligt sich an der globalen Erwärmung der Atmosphäre.

4 Technische Begriffsklärung

4.1 Entstehung von Gas und von Erdgaslagerstätten

Die Bildung von Erdgas (und Erdöl) aus Muttergesteinen[81] vollzieht sich in einem Jahrmillionen währenden Prozess. Mehrere komplexe Abläufe müssen gleichzeitig erfolgen und viele verschiedene Stufen durchlaufen werden, bevor die „Inkohlung" (die Voraussetzung für die Bildung von Erdgas) stattfindet.

Wichtige Bedingung dafür ist die Aufspaltung in organische Verbindungen wie Methan und Benzol und daraufhin eine teilweise Wiederanlagerung dieser Verbindungen untereinander zu komplizierten Molekülen. Am Anfang stehen dabei organische Substanzen, meist Pflanzen, deren Verwesungsprozess durch Sauerstoffmangel behindert wird (z. B. in tropischen Sumpfregionen). Am Ende dieses Verwesungs- und Kompostierungsverlaufs bildet sich Torf, der im Laufe der Jahrtausende immer wieder durch Anstieg des Meeresspiegel überflutet wurde und auf dem sich Sande und Tone ablagerten. Wenn der Meeresspiegel sank, konnten wieder Pflanzen auf dem angetrockneten Boden wachsen, die ihrerseits organische Substanz abgaben. Durch die mehrfache Änderung des Meeresspiegels und der Überlagerung geologisch immer jüngerer Schichten (Torf, Sand und Ton) wurden die Torfschichten zunächst in Braunkohle und später in Steinkohle, dem „Muttergestein" von Erdgas (und Erdöl), umgewandelt. Vorraussetzung für die Erdgasbildung ist die Erwärmung des Muttergesteins, das immer tiefer gelangt und vom Erdinneren langsam aufgeheizt wird („Reifung" des Muttergesteins). Bei Temperaturen von 120 bis 180 Grad Celsius in etwa 4.000 bis 6.000 Metern Tiefe bildet sich schließlich Erdgas.

In großen Teilen Mittel- und Nordeuropas sowie in Nordamerika kam es im späten Altertum (vor 290 bis 315 Millionen Jahren) zu der oben beschriebenen Entwicklung. Damals lagen diese Gebiete noch in tropischen Regionen nahe dem Äquator. Seit dem Beginn der Öffnung des Südatlantiks (vor etwa 150 Millionen Jahren), als der alte Gondwana-Kontinent auseinanderbrach, bewegten sich Südamerika und Afrika kontinuierlich voneinander weg (BGR, 1999/2000:54). Die dabei absinkenden Ränder der auseinanderdriftenden Kontinente füllen sich seither mit dem Ge-

---

[81] „Muttergestein" sind Schichten, deren Anteil an organischer Materie höher als zwei Prozent ist. (Mobil, 1997:11).

steinsschutt der angrenzenden Landmassen. Das Erdgas in Deutschland stammt aus Formationen des Zechsteins und des Rotliegenden, die ungefähr 250 bis 300 Millionen Jahre alt sind und in Teufen (Fachausdruck für „Tiefen") von 3.000 bis 5.000 liegen.

4.2 Zusammensetzung von Gas und seine Qualität

Man unterscheidet zwei Arten von Erdgas (Rempel, 2000):

- konventionelles, d. h. freies Erdgas und Erdölgas, also in Erdöl gelöstes Erdgas

- nichtkonventionelles Erdgas, z. B. Flözgas (*coal bed methan, CBM*), Aquifergas, Erdgas in dichten Speichern (*tight gas*) und Gashydrate.[82]

Je nach Herkunft wird zusätzlich zwischen sechs unterschiedlichen Gasqualitäten differenziert: H-Gas GUS, H-Gas Nordverbund, H-Gas Nordsee, L-Gas Holland/Verbund, L-Gas Nordverbund. L-Gas besitzt allgemein einen geringeren Methan- und einen höheren Stickstoffanteil und damit einen geringeren Heizwert. Aber auch zwischen den H-Gasen gibt es Unterschiede im Brennwert, so ist H-Gas aus der Nordsee besser als das aus Russland (siehe Tabelle 6). Diese Unterschiede sind charakteristisch für den europäischen Gasmarkt und beeinträchtigen gleichzeitig die Inter-Operabilität der Netze.[83]

---

[82] Gashydrate sind unter hohem Druck und bei tiefen Temperaturen entstandene Gas-Eiskristalle. Ähnlich wie Erdöl oder -gas entstehen sie durch bakteriellen Abbau organischen Materials, bei dem am Ende Gase (überwiegend Methan) in die Meeressedimente entlassen werden. Unter den speziellen Bedingungen der Tiefsee oder in polaren Gebieten nahe dem Gefrierpunkt bilden sich so genannten „Clathrate", die das verdichtete Gas als Wassergitter umgeben und festhalten. In jedem Kubikmeter Meeresboden sind an diesen Gashydratvorkommen bis zu 164 Kubikmeter Methaneis eingeschlossen. Derzeit werden verschiedene Abbaumethoden diskutiert und entwickelt. In Japan, wo der Gaspreis durch den aufwendigen Import bereits ein Vielfaches gegenüber Europa beträgt, sind erste Probebohrungen in den Tiefseegasfelder bereits erfolgt. Inwieweit der Abbau allerdings zu Umweltveränderungen am Meeresboden (z. B. durch untermeerische Erdrutsche, Zerstörung der Tiefseefauna) oder an Land (Methan ist ein 25-mal stärkeres Treibhausgas als CO_2) führen kann, ist unbekannt. Ebenso die Wechselwirkung der Methanhydrate mit dem Klima, denn wenn Methan in die Atmosphäre gelangt, so wirkt es ähnlich wie Kohlendioxid als Treibhausgas und beteiligt sich an der globalen Erwärmung der Atmosphäre. (weitere Informationen siehe unter http://www.gashydrate.de).

[83] Siehe Bericht der Kommission an den Rat und das Europäische Parlament über den Harmonisierungsbedarf (Richtlinie 98/30/EG), Brüssel den 23. November 1999, KOM (1999) 612 endg., Seite 4f.

Tabelle 6: Stoffliche Eigenschaften verschiedener Gassorten (Brennstoffeigenschaften im Liefer- bzw. Verwendungszustand). Bestandteile in Volumen-Prozent

		Nordsee	Russland	Mischgas	L-Gas	H-Gas	Kokereigas	Gichtgas
Gaszusammensetzung:								
Methan	CH_4		98,26	88,89	81,3	85,8	26,0	0,0
Ethan	C_2H_6	96,0	0,54	6,16	2,8	8,5	2,0	0,0
Propan	C_3H_8		0,19	1,19	0,4	2,5	0,0	0,0
Wasser	H_2	--	0,09	0,57	0,0	0,5	55,0	0,0
Stickstoff	N_2	3,2	0,84	2,33	14,4	0,5	10,0	56,5
Kohlendioxid	CO_2	0,8	0,08	0,84	0,7	1,5	2,0	20,0
Kohlenmonoxid	CO	--	--	--	0,0	0,0	5,0	23,5
(Norm-) Dichte (kg/m^3)		0,795	0,731	0,808	0,833	0,855	0,506	1,544
relative Dichte d_v (kg/m^3)		0,620	0,565	0,625				
Brennwert H_n (kWh/m^3)		11,2-11,3	11,06	11,61				
Zündgrenzen:								
in Luft Z_n		4,4	4,4	4,2				
in Vol. %Z_n		16,9	16,5	16,2				
Zündtemperatur °C		635-670	640	640				

Quelle: *für die Nordsee: http://www.sw-magdeburg.de/swm/wir_ueber_uns/gas_qualitaet.html (Stand Dez. 2001); für Russland und Mischgas: http://ferngas-nordbayern.de/f_start.html (Stand Dez. 2001); Rest: Mohr/Ziolek (u.a), 1998, S. 113*

Infolge der vielfältigen chemischen Vorgänge mit unterschiedlichen Ausgangs-materialien und unterschiedlichen äußeren Umständen ist Erdgas wie Tabelle 6 zeigt, kein chemisch reiner Stoff, sondern ein Gemisch aus Gasen, dessen wichtigste Bestandteile Kohlenstoff und Wasserstoff sind. Daher werden Erdgas und Erdöl zusammenfassend auch als Kohlenwasserstoffe bezeichnet (W.E.G., 2000a:9). Neben diesen Bestandteilen variieren die Anteile an Methan, Äthan, Propan, Butan (also höhere Kohlenwasserstoffe) und an brennbaren Bestandteilen wie Kohlendioxid (CO_2) und Stickstoff (N_2).

Das Erdgas aus Deutschland enthält zusätzlich in unterschiedlich hoher Konzentration (bis zu 40 Prozent) übelriechenden, giftigen und stark korrosiven Schwefelwasserstoff (H_2S), der entfernt werden muss, bevor das Erdgas verwendet wird. Das betrifft insbesondere Erdgase, die sich im Zechstein befinden, so genannte „Sauergase".

Die Förderung schwefelstoffhaltiger Gase erfordert besondere Vorkehrungen, z. B. in Form zusätzlich gesicherter Rohrleitungen, die einer Korrosion und Versprödung widerstehen. Aus diesen Sicherheits- und Umweltschutzgründen wird der Schwefelwasserstoff zunächst in eine zentrale Aufbereitungsanlage transportiert,[84] um ihn dem Erdgas in einem chemisch-physikalischen Waschprozess zu entziehen. Der Schwefelwasserstoff wird bei diesem Vorgang in elementaren Schwefel umgewandelt und dient anschließend hauptsächlich der chemischen Industrie als Grundstoff.[85]

Neben dem Sauergas findet sich in dem Gebiet zwischen Elbe und Ems auch so genanntes „Süßgas". Diesem wird nach der Produktion lediglich noch Restwasser entzogen, bevor es in das Transportsystem eingespeist werden kann.

Bei der Ölförderung ist Erdgas oft ein Nebenprodukt, das wegen der Transport- und Lagerungsprobleme lange Zeit in gewaltigen Mengen abgefackelt wurde, also ungenutzt verbrannte. Erdgas wird allerdings zunehmend auch für erdölfördernde Länder unter dem Aspekt der Wirtschaftlichkeit interessant. So schneidet Erdgas unter Umweltgesichtspunkten im Vergleich zu anderen fossilen Energieträgern besser ab, da es bezogen auf seine Energieausbeute geringere Mengen Kohlenwasserstoff emittiert, was hauptsächlich von den westlichen Industrieländern als Verkaufsargument angesehen wird. Erdgas steht als Nebenprodukt also oft im Zusammenhang mit Öl oder aber mit Steinkohle (s. o.). Daher finden sich große Erdgaslagerstätten nicht nur in Erdölfeldern, sondern auch, wie in den Niederlanden, über tiefliegenden Steinkohleflözen (Heinloth, 1983:23).

Da Erdgasqualitäten, wie oben erwähnt, nicht beliebig austauschbar sind, müssen Anpassungsmaßnahmen erfolgen.[86] Das kann in Ländern, in denen sowohl L- als auch H-Gas geliefert wird, durch die Einspeisung in gesonderte Leitungen erfolgen,

---

[84] In Großkneten betreibt BEB die weltweit viertgrößte Erdgasaufbereitungsanlage (BEB, 2000).

[85] Die Schwefelproduktion aus der Erdgasgewinnung beträgt laut W.E.G. (2000a:16) in Deutschland rund eine Million Tonnen im Jahr. Davon werden 0,7 Millionen Tonnen Schwefel alleine von BEB produziert (siehe BEB Geschäftsbericht, 2000).

[86] Erdgasqualitäten werden mit Hilfe des so genannten Wobbeindex festgelegt, der von Land zu Land unterschiedlich ist. Er bezeichnet das Verhältnis Gas/Luft und die Brenneigenschaften in Form der Wärmelieferungen an den Brenner. Der Wobbeindext sollte dabei möglichst konstant bleiben (siehe Erklärung „Der Brockhaus multimedia 2002", Stichwort: „Wobbeindex").

um einen sicheren und wirtschaftlichen Betrieb der Gasgeräte und Brenner zu gewährleisten, da die Anlagen meistens für einen bestimmten Bereich von Erdgasqualitäten zugelassen und ausgelegt sind.[87]

4.3 Der Faktor Umwelt

Energiegewinnung sowie Energieverbrauch implizieren die Inanspruchnahme der Ressource „Umwelt". Bei der Verbrennung fossiler Energieträger werden verschiedene Schadstoffe wie Schwefeldioxid (SO_2), Stickstoffoxide (NO_x) oder auch Kohlendioxid (CO_2) freigesetzt. Ein Teil dieser Stoffe kann heute mit Hilfe von Filtern oder besonderen Verfahren zurückgehalten werden, bevor sie in die Umwelt gelangen und dort zusätzliche Kosten verursachen. Die Freisetzung von CO_2 ist bei der Verbrennung aber nicht zu verhindern. Nach dem wissenschaftlichen Stand der Forschung geht diese allerdings Hand in Hand mit der Erwärmung der Erdatmosphäre und damit der Verstärkung des Treibhauseffektes. Wer verursacht nun derartige Schäden und wer muss dafür aufkommen?

Aus wirtschaftstheoretischer Sicht liegt die Ursache des Umweltproblems darin, dass der Betreiber einer umweltbelastenden Aktivität bei Dritten Kosten verursacht (insb. durch Emissionen), die er bei der Entscheidung über die Qualität und das Ausmaß seiner Aktivität nicht berücksichtigt. Er verursacht damit „externe Effekte".[88] Durch sie entstehen im Marktsystem erhebliche Allokationsprobleme. Findet keine so genannte „Internalisierung" statt, so kommt es durch die negativen Umweltexternalitäten zu Wohlfahrtsverlusten, denn die Kosten müssen in letzter Konsequenz vom Staat und damit dem Steuerzahler getragen werden.

---

[87] Durch entsprechende Gasaufbereitung kann die H-Gas-Qualität zusätzlich nach oben oder unten korrigiert werden, nicht jedoch der Brennwert von Erdgas der Gruppe L in Erdgas die Gruppe H. Daher auch der Transport durch separate Leitungen. Siehe: Bericht der Kommission an den Rat und das Europäische Parlament über den Harmonisierungsbedarf (Richtlinie 98/30/EG), Brüssel den 23. November 1999, KOM (1999) 612 endg., Seite 4f.

[88] Ronald Coase hat hierzu 1960 ein Theorem entwickelt. Seine Überlegung basiert darauf, dass Externalitäten wechselseitiger Natur sind (Reziprozität). Das bedeutet: der physische Verursacher von externen Effekten (z. B. Ausstoss von Schadstoffen) ist nicht notwendigerweise mit dem Verursacher von externen Kosten identisch. Externe Effekte entstehen beispielsweise durch konkurrierende Ansprüche an dieselbe natürliche Ressource (z. B. die Nutzung sauberen Flußwassers durch ein Chemieunternehmen und einem Fischzüchter). Mehr zum Coase-Theorem: "The Problem of Social Cost", in: The Journal of Law and Economics, October, 1960. North, Gary (1992): Coase Theorem, Tyler (Texas).

Die Bundesrepublik Deutschland ist neben ihrer nationalen Klimaschutzverpflichtung, nach der die CO_2-Emissionen bis 2005 um 25 Prozent gegenüber 1990 reduziert sein müssen, auch internationale Verpflichtungen eingegangen, wie z. B. die zwischen den EU-Mitgliedstaaten vereinbarte Lastenteilung im Rahmen des Kyoto-Protokolls, die Treibhausgase um 21 Prozent bis zum Zeitraum 2008/2012 gegenüber 1990 zu reduzieren.[89] Daher muss die Politik bei allen zukünftigen energiepolitischen Maßnahmen die Ressourcenschonung und den Klimaschutz berücksichtigen.[90]

Neben der Politik ist auch die deutsche Gaswirtschaft 1995 eine Selbstverpflichtung zur Minderung der CO_2-Emissionen im Rahmen der „Initiative der deutschen Wirtschaft für einen weltweiten Klimaschutz" eingegangen (Czernie, 1998:58). Ziel ist die Kohlendioxid-Emissionen bis zum Jahr 2005 durch den Erdgaseinsatz im Bereich der Raumwärme privater Haushalte um ein Drittel zu senken. Das entspricht einer CO_2-Reduzierung von 30 bis 40 Millionen Tonnen gegenüber 1990.

Abbildung 3 (Seite 91) zeigt die Entwicklung der energiebedingten CO_2-Emissionen (Emi) in Deutschland seit der Wiedervereinigung von 1990. Dabei wurde zwischen 1990 bis 1991 ein Rückgang von 6,6 Prozent verzeichnet, der dem so genannten „wallfall profit" zuzurechnen ist, der Umstellung von Kohle auf Gas und dem Zusammenbruch von Alt-Industrien in den neuen Bundesländern. Im darauffolgenden Jahr waren es nur noch minus drei Prozent gegenüber dem Vorjahr. 1993 sank die Zahl erneut um 0,5 Prozentpunkte auf 2,5 Prozent. 1994 gab es zum ersten Mal wieder einen leichten Anstieg von 0,4 Prozent. Seitdem bewegten sich die Veränderungen zwischen minus 1,9 (1995) bzw. 2,0 (1999) und plus eins

---

[89] Die 160 Teilnehmerstaaten haben sich durchschnittlich lediglich zu einer Reduzierung von 5,2 Prozent verpflichtet. Die EU liegt um 2,8 Prozentpunkte darüber. Die Quote für Deutschland und die übrigen Mitgliedstaaten wurden im Juni 1998 von den jeweiligen EU-Ministern verbindlich festgelegt (BMWi, Energiedaten 2000, Seite 14).

[90] Besonders deutlich wird die Verflechtung von Energie und Umwelt in Energiebilanzen, in denen eine Matrix das Aufkommen, die Umwandlung und die Verwendung von Energieträgern in einer Volkswirtschaft aufzeigt und analysiert. Der Prozess von der Energiegewinnung bis zum Endverbrauch bewirkt eine Reihe von Umweltproblemen, die auch in der Politikwissenschaft Beachtung finden. Die Forschungsstelle für Umweltpolitik in Berlin (FFU) hat ein Untersuchungsraster erstellt, das eigens Energiepolitik und ökologischen Problemdruck nachzeichnet, womit das Modell Czakainskis' (siehe Kapitel 2, Seite 53) erweitert wird (siehe Mez, 1991a).

(2000). Ob Deutschland seine Reduktions-Verpflichtungen einhalten kann ist fraglich, wenngleich der CO_2-Ausstoß zwischen 1990 und 1999 um 15 Prozent verringert werden konnte.

Abbildung 3: Entwicklung der energiebedingten Kohlendioxidemissionen in Deutschland

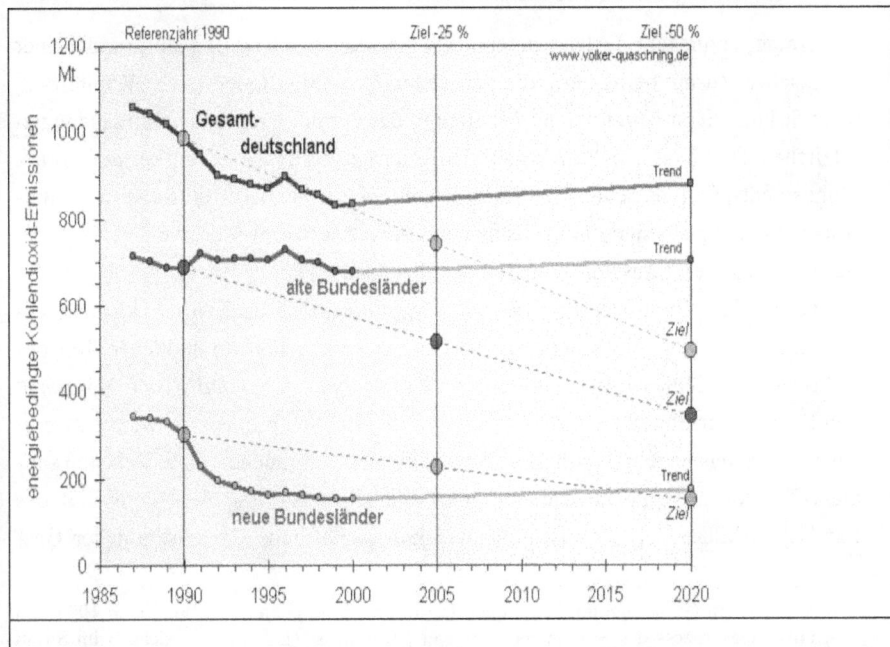

Emissionen⬇	1990	1991	1992	1993	1994	1995	1996	1997	1998	1999	2000
Gesamt	1.014,5	977,0	927,3	917,3	904,1	904,5	918,9	894,0	883,0	991,0	836,0
Energiebedingt	986,6	950,6	901,4	893,1	876,8	876,7	900,1	866,2	860,4	832,8	834,3
Energiebedingt und temperatur-bereinigt	1.014,2	947,5	918,7	895,7	899,1	882,3	874,0	871,2	871,6	853,9	862,6

Quelle: *BMU, DIW und Volker Quaschning (www.volker-quaschning.de Stand 7 Jun. 2001)*

1999 entstanden 37 Prozent des energiebedingten CO_2-Ausstoßes bei der Verbrennung von Mineralöl (308 Millionen Tonnen ohne Flugtreibstoffverbrauch), 23 Prozent bei der Erdgasverbrennung (197 Millionen Tonnen) sowie je knapp 20 Prozent durch Braun- und Steinkohle (165 Millionen Tonnen bzw. 161 Millionen Tonnen).[91]

---

[91] BMWi, Energiedaten 2000, Seite 17.

Der Vorteil von Erdgas ist, dass es kaum schadstoffbildenden Bestandteile enthält (s. o.). Dadurch lässt sich gerade in Ballungsgebieten die Umweltbelastung spürbar verringern. Auch durch die Entwicklung besonders energiesparender Gasgeräte konnte ein Beitrag zur Umweltentlastung geleistet werden.

Außerdem verursacht Erdgas unter allen fossilen Brennstoffen aufgrund seiner chemischen Zusammensetzung die geringsten CO_2-Emissionen (siehe Kapitel 4.2, Seite 86) und kann damit bei der Minderung des vermutlich klimagefährdenden zusätzlichen Treibhauseffekts wertvolle Hilfe leisten.[92] Diese beginnt bei der Förderung: so entspricht es deutschem Techniktstandard, die bei der Erdölförderung anfallenden Begleitgasmengen umweltschonend zu verwerten, wodurch eine erhebliche Verringerung der Emissionen erzielt werden kann. Dieses Prinzip wird von der deutschen E&P-Industrie (*exploitation and produktion*) auch im Ausland angewandt, z. B. an der Südspitze Argentiniens, wo, wie schon im südlichen Teil des Nationalparks Schleswig-Holsteinisches Wattenmeer, „*Extended Reach Bohrung*" von Land aus erfolgreich abgeteuft werden.[93] Schließlich bringen die weitverzweigten Versorgungsnetze das Erdgas unterirdisch zum Verbraucher, ohne Belastung für die öffentlichen Verkehrswege und ohne bleibende Störung der Natur und des Landschaftsbildes.[94] Die strukturelle wie gesellschaftliche Organisation der Gas-

---

[92] Das ist mit ein Grund warum der Einsatz der rot-grünen Regierungskoalition (seit 1998) am Liberalisierungsprozess des Strommarktes aktiver gewesen ist als beim Gas, denn beim Strom ging es durch die Frage nach dem Anteil der Energieträger (Kernenergie, KWK, erneuerbare Energien etc.) um besondere Interessen der Bündnis Grünen, die erstmals rechtlich geregelt werden konnten (z. B. Vergütungen für die Einspeisung „grünen" Stroms). Auszug aus der Koalitionsvereinbarung zwischen SPD und Bündnis 90/Die Grünen von 20. Oktober 1998 (Punkt IV.1): „Für den Schutz des Klimas wird die neue Bundesregierung in allen Bereichen die Anstrengungen verstärken. Sie bekräftigt das Ziel, insbesondere die CO_2-Emissionen bis zum Jahr 2005 gegenüber 1990 um 25 Prozent zu reduzieren. Unser Ziel ist eine effiziente und umweltverträgliche Energieversorgung. Wir werden die erneuerbaren Energien verstärkt fördern, die Rahmenbedingungen schaffen, um den Energieverbrauch deutlich zu senken, und so schnell wie möglich aus der Atomenergie aussteigen. Die Steigerung der Energie- und Ressourcenproduktivität erbringt neue wirtschaftliche Vorteile und erschließt wichtige Zukunftsmärkte. Sie führt zu Kostenentlastungen bei den privaten und öffentlichen Haushalten."

[93] Siehe auch Broschüre des W.E.G: Die deutsche E&P-Industrie: weltweit aktiv, Seite 4.

[94] Das Wingas-Projekt „Erdgas-Anschluss-Leitung Rhein-Main", in dem von Rodgau (an der MIDAL-Leitung Maintal bei Hanau) bis nach Frankfurt-Höchst eine 35 km lange Leitung gebaut werden sollte, wurde aus Umweltschutzgründen von der Regionalversammlung Südhessens abgelehnt. Grund war eine Abweichung vom Regionalplan in der einige Hektar Bannwald hätten gerodet werden müssen. (Wingas Presse Info und ZfK, 21. Aug. 2001).

wirtschaft, von der auch ihre Entwicklung abhängt, kann als Ergebnis von vier unterschiedlichen Einflüssen gesehen werden, denen sich Ende der 70er, Anfang der 80er Jahre des 20. Jahrhunderts der Faktor Umwelt hinzugesellt hat:

- Technologie,
- Stand der Wirtschaft,
- Konsumverhalten der Verbraucher (d.h. der Gesellschaft)
- Politik eines Landes

Insbesondere die Klimaproblematik, die an Grenzen nicht Halt macht, forciert nicht nur politisches Handeln auf nationaler und internationaler Ebene (Beispiel: Kyoto). Auch der wissenschaftliche und wirtschaftliche Wettbewerb wird gefördert. Staaten, die aufgrund ihrer eingegangenen Verpflichtungen, Gesetze erlassen, „motivieren" die Wissenschaft und Unternehmen dazu, nach neuen umweltschonende Technologien zu forschen bzw. in diese Forschung zu investieren (z. B. zur Einsparung von CO_2-Emissionen, um keine Emissionssteuern zu zahlen).

Dabei

> „wird der Anspruch, ein umweltpolitisches Pionierland (*model country*) zu sein (...), erstaunlich oft erhoben. In aller Regel dient er der innenpolitischen Profilierung von Regierungen. Vorreiterländer entwickeln aber auch internnationale Aktivitäten zur Propagierung ihrer umweltpolitischen Neuerungen." (Jänicke, 1999:151)

Genau genommen, haben Vorreiterstaaten durchaus Interesse daran, dass ihre Standards von anderen Ländern übernommen werden (Héritier, 1994), denn „proaktive" Umweltpolitik kann Wettbewerbsvorteile (*first-mover advantage*) für ein Land schaffen (Jänicke, 1999:150).

4.4 Gasgewinnung (Exploration und Produktion)

Wird das Muttergestein durch die darüber liegende Last zusammengedrückt verliert es einen großen Teil des ursprünglichen Porenraums. Die gasförmigen und flüssigen Kohlenwasserstoffe steigen infolgedessen über durchlässige Schichten durch den Porenraum oder entlang von Gesteinsrissen nach oben, d. h. es werden keine Pumpen benötigt. Erreichen sie die Oberfläche, so können sich „Ölkuhlen" bilden, wie bei Wietze in der Nähe von Celle und in Oelheim bei Peine oder auch „ewige Feuer" wie im Iran (W.E.G., 2000a:9). Stoßen Erdgas und Erdöl bei ihrem Aufstieg auf undurchlässige Schichten (Salz, Mergel oder Ton), so sammeln sie sich unter diesen Gesteinsschichten an. Im günstigsten Fall befinden sich unter der undurchlässigen Abdeckung poröser, speicherfähiger Sandstein oder zerklüfteter Kalkstein, der überdies nicht waagerecht, sondern durch Bewegungen der Erdkruste verbogen ist. Dadurch können sich aufsteigende Kohlenwasserstoffe dauerhaft in solchen Lagerstätte ansammeln. Doch diese Vorkommen sind selten, sehr viel häufiger sind die Bedingungen der Wirtschaftlichkeit nicht erfüllt (deshalb unterscheidet man auch zwischen Ressourcen und Reserven siehe Kapitel 3.4.1, Seite 77).

4.5 Geographische Aspekte und Investitionen in Deutschland

Bei der Exploration und Produktion von Erdgas und Erdöl in Deutschland wirken sich die oft ungünstigen geologischen Verhältnisse negativ aus. Mit den großen Tiefen der Lagerstätten sind höhere Kosten verbunden. Beispielsweise entstehen bei einer für heute typischen Bohrung von 5.000 Metern Tiefe Kosten in Höhe von sieben bis zwölf Millionen Euro (W.E.G. 2000:13). Nach weitgehender Erforschung flacherer Horizonte musste aber immer tiefer gebohrt werden, was überproportionale Baukosten zur Folge hat. Die inländischen Hauptquellen liegen vorwiegend in Norddeutschland. In der Nordsee hatte Deutschland im Vergleich zu den anderen Nordseeanrainern wenig Glück. Denn obwohl die Erdgasreserven dort nach heutigen Schätzungen rund 4,5 Billionen Kubikmeter betragen (BP, 2000), konnte im begrenzten Explorationssektor der Bundesrepublik bis zum Jahr 2000 keine Funde erzielt werden. Über 510 Millionen Euro (eine Milliarde DM) und über 50 Bohrungen hatte die Industrie bis dato für die Suche nach Erdöl und Erdgas aufgewandt. Erst seit Herbst 2000 werden im so genannten „Entenschnabel"[95] schätzungsweise 1,2 Milliarden Kubikmeter Gas jährlich gefördert (W.E.G., 2000a:19).

Die Plattform steht mit einem Gewicht von 2.700 Tonnen in einer Wassertiefe von 48 Metern. Die Lagerstätte, die in 2.600 Metern Tiefe liegt, wird über zwei Produktionsbohrungen mit einer Länge von je rund 3.800 Metern erschlossen, von denen jeweils 1.000 Meter horizontal in die Erdgaslagerstätte gebohrt wurden (W.E.G., 2000a:19).

---

[95] Der Name beschreibt die Form des deutschen Wirtschaftsgebietes in der Nordsee.

Über lange Leitungen erreicht das Erdgas von den Nordsee-Bohrinseln das Festland und wird dort über ein dichtes Netz in die einzelnen Bundesländer, Regionen, Städte und Dörfer transportiert. Dabei gehen Erdöl- und Erdgasförderung in die Leistungsbilanz der Bundesrepublik Deutschland ein und entlasten sie dadurch, dass jede Tonne bzw. jeder Kubikmeter inländischer Förderung nicht mehr aus dem Ausland importiert zu werden braucht. Außerdem spielen die Unternehmen der Förderindustrie als Arbeitgeber, Steuerzahler und Auftraggeber eine wichtige Rolle in der deutschen Wirtschaft, insbesondere in strukturschwachen ländlichen Regionen.

4.6 Bohrtechniken

Im folgenden sollen einige Bohrtechniken dargestellt werden, deren Relevanz für die Arbeit darin besteht, dass allein der damit aufgezeigte Kosten- und Zeitfaktor folgende Punkte deutlich macht:

- die wirtschaftlichen und finanziellen Kategorien in denen der Gassektor einzuordnen ist

- die Möglichkeiten und Grenzen der internationalen Gasindustrie und der deutschen GVU im Speziellen

- die Art und Weise wie eine Politikformulierung für diese Branche erfolgen muss bzw. kann

- die Chancen und Risiken, die sich im Zuge der Gasmarktliberalisierung stellen. D. h. Chancen insofern, als dass sich ein positives Forschungs- und Investitionsklima bildet, durch das (neue) Bohrtechniken (weiter-)entwickelt werden. Risiken im Falle eines unstabilen politisch-rechtlichen Rahmens, der dies verhindert. Denn Investitionen dieser Größenordnung verlangen nach klaren politischen Vorgaben und größtmöglicher rechtlicher Sicherheit

- die Bedeutung der heimischen Förderung zusammen mit einem Technologietransfer deutscher Firmen ins Ausland und damit der Erschließung neuer Absatzmärkte.

Bei den meisten modernen Tiefbohranlagen findet das *Rotary*-Bohren Anwendung. Dabei wird das Bohrgestänge mit dem Bohrmeißel durch den Antrieb über einen Drehtisch und die darin verankerte Mitnehmerstange gedreht. Der Meißel zertrümmert durch die Drehbewegung das Gestein und vertieft dadurch das Bohrloch. Je nach Härte der durchbohrten Schicht wird der Meißel schneller oder langsamer stumpf und muss ausgewechselt werden. Dieser Wechsel ist aufwendig und kann bei größeren Tiefen über zwölf Stunden in Anspruch nehmen (W.E.G., 2000a:12). Als Beispiel: für eine in Deutschland übliche Bohrung von 5.000 Metern Tiefe werden im Schnitt ca. 30 Meißel benötigt, das bedeutet 15 Tage rund um die Uhr oder einen Monat lang jeden Tag 12 Stunden, braucht allein das Auswechseln.

Bei einem anderen immer häufiger benutzten Verfahren, dem *Top-Drive*-Antrieb, kommt der Antrieb nicht über den Drehtisch, sondern, wie der Name schon sagt, von oben, vom Bohrturm. Vorteil dabei ist, dass die Bohrung viel seltener zum Einbau einer neuen Bohrstange unterbrochen werden muss und dadurch viel Zeit gespart werden kann.

Bei Bohrungen, die in einer vorbestimmten Tiefe ihre Richtung gezielt verändern sollen, so genannte „Ablenkbohrungen", kommt meist das Turbinenbohren oder auch Richtbohren zur Anwendung. Bei diesem Verfahren sitzt die antreibende Turbine unmittelbar über dem Bohrmeißel (W.E.G., 2000:13). Mit Hilfe der Spülflüssigkeit wird die Turbine durch hydraulischen Druck angetrieben. Das Verfahren wird vor allem dann eingesetzt, wenn Lagerstätten unterhalb von Ortschaften oder in besonders zu schützenden Gebieten vermutet werden.

Mit dem „*slim hole drilling*" können Zeit-, Material- und Kostenaufwand gesenkt werden. Durch die Wahl eines kleineren Bohrlochdurchmessers wird es zunehmend bei Aufschlussbohrungen angewendet.

Die Horizontalbohrtechnik wiederum erlaubt es, ein Feld mit einer geringeren Anzahl von Bohrungen zu erschließen. In jüngster Zeit sind in Deutschland eine Reihe dieser Bohrungen durchgeführt worden, die weltweite Beachtung gefunden haben. Beispiel hierfür sind die Projekte „Söhlingen Z-10" und „Söhlingen Z-13". Dabei wurden Horizontalbohrungen mit dem Frac-Verfahren kombiniert. Dabei werden die Bohrungen zunächst vertikal niedergebracht, dann abgelenkt und horizontal in die Erdgas-Lagerstätte hineingeführt. Bei „Söhlingen Z-10", das 1995 von Mobil erfolgreich abgeschlossen werden konnte, wurde an vier Stellen der 630 Meter langen Horizontalstrecke das Gestein durch Einpressen einer gelierten Flüssigkeit unter hohem Druck von 1.000 bar aufgebrochen (daher die Bezeichnung Frac-Verfahren). Die so erzeugten ca. ein bis eineinhalb Zentimeter starken Risse wurden mit einem Stützmittel aus Spezialsand gefüllt, damit die künstlichen Risse offen-gehalten und dauerhaft bessere Fließbedingungen für das Erdgas geschaffen werden konnten. Söhlingen Z-13 ging sogar über eine horizontale Strecke von einem Kilo-meter auf dem insgesamt fünf Fracs durchgeführt wurden. Die Bohrstrecke betrug 1999 insgesamt 6.240 Meter. Mit Hilfe dieser Technologie können Erdgasvor-kommen in extrem dichten Gestein gefördert werden, die bis dahin als unwirt-schaftlich galten. Das Verfahren ist weltweit anwendbar und erhöht die Erdgasre-serven nicht nur in Deutschland.[96] Diese aus der „geographischen Not" Deutsch-lands geborenen technologischen Errungenschaften haben bei immer knapperen fossilen Energiereserven gute Exportchancen. Selbst wenn die heimischen Quellen eines Tages erschöpft sein werden.

4.7 Flüssiger und gasförmiger Transport

Da Förder- und Verbrauchsregionen meist nicht zusammenfallen, hängt die Nut-zung des Erdgases wesentlich von der Lösung des Transportproblems ab, denn Erdgas muss über weite Strecken transportiert werden, was im gasförmigen Zu-stand (über Pipelines) oder flüssigen (per Tanker) geschieht. Mit der Überbrückung immer größerer Entfernungen zwischen Erdgasexportländern und -importländern musste aber auch die Technik des Erdgastransports in neue Dimensionen hinein-wachsen. Heute überbrücken moderne Leitungssysteme Entfernungen von mehr als 5.000 Kilometer. Die Leitungsdurchmesser betragen bis zu 1,40 Meter, und der Druck über Land kann bis zu 100 bar betragen, auf dem Meeresgrund sogar bis zu 200 bar.

In Westeuropa musste man Mitte der 60er Jahre, als die niederländischen Erdgaslie-ferungen in die Nachbarländer begannen, nur geringe Entfernungen von etwa 200 Kilometern überwinden. Im Jahre 1973 kam Erdgas erstmals über eine Strecke von 1.800 Kilometer aus der ehemaligen UdSSR nach Deutschland. Seit 1978 fließt

---

[96] Allerdings müssen einem so kostspielige Unternehmen, das keinen Erfolg garantiert, sorgfälti-ge Untersuchungen vorausgehen: „Es werden elektronische Bohrlochmessungen und Lagerstät-tentests ausgewertet, anhand von Bohrproben wird das Speichergestein physikalisch, chemisch und mineralogisch untersucht, und schließlich wird das Verhalten des Speichers bei verschiede-ner Einwirkung mit Hilfe eines Computerprogramms zur Ermittlung der optimalen Frac-Methode simuliert. Am Ende stehe dann eine Wirtschaftlichkeitsanalyse, die der Entscheidung über das Für und Wider der Lagerstättenbehandlung zugrundegelegt wird" (Mobil, 1997:23).

Gas durch ein rund 5.500 Kilometer langes Leitungssystem aus Westsibirien nach Deutschland. Es gibt Pläne über Erdgas-Leitungen von rund 8.000 Kilometern aus Alaska durch Kanada in die USA. Ebenso sind Leitungsprojekte über große Entfernungen im asiatischen Raum im Gespräch.

Die Lieferungen von Erdgas aus *Offshore*-Gebieten durch Unterwasserpipelines haben sich seit langem bewährt. So gelangt seit 1977 Erdgas aus dem Ekofisk-Gebiet in der norwegischen Nordsee über 440 Kilometer weit bis nach Emden. Ebenfalls 1977 wurde eine Doppelpipeline von 360 Kilometern Länge aus dem weiter nördlich gelegenen Frigg-Feld nach St. Fergus in Schottland in Betrieb genommen. Ein Jahr später wurde die 450 Kilometer lange Unterwasserpipeline vom britischen Brent-Feld nach St. Fergus fertiggestellt. Das *Statpipe*-System (1985), die *Zeepipe* (1993) und die *Europipe* (1995) bilden die Infrastruktur für den Transport von Gas aus Feldern der norwegischen Nordsee zum Kontinent mit einer Gesamtlänge von rund 3.000 Kilometern. Bei einer Pipeline von Algerien über Tunesien nach Italien sind im Mittelmeer vor Sizilien fünf Rohrleitungen in bis zu 600 Metern Wassertiefe verlegt worden. Eine zweite Pipelineverbindung (*Gaseoduc Maghreb-Europe*, GME) von Algerien nach Europa mit einer Gesamtlänge von rund 1.400 Kilometern und einem Rohrdurchmesser von bis zu 1,20 Metern wurde Ende 1996 fertiggestellt. Diese Leitung unterquert die Straße von Gibraltar. Durch sie fließt algerisches Erdgas über Marokko nach Spanien und Portugal bis nach Frankreich.[97]

4.7.1 Liquefied Natural Gas (LNG)

Gas lässt sich unter hohem Druck zu *Liquefied Natural Gas* (LNG) verflüssigen (Abkühlung auf −161°C, wodurch eine Reduktion des ursprünglichen Volumens auf 1/580 erfolgt) und anschließend, wie Erdöl auch, auf Tankschiffen transportieren. Am Zielhafen des Importlandes wird es entladen, wieder in seinen gasförmigen Zustand zurückgeführt und in das Erdgasleitungssystem eingespeist. Doch der gesamte Vorgang samt Lagerung ist technisch nicht ungefährlich und zudem sehr teuer.

---

[97] Siehe Informationen bei Wingas, z. B. Karte des „European Gas Pipeline System" und unter www.Wingas.de.

Erste regelmäßige LNG-Lieferungen wurden 1964 von Algerien nach Großbritannien über eine Distanz von 2.900 Kilometer aufgenommen. Seit 1977 transportieren Schiffe verflüssigtes Erdgas über rund 12.000 Kilometer von Abu Dhabi am Persischen Golf nach Japan. Weitere LNG-Ketten verbinden z. B. Algerien mit verschiedenen europäischen Ländern. Der bisher längste Transport von rund 24.000 Kilometern ging 1986 von Indonesien nach Boston in die USA.

Seit 1993 bezieht Spanien in geringem Umfang LNG aus Australien über eine etwa gleich große Distanz. Für Deutschland waren LNG-Transporte bisher kaum von Bedeutung, allerdings hat die Deutsche Flüssigerdgas Terminal Gesellschaft mbH (DFTG) die Voraussetzungen für den Bau eines Flüssigerdgas-Terminals in Wilhelmshaven geschaffen, der realisiert werden kann, sobald ein entsprechender LNG-Bezugsvertrag vereinbart ist.

1999 wurden von den insgesamt 577 Milliarden Kubikmetern exportiertem Naturgas schätzungsweise 124 Milliarden Kubikmeter auf diese Weise gehandelt (Gaz de France, 1999:4). Für LNG existieren drei Hauptmärkte: Asien, Europa und Nordamerika (vgl. Gaz de France, 1999:4f).

In Asien gibt es drei Hauptabnehmer für LNG, von denen Japan 56 Prozent und so mit Abstand die größte Nachfrage an der weltweiten Produktion hat. Korea importiert 14 Prozent der weltweiten LNG Produktion und Taiwan 4,3 Prozent. Produziert wird das LNG für diese Länder in Indonesien, das knapp 32 Prozent der internationalen LNG-Produktion bereitstellt, Malaysia (16,5 Prozent), Australien (8,6 Prozent), Brunei (6,7 Prozent), Katar (6,9 Prozent) und Abu Dhabi (5,6 Prozent).

Europa wird hauptsächlich durch Algerien beliefert, das über 20 Prozent der weltweiten Produktion für LNG herstellt. Daneben exportieren auch Katar, Libyen, Abu Dhabi und Nigeria LNG nach Westeuropa. Zur Hälfte geht das verflüssigte Gas aus Algerien nach Frankreich, das acht Prozent der weltweiten Produktion benötigt. Den andere Teil erhalten Spanien, Belgien, Italien und die Türkei.

Die USA sind gleichzeitig Exporteur (in Alaska werden 1,3 Prozent der weltweiten LNG-Produktion hergestellt) und Importeur. Die Ostküste verbraucht 3,8 Prozent der gesamten LNG-Produktion, die neben Alaska auch aus Algerien stammt. Seit

1999 liefern Trinidad und Tobago 1,65 Prozent des internationalen LNG in die USA und nach Spanien.

4.7.2 Pipelinetransport

Eine anderer Transportmöglichkeit stellen lange Pipelines dar, durch die das Gas über weite Entfernungen z. B. aus dem Ural bis nach Deutschland strömt. Durch die geringere Dichte von Gas gegenüber Substitutionsenergien wie Kohle und Erdöl kann es aber nicht so wirtschaftlich wie beispielsweise Strom transportiert werden. Der stetige Druckabfall muss an speziellen Stationen immer wieder ausgeglichen werden (s. u. Kapitel 4.8, Seite 100). Aus finanzieller Sicht hat Erdgas daher wesentliche Nachteile gegenüber den Konkurrenzenergien. Stark abhängig ist sein Einsatz auch von den Bedürfnissen des Verbraucherlandes, dessen wirtschaftspolitische Rahmenbedingungen und, seit den 90er Jahren vor allem von den Umweltauflagen. Aus diesem Grund gibt es für Erdgas auch keinen Weltmarkt, sondern nur regional begrenzte, abgeschlossene Märkte (Rempel, 2001). Nur durch langfristige Lieferverträge zwischen den Förder- und Abnehmerländern, wie der russischen Gazprom mit deutschen (Wingas, Ruhrgas etc.) und europäischen Gasversorgungsunternehmen, sind Investitionen für (Transport-)Großprojekte finanzierbar.

In Deutschland wird das aufbereitete Erdgas aus dem In- und Ausland über zentrale Übergabepunkte in das überregionale Transportnetz eingespeist. Dort werden die Naturgase aufgrund ihrer unterschiedlichen Energiedichte (s. o.) zunächst zu einer einheitlichen Verkaufsqualität zusammengemischt.

4.8 Leitungen und Verdichterstationen

Das gesamte Erdgasnetz in Deutschland umfasst über 350.000 Kilometer. Dazu zählen (BGW, Internetseiten, Oktober 2001, Ruhrgas 2000:29):

- 27 Prozent Hochdruckleitungen (d. h. oberhalb von ein bar bis zu 100 bar und einem Durchmesser bis zu 1.200 Millimeter),

- 38 Prozent Mitteldruckleitungen (100 mbar bis ein bar mit einem Durchmesser zwischen 50 und 150 Millimeter) und

- 35 Prozent Niederdruckleitungen bis zu 100 mbar und einem Durchmesser von 80 bis 300 Millimeter.[98]

Von den rund zweieinhalb Milliarden Euro, die von der deutschen Gaswirtschaft jährlich investiert werden, fließen ungefähr zwei Drittel in den Ausbau und die Erneuerung der Leitungsnetze (Ruhrgas 2000:29). Kostenintensiv ist vor allem die Versorgung der Endverbraucher. Rund 80 Prozent der Gesamtinvestitionen werden im städtischen Bereich durch den Bau neuer Leitungen verursacht, der Rest ist anderen Maßnahmen zuzuordnen.

Bei der Förderung von Erdgas strömt dieses unter hohem Druck aus der Lagerstätte und über die Bohrung durch Gasaufbereitungsanlagen in die Hochdruckleitungen. Aufgrund der inneren Reibung der Gasmoleküle im Gasstrom und dessen Reibung an den Rohrwänden fällt der Druck über größere Entfernungen ab. Dieser „verlorengegangene" Druck muss an Verdichterstationen wieder aufgebaut werden, um den Weitertransport zu gewährleisten. In der Regel befinden sich Verdichterstationen in Abständen von 100 bis 200 Kilometern entlang der Fernleitungen. In Deutschland gibt es fast 40 Transportverdichterstationen mit einer Leistung von insgesamt rund 900 Megawatt, was der eines Großkraftwerks entspricht (Ruhrgas, 2000:29f). Umgekehrt wird von Hochdruckleitungen in nachgeschaltete Verteilungssysteme sowie an den Einspeisungsstellen in die Ortsgasnetze der Druck in Reduzierungsanlagen heruntergeschraubt.

Da der überwiegende Teil des Erdgases der Versorgung des heimischen Wärmemarktes dient, sind saisonale Schwankungen die logische Folge, da die Verbraucher das Erdgas zu verschiedenen Zeiten in unterschiedlichen Mengen benötigen. Im August kann der Verbrauch auf zehn Prozent des Spitzenbedarfs im Januar zurückgehen.[99] Doch auch der Wochen- und Tagesrhythmus ist unterschiedlich. Bei den einzelnen inländischen Bohrungen werden die unterschiedlichen Druckverhältnisse und Qualitätsmerkmale von Leitzentralen mit komplizierter Elektronik überwacht und gesteuert. Bei der Förderung von Sauergas (s. o.) muss aus technischen und

---

[98] Im Vergleich zu den Zahlenangaben: Vor den Verbrauchsgeräten in den Haushalten beträgt der Gasdruck 20 mbar. Die Anschlussleitungen von Ein- und Mehrfamilienhäusern haben Durchmesser zwischen 30 und 65 Millimeter (Ruhrgas, 2000:29).

[99] Siehe Wingas (http://www.Wingas.de). In einer Großstadt wie Berlin können sich die Bedarfsspitzen im Winter gegenüber dem Sommer sogar verfünfzehnfachen (NLfB, 2001:42).

wirtschaftlichen Gründen die gleichmäßige Beschäftigung der Produktions- und Aufbereitungsanlagen gewährleistet werden. Ebenso sind deutsche FGGs vertraglich verpflichtet, bestimmte Liefermengen aus dem Ausland abzunehmen. Die überschüssigen Erdgasmengen müssen gespeichert werden (s. u.).

Die Gasleitungen und -speicher sind ein sehr sensibles Thema der VV I Gas, denn für den Einkauf und die Weitervermarktung von Erdgas sind allein die Unternehmen der deutschen Gaswirtschaft aufgekommen. Sie haben ein an die Bezugs- und Lieferverpflichtungen angepasstes Leitungssystem mit den dazugehörigen Betriebsanlagen auf eigene Kosten gebaut, unterhalten und betrieben. Diese „Unteilbarkeit" führt nun zu heftigen Diskussionen. Große ehemalige Gas-Monopolisten wie die Ruhrgas AG wehren sich gegen den freien Zugang Dritter zu ihrem Netz.[100] Dazu hat sie auch allen Grund, denn das Fernleitungsnetz gehört ihr zu einem Drittel (10.750 Kilometer).[101] Ebenfalls sehr lange Netze haben VNG (7.804 Kilometer) und RWE Gas (4.600 Kilometer).[102] Rechnet man die Leitungen der anderen Gasunternehmen, an denen die Ruhrgas maßgeblich beteiligt ist, noch hinzu, kommt das Essener Energieunternehmen auf einen Marktanteil von 60 Prozent des deutschen Gasleitungsnetzes. Den Stadtwerken gehören überwiegend die mittleren bis kleinen Ortsnetze, die einen geringeren Druck aufweisen.

Der Leitungs(aus-)bau ist für die Gasversorger derzeit die einzige Alternative zu langwierigen Verhandlungen mit Netzbetreibern. Allerdings nur für jene Unternehmen, die genügend Kapital dafür aufbringen können. Gerade jetzt, da trotz VV I Gas (siehe Kapitel 11, Seite 289) das Problem um die praktische Durchleitung in Leitungen anderer Netzbetreiber weder politisch noch rechlich gelöst ist, erscheint die Autonomie einzelner Unternehmen, mit teilweise parallel verlaufenden Leitungen, von großem Nutzen (mehr hierzu vgl. Kapitel 11.3.4, Seite 322).

---

[100] „(...) Die Verpflichtung zur ausgehandelten Durchleitung des Gases neuer Anbieter durch die Netze der Monopolisten oder markbeherrschenden Unternehmen – das Kernstück der geplanten Richtlinie – ist der Ruhrgas ein Dorn im Auge. Am besten sollte in der Richtlinie (Anm.: der EU-Kommission) nur die Freiheit zum eigenen Leitungsnetzbau enthalten sein, argumentiert man in der Essener Konzernzentrale." Siehe Artikel „Auf dem Erdgasmarkt soll mehr Wettbewerb einziehen", in: Berliner Zeitung vom 3. Dezember 1996.

[101] Nach Aussage von Michael Houben, in einer Sendung des WDR am 4. September 2000.

[102] Neben dem eigenen Transportnetz leitet die RWE Gas über ein 18.000 Kilometer langes Verteilungsnetz (siehe homepage RWE Gas).

4.9 Importe und Speicher

Die Erdgasversorgung Deutschlands wurde im Jahr 2000 durch 20 Milliarden Kubikmeter inländischer Förderung (Reingas)[103] aus 91 Erdgaslagerstätten mit 556 Sonden und durch rund 85 Milliarden Kubikmeter Importe aus Russland (37 Prozent), Norwegen (21 Prozent), den Niederlanden (17 Prozent) sowie Dänemark und Großbritannien (mit je drei Prozent) sichergestellt. Die vereinbarten Mengen sind dabei vertraglich festgelegt (DIW, 2001b). Untertage-Erdgasspeicher dienen als Mittel, um die temperaturabhängige und saisonale Diskrepanz zwischen Angebot und Nachfrage auszugleichen.

Die Einspeicherung des Erdgases erfolgt von der Ferngasleitung über eine Filterstation. Dabei werden Feststoffpartikel und Flüssigkeiten abgeschieden. Anschließend erfolgt eine Gasmessung. Für das Einpressen wird der Gasdruck aus den Leitungen über einen Verdichter erhöht. Die Ausspeicherung erfolgt genau umgekehrt. Über die selben Bohrlöcher, durch die das Erdgas in die Lagerstätte gedrückt wurde, wird es rückgefördert. Da während der Ausspeicherung Wasser anfällt und dies zu Korrosion und Ablagerung in den Fördereinrichtungen über Tage führen kann, wird das Gas „getrocknet". Schließlich wird es auf den erforderlichen Pipelinedruck gesenkt und zur Kundenbelieferung ins Netz eingespeist.

Erdgas wird entweder in Porenspeicher oder aber in Kavernenspeicher eingelagert. Letztere sind ausgesolte Hohlräume in Salzstöcken, so wie sie bei Harsefeld in Niedersachsen (Speicher der BEB) oder in Nüttermoor im Landkreis Leer (Speicher der EWE) anzutreffen sind. Porenspeicher sind natürliche, weitgehend ausgeförderte Erdgaslagerstätten.[104] Der größte Porenspeicher Deutschlands und Westeuropas liegt in Rehden (Niedersachsen). Das ursprüngliche Gasfeld wurde in den 1950er Jahren von der Wintershall erschlossen. Die günstigen geologischen Gege-

---

[103] Angabe bezieht sich auf einen oberen Heizwert (Brennwert) H_o mit 9,77 kWh/m^3 (V_n). In der Förderindustrie wird dieser Referenzwert häufig als „Reingas" oder „Groningen-Brennwert" bezeichnet. Daneben ist in Statistiken auch ein Bezugswert von 11,5 kWh/m^3 (V_n) gebräuchlich, der sich auf die durchschnittliche Qualität von Nordseegas bezieht. Bei der Angabe von Wärmeinhalten für Erdgase wird gelegentlich auch der untere Heizwert H_u als Bezugsgröße verwendet. Der Rohgaswert der inländischen Förderung beträgt 21,7 Milliarden Kubikmeter (NLfB, 2001:33;41).

[104] Ehemalige Erdöl- oder Erdgaslagerstätten sowie Aquifere in Sedimentbecken dienen in Nord-, Ost- und Süddeutschland häufig als Porenspeicher. Salzkavernenspeicher wiederum sind weitgehend auf Norddeutschland beschränkt und werden durch Aussolen zylindrischer Hohlräume hergestellt (NLfB, 2001:42).

benheiten führten dazu, dass aus drei übereinanderliegenden Lagerstätten (Buntsandstein, Zechstein und Karbon) Gas gefördert werden konnte.

Die Speicherung erstreckt sich unter einem sechs Quadratkilometer großen Gebiet in einer Tiefe von 1.900 bis 2.100 Metern. Das poröse Speichergestein fasst bei einem Druckniveau von 280 bar eine Arbeitsgasmenge von 4,2 Milliarden Kubikmeter,[105] was dem Jahresbedarf von rund zwei Millionen Einfamilienhäusern entspricht.[106] Als Druckpuffer dienen zusätzlich 2,8 Milliarden Kubikmeter Kissengas, die als „Energiepolster" immer im Speicher bleiben und über einen langen Zeitraum höhere Entnahmeraten sichern können. Die Ein- und Ausspeicherung des Gases findet über Speicherbohrungen statt. Südlich von Oldenburg, in Dötlingen, befindet sich der zweitgrößte Porenspeicher Deutschlands. Er wurde 1983 vom Konsortium BEB/Mobil in Betrieb genommen, nachdem er 1976 ausgefördert worden war. Er verfügt über eine Speicherkapazität von rund zwei Milliarden Kubikmeter Erdgas. Bis zu 810.000 Kubikmeter pro Stunde können im Sommer eingepresst und 840.000 Kubikmeter pro Stunde im Winter entnommen werden. In Tabelle 7 finden sich die aktuellen Kenndaten der deutschen Erdgasspeicherstätten.

Tabelle 7: Kenndaten der deutschen Erdgasspeicherung

	Poren-speicher	Kavernen-speicher	Summe
Arbeitsgasvolumen „in Betrieb" [Mrd. $m^3(V_n)$]	12,4	6,1	18,6
Maximale Entnahmerate/Tag [Mio. $m^3(V_n)$]	192,0	233,4	425,4
Theoretisch Verfügbarkeit des Arbeitsgases [Tage]	65	26	44
Anzahl der Speicher „in Betrieb"	23	19	42
Anzahl Speicher „in Planung oder Bau" [Mrd. $m^3(V_n)$]	1,2	3,9	5,2
Anzahl der Speicher (Planung u. Bau)	2	4	6
Summe Arbeitsgas [Mrd. $m^3(V_n)$]	13,6	10,1	23,7

Quelle: *NLfB, (2001:43)*

Das maximal zulässige Gesamtvolumen der Speicher stellt die Summe von Arbeitsgas- und Kissengasvolumen dar. Demnach verfügen die insgesamt 23 Poren- und 19 Kavernenspeicher in Deutschland über ein Arbeitsgasvolumen von 18,6

---

[105] Als Arbeitsgasvolumen wird das aktiv eingespeiste oder entnommene maximale Gasvolumen bezeichnet (NLfB, 2001:42).

[106] Wingas Informationsbroschüre: Möchten Sie den größten Erdgasspeicher Westeuropas sehen?

Milliarden Kubikmeter Speicherkapazität. Kavernenspeicher weisen eine höhere Entnahmerate auf als Porenspeicher und werden bevorzugt für die Abdeckung von kurzfristigen Spitzenlasten eingesetzt. Porenspeicher dagegen werden traditionell als Grundlastabdeckung zur Anpassung saisonaler Temperaturschwankungen verwendet (NLfB, 2001:43). Tabelle 8 gibt einen Überblick über die Anzahl der Erdgasspeicher weltweit.[107] Deutschland liegt (auch bei leicht veränderten Zahlen, siehe Fußnote 107) mit seiner fast fünfzigjährigen Gasspeichergeschichte und rund 15 Prozent der Erdgasspeicher weltweit auf Platz drei. Der älteste mittlerweile aufgegebene Aquifer-Erdgasspeicher Deutschlands lag in Engelbostel und wurde 1953 in Betrieb genommen.

Tabelle 8: Arbeitsgasvolumen und Anzahl der Speicher im internationalen Vergleich

Land	Anzahl der Speicher (in Betrieb)	max. Arbeitsgasvolumen [in Mrd. m^3 (V_n)]	
GUS	46	126	* Belgien (2), Bulgarien (1), Dänemark (1), England (2), Kroatien (1), Österreich (5), Polen (4), Rumänien (4), Slowakische Rep. (1), Spanien (2), Tschechische Rep. (4), Ungarn (4)
USA	393	94-102	
Deutschland	42	18,6	
Italien	9	15,1	
Kanada	37	10,5-12,5	
Frankreich	15	10,8	
Sonstige*	31	18,0	
Welt (gesamt)	573	193-303	

Quelle: *NLfB (2001:45)*

Sollten in den nächsten Jahren alle geplanten Erdgasspeicherprojekte in Deutschland realisiert werden, so ist mit einem Anstieg des maximalen Arbeitsgasvolumens auf knapp 24 Milliarden Kubikmeter zu rechnen, was Hand in Hand mit dem prognostizierten steigenden Erdgasverbrauch gehen würde (NLfB, 2001:44f). Die Liberalisierung des Gasmarktes hat auch Auswirkungen auf den Speichermarkt. Erste Abwehrreaktionen der Betreiber, die hohe Investitionen geleistet haben (Rehden hat 750 Millionen DM gekostet) und diese nun nicht gerne mit Konkurrenten teilen wollen, wurden bereits laut. So beispielsweise der Wingas-Sprecher Klaus Karl Kaster:

---

[107] Die Angaben entsprechen teilweise nicht mehr dem aktuellen Stand, aber es liegen keine neueren Daten vor.

„Wir öffnen unser Netz und unsere Speicher für andere Anbieter, solange es unsere Kapazitäten zulassen."[108]

Eben weil die Nutzung eines Speichers für den freien Gasmarkt und einen liquiden Gashandel aber unerlässlich ist, muss der faire und freie Zugang zu den Gasspeichern gewährleistet sein (siehe Kapitel 11, Seite 289). Die Entwicklung des künftigen Arbeitsgasvolumens und der Anzahl der betriebenen Speicher wird neben den oben genannten Punkten (Anstieg des Erdgasverbrauchs, Bedarfsspitzen und – schwankungen) auch von der Frage der Bezugsoptimierung geprägt sein. Nicht zu unterschätzen ist sicherlich der Krisen- und Sicherheitsfaktor hoher Speicherkapazitäten und die Verteilung auf mehrere Länder.

---

[108] Die Tageszeitung (taz) Nr. 64111 vom 31. März 2001, Seite 32.

5 Institutionelle und wirtschaftliche Struktur der Gaswirtschaft

5.1 Die Energiewirtschaft

Der Energiewirtschaft kommt in einer Volkswirtschaft immer eine Schlüsselrolle zu, da sie den übrigen Wirtschaftssektoren Vorleistungen zur Verfügung stellt, ohne die Produktionsprozesse nicht denkbar wären. Meistens ist sie sehr kapitalintensiv und erfordert hohe Investitionen, die sich bei ungünstigen geologischen Verhältnissen und Importabhängigkeiten (z. B. Japan) zusätzlich vervielfachen. Kurzfristige Veränderungen oder Umstellungen des Energiemix' eines Landes sind kaum möglich, da Energie in der Regel von langlebigen Kapitalgütern wie Kraftwerken, Raffinerien, Hochöfen, Kraftfahrzeugen, Heizungsanlagen etc. erzeugt und verbraucht wird. Außerdem sind sie durch geologische oder infrastrukturelle Gegebenheiten standortgebunden, was sie zu „natürlichen Monopolen" (Definitionen siehe Fußnote 5, Seite 25 und Fußnote 14, Seite 34) macht. In Kontinentaleuropa hatte meist der Staat einen großen Einfluss auf die Energiewirtschaft, der allerdings im Zuge von Deregulierung, Privatisierung und Liberalisierung reduziert wurde.

In Deutschland sind erste (Struktur-)Veränderungen mit in Kraft treten des neuen Energiewirtschaftsgesetz (EnWG) von 1998 erfolgt, die von Rationalisierungen, Unternehmensfusionen bis hin zu neuen Formen des Stromhandels und der Entstehung von Energiebörsen reichen.[109]

5.1.1 Energiewirtschaft weltweit

Rein geologisch gesehen verbraucht die Menschheit zur Zeit jährlich soviel Erdöl und Erdgas wie sich im Laufe einiger Millionen Jahren gebildet hat (Rempel, 2000). Unendliches Schröpfen ist somit nicht möglich. Da die wirtschaftliche Entwicklung vieler Länder noch direkt an den Energieverbrauch gekoppelt ist[110] und in Schwellenländern ein erhebliches Wirtschaftswachstum erwartet wird, gehen Experten derzeit bei der weltweiten Energienachfrage bis 2010 von einem Plus von

---

[109] Siehe auch „Der Brockhaus multimedia 2002", Stichwort „Energiewirtschaft". Weiterführende Literatur: Erdmann, Gero (1995): Energieökonomik. Theorie und Anwendungen, Stuttgart; Köhler-Frost, Wilfried (2000): Liberalisierung in der Energiewirtschaft, Berlin; Becker, Peter (Hrsg.) (2001): Energiewirtschaft im Aufbruch, Köln.

[110] Vgl. BGR (1998), Interview DIE ZEIT, vom 4. Mai 2000, Seite 37 mit Eberhard Jochem, dem Direktor am Centre for Energy Policy and Economics (CEPE) in Zürich.

bis zu 44 Prozent aus (das entspricht 16,6 Milliarden Tonnen Steinkohleeinheiten bzw. 13.000 Milliarden Kubikmeter).[111]

Ursachen hierfür finden sich trotz aller Einsparungsbemühungen im (prognostizierten) Bevölkerungswachstum von heute sechs auf zunächst sieben Milliarden Menschen (2020) und bis 2050 auf rund neun Milliarden Menschen (UNO-Prognose)[112] sowie einer geschätzten Vervierfachung des Bruttosozialprodukts hauptsächlich in den Entwicklungsländern oder Schwellenländern. Die Folgen, die ein derart gewaltiger Anstieg nach sich zieht, sind einschneidend sowohl was die Beschaffungssituation und Endlichkeit fossiler Energieträger angeht als auch die umweltschädigenden Emissionen. Andererseits kann ein Anstieg der Energiekosten zu sparsamerer Verwendung und zu innovativen Entwicklungen führen, was ein mögliches Austauschen fossiler Brennstoffe gegen erneuerbare miteinschließt.[113] In Ländern mit autonomer Energieversorgung bleiben dies jedoch weitgehend hehre Ziele, deren Erfüllung höchstens durch konsequentes politisches Handeln erreicht wird oder aber aus einer freiwilligen Selbstbeschränkung der Wirtschaft resultiert, was nicht im großen Rahmen zu erwarten ist.[114] Die weltwirtschaftliche Expansion hat sich

---

[111] Vgl. IEA (1999); Brauch (1996: 441ff), Fritz Vahrenholt, damaliger Shell-Vorstand, spricht in einem Interview in DIE ZEIT, vom 18. November 1999, Seite 40 von einem Energieverbrauch, der sich bis 2050 mindestens verdoppelt, wenn nicht sogar verdreifacht.

[112] Nach neuesten Erkenntnissen könnte die Weltbevölkerung bereits 2070 ihr Maximum erreichen und danach wieder abnehmen. Das hat eine Studie unter der Leitung von Wolfgang Lutz vom International Institute for Applied Systems in Laxenberg, Österreich ergeben. Mit einer Wahrscheinlichkeit von 85 Prozent stagniert der Bevölkerungswachstum bis Ende 2100 bei etwa 8,4 Milliarden Menschen. Das sind eine Milliarde weniger, als die Vereinten Nationen voraussagen (siehe unter: http://www.undp.org/popin/wdtrends/6billion/toc.htm). Dabei werden zunehmend Staaten der südlichen Hemisphäre dominieren. Zudem soll der Anteil der über Sechzigjährigen rapide von 10 auf 34 Prozent steigen. Vorausgehen könnte dem eine besonders günstige Wirtschaftsentwicklung, da viele Gesellschaften von der hohen Anzahl ihrer Beschäftigten profitieren werden. Die Studie berücksichtigt mehrere tausend Simulationen der zukünftigen Weltbevölkerung und gibt für jedes Modell seine Wahrscheinlichkeit an (nachzulesen in: *Nature*, 412, Seite 543-545; vom 02. Aug. 2001).

[113] Vgl. Kern, Kristine/Jörgens, Helge/Jänicke, Martin (FFU rep 99-11): Die Diffusion umweltpolitischer Innovationen. Ein Beitrag zur Globalisierung von Umweltpolitik, Berlin.

[114] In den USA beispielsweise haben sich 33 Großfirmen in dem *Pew Center on Global Climate Change* zusammengeschlossen und die Entscheidung des derzeitigen us-amerikanischen Präsidenten George W. Bush Junior, zum Ausstieg aus dem Kyoto-Protokoll harsch kritisiert. Sie waren darüber hinaus bereit, eigene Initiative zu ergreifen und umweltschützende Maßnahmen in ihren Unternehmen durchzusetzen (vgl. DIE ZEIT, 10. Mai 2001, Seite 20).

auf jeden Fall seit Mitte 2000 verlangsamt, womit eine Phase außerordentlicher Dynamik zu Ende ging.[115] Was auch Deutschland zu spüren bekam.

5.1.2 Die (Energie-)Wirtschaft in Deutschland

Nachdem die deutsche Wirtschaft im Jahr 2000 das stärkste Wachstum seit 1991 mit einem Bruttoinlandsprodukt von 3,1 Prozent erlebt hatte, überschritt die Konjunkturentwicklung im Sommer ihren Höhepunkt und der konjunkturelle Aufschwung der Gesamtwirtschaft ging daraufhin im zweiten Halbjahr 2000 zu Ende.[116] Das Nachlassen der konjunkturellen Dynamik ist laut Arbeitsgemeinschaft deutscher wirtschaftswissenschaftlicher Forschungsinstitute aufgrund der Ölpreisverteuerung und der Geldpolitik in den USA sowie der Europäischen Union bereits erwartet worden. Unterschätzt wurde dagegen die tatsächliche Belastung der Binnennachfrage aufgrund des Ölpreisschocks und die relativ starke Konjunkturabkühlung der Vereinigten Staaten im Herbst 2000, was die Exporterwartungen[117] dämpfte und das Geschäftsklima verschlechterte. Die Institute gingen dennoch nicht von einer gesamtdeutschen Rezession aus, wenngleich das reale Bruttosozialprodukt ersten Prognosen nach 2001 lediglich um 2,1 Prozent und 2002 um ca. 2,2 Prozent steigen sollte (vgl.Tabelle 9).

Tabelle 9: Eckdaten der Wirtschaftsentwicklung in Deutschland

	1998	1999	2000	2001	2002**
BIP (Veränderungen gegenüber Vorjahr in %)*	2,1	1,6	3,0	2,1	2,2
Erwerbstätige gesamt (in 1.000)	37.479	37.879	38.466	38.801	39.093
Arbeitslose gesamt (in 1.000)	4.279	4.099	3.889	3.695	3.470
Arbeitslose gesamt (in Prozent)	10,2	9,8	9,2	8,7	8,2
Verbraucherpreise (Veränderung gegenüber Vorjahr in %)	1,0	0,6	1,9	2,1	1,5
Finanzierungssaldo des Staates	-2,1	-1,4	1,5	-1,7	-1,2

Quelle: *AG DWF (April 2001)   *in Preisen von 1995   **Prognose*

---

[115] Siehe „Die Lage der Weltwirtschaft und der deutschen Wirtschaft im Frühjahr 2001", Beurteilung der Wirtschaftslage durch Mitglieder der Arbeitsgemeinschaft deutscher wirtschaftswissenschaftlicher Forschungsinstitute e.V., Essen, Berlin, den 10. April 2001.

[116] Daten der AG Energiebilanzen finden sich unter:
http://www.ag-energiebilanzen.de/daten/inhalt1.htm (Juni 2001).

[117] Der Export ist Motor der deutschen Konjunktur (DIW, homepage).

Ende Oktober 2001 wurde das zu erwartende Ergebnis von den Forschungsinstituten nach unten korrigiert. Das reale Wachstum für 2001 lag bei 0,6 Prozent für 2001 und nicht bei 1,2 Prozent. Außerdem wurde eine Rezession in Deutschland nicht mehr ausgeschlossen.[118]

Neben der Gesamtwirtschaft ist der PEV in Deutschland im Jahr 2000 um 0,2 Prozent gesunken (484 Milliarden Tonnen Steinkohleeinheiten bzw. 14.173 PJ). Gründe dafür waren zum einen die höheren Temperaturen, ohne die der PEV sonst um 0,6 Prozent höher ausgefallen wäre als 1999. Auch die günstige konjunkturelle Entwicklung hatte Auswirkungen auf den PEV. Schließlich haben die gestiegenen Energiepreise dämpfend auf die Nachfrage gewirkt (DIW, 2001b:78).

Die aktuellen Zahlen des BIP und des PEV zeigen ganz deutlich die Entkopplung beider Faktoren, die bis in die 70er Jahre des 20. Jahrhunderts für das Wirtschaftswachstum notwendig war (so genannte „goldene Regel").[119]

Für jede Volkswirtschaft ist Energie letztlich der Motor und eine Kernaufgabe mit Multiplikatorwirkung. Aufgrund ihrer Spannbreite und ursächlichen Verknüpfung mit unterschiedlichen Bereichen kommt ihr eine Schlüsselfunktion zu.[120] Vom Produktionsprozess, über den Energieverbrauch der Haushalte und der Mobilität jedes Einzelnen (sprich: Verkehr) bis hin zum Umweltaspekt, steht Energie immer an erster Stelle. Auch im Hinblick auf den Wettbewerb im In- und Ausland setzt sie Maßstäbe. Der Preis, der für Energie gezahlt wird, kann Auswirkungen auf die internationale Konkurrenzfähigkeit eines Unternehmens haben und auch einen Standort, z. B. durch seine Infrastruktur und/oder durch geologische Gegebenheiten, wirtschaftlich attraktiv machen.

---

[118] Ende November 2001 wird offiziell von einer Rezession in Deutschland via Tagespresse gesprochen „Wirtschaft meldet Pleiterekord", „Deutschland steckt in der Rezession" (siehe Reuters- und dpa-Meldungen vom 23. November 2001).

[119] Siehe: Zeitschrift Brennstoff-Wärme-Kraft (BWK), Bd. 53 (2001), Nr.4 -April, Seite 9197. Wissenschaftlicher Beleg bei Lindberg, 19777: The Energy Syndrom.

[120] Die acht bedeutendsten Netzwerkindustrien (Telekommunikation, Post, Elektrizität, Gas, Nahverkehr, Luftfahrt, Schienen- und Wasserverkehr) erzeugen in der EU rund sechs Prozent des BIP. Wobei es zwischen den einzelnen Ländern und Bereichen große Unterschiede gibt: beispielsweise was das Wachstum angeht, den Grad der Internationalisierung, die Kapitalintensität etc. (siehe Burger, 2001, 260).

Die grundlegende Liberalisierung und wettbewerbskonforme Ausgestaltung der bislang monopolistisch organisierten Strom- und Gasmärkte haben für die Energieversorgung tiefgreifende Folgen. Mit ihr verbinden sich unterschiedliche Erwartungen. Gemeinsam ist allen Reformansätzen die Zuversicht, dass mit der Einführung wettbewerblicher Elemente ein erheblicher Wohlfahrtseffekt in Form niedrigerer Kosten der Energiebereitstellung und sinkender Energiepreise verbunden ist. Für die deutsche Wirtschaft wäre dies ein wichtiger Punkt, denn das Energiepreisniveau im Inland liegt über dem internationalen und auch europäischen Durchschnitt. Als Beispiel hierfür soll ein Vergleich der Erdgaspreise für Industriekunden und für Haushaltskunden in Europa dienen (siehe im Folgenden die Tabelle 10 undTabelle 11). Die Zahlen beziehen sich auf Januar 2000.

Gleichzeitig sei erwähnt, dass zwischen Januar 1998 und Januar 1999 die Erdgaspreise für die Industrie zurückgingen (zwischen ein und 27 Prozent für die Industrie und ein bis zehn Prozent für die Haushalte) und bis Januar 2000 wieder deutlich stiegen.[121] Die stärksten Schwankungen und der höchste Preisanstieg für die Industrie wurden in Dänemark (über 70 Prozent für alle Verbraucher) und Finnland (über 80 Prozent für mittlere und große Verbraucher) verzeichnet. Nicht ganz so stark stiegen die Preise in Frankreich (um 16 Prozent für mittlere und um 20 Prozent für Großverbraucher) und Irland (um 21 Prozent für mittlere Verbraucher). In Österreich hingegen war sogar ein Preisrückgang festzustellen. Ebenso in den Niederlanden, Großbritannien und Deutschland. Den stärksten Preisrückgang verzeichneten die französischen Haushalte (ca. zehn Prozent) und die Niederlande (vier bis zehn Prozent). In Belgien, Schweden und Italien stiegen dagegen die Preise bei allen Verbrauchertypen zwischen vier und zehn Prozent an.[122]

---

[121] Die Entwicklung der Erdölpreise und der Liberalisierungsprozess aufgrund der Annahme der Richtlinie 98/30/EG spielen dabei eine Rolle. „Die Preise wurden gemäß den Anforderungen der Richtlinie 90/377/EWG bekannt gegeben, um die Transparenz der den industriellen Endverbrauchern in Rechnung gestellten Gaspreise zu erhöhen, wobei dies auch auf Haushaltsverbraucher ausgedehnt wird." Siehe Eurostat: Statistik kurzgefasst, Umwelt und Energie, Nr. 8, "Gaspreise für die EU-Industrie am 1. Januar 2000: Starker Aufwärtstrend" und Nr. 7, "Gaspreise für EU-Haushalte am 1. Januar 2000: Aufwärtstrend".

[122] Siehe unter: http://europa.eu.int/comm/eurostat/Public/datashop/print-product/DE?catalogue= Eurostat&product=8-20072000-DE-AP-DE&mode=download.

Tabelle 10: Gaspreise für die Industrie (ohne Steuern) in Euro

Tabelle 11: Gaspreise für die Haushalte (ohne Steuern) in Euro

Land	klein	mittel	groß
Belgien	5,22	4,42	3,64
Deutschland	5,11	5,78	3,86
Spanien	4,38	4,05	3,89
Frankreich	5,01	4,29	3,52
Irland	5,66	3,59	-
Italien	6,01	4,17	3,53
Luxemburg	5,03	4,94	4,82
Niederlande	4,91	4,06	2,81
Österreich	5,67	3,53	-
Finnland	6,22	4,53	3,88

Land	klein	mittel	groß
Belgien	13,86	7,44	5,90
Deutschland	14,88	6,93	5,52
Spanien	13,21	9,15	6,26
Frankreich	12,0	6,99	5,64
Irland	17,28	7,28	-
Italien	10,90	8,85	8,42
Luxemburg	12,40	5,68	5,35
Niederlande	12,21	5,62	4,95
Österreich	8,30	7,80	7,56
Finnland	k. A.	k. A.	k. A.

Quelle: *Eurostat, 2000*

Anmerkung zu den Tabellen 10 und Tabelle 11: Die Industrieverbraucher werden nach der Höhe ihres Verbrauchs in drei Verbrauchstypen unterteilt:

Klein: Jahresverbrauch 4 186 GJ; Lastfaktor: 200 Tage

Mittel: Jahresverb. 41 800 GJ; Lastfaktor: 200 Tage - 1 600 Stunden

Groß: Jahresverb. 418 600 GJ; Lastfaktor: 250 Tage - 4 000 Stunden.

Die privaten Haushalte werden ebenfalls nach der Höhe ihres Verbrauchs in drei Verbrauchstypen unterteilt:

Klein: Jahresverb. 8,37 GJ; Ausstattung: Kochen und Warmwasserbereitung

Mittel: Jahresverb. 83,7 GJ; Ausstattung: Kochen, Warmwasserbereitung und Zentralheizung

Groß: Jahresverb. 1 047 GJ; Ausstattung: Blockzentralheizung für mindestens zehn Wohnungen.

Welche Auswirkungen Energiekosten konkret auf ein Unternehmen haben, zeigt folgendes Beispiel der Haindl Papier GmbH. Dieser größte Papierhersteller Deutschlands verbraucht jährlich etwa fünf Milliarden Kilowattstunden Gas. Umgerechnet auf die Produktionskosten machen die Energiekosten 15 Prozent aus.[123]

Die energieintensiven Industrien sind somit an einer Liberalisierung und einer damit einhergehenden Preisreduktion (z. B. im konkreten Fall von Erdgas) sehr interessiert, denn sie profitieren von der Öffnung weit mehr noch als normale Haushalte.

Analysen der Arbeitsgemeinschaft deutscher wirtschaftswissenschaftlicher Forschungsinstitute e.V. in Essen machen deutlich, dass die Brennstoff- und Kapitalkosten im Schnitt sogar mit mehr als 85 Prozent der Gesamtkosten dominieren. Als

---

[123] Nachgefragt bei Haindl Papier GmbH. Tel: 0821-3109-0 (http://www.haindl.de).

Beispiel führt die AG an, dass Anfang der neunziger Jahre in der Regel von 7,8 Pfennige pro Kilowattstunde Gesamtkosten 3,5 Pfennige pro Kilowattstunde auf die Brennstoffkosten und 3,2 Pfennige pro Kilowattstunde auf die Kapitalkosten entfielen.[124] Dieses Verhältnis stellt den gesamtdeutschen Durchschnitt dar, ohne dabei auf die deutlichen Abweichungen zwischen den Regionen einzugehen. Bundesländern mit einem eher kapitalintensiven Kraftwerkspark (z. B. Bayern, Baden-Württemberg, Schleswig-Holstein) stehen solche mit einem vergleichsweise brennstoffintensiven Anlagenpark (wie z. B. in Nordrhein-Westfalen und den neuen Bundesländern) gegenüber. Diese Unterschiede erklären sich zum Teil aus regionenspezifischen Merkmalen wie der Ausstattung mit Energieressourcen oder der Anzahl energieintensiver Industriezweige. Zum Teil sind sie jedoch auch Ergebnis landes- oder bundespolitischer Entscheidungen. Schließlich ist dieses Verhältnis in erheblichem Umfang auch von der Altersstruktur des Kraftwerkparks abhängig, da mit zunehmendem Anteil bereits abgeschriebener Kraftwerke am Anlagenbestand die Kapitalkosten an Bedeutung verlieren, die Brennstoffkosten hingegen tendenziell steigen.

Wie bereits angesprochen, ist die bestimmende Größe für einen Energiemarkt der PEV. Je größer das Energie-Angebot im Vergleich zur Nachfrage, umso preisgünstiger wird Energie, umso rentabler werden Produktionsprozesse mit hohem Energieaufwand. Da der Handel mit Energie den weitaus größten Teil des Welthandels ausmacht (Klom, 1996:15), ist der Ordnungsrahmen der Energiewirtschaft national wie supranational, politisch wie rechtlich hoch sensibel.

In der Europäischen Union zeigt sich dies am Beispiel der Binnenmarktrichtlinien für Strom und für Gas, auf die in Kapitel 10.3 (Seite 279) noch separat eingegangen wird. Während in anderen europäischen Ländern große Teile der Versorgungswirtschaft dem Staat gehören oder direkt unterstellt sind, findet sich in Deutschland sowohl beim Strom als auch beim Gas eine wesentlich dezentralere Struktur mit vielen privaten Unternehmen, wobei der Staat in letzter Instanz die Gemeinwohlinteressen durch rechtliche Vorgaben garantieren muss (siehe auch Kapitel 3.1, Seite 66).

---

[124] Siehe Arbeitsbericht 1999 RWI Forschungsgruppe „Energiewirtschaft". Auch im Internet abrufbar unter: http://www.rwi-essen.de/presse/publikat/ver-ar99.htm.

5.2 Die Erdgaswirtschaft in Deutschland

Generell gesehen entlastet die inländische Förderung von Erdgas und Erdöl die Leistungsbilanz der Bundesrepublik Deutschland. Die Unternehmen der Förderindustrie und die Energieverteiler sind als Arbeitgeber, Steuerzahler und Auftraggeber zu einem wichtigen Wirtschaftsfaktor geworden. Die Entwicklung bis zu diesem Punkt hat lange gedauert. Die deutsche Gaswirtschaft ist durch eine Vielfalt organisatorischer Strukturen gekennzeichnet (Wanke, 1999) und unter ganz eigenen Besonderheiten entstanden (siehe Kapitel 3, Seite 63). Ihre heutige Struktur ist nicht mit der anderer (europäischer oder außereuropäischer) Länder zu vergleichen.[125] Die recht komplizierten wirtschaftlichen Verflechtungen der Energiewirtschaftsunternehmen und ihre Stellung im System als Erzeuger und Verteiler von Gas werden im folgenden anhand des drei Ebenen-Modells (Produktion/Import, Fortleitung/Weiterverteilung sowie Endverbrauch) nachgezeichnet und erläutert. Die gesellschaftsrechtlichen Verflechtungen bleiben an dieser Stelle noch außen vor, werden aber in Kapitel 7 (Seite 179) ausführlich behandelt.

Die deutsche Gaswirtschaft besteht aus über 700 Gasversorgern und kann in zwei Bereiche eingeteilt werden (vgl. Schiffer, 1999:128f):

1. Die Gasversorger, zu denen all jene Unternehmen gezählt werden, die Dritte, z. B. Industrie, Handel, Gewerbe- und Dienstleistungssektor, Kraftwerke und private Haushalte, mit Gas beliefern. Dazu gehören Orts- und Regionalversorgungsunternehmen (GVUs), Ferngasgesellschaften (FGGs), Erdgasfördergesellschaften und nicht zuletzt Kokereien.

2. Die übrige Gaswirtschaft, zu der die Eisen- und Mineralölindustrie sowie der Steinkohlebergbau zählen. Dort wird Gas (ähnlich wie in Kokereien) mehr als Nebenprodukt in Form von Kuppelproduktion erzeugt. Eine Abgabe erfolgt nur bedingt an Großabnehmer und Weiterverteiler, sofern das Gas nicht im Eigenverbrauch eingesetzt wird.

---

[125] In Europa stehen Länder mit zentralistischen Strukturen wie Frankreich oder (ehemals) Großbritannien dezentral kommunalwirtschaftlich organisierten Ländern wie Deutschland oder den Niederlanden gegenüber.

Bei Gas wird zwischen Naturgasen und hergestellten Gasen unterschieden. Unter letzteren versteht man in der Regel Raffineriegas, Flüssiggas, Kokereigas, Hochofengas und Stadtgas. Dagegen zählen Erd-, Erdöl-, Gruben- und Klärgas zu den Naturgasen, die in Deutschland mit über 90 Prozent des gesamten Gasaufkommens die wichtigste Rolle spielen (Schiffer, 1999:129). Gemessen am Gasaufkommen der Gasversorger sind es sogar knapp 100 Prozent. Aus diesem Grund bezieht sich die gesamte Untersuchung auch auf Naturgas ohne die hergestellten Gase zu behandeln.

Die deutsche Gaswirtschaft unterteilt sich, wie oben bereits angesprochen, in drei Marktstufen: Produktion und Erzeugung, Fortleitung- und Weiterverteilung sowie die Endverbraucherstufe, die im Folgenden erklärt werden sollen.

5.2.1 Produktion und Import

An der inländischen Erdgasproduktion selbst sind zehn deutsche Erdgasunternehmen beteiligt, die rund 21 Prozent der Erdgasnachfrage (entspricht 208 Milliarden Kilowattstunden) Deutschlands abdecken. Mehrheitlich (813 Milliarden Kilowattstunden, das sind rund 80 Prozent) wird Erdgas allerdings aus Russland, Norwegen, den Niederlanden, Dänemark und Großbritannien nach Deutschland importiert (s. u.).

Drei Viertel der inländischen Erdgasförderung (2000: 20,1 Milliarden Kubikmeter) werden von BEB Erdöl und Erdgas GmbH, an der ESSO und Deutsche Shell je 50 Prozent der Anteile halten (48,78 Prozent)[126] sowie Mobil Erdgas-Erdöl GmbH (26,51 Prozent) gedeckt. Ein Viertel fördern Preussag Energie GmbH (5,9 Prozent), RWE-DEA AG (8,89 Prozent), Wintershall AG (5,98 Prozent) und EEG (3,39 Prozent). 75 Prozent der Anteile der Erdöl-Erdgas Gommern GmbH gehören Gaz de France und 25 Prozent dem Stromriesen E.ON Energie AG, der aus der Fusion zwischen PreussenElektra und Bayernwerk entstand. Gefördert wird das Erdgas überwiegend in der Norddeutschen Tiefebene zwischen Elbe und Ems. Seit der Wiedervereinigung Deutschlands sind neue Quellen in der Altmark-Region bei Salzwedel hinzugekommen (weitere Zahlen unter W.E.G., 2000b:31).

---

[126] Bis 1999 wurde bei der Aufstellung der Erdgasförderung nach konsortialer Beteiligung noch unterteilt zwischen Elwerath Erdgas und Erdöl GmbH (20,6%) und Brigitta Erdgas und Erdöl GmbH (29,0 Prozent).

Das bedeutet, dass die inländische Erdgasförderung hauptsächlich durch drei Öl-gesellschaften (ESSO, Shell, Mobil), zwei Stromunternehmen (RWE, E.ON) und der BASF-Tochter Wintershall getätigt wird. Da nur 20 Prozent des konsumierten Erdgases aus heimischer Produktion stammen und die Erdgasreserven in Deutsch-land in absehbarer Zeit zur Neige gehen werden (siehe Kapitel 3.4.2, Seite 80), ma-chen die Erdgasimporte den weitaus wichtigeren Teil der ersten Stufe der deutschen Gaswirtschaft aus.

Wie Tabelle 12 (Seite 117) zeigt, setzte die Importwelle 1963 ein (damals noch mit bescheidenen 109 TJ. Die Zahl liegt heute ungefähr 25.000-mal darüber). Zu Be-ginn des 21. Jahrhunderts erfolgen die Erdgasimporte, die deutsche Gasversor-gungsunternehmen (GVU) auf der Basis langfristiger Verträge mit Erdgas beliefern, vorwiegend aus fünf Ländern (Rußland, die Niederlande, Norwegen, Großbritanni-en und Dänemark). Von diesen waren die Niederlande 1970 die ersten „offiziellen" Vertragspartner einiger deutscher GVUs. Kurz darauf (1973) wurden Lieferverträge mit der früheren Sowjetunion abgeschlossen. Es folgten Abkommen mit Norwegen (1977), Dänemark (1986), für eine kurze Phase von fünf Jahren Frankreich (1992) und schließlich Großbritannien (1993). Die ehemalige DDR importierte ebenfalls Erdgas allerdings nur aus der Sowjetunion (s. u. „Importe aus Russland"). Diese Verträge waren zum Teil auch noch nach der Wiedervereinigung gültig.

Von den ersten Lieferungen 1963 stiegen die Erdgasimporte kontinuierlich an bis sie 1996 ihren Höhepunkt erreichten (2.922.797 TJ, das entspricht 70,2 Milliarden Kubikmeter).[127] Seitdem gingen sie wieder leicht zurück. Trotzdem bleibt der Im-port für die Versorgung Deutschlands mit Naturgas bedeutend.[128] Erdgas wird hauptsächlich von den überregionalen FGGs Ruhrgas, VNG, BEB, Wingas und RWE importiert. Zusammen mit EWE, Münster Erdgas, Mobil und Thyssengas sind diese Unternehmen Vorlieferanten der übrigen sieben (meist regionalen) FGGs sowie der regionalen Gesellschaften und der GVUs auf kommunaler Ebene.

---

[127] Der Umrechnungsfaktor (TJ in Mrd. m^3) ist dabei: 41.629,258.

[128] Deutschland verfügt über Erdgasreserven, die lediglich knapp zwei Jahre den gesamten Erd-gasverbrauch decken könnten.

Tabelle 12 gibt Auskunft über die Entwicklung der Erdgas-Importe nach Deutschland. Nach Expertenschätzungen sollen bis 2010 ca. 86 Prozent Erdgas für den deutschen Verbrauch importiert werden und 2020 könnten es sogar schon 94 Prozent sein (Prognos AG, 1999). Schon allein aufgrund der wachsenden Importabhängigkeit Deutschlands werden die Hauptimporteure detaillierter betrachtet. Ebenso wird im Weiteren ein kurzer Blick auf Geschichte und Hintergrund der Lieferabkommen sowie Bau der Pipelinesysteme geworfen.

Tabelle 12: Entwicklung der Naturgas-Importe nach Deutschland (in TJ)

	DK	F	NL	NWG	GB	Russland	Sonstige	Gesamt
1960	0	0	0	0	0	0	0	0
1961	0	0	0	0	0	0	0	0
1962	0	0	0	0	0	0	0	0
1963	0	0	0	0	0	0	109	109
1964	0	0	0	0	0	0	373	373
1965	0	0	0	0	0	0	1.256	1.256
1966	0	0	0	0	0	0	1.642	1.642
1967	0	0	0	0	0	0	12.010	12.010
1968	0	0	0	0	0	0	54.095	54.095
1969	0	0	0	0	0	0	93.744	93.744
1970	0	0	135.472	0	0	0	0	135.472
1971	0	0	224.940	0	0	0	0	224.940
1972	0	0	354.362	0	0	0	0	354.362
1973	0	0	546.913	0	0	29.860	0	576.773
1974	0	0	779.666	0	0	110.258	0	889.924
1975	0	0	945.945	0	0	128.202	0	1.074.147
1976	0	0	1.014.244	0	0	126.554	0	1.140.798
1977	0	0	884.053	29.438	0	135.113	200.349	1.248.953
1978	0	0	714.314	252.908	0	390.297	0	1.357.519
1979	0	0	816.802	304.590	0	465.741	0	1.587.133
1980	0	0	793.453	358.855	0	583.688	0	1.735.996
1981	0	0	649.364	369.075	0	606.283	0	1.624.722
1982	0	0	614.183	298.975	0	531.677	69.191	1.514.026
1983	0	0	627.492	277.744	0	510.855	102.870	1.518.961

1984	0	0	562.530	280.825	0	699.404	1.863	**1.544.622**
1985	0	0	680.275	248.294	0	699.193	14.211	**1.641.973**
1986	15.730	0	584.544	258.920	0	823.496	11.175	**1.693.865**
1987	18.229	0	627.326	303.731	0	898.025	0	**1.847.311**
1988	18.146	0	551.522	322.488	0	907.229	0	**1.799.385**
1989	16.670	0	630.253	346.168	0	969.641	0	**1.962.732**
1990	16.245	0	652.396	336.170	0	981.006	0	**1.985.817**
1991	29.486	0	789.635	340.911	0	899.264	4.361	**2.063.657**
1992	31.318	23.999	834.641	387.390	0	838.330	121	**2.115.799**
1993	31.282	6.048	883.342	393.148	5.163	945.645	615	**2.265.243**
1994	34.314	4.032	793.608	424.842	22.875	1.095.350	940	**2.375.961**
1995	34.800	516	840.951	469.546	21.646	1.205.187	1.197	**2.573.843**
1996	44.577	2.634	996.760	632.264	18.660	1.218.947	8.955	**2.922.797**
1997	95.421	0	831.931	754.943	13.261	1.151.339	1.494	**2.848.389**
1998	80.603	0	749.117	712.951	12.842	1.190.980	1.557	**2.748.050**
1999	0	0	704.733	720.273	0	1.290.507	149.721	**2.865.234**
2000	0	0	628.513	757.969	0	1.299.906	155.309	**2.841.697**

Quelle: *IEA, ab 1999 Bundesamt für Wirtschaft und Ausfuhrkontrolle*

Importe aus Russland

Russland besitzt die größten Erdgasreserven weltweit. Allein die sicher gewinnbaren Quellen belaufen sich auf dem Gebiet der ehemaligen Sowjetunion auf rund 56 Milliarden Kubikmeter Erdgas (BP, 2001:20). Das entspricht gut 38 Prozent der Weltreserven und wird in dem derzeit genutzten Umfang für noch rund 80 Jahre ausreichen. 90 Prozent der Erdgaslieferungen stammen aus Westsibirien (Urengoy-Feld) und von der Halbinsel Jamal. Im Jahr 2000 bezog Deutschland 37 Prozent seines Erdgases aus Russland.

Die Ruhrgas AG hat in den 70er Jahren des 20. Jahrhunderts erste Kontakte zu russischen Erdgaslieferanten geknüpft. 1973, als erste Lieferungen aus der ehemaligen Sowjetunion erfolgten, machten die Erdgaslieferungen aus den Niederlanden noch 95 Prozent der Importe aus. 1984 überrundete die damalige UdSSR zum ersten Mal die Lieferungen aus den Niederlanden um rund neun Prozent der Erdgaseinfuhren nach Deutschland (gemessen an den Importen, nicht am Erdgasverbrauch in Deutschland insgesamt). 1992 lagen die Importe aus Russland und den Niederlanden beide bei 20 Milliarden Kubikmetern. Ab 1993 lieferte Russland weitaus größere Mengen Erdgas an Deutschland als irgendein anderes Land. Im Jahr 2000 stammten 46 Prozent der gesamten Erdgasimporte aus Russland. Im Jahr 2000 waren das rund 1.300.000 TJ, also 31 Milliarden Kubikmeter Erdgas (Tabelle 12).

Auch die Gaswirtschaft in den neuen Ländern wurde ungefähr seit 1970 durch Erdgas aus der ehemaligen Sowjetunion versorgt. Das Erdgas wird zum einen im Raum Syda (südöstlich von Chemniz an der deutsch-tschechischen Grenze) und zum anderen in Mallnow (bei Frankfurt a. O.) in das ostdeutsche Leitungssystem eingespeist. Die Lieferverträge aus dieser Zeit wurden auch noch nach der Wiedervereinigung erfüllt und sind mittlerweile über die Ruhrgas AG, die Verbundnetz Gas AG (VNG) und die Wintershall AG teilweise bis 2020 verlängert worden.

Die OAO Gazprom ist der größte Erdgasproduzent Russlands. Seit Dezember 1998 ist die Ruhrgas AG als erste westliche Gesellschaft direkt an der OAO Gazprom beteiligt.[129] Durch diesen Aktienerwerb wurde gleichzeitig die Vereinbarung getrof-

---

[129] Der Anteil liegt bei fast fünf Prozent (siehe Ruhrgas AG, 1992: Erdgaswirtschaft – Eine Branche im Überblick).

fen, dass Gazprom bis 2030 etwa ein Drittel des Bedarfs der Ruhrgas decken wird, was insbesondere im Hinblick auf die Zeit, wenn die Lieferungen aus westeuropäischen Quellen langsam zurückgehen, von Bedeutung sein wird.

Das Erdgas aus Russland wird über russisches, ukrainisches, slowakisches und tschechisches Gebiet geleitet. Bei Waidhaus (östlich von Nürnberg), nahe der tschechischen Grenze, beginnt die Ost-West-Schiene des westeuropäischen Erdgasverbunds. Von dort gelangt es nach Deutschland, Frankreich, Österreich und in die Schweiz. Diese Länder waren und sind auch am Bau und der Instandhaltung der dafür notwendigen Leitungsnetze beteiligt.

Importe aus Norwegen

Die Erdgaslieferungen aus Norwegen nach Deutschland liegen heute mit 27 Prozent der Erdgasimporte an zweiter Stelle hinter Russland (46 Prozent), d. h. 21 Prozent des deutschen Erdgasaufkommens stammen aus Norwegen. Etwa 440 Kilometer vor der deutschen Küste liegt, in der norwegischen Nordsee, das Ekofisk-Gebiet, von dem seit 1977 diese Lieferungen erfolgen. Seit 1985 wird zusätzlich aus dem Statfjord-Feld, das in der nördlichen norwegischen Nordsee liegt, Erdgas gefördert. Ein Jahr später fand man Erdgas auch im Heimdal-Feld und 1987 kam das Gullfaks-Feld hinzu. Das Troll-Feld wiederum zählt zu den größten Erdgasvorkommen Westeuropas.[130] Die Erdgaslieferungen aus diesem Gebiet haben im Herbst 1993 begonnen. Seit Sommer 1996 wurde auch die Gasproduktion unter schwierigsten Bedingungen aufgenommen.[131]

Das Erdgas fließt zum überwiegenden Teil über die *Statpipe* (teilweise über 900 Kilometer) zum Ekofisk-Zentrum und von dort aus durch die *Norpipe*, die über den Boden der Nordsee in Emden (Deutschland) anlandet, von wo das Erdgas in das europäische Verbundsystem eingespeist wird (Ruhrgas AG, 2000:9). Seit Oktober 1993 wird auf diesem Weg Erdgas aus dem Troll/Sleipner-Projekt über die *Statpipe* und *Norpipe* nach Emden oder auch über die *Zeepipe* (ebenfalls eine Unterwasser-

---

[130] Nach Einschätzungen von Experten liegen in diesem Feld nordwestlich von Bergen rund 1.3000 Milliarden Kubikmeter Erdgas (Ruhrgas AG, 2000:10).

[131] Die Wetterbedingungen der Nordsee erfordern bei Bohrungen in 300 bis 350 Metern Wassertiefe, den Einsatz spezieller Techniken und Ausrüstungen.

pipeline, die 1993 fertiggestellt wurde) nach Zeebrücken geliefert. Eine weitere Leitung zur deutschen Nordseeküste ist 1995 unter dem Namen Europipe in Betrieb genommen worden. Seit Oktober 1999 wird norwegisches Erdgas zusätzlich über die Europipe II vom Sleipner-Feld an die deutsche Nordseeküste angelandet. Neben Deutschland beliefert Norwegen auch Frankreich (mit der *Norfrapipe* vom norwegischen Draupner-Feld nach Dünkirchen), Belgien und die Niederlande mit Gas.

Die Bezugsverträge zwischen Deutschland und Norwegen reichen bis 2011. Sollten die Reserven wie prognostiziert noch über 20 Jahre ausreichen (BP, 2001:20), so werden die Verträge kontinuierlich verlängert, gegebenenfalls sogar ausgebaut. Da der Erdgasbedarf Norwegens bislang gering ist, stehen die Reserven fast ausschließlich dem Export auf die zentraleuropäischen Märkte zur Verfügung.

Importe aus den Niederlanden

Die Niederlande sind der älteste offizielle „Erdgaspartner" Deutschlands. Bis die ehemalige Sowjetunion 1973 hinzutrat, wurden 100 Prozent (was aber lediglich 3,25 Milliarden Kubikmeter ausmachte) der deutschen Importe durch die Niederlande gedeckt (im Jahr 2000 sind es 22 Prozent). Auch danach blieben die Niederlande Hauptlieferant für deutsche GVUs. 1976 wurden 24,36 Milliarden Kubikmeter Erdgas exportiert, die bislang höchste Lieferung nach Deutschland. 1984 überrundete die ehemalige UdSSR zum ersten Mal die Niederlande bei der Einfuhr von Erdgas in die Bundesrepublik. Seitdem ist Russland Hauptlieferant geblieben und auch Norwegen hat die niederländischen Erdgasexporte nach Deutschland übertroffen. 17 Prozent des deutschen Erdgasverbrauchs kamen im Jahr 2000 aus den Niederlanden.

Die Lieferverträge reichen bis zum Jahr 2020. Sollten die Erdgasreserven, die heute auf weitere 26 Jahre prognostiziert werden (BP, 2001:20) auch in Zukunft eine positive Explorationsentwicklung nehmen, so werden über diese Vertragszeiten hinaus Exporte nach Deutschland erfolgen und damit einen wichtigen Anteil an der deutschen Erdgasversorgung behalten.

Importe aus Dänemark

Noch 1972 hatte Dänemark mit 93 Prozent die höchste Ölabhängigkeit aller Industrieländer (Wanke, 1999:28). Nach dem ersten Ölpreisschock wurde verstärkt

Kohle importiert. Erdgas hat erst seit den 80er Jahren des 20. Jahrhunderts an Bedeutung gewonnen und macht mittlerweile einen Anteil von 19 Prozent am PEV der Dänen aus, wo ansonsten noch immer Öl und Kohle dominieren (rund 44 Prozent bzw. 32 Prozent).

In der dänischen Nordsee liegen auch eher bescheidene Mengen Gas, wobei die heimische Förderung von Mineralöl und Erdgas seit 1997 erstmals wieder zunimmt (Wanke, 1999:28). Die Exporte nach Deutschland begannen 1984 mit bescheidenen 15.730 TJ und haben sich bis 1999 auf rund 83.000 TJ (entspricht zwei Milliarden Kubikmeter) erhöht, was im Vergleich zu den Importen aus anderen Ländern noch immer eine geringe Menge darstellt (s. o.). Die aktuellen Verträge laufen über das Jahr 2000 hinaus. Die Anschlussverträge hängen von der Ausschöpfung der derzeitigen Quellen und den prognostizierten Reserven ab. Zur Zeit (2000) werden rund drei Prozent des deutschen Erdgasverbrauchs durch Importe aus Dänemark gedeckt.

Importe aus Großbritannien

Mit einem Förderanteil von knapp 30 Prozent ist Großbritannien eines der wichtigsten Erdgasförderländer Europas (Wanke, 1999:17). Nachdem im Oktober 1998 die *Interconnector*-Pipeline zwischen Großbritannien und Belgien ihren Betrieb aufgenommen hat, können die Erdgaswirtschaften Kontinentaleuropas aus einer neuen Erdgasquelle schöpfen, die zwar langfristig nicht so ergiebig sein wird wie die niederländischen und norwegischen (vgl. Kapitel 3.4, Seite 77), die aber derzeit einen wichtigen Beitrag zu der Gasversorgung Zentraleuropas und auch Deutschlands leistet (Deutschland führt drei Prozent seines Erdgasverbrauchs aus Großbritannien ein). Seit der Öffnung der *Interconnector* konnten deutsche Erdgasimportunternehmen mit ihren britischen Partnern neue Erdgasverträge schließen, die in einer Höhe von jährlich 4,5 Milliarden Kubikmeter liegen. Die Verträge reichen bis nach dem Jahr 2010. Das Produktionspotential der britischen Nordsee ist hoch, wenngleich Schätzungen der Reserven davon ausgehen, dass sie in ungefähr zehn Jahren erschöpft sein werden (BP, 2001:20).

5.2.2 Transport und Weiterverteilung

Neben den Produzenten betätigen sich etwa 100 Unternehmen (die FGGs sowie regionale Verteilerunternehmen) an der Fortleitungs- und Weiterverteilungsstufe. Die FGGs (vorwiegend die überregionalen) regeln die Einfuhr von Erdgas, leiten aber auch die Förderung des inländischen Erdgases über das bestehende Transportsystem an die regionalen und teilweise auch an die lokalen Weiterverteiler (Ortsgasunternehmen). Die regionalen Verteilerunternehmen werden, sofern sie nicht im kommunalen Eigentum sind, weitgehend von den regionalen und überregionalen FGGs, den Stromkonzernen und anderen Energieunternehmen über Kapitalbeteiligungen oder langfristige Lieferverträge dominiert. Wie auch bei der regionalen Stromwirtschaft gibt es aufgrund dieser Verflechtungen auf der Regionalstufe nur wenige eigenständige Unternehmen (siehe Kapitel 7, Seite 179).

5.2.3 Die Endverbraucherstufe

An der Endverbraucherstufe sind mit ca. 70 Prozent vorwiegend die Ortsgasunternehmen beteiligt, die zum größten Teil Haushalte und Kleinverbraucher mit Erdgas versorgen (Schiffer, 1999:148). Daneben beliefern auch die FGGs den Endverbrauchermarkt (zu 28 Prozent). In diesem Fall jedoch weniger die Haushalte und Kleinverbraucher als vielmehr Großabnehmer, also die Industrie und Kraftwerke (Schiffer, 1999:148). Die Betätigung der Erdgasproduzenten auf dieser Ebene ist noch geringer (zwei Prozent) und beschränkt sich generell auf die Versorgung von Großabnehmern (siehe hierzu Tabelle 22: Tätigkeitsfelder der Ferngasgesellschaften", Seite 221).

Der Bundesverband der deutschen Gas- und Wasserwirtschaft (BGW) hat im Berichtsjahr 1997 eine Statistik erstellt, in der deutlich wurde, dass von damals 711 erfassten Orts- und Regionalgasversorgungsunternehmen mehr als die Hälfte (469) in Rechtsformen des Regiebetriebs, des Zweckverbandes, des Eigenbetriebs, der AG oder GmbH als Eigengesellschafter bzw. der AG oder GmbH als öffentliche Gesellschaft organisiert waren. Das heißt, sie befanden sich in kommunalem Eigentum (Schiffer, 1999:148). Der kleinere Teil war als privatwirtschaftliche Gesellschaft (50) oder als gemischt-öffentlich-privatwirtschaftliche Gesellschaft eingetragen (192).

Wie in Kapitel 2 (Seite 53) bereits erwähnt wurde, spielt Erdgas frühestens seit Mitte der 60er Jahre des 20. Jahrhunderts eine nennenswerte Rolle in der Energieversorgung Deutschlands (siehe auch Tabelle 13). Damals konnte der Bedarf noch aus heimischer Förderung gedeckt werden. Heute werden ungefähr 80 Prozent importiert (mit steigender Tendenz) und nur 20 Prozent im Inland gefördert (s. o.).

Tabelle 13: Prozentuale Anteile ausgewählter Energieträger am gesamten Primärenergieverbrauch (PEV) in Deutschland (bis einschl. 1990 nur alte Bundesländer)

	1960	1970	1980	1990	1999	2000
Mineralöl	21,0	53,1	47,9	40,5	39,5	38,7
Stein-/Braunkohle	74,5	37,9	30,0	26,7	23, 6	24,4
Sonstige	4,1	3,6	5,7	15,5	15,6	15,8
Erdgas	0,4	5,4	16,4	17,3	21,3	21,1
PEV in Mio. t SKE	211,5	336,8	378,4	396,9	484,7	483,6

Quelle: *RWE Gas: Geschäftsbericht, 2000, S. 9*

Das Erdgasaufkommen von rund 2.995 PJ (AG Energiebilanzen) wurde im Jahr 2000 vorwiegend von folgende Sektoren verbraucht, die zunächst schriftlich aufgeführt und deren Verteilung in Abbildung 4 (Seite 126) noch einmal graphisch dargestellt werden:

1. Die Haushalte und Kleinverbraucher (hierzu gehören Wohnungen, Handels- und Gewerbebetriebe, Verwaltungsgebäude und öffentliche Einrichtungen wie Schulen und Schwimmbäder): Dieser Sektor hat rund 35 Prozent seines gesamten Energieverbrauchs mit Erdgas gedeckt (1.394 PJ) und macht damit fast die Hälfte des Erdgasverbrauchs aus (Ruhrgas, 2001:5). Seit 1970 haben sich jährlich mehr als 220.000 Haushalte zur Installation einer Erdgasheizung entschlossen. Im Jahr 2000 sind 44,5 Prozent, d. h. 7,3 Millionen Wohnungen der deutschen Haushalte an Gas angeschlossen (siehe Tabelle 14).

Bei Neubauten und modernisierten Wohnungen haben sich sogar über 76 Prozent für Erdgas entschieden. Die regionalen Unterschiede sind dabei erheblich. In Rheinland-Pfalz betrug der Marktanteil von Erdgas sieben Prozent mehr als im Saarland, wo er bei 64 Prozent liegt. Der Grund dafür findet sich in den unterschiedlichen gaswirtschaftlichen Erschließungsgraden beider Bundesländer (Saar-Ferngas Geschäftsbericht, 2000:9).

In Ostdeutschland wurden mehr als 80 Prozent aller neu gebauten Wohnungen mit Gasheizungen ausgestattet. Insgesamt werden im Jahr 2000 knapp 70 Prozent der ostdeutschen Wohnungen mit Erdgas beheizt. Zu unterscheiden ist dabei allerdings zwischen 48 Prozent Erdgasheizungen und 21 Prozent aus Erdgas gewonnener Fernwärme (VNG Geschäftsbericht, 2000:11).

Wie Tabelle 14 verdeutlicht, ist Erdgas auf dem Wärmesektor kontinuierlich angewachsen, während Öl von 1980 bis zum Jahr 2000 um 34,4 Prozent zurückgegangen ist. Seit der Wiedervereinigung ist der Anteil der Fernwärme bei Wohnungsheizungen um ein Drittel gestiegen. Strom und Kohle haben ebenfalls Marktanteile an das Erdgas verloren.

Tabelle 14: Beheizungsstruktur des Wohnungsbestandes in Deutschland (bis einschl. 1990 nur alte Bundesländer) in Prozent

	1980	1985	1990	1995	1999	2000
Erdgas	22,2	27,8	32,7	37,4	43,4	44,5
Heizöl	49,7	46,1	43,5	33,9	32,8	32,6
Fernwärme	6,9	7,4	7,8	11,7	12,2	12,3
Strom	7,4	7,8	7,7	6,4	6,0	5,9
Kohle	13,8	10,9	8,3	10,6	5,6	4,7
Wohnungen in Mio.	5,5	7,3	8,8	13,2	15,9	16,5

Quelle: *RWE Gas: Geschäftsbericht, 2000, S. 10-11*

2. Die Industrie: Im produzierenden Gewerbe (Industrie) wurden 778 PJ Erdgas eingesetzt. Das ist ein Prozent mehr als im Vorjahr, was durch die günstige Konjunktur bedingt war, aber auch durch verschärfte Umweltauflagen, die von den Industriebetrieben berücksichtigt werden müssen und mit Erdgas leichter erfüllt werden können.

3. Die Kraftwerke: In diesem Bereich sank die Stromerzeugung auf Erdgasbasis von 402 PJ auf 355,8 PJ. Aus Immissionsschutzgründen wird Erdgas jedoch in Zukunft häufiger Energieträger als Brennstoff verwendet werden als andere.

4. Der „Sonstige Verbrauch": Unter diesen Sektor fällt der Einsatz zur Fern-
wärmeerzeugung, der nichtenergetische Einsatz von Erdgas (seine direkte
Nutzung als Rohstoff in der Chemischen Industrie) und der Eigenverbrauch
der Erdgaswirtschaft (z. B. für den Antrieb der Verdichteranlagen zum Erdgastransport und zur Erdgasspeicherung). Insgesamt wurden dafür 465 PJ
Erdgas aufgewandt.

Abbildung 4: Gasverbrauch Deutschlands (2000) nach Sektoren aufgeteilt

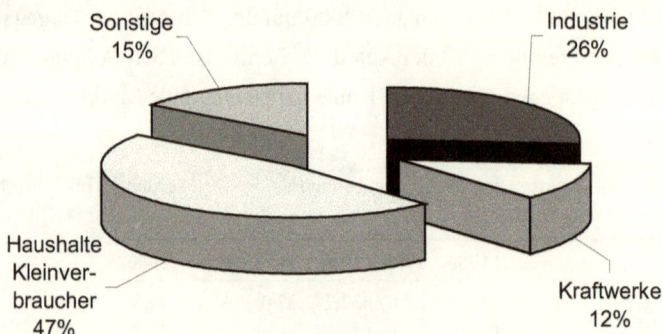

Sonstige 15%
Industrie 26%
Haushalte Kleinver-braucher 47%
Kraftwerke 12%

Quelle: *Ruhrgas 2001, Seite 5*

Fazit: Die Struktur des Erdgasverbrauchs hat sich in den letzten Jahren nur wenig
verändert. Haushalte und Kleinverbraucher waren mit Abstand wichtigster Ver-
brauchssektor. Auf die Industrie entfielen 26 Prozent, auf die Kraftwerke zwölf
Prozent und 15 Prozent auf „Sonstige".

5.3 Die Ölpreisbindung

5.3.1 Woher kommt die Ölpreisbindung?

Die Bindung des Erdgaspreises an den Heizölpreis geht auf die sechziger Jahre des
20. Jahrhunderts zurück, als sich das Erdgas als neuer Energieträger einen Markt
erschließen musste. Da man gegenüber dem Heizöl nicht wettbewerbsfähig gewesen wäre – die Investitionen sollten sich innerhalb von zehn Jahren amortisieren –,
koppelten die Produzenten damals ihren Preis an den des Heizöls, der seither mit

einem zeitlichen Abstand von jeweils einem halben Jahr dem Heizöl folgt. Zudem wurde von den Abnehmern verlangt, sich langfristig zu binden.

Diese Behelfslösung erwies sich als durchaus positiv für die Gaswirtschaft. Und auch nachdem sich die Investitionen ins Versorgungsnetz längst amortisiert haben, halten die Gasunternehmen noch immer an der lukrativen Preisbindung fest, denn der Mechanismus funktioniert nur in eine Richtung: sobald der Ölpreis steigt, zieht der Gaspreis zwar nach, fällt dagegen der Preis für Öl, sinkt auch der Preis für Gas allerdings mit einer gewissen zeitlichen Verzögerung. Die Kopplung der Gaspreise an die Heizölpreise von Seiten der Mineralölkonzerne ist von daher problematisch. Hohe Ölpreise führen fast unvermeidlich zu einer Substitution von Öl durch Gas. Hat sich ein Verbraucher einmal für Gas entschieden, lässt sich dieser Energieträger auch durch niedrigere Heizölpreise im Nachhinein kaum wieder verdrängen.[132]

In Deutschland sind die Gaspreise demnach seit mehreren Jahrzehnten an den Ölpreis gekoppelt, obwohl das eine Geschäft mit dem anderen nicht viel zu tun hat. Während die herausragenden Ölproduktionen in Saudi-Arabien, dem Iran, den Vereinigten Arabischen Emiraten und Kuwait liegen, verfügt Russland über die weltgrößten Gasfelder. Auch in der Förderung, im Transport und in der Veredelung unterscheiden sich beide Rohstoffe grundsätzlich voneinander. Wieso gilt die Ölpreisbindung dennoch bis heute?

5.3.2 Für und Wider Ölpreisbindung

Die Frage nach dem Pro und Contra der Ölpreisbindung von Erdgas, wurde nicht erst in den vergangenen Monaten häufiger gestellt. Ziel der Liberalisierung ist vor allem die Preissenkung durch Wettbewerb. Inwiefern aber wirkt sich die Preisbindung dabei aus?

Die Argumente Pro-Ölpreisbindung basieren vorwiegend auf der Tatsache, dass der Erdgashandel auf langfristige Abnahmeverträge aufgebaut ist. Erst durch sie haben die Produzenten eine finanzielle Grundlage für die kostenintensive Realisierung ihrer Förderprojekte. Gleichzeitig schützen die verbindlich getroffenen Preisregelungen die importabhängigen Länder (z. B. Deutschland) vor der Marktmacht eben

---

[132] So die Meinung in: Das regionale Wirtschaftsmagazin „Wirtschaft in Mainfranken", IHK Ausgabe 6/2001 „Neue Märkte, Energie und Umwelt".

dieser wenigen großen Erdgasproduzenten (z. B. Russland, Norwegen und die Niederlande). Voraussetzung für das Funktionieren einer langfristigen Verpflichtung zur Abnahme der importierenden Unternehmen beispielsweise in Deutschland ist, dass Erdgas hierzulande jederzeit zu marktgerechten Preisen absetzbar ist. Die Ölpreisbindung ist eine Möglichkeit, um den Erdgaspreis flexibel am Wettbewerb zu orientieren. Zweiter Grund für die Ölpreisbindung sind die Konkurrenzenergien Heizöl, Kohle und Strom (je nach Marktsektor). Mit der Ölpreisbindung, bleibt das Erdgas jedenfalls gegenüber dem Heizöl wettbewerbsfähig, was ihm wie bereits erwähnt, seit den 60er Jahren des 20. Jahrhunderts ein stetiges Wachstum auch im Wohnheizungsmarkt beschert hat.

Das Bundeswirtschaftsministerium hat am 27. September 2000 die seit Jahrzehnten übliche Koppelung des Gaspreises an den Ölpreis mit der sonst bestehenden Gefahr der Bildung eines der OPEC vergleichbaren Kartells auf dem Gasmarkt gerechtfertigt.[133] Im Wirtschaftsausschuss hieß es weiter, dass ein Aufbrechen des Oligopols auf dem Gasmarkt zwar Wettbewerb auf der Einkaufsseite herstellen könne, auf der Seite der Lieferanten aber zu Unsicherheit führt und in letzter Konsequenz dem Verbraucher mehr schadet als nützt. Die bisherige Regelung hingegen brachte Versorgungssicherheit mit sich.

Ein Argument, das gegen eine zukünftige Ölpreisbindung spricht ist die Annahme, dass bei einer stärkeren Liberalisierung auf dem Gasmarkt auch die Preise sinken, was eine Preiskoppelung konterkarieren würde, bisher allerdings nicht der Fall war. Auf der Verbraucherseite sind zwischen Anfang 1999 und September 2000 die Gaspreise von 5,4 auf 7 Pfennig pro Kilowattstunde angehoben worden, wobei die Ölpreis- und Dollarkurssteigerungen daran einen Anteil von über 80 Prozent hatten (BMWi, 2000). Abbildung 5 führt auf wie die Erdgaspreise in Relation zu den Ölpreisen zwischen 1997 und 2001 angestiegen sind.

---

[133] Aussage des Bundeswirtschaftsministers vor der Presse, Radiomeldung am 27. Sep. 2001.

Abbildung 5: Entwicklung der Heizöl- und Gaspreise in Deutschland von Oktober 1997 bis Oktober 2001

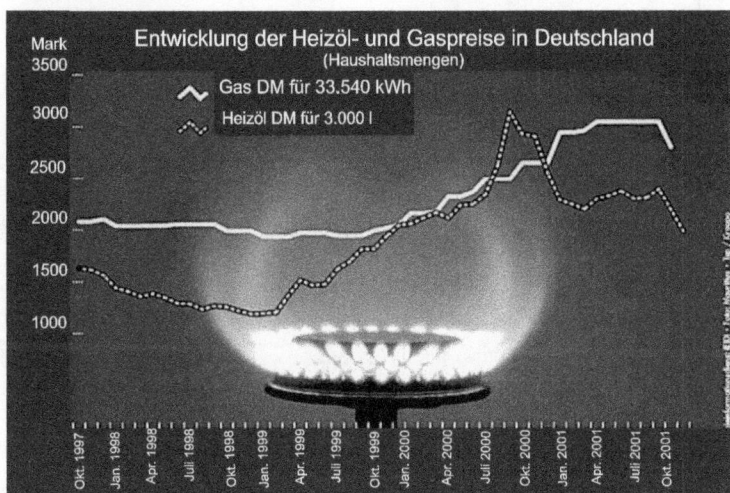

Quelle: *Energie Informationsdienst Okt. 2001 (www.eid.de)*

Abbildung 5 verdeutlicht, dass die Gaspreisen ab Januar 2000 allmählich angestiegen sind und sich zeitlich um einige Wochen versetzt dem Ölpreis anglichen haben. In nur einem Jahr musste ein Haushalt, der die statistische Durchschnittsmenge von 33.540 Kilowattstunden pro Jahr bezieht, rund 900 DM (460 Euro) mehr für sein Gas bezahlen. Erst im Oktober 2001 wurde nach zwei Jahren kontinuierlicher Preiserhöhung eine Reduktion sichtbar. Heizöl dagegen erreichte wie das Schaubild zeigt, im September 2000 die Preisspitze (rund 3.100 DM, das sind 1584 Euro für 3000 Liter Öl) und sank daraufhin wieder fast auf das Niveau vom Januar.

Diese Preisentwicklungen beim Gas nahmen die Unionsfraktionen (CDU/CSU) und die F.D.P. zum Anlass, vor dem Wirtschaftsausschuss von einer „Verschwörung zu Lasten der Verbraucher" zu sprechen.[134] Sie plädierten daraufhin für eine Mengenvereinbarung. Die Bundesregierung hingegen sieht eher eine steigende Tendenz der Preise auf dem Gasmarkt, auf die sie ohnehin keine Einwirkungsmöglichkeiten hat, da es sich um private Verträge handelt. Außerdem hat das Bundeskartellamt das

---

[134] Anhörung vor dem Ausschuss für Wirtschaft und Technologie am 24. September 2001 (siehe hierzu Kapitel 10.1.5, Seite 262).

Vorgehen zur Zeit der Gaspreiserhöhung regelmäßig überprüft und ist zu dem Ergebnis gekommen, dass es wettbewerbsrechtlich nicht zu beanstanden sei.

Die Frage, die sich nun stellt, ist: Wie kommen andere Länder ohne Ölpreisbindung aus? Beispiel: Großbritannien und die USA. Oder liegt die inoffizielle Orientierung auch in diesen Ländern an den Ölpreisen?

Die Preisbildungsprozesse auf Spotmärkten wie sie in den angelsächsischen Ländern üblich sind, verlaufen nicht anders als bei den langfristigen Kontrakten, d. h., dem Ölpreis kommt auf beiden Märkten Indikatorfunktion zu.[135] Und wie in den USA und Großbritannien zu beobachten ist, wurden auch dort die Ölpreisturbulenzen der letzten Jahre auf dem Gasmarkt nachvollzogen.

Doch zur besseren Beantwortung dieser Frage ist ein kurzer Exkurs in die Preisbildungsmechanismen von Gas notwendig: In Deutschland ist die Erdgaspreisbildung im Industrie- und Gewerbebereich das Ergebnis freier Verhandlungen zwischen Gasversorgern und ihren Kunden. Preismaßstab stellt das Prinzip der Anlegbarkeit dar, d. h., der Gaspreis wird nach dem Äquivalenzpreis[136] für einen konkurrierenden Energieträger – früher vorwiegend schweres, heute leichtes Heizöl – ermittelt (Binde, 2001:25). Diese so genannten „anlegbaren Preise" sind gerade so hoch gewählt, dass der Kunde nicht zu einem anderen Energieträger wechselt. Die Entkopplung der Gaspreise von der Anlegbarkeit und ihre Orientierung am Wettbewerbsmarkt, hat in den angelsächsischen Ländern (z. B. den USA, siehe hierzu auch Tabelle 32: Preisreduktionen durch Liberalisierung in den USA nach fünf und zehn Jahren ", Seite 358) zu Gaspreissenkungen von bis zu 30 Prozent geführt. In Großbritannien zu Nachlässen von 20 Prozent (Midttun, 2001). Große Gaskunden können bereits Angebote ohne Ölpreisbindungen erhalten – und dies nicht nur von

---

[135] Ewald Holst auf der Handelsblatt-Tagung im Oktober 2001 in Wien.

[136] „Der Äquivalenzpreis ergibt sich aus Investitionskosten, Betriebskosten und Brennstoffkosten des konkurrierenden Energieträgers, vermindert um die bei Einsatz von Erdgas anfallenden Investitions- und Betriebskosten. Dieser quantifizierbare, anlegbare Preis ist jedoch häufig nur ein Teil des tatsächlich zu zahlenden Gaspreises. Hinzu kommen einige, zwar objektiv vorhandene, jedoch nicht quantifizierbare Faktoren, wie z. B. die Verhandlungsposition des Kunden, die u. a. abhängt von der Verbrauchsstruktur (Abnahmemengen, jährliche Betriebsstunden, Unterbrechbarkeit), bezogen auch auf den Gesamtabsatz und die Kundenstruktur des liefernden Gasversorgungsunternehmens" (Binde, 2001:25).

ausländischen Anbietern. Doch der Wettbewerb auf dem Erdgasmarkt führt nicht nur zu Druck auf die Preise, sondern verlangt gleichzeitig Produktinnovationen, kundenfreundlicheren Service, vereinfachte bzw. modernisierte Verträge und Rechnungen sowie mehr Markttransparenz.

Als Vorreiter hat RWE Gas angekündigt die Preisbildung für seine Privatkunden fallen zu lassen. Ab Oktober 2001 haben rund 500.000 Haushalts- und Kleinverbraucher-Kunden, die von RWE Gas direkt versorgt werden, somit die Option, sich für einen Festpreis zu entscheiden.[137] Dieser soll, losgelöst von der Preisentwicklung beim Heizöl für ein Jahr gelten. Die RWE-Tochter weicht mit diesem Angebot von einem über Jahrzehnte beschworenen Prinzip der Gaswirtschaft ab und durchbricht das Gesetz der *Take-or-pay*-Verträge.

Die Grundannahme, die von der Gasbranche wie auch dem Wirtschaftsausschuss (s. o.) stets betont wird ist wie bereits erwähnt wurde die, dass die Notierung für Endverbraucher deshalb mit dem Heizölpreis schwanken muss, weil sich auch die Beschaffungskosten von Erdgas nach dem Preis für leichtes Heizöl richten. Bei RWE Gas ist die Rede von „strategischem Beschaffungs-Management", um aus möglichen „Preisklemmen", die aus dem Festpreis resultieren, zu kommen (RWE-Gas-Sprecher Klaus Schultebraucks, August 2001). Diese Art der Preisbildung ist noch lange keine Garantie für die günstige Energielieferung. Aber sie kann Unternehmen, die beispielsweise in Liquiditätsproblemen stecken, bei der Erstellung einer sicheren Jahreskalkulation helfen. In Tabelle 15 werden die Argumente für und gegen die Ölpreisbindung sowie die Darstellung eines möglichen Kompromisses für Deutschland noch einmal kurz zusammengefasst.

---

[137] Siehe Financial Times Deutschland, am 16. Juli 2001.

Tabelle 15: Pro und Contra sowie eine mögliche Kompromisslinie der Ölpreisbindung

Pro	Contra	Mögliche Entwicklung
Anpassung an Ölpreisent-wicklung im Haushalts-bereich nötig wegen des direkten Wettbewerbs	Erdgas mittlerweile Marktführer in In-dustrie und Haus-halten	Sektorspezifische Preisbin-dungen, z. B.: Industrie Schweröl- und Kraftwerks-gas Kohlebindung
langfristige Verträge mit Ölpreisbindung	keine Ölpreisbildung in den USA und GB	Flexiblere Ölpreisbildung
Garantie für wettbewerbs-fähige Preise	erste Versuche in Dt. durch RWE Gas	Evt. Spotmarktbindungen für Teilmärkte

Quelle: *Eigene Tabelle*

Zusammenfassend kann festgehalten werden, dass die Entkoppelung vom Ölpreis mit einem entstehenden Marktpreis für Gas als Handelsware auf lange Sicht hin vorprogrammiert ist. Doch bislang versuchen die deutschen Gasanbieter weiterhin, eigene ölpreisgebundene Einkaufskonditionen an den Endkunden weiterzugeben. Sie können zur Zeit auch gar nicht anders, denn die Ferngasunternehmen haben Verträge mit ihren Lieferanten abgeschlossen über Laufzeiten zwischen 20 und 30 Jahren. Die Forderung, diese zu entkoppeln, stellt einen Eingriff in zivilrechtliche Verträge dar und ist somit auch gesetzlich nicht machbar.

5.3.3 Verlauf der Rohölpreise im Jahr 2000

Wie gesehen stiegen die Preise seit Anfang 1999 bis Anfang September 2000 kontinuierlich von 24 Dollar auf zeitweilig 38 US-Dollar pro Barrel an (1 Barrel = 163,656 Liter).[138] Ende Dezember lagen die Rohölnotierungen bei ungefähr 23 US-Dollar pro Barrel. Diese Ölpreisentwicklung zusammen mit dem starken Dollar wirkte sich auf die Ölprodukte in Deutschland aus. Der Spitzenpreis für schweres Heizöl lag im Oktober 1999 bei durchschnittlich 456 DM pro Tonne (das sind umgerechnet 233,15 Euro). Das leichte Heizöl notierte im September mit bis zu 93 DM (47,55 Euro) pro Hektoliter (BEB Geschäftsbericht, 2000:11).

---

[138] Im September 2001 lag der Euro-Wechselkurs gegenüber dem US-Dollar bei 1:0,87. Das bedeutet: für einen US-Dollar mussten 2,24 DM aufgebracht werden. Bei der offiziellen Einführung des Euro im Januar 1999 lag der Wert noch bei 1:1,161 (1 US-\$ = 1,68 DM). Im November 2001 liegt der Wechselkurs Euro/US-Dollar bei 1:0,89 (1 US-\$ = 2,20 DM). Siehe unter „Office for Official Publications of the European Communities", 2000, Luxemburg unter: http://www.bib.uni-mannheim.de/public/ejournals/euro/euro000073ai.pdf (Stand Nov. 2001).

Durch die vereinbarte Ölpreiskoppelung stiegen die Erdgaserlöse der Gasversorger im Jahresverlauf zeitverzögert an, allerdings auch die Erdgaseinkaufpreise, womit eine erste Erklärung für den gesteigerten Umsatz der FGGs im Jahr 2000 trotz wetterbedingt geringeren Absatz gegeben werden kann. Hierzu im folgenden Kapitel nun eine eingehende Betrachtung.

6 Die Ferngasgesellschaften in Deutschland

Bevor sich eine detaillierte und alphabetisch geordnete Beschreibung der 16 Ferngasgesellschaften (FGGs) in Deutschland anschließt, soll Tabelle 16 in Form eines Rankings den Gasabsatz der einzelnen Erdgasunternehmen wiedergeben und in Vergleich zueinander stellen. Dadurch entsteht ein erster Eindruck vom Potential, das hinter den einzelnen, wie sich zeigen wird, sehr heterogenen Unternehmen steht.

Tabelle 16: Absatz der Ferngasgesellschaften im Vergleich 1997, 1999 und 2000

Ranking 2000	Ferngasgesellschaft (FGG)	Anteil Absatz 2000 in Prozent	Absatz 2000 in Mrd. kWh	Absatz 1999 in Mrd. kWh	Absatz 1997 in Mrd. kWh
1	Ruhrgas	29,2	582,0	585,7	600,0
2	Wintershall-Gruppe*	11,1	221,5	202,5	158,1
3	RWE Gas	11,0	220,0	200,0	**18,0
4	BEB	8,3	165,0	181,3	177,8
5	VNG	7,9	159,2	150,7	148,5
6	Mobil Erdgas Erdöl***	7,2	145,0	70,2	53,8
7	GVS	4,1	81,6	80,2	76,5
8	Erdgas Münster	3,9	79,1	82,3	76,2
9	Thyssengas	3,4	68,0	71,0	71,9
10	Bayerngas	2,9	57,9	56,7	51,9
11	SaarFerngas	2,2	43,1	44,4	44,3
12	Gas-Union	2,1	40,7	41,2	43,0
13	EWE	2,0	39,9	38,9	37,2
14	Avacon	1,8	36,3	37,2	****26,4
15	FGN	1,5	28,7	29,1	28,3
16	EVG	1,0	21,8	22,7	23,6
INSGESAMT (Prozent gerundet)		100	1.989,8	1.894,1	1.635,5

Quelle: *Geschäftsberichte 1999 und 2000*

*Wintershall AG einschließlich wesentliche Tochtergesellschaften, die in den Konzernabschluss der BASF AG einbezogen werden, **damals: RWE-DEA AG, ***für 2000: ExxonMobil, ****damals: Ferngas Salzgitter GmbH

Vergleicht man den Absatz der FGGs aus dem Jahr 2000 mit denen von 1997 so wird deutlich, dass im Gesamtergebnis ein Zuwachs der Gasabgabe um knapp 18 Prozent erfolgte, obwohl der PEV insgesamt kaum stieg (siehe Kapitel 3.2, Seite 68). Betrachtet man die Absatzwerte der einzelnen FGGs genauer, so sind einige deutliche Umbrüche zu erkennen, so z. B. bei RWE. Durch die Fusion mit VEW und den daran anschließenden Eingliederungen der WFG (heute RWE Gas) liegt das neue (alte) Unternehmen heute letztendlich knapp hinter Wintershall an dritter

Stelle. Das ostdeutsche Gasunternehmen VNG steigerte seine Absatzentwicklung seit der Wiedervereinigung 1990 kontinuierlich (mit Ausnahme von 1992 als das bisher schlechteste Ergebnis von 85,8 Milliarden Kilowattstunden erzielt wurde). Auch die Avacon AG, die aus der Salzgitter GmbH hervorgegangen war konnte ihren Absatz bereits ein Jahr nach der Fusion deutlich ausbauen. Die Wintershall konnte ihren Absatz durch Wingas deutlich verbessern. Der „Newcomer" Wingas (1993 gegründet) hatte die Eigenabgabe zwischen 1994 und 1997 verfünffacht (Schuppe, 1999:43). Ebenso konnte Mobil in seinem Geschäftsbericht 2000 als ExxonMobil seine Ergebnisse verdoppeln. Dagegen ist der Gasabsatz bei BEB deutlich gesunken, obwohl das Unternehmen weiterhin größter inländischer Erdgasproduzent ist.

Stellt man Tabelle 16 (Seite 135) in Bezug zu der Gasabgabe der zehn größten Gasversorgungsunternehmen (GVU) an die Endverbraucher insgesamt bzw. an die Endverbraucher in der Industrie, so stellt sich heraus, dass sechs unter den zehn größten unmittelbaren Gasversorgern FGGs sind. Bei den Industriekunden sind es sogar acht von zehn (siehe Tabelle 17 und Tabelle 18), die gut die Hälfte der Gesamtabgabe an industrielle Kunden erbringen. Alleine die Ruhrgas AG beliefert ein Sechstel dieses wegen der Großkunden ausgesprochen lukrativen Marktes.

Tabelle 17: Gasabgabe der zehn größten GVU an Endverbraucher

GVU an Endverbraucher	Abgabe in Mrd. kWh	Anteil in Prozent
Ruhrgas	61,5	7,0
VNG	38,2	4,3
EWE	32,4	3,7
HGW	26,2	3,0
Wingas	25,1	2,8
SW München	16,2	1,8
Thyssengas	15,8	1,8
GASAG	14,4	1,7
Maingas	14,3	1,6
BEB	12,6	1,4
restliche GVU	626,2	70,9
GESAMT	**882,9**	**100**

Tabelle 18: Gasabgabe der zehn größten GVU an Industriekunden

GVU an Industriekunden	Abgabe in Mrd. kWh	Anteil in Prozent
Ruhrgas	61,5	16,4
VNG	29,1	7,8
Wingas	22,7	6,1
Thyssengas	15,8	4,2
BEB	11,3	3,0
EWE	10,0	2,7
SW München	8,0	2,1
FG Salzgitter	7,8	2,1
FGNordbayern	7,7	2,1
HGW	7,4	2,0
restliche GVU	192,5	51,5
GESAMT	**373,8**	**100,0**

Quelle: *EWI-Unternehmensregister, 1999*

Auf den folgenden Seiten schließt sich nun eine Darstellung der 16 deutschen regionalen und überregionalen Ferngasgesellschaften (FGG) an, deren Informationen weitgehend Geschäftsberichten und Internetseiten sowie telefonischen Gesprächen mit Mitarbeitern der jeweiligen FGGs entnommen sind. Neben den Zahlen für das Jahr 2000, die ausführlich im Text erklärt werden, wird jeweils eine Tabelle die Unternehmenszahlen (für 2000) auf einen Blick verdeutlichen und so den Vergleich mit anderen Gesellschaften vereinfachen. Daneben soll die Geschichte der FGGs in kurzen Zügen aufgeführt sowie Beteiligungen an bzw. von FGGs an anderen Unternehmen angesprochen und auf mögliche Besonderheiten des Unternehmens aufmerksam gemacht werden. Ziel dieser Betrachtung ist es, einen Überblick der deutschen Gaswirtschaft mit besonderer Berücksichtigung der Ferngasstufe wiederzugeben.

6.1 Avacon AG, Helmstedt

Gesamtumsatz	Gasabsatz	Netz	Mitarbeiter (MA)	MA-Kosten	Investitionen	Jahresüberschuss
Mrd. €	Mrd. kWh	km	Personen	Mio. €	Mio. €	Mio. €
1,82	36,3	16.986	2.808	182,7	136,9*	99,9**

* davon 91,3 Mio. DM (46,7 Mio. Euro) für das Gasgeschäft, vorwiegend für den Anschluss neuer Ortschaften und neuer Kunden (im Jahr 2000: 12.000 neue Gas-Haushaltsanschlüsse) (Avacon, 2000:23)

** davon wurden 87,5 Mio. DM (44,7 Mio. Euro) zur Stärkung der Substanz des Unternehmens in die Gewinnrücklagen eingestellt (Avacon Geschäftsbericht, 2000:23)

Am 20. August 1999 entstand die Avacon AG aus der Zusammenführung fünf regionaler Energiegesellschaften. Neben der EVM Aktiengesellschaft (Magdeburg), der HASTRA Aktiengesellschaft (Hannover) und der Landesgasversorgung Niedersachsen AG (Sarstedt), gehören seitdem noch die Überland-Zentrale Helmstedt AG (Helmstedt) sowie das operative Geschäft der Ferngas Salzgitter GmbH (Salzgitter) dazu.

Die Avacon-Eigner setzen sich aus der Avacon Beteiligungsgesellschaft (53,4 Prozent),[139] der FSG (17,6 Prozent), den kommunalen Aktionären und Gesellschaften (28,8 Prozent), an denen das Land Sachsen-Anhalt zu 5,7 und das Land Nieder-

---

[139] Die Avacon Beteiligungsgesellschaft wiederum besteht aus: E.ON Energie AG (83,3 Prozent), der Braunschweigischen Kohlenbergwerke AG, BKB (zehn Prozent) und der Thüga (6,7 Prozent).

sachsen zu 23,1 Prozent beteiligt sind, und schließlich aus einem geringen Anteil Avacon-eigener Aktien (0,2 Prozent) zusammen. Über ein Leitungsnetz mit einer Gesamtlänge von 16.986 Kilometern[140] und einer Fläche von rund 24.500 Quadratkilometern, die das mittlere und östliche Niedersachsen sowie den Norden und die Mitte von Sachsen-Anhalt miteinschließt, beliefert die Avacon ihre Kunden.

Der Gesamtgasabsatz der Avacon AG betrug im Jahr 2000 36,3 Milliarden Kilowattstunden, das sind 4,6 Prozent weniger als im Vorjahr. Im Vergleich zu den anderen FGGs jedoch eine eher zu vernachlässigende Größe (s. o. Tabelle 16: Absatz der Ferngasgesellschaften im Vergleich 1997, 1999 und 2000, Seite 135). Zudem ist die Avacon auch auf dem Strom-, Wärme- und Wassermarkt tätig.

Im direkten Netzgebiet der Avacon AG zählen 51 Vertriebspartner, wie z. B. die Energiewerke Isernhagen mit einem jährlichen Absatzvolumen von 210 Millionen Kilowattstunden, zu ihrer wichtigsten Erdgas-Kundengruppe. Fast die Hälfte des Umsatzes wird durch diese Gruppe erwirtschaftet. Daneben machen 20.000 Geschäftskunden und 169 Großkunden[141] einen Anteil von 33,1 Prozent des Umsatzes aus. Die quantitativ größte Gruppe ist die der Haushalte, der Gewerbe und der Landwirtschaft (rund 1,1 Millionen Kunden). Vom Gasabsatz wiederum machen diese allerdings nur 19,8 Prozent und damit den kleinsten Teil aus.

Wie oben bereits erwähnt, setzt die Avacon AG auch Wasser, Wärme und Strom ab. Letzteres lag im Jahr 2000 bei einem Gesamtabsatz von 14,96 Millionen Kilowattstunden. 40 Prozent gingen an die Vertriebspartner (Stadtwerke und Regionalversorger), knapp 30 Prozent an die Geschäfts- und Großkunden. Etwas mehr als 20 Prozent nahmen die Haushalte, das Gewerbe und die Landwirtschaft ab. Der Rest verteilte sich auf Speicherheizungskunden und auf den Weiterverkauf. Mit Abstand größte Abnehmer bei Wärme und Wasser waren Haushalte, Gewerbe und Landwirtschaft (68 Prozent bzw. 80 Prozent), die als „Abnehmer-Gruppe" zusammenfasst werden. Der Wärmeabsatz belief sich auf 308,2 Millionen Kilowattstunden und der Wasserabsatz auf 14,3 Millionen Kubikmeter, was auch bei den Umsätzen beider

---

[140] Das Verteilungsnetz bis vier bar umfasst 13.981 Kilometer und das Hochdrucktransportnetz (über vier bar) 3.005 Kilometer.

[141] 1999 waren es noch 129 Großkunden (vgl. Geschäftsbericht, 1999).

Bereiche mit 59,4 Millionen Euro (116,2 Millionen DM) nur einen kleinen Teil des Gesamtumsatzes der Avacon AG darstellt.

Trotz witterungsbedingtem Rückgang der Gasverkäufe, erhöhten sich die Umsatzerlöse aus Gas auf 772 Millionen Euro (1,5 Milliarden DM). Im Vergleich zu 1999 sind das 198,2 Millionen Euro (387,6 Millionen DM) mehr, also ein Plus von 35 Prozent. Gleichzeitig sanken die Stromerlöse um 14 Prozent (141,6 Millionen Euro, entspricht 276 Millionen DM), auf rund 989 Millionen Euro (1,9 Milliarden DM), obwohl mehr Strom verkauft wurde als noch ein Jahr zuvor. Der Grund dafür liegt beim Preis- und Verdrängungswettbewerb, den die Liberalisierung des Strommarktes hervorgerufen hat.

Dennoch ist der Gesamtumsatz der Avacon AG im Jahr 2000 um 4,5 Prozent auf 1,8 Milliarden Euro (3,6 Milliarden DM) gestiegen.

Die Avacon hält Beteiligungen an 43 Unternehmen, darunter GasLINE, Essen, dem Telekommunikationsnetz, an dem noch weitere 14 deutsche Gasversorgungsunternehmen beteiligt sind. 100 prozentige Tochterunternehmen sind Stadtwerke Salzwedel GmbH, Salzwedel (seit 31. Dezember 2000), ÜZH-Abwassertechnik GmbH, Helmstedt und die Versorgungsbetriebe Celle Beteiligungs-GmbH, Celle. Seit dem 20. August 1999 hat die E.ON Energie AG mittelbar über die Mehrheit an der Avacon Beteiligungsgesellschaft mbH mit 53,4 Prozent die Aktienmehrheit an der Avacon AG erworben (Avacon Geschäftsbericht, 2000:25).

Ziel und Strategie des Unternehmens nach dem „Jahr der Fusionen" (Avacon Geschäftsbericht, 1999) und dem „Jahr der Konsolidierung und Etablierung" (Avacon Geschäftsbericht, 2000:12) ist es, die neuen Strukturen weiter auszubauen, die Einbußen am Strommarkt auszugleichen oder wenigstens zu minimieren, indem der Kundenstamm erweitert wird (im Jahr 2000: rund 155.000 Kunden), um damit dem Wettbewerb stärker gegenübertreten zu können.

6.2 Bayerngas GmbH, München

Gesamtumsatz	Gasabsatz	Netz	Mitarbeiter (MA)	MA-Kosten	Investitionen	Jahresüber-schuss
Mrd. €	Mrd. kWh	km	Personen	Mio. €	Mio. €	Mio. €
0,511	57,9	1.163	128	9,5	18,7*	16,0**

* Bruttoinvestitionen in das Versorgungssystem (Bayerngas Geschäftsbericht, 2000: 32f)
** inkl. Körperschaftssteuerminderung durch Entnahme aus der Kapitalrücklage von 6,8 Mio.
Euro (Bayerngas 2000:10 u. 32f)

Die Bayerngas GmbH wurde 1962 gegründet. Sie deckt insgesamt zwei Drittel des bayerischen Erdgasbedarfs. Ihre Hauptaufgaben liegen im Einkauf von Erdgas und der Versorgung regionaler und örtlicher Gasversorger sowie großer Industriekunden in Südbayern. Gaslieferanten sind die Ruhrgas AG, Essen, die Wingas GmbH, Kassel sowie seit 1999 die Bayernwerk AG, München und seit 2000 die E.ON AG, München. Seit Anfang 2001 diversifiziert Bayerngas seine Bezugsmöglichkeiten, indem es zusätzlich in geringen Mengen Erdgas aus Österreich von der Rohöl-Aufsuchungs AG importiert. Dies betreibt die Bayerngas auf einer Fläche von rund 36.000 Quadratkilometern zwischen Regensburg im Norden und Kiefersfelden im Süden, Neu-Ulm im Westen und Passau im Osten, wo sie fünf Stadtwerke, zwei Regionalgesellschaften sowie über 40 große Industriekunden mit Erdgas aus einem über 1.100 Kilometer langen speichergestützten Leitungssystem versorgt, das auch über die Beteiligung an der GasLINE-Telekommunikationsnetz-Geschäftsführungsgesellschaft deutscher Gasversorgungsunternehmen mbH im Telekommunikationsmarkt bundesweit genutzt wird.

Zum saisonalen Ausgleich unterhält die Bayerngas einen Untertagespeicher bei Wolfersberg mit 320 Millionen Kubikmeter Arbeitsgasvolumen und einer maximalen Ausspeicherleistung von 210.000 Kubikmeter in der Stunde. Im Hinblick auf die Liberalisierung des Gasmarktes und die erhöhte Bedeutung von Erdgasspeichern soll der Speicher mittelfristig auf 450 Millionen Kubikmeter ausgebaut werden.

Die Gesellschafter der Bayerngas sind die Stadtwerke München mit 28 Prozent, die Ruhrgas Energie Beteiligungs-AG Essen und die Bayernwerk AG München, mit je 22 Prozent, die Stadt Augsburg mit 17 Prozent, die REWAG Regensburger Energie-

und Wasserversorgung AG & Co. KG mit 5,5 Prozent sowie die Städte Ingolstadt und Landshut mit je 2,6 Prozent.

Im Gegensatz zu den meisten FGGs konnte die Bayerngas ihren Absatz 1999 um 6,9 Prozent auf 56,7 Milliarden Kilowattstunden steigern (Vorjahr 53 Milliarden Kilowattstunden). Gründe für diese Entwicklung waren zum einen die steigenden Verkäufe an Industriekunden in Südbayern und im Kraftwerksbereich sowie knapp 17.000 aktiv von den Stadtwerken geworbene Neuanschlüsse, die durch diesen erhöhten Bedarf an Gas erstmals jahresdurchgängig von der Bayerngas GmbH beliefert werden konnten. Zum anderen war Februar 1999 in Bayern ein deutlich kälterer Monat als noch 1998. Im Jahr 2000 erhöhte sich der Gasverkauf sogar noch einmal um zwei Prozent auf 57,8 Millionen Kilowattstunden. Die witterungsbedingten Absatzrückgänge wurden erneut durch die Anschlussentwicklung bei den kommunalen und regionalen Kunden (7.000 neue Kunden), durch konjunkturell bedingte Absatzzuwächse im Industriebereich sowie durch zusätzliche Lieferungen (insgesamt 43 Prozent) im Kraftwerksbereich kompensiert.

Auf den Umsatz wirkten sich aber vorrangig die deutlichen Preissteigerung von leichtem Heizöl aus (siehe Kapitel 5.3, Seite 126).[142] Insgesamt sind die Umsätze von 1999 auf 2000 um 49 Prozent auf 986 Millionen Euro bzw. 1,93 Milliarden DM gestiegen. Gleichzeitig haben sich mit der Preissteigerung auch die Gasbezugskosten erhöht. Aus diesem Grund waren im Jahr 2000 rund 53 Prozent mehr Finanzmittel aufzuwenden als 1999 (935 Millionen Euro das entspricht 1,8 Milliarden DM).

Der Anteil der kommunalen Versorgungsunternehmen (Gesellschafterkunden) am Gasverkauf der Bayerngas blieb im Jahr 2000 mit 49 Prozent auf dem Niveau der Vorjahre. Insgesamt wurden an die Städte München, Augsburg, Regensburg, Ingolstadt und Landshut 28,1 Milliarden Kilowattstunden Erdgas geliefert. Das sind gut 2,7 Milliarden Kilowattstunden mehr als noch 1998 und 1,1 Milliarden Kilowattstunden mehr als 1999. 22,6 Milliarden Kilowattstunden (entspricht 39 Prozent) gingen an die Regionalversorger Südbayern GmbH, Erdgas Schwaben GmbH so-

---

[142] Der Referenz-Heizölpreis ist im Jahr 2000 über 50 Prozent auf knapp 30,67 Euro/60 DM pro Hektoliter (100 Liter) leichtem Heizöl gestiegen (Bayerngas, 2000:10).

wie OMV-Tankstellen für Tirol. Die Industrie erhielt wie schon 1999 insgesamt 13 Prozent (was einer Menge von 7,2 Milliarden Kilowattstunden entspricht).

Im November 2000 begannen Gespräche zwischen den Gesellschaftern der Firmen Bayerngas GmbH, Erdgas Schwaben GmbH und Erdgas Südbayern GmbH über eine Zusammenführung der drei Unternehmen. Bislang jedoch ohne Ergebnisse.

6.3 BEB Erdöl-Erdgas GmbH, Hannover

Gesamtumsatz	Gasabsatz	Netz	Mitarbeiter (MA)	MA-Kosten	Investitionen	Jahresüber-schuss
Mrd. €	Mrd. kWh	km	Personen	Mio. €	Mio. €	Mio. €
1,83	165	3.439	1.369	153,6	83,34	0,908

Die Geschichte der BEB ist die Geschichte der Brigitta und Elwerath Gewerkschaften. Sie beginnt am 29. August 1867 als

> „Im Namen des Königs, Johann Clever, seines Zeichens Kaufmann, unter dem Namen Brigitta die Erlaubnis verliehen wurde, im Kreis Waldbröl bei Köln Kupfer und Bleierze aufzusuchen und abzubauen (...). Die Hauptbeschäftigung des Unternehmens bestand in der Folgezeit darin, das Eigentum auf Erben und Käufer zu übertragen. (...) 1921 wurden zum ersten Mal mehrere Personen Eigentümer; nach den Vorgaben des Bergrechts entstand die Gewerkschaft Brigitta.“[143]

Ähnlich sah die Geschichte der Elwerath aus. 1920 erwarb der Industrielle Theo Seifer den Firmenmantel des 1865 gegründeten, aber nur auf dem Papier bestehenden Unternehmens. Die Kriegs- und Nachkriegsjahre brachten der Gewerkschaft Elwerath den Aufschwung zum größten deutschen Ölproduzenten. Auch an der Elwerath erwarben Dt. Shell und ESSO jeweils die Hälfte, allerdings erst 1969 nach dem Ausscheiden eines dritten Partners. Die BEB Erdgas und Erdöl GmbH, Hannover wurde im gleichen Jahr als Betriebsführungsgesellschaft gegründet, die die betrieblichen Aufgaben beider Gewerkschaften in einer Gesellschaft weiterführen sollte.

Noch vor dem Zweiten Weltkrieg (1939-1945) lag die eigentliche Aufgabe des Unternehmens in der Gewinnung von Erdöl. Erst zu Beginn der 60er Jahre des

---

[143] Siehe: BEB Unternehmen Erdgas, Informationsbroschüre.

20. Jahrhunderts und mit der Entdeckung großer Erdgasvorkommen in Deutschland, begann sich das Verhältnis von Öl und Gas in den beiden Gesellschaften zu wandeln. 1968 wurde zum ersten Mal mehr Gas als Öl gefördert. Heute liegt das Verhältnis bei zehn zu eins. Dennoch bleibt die BEB darüber hinaus eine der führenden Erdölgesellschaften und wichtigster Schwefelproduzent der Bundesrepublik Deutschland.

BEB Erdgas und Erdöl GmbH (BEB „alt") und Elwerath Erdgas und Erdöl (Elwerath) haben ihr Vermögen zum 1. Januar 1999 als Ganzes mit allen Rechten und Pflichten in der Brigitta Erdgas und Erdöl GmbH (Brigitta) verschmolzen. Ende Oktober erfolgte die Eintragung mit neuem alten Namen (BEB) in das Handelsregister. Anteilseigner der neuen wie auch der „alten" BEB sind seit 1932 mit einer Beteiligung von je 50 Prozent die Deutsche Shell AG (Hamburg) sowie die ESSO Deutschland GmbH (Hamburg).

Die Gesellschaft ist, weitgehend auf die Bundesrepublik Deutschland beschränkt, in der Exploration von Kohlenwasserstoffen, der Produktion sowie dem Ein- und Verkauf von Erdgas, Erdöl und Schwefel tätig. Die Erdgasreserven von BEB haben sich durch Neubewertungen im Jahr 2000 um 2,5 Milliarden Kubikmeter erhöht. Für die Jahresproduktion wurden 9,8 Milliarden Kubikmeter entnommen. Insgesamt geht BEB zur Zeit von rund 153 Milliarden förderbaren Reserven aus (BEB Geschäftsbericht, 2000:5).

Die schwachen Umsatzerlöse von 1999 (1,38 Milliarden Euro/ 2,7 Milliarden DM) konnten 2000 auch gegenüber den Vorjahren (1998: 1,58 Milliarden Euro/3,1 Milliarden DM und 1997: 1,63 Milliarden Euro/3,2 Milliarden DM) noch einmal auf insgesamt 3,585 Milliarden DM (1,83 Milliarden Euro) gesteigert werden. Die Ergebnisentwicklung resultiert im Wesentlichen aus dem Verkauf, der Speicherung und Aufbereitung von Erdgas, dem Gas- und Schwefeltransport, den Entgelten für die Verpachtung der Bergbauberechtigungen sowie weiteren mit den Gesellschaftern abgeschlossenen Dienstleistungs- und Kommissionsverträgen.

Der Gasabsatz der BEB lag 2000 mit 165,0 Milliarden Kilowattstunden[144] unter den Vorjahreswerten (1999: 181,3 Milliarden Kilowattstunden, 1998: 181,1 Milliarden Kilowattstunden). Dabei belief sich die in Eigenproduktion hergestellte Menge auf 89,6 Milliarden Kilowattstunden. Der andere Teil wurde aus den Niederlanden (17 Prozent), Norwegen (13 Prozent), Russland (zehn Prozent) und Dänemark (fünf Prozent) importiert bzw. aus Einkäufen von inländischen Produzenten (ein Prozent). Insgesamt wurden im Jahr 2000 knapp 90 Milliarden Kilowattstunden Erdgas eingekauft.

Der größte Teil (84,7 Prozent) des Gasabsatzes wird über ein 3.470 Kilometer langes Leitungsnetz zu einzelnen FGGs geleitet. Acht Prozent gehen an die Industrie und Kraftwerke sowie rund sieben Prozent an kommunale Gasversorgungsunternehmen. Damit liefert BEB jeden fünften Kubikmeter Erdgas, der in Deutschland im Jahr 2000 verbraucht wurde.

Die BEB ist an dreizehn weiteren Unternehmen beteiligt, darunter an der Erdöl-Raffinerie Deurag-Nerag GmbH mit einem 80 prozentigen Anteil, am der Schubert KG Münster mit knapp 30 Prozent, an der Erdgas-Verkaufs-GmbH (Münster) mit knapp 28 Prozent, an Ruhrgas AG (Essen) mit einem Viertel, an der Avacon AG (Helmstedt) mit 13 Prozent, an der Verbundnetzgas AG (Leipzig) mit 10,5 Prozent und an der Hamburger Gaswerke GmbH (10,1 Prozent).

Ziel der BEB in einem liberalisierten Gasmarkt ist nicht die Suche nach Partnern für Fusionen oder zur Umwandlung in ein *Multy-Utility* Unternehmen, so wie beispielsweise bei RWE, vielmehr möchte BEB durch Anstrengungen zur Kostensenkung und dem Einsatz neuester Technologien wettbewerbsfähig bleiben und das Produktionsniveau aufrecht erhalten. Die politisch motivierten Veränderungen auf dem Gasmarkt werden von BEB zur Zeit noch abwartend beobachtet, denn am Beispiel Ökosteuer zeigt sich ihrer Ansicht nach die Verunsicherung in Bezug auf die Amortisation des eingesetzten Kapitals, was Unternehmen im Hinblick auf neue Investitionen eher zurückhaltend agieren lässt. Allerdings sieht BEB in der Libera-

---

[144] 77,7 Milliarden Kilowattstunden wurden dabei im Rahmen des Kommissionsgeschäfts für die Gesellschafter verkauft. 1999 waren es 88,2 Milliarden Kilowattstunden. (BEB Geschäftsbericht, 2000:5).

lisierung durchaus eine Chance für ihr Unternehmen und den Markt im Allgemeinen.

6.4 EWE AG, Oldenburg

Gesamtumsatz	Gasabsatz	Netz	Mitarbeiter (MA)	MA-Kosten	Investitionen	Jahresüber-schuss
Mrd. €	Mrd. kWh	km	Personen	Mio. €	Mio. €	Mio. €
2,09	39,9	k. A.	2.310	167,3	308,0	42,99

Verschiedene Energieversorgungsunternehmen schlossen sich 1930 unter dem Namen „Energieversorgung Weser-Ems AG" zusammen. 1960 war Oldenburg die erste deutsche Großstadt, die mit Erdgas versorgt wurde. Neben der Versorgung mit Strom beliefert die EWE AG das Gebiet zwischen Ems, Weser und Elbe auch mit Erdgas. In der Weser-Ems-Region befinden sich bis heute die größten inländischen Erdgasfelder. Seit auch Teile des Bundeslandes Brandenburg, die Insel Rügen und Teile Nord-Vorpommerns von EWE mit Erdgas versorgt werden, sind neue Bezugsquellen hinzugekommen und das Erdgasnetz weiter ausgebaut worden.

Rund ein Drittel des jährlichen Erdgasabsatzes von rund 40 Milliarden Kilowattstunden bezieht das Unternehmen teilweise durch eigene Förderungen in der deutschen und niederländischen Nordsee. Etwa 20 Prozent kommen aus den GUS-Staaten. Die andere Hälfte stammt aus dem Inland, überwiegend dem Weser-Ems-Gebiet.

Um den erweiterten Aktivitäten der EWE Rechnung zu tragen, wurde die Firma 1992 in „EWE Aktiengesellschaft" umbenannt. Größter Anteilseigner ist mit rund 60 Prozent die Weser-Ems Beteiligungs GmbH, Oldenburg. Seit der Fusion zwischen Veba und Viag im Jahr 2000 ist der 27 prozentige Anteil der PreussenElektra (Tochterunternehmen der Veba) auf die E.ON AG übergegangen. 13 Prozent hält der Energieverband Elbe-Weser-Beteiligungsholding GmbH, Oldenburg.

Die EWE fusionierte 1998 mit dem Überlandwerk Nord-Hannover AG, einem traditionsreichen Energieversorgungsunternehmen aus dem Weser-Elbe-Gebiet. Die Fusion erfolgte mit dem Ziel, die Chancen des Unternehmens im liberalisierten Energiemarkt zu verbessern. Damit entstand gleichzeitig einer der größten regionalen Energiedienstleister Deutschlands.

EWE ist nach eigenen Worten ein „Infrastruktur- und Multi-Utility-Unternehmen mit den Geschäftsfeldern Energie- und Wasserversorgung, Telekommunikations- und Gebäudetechnologie sowie Umweltdienstleistungen" (EWE, 1999:4). Was sich auch anhand der Beteiligungen ablesen läßt. Die EWE AG hält 28 Beteiligungen an anderen Unternehmen oder ist mit ihnen anderweitig verbunden. Seit 1999 sind sechs Beteiligungen aufgelöst worden, u.a. die an der GasLINE Telekommunikationsnetzgesellschaft deutscher Gasversorgungsunternehmen. 13 neue sind hingegen dazugekommen, wie die BTC Business Technology Consulting AG, Oldenburg (100 Prozent), easyplus GmbH (100 Prozent), Oldenburg, Gasversorgung für Frankfurt an der Oder und Umgebung GmbH i. L. (100 Prozent), Strausberg und die Gemeindewerke Scheeßel GmbH (100 Prozent). Weitere 100-prozentige Tochtergesellschaften sind die EWE Polska Sp.z.o.o (Poznan), EWE TEL GmbH (Oldenburg), EWE Urbanisation Dienstleistungs GmbH (Bremervörde) und EWE Wasser GmbH (Oldenburg).

Der Gesamtumsatz des Unternehmens lag im Jahr 2000 bei 2,1 Milliarden Euro/4,1 Milliarden DM (1999: 1,83 Milliarden Euro/3,58 Milliarden DM und 1998: 1,9 Milliarden Euro/3,76 Milliarden DM). Der Gasabsatz betrug rund 40 Milliarden Kilowattstunden (1998: 38,9 Milliarden Kilowattstunden) und lag damit deutlich über dem Stromabsatz von 13,2 Milliarden Kilowattstunden und dem Wasserabsatz von 9,7 Millionen Kubikmeter).

Über ein 47.500 Kilometer langes Leitungsnetz, das aus Stahlrohren mit einem Durchmesser (so genannte Nennweite) von 50 bis 600 Millimeter besteht, leitete EWE das Gas im Ems-Weser-Elbe-Gebiet, Brandenburg und Rügen zur Hälfte an die Tarifkunden, also vorwiegend Haushalte (21 Milliarden Kilowattstunden) und zu 35 Prozent an Sondervertragskunden, zu denen vor allem Industrie-, Dienstleistungs- und Handelsunternehmen gehören. Die restlichen zwölf Prozent gingen an Verteilerwerke (vorwiegend kommunale Energieversorger).

Der Erdgasbedarf für das Ems-Weser-Elbe-Gebiet wird über sechs Lieferanten, darunter Avacon und BEB, gedeckt. Auf Rügen, in Brandenburg und einigen Gemeinden in Nord-Vorpommern bezieht die EWE das Gas zu 98 Prozent über die Verbundnetz Gas AG, Leipzig (s. u.)

Die EWE gibt durchschnittlich von Oktober bis März eines Jahres mehr als zwei Drittel der gesamten Jahresmenge ab. Um die jahreszeitlichen Schwankungen auszugleichen, stehen ihr insgesamt 21 unterirdische Kavernen als Speicher zur Verfügung, in denen 11,3 Milliarden Kilowattstunden nutzbares Erdgas gelagert werden können. 18 Kavernen mit einem Speichervolumen von 9,2 Milliarden Kilowattstunden werden genutzt. Die Speicheranlagen in Nüttermoor (Landkreis Leer in Oldenburg) und Huntorf (Landkreis Oldenburg) sollen weiter ausgebaut werden, wofür zum Teil die Investitionen von insgesamt 308 Millionen Euro/602 Millionen DM verwendet werden. Diese können als Zukunftsinvestitionen gerade auch im Hinblick auf die Liberalisierung des Erdgasmarktes gesehen werden. Darüber hinaus, hält sich das Unternehmen was Zukunftspläne angeht weitgehend bedeckt.

6.5 Erdgas Münster, Münster

Gesamtumsatz	Gasabsatz	Netz	Mitarbeiter (MA)	MA-Kosten	Investitionen	Jahresüberschuss
Mrd. €	Mrd. kWh	km	Personen	Mio. €	Mio. €	Mio. €
1,22	79,1	2.014	72	6,12	10,02	3,02*

* Aufgrund eines Abführgewinnvertrags abgeführter Gewinn (entspricht dem Jahresüberschuss)

Erdgas Münster wurde 1959 von fünf Konsortialpartnern[145] gegründet und ist die älteste regionale FGG Deutschlands, die in ihrer ganzen Geschichte ausschließlich Erdgas abgesetzt hat. Ihre heutigen Gesellschafter sind bekannte Namen der deutschen Mineralöl- und Gaswirtschaft: Wintershall AG, Kassel (28,76 Prozent), BEB Erdgas & Erdöl GmbH, Hannover (27,6 Prozent), Mobil Erdgas-Erdöl GmbH, Hamburg (27,6 Prozent), Preussag Energie GmbH, Lingen (elf Prozent) und RWE-DEA Aktiengesellschaft für Mineralöl und Chemie, Hamburg (4,9 Prozent).

Der Gasabsatz lag 2000 leicht unter dem Vorjahreswert bei 79,1 Milliarden Kilowattstunden (1999: 82,3 Milliarden Kilowattstunden, 1998: 74,5 Milliarden Kilowattstunden) und steht somit im oberen Mittelfeld des „Rankings" der FGGs (siehe Tabelle 16, Seite 135). Trotz des gesunkenen Gasabsatzes lag der Gesamtumsatz im Jahr 2000 mit 1,21 Milliarden Euro (2,38 Milliarden DM) deutlich über 1999 mit rund 800 Millionen Euro (1,57 Milliarden DM). 1998 waren es lediglich 746 Millionen Euro, also 1,46 Milliarden DM.

---

[145] Deilmann, Elwerath, Preussag, Deutsche Schachtbau und Wintershall.

Über ein rund 2.000 Kilometer langes komplexes Leitungsnetz (es wird überwiegend mit 50 bis 70 bar betrieben) mit vielen Misch- und Verteilerstationen, das von der niederländischen Grenze bis zur Landesgrenze Sachsen-Anhalt reicht, beliefert Erdgas Münster ihre Kunden. Der weitaus größte Teil geht zu knapp 65 Prozent (entspricht 51 Milliarden Kilowattstunden) an Tochter- und Beteiligungsgesellschaften der Gesellschafter von Erdgas Münster (z. B. Ferngas Salzgitter, Helmstedt,[146] Gas-Union GmbH, Frankfurt a.M., EWE AG, Oldenburg etc.), rund 17 Prozent erhielten andere FGGs, sechs Prozent gingen an die Industrie, kommunale und regionale Verteiler bekamen fünf Prozent geliefert. Der Absatz an die Kraftwerke ging im Jahr 2000 mit 1,2 Milliarden Kilowattstunden (1999: 1,6 Milliarden Kilowattstunden, 1998: 1,05 Milliarden Kilowattstunden) am deutlichsten zurück, auch wenn diese Entwicklung im Vergleich zu den anderen Kundengruppen den geringsten Anteil ausmacht.

Neben der Verteilung von Erdgas ist Erdgas Münster seit 1982 an dem Erdgas-Kavernen-Speicher in Empelde bei Hannover beteiligt. Schwerpunkt der Bautätigkeit im Jahr 2000 war der Neubau der Erdgasübernahmestation Itterbeck. Durch diese Station ist es möglich, größere Erdgasmenge von Außen direkt in das eigene Leitungssystem zu übernehmen, wodurch die rückläufige Produktion der Erdgasfelder in diesem Gebiet ausgeglichen wird.

Von den knapp 80 Milliarden Kilowattstunden der Erdgas Münster stammen 98,1 Prozent aus heimischen Quellen. Beliefert wird Erdgas Münster von der Ruhrgas AG, von Wingas und der Erdgas-Verkaufs-Gesellschaft. Somit wurden fast 40 Prozent des in Deutschland gewonnenen Erdgases über Erdgas Münster verteilt. Anders ausgedrückt: acht Prozent des in Deutschland verbrauchten Erdgases vermarktet Erdgas Münster. 1,5 Milliarden Kilowattstunden werden aus dem Ekofisk/Elfdisk-Vorkommen in der norwegischen Nordsee importiert. Mit diesen Voraussetzungen hat das Unternehmen einen guten Stand auch in einem liberalisierten Gasmarkt in Deutschland.

---

[146] Die Ferngas Salzgitter (FSG) hat ihr gaswirtschaftliches Vermögen auf die Avacon AG übertragen und ist an diesem neuen Unternehmen mit 18 Prozent beteiligt (siehe Kapitel 6.1, Seite 137).

6.6 Erdgasversorgungsgesellschaft Thüringen-Sachsen mbH, Erfurt

Gesamtumsatz	Gasabsatz	Netz	Mitarbeiter (MA)	MA-Kosten	Investitionen	Jahresüberschuss
Mrd. €	Mrd. kWh	km	Personen	Mio. €	Mio. €	Mio. €
0,395	21,8	1.188	26	1,99	0,61	0,00*

* Aufgrund eines Beherrschungs- und Gewinnabführvertrages wird der Gewinn des Geschäftsjahres 2000 in Höhe von 11,75 Millionen Euro über das Konsortium der EVG an die Gesellschafter Ruhrgas AG, Essen, und VNG-Verbundnetz Gas AG, Leipzig, ausgekehrt.

Die EVG wurde nach der Wiedervereinigung Deutschlands am 10. April 1990 in Leipzig gegründet. 1994 wurde ihr Firmensitz nach Erfurt verlegt. Als überregionale FGG beliefert sie Erfurt, Thüringen sowie Orte in Sachsen, Sachsen-Anhalt und Hessen mit Erdgas. Zu ihrer Kundengruppe zählen Stadtwerke (39 Prozent) mit einem Gesamtgasbedarf von 8,52 Milliarden Kilowattstunden (1999: 8,76 Milliarden Kilowattstunden), regionale GVUs (32 Prozent) mit 7,11 Milliarden Kilowattstunden (1999: 7,98 Milliarden Kilowattstunden) und Industrie- bzw. Gewerbebetriebe mit rund 28 Prozent der Lieferungen, also etwas über sechs Milliarden Kilowattstunden (1999: 5.95 Milliarden Kilowattstunden).

Insgesamt lag der Gasabsatz der EVG im Jahr 2000 mit 21,8 Milliarden Kilowattstunden nur geringfügig niedriger als im Jahr davor (1999: 22,7 Milliarden Kilowattstunden). Im Absatzgebiet der EVG entspricht dies einem Erdgasmarktanteil von einem Drittel am PEV. Dieses Ergebnis liegt rund zehn Prozent über dem gesamtdeutschen Durchschnitt.

Die Belieferung erfolgt über ein flächendeckendes, unterirdisch verlegtes Hochdruckleitungsnetz mit einer Gesamtlänge von 1.191 Kilometern (2000), einschließlich einer 54 Kilometer langen Gemeinschaftsleitung mit der Gas-Union GmbH, Frankfurt. Das Gas bezieht die EVG wiederum zu 43 Prozent (das sind 9,8 Milliarden Kilowattstunden) von der Verbundnetzgas AG, Leipzig sowie zu je 28 Prozent (6,5 Milliarden Kilowattstunden) von der Ruhrgas AG, Essen und der Wingas, Kassel. Die Verbundnetzgas AG und die Ruhrgas sind gleichzeitig auch die beiden Anteilseigner der EVG (zu je 50 Prozent). Darüber hinaus hält die EVG vier Beteiligungen an anderen Gesellschaften: je 20 Prozent an den Stadtwerken Neustadt an der Orla GmbH und Energieversorgung Inselsberg GmbH sowie zehn Prozent an den Stadtwerken Jena GmbH und ein Prozent an der GasLINE (s.o.).

Im Jahr 2000 wurde auf Basis des bestehenden Beherrschungs- und Gewinnab-führungsvertrages der Gewinn in Höhe von 11,7 Millionen Euro/23 Millionen DM zusammen mit den aufgelösten Gewinnrücklagen in Höhe von 24,8 Millionen Euro/48,5 Millionen DM über das Konsortium EVG an die Gesellschafter Ruhrgas AG, Essen und VNG-Verbundnetz Gas AG, Leipzig, ausgekehrt. Die von den Gesellschaftern übernommenen Verluste der EVG betragen demnach noch 298,6 Millionen Euro/584,1 Millionen DM.

Durch die beiden überregionalen Anteilseigner Ruhrgas AG und VNG AG ist die EVG gut mit Erdgas abgesichert, denn sie profitiert indirekt von den langfristigen Verträgen mit der russischen Gazprom. Im Geschäftsjahr 2000 hat das Unternehmen, wie alle anderen FGGs auch, seine geschäftlichen Bedingungen für Erdgastransporte veröffentlicht. Allerdings können diese, im Gegensatz zu den anderen Gesellschaften, nicht im Internet nachgesehen werden, sondern müssen telefonisch oder schriftlich erfragt werden, da die EVG noch keine Homepage hat. Dennoch wurden 2001 erste Durchleitungsanfragen bereits bearbeitet.

6.7 Ferngas Nordbayern, Nürnberg

Gesamtumsatz	Gasabsatz	Netz	Mitarbeiter (MA)	MA-Kosten	Investitionen	Jahresüber-schuss
Mrd. €	Mrd. kWh	km	Personen	Mio. €	Mio. €	Mio. €
0,509	28,7	2.030	k.A.	k.A.	k.A.	k.A.

1962 wird die FGN von Ruhrgas AG, Essen, der SaarFerngas AG, Saarbrücken und der Luipoldhütte AG, Amberg, in Nürnberg gegründet, wo sie den nordbayerischen Raum mit Kokereigas beliefert. 1964 nimmt sie die Belieferung der ersten Industrie- und Weiterverteilerkunden auf. 1969 übernimmt der Freistaat Bayern den Stammanteil der Luitpoldhütte AG und wird damit zum Mitgesellschafter der FGN. 1970/71 erfolgte die Umstellung des Leitungsnetzes sowie der Gasverbrauchsgeräte von Kokereigas auf Erdgas. Gleichzeitig wird die Ruhrgas AG im Rahmen einer Konsolidierung Mehrheitsgesellschafterin (53,1 Prozent). 1973 bekam die FGN erstmals Gaslieferungen aus der damaligen Sowjetunion. 30 Jahre nach ihrer Gründung belieferte die FGN 91 Direktkunden, 34 weiterverteilende Unternehmen sowie rund 7000 Kunden im Bereich der eigenen Ortsgasversorgung. Im gleichen

Jahr veräußert der Freistaat Bayern seine Beteiligung an die Energieversorgung Oberfranken GmbH, Bayreuth (EVO). Die Gesellschafter der FGN sind heute: die Ruhrgas AG mit 53,1 Prozent, die EVO (16,9 Prozent), SaarFerngas (20 Prozent) und EWAG mit zehn Prozent. Abbildung 6 zeigt die Aktionärsstruktur der FGN sowie die darüber hinausgehenden Verflechtungen.

Abbildung 6: Aktionärsstruktur der Ferngas Nordbayern

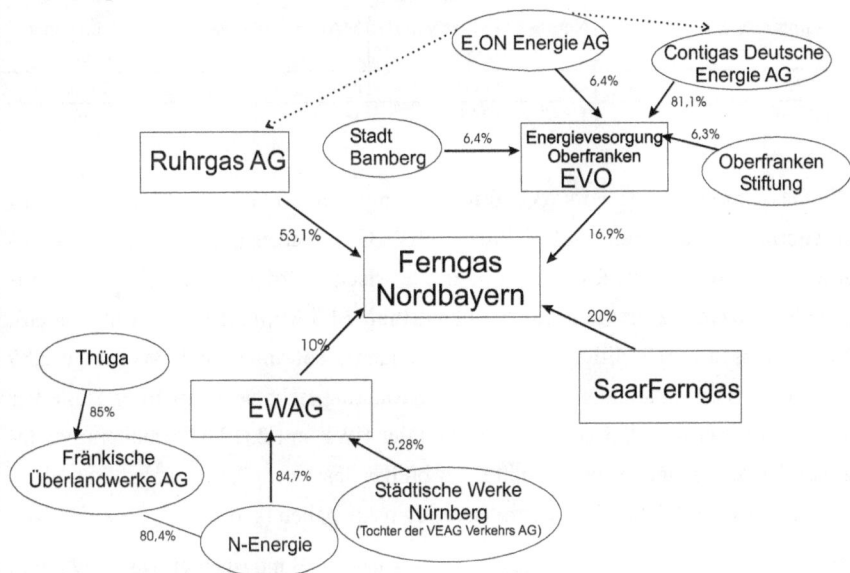

Quelle: eigene Recherche

1999 verstärkt die FGN die Zusammenarbeit mit lokalen Versorgungsunternehmen und beteiligt sich an den Stadtwerken Bamberg Energie- und Wasserversorgungs GmbH. Ebenso mündet die intensive und jahrelange Zusammenarbeit mit den Westböhmischen Gaswerken, Pilsen (ZCP) in eine Beteiligung der FGN an ihnen, durch den Erwerb von Aktienanteilen. Die ZCP versorgt Westböhmen mit Erdgas und verkaufte 1998 über ein 4.195 Kilometer langes Leitungsnetz rund 8,1 Milliarden Kilowattstunden Erdgas.

Die FGN ist in Bayern die zweitgrößte FGG (nach der Bayerngas s. o., Seite 140). Mit ihrem über 2.000 Kilometer langen Hochdruck-Pipeline-Netz setzte sie im Jahr 2000 rund 29 Milliarden Kilowattstunden Erdgas in einer 27.000 Quadratkilometer

großen Region (von Bad Brückenau bis Waldkirchen, von Klingenberg bis Wald-
sassen) ab und machte dabei einen Umsatz von 509 Millionen Euro/995 Millionen
DM. Weitere Aussagen bezüglich des Unternehmens oder eine zukünftige Bewertung desgleichen können leider nicht abgegeben werden.[147]

6.8 Gas-Union GmbH, Frankfurt

Gesamtumsatz	Gasabsatz	Netz	Mitarbeiter (MA)	MA-Kosten	Investitionen	Jahresüber-schuss
Mrd. €	Mrd. kWh	km	Personen	Mio. €	Mio. €	Mio. €
1,26	81,6	1.880	245	16,20	12,37	33,79

Die Gas-Union ist eine vorwiegend regional agierende FGG mit lediglich 33 Mitarbeitern, deckt aber mit rund 70 Prozent ihres Gasabsatzes (entspricht 28,49 Milliarden Kilowattstunden) fast die Hälfte des hessischen Erdgasverbrauchs. Die restlichen 30 Prozent liefert sie nach Rheinland-Pfalz (4,5 Milliarden Kilowattstunden),
Niedersachsen (2,03 Milliarden Kilowattstunden), Thüringen und Bayern (je 2,85
Milliarden Kilowattstunden). Im Gasabsatz-Ranking steht sie an zwölfter Stelle vor
der Avacon AG mit 2849 Mitarbeitern und der EWE mit 2319 Mitarbeitern, wenngleich letztere andere Schwerpunkte, ein breiter gestreutes Aufgabengebiet und einen nicht zu vergleichenden Gesamtenergieumsatz haben (s. o.).

Das Wirtschaftswachstum im gesamten hessischen Bundesgebiet war 1999 und
auch noch im Jahr 2000 überdurchschnittlich hoch. Ebenso stieg die Zahl der mit
Erdgas beheizten Wohnungen auf einen Marktanteil von 45,3 Prozent (1,23 Millionen Wohnungen).[148] Trotzdem sank der Erdgasabsatz insgesamt seit 1999 von 1,8
Prozent um minus 0,2 Prozent auf 65,5 Milliarden Kilowattstunden und im Jahr
2000 von 3,3 Prozent um minus 1,8 Prozent auf 64,6 Milliarden Kilowattstunden.

---

[147] Aus nicht nachvollziehbaren Gründen war die FGN die einzige FGG, die sich rigoros jeglicher
Gesprächsbereitschaft bzw. Informationsherausgabe bezüglich Geschichte, Daten und Fakten des
Unternehmens, verweigerte. Ebenso spärlich ist der Informationsgehalt der Homepage gehalten,
so dass eine eingehendere Betrachtung des Unternehmens nicht möglich war.

[148] Bei den Neubauwohnungen beträgt der Anteil 75 Prozent. Im Jahr 2000 sind 9.500 Neubauten
hinzugekommen. Dennoch sank der Anteil der Lieferungen von Kommunal- und Gewerbegas am
Gesamtabsatz aufgrund der Temperaturentwicklung auf rund 67 Prozent (Gas-Union Geschäftsbericht, 2000:22).

Was sich auch in den Kennzahlen der Gas-Union bemerkbar machte (siehe Gas-Union Geschäftsbericht, 2000). Der Gesamtumsatz, der 1999 unter die Milliarden-grenze auf 477,5 Millionen Euro/934 Millionen DM (1999) sank, stieg im Folge-jahr dennoch auf 1,38 Milliarden DM (706 Millionen Euro), obwohl sich die Gas-abgabe von 41,2 auf 40,7 Milliarden Kilowattstunden verringerte.

Über ein lediglich 500 Kilometer kurzes Leitungsnetz beliefert die Gas-Union vor-rangig ihre Gesellschafterkunden (regionale und kommunale Versorgungsunter-nehmen und Gewerbebetreibende). 28,5 Milliarden Kilowattstunden setzt sie dafür ab, was einem prozentualen Wert von knapp 70 entspricht. Fast 20 Prozent (7,8 Milliarden Kilowattstunden) gingen an die Industrie, der Rest an Kraftwerksbetrei-ber (5,4 Milliarden Kilowattstunden).

Der Kavernenspeicher Reckrod der Gas Union für überschüssige Gasmengen liegt zwischen 800 und 1.040 Metern unter der Erde im Landkreis Fulda, in der Ge-meinde Eiterfeld. Er hat zwei Kavernen mit einem Fassungsvermögen von rund 110 Millionen Kubikmeter Erdgas (davon stehen 80 Millionen Kubikmeter als Ar-beitsgas zur Abgabe zur Verfügung und 30 Millionen Kubikmeter „Kissengas", das ständig im Speicher bleibt). Die maximale Entnahmerate liegt bei 200.000 Kubik-meter in der Stunde. Der Betriebsdruck kann zwischen 40 und 150 bar betragen.

Beliefert wird die Gas-Union im Wesentlichen von der Ruhrgas, Essen (2000: 30,7 Milliarden Kilowattstunden), der Erdgas-Verkaufs-Gesellschaft, Münster (2000: 6,5 Milliarden Kilowattstunden) und der Wingas GmbH, Kassel (2000: 4,6 Milliarden Kilowattstunden).

Die Beteiligungsstruktur der Gas-Union gliedert sich folgendermaßen auf: die Ruhrgas Energie Beteiligungs-AG hält 25,9 Prozent der Anteile, die Mainova AG (Frankfurt a. M.) ist mit 37,7 Prozent an dem Unternehmen beteiligt, ebenso die Kraftwerke Mainz-Wiesbaden AG (Mainz) mit 17,5 Prozent, die Städtische Werke AG (Kassel) mit 10,1 Prozent, die Stadtwerke Göttingen AG mit 6,7 Prozent sowie die Gas- und Wasserversorgung Fulda GmbH mit zwei Prozent.

Beteiligungen der Gas-Union bestehen zum Beispiel an der GasLINE Telekom-munikationsnetzgesellschaft deutscher Gasversorgungsunternehmen mbH & Co. KG, Essen (fünf Prozent), an der RMN Telekommunikationsnetzgesellschaft mbH

Rhein-Main, Frankfurt a. M. (12,5 Prozent) und der Erdgas Westthüringen Beteiligungsgesellschaft mbH (EWT), Bad Salzungen (34 Prozent).

Die Gas-Union unterstützt die Intensivierung des Erdgaseinsatzes als Kraftstoff im Verkehr, z. B. durch den Ausbau der Tankstellen-Infrastruktur. Im Jahr 2000 erhöhte sich die Zahl der mit Erdgas betriebenen Fahrzeuge von 450 auf 700 und die Zahl der leistungsfähigen Tankstellen stieg von 14 auf 20.

Die Gasmarktliberalisierung wird von dem Unternehmen zurückhaltend kommentiert. Bis zur Novellierung des EnWG von 1998 sowie der VV II Gas möchte die Gas-Union abwarten, dennoch wird weiterhin am Ausbau von Gasspeichern festgehalten (s.o.).

6.9 Gasversorgung Süddeutschland GmbH (GVS), Stuttgart

Gesamtumsatz	Gasabsatz	Netz	Mitarbeiter (MA)	MA-Kosten	Investitionen	Jahresüberschuss
Mrd. €	Mrd. kWh	km	Personen	Mio. €	Mio. €	Mio. €
1,26	81,6	1.880	245	16,20	12,37	33,79

Die GVS wurde 1961 gegründet. Seither wurden flächendeckend alle Regionen des Landes Baden-Württemberg mit einem Fernleitungsnetz erschlossen, womit die Grundlage für den Aufbau regionaler und örtlicher Gasversorgungen geschaffen wurde. Heute werden rund zwei Drittel der Städte und Gemeinden (das sind 750) in Baden-Württemberg mit Erdgas versorgt. Dennoch sind das zur Zeit erst 15 Prozent des Primärenergiebedarfs in Baden-Württemberg. Nahezu alle großen und mittleren kommunal und regional tätigen GVUs dieser Region werden von der GVS mit Gas beliefert. Insgesamt sind zehn Gesellschaften (darunter sechs Stadtwerke: Pforzheim, Baden-Baden, Freiburg, Heilbronn, Reutlingen, Ulm) an der GVS beteiligt. Die größten Anteile hielten noch bis vor wenigen Monaten die Neckarwerke Stuttgart AG (NWS), Stuttgart (33,4 Prozent), die Energie- und Wasserwerke Rhein-Neckar AG (RHE), Mannheim (26,25 Prozent) und die Landesstiftung Baden-Württemberg gGmbH, Stuttgart (25 Prozent). Seit Juli 2002 sind die Eigentümer das deutsch-italienische Gasmarkt-Konsortium von EnBW Energie Baden-Württemberg AG und Eni SpA.

Der Gesamtumsatz beläuft sich für das Jahr 2000 auf 1,26 Milliarden Euro (2,46 Milliarden DM). Im Vorjahr lag er noch bei 958 Millionen Euro (1,87 Milliarden DM). Die Gasabgabe stieg dagegen nur leicht von 80,2 auf 81,5 Milliarden Kilowattstunden.

Ende Juli 2001 berichteten mehrere Zeitungen von einer Verständigung zwischen Ministerpräsident Erwin Teufel und dem EnBW-Vorstandsvorsitzenden Gerhard Goll, wonach die Mehrheit der GVS von EnBW (Karlsruhe) und dem italienischen Energieriesen ENI (Rom) übernommen werden sollte. Obwohl Verkaufsabsichten des Landes nach dem Koalitionsvertrag zwischen CDU und FDP bekannt waren, hatten weder der Gesellschafter Baden-Württemberg noch EnBW mit den übrigen Aktionären über diese möglichen Änderungen gesprochen, was zu größerem Unmut bei den „Übergangenen" führte. Denn beim Verkauf von Gesellschafteranteilen ist es üblich, diese zunächst den anderen Gesellschaftern anzubieten, was trotz Verankerung in der Satzung nicht geschah.[149] Bislang gab es jedoch keine weiteren Verhandlungen, weder mit EnBW noch mit ENI.

Die GVS erhält ihr Gas mehrheitlich von der Ruhrgas AG, Essen. Diese liefert 88 Prozent (71,2 Milliarden Kilowattstunden) des gesamten Erdgasbedarfs der GVS. Wingas, Kassel, stellt 12 Prozent (9,5 Milliarden Kilowattstunden) bereit. Das Erdgas wird über ein 1.880 Kilometer langes Leitungsnetz an die Gesellschafter (knapp 60 Prozent), Nichtgesellschafter (37 Prozent), Kunden im Ausland (knapp vier Prozent) und an die direktversorgte Industrie (0,3 Prozent) weitergeleitet. 76 Millionen Kilowattstunden bleiben der GVS als Eigenbedarf. Zusätzlich betreibt die GVS zusammen mit der Ruhrgas AG im nördlichen Baden-Württemberg den Untertagespeicher bei Sandhausen und im Süden bei Fronhofen mit der Preussag Energie AG einen Lohnspeicher. Verdichterstationen finden sich in Blankenloch bei Karlsruhe und in Scharenstetten bei Ulm.

---

[149] Bei einer Mehrheit von 75 Prozent kann dieser Punkt aus der Satzung gestrichen werden, was allerdings nicht der Fall war.

6.10 Mobil Erdgas-Erdöl GmbH, Hamburg

Gesamtumsatz	Gasabsatz	Netz	Mitarbeiter (MA)	MA-Kosten	Investitionen	Jahresüber-schuss
Mrd. €	Mrd. kWh	km	Personen	Mio. €	Mio. €	Mio. €
12,30	145	keines	2.560	k. A.	148,2	k.A.

Mobil Erdgas-Erdöl GmbH ist der zweitgrößte Erdgas- und Schwefelproduzent der Bundesrepublik Deutschland. Die Geschäftstätigkeit begann um 1890, damals noch im Bereich von Schmierstoffen und Raffinerien. In den 30er und 40er Jahren des 20. Jahrhunderts fokussierte Mobil seine Tätigkeit ausschließlich auf Erdöl. 1954 erschloss Mobil in Bayern die erste reine Erdgas Lagerstätte („Isen1"). Zwei Jahre später unterzeichnete die Stadt München den ersten Gasliefervertrag mit Mobil. Erdgas avancierte damit immer mehr zum Tätigkeitsschwerpunkt des Unternehmens.

Seit dem 3. Juli 2000 ist die Mobil Erdgas-Erdöl GmbH eine Tochtergesellschaft der ExxonMobil Central Europe Holding GmbH. Die ursprüngliche Muttergesellschaft Esso Deutschland GmbH mit ihren Tochtergesellschaften Mobil Erdgas-Erdöl GmbH ist in der Holding aufgegangen. Die Holding Gesellschaft Mobil Oil GmbH (vorher Mobil Oil AG) ist erloschen. Im Mai 2001 wurde die Mobil Schmierstoff GmbH rückwirkend zum 1. Januar 2001 auf die Esso Deutschland GmbH verschmolzen.

Das Geschäftsjahr 2000 wurde hauptsächlich dafür genutzt, die Auflagen der Europäischen Kommission im Zusammenhang mit der Genehmigung der Fusion von Exxon und Mobil, zu erfüllen. Das bedeutet: die 28-prozentige Beteiligungen der Mobil Oil GmbH an der Aral AG wurde an die Veba Oel AG verkauft. Ebenso wurde die 25-prozentige Beteiligung der Esso Deutschland GmbH an der Thyssengas GmbH Mitte 2000 an die RWE Energie AG übertragen. Weiterhin wurden die beiden europäischen Joint Venture Gesellschaften von Mobil und BP aufgelöst (Mobil Unternehmensbericht 2000:4).

Bis zum Jahr 1999 förderte Mobil jährlich ungefähr 46 Milliarden Kilowattstunden. Das gesamte inländische Erdgasaufkommen beläuft sich auf 18-19 Milliarden Kubikmeter). Die Produktion von verkaufsfähigem Erdgas- und Erdölgas wird im Unternehmensbericht 2000 für ExxonMobil auf 97 Milliarden Kilowattstunden beziffert, was für das Unternehmen gegenüber dem Vorjahr einen Rückgang von sechs Prozent bedeutet (also minus 5,8 Milliarden Kilowattstunden). Der Gasabsatz von Mobil belief sich 1999 auf 70,2 Milliarden Kilowattstunden (1998: 57,2 Milliarden Kilowattstunden). Im Jahr 2000 spricht der Unternehmensbericht von einem Erdgasabsatz für ExxonMobil von rund 145 Milliarden Kilowattstunden. Das Gasaufkommen bestand zu zwei Dritteln aus heimischer Produktion und zu rund einem Drittel aus Importen überwiegend aus Norwegen und den Niederlanden (Mobil Unternehmensbericht 2000:16). Mobil importiert seit Anfang der 1980er Jahre rund elfeinhalb Milliarden Kubikmeter Erdgas direkt über das Statpipe-/Norpipe- sowie über das Europipe-Leitungssystem aus Norwegen (Statfjord-, Gullfaks-, Heimdal- und Troll-Feld) mit Übernahme in Emden.

Größter Abnehmer ist die Ruhrgas AG, Essen, an der Mobil über die Schubert Beteiligungs-GmbH einen 7,4 prozentigen Anteil hält. Geliefert wird auch an die Erdgas-Verkaufs-Gesellschaft mbH, Münster (s. o. Erdgas Münster), einer Marketing Gesellschaft der norddeutschen Erdgasproduzenten, die über ein eigenes 1.800 Kilometer langes Leitungsnetz verfügt und an der Mobil mit 27,6 Prozent beteiligt ist. Weitere Erdgasmengen fließen direkt an FGGs sowie regionale und kommunale GVUs, aber auch an einzelne Industrieunternehmen und an Kraftwerke.

Die Umsatzerlöse der Mobil-Gruppe sind 1999 von 2,6 Milliarden Euro/5,1 Milliarden DM (1998) auf weniger als die Hälfte (1,12 Milliarden Euro/2,2 Milliarden DM) gesunken. Für das Jahr 2000 sind im Unternehmensbericht lediglich die Zahlen für die ExxonMobil Central Europe Holding GmbH aufgeführt, nach denen für Deutschland ein Umsatz von 12,3 Milliarden Euro (24 Milliarden DM) erzielt wurde (das Ergebnis für Central Europe ist nur geringfügig höher und liegt bei 14,6 Milliarden Euro/7,46 Milliarden DM). Nach Steuern erreicht die Holding einen Gewinn von 1,75 Milliarden Euro/3,4 Milliarden DM. Die Investitionen beliefen sich für Deutschland auf 148 Millionen Euro/245 Millionen DM.

Die Frage, die sich bei den ersten Fusionswellen der Erdgasbranche stellte, war die, ob die ölproduzierenden Unternehmen oder aber die führenden Stromgesellschaften mehrheitliche Anteile an den großen überregionalen FGGs übernehmen werden. Es stellte sich heraus, dass das Interesse der Ölmultis nicht im Aufkauf von Gasunternehmen besteht, sondern im Ausbau der eigenen Öl- und Gaskapazitäten bzw. -förderung. Das gilt auch für das fusionierte Unternehmen ExxonMobil.

6.11 Ruhrgas AG, Essen[150]

Gesamtumsatz	Gasabsatz	Netz	Mitarbeiter (MA)	MA-Kosten	Investitionen	Jahresüber-schuss
Mrd. €	Mrd. kWh	km	Personen	Mio. €	Mio. €	Mio. €
9,18	582	10.748	2.581	231,2	0,61	346,6

Nachdem die Gasproduktion der Zechenkokereien in Deutschland 1926 um fast 40 Prozent auf 7,3 Milliarden Kubikmeter steigt und sich die für den freien Verbrauch verfügbare Menge an Überschussgas auf fast drei Milliarden Kubikmeter pro Jahr vermehrt (was der Gasproduktion nahezu sämtlicher kommunaler Gasanstalten der Weimarer Republik entspricht), entwickeln die Generaldirektoren der Vereinigte Stahlwerke AG und der Stinnes-Zechen, Vögler und Pott, eine großräumige Ferngas-Idee, um dem Überschussgas Absatzwege in ganz Deutschland zu eröffnen. Zu diesem Zweck gründen die Mitglieder des Rheinisch-Westfälischen Kohlensyndikats[151] am 11. Oktober 1926 die „Aktiengesellschaft für Kohleverwertung" in Essen, die später Ruhrgas AG genannt wird. Aus Sorge um ihre Wettbewerbsfähigkeit gegenüber der Ruhrgebietskonkurrenz drängten nun die Hüttenwerke Südwestfalens ihrerseits auf einen schnellen Ferngasanschluss. Da eine Beteiligung der westfälischen Gebietskörperschaften an der AG für Kohleverwertung aus finanziellen Gründen und kommunalen Interessen nicht zweckmäßig erschien, blieb als einzige Lösung die Gründung einer eigenen Gesellschaft. So kam es, dass am 24. Juli 1928 die Westfälische Ferngas-AG (WFG) aus dem Zusammenschluss der westfälischen Kommunalverbände entstand.[152]

---

[150] Historie der Ruhrgas AG dem Internet entnommen unter: http://www.ruhrgas.de.

[151] Das Rheinisch-Westfälische Kohlensyndikat wurde im Jahre 1893 gegründet und setzte der Ausweitung der Kohleförderkapazitäten erstmals Grenzen. Dies führte zu einer Umorientierung der unternehmerischen Strategien in den Zechen, indem von dem einstigen Ziel Abstand genommen wurde, die Produktionen durch Senkung der Gesamtkosten bei vorgegebenen Absatzmengen zu erhöhen.(Niemann, 1997:40).

[152] Federführend waren der damalige Provinzialverband der Provinz Westfalen, des heutigen Landschaftsverbandes Westfalen-Lippe und des seinerzeitigen Freistaats Lippe (RWE Gas, 2001).

Als Meilenstein für die Anerkennung des Ferngasgedankens galt 1929 der Liefervertrag mit der Stadt Köln, der von dem damaligen Oberbürgermeister Konrad Adenauer unterzeichnet wurde. In den 60er Jahren des 20. Jahrhunderts folgten große Verkaufsabschlüsse mit regionalen Gasgesellschaften, und Ruhrgas startete erste Werbekampagnen zur Profilierung von Erdgas als Eigenmarke. Die Entdeckung der niederländischen Erdgasvorkommen in Groningen zur gleichen Zeit, brachte den Durchbruch für das Erdgaszeitalter. Damals trafen Vorstand und Eigentümer der Ruhrgas die weitreichende Entscheidung, die Geschäftsbasis durch den Bezug von Erdgas zu erweitern. In der Folge wurden Verträge mit deutschen und niederländischen Erdgasproduzenten geschlossen. Erdgas aus Holland war nicht nur die erste ausländische Bezugsquelle der Ruhrgas, das Geschäft galt auch als „Keimzelle" für den internationalen Erdgashandel.

Die Erdgasnachfrage stieg von Ende der 1960er bis in die 1980er Jahre und stellte Ruhrgas vor die Herausforderung, ihre Bezugsmengen zu erhöhen sowie ihre Quellen weiter zu diversifizieren. 1970 wurde das legendäre „Erdgas-Röhren-Geschäft" abgeschlossen, mit dem der Import von russischem Erdgas nach Deutschland (ab 1973) begann. Der Vertragsabschluss zwischen Ruhrgas und der russischen Gaswirtschaft galt in den Zeiten der Ost-West-Konfrontation als Pionierleistung. Die zweite Bezugsquelle von Ruhrgas war Erdgas aus der norwegischen Nordsee. Nach dem Import erster Mengen (ab 1977) aus dem Ekofisk-Gebiet wurde der Handel rasch ausgebaut. Höhepunkt – in wirtschaftlicher wie technischer Hinsicht – bildeten die 1986 geschlossenen Troll-Verträge, auf denen ein Großteil der norwegischen Gaslieferungen für Deutschland auch heute noch basiert.

Um die wachsenden Mengen Erdgas aus Deutschland, den Niederlanden, Russland und Norwegen zu den Kunden zu transportieren, musste die Ruhrgas ihr Pipeline-Netz ausbauen. Das Unternehmen investierte Milliarden in den Leitungsbau und trug mit anderen europäischen Energieversorgungsunternehmen zum Aufbau des Europäischen Erdgasverbunds bei.

Neue unternehmerische Perspektiven eröffneten sich Anfang der 90er Jahre durch den Fall der Mauer. Die ostdeutsche Gaswirtschaft musste modernisiert werden. Neben dem Erwerb eines 35-prozentigen Anteils an der Verbundnetz Gas AG, Leizpig (VNG, s. u.), im Jahr 1990, gründete Ruhrgas mit dieser das *Joint Venture* EVG

(s. o. Erdgasversorgungsgesellschaft Thüringen-Sachsen mbH, s. o.) und investierte rund 300 Millionen Euro in den Bau einer Ferngasleitung durch Thüringen und Sachsen.

Die Ruhrgas AG ist mittlerweile eine der größten privatwirtschaftlichen Gasimporteure und gehört zu den führenden europäischen Gasunternehmen. Dabei werden neue Geschäftsfelder im *Mid-* und *Downstream*-Bereich, aber auch *Upstream* erschlossen. Das heißt zum einen, dass die Ruhrgas sich beim Ferntransport, in der regionalen und lokalen Gasversorgung und in Richtung Erdgasförderung engagiert und diese Aktivitäten gleichzeitig im deutschen und europäischen Raum ausbaut. *Upstream* beteiligt sich die Ruhrgas AG u. a. an der russischen Gazprom, dem weltgrößten Erdgasproduzenten sowie an der Entwicklung von Erdgasfeldern in der britischen Nordsee.

In ihrer 75-jährigen Geschichte ist die Ruhrgas AG heute mit einem Marktanteil von 60 Prozent Deutschlands größter Erdgasverkäufer. Ungefähr 2.600 Mitarbeiter (im Jahr 2000 waren es: 2.581)[153] erwirtschaften jährlich einen Erdgasabsatz von rund 600 Milliarden Kilowattstunden. Im wärmsten Jahr (2000) des abgelaufenen Jahrhunderts erzielte Ruhrgas einen leicht rückläufigen Absatz von 582 Milliarden Kilowattstunden (1999: 586 Milliarden Kilowattstunden). Dieser ist immer noch dreimal so hoch wie der Absatz der nächstgrößten FGG in Deutschland (siehe in Tabelle 16: Absatz der Ferngasgesellschaften im Vergleich 1997, 1999 und 2000", Seite 135, in der RWE Gas im Jahr 2000 mit einem Gesamtgasabsatz von 220 Milliarden Kilowattstunden an dritter Stelle hinter Ruhrgas und Wintershall steht). Trotz Margendrucks infolge des zunehmenden Wettbewerbs auf dem Gasmarkt erzielte das Unternehmen ein dem Vorjahr vergleichbares Ergebnis vor Steuern von 595 Millionen Euro (1999: 577 Millionen Euro). Dabei trug das Beteiligungs- und Finanzergebnis einen Anteil von 35 Prozent zum Ergebnis (vor Steuern) bei und ist somit zu einer wichtigen Ertragsquelle geworden. Durch den deutlichen Energiepreisanstieg im Jahr 2000 erhöhte sich der Umsatz des Ruhrgas-Konzerns um 44 Prozent auf 10,5 Milliarden Euro (Vorjahr 7,3 Milliarden Euro). Der größte Teil der

---

[153] Der Ruhrgas-Konzern beschäftigt weltweit 9.455 Mitarbeiter. Davon waren 37 Prozent im Ausland tätig.

Konzernumsätze entfiel auf die Ruhrgas AG, wo der energiepreisbedingte Umsatzanstieg mit 9,2 Milliarden Euro (Vorjahr 6,1 Mrd. Euro), das sind 49 Prozent, noch stärker ausgeprägt war.

Rund 65 Prozent beziehen die in- und ausländischen FGGs – fünf Prozent gehen als Export in die Schweiz, nach Großbritannien, Liechtenstein, Österreich, Polen, Tschechien und Ungarn – als wichtigste Kundengruppe der Ruhrgas AG. Ungefähr ein Viertel geht an die Unternehmen der Kommunen, die restlichen zehn Prozent werden direkt an Industriebetriebe und an Kraftwerke verteilt.

Die vertraglich gesicherten Bezugsmengen der Ruhrgas AG sind breiter gefächert als in jedem anderen europäischen Erdgasunternehmen und belaufen sich auf 1.600 Milliarden Kubikmeter Erdgas, was in etwa den wirtschaftlich gewinnbaren Reserven der Niederlande entspricht. Die Lieferverträge haben teils eine Dauer von über 20 Jahren.

Im Jahr 2000 betrug das gesamte Erdgasaufkommen zur Deckung des inländischen Verbrauchs knapp 90 Milliarden Kubikmeter. Ähnlich wie die Zahlen für ganz Deutschland basiert das Erdgasaufkommen zu 19 Prozent auf inländischer Förderung und zu 81 Prozent auf Einfuhren aus dem Ausland. Wichtigstes Lieferland blieb Russland mit 37 Prozent, das sind zwei Prozent mehr als im Vorjahr. 21 Prozent kamen aus Norwegen, 17 Prozent aus den Niederlanden (im Vorjahr waren es noch 19 Prozent) und weitere sechs Prozent aus Dänemark und Großbritannien.

Das fast 11.000 Kilometer lange Leitungsnetz (entspricht der Strecke des gesamten Autobahnnetzes in Deutschland) gilt als eines der modernsten Transportsysteme der Welt. Zwölf Untertagespeicher mit einem Arbeitsgasvolumen von knapp fünf Milliarden Kubikmeter (entspricht rund 58 Milliarden Kilowattstunden) Erdgas sind darin integriert. Sie gleichen saisonal bedingte Schwankungen aus. Der Erdgastransport führt über 26 Verdichterstationen mit einer Gesamtleistung von rund 800 Megawatt.

Zum Ruhrgas-Konzern gehören neben der Ruhrgas AG noch zwei Holdinggesellschaften (Ruhrgas Energie Beteiligungs-Aktiengesellschaft, RGE sowie Ruhrgas Industries GmbH), die 1994 als Dach zur Zusammenführung nationaler und internationaler Energie- und Industriebeteiligungen gegründet wurden.

Was die Zukunft der Ruhrgas AG angeht, so ist auch nach der Entscheidung des Bundeskartellamtes gegen eine Übernahme durch E.ON und gegenläufiger Ministererlaubnis noch nicht klar, wie denn ihr künftiger Auftritt sein wird. Das letzte Wort in Sachen Ruhrgas/E.ON ist noch nicht grundsätzlich gesprochen.

6.12 RWE-Gas, Essen

Gesamtumsatz	Gasabsatz	Netz	Mitarbeiter (MA)	MA-Kosten	Investitionen	Jahresüber-schuss
Mrd. €	Mrd. kWh	km	Personen	Mio. €	Mio. €	Mio. €
1,41	69,4*	4.600	961	53,53	202,47	37,17

* dieser Wert bezieht sich lediglich auf den Gasverkauf von RWE-Gas. Der RWE Konzern hatte im Jahr 2000 einen Gasabsatz von insgesamt 220 Mrd. kWh.

Die RWE als gesamter Konzern ist seit mehr als hundert Jahren an der Energieversorgung in Deutschland beteiligt. Im Geschäftsjahr 2000/2001 fusionierte RWE mit VEW, einem ebenfalls seit vielen Jahrzehnten fest in der deutschen Wirtschaft verankerten Energieversorgungsunternehmen (siehe Kapitel 8.3, Seite 214). Mit diesem Zusammenschluss ist die neue RWE nun auch maßgeblich auf dem Gasmarkt präsent und damit weit an der Spitze der europaweit agierenden so genannten *Multi-Utility*-Unternehmen.[154]

Das Grundprinzip von RWE besteht in der Aufgliederung des Kerngeschäftes in kleine Einheiten, die sich auf ein bestimmtes Segment innerhalb der gesamten Wertschöpfungskette konzentrieren, z. B. die Stromerzeugung, den Netzbetrieb und Gasverkauf bis hin zum Handel und Vertrieb energienaher Dienstleistungen. Gemeinsam gehören RWE und VEW zur Spitzengruppe auf dem europäischen Energiemarkt. Sie liegen nach *Eléctricité de France*, EdF (Absatz: 445 TWh) und *Ente Nazionale per l'Energia Elettrica*, ENEL (Absatz: 237 TWh) an dritter Stelle (Absatz: 209 TWh) beim Stromabsatz, gefolgt von E.ON (Absatz: 191 TWh) und mit

---

[154] Ein Anteil von neun Prozent der deutschen Erdgasförderung entfällt auf RWE-DEA. Seit 1984 wurde damit die Erdgasförderung bei RWE verfünffacht. Ziel ist es, diese Position weiter auszubauen durch Exploration in Norddeutschland, Norwegen und Polen und der erfolgreichen Konzessionsvergabe (30 und 15 Prozent) in den Gebieten Hauk, Donna Ost und Pelikan in Norwegen (Sigurd Beyer, Vorstandsmitglied der RWE-DEA, in: Aktuelle Information des RWE Presse-Service, 17. April 2000).

weitem Abstand Vattenfall in Schweden (Absatz: 92 TWh) und EnBW (Absatz: 51 TWh).

Die Aktivitäten der RWE und VEW wurden in acht eigenständigen Unternehmen zusammengeführt (davon fünf neue Gesellschaftsgründungen), in denen die RWE AG mit rund 156.000 Mitarbeitern (62.500 arbeiten unmittelbar im Energiebereich) nach wie vor die operativen Einheiten als direkte Holding anführt.

Eine dieser neuen Gesellschaften ist die RWE Gas, die aus der Westfälischen Ferngas AG, WFG entstand,[155] die ihrerseits 1928 als Antwort auf die Gründung der „Aktiengesellschaft für Kohleverwertung" (1926) ins Leben gerufen wurde (siehe oben „Ruhrgas AG", Seite 158 und Kapitel 8.3, Seite 214). Innerhalb des RWE-Konzerns wurde RWE Gas die unternehmerische Führung aller Gas-Beteiligungsgesellschaften, wie z. B. Thyssengas GmbH, Duisburg oder Rhenag AG, Köln übertragen. Das heißt, RWE Gas bündelt als Downstream-Unternehmen alle Beteiligungen und Tätigkeitsbereiche vom Import bis zum Vertrieb des Produktes „RWE-naturgas". Das zweite Gasunternehmen (*Upstream*) ist RWE-DEA, das auf Erdgassuche und –förderung fokussiert ist.

Über eine rund 4.511 Kilometer lange Transportleitung und ein Gasverteilungsnetz von 19.213 Kilometern Länge hat RWE Gas 220 Milliarden Kilowattstunden im Jahr 2000 abgesetzt und dabei einen Umsatz von 1,4 Milliarden Euro (2,77 Milliarden DM) erzielt. Das Erdgas ging an 1,4 Millionen Haushalte, an über 3.000 Industrie- und Gewerbekunden und an mehr als 3.000 öffentliche Einrichtungen.

In Ost-Deutschland ist RWE Gas an zahlreichen regionalen und kommunalen Gesellschaften beteiligt, wie z. B. die Mitteldeutsche Gasversorgung GmbH (MITGAS) und Gröbers bei Halle an der Saale. Ihren 44,93-prozentigen Anteil an der Erdgas Mark Brandenburg (EMB) veräußerte die RWE Gas aufgrund einer Auflage des Bundeskartellamtes an die *Gaz de France* (GdF) und an die Leipziger Verbundnetz AG (VNG).[156] Außerhalb Deutschlands ist die RWE Gas vor allem in Ungarn präsent, wo sie an drei Versorgungsunternehmen (DDGÁZ, TIGÁZ und

---

[155] Mit einem Beschluss der außerordentlichen Hauptversammlung der WFG vom 21. Dezember 2000 wird das Unternehmen unter dem neuen Namen RWE Gas Aktiengesellschaft tätig.

[156] RWE Presseinformation vom 29. August 2001.

FÖGÁZ)[157] beteiligt ist und rund die Hälfte der ungarischen Gasnachfrage abdeckt (RWE Gas Geschäftsbericht, 2000:31). In den Niederlanden hat RWE mittlerweile drei Unternehmen erworben. An der GVU N. V. Nutsbedrijf Haarlemmermeer (NBH), Hoofddorp hält die WFG Beteiligungs-GmbH einen 100-prozentigen Anteil. Damit deckt RWE in Holland sieben Prozent des Marktes ab und liegt dort an fünfter Stelle der Erdgasversorgungsunternehmen.

Außerdem hat das Essener Unternehmen im Januar 2001 den slowakischen Markt betreten, indem es 29,1 Prozent der Anteile an der slowakischen Speichergesellschaft Nafta a. s. in Gbely (nördlich von Bratislava) von einem Konsortium verschiedener Investmentgesellschaften unter Führung von J & T Securities erworben hat. Damit kann RWE nicht nur ihr Speichergeschäft international weiterentwikkeln, sondern gleichzeitig die Speicherkapazitäten der Nafta für eigene Vermarktungszwecke nutzen.[158] Ebenso besteht eine Mehrheitsbeteiligung an KB-Gaz Technologia i Energia Sp. z. o. o., Stettin in Polen.

Was den Gesamtumsatz der fusionierten RWE angeht, so liegt dieser für das Geschäftsjahr 1999/2000 mit rund 12 Milliarden Euro um fast 2,5 Milliarden Euro höher als im Vorjahr. Der Jahresüberschuss hingegen erreichte 1998/99 gut das Doppelte (0,52 Millionen Euro) wie im Geschäftsjahr darauf (267,4 Millionen Euro). Der Gasabsatz lag im Jahr 2000 bei 220 Milliarden Kilowattstunden, womit der Konzern in Deutschland auf Platz drei, knapp hinter der Wintershall, Kassel liegt. Im Strommarkt ist RWE nach eigenen Angaben in Deutschland führend, im europäischen Vergleich steht das Unternehmen auf dem dritten Platz. Beim Wasser und der Entsorgung liegt RWE im Inland ganz vorne. Der Kohleabsatz, zu dem die Rohbraunkohle, Braunkohlenveredelungsprodukte und Steinkohle gehören, spielt mit 137 Millionen Kilowattstunden keine herausragende Rolle.

---

[157] Anteilseignerstruktur der drei ungarischen GVU: die Ddgáz – RWE Gas (41,4 Prozent), Ruhrgas (41,2 Prozent) und Sonstige (17,6 Porozent), die Tigáz – Italgas/SNAM (50 Prozent), RWE Gas (44,2 Prozent) und Sonstige (5,8 Prozent), die Fögáz – Kommunale (50 Prozent), RWE Gas (32.7 Prozent), Ruhrgas (16,3 Prozent) und Sonstige mit einem Prozent (Internet, RWE Gas, Stand Nov. 2001).

[158] Dr. Manfred Scholle, Vorstandsvorsitzender der RWE Gas, zu der Beteiligung an der Speichergesellschaft Nafta, in: Aktuelle Informationen des RWE Presse-Service (4. Jan. 2001).

Die Beteiligungen der RWE an anderen Unternehmen sind weitläufig (siehe hierzu die Unterkapitel zu Kapitel 8.3 „Der RWE Konzern", Seite 214). 21 Unternehmen sind mit RWE verbunden und werden auch in den Konzernabschluss einbezogen. Sieben Unternehmen sind assoziiert, die nach der *Equity*-Methode im Abschlussbericht bilanziert werden. RWE hat das Geschäftsjahr 2000 dazu genutzt die Fusion mit der VEW zu vervollständigen, was angesichts der Zahlen auch gelungen scheint. Derzeit stehen keine weiteren Fusionspläne an. Chancen, die dem Unternehmen aus der Liberalisierung des Marktes entstehen werden derzeit genauso geprüft wie mögliche negative Konsequenzen (Durchleitung, Speicher etc.). Ebenso beobachtet RWE die einzelnen Schachzüge des Mitkonkurrenten E.ON sowohl im Ausland (Übernahme in Tschechien, siehe Kapitel 8.2.5, Seite 210) als auch im Inland (Ruhrgas-Übernahme, siehe Kapitel 8.2.4, Seite 206).

6.13 SaarFerngas AG, Saarbrücken

Gesamtumsatz	Gasabsatz	Netz	Mitarbeiter (MA)	MA-Kosten	Investitionen	Jahresüberschuss
Mrd. €	Mrd. kWh	km	Personen	Mio. €	Mio. €	Mio. €
0,76	43,1	2.692	197	18,85	21,26	11,75

Die SaarFerngas ist ein überregionales Gasversorgungsunternehmen mit Sitz in Saarbrücken und einem Liefergebiet von rund 13.000 Quadratkilometern (Saarland und Teile von Rheinland Pfalz). Dieses wird über ein 1.700 Kilometer langes Hochdruckleitungsnetz, 500 Übergabestationen und einen Speicher (in Frankenthal) versorgt. Die Anteilseigner der SaarFerngas sind neben dem Hauptaktionär RAG Saarberg AG (50,1 Prozent), die Ruhrgas Energie Beteiligungs-AG, RGE (20 Prozent), die Stadtwerke Saarbrücken AG (17,99 Prozent), die Bayerische Landesbank Girozentrale (6,28 Prozent), die Versorgungs- und Verkehrsgesellschaft Saarbrücken mbH (2,01 Prozent)[159] sowie 3,62 Prozent kommunale Aktionäre.

Der Gesamtumsatz der SaarFerngas belief sich im Jahr 2000 auf 761 Millionen Euro/1,49 Milliarden DM (1999: 552 Millionen Euro/1,08 Milliarden DM). Der Konzern als solcher hat kein nennenswert größeres Ergebnis zu verzeichnen (2000: 780

---

[159] Für die drei letztgenannten Anteile liegt eine Kaufoption der RAG Saarberg AG vor (SaarFerngas Geschäftsbericht, 2000).

Millionen Euro/1,52 Milliarden DM und 1999: 580 Millionen Euro/1,14 Milliarden DM).

Beliefert wird die SaarFerngas zu 93,2 Prozent von der Ruhrgas AG. Außerdem zu 5,6 Prozent von der Wintershall Gas GmbH und zu 1,2 Prozent von der Saar Energie GmbH. Insgesamt stellen diese Gesellschaften der SaarFerngas 43,4 Milliarden Kilowattstunden Erdgas zur Verfügung (1999: 45,07 Milliarden Kilowattstunden). Der größte Teil davon, sprich 37,1 Milliarden Kilowattstunden, ging von der Saar-Ferngas wiederum an diverse GVUs. 5,3 Milliarden Kilowattstunden erhielt die Industrie und 648 Millionen Kilowattstunden wurden im Jahr 2000 an Kraftwerke geleitet. Nach Regionen unterteilt lag der Verbrauch in Rheinland-Pfalz bei 46,6 Prozent (20,1 Milliarden Kilowattstunden), im Saarland bei 19,9 Prozent (8,55 Milliarden Kilowattstunden) und ein Drittel des saarländischen Erdgases (14,4 Milliarden Kilowattstunden) ging in diverse Bundesländer.

Das Unternehmen hat sechs direkte Tochtergesellschaften (EEW Erdgasversorgung Eifel-Westpfalz GmbH, Wittlich/ Pfalzgas GmbH, Frankenthal/ Südwestgas Gesellschaft für Kommunale Energiedienstleistungen mbH, Saarbrücken und SaarFerngas Dienstleistungen GmbH, Saarbrücken). Von zwei Töchtern (Erdgasspeicher Saar-Pfalz GmbH, Mainz und SFG Erdgasspeicher Saar-Pfalz GmbH & Co. KG, Mainz) hat es sich im Geschäftsjahr 2000 getrennt. An drei Gasversorgungsunternehmen ist es mit Anteilen zwischen zehn und fast 42 Prozent beteiligt (Ferngas Nordbayern GmbH, Bamberg mit 20 Prozent; SpreeGas GmbH, Cottbus mit 41,54 Prozent und SOTEG S.A., Luxemburg mit zehn Prozent). Weiterhin ist die SaarFerngas an fünf kommunalen Querverbundunternehmen beteiligt (ENV Energienetz Völkingen GmbH, Stadtwerke GmbH Bad Kreuznach, Stadtwerke Blieskastel GmbH, Stadtwerke Lambrecht GmbH und Pfalzwerke AG). *Last but not least* hält sie, wie auch 14 weitere FFGs an der GasLINE einen Anteil von fünf Prozent.

Trotz der Verschärfung des Wettbewerbs auf den Energiemärkten konnte die Saar-Ferngas das Jahr 2000 mit einem verbesserten Ergebnis gegenüber dem Vorjahr abschließen. Wie auch bei den anderen FGGs kam ihr die Erhöhung der Gaspreise durch Ölpreiskopplung gelegen, was den temperaturbedingt schwächeren Absatz ausglich. Das Unternehmen rechnet mit weiterem Konkurrenzdruck und sinkenden

Margen, weswegen Maßnahmen zur Steigerung der Leistungs- und Wettbewerbsfähigkeit eingeleitet wurden (SaarFerngas Unternehmensbericht, 2000:3).

Als besonders relevant werden die Beziehungen zu Kommunen und ihren Unternehmen angesehen, die ausgebaut werden sollen.

6.14 Thyssengas GmbH, Duisburg

Gesamtumsatz	Gasabsatz	Netz	Mitarbeiter (MA)	MA-Kosten	Investitionen	Jahresüberschuss
Mrd. €	Mrd. kWh	km	Personen	Mio. €	Mio. €	Mio. €
1,12	68	2.300	379	44,39	20,95	20,29

1905 versorgt August Thyssen die benachbarten Gemeinden Hamborn und Walsum mit Kokereigas aus seinen Werken. Fünf Jahre später baut er die erste deutsche Ferngasleitung von Duisburg-Hamborn nach Wuppertal-Barmen mit einer Länge von 52 Kilometern. Thyssengas wird 1921 als Rechtsnachfolgerin der Gasgesellschaft mbH gegründet. 1965/66 ist Thyssengas erneut Pionier und schließt als erstes Ferngasunternehmen einen Vertrag über große Mengen des in der niederländischen Nordsee neu entdeckten Erdgases ab. Shell und Exxon, die 1959 in der Provinz Groning das damals weltgrößte bekannte Erdgasvorkommen gefunden haben, übernehmen noch im gleichen Jahr je 25 Prozent der Thyssengas-Anteile von der Thyssen-Bornemisza-Gruppe. Viag-Bayernwerk halten die anderen 50 Prozent.

1978 kommen Erdgasbezüge aus Norwegen hinzu und sechs Jahre später folgen Erdgasimporte aus Russland. Die Viag-Bayernwerk Gruppe (heute E.ON) verkauft ihre Anteile an die RWE Energie AG. RWE gliedert im Jahr 2000 die Westfälische Ferngas-AG (WFG) in ihr Unternehmen ein, die fortan den Namen RWE Gas trägt. Mit Wirkung zum 7. Juli 2000 erwirbt die RWE Power AG (Rechtsnachfolgerin der RWE Energie AG) 25 Prozent der Anteile an Thyssengas von der Esso Deutschland GmbH (Tochtergesellschaft der Exxon Mobile Corporation, Irving, Texas), die ihre Beteiligung im Zusammenhang mit dem Zusammenschluss mit Mobil veräußern musste (s. o.). Damit hält die RWE Gas nun die Mehrheit an der Thyssengas. Die restlichen 25 Prozent hält weiterhin Shell Petroleum N.V, Den Haag, das mit einem Stammkapital von 102 Millionen Euro/200 Millionen DM ausgestattet sind.

Das Aufgabenfeld der Thyssengas umfasst den Import, den Großhandel, den Transport und die Speicherung von Erdgas sowie logistische Fragen. Spezielle Beratungsschwerpunkte der Thyssengas sind Kraft-Wärme-Kopplungsanlagen (KWK), Brennstoffzelle (eine elektrochemische Reaktion von Wasserstoff mit Sauerstoff, wodurch große Mengen Energie freigesetzt werden), Einsatz von verflüssigtem Erdgas (*liquid natural gas*, LNG) und erdgasbetriebene Fahrzeuge.

107 Städte und Gemeinden werden von der Thyssengas beliefert. Zu den Hauptverbrauchergruppen zählen Industriebetriebe (gut 40 Prozent), Kraftwerke (12,5 Prozent) sowie über die GVU die indirekte Belieferung privater Verbraucher, die fast 50 Prozent vom Gasabsatz der Thyssengas ausmachen (2000: 68 Milliarden Kilowattstunden, 4,3 Prozent weniger als im Vorjahr).[160] Von den insgesamt 2,2 Millionen Haushalten der Region heizen knapp 60 Prozent mit Erdgas (das sind über ein Viertel mehr als der bundesweite Durchschnitt von 44,5 Prozent). Der Gesamtumsatz lag 1996 bis 1999 relativ stabil bei 818 Millionen Euro/1,6 Milliarden DM.

Im Jahr 2000 stieg der Umsatz um 37 Prozent und liegt so hoch wie nie auf 1,12 Milliarden Euro/2,2 Milliarden DM. Über das 2.300 Kilometer lange Leitungsnetz werden fast zwölf Prozent von insgesamt 71 Milliarden Kilowattstunden an Kraftwerke, 40 Prozent an die Industrie und knapp die Hälfte an Haushalte und Kleinverbraucher weitergeleitet.

Die Bezugsstruktur des Duisburger Erdgasimporteurs und Großhändlers unterscheidet sich deutlich von der nationalen. 85 Prozent werden aus nord- und westeuropäischen Regionen importiert. Der größte Anteil mit 60 Prozent stammt dabei aus den Niederlanden, 16 Prozent kommen aus Norwegen, nur 13 Prozent aus Russland, acht Prozent liefern inländische Produzenten und fünf Prozent stammen aus Großbritannien.

---

[160] Im ersten Halbjahr 2001 konnte Thyssengas seinen Erdgasabsatz gegenüber dem gleichen Vorjahreszeitraum um drei Prozent auf 37 Milliarden Kilowattstunden erhöhen. Der Zuwachs stammt aus dem Mehrabsatz kommunaler und regionaler Versorgungsunternehmen sowie öffentlicher Kraftwerke. Der Industrieabsatz reduzierte sich wegen technisch bedingter Stilllegungen einiger Anlagen. Dieses Bild entspricht der nationalen Tendenz für 2001 (siehe Prognos AG, 2001, AG Energiebilanzen 2001).

Die Thyssengas hat zwei Tochtergesellschaften, die im Energie-Marketing (E.M.S.) und in der Energiedienstleistung (T.B.E.) tätig sind. An der Energie-Dienstleitung Wuppertal GmbH (EDW) und an der Nordrheinischen Erdgastransport Gesellschaft mbH (NETG) hält Thyssengas je 50 Prozent der Anteile und fünf Prozent an der GasLINE GmbH & Co KG.

Das Unternehmen erwähnt keine speziellen auf den liberalisierten Gasmarkt ausgerichteten Aktivitäten, ist aber auf größeren Konkurrenzdruck und kürzere Verträge eingestellt. Da das Unternehmen auf den Großkundenmarkt ausgerichtet ist, möchte es diesen verstärkt Marketingmaßnahmen als Serviceleistung anbieten, damit die Kundenzahl dieser Unternehmen erhöht werden können, was wiederum eine höhere Gaslieferung durch die Thyssengas bedeutet. Über die Veröffentlichung der Netzzugangsentgelte wie sie die VV I Gas vorsieht, hat Thyssengas eine Qualitätsanpassung von Erdgas in Gasmischstationen über das Internet angeboten, was zu mehreren Anfragen geführt hat. Mit zusätzlichen Service- und Beraterleistungen hat das Unternehmen einen Weg nach anglo-amerikanischem Vorbild zu mehr Dienstleistung und Kundenorientiertheit eingeschlagen, was im Zuge der Liberalisierung positive Effekte hat (siehe Kapitel 12.5, Seite 342).

6.15 Verbundnetz Gas AG, Leipzig

Gesamtumsatz	Gasabsatz	Netz	Mitarbeiter (MA)	MA-Kosten	Investitionen	Jahresüberschuss
Mrd. €	Mrd. kWh	km	Personen	Mio. €	Mio. €	Mio. €
2,61	159,2	7.308	910	56,24	100,7	80,01

1958 bildet das VEB „Verbundnetz West" in Dessau die „Technische Leitung Ferngas" mit Sitz in Leipzig. Es ist Vorläufer der nunmehr nach der Wiedervereinigung Deutschlands privatisierten führenden ostdeutschen FGG „Verbundnetz Gas AG". Ihre grundsätzliche Struktur erhielt die VNG bereits am 1. Januar 1969, als sie aus dem VEB Verbundnetz Berlin heraustrat und zum juristisch selbständigen Bereich mit eigenem Namen wurde.

Heute sind an der VNG acht Gasgesellschaften beteiligt. Hauptanteilseigner ist mit 36,84 Prozent die Ruhrgas AG, Essen, gefolgt von Wintershall Erdgas Beteiligungs-GmbH, Kassel und VNG Verbundnetz Gas Verwaltungs- und Beteiligungsgesellschaft mbH, Köln (dadurch indirekt 14 ostdeutsche Städte und Stadtwerke als Gesellschafter) mit je 15,79 Prozent, BEB Erdgas und Erdöl GmbH, Hannover hält 10,53 Prozent und schließlich die vier „kleinen" Aktionäre mit je 5,26 Prozent: Erdöl-Erdgas Gommern Transport GmbH, Gommern, E.ON Energie AG (früher: PreussenElektra Aktiengesellschaft, Hannover), ZGG-Zarubezhgaz-Erdgashandel-Gesellschaft mbH, Berlin und Den norske stats oljeselskap a.s., Stavanger.

Eigene Beteiligungen hat die VNG AG an zehn Energieversorgungsunternehmen (davon sind ZEUS.energy GmbH, Leipzig und Verbundnetz Gas Beteiligungs-GmbH & Co. KG, Leipzig 100 prozentige Tochterunternehmen). Ebenso hält sie an acht Dienstleistungsunternehmen Anteile zwischen zehn und 100 Prozent (u.a. mit 20 Prozent auch an der GasLINE Telekommunikationsgesellschaft deutscher Gasversorgungsunternehmen mbH & Co. KG).

Zum Zeitpunkt seiner Gründung betrieb das VEB „Verbundnetz Gas" eine Hochdruckgasleitung von 3.700 Kilometern Länge und einen Untergrundgasspeicher. Verteilt wurden lediglich 11,5 Milliarden Kilowattstunden Erdgas und 52 Milliarden Kilowattstunden Stadtgas. Das sind viereinhalbmal so viel wie im Jahr 2000. Mittlerweile ist das Leitungsnetz auf 7.308 Kilometer ausgeweitet worden und die VNG hat ihre Energieverteilung in weniger als zehn Jahren komplett vom nicht mehr wettbewerbsfähigen, umweltbelastenden Stadtgas auf Erdgas umgestellt.

Als importierende FGG bezieht die VNG das Erdgas zur Hälfte aus Russland (seit 1973 bestehen langfristige Lieferverträge zwischen Russland und der ehemaligen DDR) und zu je einem Viertel aus dem Inland bzw. aus Norwegen. Lieferungen aus Russland übernimmt die VNG größtenteils an der ukrainisch-slowakischen Grenze bei Velke Kapusany. Dort transitiert es auf Basis entsprechender Verträge zuerst durch die Slowakische- dann durch die Tschechische Republik und speist es schließlich in Sayda, im Erzgebirge, in ihr eigenes Netz ein. Geringere Mengen übernimmt sie als erstes westeuropäisches Unternehmen aus dem Jamal-Europa-Projekt in Mallnow bei Frankfurt an der Oder.

Norwegisches Erdgas bezieht die VNG erst seit 1996. Dieses wird über die Norddeutsche Erdgastransversale NETRA GmbH (entsprechende Transportkapazitäten sind vertraglich gebunden) an der Übernahmestation Steinitz bei Salzwedel in das eigene Netz eingespeist. Die heimischen Erdgasbezüge laufen über langfristige Lieferverträge mit BEB Erdgas und Erdöl GmbH, Hannover und über Mobil Erdgas-Erdöl GmbH, Hamburg. Darüber hinaus erhält die VNG noch L-Gas (hat einen niedrigeren Brennwert als H-Gas, siehe Kapitel 4.2, Seite 86) aus der Altmark von der EEG-Erdgas Erdöl GmbH, Berlin.

Insgesamt bezog die VNG im Jahr 2000 von zehn Produzenten bzw. FGGs 153,7 Milliarden Kilowattstunden Erdgas. Der Gasabsatz betrug 159,2 Milliarden Kilowattstunden (höchster Tagesabsatz waren 714 Millionen Kilowattstunden). 152,2 Milliarden Kilowattstunden im gingen an die Kunden (regionale und örtliche GVUs, die Kraftwerke und die Industrie). Die Lieferung der restlichen Mengen erfolgte im Laufe des ersten Quartals 2001. Die Anzahl der Erdgas beheizten Wohnungen stieg in Ostdeutschland um etwa 130.000 auf rund 3,2 Millionen an. Mehr als 80 Prozent aller neu gebauten Wohnungen wurden ebenfalls mit Gasheizung ausgestattet, wobei die Neubautätigkeit wiederum besonders beim Bau von Mehrfamilienhäusern im vergangenen Geschäftsjahr 1999 deutlich rückläufig war. Dennoch wurde zur Jahrtausendwende 69 Prozent des ostdeutschen Wohnungsbestandes mit Gas beheizt (davon 48 Prozent mit Erdgasheizungen und 21 Prozent mit der aus Erdgas gewonnenen Fernwärme). Damit betrug der Anteil von Erdgas am ostdeutschen Primärenergiebedarf 26 Prozent (fünf Prozent mehr als im Westen).

6.16 Wintershall AG, Kassel

Gesamtumsatz	Gasabsatz	Netz	Mitarbeiter (MA)	MA-Kosten	Investitionen	Jahresüberschuss
Mrd. €	Mrd. kWh	km	Personen	Mio. €	Mio. €	Mio. €
4,23	221,5	1.830	1.361	134,4	270,78	382,59

Die Ursprünge des Unternehmens liegen in der Kalisalzgewinnung Ende des 19. Jahrhunderts. Nachdem der Chemiker Justus von Liebig einen Zusammenhang zwischen Bodenfurchtbarkeit und dem Vorhandensein bestimmter Mineralstoffe entdeckte und damit einen regelrechten Kalisalz-Boom ausgelöst hatte, gründeten der Industrielle Heinrich Grimberg und der Bohrunternehmer Carl Julius Winter im Jahre 1894 die Bohrgesellschaft Wintershall.[161]

1930 kam es zu einem Ölausbruch in einem der Kalischächte. Die damalige Firmenleitung erkannte das zunächst als Unglück erachtete Ereignis bald als zukünftigen Weg des Unternehmens. Daraufhin wurde Wintershall zum damals größten inländischen Erdölieferanten. Vor und während des Zweiten Weltkriegs (1939-1945) war das Unternehmen stark in die energiewirtschaftlichen Autarkiebestrebungen der NS-Diktatur involviert. Bis in die 50er Jahre des 20. Jahrhunderts war der Bedarf an Öl geringer als die tatsächlich geförderten Mengen. Dies änderte sich mit Beginn des Wirtschaftswunders.

Seit 1969 ist die Wintershall AG eine 100-prozentige Tochter der BASF Aktiengesellschaft, Ludwigshafen und in der Exploration/Produktion (so genanntes *Upstream*-Geschäft) von Erdöl und Erdgas sowie im Erdgashandel (so genanntes *Downstream*-Geschäft) tätig. Seit 26. September 1990 besteht eine Zusammenarbeit zwischen Wintershall und der russischen Gazprom.

Ende 1993 gründeten die Wintershall (65 Prozent Beteiligung) und die russische OAO Gazprom (35 Prozent Beteiligung) das Gemeinschaftsunternehmen Wingas (s. u.). Durch dieses *Joint Venture* sichert sich der russische Partner den Zugang zum europäischen Verbundnetz, umgekehrt ist die Wingas durch langfristige Verträge am größten Erdgasvorkommen der Welt beteiligt und kann damit einen nicht unerheblichen Beitrag zur Energieversorgung mit Erdgas in Deutschland leisten.

Das konsolidierte Wintershall Unternehmen (d. h. Wintershall AG einschließlich wesentlicher Tochtergesellschaften, die in den Konzernabschluss der BASF AG einbezogen werden) erzielte 1999 einen Bruttoumsatz (also samt Mineral- und Erdgassteuern) von 4,58 Milliarden Euro (8,97 Milliarden DM). Das sind 654 Millionen Euro (1,27 Milliarden DM) weniger als noch im Vorjahr. Der Rückgang ist darauf zurückzuführen, dass mit dem in 1999 vollzogenen Verkauf des Arbeitsgebiets Marketing und Raffinerie der Umsatz und der Anteil der im Umsatz enthaltenen Mineralöl- und Erdgassteuern sank (Wintershall Geschäftsbericht, 2000:16). Der

---

[161] Anmerkung: „Hall" ist ein altes Wort für Salz, Salzlager, Salzabbau, Salzhandel. Siehe „Das Neue Fischer Lexikon in Farbe" (1981), Bd. 4, Seite 2466.

Nettoumsatz liegt im Jahr 2000 mit 4,24 Milliarden Euro (8,29 Milliarden DM) hingegen so hoch wie nie zuvor in der Geschichte der Wintershall, was wie bei den anderen FGGs auch, zum Teil auf die sprunghafte Entwicklung der Rohölpreise und den Dollarkurs zurückzuführen ist (siehe auch Wintershall Geschäftsbericht, 2000:5).[162]

Wie oben bereits erwähnt, konzentrieren sich die Aktivitäten der Wintershall AG auf die Erdgas- wie Erdölexploration, -produktion sowie den Handel mit beiden Energieträgern. Neben der inländischen Erdgasproduktion in Norddeutschland war Wintershall über Tochtergesellschaften in Argentinien,[163] Libyen,[164] in der niederländischen und bis 1. Januar 2000 in der britischen Nordsee (die britischen Tochterunternehmen Wintershall U.K. Limited und Wintershall Exploration U.K Ltd. wurden an die schottische Highland Energy Ltd. veräußert) sowie bis 1. Dezember 1999 in Kanada aktiv (Wintershall Kanada wurde danach an die Startech Energy Inc., Calgary verkauft). Wintershall ist nach eigenen Angaben der größte deutsche Erdöl- und Erdgasproduzent im Ausland (Wintershall Geschäftsbericht 2000:21).

Die Gasförderung lag im Jahr 2000 mit 3,9 Milliarden Kubikmeter Erdgas acht Prozent höher als ein Jahr zuvor (1999: bei 3,6 Milliarden Kubikmeter). Über 50 Prozent (2,2 Milliarden Kubikmeter) wurden in Argentinien gewonnen, wo Wintershall sich auch intensiv am *Downstream*-Projekt einer neuen Pipeline von Buenos Aires (Argentinien) nach Montevideo (Uruguay) beteiligt, die im Laufe des Jahres 2002 fertiggestellt sein soll.

In Deutschland lag die Produktion bei 1,1 Milliarden Kubikmeter. Die sicheren Erdgasreserven werden bei einem Förderniveau des Jahres 2000 auf zwölf Jahre geschätzt (Wintershall Geschäftsbericht, 2000:24).

---

[162] 1999: 3,32 Milliarden Euro und 1998: 2,93 Milliarden Euro (siehe Wintershall Geschäftsbericht, 2000).

[163] Die Wintershall zählt, gemessen an ihren Reserven, zu den drei größten Erdgasproduzenten in Argentinien (Wintershall, 2000:40).

[164] Im Jahr 2000 ging eine Gasverarbeitungsanlage in Betrieb, die das bei der Ölförderung anfallende Erdölgas in Trockengas und Kondensat trennt. Das Gas wird in Libyen vermarktet, das Kondensat wird exportiert (Wintershall, 2000:23).

Des Weiteren gehören noch acht weitere vollkonsolidierte Tochterunternehmen zur Wintershall AG. Darunter die Wingas (s. u.). Das Wintershall Erdgas Handelshaus GmbH (WIEH, s. u.) und das Wintershall Erdgas Handelshaus Zug AG (WIEE, s. u.) sind anteilsmäßig konsolidierte Gemeinschaftsunternehmen. Wintershall Lenkoran GmbH, Kassel und Wintershall Wolga Petroleum GmbH, Kassel sind nach der *Equity*-Methode einbezogene assoziierte Unternehmen. Die sonstigen Unternehmen, die nicht in den Abschluss der Wintershall eingehen, belaufen sich auf drei 100-prozentige Tochterunternehmen (Wintershall Bank GmbH, Kassel, Wintershall Vermögensverwaltungs GmbH, Kassel und Wintershall Nederland Petroleum B.V., Den Haag) und acht weitere Unternehmen.

Die Wintershall hält am Pipelinesystem der Wingas, mittlerweile hat dieses eine Länge von rund 1.830 Kilometern (einschließlich der Ferngasleitung Jagal mit 336 Kilometern), einen 65-prozentigen Anteil. Mit dem Erdgasspeicher in Rehden, der ein Arbeitsvolumen von 4,2 Milliarden Kubikmetern aufweist (das entspricht 50 Milliarden KWh), verfügt die Wintershall über rund ein Viertel der in Deutschland eingerichteten Speicherkapazität. Die Gesamtinvestitionen beliefen sich dabei auf über 380 Millionen Euro (750 Millionen DM).

Ziel des Unternehmens ist es, bis 2010 den Anteil am Erdgashandel im deutschen Markt von derzeit rund 15 Prozent (13 Prozent dank Wingas) auf 20 Prozent ausweiten zu können.

Wingas
Die Wingas wird im Sommer 1993 als Tochtergesellschaft der Wintershall AG (65 Prozent Beteiligung) und der russischen OAO Gazprom (35 Prozent Beteiligung) gegründet. Ihre Hauptaufgabe besteht im Ein- und Verkauf von Erdgas in Deutschland. Seit ihrem Eintritt 1993 hat die Wingas einen Marktanteil von 13 Prozent in Deutschland erreicht. Der Gasabsatz stieg von 80,8 Milliarden Kilowattstunden im Jahr 1998, um 17 Prozent auf 94,9 Milliarden Kilowattstunden (1999) und im Jahr 2000, trotz des warmen Winters, noch einmal um rund 19 Prozent auf 113,3 Milliarden Kilowattstunden.

Der Gasabsatz der WIEH, in Berlin, einem *Joint Venture*, an dem die Wintershall Erdgas Beteiligungs-GmbH, Kassel mit 50 Prozent und die 100-prozentige Tochter der OAO Gazprom „Zarubezhgaz-Erdgashandel-Gesellschaft mbH", Berlin ebenfalls mit 50 Prozent beteiligt sind, sank leicht von 78,9 auf 76,4 Milliarden Kilowattstunden. Das zweite *Joint Venture*, die WIEE, in Zug (Schweiz), eine 100-prozentige Tochter der WIEH, konnte den Absatz gegenüber dem Vorjahr und trotz anhaltend allgemein schlechter Wirtschaftslage und sinkendem Erdgasverbrauch in Rumänien von 28,7 auf 31,8 Milliarden Kilowattstunden steigern. Das gesamte Absatzvolumen der Beteiligungsunternehmen Wingas, WIEH und WIEE lag mit 221,5 Milliarden Kilowattstunden um 19 Milliarden Kilowattstunden höher als im Vorjahr.[165]

Mit der Fertigstellung der Ferngasleitung JAGAL (336 Kilometer von Frankfurt an der Oder bis nach Rückersdor in Thüringen), verfügt die Wingas nach einer Gesamtinvestition von 1,1 Milliarden DM (560 Millionen Euro) über eine zusätzliche Transportkapazität von jährlich rund 28 Milliarden Kubikmeter Gas (322 Milliarden Kilowattstunden), was in etwa einem Viertel des gesamten deutschen Jahresbedarfs entspricht und gleichzeitig eine in Europa einmalige Verbindung bis zu den Gaslagerstätten in Sibirien darstellt. Weiterhin konnte die 30 Kilometer lange Anschlussleitung Köln-Süd in Betrieb genommen werden, mit der eine Versorgungsalternative für zahlreiche Industrie- und Gasversorgungsunternehmen dieser Region eingerichtet wurde. Insgesamt hält Wingas 13 Prozent am deutschen Ferngasnetz und will dieses auch nach der Liberalisierung des deutschen Gasmarktes weiter ausbauen.[166]

6.17 Zusammenfassung

Zusammenfassend kann man feststellen, dass fast alle FGGs 1999 größere Gewinneinbußen hatten als 1998. Hervorgerufen wurden die schlechteren Ergebnisse der Erdgasversorgungsunternehmen in Allgemeinen und der FGGs im Speziellen durch einen relativ milden Winter und durch Umbrüche, die die Liberalisierung des Gasmarktes hervorrief. Im Jahr 2000 dagegen sahen die Zahlen meist freundlicher aus, obwohl auch dieser Winter verhältnismäßig mild war, was im Wesentlichen Aus-

---

[165] Die Wingas gehört zu einer der acht vollkonsolidierten Tochterunternehmen der Wintershall AG. WIEH und WIEE sind anteilsmäßig konsolidierte Gemeinschaftsunternehmen.

[166] Katrin Berkenkopf „Wingas hält am Bau eigener Pipelines fest" in: Financial Times Deutschland, FTD vom 23. Juli 2001.

wirkungen auf den Verbrauch von Haushalten und Kleinverbrauchern und weniger den der Industrie und schon gar nicht der Kraftwerke hatte. Allerdings war das Energiepreisniveau weltweit stark erhöht.

Die Preise für Rohöl erreichten zur Jahrtausendwende Spitzenwerte. Kostete ein Barrel Erdöl im April 2000 noch 20 Dollar, so verdoppelte sich der Preis bis September fast auf 38 Dollar pro Barrel. Bis zum Jahresende lenkte die OPEC ein, so dass der Preis pro Barrel auf 23 US-Dollar fiel.[167] Mit dem starken Dollar stiegen die Ölpreise in Deutschland an, was sich durch die Koppelung des Erdgaspreises an den Rohölpreis auch auf das Erdgas auswirkte (vgl. Kapitel 5.3, Seite 126). Dadurch konnten trotz sinkendem Absatz höhere Gewinne eingefahren werden. Die Rohöl-Referenzqualität Brent notierte im Durchschnitt mit 28 US-Dollar pro Barrel um zehn Dollar höher als 1999. Auch der Dollarkurs, der die zweite bedeutende Einflussgröße auf den Geschäftserfolg der Gasbranche darstellt, entwickelte sich im Laufe des Jahres 2000 (für die Wirtschaft) positiv (Wintershall Geschäftsbericht, 2000:15). Der Verbraucher musste dagegen mit steigenden Kosten rechnen. Zusätzlich stieg die Zahl der mit Erdgas versorgten Haushalte um 500.000 auf 16,5 Millionen, was einem prozentualen Anteil von 44,5 Prozent aller Haushalte entspricht. Bei den Neubauwohnungen entschlossen sich 76 Prozent für einen Erdgasanschluss.

Erwähnenswert sind auch neuere Entwicklungen der Gasversorger hin zu Energiedienstleistungsunternehmen (siehe Thyssengas), die zusätzliche Aufgaben wahrnehmen. Erwähnenswert ist dabei auch die Wandlung großer Unternehmen wie die der neuen RWE zum *Multy Utility* Unternehmen.

Von 16 FGGs sind 14 an der Telekommunikationsnetzgesellschaft GasLINE beteiligt. Im Jahr 2000 hat diese beispielsweise die Trassen der Erdgas Münster Leitungen (Barrien-Rehden und Rehden-Lengerich) auf einer Länge von rund 120 Kilometern zur Nachverlegung von Lichtwellenleiterkabel genutzt, mit denen sich we-

---

[167] Der Preis für leichtes Heizöl stieg damit von 55,09 DM/hl im Januar 2000 auf 89,31 DM /hl im September. Das ist eine Steigerungsrate von 62 Prozent. Zum Jahresende sank der Preis auf 68,14 DM/hl. Auch schweres Heizöl verteuerte sich von 310,65 DM pro Tonne (April) auf 464,59 DM/t im Oktober und sank zum Jahresende auf 390,37 DM/t (Erdgas Münster Geschäftsbericht, 2000:17).

sentlich höhere Übertragungsgeschwindigkeiten erreichen lassen, die den Unternehmen zugute kommen. Mehrere Unternehmen verlegen außerdem Glasfasern durch ihr Gasleitungssystem.

Bleibt festzuhalten, dass die Größe, die Mitarbeiterzahlen, Umsatz- und Absatzzahlen der FGGs sehr heterogen ausfallen. Auch die Bezugsquellen und Kundenstämme unterscheiden sich stark voneinander. Diese Ungleichheiten unter Gleichen haben Auswirkungen auf die Liberalisierung, denn ein so heterogener und sensibler Markt, auf dem kleine, mittlere und sehr große Unternehmen existieren, die auch in ihrer Ausrichtung nur wenig gemeinsam haben, so ein Markt läßt sich schwer regulieren. Schon allein der Fokus ihrer Aktivitäten (Produktion, Transport und Weiterverteilung) und weitreichenden Verflechtungen untereinander ergeben ein kompliziertes Mosaik.

Das Bestreben, sich zu vergrößern, indem Fusionen eingegangen werden, ist ein Resultat, das die Liberalisierung ausgelöst hat, was vom Bundeskartellamt mit kritischem Auge beobachtet wird. Diese außergewöhnliche Struktur auf der deutschen Ferngasebene (die kommunale und regionale Gasversorgungsebene bleibt wie bereits zu Anfang erwähnt bewusst außen vor) soll als Basis- und Hintergrundwissen für die nun folgenden Ausführungen dienen.

7 Verflechtungen der deutschen Energiewirtschaft

7.1 Die Beteiligungen der Gaswirtschaft

Die Gasunternehmen sind nicht nur untereinander verflochten und mit Kapital aneinander gebunden, sondern halten darüber hinaus auch große und kleine Beteiligungspakete an Strom- und Erdölkonzernen bzw. werden von diesen als „Hauptgesellschafter" maßgeblich beeinflusst. Die Idee hinter solch einer Geschäftspolitik ist die Verlängerung der eigenen Wertschöpfungskette im Kerngeschäft über den Import, den Transport, den Handel bis hin zur Endverteilung sowie die Verlagerung in neue Geschäftsbereiche. Die Erschließung des Gasmarktes macht für Strom- und Ölkonzerne hinsichtlich der Beteiligung an FGGs und Stadtwerken besonderen Sinn, denn Gas kann am besten an Unternehmen verkauft werden, an denen der Käufer schon selbst beteiligt ist.[168]

Umgekehrt gilt das gleiche. FGGs sehen die Vorzüge von Beteiligungen beispielsweise an großen Stadtwerken (siehe hierzu: Kapitel 7.2, Seite 186) und haben solche auf mehrere kommunale und regionale Stromgesellschaften ausgeweitet (Schuppe, 1999:44).[169] Die Unternehmen erfahren durch die Kapitalverflechtungen ein starkes finanzielles Wachstum, was den Beteiligungserwerb (speziell auch im Ausland) zum wichtigen Bestandteil der Unternehmensstrategie werden lässt.[170]

Seit der Liberalisierung des Strommarktes kann die Tendenz beobachtet werden, dass Unternehmen sich diversifizieren und große Partner suchen, um im Wettbewerb zu bestehen. Unternehmen wie die neue RWE oder der E.ON-Konzern etablieren sich zunehmend als internationale Unternehmen für Energie und übergrei-

---

[168] Professor Dieter Schmitt, Inhaber des 1985 von der Krupp-Stiftung eingerichteten Lehrstuhls für Energiewirtschaft an der Universität Essen in einem WDR 5-Interview vom 4. Juli 2000 (Moderator Lothar Kaiser).

[169] Bsp. Ausbau der Inlandsbeteiligungen der Ruhrgas Energie Beteiligungs-AG (RGE), eine der zwei Holdinggesellschaften des Ruhrgas Konzerns, im Jahr 2000: HEAG Versorgungs-AG (12,5 Prozent) und Südhessische Gas und Wasser AG (7,1 Prozent). Beide Anteile sollen bis 2002 auf 25 Prozent plus einer HEAG-Aktie bzw. auf 15 Prozent aufgestockt werden. MVV Energie AG, Mannheim (11,72 Prozent), mittlerweile auf 15 Prozent aufgestockt. Stadtwerke Remscheid GmbH und Stadtwerke Duisburg AG, beide mit 20 Prozent (Ruhrgas 2000:59f).

[170] Die RGE erhöhte durch die Energiebeteiligungen ihr Ergebnis von 40,7 auf 73 Millionen Euro im Jahr 2000.

fende Energiedienstleistungen (s. u.). Die Integration von Elektrizitäts- und Erdgashandel ist sowohl von der Erzeugerseite als auch von der Absatzseite vielfältig.

Ölproduzenten, die oftmals gleichzeitig als Erdgasproduzenten agieren, sind über Kapitalbeteiligungen wie z. B. Shell und BP an regionalen oder überregionalen FGGs beteiligt oder aber sie setzen beide Produkte ab, wie BEB, Mobil oder Wintershall.

Die Beteiligung großer deutscher Energieunternehmen an ausländischen Energieversorgern steht im Zusammenhang mit der Öffnung der europäischen Gasmärkte. Außerdem steuern die Beteiligungen, wie auch schon bei den Inlandsbeteiligungen, teilweise maßgeblich zum Unternehmensertrag bei. Der Ruhrgas Konzern erwirtschaftet ein knappes Drittel seines Jahresergebnisses aus Beteiligungen an Unternehmen in Tschechien, Polen, Estland, Lettland, Litauen, Ungarn, Rumänien, Schweden, Finnland, Luxemburg und der Schweiz (Ruhrgas AG Geschäftsbericht, 2000:60f).

Die regionalen und kommunalen Gasversorgungsunternehmen (GVUs) wiederum sind weder an der Produktion noch am Import von Erdgas beteiligt und verfügen auch nur im geringen Maß über eigene Gasabgaben. Allerdings partizipieren sie in großem Umfang an der gaswirtschaftlichen Wertschöpfungskette, wenngleich sie vorwiegend Minderheitsbeteiligungen an anderen Gesellschaften besitzen.

Die Verflechtungen überregionaler FGGs und so genannter neuer *Player* auf dem Gasmarkt, wie beispielsweise E.ON oder die neue RWE, sind Thema der folgenden Seiten. Es entstehen zwangsläufig Überschneidungen, die aufgrund der regen Verflechtungen im Energiebereich allgemein stattgefunden haben und weiter stattfinden werden. So ist es auch nicht möglich, übergreifende Bereiche, wie z. B. Strom- und Erdölwirtschaft, zu trennen. Das heißt für die folgenden Ausführungen, dass auch Stromversorger, die sich ein Standbein im Gasbereich geschaffen haben und nun maßgeblich am Gasmarkt beteiligt sind, ebenfalls in die Liste der zu analysierenden Unternehmen fallen.

Abbildung 7 (nächste Seite) veranschaulicht die erwähnten Punkte anhand der Energiebeteiligungen der Ruhrgas AG im Inland. In diesem Beispiel fallen insbesondere die Verflechtungen mit anderen FGGs ins Auge. Daneben hält das Essener

Unternehmen mehrere Beteiligungen an Gasversorgern der regionalen und kommunalen Endversorgerstufe.

Abbildung 7: Energiebeteiligungen der Ruhrgas AG im Inland

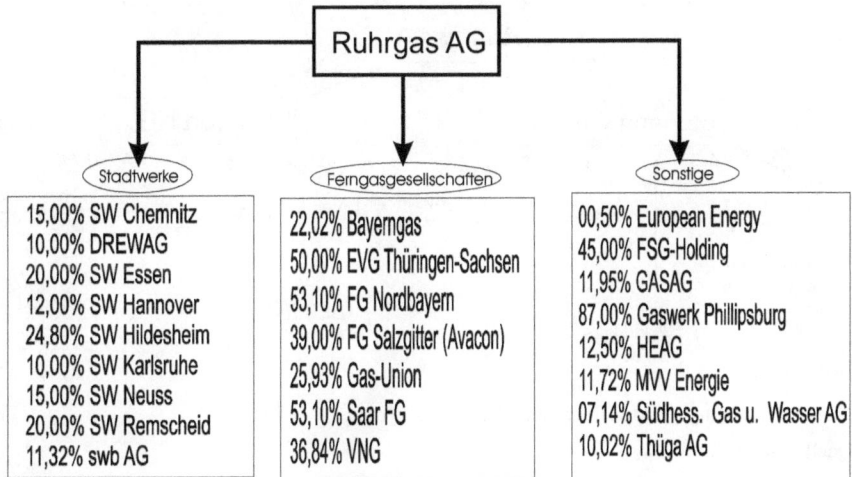

```
                        ┌─────────────────┐
        ┌───────────────┤   Ruhrgas AG    ├───────────────┐
        │               └────────┬────────┘               │
        │                        │                        │
        ▼                        ▼                        ▼
   ⟨ Stadtwerke ⟩       ⟨ Ferngasgesellschaften ⟩      ⟨ Sonstige ⟩
```

Stadtwerke	Ferngasgesellschaften	Sonstige
15,00% SW Chemnitz	22,02% Bayerngas	00,50% European Energy
10,00% DREWAG	50,00% EVG Thüringen-Sachsen	45,00% FSG-Holding
20,00% SW Essen	53,10% FG Nordbayern	11,95% GASAG
12,00% SW Hannover	39,00% FG Salzgitter (Avacon)	87,00% Gaswerk Phillipsburg
24,80% SW Hildesheim	25,93% Gas-Union	12,50% HEAG
10,00% SW Karlsruhe	53,10% Saar FG	11,72% MVV Energie
15,00% SW Neuss	36,84% VNG	07,14% Südhess. Gas u. Wasser AG
20,00% SW Remscheid		10,02% Thüga AG
11,32% swb AG		

Quelle: *Ruhrgas AG: Geschäftsbericht, 2000, Seite 61*

7.1.1 Die Ruhrgas AG

Als größter deutscher Gasversorger mit einm Erdgasabsatz von rund 600 Milliarden Kilowattstunden (siehe Tabelle 16: Absatz der Ferngasgesellschaften im Vergleich 1997, 1999 und 2000", Seite 135) hält die Ruhrgas AG auch die größte Anzahl an Kapitalbeteiligungen, die einer Beteiligungsabgabe in Höhe von rund 150 Milliarden Kilowattstunden entspricht, also einem Viertel der eigenen Erdgasabgabe.

An der Wertschöpfung der nachgelagerten Transport- und Verteilungsstufe partizipieren viele andere Versorgungsunternehmen. Gleichzeitig hält die Ruhrgas AG neben ihren Beteiligungen im Inland auch mehrere im Ausland (s. u.). Betrachtet man die Beteiligungsstruktur der Ruhrgas AG näher, so entpuppt sie sich als ein enges, kaum zu durchschauendes Geflecht (siehe Abbildung 8 auf der nächsten Seite). Große Fusionen auf dem deutschen Energiemarkt, die mit Ruhrgas direkt nichts zu tun hatten, haben ihre Aktionärsstruktur dennoch zusätzlich nachhaltig verändert.

Abbildung 8: Anteilseigner der Ruhrgas AG, Essen

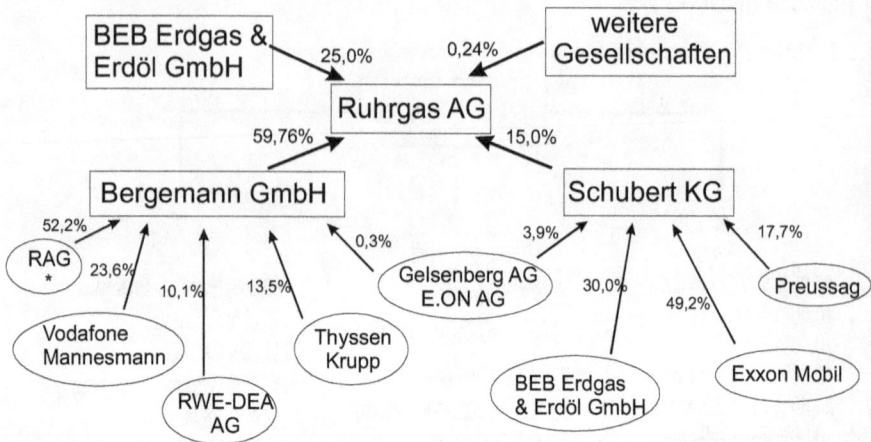

*RAG-Beteiligungsstruktur siehe Abbildung 9, Seite 185.

Quelle: *eigene Recherche*

Die RAG und Gelsenberg GmbH

40 Prozent aller Stimmen in der Aktionärsversammlung der Ruhrgas liegen über Beteiligungsfirmen bei der Preussag und den Mineralölfirmen Mobil Oil, Shell, Esso und BP. 60 Prozent hält die Bergemann GmbH. Diese hat lediglich die Aufgabe, den zweiten Teil des Pakets an der Ruhrgas zu verwalten. Die Anteilseigner der Bergemann GmbH sind die Ruhrkohle AG, kurz: RAG[171] mit 52,2 Prozent, Vodafone/Mannesmann mit 23,6 Prozent, ThyssenKrupp mit 13,5 Prozent sowie RWE/DEA und andere, darunter Veba mit 1,1 Prozent. Stärkstes Gewicht in der Bergemann GmbH hat demnach die RAG.

---

[171] Die RAG kaufte im Jahr 2000 die neun Kohlegruben der Cyprus Amax Coal Company in den USA und ist seitdem zweitgrößter Kohleproduzent der Welt. Siehe Internet unter: http://www.wdr.de/ studio/essen/berichte/ 20000529.html.

Der stellvertretende Vorstandsvorsitzender der RAG, Wilhelm Beermann meint über die Rolle seines Unternehmens:

> „Wir sind der Aktionär, der die Führung im Bergemannpool hat und der in der Lage ist, Veränderungen in der Aktionärsstruktur zumindest kontrollieren zu können. Wir sind für sich genommen nicht der größte Aktionär, wir sind aber in einer gewissen Schlüsselfunktion".[172]

Auch in der Ruhrgas AG hat der RAG-Konzern trotz seiner lediglich 18 Prozent (indirekten) Beteiligung (durch Bergemann) das Hauptstimmrecht, da ein Sondervertrag das Stimmrecht der anderen Gesellschafter (teilweise) ausschließt.

Der Grund für die Sonderstellung der RAG liegt in der Geschichte beider Unternehmen. Lange bevor die Ruhrkohle AG entstand, gab es bereits die Ruhrgas AG, die ihren Ursprung im Bergbau hatte (siehe Kapitel 6.11 „Ruhrgas AG, Essen", Seite 158). Ihre einzelnen Gesellschafter waren Bergbau- und Kokereibetreiber, die das anfallende Kokereigas in der Bündelung gemeinsamer Interessen zu vermarkten begannen. Aus dieser Zeit stammen die Anteile einiger Gesellschaften, die sich im Bergemannpool zusammengeschlossen haben.

Größte Anteilseigner des RAG-Konzern waren die VEW Dortmund und die Veba.[173] Im Zuge der Fusion mit VEW übernahm RWE deren 30,2-Prozent-Anteil an der RAG. Die 39,2 Prozent RAG-Anteile der Veba gingen auf den neu gebildeten E.ON-Konzern über, der im Jahr 2000 aus der Zusammenführung von Veba und Viag entstand (siehe Kapitel 8.2, Seite 200). Beide Unternehmenszusammenschlüsse haben Auswirkungen auf die Aktionärsstruktur bei der Ruhrgas. Zumal RWE wenig später mit DEA verschmolz, damit den Zehn-Prozent-Anteil an der Bergemann GmbH erhielt und ihr Ruhrgas-Paket noch einmal vergrößern konnte (auf 3,45 Prozent), was sie, um der Forderung des Bundeskartellamtes nach Entfechtung

---

[172] Zitat ohne Datum, unter: http://www.wdr.de/studio/essen/berichte/20000529.html (Stand 31. Mai 2000).

[173] Aktionärsstruktur bei der RAG bis zu den Fusionen von Veba und VEW: Veba heute E.ON (rund 39 Prozent), VEW heute RWE (30 Prozent), Thyssen (13 Prozent), Krupp-Hoesch (acht Prozent), Sonstige (zehn Prozent).

Genüge zu tun, im Gegenzug an E.ON weiterverkaufte.[174] Für die RWE ist dieser Verkauf allerdings kein großer Verlust, denn durch die Fusion mit VEW, die ihrerseits 30 Prozent der RAG-Aktien besitzt (siehe Abbildung 9, Seite 185), zieht sie indirekt über die RAG wieder in den Bergemannpool ein. Ende Mai 2000 übernahm RWE außerdem von Esso Deutschland 25 Prozent der Anteile an Thyssengas, Duisburg und hält damit 75 Prozent einer der größten überregionalen FGGs. Im Zuge der Fusion RWE mit der VEW wurde das gesamte Gasgeschäft des neuen Konzerns auf die VEW-Tochter Westfälische Ferngas-AG (WFG) in Dortmund übertragen. Im Juli 2001 hatte E.ON bereits mit BP vereinbart, im Zuge einer Kapitalerhöhung 51 Prozent an der BP-Tochter Gelsenberg zu übernehmen (siehe Kapitel 8.2, Seite 200).

Auch der Vodafone-Konzern plante den Verkauf seiner Ruhrgas-Anteile, die ihm durch die Übernahme von Mannesmann in den Schoß fielen. Der Wert dieser 23,6-Prozent-Beteiligung an der Bergemann GmbH wird von dem Unternehmen auf 1,4 Milliarden DM (700 Millionen Euro) eingestuft. Geld, das Vodafone für neue Mobilfunk-Lizenzen braucht. Ende Oktober 2001 wurde bekannt, dass der E.ON-Konzern, der bereits seit längerem Interesse an den RWE-DEA-Anteilen am Bergemannpool zeigte, Anfang 2002 den 23,6-prozentigen Anteil von Vodafone an Bergemann erwirbt (siehe Kapitel 8.2, Seite 200). Das eigentliche Geschäft dabei ist jedoch die daraus resultierende 8,6 Prozent-Beteiligung an der Ruhrgas AG. Der Kaufpreis des Ganzen beträgt 850 Millionen Euro zuzüglich der anteiligen Dividende für das laufende Geschäftsjahr. Nach Zustimmung des Aufsichtsrates der E.ON AG wurde die Transaktion vollzogen.

Wie die Hintergrund-Verflechtungen über Bergemann GmbH und Schubert KG zeigen, werden sich Auswirkungen auch in der eigentlichen Aktionärsversammlung der Ruhrgas AG zunächst indirekt, jedoch bei Abstimmungen zunehmend auch direkt zeigen. Abbildung 9 macht noch einmal die Aktionärsstruktur der RAG deutlich sowie die Verflechtungen der Aktionäre untereinander.

---

[174] Diese „Übertragung" rührte daher, dass die Eigentümer der Bergemann GmbH untereinander vertraglich vereinbart haben, dass Anteile, die ein „Gruppenmitglied" verkaufen will, zunächst den anderen Anteilseignern angeboten werden müssen.

Abbildung 9: Anteilseigner der RAG AG

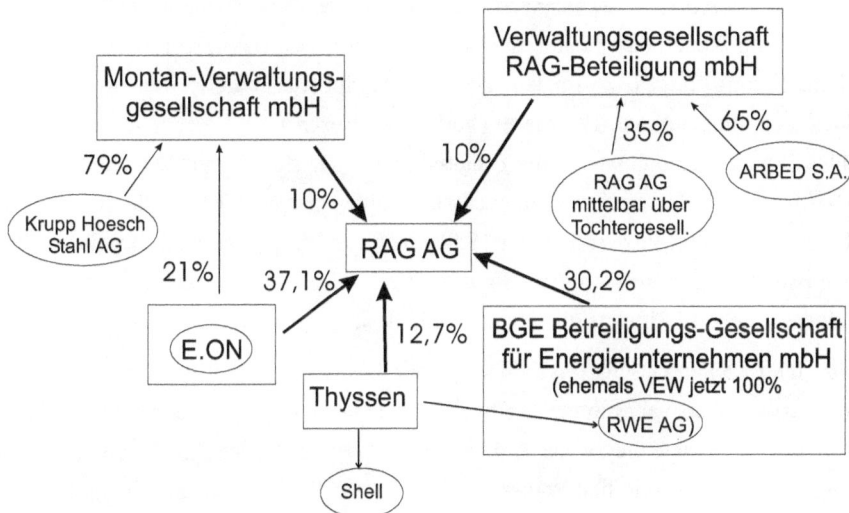

Quelle: *eigene Recherche und RAG-Homepage: http://www.rag.de*

Die Beteiligungen der Ruhrgas AG an Stadtwerken

In einem Interview mit der Financial Times Deutschland erklärte der Vorstandsvorsitzende der Ruhrgas AG, Friedrich Späth, vor seinem Ausscheiden Mitte Juni 2001 aus dem Unternehmen, dass jedes Stadtwerk, das noch keinen strategischen Partner oder eine anderweitige Beteiligung hätte, ein potenzieller Partner für die Ruhrgas sei. Bislang ist der Gaskonzern an den Stadtwerken Duisburg, Darmstadt, Remscheid und Hildesheim sowie an der Mannheimer MVV Energie beteiligt. Diese und künftige Partnerschaften sind nur Minderheitsbeteiligungen, da das Bundeskartellamt den Kauf von lediglich 24,9 Prozent der Anteile eines Lieferkunden erlaubt. An den Stadtwerken Hildesheim liegt die Beteiligung der Ruhrgas beim maximalen Prozentsatz von 24,9 Prozent. In anderen Stadtwerken hingegen wird dieses Ziel erst noch anvisiert: z. B. soll die Beteiligung an den Stadtwerken Darmstadt von derzeit rund zwölf Prozent um die Hälfte aufgestockt werden. Daneben sollen auch die ausländischen Beteiligungen der Ruhrgas verstärkt werden.

Beteiligungen der Ruhrgas an ausländischen Energieunternehmen

Die Ruhrgas AG ist an 22 inländischen und 17 ausländischen Energieunternehmen, vor allem in Zentraleuropa und im Ostseeraum, beteiligt. Damit wurde ihre Internationalisierung fortgesetzt. Im Jahr 2000 lag der im Ausland erzielte Anteil an der Wertschöpfung bei rund 19 Prozent (Vorjahr 16 Prozent). 7,3 Prozent, das sind rund 44 Milliarden Kubikmeter ihres Erdgasabsatzes hat sie im Jahr 2000 exportiert. Daneben ist das Unternehmen am weltweit größten Gasproduzenten, der russischen Gazprom mit fünf Prozent beteiligt. Sollte sich hier eine Möglichkeit ergeben, diesen Anteil in kleinen Schritten bis maximal zehn Prozent oder auch darüber zu erhöhen, dann wird Ruhrgas die Option wahrnehmen.

Ihre industriellen Geschäftsaktivitäten in der Gasmessung und -regelung sowie im Industrieofenbau hat Ruhrgas weltweit ausgebaut und in der Tochtergesellschaft Ruhrgas Industries, die zweite Holdinggesellschaft neben der RGE, zusammengefasst. Ruhrgas Energie und PreussenElektra (heute E.ON) besitzen seit April 2000 zusammen 42,65 Prozent[175] an dem lettischen Gasversorger *Latvijas Gaze*, Riga. Damit sind sie Hauptaktionäre, neben *Itera Latvija* (21,44 Prozent), Gazprom (18,26 Prozent), dem lettischen Staat (zehn Prozent) und sonstigen Aktionären (7,65 Prozent). *Latvijas Gaze* ist sowohl auf der Ferngasstufe als auch in der Endverteilung tätig und erwirtschaftete 1999 einen Umsatz von rund 147 Millionen Euro (83,7 Millionen Lats) bei einem Absatz von rund 1,2 Milliarden Kubikmeter Erdgas.

7.2 Die Stadtwerke

Die knapp 1.000 Stadtwerke in Deutschland haben die Liberalisierung der Energiemärkte, im Gegensatz zu allen Kassandra-Rufen zu Beginn der Liberalisierung, in der Praxis gut verkraftet. Drei Jahre nach Freigabe der Strom- und Gasmärkte haben kommunalen Versorger lediglich zwei Prozent ihrer Haushaltskunden verloren und .[176] Das vielfach erwartete „Stadtwerkesterben" blieb somit aus. Im Falle

---

[175] Die Ruhrgas AG hält 25,59 Prozent und PreussenElektra 17,06 Prozent der Anteile (Presse Information der PreussenElektra am 06. April 2000).

[176] Siehe Verband Kommunaler Unternehmen unter http://www.vku.de (Stand: Mai 2001).

der Stadtwerke haben sowohl die Verbraucher als auch die Unternehmen von den Preissenkungen im Zuge des schärferen Wettbewerbs profitiert. Die Umsatzzahlen der kommunalen Anbieter, die rund 136.000 Personen beschäftigen, lagen im Jahr 2000 bei 39,6 Milliarden Euro (77 Milliarden DM). Der VKU beziffert die Gesamteinsparungen durch die gesunkenen Energiepreise auf rund 7,7 Milliarden Euro. Dennoch bleibt die zunehmende Konzentration in der Energiewirtschaft ein Risiko für die Stadtwerke. Die Gretchenfrage lautet, ob sie weiterhin eigenständig agieren (können) oder doch lieber ein Partnerunternehmen an ihre Seite holen sollen?

„Vertikale Integration" wird die Beteiligung überregionaler Strom- und Gaskonzerne an kommunalen Energieversorgern zur Vervollständigung der eigenen Wertschöpfungskette von der Beschaffungsstufe zu einer möglichst großen Zahl von Endkunden genannt. Beteiligungen privater Energieunternehmen an kommunalen Versorgern, solange diese unterhalb von 50 Prozent bleiben, was auch Bedingung des Bundeskartellamtes ist, hatten bislang positive Effekte (Synergien, Leistungssteigerung) auf die Stadtwerke. Nach einer VKU-Erhebung haben bundesweit 270 von 600 als AG oder GmbH firmierende Stadtwerke einen privaten Dritten als Anteilseigner. Daneben kooperieren sie auch untereinander stärker als zuvor. So existieren mehr als 50 Allianzen kommunaler Versorger, an denen mehrere hundert Unternehmen beteiligt sind. Gleichzeitig decken die kommunalen Versorger 50 Prozent des Wasserbedarfs in Deutschland, 71 Prozent der Gasnachfrage, 66 Prozent des Wärmebedarfs sowie 37 Prozent des Stromverbrauchs (siehe Fußnote 176, Seite 186).

Die zunehmende „Vereinnahmung" der Stadtwerke durch private Gasunternehmen sehen Skeptiker jedoch als Gefahr für die Zukunft, sofern die Zielvorstellungen nicht vorher eindeutig und gleichberechtigt geklärt wurden. Die Wingas möchte zwar ihren Marktanteil von derzeit rund 13 auf 20 Prozent ausbauen, dabei allerdings keine Beteiligungen an Kommunalversorgern erwerben, denn diese Beteiligungen wären aus wirtschaftlicher Sicht des Unternehmens nicht zu rechtfertigen, sondern würden darauf hinauslaufen, Einfluss auf die Gas-Bezugsverträge der

Kommunen auszuüben.[177] Rainer Seele, Geschäftsführer im Vertrieb bei Wingas differenziert die Lage der Stadtwerke auf dem liberalisierten Gasmarkt ebenfalls und kommt zu dem Schluss:

> „Zu den Gewinnern werden diejenigen zählen, die den Einsatz fortschrittlicher Technologie mit einem hoch flexiblen Vertragswesen und kreativen Marketingimpulsen zu kombinieren wissen. Partner, die den Dialog suchen, nicht die Bevormundung; die Kooperation anstreben, nicht Abhängigkeit; die wissen, dass Schnelligkeit zählt, und die Trägheit schnell ausgezählt wird. Im liberalisierten Energiemarkt kommt es auf die Freiheit zum intelligenten Agieren an. Wer diesen Spielraum nicht hat, kann nur reagieren." (Seele, 2001:567)

Die scheinbar unspektakulären Beteiligungen an Stadtwerken sind für die FGGs durchaus von großer geschäftlicher Relevanz und ähneln einem taktischen Brettspiel. Im April 2001 stieg beispielsweise der Essener RWE-Konzern mit 20,8 Prozent in die Stadtwerke Worms ein. Interessant ist dabei die Tatsache, dass letztere von der Mannheimer MVV mit Erdgas beliefert werden, die wiederum Gas von ihrem Anteilseigner und gleichzeitigen Lieferanten Ruhrgas bezieht. Es muss nicht extra betont werden, dass – in logischer Konsequenz – RWE den Stadtwerken Worms ein wettbewerbsfähiges Gaslieferangebot gemacht hat, was der Ruhrgas AG indirekt einen Kundenverlust bescherte.

Die eigentliche Frage, die sich stellt, ist inwiefern Beteiligungen an Stadtwerken Auswirkungen auf die ehemals demarkierten Gebiete etablierter Gasversorger haben werden. Bis März 2001 wurden von gut 300 Durchleitungsanfragen nur mit einem Drittel konkrete Verhandlungen geführt, von denen nicht einmal 30 zu einem Vertrag führten.[178] Denn obwohl es theoretisch die Möglichkeit gibt, den Lieferanten zu wechseln, bzw. den Gaseinkauf für verschiedene Standorte zu bündeln, ist die standortbezogene Vollbedarfsdeckung nach wie vor Realität (siehe Köplin in Fußnote 178, Seite 188).

---

[177] Herbert Detharding, Vorstandsvorsitzender der Wintershall bei der Vorstellung des Jahresergebnisses 2000.

[178] Siehe Wilfried Köplin (Bayer AG) in dem Artikel „Potential für Gashandel ist vorhanden", in: Zeitung für kommunale Wirtschaft vom 7. März 2001 sowie „Teile und herrsche" in: Financial Times Deutschland vom 27. März 2001.

Wenn dieses offiziell aufgelöste, inoffiziell jedoch weiterbestehende System durch die „vertikale Integration" aufgebrochen werden könnte, dann wäre auch im Sinne der Liberalisierung und des Wettbewerbs ein wichtiger Schritt vollzogen.

7.3 Exkurs in die Verflechtungen der Stromwirtschaft

7.3.1 VEAG

Die VEAG wurde 1990 gegründet und hat im Frühjahr 1991 die Rechtsnachfolge der ehemaligen DDR-Kombinate „Braunkohlenkraftwerke" und „Verbundnetze Energie" angetreten. Als Geburtsurkunde der VEAG gilt der Stromvertrag vom 22. August 1990. Am 6. September 1994 unterzeichneten die Unternehmen Bayernwerk AG, PreussenElektra AG, RWE Energie AG sowie die EBH Energiebeteiligungsholding GmbH – ein Konsortium aus den Unternehmen Berliner Kraft- und Licht (Bewag)-AG, Energie-Versorgung Schwaben AG, Hamburgische Electricitäts-Werke AG und VEW Energie AG – gemeinsam mit der Treuhandanstalt den VEAG-Privatisierungsvertrag. Am 18. Oktober 1995 gingen die VEAG-Aktien auf die Erwerber des Unternehmens über. Das Unternehmen HEW und die EBH Energiebeteiligungsholding GmbH sind die Anteilseigner der VEAG (VEAG, Internet, Stand November 2001).

Für die Fusion zwischen RWE und VEW sowie zwischen Veba und Viag mussten die neu entstandenen Unternehmen (neue RWE und E.ON) gegenüber dem deutschen Bundeskartellamt und der EU-Kommission die Verpflichtung eingehen, ihre Beteiligungen an VEAG und deren Vorlieferantin Laubag zu veräußern. Mit dieser Entscheidung sollte die marktbeherrschende Rolle und das von der Kartellbehörde erwartete „oligopolistische Parallelverhalten in einem weitgehend symmetrischen Duopol RWE/VEW und PreussenElektra (Veba)/Bayernwerk" verhindert werden.[179] Mitte Dezember 2000 hatten RWE und E.ON mit HEW einen Kaufvertrag über die Veräußerung ihrer VEAG- und Laubag-Anteile geschlossen. An diesem Geschäft hing allerdings gleichzeitig der Erwerb des ostdeutschen Regionalversorgers „envia". Ohne diesen wollte das Bundeskartellamt die VEAG, die fast keine Endkunden beliefert, der HEW nicht zusprechen, die selbst über eine zu schwache

---

[179] Bundeskartellamtspräsident Böge unter http://www.bundeskartellamt.de/02_05_2000.html (Stand November 2001).

Absatzbasis im Kleinkundenbereich verfügt. Ende April 2001 hatte das Land Berlin den Ergebnissen eines Schiedsvergleichs zwischen E.ON und Mirant über die Aktionärsstruktur der Bewag zugestimmt mit dem Resultat, dass Bewag künftig von HEW und Mirant beherrscht wird. Damit werden wesentliche Hindernisse für eine Zustimmung des Bundeskartellamtes zu HEW als Erwerberin der VEAG und Laubag ausgeräumt, was im Mai 2001 offiziell durch das Bundeskartellamt, in Abstimmung mit der EU-Kommission, bestätigt wurde. Die Freigabe erfolgte, nachdem HEW seinen Einfluss auf den Berliner Stromversorger Bewag AG, Berlin, erweitert hatte und damit der Weg zu einem starken Verbundunternehmen geebnet war, das zusammen mit anderen Wettbewerbern, wie z. B. Energie Baden Württemberg AG, Karlsruhe (EnBW) und anderen leistungsfähigen Stadtwerken sowie in- und ausländischen Newcomern auf den Energiemärkten, einen Gegenpol zu den neu entstandenen Energieriesen RWE und E.ON bilden kann. Das war auch zentrale Auflage in beiden Fusionsfällen (RWE/VEW und Veba/Viag).

7.3.2 Contigas und Thüga

Nach der Fusion von Veba und Viag zu E.ON und dem damit verbundenen Zusammenschluss der Energietöchter PreussenElektra (Veba) und Bayernwerk (Viag) zur E.ON Energie AG,[180] standen auch Contigas Deutsche Energie-Aktiengesellschaft (Bayernwerk) und Thüga Aktiengesellschaft (PreussenElektra mit 56,5 Prozent und Bayerische Landesbank mit 27 Prozent beteiligt) als Energiegesellschaften für Strom, Wasser und Erdgas vor der Fusion. Dabei ging es um die Umsetzung kartellrechtlicher Auflagen im Zusammenhang mit der Fusion Veba/Viag und RWE/VEW und um die Realteilung der Rhenag Rheinische Energie AG, Köln, die zu 95,4 Prozent der RWE Gas AG gehört (die restlichen 4,6 Prozent sind in Streubesitz). Thüga hält zu dieser Zeit 41,3 Prozent an Rhenag. Im Dezember 2000 stimmten die Aufsichtsräte beider Unternehmen der Ausgliederung des Contigas Geschäftsbetriebes und damit dem Zusammenschluss unter dem Dach der Thüga AG zu. Im Sommer 2001 wurde diese Entscheidung auf den jeweiligen Hauptversammlungen in entsprechende endgültige Beschlüsse gefasst. Zu den

---

[180] Die Verschmelzung von PreussenElektra und Bayernwerk AG zur E.ON Energie wurde am 14. Juli 2000 in das Handelsregister eingetragen. Einen Monat zuvor (16. Juni) war E.ON eingetragen worden.

bestehenden 65 Beteiligungen der Thüga Aktiengesellschaft an Energieversorgungsunternehmen kommen damit weitere 40 Energiebeteiligungen und sechs Betriebe der Contigas hinzu. Erwähnenswert ist diese Fusion deshalb, weil durch die neue Struktur bundesweit das größte Netzwerk lokaler und regionaler Energieversorger entsteht, an denen Kommunen die Mehrheit halten.

Die Contigas-Gruppe, zu der auch der Regensburger Regionalversorger Obag und die Energieversorgung Oberfranken, EVO (Bayreuth) gehören, wies im Jahr 2000 einen Umsatz von 2,3 Milliarden Euro aus (4,5 Milliarden DM). Zur Contigas gehörte auch die Contigas Deutsche Energie-AG, die an rund 50 Stadtwerken in ganz Deutschland und in Oberitalien Beteiligungen hält und 1999 mit 330 Beschäftigten einen Umsatz von 355 Millionen DM (181 Millionen Euro) erwirtschaftete.

Hauptanteilseigner der Thüga ist E.ON Energie mit 42,3 Prozent der Stimmen. Contigas hält 18,9 Prozent, die Bayerische Landesbank 25,1 Prozent, die Ruhrgas Energie Beteiligungs-AG, RGE zehn Prozent und 3,7 Prozent der Aktien befinden sich im Streubesitz. Abbildung 10 (Seite 192) veranschaulicht das Netzwerk der Thüga mit ihren Aufgabenbereichen und Unternehmensverflechtungen. Die Thüga ist ein bundesweites Netzwerk, das in über 50 lokalen und regionalen Energieversorgern in Deutschland und Oberitalien durchweg als Minderheitsgesellschaft engagiert ist und deren Kern die Thüga AG bildet. 1999 erreichte die Thüga-Gruppe mit Hilfe ihrer rund 20.000 Mitarbeiter, die fünf Millionen Erdgas- und drei Millionen Stromkunden in Deutschland beliefern, einen Umsatz von 1,8 Milliarden DM (920 Millionen Euro). Im Erdgasmarkt war es ein Anteil von 25 Prozent. Im März 2001 wurde die zu dieser Zeit schon mehrheitlich im E.ON-Konzern eingebundene Münchner Energieholding zum Großaktionär der GASAG. Grund dafür waren die kartellbehördlichen Auflagen bei der Fusion von RWE und VEW, im Zuge derer die Thüga den 11,85 Prozent-Anteil der RWE erwerben konnte. Damit stockte sie das bisher bei der E.ON, besser: das bei der Veba Vermögensverwaltung liegende 13 Prozent-Paket, das ursprünglich von der PreussenElektra AG stammte, auf 24,8 Prozent der Stimmen auf, was sie neben der französichen *Gaz de France*, GdF und der Bewag zum drittgrößten Aktionär machte.

In Abbildung 10 auf der nächsten Seite findet sich das Schema des Thüga Netzwerkes wie es im Internet auf der Homepage der Thüga dargestellt wird.

Abbildung 10: Das Thüga-Netzwerk

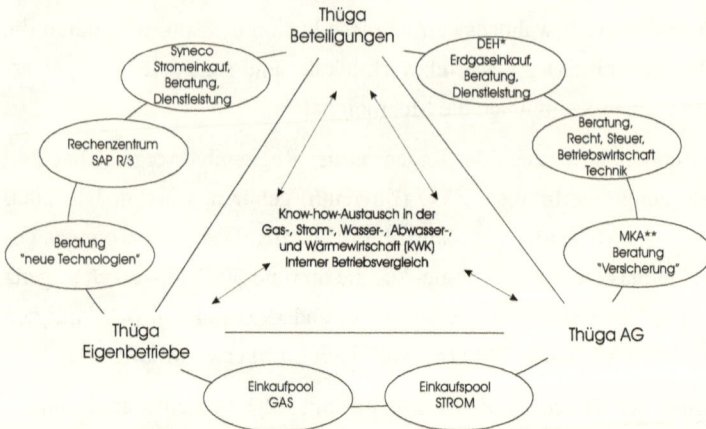

Thüga
Beteiligungen

Syneco
Stromeinkauf,
Beratung,
Dienstleistung

DEH*
Erdgaseinkauf,
Beratung,
Dienstleistung

Rechenzentrum
SAP R/3

Beratung,
Recht, Steuer,
Betriebswirtschaft
Technik

Know-how-Austausch in der
Gas-, Strom-, Wasser-, Abwasser-,
und Wärmewirtschaft (KWK)
Interner Betriebsvergleich

Beratung
"neue Technologien"

MKA**
Beratung
"Versicherung"

Thüga
Eigenbetriebe

Thüga AG

Einkaufpool
GAS

Einkaufpool
STROM

* Deutsche Erdgashandlesgesellschaft mbH
** Münchner-Kölner Assekuranz Versicherungsgesellschafts mbH

Quelle: *Thüga Internet Seite Stand November 2001:*
(http://www.thuega.de/home/indices/indallg.php3?id=51&img=rubriken&vor=portraet)

7.3.3 Energieverbund: HEW, Bewag, Laubag und VEAG

Von einer „Neuen Kraft" auf dem Strommarkt war die Rede, als es um die Fusionierung der Hamburgischen Electricitäts-Werke (HEW), der Bewag AG (Berlin),
der Lausitzer Braunkohle AG (Laubag in Senftenberg) und der Vereinigten Energiewerke AG (VEAG in Berlin) ging. Die Verhandlungen mit den Anteilseignern
der Unternehmen hatten bereits Anfang 2001 begonnen. Im Oktober 2001 teilte
Bewag mit, dass die Gespräche zwischen HEW und dem US-Konzern Mirant
(ehemals Southern Energy) über einen Zusammenschluss gescheitert seien. Mirant
und HEW[181] hielten zunächst jeweils 44,76 Prozent an dem Berliner Versorger und

---

[181] HEW ist eine Tochter des schwedischen Energieunternehmens Vattenfall, das 73,8 Prozent
der HEW-Anteile hält. 25,1 Prozent der Aktien gehören der Stadt Hamburg und 1,1 Prozent verteilen sich auf freie Anleger (HEW im Internet unter: http://websrv01.hew.de/ unter den Stichworten „Portrait" Unterverzeichnis „Unser Ziel", Stand Oktober 2001). Die Beteiligung an Bewag erwarb HEW im April 2001 von der E.ON Energie AG, die auf kartellrechtliche Auflagen
reagieren musste. Der HEW-Konzern ist am Stromabsatz gemessen zur Zeit die Nummer fünf auf
dem deutschen Strommarkt. Das Unternehmen versorgt bundesweit Industrie, Gewerbe und rund
900.000 Haushalte und erzielte mit 6.389 Mitarbeitern im Jahr 2000 einen Umsatz von 2,61 Milliarden Euro.

hatten somit maßgeblichen Einfluss auf Entscheidungen (BEWAG Geschäftsbericht, 2000:34).[182] Nach dem Scheitern waren sich jedoch VEAG, Vattenfall, deren Tochter HEW und Laubag darüber einig, eine „kleine Fusion" zu wagen, ohne Bewag. Vattenfall-Präsident Lars G. Josefsson betonte dabei, dass sich Bewag auch noch zu einem späteren Zeitpunkt dem neu entstehenden Energiekonzern anschließen könne. Er zog die Möglichkeit in Betracht, dass Mirant seine Anteile verkaufe, was im Dezember 2001 tatsächlich geschah. Mirant trennte sich von seinen Bewag-Anteilen (44,7 Prozent) und verkaufte sie für 1,63 Milliarden Dollar (rund 1,8 Milliarden Euro) an Vattenfall. Zuvor hatte das Unternehmen bereits seine Anteile an der VEAG (45 Prozent) auf die HEW, Tochterfirma der Vattenfall, übertragen, was zu einer neuen Konstellation zwischen Bewag, HEW, VEAG und Laubag führte (sieheAbbildung 11, Seite 194).

Das Geschäft zwischen Mirant und Vattenfall wurde von der Kartellbehörde begutachtet. Nachdem das Urteil der Kartellwächter positiv ausfiel, stand der Einbeziehung der Bewag in die „Neue Kraft" und der Durchführung des ursprünglich geplanten Energiekonzerns mit Sitz in Berlin nichts mehr im Wege.

Vattenfall hält nach dem Besitzerwechsel ein Paket von 89,6 Prozent der Bewag-Anteile, rechnet man die ihrer Tochter HEW hinzu. Die übrigen 10,4 Prozent befinden sich im Streubesitz. Gegenwärtig hält die Vattenfall-Gruppe in Deutschland somit die 73,8-prozentige Beteiligung der HEW und dadurch indirekt auch an der Laubag und VEAG. Sollte die Hansestadt Hamburg ihre Verkaufsoption bei HEW ausüben, so könnte Vattenfall weitere 25,1 Prozent an HEW übernehmen.

Ziel der ursprünglich geplanten „Neuen Kraft" war es, drittgrößter Stromkonzern auf dem deutschen Markt zu werden, mit einer jährlichen Erzeugung von rund 70 Terawattstunden und mehr als 24.000 Mitarbeitern.[183] Mit dem Mehrheitserwerb an Bewag kann Vattenfall das Unternehmen in diese „Neue Kraft" auf dem deutschen Strommarkt nun endgültig einbeziehen.

---

[182] Die restlichen 10,48 Prozent der Bewag-Anteile befinden sich in Streubesitz.

[183] Der Zusammenschluss war auch als „4. Kraft", neben EdF/EnBW, RWE und E.ON geplant (siehe E.ON, 2000b:36).

Abbildung 11: Verflechtung der Anteilseigner von Bewag, Laubag, VEAG und HEW (Stand: Dezember 2001)

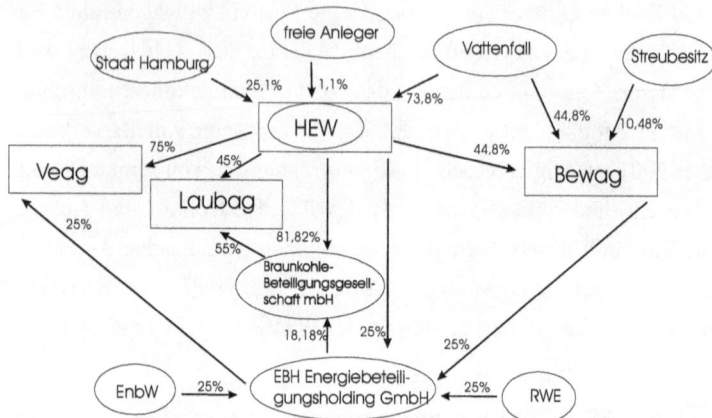

Quelle: *eigene Recherche, Anfragen bei den vier Unternehmen*

Zur Vorgeschichte der Verflechtungen in Bezug auf E.ON: Ursprünglich hielt E.ON 49 Prozent der Bewag-Anteile. Diese tauschte der Konzern im März 2001 allerdings gegen 61,9 Prozent Hein Gas-Anteile von HEW ein, zuzüglich einem Barausgleich von 850 Millionen Euro und übertrug gleichzeitig seine VEAG- und Laubag- Beteiligungen auf HEW.[184] Damit ist E.ON nun mit 89,9 Prozent an Hein Gas beteiligt und hat alle kartellrechtlichen Bedingungen im Rahmen der Fusion von Veba/Viag bis Mai 2001 umgesetzt.

Die Übernahme von Hein Gas ist für E.ON ein wichtiger strategischer Schritt auf dem Gasmarkt, denn das norddeutsche Unternehmen stärkt die bislang relativ schwache Absatzposition des Konzerns und der konsolidierte Gasabsatz von E.ON Energie steigt mit dem neuen Unternehmen um 50 Prozent. Der Umsatz im Gasbereich erhöht sich damit auf rund 2,5 Milliarden Euro. Über Tochter- und Beteiligungsunternehmen hat E.ON einen Marktanteil von mehr als 40 Prozent in der deutschen Gasverteilung erhalten. Im europäische Gasmarktgeschäft ist es über di-

---

[184] Hein Gas beliefert 700.000 Kunden in Hamburg, Schleswig-Holstein und Niedersachsen sowie 50.000 Kunden in Mecklenburg-Vorpommern über das Tochterunternehmen HGW Hanse Gas. Dabei setzten die 1.550 Mitarbeiter insgesamt 40 Milliarden Kilowattstunden Gas ab, womit Hein Gas einen Umsatz von 870 Millionen Euro im Jahr 2000 erzielte (Internet: www.heingas.de).

rekte und indirekte Beteiligungen an Gasversorgern in Italien, Tschechien, Österreich, Ungarn, Lettland, Schweden und den Niederlanden bereits beteiligt und will diesen Bereich weiter ausbauen.

Die Aufsichtsräte von HEW, LAUBAG und VEAG haben am 25. November 2001 die im Masterplan für die „Neue Kraft" festgelegten Strukturen und die Personalvorschläge für die Führungsebenen der „Neuen Kraft" zustimmend zur Kenntnis genommen. Damit wurden die Weichen gestellt für die Führung der Holding und für die im Masterplan vorgesehenen Geschäftseinheiten (siehe Homepage VEAG, Stand Nov. 2001).

7.3.4 Aufstieg und Fall des Energiekonzerns Enron

Enron war der größte us-amerikanische Energiekonzern bis er im November 2001 Konkurs beantragte. Der Abstieg dauerte lediglich sechs Wochen. Die Zeitungen sprachen daher vom steilen Absturz eines Musterunternehmens, das bis dato alle Rekorde brach – nun auch mit der größten Bankrotterklärung in der amerikanischen Wirtschaftsgeschichte.[185] Da Enron wie kein anderes Unternehmen die Chancen eines deregulierten Marktes nutzte, könnte man den Fall als Argument gegen die Liberalisierung der Energiemärkte verwenden. Bei genauerer Betrachtung erweist sich diese Behauptung jedoch als verfrüht.

Die Firma war 1985 aus dem Zusammenschluss zweier Pipeline-Betreiber entstanden. Die Vision von Kenneth Lay, dem Enron-Gründer und Freund der Familie des amtierenden US-Prädsidenten,[186] sah keinen Energiebetrieb im herkömmlichen Sinne mehr vor, der sich auf das Kerngeschäft Produktion und Transport von Energie beschränkte, sondern die Schaffung neuer Märkte durch das junge Unternehmen. Tatsächlich erwirtschaftete der rasch wachsende Konzern sein Kapital aus dem Großhandel mit Strom und Gas einerseits, aber auch mit Wetterversicherungen, Leitungskapazitäten für Datenübertragung sowie den Rechten auf Aluminium-

---

[185] Vgl. „Absturz einer Überfliegers" in: DIE ZEIT Nr. 50, vom 6. Dezember 2001, Seite 27.

[186] Was die politischen Seilschaften und insbesondere die „alte Freundschaft" zwischen der Familie Bush und dem texanischen Unternehmen angeht, so hat der amerikanische Kongress bereits 51 Zeugen vorgeladen und fünf Ausschüsse wollen den Fall untersuchen. Ebenso das Justizministerium, das bereits strafrechtlich ermittelt (siehe „Die erste Ölung" in: DIE ZEIT, vom 17. Januar 2002, Seite 5).

und Holzlieferungen. Sobald die Öffnung eines (Energie-)Marktes in einem Teil der Welt bevorstand, hielt Enron nach Einstiegs- und Übernahmemöglichkeiten Ausschau.

Am 16. Oktober 2001 veröffentlichte das Unternehmen die aktuellen Quartalszahlen. Dabei kamen mehr oder weniger unbeabsichtigt Informationen über unbekannte *Deals*, Kapitalschwund und Schulden an den Tag.[187] Der Stein war ins Rollen gebracht und es wurde nach und nach klar, dass lediglich mit buchhalterischen Tricks und dem Schweigen der Mitarbeiter die Probleme des Konzerns kaschiert worden waren.

Ist ein gewaltiger Koloss erst einmal am Straucheln, so geht es mit ihm heute, wie auch die anhaltende Krise auf dem Neuen Markt beweist, schneller denn je bergab. Die Kundschaft bzw. die Aktionäre ziehen sich zurück, das sinkende Handelsvolumen führt zu schlechteren Konditionen bei den misstrauisch gewordenen Handelspartnern und das Urteil eines *„Opinionleaders"* wird zum Todesstoß. Diesen führte im Falle Enron die Ratingfirma *Standard and Poor's* aus, die Enron als „Müll"-Kategorie einstufte, worauf sofort teure Kredite fällig wurden und die Aktien zu sinken begannen.

Dieses Beispiel stand sofort als Beleg für das Versagen liberalisierter Energiemärkte in den Schlagzeilen und als Begründung dafür, dass Energie und speziell Strom keine handelbare Ware sei. Umgekehrt lässt sich durch den Fall Enron auch für die Stärke eines deregulierten Marktes argumentieren. Denn trotz Kapitulation eines Energieriesen gingen weder die Lichter aus noch gab es große Erschütterungen auf den Kapital- und Energiemärkten in Amerika und Europa. Wenngleich kurzfristig zwischen 20 und 30 Prozent des örtlichen Gasbedarfs nach dem Lieferstopp von Enron aus anderen Quellen gedeckt werden mussten. Aber die betroffenen deutsche Stadtwerke in Bensheim, in Memmingen, in Iserlohn-Menden sowie in Peine, Stendal und im Raum Erfurt hatten schon nach wenigen Tagen neue Strom- und

---

[187] „Fehlinvestitionen bei Kraftwerken in Oregon, England und Indien; teure Ausflüge ins Geschäft mit Wasser und Zeitungspapier. Dazu der Kauf viel zu großer Kapazitäten von Internet-Breitbandnetzen (...). Die ‚Gier nach Wachstum' sei Enron zum Verhängnis geworden." vgl. DIE ZEIT Nr. 50, vom 6. Dezember 2001, Seite 27.

Gaslieferanten gefunden.[188] Obwohl die Verträge mit Enron erst wenige Monate alt waren und ein Fünftel bis ein Drittel des Grundbedarfs dieser Versorgungsunternehmen deckte, wurde der Markt als solcher nicht angegriffen. Technisch war der Ausfall der Enron-Gaslieferungen kein Problem, denn Marktführer Ruhrgas und die VNG Leipzig konnten Hilfe anbieten, in der Gewissheit einen Teil ihrer ehemaligen Kunden auch in Zukunft wieder an sich binden zu können.

Auch waren die Außentemperaturen zu dieser Zeit noch mild genug, so dass die Vorlieferanten noch nicht einmal ihre gefüllten unterirdischen Erdgasspeicher anzapfen mussten, um die Versorgungslücke zu schließen.

Anders sieht es mit den 15.000 Arbeitnehmern aus, die Enron-Aktien teilweise als Alterssicherung erworben hatten oder Tochterunternehmen, wie EnronWind in Deutschland, deren Angestellte ebenfalls um ihre Arbeit bangen müssen.

Das Unternehmen soll vorerst nicht zerschlagen und einzeln verkauft werden, sondern nach Möglichkeit in kleinem Format weiteragieren können. Ob sich dieser Wunsch von Kenneth Lay erfüllt ist fraglich, denn die Liste der Gläubiger ist lang und die Gesamtschulden des Konzerns liegen bei 31 Milliarden Dollar zu denen vermutlich noch einmal eine zweistellige Milliardensumme versteckter Schulden hinzukommt.

Der Zusammenbruch bei Enron ist, so schrecklich er für Einzelschicksale sein mag, ein gutes Zeichen für die Widerstandkraft liberalisierter Märkte. Die schnelle Marktreaktion beweist die Existenz eines Wettbewerbs sogar in einem Land, in dem der Liberalisierungsprozess leitungsgebundener Energie noch weitgehend am Anfang steht. Auch ein großer vielfach fusionierter Konzern, der durch etliche Verflechtungen in unterschiedlichen Bereichen agiert, ist in kurzer Zeit ersetzbar.

---

[188] Vgl. DIE ZEIT Nr. 50. vom 6. Dezember 2001, Seite 27.

8 Sonderkapitel: Großfusionen

8.1 Umsatzstärkste (Energie-)Unternehmen in Deutschland

Die Süddeutsche Zeitung veröffentlichte im August 2001 ein *Ranking* der umsatzstärksten deutschen Unternehmen. Darin liegt DaimlerChrysler mit einem Jahresumsatz 2000 von 162.384 Millionen Euro auf Rang eins. Mit großem Abstand folgt der VW-Konzern vor Siemens auf Rang drei. Knapp hinter Siemens rangiert bereits E.ON mit einem Jahresumsatz von 74.048 Millionen Euro. Vor RWE (42.426 Millionen Euro) an sechster Stelle plaziert sich noch der Metro-Konzern. Und erst hinter dem Essener folgen so bekannte Unternehmen wie die Deutsche Telekom (Rang sieben), Thyssen Krupp (Rang acht), BASF (Rang neun) und BMW (Rang zehn).

Unter den „Top 100" liegen neben E.ON und RWE auch andere Energieunternehmen in Deutschland: die Ruhrkohle AG (RAG) auf Rang 26, Ruhrgas auf Rang 30 (mit etwa einem Viertel des Umsatzes von RWE), Deutsche Shell auf Rang 32, Deutsche BP auf Rang 42, TotalFinaElf Deutschland auf Rang 49, EnBW auf Rang 52, Esso Deutschland auf Rang 63, HEW auf Rang 88 und die Verbundnetz Gas AG auf Rang 89.

Während E.ON, um den vierten Listenplatz zu halten, eine Umsatzsteigerung von 59 Prozent und ein gegenüber dem Vorjahr um 29,3 Prozent verbessertes Ergebnis erreichen musste, konnte RWE sich bereits mit einem Umsatzplus von 25,2 Prozent und einer Ergebnissteigerung von lediglich 0,7 Prozent, um drei Plätze nach vorne schieben. Wiederum erzielte RWE pro Mitarbeiter einen Umsatz von 275.493 Euro und lag damit unter den 395.978 Euro des E.ON-Konzerns. Auch bei der Marktkapitalisierung schnitt E.ON besser ab als RWE. Diese betrug Ende 1999 laut Süddeutscher Zeitung 24.260 Millionen Euro und wuchs bis Ende 2000 auf das Doppelte von 49.462 Millionen Euro an. Der Wert von RWE stieg in der gleichen Zeit lediglich von 20.918 auf 26.326 Millionen Euro.

Betrachtet man die Rangfolge im internationalen Vergleich, so machte Exxon Mobil im vergangenen Jahr mit 206.083 Millionen US-Dollar (entspricht 229.282 Millionen Euro) den höchsten Umsatz weltweit. An zweiter Stelle steht Wal Mart, dahinter liegen die Autokonzerne General Motors, Ford und auf Platz fünf die deutsche Nummer eins DaimlerChrysler. Gefolgt von den Ölkonzernen Royal

Dutch/Shell (Rang sechs), BP Amoco (Rang sieben) und TotalFinaElf (Rang zwölf). Enron war bis dahin das an Umsätzen gemessen potenteste Energieunternehmen der Welt. Es verbesserte sich auf der Welt-Rangliste von Platz 50 im Jahr 1999 auf Platz 14 im Jahr 2000. Der Enron-Umsatz wuchs zwischen 1999 und 2000 um 155,8 Prozent.

Allerdings sank das Ergebnis gegenüber dem Vorjahr um 2 Prozent. 20.600 Mitarbeiter waren im Jahr 2000 bei Enron angestellt. Die Börsenkapitalisierung des Energieriesen wurde noch Ende 2000 mit 61.422 Euro angegeben. Das war doppelt so viel im Jahr zuvor. Im Jahr 2001 meldete das Unternehmen Konkurs an (siehe Kapitel 7.3.4, Seite 195).

8.2 E.ON

8.2.1 Viag und Veba werden E.ON

Kurze Unternehmensgeschichte von Veba

Die Veba AG wurde 1929 durch den Freistaat Preußen als „Vereinigte Elektrizitäts- und Bergwerks-Aktiengesellschaft mit Sitz in Berlin gegründet und diente damals als Holding für die preußischen Staatsbeteiligungen in der Stromwirtschaft und im Bergbau. Heute ist sie die Holdinggesellschaft eines Konzerns, der in sieben Bereichen mit acht Teilkonzernen tätig ist.[189] Sie hielt Beteiligungen an der Preußischen Elektrizitäts-Aktiengesellschaft, die sich später PreussenElektra AG nannte, an der Bergwerksgesellschaft Hibernia und an der Preussischen Bergwerks- und Hütten AG, heute Preussag AG. Von 1933 bis 1945 war die Konzerngesellschaft der Veba in das nationalsozialistische Wirtschaftssystem und die Kriegswirtschaft miteingebunden. Nach dem Zweiten Weltkrieg (1939-1945) ging die Gesellschaft in das Eigentum der Bundesrepublik Deutschland über. 1965 privatisierte der Staat die Mehrheit seiner Beteiligungen durch einen Börsengang. Mit dem Erwerb der Stinnes AG, einem der großen Industrie- und Handelskonzerne in Deutschland, wurde die Gesellschaft im Bereich Handel und Transport tätig. 1969 brachte das Unternehmen seine Bergwerke in die Ruhrkohle AG ein und veräußerte die Beteiligung

---

[189] Auch die folgenden Entwicklungslinien finden sich in „Veba/Viag: Verschmelzungsbericht", Seite 35.

an der Preussag AG. 1970 erhielt die Veba AG ihren Namen. Es folgten Erwerb und Eingliederung der Gelsenberg AG. 1987 wurde die Veba AG vollständig privatisiert und schloss die Entwicklung von einem staatlich kontrollierten Industriekonzern zu einem kapitalmarktorientierten Unternehmen ab.

Kurze Unternehmensgeschichte von Viag

Die Viag AG wurde 1923 als „Vereinigte Industrie-Unternehmungen AG" mit Sitz in Berlin gegründet und diente als Holdinggesellschaft für die industriellen Beteiligungen des Deutschen Reiches, das auch alleiniger Aktionär war. Schwerpunkt der Tätigkeit lag in der Stromerzeugung und Herstellung energieintensiver Grundstoffe (Aluminium, Düngemittel etc.). Während des Zweiten Weltkriegs war auch dieses Unternehmen in die Industrie- und Kriegsmaschinerie der Nationalsozialisten eingebunden und wurde nach 1945 verstaatlicht. Erst 1986 und 1988 wurde die Viag in zwei Schritten privatisiert. Als Tätigkeitsschwerpunkt ist neben den Bereichen Energie, Chemie, Aluminium und Verpackung noch die Telekommunikation hinzugekommen. Diese fünf Kernbereiche werden von den Säulen „Dienstleistung" und „innovative Industrien" gehalten.

Beteiligungen von Veba und Viag im Gasbereich

Schon allein durch die 100-prozentige Beteiligung der Veba an PreussenElektra und der 94,9-prozentigen Beteiligung der Viag am Bayernwerk sind unzählige Verflechtungen u. a. mit GVU entstanden, von denen heute E.ON profitiert. Diese in Tabelle 19 aufgeführten Beteiligungen sind zum größten Teil nach der Fusion von Viag und Veba auf die E.ON übergegangen oder haben sich noch erweitern lassen.

Tabelle 19: Beteiligungen von PreussenElektra und Bayernwerk an Gasanbietern

PreussenElektra		Bayernwerk AG	
Unternehmen	**Anteil in %**	**Unternehmen**	**Anteil in %**
Avacon AG, Helmstedt*	54,7	Bayerngas GmbH, München	22
EWE AG, Oldenburg**	13	Contigas, München	98,5
GASAG, Berlin	13	FGN, Bamberg	17
Thüga, München	57	KÖGAZ, Nágykanizsa (HU)	29,7
VEAG, Berlin	26,3	VEAG, Berlin***	22,5
Sydkraft, Malmö (Schweden)	20,6	VEW AG, Dortmund	26

Quelle: *Daten aus Veba/Viag: Verschmelzungsbericht (S. 43f u. 69)*

*E.ON Energie AG ist heute mit 83 Prozent an der Avacon Beteiligungsgesellschaft beteiligt
**E.ON Energie AG ist heute mit 27,4 Prozent beteiligt.
***VEAG hat nur am Rande mit Gas (zur Stromerzeugung) zu tun.

8.2.2 Aktuelle Zahlen und Fakten bei E.ON

Im Jahr 2000 wurde mit dem Zusammenschluss von Viag und Veba die umfangreichste Fusion der deutschen Industriegeschichte vollzogen (E.ON, 2000b). Das neue Unternehmen zählt seither zu den größten privaten Energiedienstleistern in Europa und ist gleichzeitig die größte Spezialchemiegruppe der Welt (E.ON, 2000a). Die E.ON AG gliedert sich in ein Kern- und ein Nicht-Kerngeschäft. Kerngeschäft ist E.ON Energie mit den Aufgabenbereichen Strom (Erzeugung, Handel, Übertragung/Verteilung und Vertrieb), Gas und Wasser. Daneben existiert das Geschäft mit Öl (Veba Oel), Chemie (Degussa AG an der E.ON mit 64,6 Prozent beteiligt ist), Immobilien (Viterra) sowie die Unternehmen Viag Telekom, E.ON Telekom, Stinnes (65,5 Prozent), Klöckner & Co, VAW Aluminium und MEMC Electronic Materials (71,8 Prozent).

Was die Verflechtungen in Tabelle 20 angehen, so sollen hier lediglich die mit dem Gasmarkt aufgezählt werden. Beteiligungen an Wasserversorgern sowie die internationalen Beteiligungen werden weiter unten noch separat behandelt. Die folgenden Zahlen haben den Stand von Dezember 2000.

Tabelle 20: E.ON Energie und wichtige Beteiligungen am deutschen Gasmarkt

Unternehmen	Beteiligung	Unternehmen	Beteiligung
Avacon	53,40 %	Thüga-Gruppe:	
Schleswag	65,30 %	Hein Gas, Hamburger Gaswerke (HGW)	28,1 %
EWE	27,40 %	Hansegas (via HGW)	28,1 %
swb (Stadtwerke Bremen)	22,50 %	Rhenag	41,3 %
GASAG	12,95 %	Erdgas Südsachsen	49,0 %
FNG	16,90 %	Mainova	24,3 %
Frankengas (+Thüga-Anteil)	20,00 %	Erdgas Schwaben (EGS)	48,0 %
Bayerngas	22,00 %	EGM	26,0 %
ESB (+Thüga-Anteil)	50,00 %	Contigas-Gruppe:	
EGM (über EAM)	34,00 %	Gasversorgung Thüringen	49,0 %

Quelle: *E.ON, 2000b:12*

Anhand der Tabelle zeigt sich, dass E.ON bereits durch seine Beteiligungen als einer der führenden Ortsgasverteiler in Deutschland auftritt. Der Gesamtabsatz beträgt 71,4 Milliarden Kilowattstunden, was im Vergleich zu den überregionalen und auch großen regionalen FGGs nicht viel ist (vgl. Tabelle 16: Absatz der Ferngasgesellschaften im Vergleich 1997, 1999 und 2000", Seite 135). Schon aus diesem Grund ist die Mehrheitsbeteiligung an der Ruhrgas ein wichtiges Ziel für E.ON (s. u.) Doch auch ohne Ruhrgas konnte E.ON für das Jahr 2000 einen Umsatz von 1,59 Milliarden Euro (3,12 Milliarden DM) allein aus dem Gasgeschäft erzielen. Das sind rund zehn Prozent des deutschen Gasabsatzes (E.ON, 200b:12). Verglichen mit dem Gesamtumsatz des Konzerns von 93,24 Milliarden Euro, also 182,36 Milliarden DM (1999: 69,74 Milliarden Euro/136,4 Milliarden DM), macht der Energiebereich, obwohl er Kerngeschäft ist, einen geringen Anteil aus:

Strom: 13,35 Milliarden Euro (26,1 Milliarden DM)
Öl: 28,78 Milliarden Euro (56,28 Milliarden DM)
Chemie: 20,26 Milliarden Euro (39,63 Milliarden DM)
Immobilien: 1,32 Milliarden Euro (2,58 Milliarden DM)
Telekommunikation: 383 Millionen Euro (749 Millionen DM)
Sonstige Aktivitäten: 25,72 Milliarden Euro (50,3 Milliarden DM)
E.ON AG: 3,4 Milliarden Euro (6,65 Milliarden DM)

Die Investitionen beliefen sich auf 14,96 Milliarden Euro/29,26 Milliarden DM (1999: 11,04 Milliarden Euro/21,6 Milliarden DM), knapp 20 Prozent davon flossen ins Ausland. Waren es 1999 noch 203.733 Stellen, wurden im Jahr 2000 neun Prozent davon gestrichen.

In der folgenden Tabelle sind noch einmal die wichtigsten Kennzahlen nach den Unternehmensbereichen Strom, Öl, Chemie, Immobilien, Telekommunikation, sonstige Aktivitäten und der Holding aufgegliedert.

Tabelle 21: E.ON-Konzern nach Unternehmensbereichen 2000 (gerundet in Mrd. Euro)

	Strom	Öl	Chemie	Immob.	Telek.	Sonst.	Holding	**Gesamt**
Umsatz	13,35	28,78	20,27	1,32	0,38	25,73	3,4	**93,24**
Betriebsergebnis	1,72	0,31	0,67	0,21	-0,55	0,62	-0,2	**2,76**
Investitionen	3,76	1,72	1,87	0,48	5,13	1,3	0,67	**14,96**
Mitarbeiter	34.406	8.593	62.110	5.567	1.409	74.044	659	**186.788**

Quelle: *E.ON, 2000a*

Die Strategie von E.ON heißt nach eigenen Angaben „Fokussierung und Wachstum". Mittelfristig will sich der Konzern dabei auf das Kerngeschäft Energiedienstleistung konzentrieren. Von anderen Aktivitäten will er sich „zu gegebener Zeit" trennen, um die Mittel, die dabei freigesetzt werden, für den Ausbau der internationalen Basis im Energiegeschäft zu nutzen (E.ON, 2000b).

8.2.3 E.ON und BP

Im Juli 2001 wurde bekannt, dass der britische Öl-Multi British Petrol (BP) zum Jahreswechsel 2001/2002 vom Düsseldorfer E.ON Konzern das Tochterunternehmen Veba Öl übernimmt, der wiederum das Aral-Tankstellennetz gehört. Die Düsseldorfer E.ON erhält im Austausch mit 51 Prozent die Mehrheit an der BP-Tochter „Gelsenkirchener Bergwerks-Aktiengesellschaft"(GBAG), kurz Gelsenberg genannt. Durch dieses Geschäft weitet E.ON seine Aktivitäten im Gasgeschäft aus, denn Gelsenberg hält 25,5 Prozent an der Essener Ruhrgas AG (s. o.).

In einem zweiten Schritt hat BP ab Januar 2002 die Option, die verbleibenden 49 Prozent der Gelsenberg an E.ON zu verkaufen. Im Gegenzug erhält der britische Öl-Multi BP Anfang Februar 2002, wie im Sommer 2001 vereinbart, 51 Prozent der Veba Oel AG, Gelsenkirchen und wird damit zum größten Tankstellen-Betreiber in ganz Deutschland. Ab April 2002 kann E.ON ebenfalls eine Put-Option zur Abgabe der verbleibenden 49 Prozent an Veba Oel ausüben.[190]

Das bedeutet für E.ON konkret: Ruhrgas gegen Veba Oel plus Barausgleich von 400 Millionen Euro zuzüglich vereinbarter Kaufpreisanpassung und Rückzahlung von rund 1,9 Milliarden Euro Gesellschafterdarlehen.[191] Das letzte Wort hierzu wird allerdings erst noch von der Kartellbehörde, womöglich auch vom deutschen Minister für Wirtschaft und Technologie qua Ministererlaubnis gesprochen werden, denn der Tankstellen-Markt in Deutschland wird eng und von immer weniger Unternehmen kontrolliert, was auf einen eingeschränkten Wettbewerb hinausläuft. Bereits einige Monate vor dem E.ON-Zusammenschluss mit BP fusionierten DEA und Shell Ende März 2001. Nachdem E.ON nun Aral abgegeben hat, gibt es keinen deutschen Öl-Konzern mehr, der ein eigenes Tankstellennetz betreibt.

Aral verfügt bislang über rund 2.300 Tankstellen im Bundesgebiet. Die 950 deutschen BP-Tankstellen werden künftig wie die rund 2.300 Aral-Tankstellen, unter der blau-weißen Aral-Flagge Benzin und Diesel verkaufen (die neue „Shell & DEA Oil GmbH" verfügt ebenfalls über rund 3.200 Tankstellen in Deutschland).[192] Der Kraftstoff-Vertrieb und das Tankstellennetz werden auch in Zukunft von Nordrhein-Westfalen aus geführt werden ebenso bleibt die Deutschland-Zentrale von BP in

---

[190] Diese Anpassungen kommen im Januar 2002 zum Tragen: Veba Oel hat in Abstimmung mit BP ihre Explorations- und Förderaktivitäten (*Upstream*-Geschäft) vollständig an Petro-Canada veräußert. Der Kaufpreis beträgt insgesamt rund 2,4 Milliarden Euro und liegt damit deutlich über den ursprünglichen Erwartungen. Bei einer Ausübung der Put-Option durch E.ON erhöht sich der Erlös aus der Abgabe von Veba Oel um 500 Millionen Euro auf insgesamt rund 3,3 Milliarden Euro. Das in Kanada führende Öl- und Gas-Unternehmen will die *Upstream*-Aktivitäten von Veba Oel als Ganzes weiterführen.

[191] Im weiteren Verlauf bedeutet das: Auf der Basis eines Eigenkapitalwerts von 2,4 Milliarden Euro für den Ruhrgas-Anteil beträgt der Eigenkapitalwert für Veba Oel 2,8 Milliarden Euro. Das heißt ein Barausgleich von 400 Millionen Euro fließt zusätzlich. Einschließlich übernommener Gesellschafterdarlehen, Finanzschulden und Pensionsverbindlichkeiten erzielt E.ON demzufolge einen Unternehmenswert von rund 6,5 Milliarden Euro für Veba Oel. Nach Angaben von E.ON-Vorstand Hans-Michael Gaul sind zusätzlich eine Reihe von Anpassungen vereinbart, die vor allem aus einem Mehrerlös des später möglichen Verkaufs von Teilen des Explorationsgeschäftes der Veba Oil & Gas resultieren können. Hieraus könnten E.ON noch mehrere hundert Millionen Euro zufließen. (Brigitte Koch in: F.A.Z. vom 17. Juli 2001 auch unter: http://www.chemicalnewsflash.de/de/news/240701/news1.htm).

[192] Siehe Artikel von Peter Müller in: DIE ZEIT, Nr. 30 vom 19. Juli 2001, Seite 23, (Graphik vom Hamburger Energie-Informationsdienst, EID, Stand Jan. 2001).

Hamburg.[193] Durch den Zusammenschluss werden nach Aussagen von Lord John Browne, Vorstandschef von BP, etwa 1.500 Stellen gestrichen.

Das Tauschgeschäft hatte ein Gesamtvolumen von etwa neun Milliarden Euro (17,6 Milliarden Mark). E.ON verdient dabei rund zwei Milliarden Euro.

8.2.4 Die Beteiligungen der E.ON AG an Ruhrgas

Die mehrheitliche Übernahme von Ruhrgas spielt beim weiteren Ausbau der E.ON-Kerngeschäfte eine zentrale Rolle. Der Konzern hat seine Übernahmewilligkeit bereits öffentlich bekannt, indem er beim Bundeskartellamt eine Genehmigung angemeldet hat.[194] Während E.ON auf der regionalen Ebene als Ortsgasverteiler gut vertreten ist, bestehen beim Import und auf der Ferngasstufe noch erheblicher Nachholbedarf. Diese Lücke soll Ruhrgas schließen. Denn als größter Gasimporteur Deutschlands und als eines der drei größten Gasunternehmen Europas ergänzt sie die Stellung des E.ON-Konzerns in der Endverteilung durch ihre Aktivitäten auf der Ferngasstufe und durch die guten Beziehungen zu Skandinavien, Russland, dem Baltikum und Osteuropa (siehe „Beteiligungen der Ruhrgas an ausländischen Energieunternehmen", Seite 186). Und genau darin besteht das Dilemma, was das Kartellamt kritisiert, sieht E.ON als Vorteil, nämlich den Aufbau einer integrierten Wertschöpfungskette.

Mit dem „Sommer-Deal", als E.ON die BP-Tochter Gelsenberg im Tausch gegen das Ölgeschäft erwarb und mit der Übernahme des 23,6 Prozent-Anteilspaketes von Vodafone an der Bergemann GmbH (für 850 Millionen Euro kaufte E.ON indirekt 8,2 Prozent an der Ruhrgas AG), vergrößerte E.ON den eigenen Anteil an der Ruhrgas AG auf 37,4 Prozent.[195] Die Taktik des Konzerns besteht darin, nach und nach die Bergemann GmbH aufzukaufen. Das Ziel für 2002 liegt bei 60,3 Prozent.[196]

---

[193] BP Internet-Seite (www.bp.com), am 17. Juli 2001.

[194] Vgl. Schlagzeilen wie: „E.ON will Ruhrgas Mehrheit", General-Anzeiger vom 15. November 2001, Seite 21; „E.ON meldet Erwerb der Ruhrgas-Mehrheit beim Bundeskartellamt an", Berliner Zeitung vom 14. November 2001.

[195] Siehe diverse Zeitungsberichte im Oktober 2001.

[196] Vgl. „E.ON meldet Erwerb der Ruhrgas-Mehrheit beim Bundeskartellamt an", Berliner Zeitung vom 14. November 2001.

Auch ThyssenKrupp hat sich zum Verkauf seiner 13,5 Prozent Bergemann-Aktien an E.ON entschlossen. Der eigentliche Weg zur Kontrolle bei Ruhrgas führt jedoch über die Ruhrkohle AG (RAG), die an der Bergemann AG mit 52,2 Prozent die Mehrheit und zusätzlich gut 18 Prozent an der Ruhrgas hält und in der E.ON mit 40 Prozent, neben RWE mit 30 Prozent als Hauptaktionär vertreten ist (siehe hierzu auch Abbildung 8, Seite 182 bzw. Abbildung 9, Seite 185).

In Aussicht stehen zusätzlich der Erwerb von 10,1 Prozent Bergemann-Anteilen des Konkurrenten RWE, die 3,5 Prozent direkte Beteiligung an Ruhrgas bedeuten.

Der komplette Bergemann-Erwerb, so er denn im Sinne E.ONs stattfindet, kostet den Konzern 3,56 Milliarden Euro (knapp sieben Milliarden Mark). Die RAG-Anteile würden allerdings nicht in bar, sondern mit anderen E.ON-Beteiligungen erworben werden. Im Gespräch ist die Übertragung der E.ON-Immobilientochter Viterra, mit der die RAG zum größten Wohnungsunternehmen in Deutschland werden würde. Zudem soll die RAG ihre jetzt bei 72,2 Prozent liegende Beteiligung am Kraftwerksunternehmen Steag auf 100 Prozent aufstocken können.[197] Damit RWE als Teilhaberin der Steag zustimmt, soll die RAG zunächst ihre Restbeteiligung an der Dortmunder Stromtochter Harpen an RWE abgeben.

Durch die Verflechtungen zu Thüga, Contigas und Hein Gas ist E.ON bereits auf dem Erdgasmarkt im Endkundengeschäft vertreten. Die Kontrolle der Ruhrgas würde das Modell durch einen Importeur und Großhändler jedoch komplettieren.

Standpunkt des Bundeskartellamtes

Das Bundeskartellamt meldete grundsätzliche Bedenken gegen die Fusionsvorhaben der Tankstellennetze Shell und DEA einerseits sowie BP und Aral andererseits und gegen die Mehrheitsbeteiligung des E.ON-Konzerns an der Ruhrgas AG an. Die Argumente waren in allen Fällen die gleichen: durch die Vorhaben entstehen marktbeherrschende Stellungen, die dem Wettbewerb schaden.

---

[197] Die RAG Aktiengesellschaft beabsichtigt, Anfang 2002 von der RWE AG sowie der E.ON AG deren Anteile an der STEAG AG zu übernehmen. Neben den Anteilen der RAG liegen rund 25,9 Prozent bei der Gesellschaft für Energiebeteiligung (GfE), deren Gesellschafter die RWE Power AG, die E.ON AG sowie die E.ON Kraftwerke AG sind. Darüber hinaus besitzen drei weitere Gesellschaften des RWE-Konzerns rund 1,9 Prozent der STEAG-Anteile (siehe Homepage RAG, Stand Dezember 2001).

Noch Anfang Dezember 2001 beharrte die oberste Kartellbehörde auf der Aussage, dass sie dem geplanten Einstieg des E.ON-Konzerns bei der Ruhrgas in der angemeldeten Form nicht zustimmen werde. Doch das Votum der Rechtshüter ist damit noch nicht endgültig. E.ON konnte zu diesem Zeitpunkt noch „wettbewerbsverbessernde Maßnahmen" vorschlagen, um die Bedenken des Bundeskartellamtes auszuräumen.

Das geschah bereits für die Tankstellenfusionen, womit diese am 19. Dezember 2001 schließlich noch unter Auflagen genehmigt wurden.

Nachdem sich das Bundeskartellamt im Januar 2002 tatsächlich gegen eine Übernahme der Ruhrgas durch E.ON ausgesprochen hatte, lag nun das vermeindlich letzte Wort beim Bund, in Form der Ministererlaubnis (siehe Kapitel 10.2.6, Seite 276 und Kapitel 8.2.6., Seite 211). E.ON stellte bis Ende Februar 2002 einen entsprechenden Antrag beim Bundesminister für Wirtschaft und Technologie. Dieser hatte daufhin vier Monate Zeit zur Prüfung, wobei er noch ein Gutachten bei der Monopolkommission einholen musste, die sich dem Urteil der Bundeskartellbehörde anschloss und vor einer Fusion warnte.

Beim Bundeskartellamt wurde darauf verwiesen, dass es durch vertikale Zusammenschlüsse zu unerwünschten „Verstärkungswirkungen" kommen könne. Das Urteil bezüglich Ruhrgas brachte auch den E.ON-Kauf der Ruhrgas-Anteile von BP in Gefahr, deren Übernahme wie bereits erwähnt Ende 2001 lediglich unter Auflagen genehmigt wurde. Wäre der Antrag von E.ON letzten Endes auch vom Wirtschaftsminister zurückgewiesen worden, hätte die Übernahme der E.ON-Tochter Veba Oel und damit der Tankstellenkette Aral durch den Mineralölkonzern BP zu platzen gedroht. Dieser Verkauf war wiederum unabdingbarer Teil eines umfangreichen Tauschgeschäftes (s. o.)

Bei Entsprechung des Antrags hingegen, gibt es neben E.ON nur noch zwei Großaktionäre bei der Ruhrgas: die Brigitta GmbH und die Schubert KG. Hinter ihnen verbergen sich zum einen die Mineralölkonzerne Exxon Mobil und Shell (Brigitta) sowie Exxon Mobil, Preussag und Gelsenberg (Schubert).

Abbildung 12 stellt noch einmal graphisch dar, mit welchen Umsatzgrößen E.ON und Ruhrgas agieren. Ebenso die Beteiligungen E.ONs an weiteren Gasunternehmen in Deutschland.

Abbildung 12: Grafik zum Fall E.ON. Ruhrgas

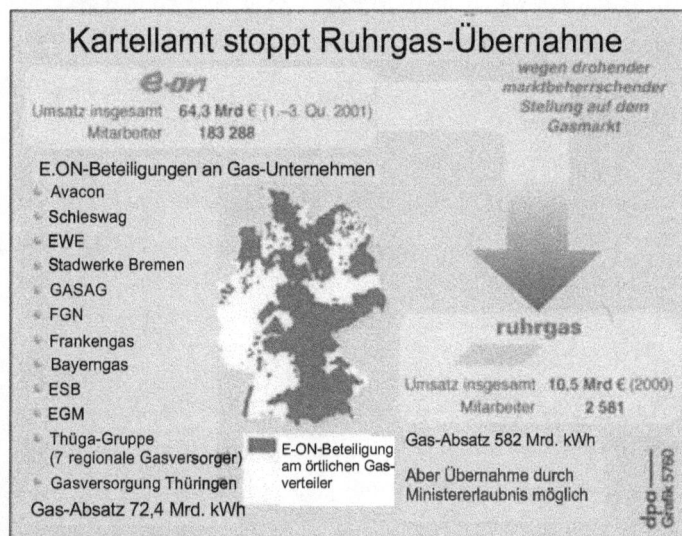

Kartellamt stoppt Ruhrgas-Übernahme

e-on

Umsatz insgesamt   64,3 Mrd € (1.–3. Qu. 2001)
Mitarbeiter   183 288

wegen drohender
marktbeherrschender
Stellung auf dem
Gasmarkt

E.ON-Beteiligungen an Gas-Unternehmen
- Avacon
- Schleswag
- EWE
- Stadtwerke Bremen
- GASAG
- FGN
- Frankengas
- Bayerngas
- ESB
- EGM
- Thüga-Gruppe (7 regionale Gasversorger)
- Gasversorgung Thüringen
Gas-Absatz 72,4 Mrd. kWh

ruhrgas

Umsatz insgesamt 10,5 Mrd € (2000)
Mitarbeiter   2 581

E-ON-Beteiligung am örtlichen Gasverteiler

Gas-Absatz 582 Mrd. kWh
Aber Übernahme durch Ministererlaubnis möglich

dpa
Grafik 5760

Quelle: *dpa, Grafik 5760*

Standpunkt der Regierung

Am 18. Oktober 2001 trafen sich Bundeskanzler Gerhard Schröder (SPD), Wirtschaftsminister Werner Müller (parteilos), E.ON-Chef Ulrich Hartmann sowie Hubertus Schmoldt von der Bergbau- und Energiegewerkschaft IG BCE vertraulich im Kanzleramt. Der Kanzler und sein Wirtschaftsminister kündigten E.ON dabei politische Rückendeckung für die Ruhrgasübernahme an. Werner Müller warb am 13. November 2001 öffentlich vor dem Essener Steinkohletag für das Projekt, da die Bundesregierung durchaus ein Interesse daran hatte, dass sich deutsche Unternehmen des Energiesektors zu *global player* entwickeln.

Allerdings stimmten auch bei diesem Gespräch die Meinungen nicht komplett überein. Die IG BCE wollte die Viterra-Offerte von E.ON im RAG-Aufsichtsrat nicht akzeptieren. Der Vorsitzende Schmoldt soll in der Kanzlerrunde stattdessen vorgeschlagen haben, dass E.ON wesentliche Teile der Chemietochter Degussa an die RAG abtritt, die diese dann mit ihren Chemie-Aktivitäten bündeln würde. Den Vorteil sieht der Chemie-Gewerkschafter darin, dass die Zentrale der ohnehin zum Verkauf stehenden Degussa somit in Deutschland bleibt.

Was direkt nach dem Kanzlertreffen und spätestens nach ersten Interviews mit Bundeswirtschaftsminister Müller deutlich wurde ist, dass es im Fall eines negativen Urteils des Bundeskartellamtes gegenüber den Tankstellen-Zusammenschlüssen und Ruhrgas-Mehrheit einen Ministerbescheid geben würde, der das Veto der obersten Kartellbehörde in Deutschland auflöst. Der Blick hinter den „Masterplan" (E.ON/ IG BCE/ Schröder/ Müller) könnte RWE in ernsthafte Schwierigkeiten oder zumindest in eine benachteiligte Position gegenüber dem Konkurrenten E.ON bringen. Die Überlegung, dass RWE aus diesem Grund nicht zum Kanzlertreffen gebeten wurde, liegt nah. Allerdings könnte das Pendel auf anderem Weg zurückschlagen (siehe Kapitel 8.3.4, Seite 218).

Auch die Stadtwerke und mit ihnen die gesamte kommunale Wirtschaft kann im „Dienste des Standorts Deutschland" und dem fast sprichwörtlich gewordenen Grundrecht auf „*shareholder value*" in Bedrängnis geraten.[198]

8.2.5 Ministerentscheid im Falle E.ON/Ruhrgas

Am 5. Juli 2002 fiel die Entscheidung des Bundeswirtschaftsministers, bzw. aufgrund seiner Befangenheit als ehemaliger VEBA-Manager, war es offiziell die seines Staatssekretärs Alfred Tacke. Unter milden Auflagen wurde die Fusion zwischen E.ON und Ruhrgas gebilligt. Damit erreicht der Düsseldorfer Konzern sein Idealziel eines vertikal integrierten Unternehmens, vom Bohrloch bis zum Brenner, das heißt auf allen Ebenen.

E.ON hatte in Kenntnis der Entscheidung bereits in der Nacht zuvor angekündigt, die noch fehlenden 40 Prozent der Ruhrgasanteile von den Mineralölkonzernen ExxonMobil und Shell (je 14,75 Prozent) sowie dem Touristikkonzern TUI/Preussag, zu kaufen (rund 10 Prozent).

---

[198] Informationen aus dem BMWi (Überlegungen des Referenten der Arbeitsgruppe Energie der SPD-Bundestagsfraktion).

Während sich die beiden Unternehmen von einigen Beteiligungen wie der an dem ostdeutschen Gasversorger VNG, trennen müssen, im Sinne einer „Belebung des Wettbewerbs" (Tacke in der Pressekonferenz), darf E.ON seine Beteiligung an der Thüga und somit seinen direkten Endkundenkontakt behalten. Die unabhängige Monopolkommission, die gegen die Fusion war, hatte vorgeschlagen den Thüga-Anteil zu veräußern, um die ostdeutsche Wirtschaft zu schonen. Denn die VNG sieht sich als Opfer der Entscheidung, da aus ehemaligen Anteilseignern eine übermächtige Konkurrenz entstünde. Als mögliche Übernahmekandidaten der VNG-Anteile gelten die französische Gaz de France, die BASF-Tochter Wintershall und der schwedische Staatskonzern Vattenfall.

Auch die Mehrheitsbeteiligung E.ONs an Hein Gas blieb außen vor. Weil E.ON seine über 130 Stadtwerkebeteiligungen mehrheitlich behalten darf und nun mit den 60 prozentigen Marktanteilen der Ruhrgas im Import und beim Ferngas kombinieren kann, werden, aller Versicherungen des BMWi zum Trotz, Preissteigerungen erwartet.

8.2.6 Klage vor Oberlandesgericht

Eine Woche nach der per Ministererlaubnis genehmigten Ruhrgas-Übernahme durch E.ON wurde diese vom Oberlandesgericht (OLG) Düsseldorf gestoppt. Das Gericht entsprach damit zwei Eilanträgen, die die Energiehändler Ampère (Berlin) und Trianel (Aachen) nach der Entscheidung des BMWi gestellt hatten. Der Senat hegt Vorbehalt gegen die Rechtmäßigkeit der Ministererlaubnis. Zur Begründung wurde angeführt, dass das Ministerium zium Zeitpunkt der Erteilung der Ministererlaubnis für die E.ON/Ruhrgas-Transaktion nicht ausreichend geprüft habe, ob nicht etwa die EU-Kommission zuständig sei, da die Fusion für die Europäische Union „gemeinschaftsweite Bedeutung" , also für den gesamten Eu-Wirtschaftsraum, haben könnte. Außerdem war Staatssekretär Tacke, der die Sondererlaubnis erteilt hatte, bei einer Anhörung durch das Bundeskartellamt nicht anwesend gewesen. Darüber hinaus habe E.ON Erklärungen abgegeben, zu denen andere Beteiligte nicht gehört worden seien.

Durch die vorläufige Anordnung wird der Vollzug der Fusion vorerst untersagt. Der Senat behielt sich zunächst vor, die Ministerentscheidung abzuändern oder sogar

gänzlich aufzuheben. Eine mündliche Verhandlung, in der Gegenseite E.ONs gehört werden solle wurde für den 24. Juli angekündigt.

Das BMWi verteidigte die durch Staatssekretär Tacke getroffene Entscheidung, da
die europarechtliche Zulässigkeit untersucht worden sei, damit die Ministererlaubnis in einem ordnungsgemäßen Verfahren getroffen wurde und die EU-Kommission
sich auch wiederholt für nicht zuständig erklärt hatte.

Ein ablehnender Spruch des OLG könnte zu Auswirkungen auf die Übernahme des
Spezialchemiekonzerns Degussa durch die RAG haben. E.ON erhält im Tausch gegen Degussa die Ruhrgas-Anteile der RAG von 18,4 Prozent.

8.2.7 E.ON und seine Beteiligungen an ausländischen Energieunternehmen

Im Jahr 2000 hat E.ON durch Aktientausch 36,4 Prozent Kapitalanteil und damit
einen Stimmrechtanteil von 35,8 Prozent bei Sydkraft AB, Malmö, dem größten
privaten Energieversorgungsunternehmen in Schweden erworben.[199] Der Tausch erfolgte mit der Hamburgischen Electricitäts-Werke AG (HEW), die ihre Beteiligung
an Sydkraft, in Höhe von 15,7 Prozent auf die E.ON-Energie übertrug. Im Gegenzug dazu trat die E.ON-Tochter ihre 49-prozentige Beteiligung am Berliner Energieversorger BEWAG Aktiengesellschaft an HEW ab. Ursprünglich wollte E.ON
seine Bewag-Beteiligung eintauschen für die von HEW an Hein Gas Hamburger
Gaswerke in Höhe von 61,9 Prozent und einem Barausgleich (E.ON, 2000:15). Ende des Jahres schließen RWE und E.ON Energie mit HEW allerdings einen Vertrag
über die Veräußerung ihrer direkten und indirekten Beteiligungen an der VEAG
und Laubag. RWE hält 32,5 Prozent an der VEAG und 47,5 Prozent an der Laubag.
Bei E.ON sind es 48,75 und 45 Prozent (E.ON Geschäftsbericht, 2000a:15).

Im Februar 2001 erhält E.ON-Energie über ihre 100-prozentige Tochter E.ON
Scandinavia von vier schwedischen Kommunen 5,3 Prozent des Kapitals und 8,5
Prozent der Stimmen an Sydkraft AB. Damit ist die Beteiligung von E.ON-Energie
an Sydkraft auf insgesamt 42,8 Prozent der Stimmen gestiegen. Ziel des deutschen

---

[199] Sydkraft ist nach der staatlichen Vattenfall das zweitgrößte EVU. Das Unternehmen versorgt
rund eine Million Kunden mit Strom, Gas und Wärme. Der Stromabsatz betrug zuletzt knapp 30
Milliarden Kilowattstunden, der Umsatz lag bei rund 1,7 Milliarden Euro
(siehe http://www.sydkraftenergytrading.com/energy_eng/default.asp).

Unternehmens ist die Kontrollmehrheit an Sydkraft, was noch der Genehmigung der zuständigen Wettbewerbsbehörden bedarf. Ob das unausgesprochene Ziel die Übernahme von Vattenfall durch Sydkraft und damit indirekt durch E.ON ist, bleibt Spekulation.

Im Oktober 2001 erwirbt E.ON-Energie von der finnischen Stadt Espoo, der zweit-größte Stadt nach Helsinki, 34 Prozent des Energieversorgers Espoon Sähkö.[200] Der Geschäftsabschluss erfolgte nach der Zustimmung des Stadtrates von Espoo und der Genehmigung der finnischen Wettbewerbsbehörde.

Damit ist E.ON-Energie nun in 17 europäischen Ländern vertreten. Interessant ist die Tatsache, dass Finnland bereits 1995 seinen Energiemarkt liberalisiert hat und seit 1997 jeder Endkunde seinen Versorger frei wählen kann. Durch die Zusammenarbeit von Espoon Sähkö und Sydkraft könnten für E.ON-Energie Synergieeffekte für ihre skandinavischen Aktivitäten erwachsen.

Anfang August 2001 haben die us-amerikanische *Federal Energy Regulatory Commission* (FERC) sowie die Regulierungsbehörden der Bundesstaaten Kentucky und Virginia der Übernahme des britischen Energieversorgers Powergen und seiner amerikanischen Tochter LG & E Energy durch E.ON zugestimmt. Die Transaktion soll bis Frühjahr 2002 abgeschlossen sein, wenn die Registrierung nach dem amerikanischen „*Public Utilities Holding Company Act*" bei der dafür zuständigen Börsenaufsicht SEC eingeleitet wurde und die weitere Genehmigungen in den USA und von der Europäischen Kommission erfolgt sind.

8.2.8 E.ON und das Wassergeschäft

Nachdem RWE durch die Fusion mit *American Water Works* zum weltweit größten Wasserunternehmen aufsteigen konnte, hat im Juli 2001 auch E.ON Energie zusammen mit dem österreichischen Verbund eine Grundsatzvereinbarung über die

---

[200] Espoon Sähkö ist eines von insgesamt zwei börsennotierten Energieversorgungsunternehmen in Finnland. Versorgt werden 148.000 Endkunden vorwiegend in der Stadt Espoo. Espoo liegt im bevölkerungsreichen und wirtschaftlich starken Süden Finnlands. Mit einem Stromabsatz von 2,7 Milliarden Kilowattstunden besitzt Espoon Sähkö einen Anteil von sieben Prozent am finnischen Endkundenmarkt. Hiervon stammen 800 Millionen Kilowattstunden aus Eigenerzeugung – hauptsächlich aus Gas und Kohle – die restlichen 1,9 Milliarden Kilowattstunden werden über NordPool bezogen. Zusätzlich erzeugt Espoon ca. zwei Milliarden Kilowattstunden Fernwärme für Industrie- und Haushaltskunden (siehe E.ON im Internet).

Gründung einer gemeinsamen Wasserkraftgesellschaft geschlossen. Unter dem Dach der *European Hydro Power* werden künftig alle Aktivitäten beider Unternehmen im Wasserkraftbereich gebündelt. Nach Zustimmung der Aufsichtsgremien und Kartellbehörden kann die Gesellschaft zum 1. Januar 2002 ihr Geschäft aufnehmen und rund 200 Wasserkraftwerke mit einer Erzeugungskapazität von insgesamt rund 9.600 Megawatt betreiben, womit sie zum drittgrößten Wasserkrafterzeuger in Europa wird.

8.3 Der RWE-Konzern

8.3.1 RWE und VEW

Die neue RWE fährt seit der Liberalisierung der Strommärkte und nach ihrer Fusion mit VEW einen Kurs, der sie energieübergreifend auf dem internationalen Markt agieren lässt. Sie präsentiert sich als *Multy Utility-* und *Multy Energy*-Unternehmen und baut zunehmend ihr Engagement auf dem Gas- und Wassersektor aus. Auf dem Gasmarkt will die RWE laut eigener Aussagen einen „aggressiven Ausbau der Marktposition zum europäischen Player" forcieren. Durch die Fusion mit VEW konnte RWE ihre Stromabsatz von 171 auf rund 209 Terawattstunden erhöhen. Damit steht das Unternehmen in Deutschland auf dem ersten und in Europa auf dem dritten Platz. Über eines der größten Stromnetze Europas (375.000 Kilometer Gesamtlänge) beliefert RWE mehr als zehn Millionen direkter Privatkunden, 50.000 Industrie- und Gewerbekunden sowie weit über 100 Energieversorgungsunternehmen.

Auch beim Gas stieg nach dem Zusammenschluss der Absatz von 94 auf 177 Terawattstunden, durch die eine Million Kunden versorgt werden. Bei der Entsorgung liegt RWE in Deutschland und Europa wie schon beim Strom auf den Plätzen eins und drei. Ehrgeizigere Ziele verfolgt RWE auf dem Wassermarkt, wo sie bereits heute weltweit Nummer drei ist und diese Stellung durch europaweite Fusionen kontinuierlich ausbaut.

Die Bedenken des Bundeskartellamtes gegen die Fusion RWE und VEW

Das Bundeskartellamt äußerte zu der Fusionsabsicht zwischen RWE AG, Essen und VEW AG, Dortmund Bedenken, die es mit einer Verstärkung der marktbeherrschenden Stellungen der beiden Unternehmen sowie deren Konzerntöchter in ihren einander benachbarten Gasversorgungsgebieten begründete. Denn RWE und VEW beliefern Stadtwerke und große Industriekunden in Nordrhein-Westfalen weitgehend konkurrenzlos und ohne sich gegenseitig zu schaden. Auch bei der direkten Versorgung von Kleinkunden im Raum Osnabrück stoßen ihre Tätigkeitsgebiete aneinander. Beide Unternehmen sind über Konzerntöchter an der Energieversorgung Sachsen-Anhalts, Brandenburgs und Sachsens oder über Beteiligungsunternehmen in angrenzenden Gebieten als Regionalversorger von Stadtwerken und großen Industriekunden tätig. Mit einem natürlichen Konkurrenten, der Ruhrgas AG, die selber in den genannten Regionen Gasleitungen betreibt, bestehen viele gesellschaftsrechtliche und wirtschaftliche Verflechtungen, so dass von Wettbewerbssituation nicht die Rede sein kann.

Da nach Meinung des Kartellamtspräsidenten Böge die „ersten Schritte in Richtung Liberalisierung in der Gaswirtschaft noch nicht dazu geführt (haben), dass Gasabnehmer reibungslos ihren Anbieter wechseln können" und wettbewerbsbegründete Durchleitungen kaum stattgefunden haben, prüft sein Amt die Zusammenschlüsse von Gasanbietern in ehemaligen Gebietsmonopolen sehr sorgfältig.[201] Ebenso stellt die Bundeskartellbehörde die gesetzliche Freistellung der Demarkationsverträge durch die Novelle des EnWG im April 1998 (mehr dazu unter Kapitel 10.1, Seite 248), mit der zu wettbewerbsbegründeter Durchleitung geführt werden sollte, in Frage. Die Zweifel am „Eckpunktepapier für eine „Verbändevereinbarung zum Netzzugang bei Erdgas" (17. März 2000) sind seit dem zweiten Nachtrag und laut Stellungnahme vor dem Ausschuss für Wirtschaft und Technologie (24. September 2001) einer positiveren Einstellung gewichen (siehe Kapitel 10.1.5, Seite 262).

Verschmelzung der WGF auf die WFG

Mit rückwirkender wirtschaftlicher Wirkung zum 1. Januar 2000 wurde die Westfälische Gasversorgung AG & Co. KG (WGF) in die Westfälische Ferngas AG (WFG) eingegliedert. Damit gingen die Funktionen der WGF, d. h. Gaseinkauf, -speicherung, -transport, -technik und Gasverkauf auf die VEW Energie AG (VEW

---

[201] Bundeskartellamtspräsident Ulf Böge unter:
http://www.bundeskartellamt.de/02_05_2000.html (Stand November 2001).

E) über und ihre Gasbeteiligungen in den neuen Bundesländern und im Ausland auf die WFG. Ebenso 34 Gaslieferungsverträge der VEW E mit ihren Verteilerwerken, und von wenigen Ausnahmen abgesehen, auch die Verträge der VEW E mit ihren Industriekunden. Das direkte Endkundengeschäft blieb bei VEW E, obwohl die WFG als Vorlieferant auftritt. Nach der Zusammenführung der Unternehmen waren die VEW AG mit 58,2 und die kommunalen Aktionäre mit 41,8 Prozent an der WFG vertreten (RWE Gas Geschäftsbericht, 2000:16).

Nach der Verschmelzung der WGV zur WFG sowie deren Übernahme des Gasgeschäfts der RWE AG und der VEW AG, ist die RWE Gas zum zweitgrößten deutschen GVU aufgestiegen. Im Gegensatz zu ihrem Konkurrenten E.ON ist RWE damit in allen Bereichen vom Import über Transport, Speicherung und Verteilung bis zum Endkundengeschäft vertreten (RWE Gas Geschäftsbericht, 2000:18).

8.3.2 RWE-DEA und Shell

Ende März 2001 haben die RWE-Tochtergesellschaft RWE-DEA Aktiengesellschaft für Mineralöl und Chemie, Hamburg, und Shell Deutschland GmbH, Hamburg, ein *Joint Venture* in der Form einer GmbH vereinbart, d. h. die DEA Mineralöl AG wird umgewandelt. Dabei werden die Aktivitäten der DEA im deutschen Tankstellen- und Raffineriegeschäft gebündelt. Die Aufnahme des Geschäftsbetriebs unter der Firma Shell & DEA Oil GmbH mit Sitz in Hamburg wurde am 1. Oktober 2001 vereinbart, rückwirkend zum 1. Juli 2001. Der Zusammenschluss stand bis Mitte Dezember allerdings noch unter Vorbehalt der Zustimmung des deutschen Kartellamtes bzw. der EU-Kommission, denn er bedeutet eine starke Dominanz beider Unternehmen auf dem Mineralölmarkt, sowohl was das *Downstream*-Geschäft angeht, also die Mineralölverarbeitung und den Mineralölverkauf, als auch was das Tankstellengeschäft angeht, bei dem Shell und DEA mit 3.200 Tankstellen zusammen einen Marktanteil von 24 Prozent halten. Das endgültige Urteil ging schließlich an die deutsche Kartellbehörde, da die Auswirkungen der Fusion aus Brüsseler Sicht besser national zu beurteilen sei und wurde von dieser im Dezember 2001 unter Auflagen genehmigt (s. o. „E.ON und BP")

Für und Wider der Fusion Shell-DEA

Wie oben erwähnt hatte Bundeswirtschaftsminister Werner Müller (parteilos) schon vor der endgültigen Entscheidung der Bundeskartellbehörde eine Minister-Erlaubnis öffentlich in Erwägung gezogen, sofern die von den Energiekonzernen RWE, Essen und E.ON, Düsseldorf geplanten Verkäufe der Tankstellenketten DEA und Aral an den holländischen Öl-Multi Shell beziehungsweise den britischen BP-Konzern, nicht genehmigt würden. Dem Ministers ging es dabei um eine Verbesserung der Versorgungssicherheit des Standortes Deutschland und darum, die Abhängigkeit Deutschlands von Fertigproduktlieferungen aus dem Ausland auf den Mineralölsektor zu verhindern. Die Argumentation des Ministers und der angedrohte Ministerbescheid stießen bei RWE auf Argwohn und scheinbares Unverständnis. Das Essener Unternehmen ging davon aus, dass die kartellrechtlichen Prüfungen des im März 2001 angemeldeten Verkaufs des DEA-Tankstellennetzes an Shell, ohnehin zu einem grundsätzlich positiven Ergebnis führen werde und die Auflagen der Wettbewerbshüter bezüglich Entflechtungen etwa im Schmierstoffbereich oder in Teilen des Flugbenzin-Geschäfts, von RWE und Shell erfüllt werden könnten, womit eine Ministererlaubnis hinfällig würde. Dennoch steht das Bekenntnis des Ministers im Raum, denn es geht nicht nur um DEA, sondern auch um den RWE-Konkurrenten E.ON (s. o.). RWE zieht sich auf die Position zurück, dass Wirtschaftsminister Werner Müller die Tankstellen-Frage Shell-DEA lediglich als Vorwand mit dem eigentlichen Ziel verbunden hat, nämlich die Ruhrgasübernahme durch E.ON abzusichern. Ein negatives Urteil der Bundeskartellbehörde zum BP-Aral-Deal würde auch das Ruhrgas-Geschäft in weite Ferne rücken. Nicht so, wenn der Minister seine Androhung wahrmachen sollte, was er in der Tat, durch seinen Staatssekretär Tacke umsetzte (siehe oben Kapitel 8.2.5, Seite 210).

8.3.3 RWE-Beteiligung an Thyssengas

Am 24. Mai 2000 meldete die RWE den Erwerb von 25 Prozent der Anteile an Thyssengas, Duisburg, zusammen mit Esso Deutschland GmbH, einer Tochtergesellschaft der Exxon/Mobil Corp., Irving, Texas. Durch die Anteile von Esso Deutschland, hält RWE nun 75 Prozent an der Thyssengas GmbH. Die verbleibenden 25 Prozent blieben im Besitz der Shell Petroleum NV, Den Haag. Durch diese Beteiligung verstärkt RWE ihr Engagement im Erdgasbereich und profitiert von einer der führenden FGGs in Deutschland, die im Jahr 2000 mit einer Erdgasabgabe von 68 Milliarden Kilowattstunden einen Umsatz von 1,12 Milliarden Euro (2,2 Milliarden DM) erzielt hat. Thyssengas importiert sein Erdgas vor allem aus den Niederlanden (58 Prozent), Norwegen, Russland sowie Großbritannien und leitet es über sein 2.300 Kilometer langes Pipeline-Netz an seine Hauptverbrauchergruppen vorwiegend in Nordrhein-Westfalen, die fast zur Hälfte aus Haushalten, Kleinverbrauchern und zu vierzig Prozent aus Industrie besteht.

8.3.4 RWE und seine Auslandsbeteiligungen

Mit dem Zuschlag der tschechischen Regierung übernimmt RWE Mitte Dezember 2001 für 4,1 Milliarden Euro (8,02 Milliarden DM) 97 Prozent des Staatsunternehmens Transgas AS. Zusätzlich gehen 46 bis zu 58 Prozent der acht regionalen GVUs ebenfalls an RWE. Trotz der vorab stark favorisierten Konsortien aus Ruhrgas, *Gaz de France* sowie *Duke Energy* und E.ON Energie, konnte sich RWE gegen seine Mitkonkurrenten durchsetzen. Interessant dabei ist der Schachzug, den RWE indirekt gemacht hat: sollte E.ON die Mehrheit der Ruhrgas übernehmen, über die auch RWE einen Großteil ihrer Gasbezüge erhält, partizipiert der neue Konzern unmittelbar vom Geschäftserfolg der E.ON, da Ruhrgas für seine Gaslieferungen aus Russland eine mengenabhängige Durchleitungsgebühr an Transgas entrichten muss. Denn Gazprom hat sich über weitere zehn Jahre dazu verpflichtet, sein Gas für die deutsche Ruhrgas und *Gaz de France* über die Transgaspipeline zu führen. Neben der strategischen Schlüsselposition verfügt RWE gleichzeitig über sechs Untergrundspeicher mit einer Speicherkapazität, die einem Drittel des tschechischen Jahresverbrauchs entsprechen.

Der Grund für den Geschäftsabschluss zwischen Transgas und RWE mag an einer Milliarde Mark gelegen haben, die das E.ON-Gebot von rund 3,62 Milliarden Euro (7,08 Milliarden Mark) überbot.[202] Das Ruhrgas-Konsortiums wollte lediglich drei Milliarden Euro (5,9 Milliarden Mark) investieren. Transgas erzielte im Geschäftsjahr 2000 mit 1.450 Mitarbeitern einen Umsatz von 1,34 Milliarden Euro. Die Regionalversorger setzten 1,2 Milliarden Euro um. 1999 lag das Ergebnis vor Zinsen, Steuern und Abgaben bei 271 Millionen Euro.

---

[202] Siehe: Berliner Zeitung vom 18. Dezember 2001.

Der Kauf wurde im Frühjahr 2002 abgeschlossen. Damit übernimmt dann das Essener Unternehmen die Gasversorgung in Tschechien fast zu 100 Prozent und steigt, gemessen an der Anzahl der Endkunden europaweit, mit beinahe viereinhalb Millionen Kunden zum viertgrößten Gasunternehmen in Europa auf. Gleichzeitig rückt RWE mit einem nunmehr 94.000 Kilometer langen Netz zum zweigrößten Pipeline-Netzbetreiber im westeuropäischen Erdgastransitgeschäft auf. Ob die deutsche bzw. die europäische Kartellbehörde sich noch zu dem Geschäft äußert, ist zum Zeitpunkt des Vertragsabschluss' noch unklar.[203]

RWE ist neben Ungarn auch in den Niederlanden, Polen und der Slowakischen Republik aktiv, dort aber in weit geringerem Maße. Inklusive einer Erdgasförderung von zwei Milliarden Kubikmeter pro Jahr in Norwegen, Ägypten, Kasachstan und Deutschland ist der Konzern ein integriertes Gasunternehmen mit Aktivitäten auf allen Stufen der Wertschöpfungskette. Im Rumpfgeschäftsjahr 2001 erzielte er einen vorläufigen Umsatz von 32,1 Milliarden Euro. Im Geschäftsjahr 2000/2001 lag der Umsatz, den weltweit 167.000 Menschen für RWE erwirtschafteten bei 63 Milliarden Euro (siehe auch Kapitel 6.12 „RWE Gas, Essen", Seite 162).

8.3.5 RWE und das Wassergeschäft

Der Energiekonzern RWE führte im September 2001 abschließende Gespräche mit *American Water Works*, wegen einer Übernahme für umgerechnet rund fünf Milliarden Euro. Hinzu kommen Verbindlichkeiten in Höhe von 3,17 Milliarden Euro. *American Water* ist das größte an der New Yorker Börse notierte Wasserunternehmen und kam in den vergangenen zwölf Monaten mit 5.000 Mitarbeitern auf einen Umsatz von knapp 1,5 Milliarden Euro. Kunden in 23 der insgesamt 51 Bundesstaaten werden von ihm versorgt. Nach der vorausgegangenen Übernahme des größten britischen Wasserversorgers *Thames Water*, ist RWE nun das weltweit drittgrößte Unternehmen im Wassergeschäft, mit 56 Millionen Kunden in 44 Ländern. Der Kauf soll über die Ausgabe neuer Anleihen finanziert werden. Die Verschuldung von RWE beläuft sich in diesem Fall auf rund acht Milliarden Euro (Klaus Sturany, Finanzvorstand RWE). Auch in diesem Fall muss die Kartellbehörde zustimmen. Binnen zwei Jahren soll der Kauf vollzogen sein. Ziel von RWE ist

---

[203] Informationen aus der Tagespresse vom 17./18. Dezember 2001 und Pressemeldung der RWE AG am 30. Januar 2002.

es, in den nächsten fünf Jahren rund 35 Prozent seines Konzernergebnisses mit dem Wassergeschäft zu bestreiten. In Zukunft wird RWE nicht nur als eines der größten Stromversorgungsunternehmen in Erscheinung treten, sondern auch die Geschäftszweige Erdgas, Entsorgung und Wasser abdecken und verstärkt als *Multy-Utility*-Unternehmen werben.

8.4 Die Aufgabenfelder der FGGs in Deutschland

Die folgende Tabelle 22 listet die Aufgabenfelder der 16 deutschen Ferngasgesellschaften (FGGs) noch einmal im Detail auf. Die Unternehmen werden in überregionale (z. B. BEB, Ruhrgas, Wintershall) und regionale FGGs (z. B. Bayerngas, GVS, SaarFerngas) eingestuft. Nur wenige überregionale FGGs sind an der Exploration bzw. Produktion beteiligt. Wiederum kaufen sie daher alle von inländischen bzw. ausländischen Produzenten Erdgas ein und verkaufen es zumeist an Weiterverteiler (regionale wie kommunale Gasversorger), die es zu den Endverbrauchern, also vorwiegend Haushalte, Kleinverbraucher und an die Industrie führen. Zum Teil geht das Erdgas auch an Kraftwerke. Die meisten FGGs besitzen Speicherkapazitäten, die aufgrund ihrer hohen Investitionskosten ein Streitpunkt bei der Nutzung durch Dritte darstellen und damit von großer Relevanz in der VV und bei der Umsetzung der EU-Gasrichtlinie sind.

Tabelle 22: Tätigkeitsfelder der Ferngasgesellschaften

	Einkauf		Speicher	Verkauf			
	Import	von inl. FGG	s. Anhang 15.6 (S.410)	ins Ausland (Export)	reg./komm. GVU	Industrie	Kraftwerke
Avacon		x	Peine		x	x	
Bayerngas		x	x		x	x	
BEB	x	x	x		x	x	
EWE	x	x	x		x	x	
MünsterErdgas	x	x	nein		x	x	x
EVG		x	nein		x	x	
FNB	??	??	??		x	x	x
Gas-Union		x	x		x	x	x
GVS		x	x		x	x	
Mobil	x		x				
Ruhrgas	x	x (17%)	x	x			
RWE Gas	x	x	x		x	x	x
SaarFerngas		x	nein		x	x	x
Thyssen	x	x	x		x	x	x
VNG	x	x	x	x	x	x	x
Wingas	x		x		x	x	
Wintershall			x				

	Verkauf (Fortsetzung)			Exploration			Produktion		
	Gewerbe	FGG	Haushalte	Erdgas	Erdöl	Sonstige	Erdgas	Erdöl	Sonstige
Avacon	x		x						
Bayerngas									
BEB		x				x	x	x	x
EWE	x		x				x		
MünsterErdgas		x							
EVG	x								
FNB	??	??	??	??	??	??	??	??	??
Gas-Union	x								
GVS									
Mobil		x				x	x	x	
Ruhrgas									
RWE Gas	x								
SaarFerngas									
Thyssen		x							
VNG									
Wingas		x							
Wintershall				x	x		x	x	

Quelle: *Eigene Daten (Informationen aus Geschäftsberichten), 2001*

9 Die Rolle der Politik im Liberalisierungsprozess

9.1 Die Energiekonsensgespräche

„Doch ein Konsens wird erst wieder möglich sein, wenn die grundlegende Weichenstellung zu den Energiequellen definitiv und unumkehrbar eingeleitet ist, die
als einzige die Bezeichnung ‚Zukunftsenergie' verdienen: die erneuerbaren Energien." (Hermann Scheer, 1995)[204]

Im folgenden sollen anhand der „Energiekonsensgespräche" aus dem Jahr 1993 die
Vorgeschichte und die von der seit 1998 amtierenden Bundesregierung vorgefunde-
ne Ausgangslage für eine rot-grüne Energiepolitik deutlich gemacht werden. Neben
der Darstellung der Hintergründe, der Ziele, des Verlaufs und der Ergebnisse der
Gespräche soll eine politikwissenschaftlichen Analyse erfolgen, die das Scheitern
dergleichen näher beleuchtet und zu erklären versucht. Dabei stützt sich die Untersuchung vor allem auf die Ergebnisse einiger Studien der Forschungsstelle für
Umweltpolitik der Freien Universität Berlin, FFU (Mez, 1997:433ff). Anschließend
wird auf den „Energiedialog 2000" als Mittel energiepolitischer Steuerung eingegangen werden, wobei der Zusammenhang mit den „Energiekonsensgesprächen"
der Vorgängerregierung aufgezeigt wird.

9.1.1 Energiekonsens Gespräche – die Vorgeschichte

Die Energiekonsensgespräche wurden 1993 von den damaligen Vorstandsvorsitzenden der RWE AG (Gieske), der Veba AG (Piltz) sowie dem niedersächsischen
Ministerpräsidenten (Schröder) initiiert und zwischen Vertretern aus regierenden
Parteien des Bundes und der Länder, von Vertretern der Stromwirtschaft, den Gewerkschaften sowie einiger Industrie- und Umweltverbände geführt.

Wie es dazu kam, wurde in Kapitel 2 „Historischer Exkurs in die fünf Phasen deutscher Energiepolitik" (Seite 53) bereits in groben Zügen dargestellt. Die deutsche
Energiepolitik hatte mehrere Stadien durchlaufen. In den ersten Jahrzehnten des
20.ten Jahrhunderts gab es innenpolitisch noch massive Auseinandersetzungen zwischen den stromproduzierenden Kommunen (Stadtwerke) und den großen sich ent-
wickelnden Stromversorgungs-Unternehmen. Letztere setzten sich 1935 mit dem

---

[204] In: Lehmann, Harry/Reetz, Torsten (1995): Zukunftsenergien. Strategien einer neuen Energiepolitik, Berlin, Basel, Boston, Seite 10.

Energiewirtschaftsgesetz (EnWG) weitgehend durch. Auch außenpolitisch war die Energiefrage immer ein hochpolitisiertes Thema. Über das Grundziel bestand allerdings durch alle Parteibänke des Deutschen Bundestages hinweg Einigkeit: Energie sollte billig und versorgungssicher sein. Die Energiewirtschaft muss dazu die Rahmenbedingungen formulieren, die Politik wollte diese entsprechend gesetzlich festlegen. Mitte der 70er Jahren wurde der Energiekonsens erstmals durch die beginnende Ökologie- und Anti-AKW-Bewegung gestört.

Im Juni 1980 legte die Enquête-Kommission (EK) des Deutschen Bundestages ihren ersten Bericht über „zukünftige Kernenergie-Politik" vor. Darin empfahl sie, zwischen Befürwortern und Gegnern einen Kompromiss zu finden und eine Politik zu verfolgen bzw. ein Energiesystem zu schaffen, das „von einem breiten politischen Konsens" getragen würde, damit es „sozialverträglich" sei. [205]

Mit der Partei „Die Grünen" trat 1983 auch zum ersten Mal der sofortige Atomausstieg auf die politische Bühne. Im August 1984 wurde auf Initiative der „Grünen" dem Bundestag ein Gesetzesentwurf zum „Atomsperrgesetz" vorgelegt. Nach der Reaktorkatastrophe von Tschernobyl (1986) beschloss auch die SPD den Ausstieg auf ihrem Nürnberger Parteitag. Die damalige Regierung aus CDU/CSU/FDP gründete in Reaktion auf den „Super-GAU" im Juni des gleichen Jahres das Bundesministerium für Umwelt, Naturschutz und Reaktorsicherheit, kurz: BMU genannt (vgl. Kapitel 2.4, Seite 59).

Daraufhin arbeiteten die Bundesfraktionen der Grünen und der SPD Novellierungsvorschläge zum EnWG aus, die den Vorstellungen der konservativ-liberalen Bundesregierung jedoch diametral gegenüberstanden. Die verhärteten Linien auf Bundesebene wirkten sich auch auf die Politik der Länder aus. Im Oktober 1991 schlug beispielsweise die damalige niedersächsische Umweltministerin Griefahn im Landtag vor, dass die Bundesländer sich zu einem Konsens zur Festschreibung des Atomausstiegs zusammenfinden sollten und gleichzeitig Artikel 85 (Weisungs-

---

[205] Siehe EK (1980): Zukünftige Kernenergiepolitik, Bericht der Enquête-Kommission des Deutschen Bundestages, Bonn, Seite 32.

recht) im Grundgesetz prüfbar gemacht werden müsse.[206] Eine Studie des Rheinisch-Westfälischen Instituts für Wirtschaftsforschung (RWI) sowie der Arbeitsgemeinschaft des Instituts für ökologische Wirtschaftsforschung gGmbH in Berlin (IÖW) und des Öko-Instituts für angewandte Ökologie, das der Bundeswirtschaftsminister 1986 in Auftrag gab, prüfte verschiedene Atom-Ausstiegs-Szenarien und kam zu dem Schluss, dass diese ökologisch und ökonomisch machbar und vertretbar seien. Die Ergebnisse wurden zwar der Presse vorgelegt, fanden jedoch keine weitere politische Umsetzung, da die CDU/CSU einen Bruch mit der FDP befürchtete, die sich weiterhin als Pro-Atom-Partei präsentierte.[207]

Als Mitte der 80er Jahren die Klimadebatte den Konflikt weiter verschärfte und die Energiefrage nun nicht nur ideologisch, sondern zunehmend naturwissenschaftlicher auch international diskutiert wurde, forderte die deutsche Energiewirtschaft die Politik auf, einen neuerlichen Energiekonsens herzustellen. Herbert Kitschelt hatte 1983 bereits eine generelle Theorie formuliert, in der er die Energiepolitik-Option der Bundesregierung schon vorweggenommen hatte:

> „Die staatliche Energiepolitik versucht, die neuen Konfliktfronten zu integrieren, indem die Antagonisten im Entscheidungsprozeß repräsentiert werden (Anm.: so wie es die Energiewirtschaft forderte). Diese auf Kompromissbildung und Konsens ausgerichtete Option bedingt einerseits eine zunehmende Politisierung der Energiewirtschaft und andererseits eine Abkehr von den traditionell vorherrschenden Zielvorstellungen der Energiepolitik." (Kitschelt, 1983)

In dem „Energieprogramm für das vereinigte Deutschland" des BMWi wurde 1992 die Einrichtung einer „Kommission aus unabhängigen Persönlichkeiten" angekündigt (BMWi, 1992:11). Ziel sollte sein, Konsensmöglichkeiten und energiepolitische Strategien zu finden, doch wegen fehlender finanzieller Mittel konnte die Kommission ihre Arbeit gar nicht erst aufnehmen.

---

[206] Der Grund hierfür lag in der Haltung des Bundesumweltminister Klaus Töpfer, der von seinem Weisungsrecht in Sachen Atompolitik extensiven Gebrauch machte, was insbesondere die SPD-regierten Bundesländer verärgerte.

[207] Nähere Angaben zu der Studie lassen sich nicht machen. Dafür aber zu einer vergleichbaren Studie für die Energieversorgung Deutschlands im Jahr 2020 (zwei Szenarien ohne Kernkraft) die im Auftrag des BMWi von der Prognos AG erstellt wurde und unter folgender Seite nachgelesen werden kann (Stand Dezember 2001): http://www.bmwi.de/Homepage/Politikfelder/energiepolitik/energiebericht/Kapitel4.jsp#szenario1.

Den „offiziellen" Energiekonsens-Gesprächen gingen einzelne Stellungnahmen und Ereignisse voraus wie beispielsweise ein Brief der Strommanager an den damaligen Bundeskanzler Helmut Kohl im November 1992. Darin wurde u. a. ein „überparteilicher Kernenergie-Konsens" gefordert (Königs, 1993:209f).[208] Insbesondere die Zwischen- bzw. Endlagerung hatte in dem Schreiben Priorität. Die Wiederaufbereitungsverträge mit Frankreich und Großbritannien sollten eingehalten, das Endlager Morsleben wieder in Betrieb genommen, Endlager Konrad fertiggestellt und das Projekt Gorleben nur beendet werden, wenn gleichzeitig ein Ersatzstandort in Deutschland oder auch im Ausland mit ausreichend Zwischenlagerkapazitäten gefunden würde.

In Niedersachsen verständigten sich derweil die Stromerzeuger RWE und Veba mit dem damaligen Ministerpräsidenten Gerhard Schröder (SPD) über die Zukunft deutscher Atomanlagen. Bestehende Atomanlagen in Niedersachen sollten abgeschaltet werden. An ihre Stelle sollten Kohle- und Gasgroßkraftwerke treten. Damit wurde den Gewerkschaften genüge getan, die den Abbau von Arbeitsplätzen befürchteten und auf eine Erneuerung des Kohle- und Kernenergie-Paktes aus den 70er Jahren drängten. Die Verhandlungen konterkarierten alle Forderungen (z. B. der Klima-Enquête-Kommission des Deutschen Bundestages 1980) einer strikten Energiesparpolitik und einer Rekommunalisierung und -organisation der Energiewirtschaft in Richtung Stadtwerke. Vielmehr wurde die Angebotserweiterung propagiert. Nichtsdestotrotz lehnten Bayernwerk (heute E.ON), PreussenElektra (heute ebenfalls E.ON) und die süddeutschen VDEW-Mitglieder den „Alleingang" von RWE und Veba (heute auch E.ON) ab.

Die Energiefrage weitete sich mehr und mehr zu einer reinen „Atomfrage" aus. Auf der Tagung des Deutschen Atomforums im Januar 1993 formulierte Veba-Chef Piltz sieben „Konsens-"Bausteine, die von der Festlegung der Regelnutzungsdauer von Atommeilern, über die Ablehnung des Stromimports, Verarbeitung von plutoniumhaltigen Mischoxid, kurz MOX-Brennelementen, bis hin zu der Nutzung der Endlager Morsleben und Konrad reichten.

---

[208] Auftraggeber der Arbeit war das Umweltdezernat der Stadt Frankfurt a. M.

Von der Gegenseite wurde Ende Februar auf einem Symposium der Stadt Frankfurt a. M. „Energiepolitische Verständigungsaufgaben" moniert, dass keine Vertreter der Städte zu den Energiekonsens-Verhandlungsrunden nach Bonn eingeladen worden waren, obwohl gerade die Kommunen

> „ein elementares Interesse daran (hätten), über Fragen des Klimaschutzes und der Vermeidung katastrophenträchtiger Technologien mitzureden und eine Verständigung über das Ziel einer ökologischen, sozial- und wirtschaftsverträglichen Erbringung von Energiedienstleistungen zu erreichen." (Königs, 1993:8)

9.1.2 Verlauf der Energiekonsensgespräche

Am 20. März 1993 fanden sich in der „Arbeitsgruppe Energie-Konsens" erstmals die Mitglieder der Verhandlungsgruppe und des Beratergremiums zusammen. Letztere bestand aus je drei Vertretern der Umweltverbände, der (Atom-)Industrie, der Elektrizitätswirtschaft und der Gewerkschaften. Die Entscheidungsfindung lag bei der Verhandlungsgruppe bestehend aus sieben Vertretern der CDU/CSU/FDP-Regierungskoalition (aus dem BMU, dem BMWi, zwei Länderministern und den energiepolitischen Sprechern der Parteien), sechs bzw. zwei Vertretern von SPD und Bündnis 90/Die Grünen sowie deren persönliche Berater (30 Personen insgesamt).

Noch vor der ersten Sitzung forderte der Vorsitzende des BDI-Arbeitskreises Kernenergie (Adolf Hüttel) öffentlich den Bau neuer Atomkraftwerke. Damit war der Standpunkt der Atomindustrie klar. Die Umweltverbände hingegen forderten nicht nur den Ausstieg aus der Atomenergie, sondern auch den Einstieg in eine neue Energiepolitik. Die Gewerkschaften sowie die SPD gingen kompromiss- und gesprächsbereit in die Verhandlungsrunden, gerade auch im Hinblick auf die künftige Kohlepolitik der Regierung und wegen der Arbeitsplätze (im Kohle- und Kernenergiebereich), die vor allem in den SPD-regierten Bundesländern Nordrhein-Westfalen und dem Saarland davon abhingen. Bundeswirtschaftsminister Rexrodt (FDP) plädierte für einen Energiemix aus Kohle und Kernenergie. Die CSU hielt an den „sicheren deutschen Kernkraftwerken" fest, um nicht Atomstrom aus Frankreich und Russland importieren zu müssen (Zängel, 1993:225).

Diese sehr rigiden Standpunkte waren von Anfang an Dilemma der Verhandlungen. Keine der Gruppen war ernsthaft bereit, von ihren Positionen abzuweichen oder gar einen Kompromiss einzugehen. So kam es, dass die Vertreter von „Bündnis 90/ Die Grünen" bei der 4. Sitzung Ende Juni 1993 ihren Auszug mit der Begründung erklärten, dass der „Konsens", den die Regierungskoalition im Blick hätte, lediglich die Nutzung der Atomkraftwerke für 40 Volllastjahre zuließe. Dies entsprach der Erwartungshaltung der Atomindustrie, die Ende April deutlich zum Ausdruck brachte, dass sie in keiner Weise an Gesprächen um einen Ausstieg aus der Kernenergie interessiert sei, sondern es um die politische Zusage für einen auch in Zukunft ungestörten Weiterbetrieb der Atomanlagen bis zum Ende ging.

Auch nach der Sommerpause blieben die Fronten verhärtet. Ende September entwarf die SPD zwar eine „Kompromisslinie", die allerdings auch innerhalb der Partei lediglich zu Kenntnis genommen, aber nicht gebilligt wurde. Mitte Oktober lehnten die Umweltverbände eine weitere Teilnahme an den Verhandlungen ab. Am 25. Oktober 1993 (5. Sitzung) scheiterten die Konsensgespräche endgültig, da die SPD am Ausstieg aus der Atomenergie festhielt und nicht bereit war, mit den Regierungsparteien über die künftige Nutzung der Kernenergie zu sprechen. Im November wurde das Scheitern offiziell erklärt.

9.1.3 Die Zeit nach den Energiekonsens-Gesprächen

Im Oktober 1993, nachdem die Gespräche ergebnislos zu Ende gegangen waren, kündigte die Bundesregierung ein „Artikelgesetz" an, in dem dennoch alle wesentlichen Elemente der Konsens-Verhandlungen zusammengefasst werden sollten. Anfang Dezember wurde der Gesetzesentwurf [209] des Bundeskabinetts an den Bundesrat weitergeleitet, der ihn zunächst mit der Begründung ablehnte, dass der Entwurf den Einsatz ostdeutscher Braunkohle für den Strombereich offen ließe und nur der Steinkohle ein bestimmtes Volumen zusichere. Ende April 1994 passierte das Artikelgesetz nach Änderungen und einer Anschlussregelung des 1995 auslaufenden „Jahrhundertvertrags" über die Verstromung von Steinkohle den Bundesrat. Der Steinkohle wurde dadurch eine Subventionierung bis zum Jahr 2000 mit jährlich sieben Milliarden DM in Aussicht gestellt. Im Stromeinspeisungsgesetz wurden die Vergütungen für Erneuerbare Energien leicht angehoben. Und im Atomgesetz wurde zum einen festgelegt, dass der Kohlepfennig ab 1995 8,5 Prozent der Strom-

---

[209] Bundestagdrucksache 12/896.

rechnung ausmacht [210] und zum anderen Kernkraftwerke in Zukunft so gebaut sein müssen, dass im Fall einer Kernschmelze keine Katastrophenschutzmaßnahmen außerhalb des Betriebsgeländes erforderlich würden. Außerdem wurde die direkte Endlagerung an Stelle der Wiederaufbereitung in das Atomgesetz aufgenommen.

Eine Novellierung des EnWG für April 1994 scheiterte nicht nur an den Einsprüchen der Bundesministerien, sondern insbesondere auch am Widerstand der kommunalen Energiewirtschaft.

Am 16. März 1995 versuchte die Regierungskoalition die Energiekonsens-Gespräche mit der SPD fortzuführen, doch auch dieses Mal war ein Scheitern vorauszusehen, denn weder die betroffenen Gruppen (Atomwirtschaft und Umweltverbände) noch Bündnis 90/Die Grünen wurden dazu eingeladen. Außerdem beharrten CDU/ CSU/FDP weiter auf ihren Standpunkten und ließen keinen Raum für Verhandlugen.

Die folgenden Jahre sind gekennzeichnet von der paradoxen Vorstellung, die Konsensgespräche fortzuführen, aber unter Beibehaltung der gleichen strikten Positionen, an denen sie letztendlich scheiterten. Bis zum „Energiedialog 2000" (Juni 1999) gelang es nicht mehr, alle Gruppen erneut an einen Tisch zu bringen, um dieses Mal den „Einstieg in eine zukunftsfähige Energiepolitik" Gegenstand der Verhandlungen werden zu lassen. Ob und wie sich die Situation im Juni 1999 verändert hat wird in Kapitel 9.2 „Der Energiedialog 2000" (Seite 234) diskutiert.

9.1.4 Fazit: Politikwissenschaftliche Bedingungen für erfolgreiche Konsensgespräche

Warum die so genannten „Energiekonsensgespräche" scheiterten wird klar, wenn man die folgende Aufzählung als Liste hinreichender bzw. notwendiger Voraussetzungen für die Durchführung erfolgreicher Gespräche liest. Als Basis dafür dienten die Ergebnisse einer Auswertung entsprechender Verhandlungen, die in den USA über „*demand-side-management*" zwischen Stromwirtschaft und so genannten *non-utility parties* (NUP) erfolgten (vgl. Mez, 1997:435). Danach sind folgende Kriterien elementar:

---

[210] Das Bundesverfassungsgericht erklärte den Kohlepfennig in einem Urteil im Dezember 1994 für verfassungswidrig, was die industriepolitische Koalition „Kohle und Kernenergie" in große Schwierigkeiten brachte.

- Zweck, Zeitablauf und Grundregeln der interaktiven Bemühungen müssen explizit gemacht werden.

- Alle Hauptakteure müssen einbezogen werden, allerdings nicht notwendigerweise als Teilnehmer.

- Die Teilnehmer in den interaktiven Bemühungen sollten konsens- und nicht konfrontationsorientiert sein.

- Bei den Energieeffizienz-Befürworter der Verhandlungen sollten Einfluss, Unabhängigkeit und Kooperationsbereitschaft Voraussetzung sein.

- Die Energieversorgungsunternehmen sollten gewillt sein, ein gewisses Maß an Kontrolle zu teilen und zur Finanzierung der *Non-utility-party* (NUP)-Berater bereit sein.

- Die NUP-Berater müssen über Einzelheiten der Lage wohlinformiert sein.

- Wenn die Regulierungsbehörde einen erfolgreichen Verlauf der interaktiven Bemühungen wünscht, sollte sie die regulativen Rahmenbedingungen entsprechend gestalten.

Aus einer zwei Jahre früher entstandenen Studie lassen sich generelle Merkmale erfolgreich geführter Verhandlungen (ebenfalls in den USA) mit den Energiekonsensgesprächen in Zusammenhang bringen. Dabei wird deutlich, dass grundlegende Punkte der Aufzählung auch 1993 in Deutschland durchaus erfüllt waren. Dennoch konnte die erfolgversprechende Basis im Verlauf der Verhandlungen nicht vertieft werden, was zu ihrem Scheitern führte:[211]

- Die einladende Instanz muss hochrangig sein, um hinreichendes Teilnahmeinteresse zu gewährleisten. Die Zusammensetzung der Teilnehmer muss relevante Interessen gewährleisten.

- Organisation und Durchführung müssen bei einer speziellen, kompetenten Institution liegen.

- Die Teilnahme muss an die Bedingung geknüpft sein, dass die Spielregeln des Diskurses und das zu lösende Problem grundsätzlich anerkannt werden. In Deutschland heißt das z. B. die Anerkennung der Klimaschutzverpflich-

[211] Jänicke, Martin/Mez, Lutz (1995): Strategien zur Umsetzung des Projekts „Energie 2010". Hintergrundstudie für das Projekt „Energie 2010" - Diskursorientierte Projektstudie: Zukünftige Energiepolitik, FFU-Report 95-5, Berlin.

tung der Bundesregierung (Reduzierung von Kohlendioxid-Emissionen um 25-30 Prozent bis 2005) durch die beteiligten Akteure der Energiewirtschaft oder die Anerkennung der Entsorgungsprobleme der Atomindustrie durch die Umweltverbände.

- Situations- und Trendanalysen müssen, von anerkannten unabhängigen Forschungsinstituten (oder pluralistisch besetzten Forschungsteams) vorbereitet sein und ebenso einvernehmlich erfolgen wie die aus ihr abgeleiteten Ziele.

- Die Ziele müssen in freiwillige Selbstverpflichtungen der beteiligten Akteure umgesetzt werden. Im Kern geht es darum, die Unternehmen zu verpflichten. Die Vereinbarungen und die Ergebnisse des Diskurses, nicht aber dieser selbst, sind der Öffentlichkeit zugänglich zu machen.

- Die Umsetzung der Vereinbarung ist im Zeitverlauf zu überprüfen.

- Zur Überprüfung derartiger Teilschritte wie auch zur Revision oder Weiterentwicklung der Zielstruktur bedarf es der längerfristigen Institutionalisierung des Diskurses. In energiepolitisch fortgeschrittenen Ländern geschieht dies in Form von Planungsbehörden. Nach niederländischem Vorbild sollten auch regionale „*consensus conferences*" durchgeführt werden, die wiederum anerkannte nationale Vorgaben in dezentrale Teilziele und -maßnahmen umsetzen.

Die folgende Tabellenübersicht zählt noch einmal die wichtigsten Ereignissen vor, während und nach den Energiekonsensgesprächen auf.

Zeittafel der Konsensgespräche[212]

Datum	Ereignis
Nov. 1991	BMWi veröffentlicht Bericht „Energiepolitik für das vereinte Deutschland". Angekündigte Kommission scheitert finanziellen Gründen.
23. Nov. 1992	Brief von Gieske (RWE) und Piltz (Veba) an Bundeskanzler Kohl mit der Bitte um Gesprächen über einen Kernenergiekonsens.
5. Dez. 1992	Veröffentlichung des Briefes in der Presse. Atomindustrie lehnt „Alleingang" von RWE und Veba ab.
16. Dez. 1992	BM Möllemann, FDP (Wirtschaft) und BM Töpfer, CDU (Umwelt) werden mit Führung der Konsens-Gespräche betraut.
Jan. 1993	Ministerpräsident Gerhard Schröder verfolgt weiter den energiepolitischen Konsens und das Ziel des Atomausstiegs.
26. Feb. 1993	Wintertagung des Deutschen Atomforums. Piltz formuliert sieben „Konsens"-Bausteine.
29. März 1993	Symposium „Energiepolitische Verständigungsaufgaben" des Umwelt Forums der Stadt Frankfurt a. M.
19. April 1993	1. Sitzung der Konsensgespräche.
3. Mai 1993	Sitzung der Arbeitsgruppe mit Verbänden.
27. Mai 1993	2. Sitzung der Verhandlungsgruppe zu den Konsensgesprächen.
30. Jun. 1993	3. Sitzung der Konsensgespräche.
6. Jul. 1993	4. Sitzung der Verhandlungsgruppe. Vertreter von Bündnis 90/ Die Grünen erklären ihren Auszug.
25. Sep. 1993	ÖTV-Vorsitzende Wulf-Mathies fordert alle beteiligten Gruppen dazu auf, ihre Unbeweglichkeit bei den Gesprächen aufzugeben.
6. Okt. 1993	Internes SPD-Papier, in dem eine „Kompromisslinie" entworfen wird.
19. Okt. 1993	SPD-Führung hält am Ausstieg aus der Kernenergie fest, räumt aber Gesprächsbereitschaft über Weg und Laufzeiten ein.
27. Okt. 1993	Umweltverbände lehnen weitere Teilnahme an Gesprächen ab. Die Atomlobby setzt auf einen neuen Reaktortyp.
9. Nov. 1993	5. Sitzung der Konsens-Gespräche. SPD ist nicht bereit, mit der Regierungskoalition über eine künftige Nutzung der Kernenergie zu sprechen. Damit scheitern die Gespräche. Regierungskoalition kündigt Artikelgesetz an.
23. Nov. 1993	Scheitern der Gespräche wird offiziell bekanntgegeben.
29. April 1994	SPD bekräftigt auf ihrem Parteitag in Wiesbaden den Beschluss über den Ausstieg aus der Kernenergie.
7. Mai 1994	Bundestag beschließt gegen den Willen der Opposition das umstrittene Energiegesetz (Artikelgesetz).
8. Dez. 1994	Stromwirtschaft fordert die Wiederaufnahme der abgebrochenen Konsensgespräche.
	Bundesverfassungsgericht erklärt den Kohlepfennig für verfassungswidrig.

---

[212] Vgl. Mez, (1997), Seiten 446-448.

16. Jan. 1995	BM Rexrod, CDU (Wirtschaft) nennt die Option für den Bau neuer Atomkraftwerke als Bedingung für neue Konsensgespräche und wendet sich gleichzeitig gegen die von Ministerpräsident Schröder (Niedersachsen) vorgeschlagene Energiesteuer anstelle des Kohlepfennigs.
31. Jan. 1995	ÖTV verlangt schnellstmögliche Wiederaufnahme der Konsens-Gespräche.
15. Feb. 1995	BM Merkel, CDU (Umwelt) schlägt vor, die Kohlesubventionierung zur Hälfte aus einer Stromsteuer und zur anderen Hälfte durch Energieeinsparungen zu finanzieren. Stromkonzerne lehnen dies ab, ebenso die FDP, die sogar mit einem frühzeitigen Koalitionsbruch droht.
19. Feb. 1995	Nordrheinwestfälische CDU plädiert zur Sicherung der heimischen Steinkohle für parteiübergreifenden Konsens u. weitere Kernenergienutzung.
16. März 1995	Fortsetzung der Konsens-Gespräche zwischen Bundesregierung, Vertretern der Länder und SPD. Weder Bündnis 90/ Die Grünen noch Atomindustrie oder Umweltverbände werden beteiligt. SPD will Planungs- und Finanzierungssicherheit für heimische Steinkohle bis zum Jahr 2000.
24. Apr. 1995	2. Gesprächsrunde. SPD möchte Thema Atomenergie hinten anstellen.
17. Mai 1995	BM Rexrodt, FDP (Wirtschaft) macht klar, dass die Bundesregierung über die weitere Nutzung der Kernenergie nicht verhandelt.
18. Mai 1995	Veba-Vorsitzender Hartmann erklärt auf Veba-Hauptversammlung, dass er „einen Energiekonsens unverändert für dringend erforderlich" hält.
20. Mai 1995	Bündnis 90/ Die Grünen möchten Energiekonsens-Gespräche mit dem ursprünglichen Ansatz von 1992 fortführen, d. h. mit dem Ziel des „geordneten Ausstiegs" bzw. Umstiegs" aus der Technik der Leichtwasserreaktoren.
21. Juni 1995	3. Gesprächsrunde. SPD-Verhandlungsführer Schröder schlägt vor einen Kompromiss über die Restlaufzeiten der Atomanlagen zu finden, die im Atomgesetz festgeschrieben werden sollen. Stromversorger lehnen dieses Modell ab. Gespräche scheitern an der Frage, ob und wie in Zukunft Atomkraft genutzt werden soll.
23. Jun. 1995	ÖTV schlägt neue Gesprächsrunde vor nach einer kurzen Denkpause.
6. Dez. 1995	Veba-Chef Hartmann drängt auf Wiederaufnahme der Konsensgespräche.
24. Jan. 1996	BM Rexrodt, FDP (Wirtschaft) fordert die SPD zu neuen Gesprächen auf und unterstreicht in einer Rede auf der Wintertagung des Dt. Atomforums die Wichtigkeit von Atomkraftwerken aus energiewirtschaftlicher wie ökologischer Sicht.
25. Jan. 1996	SPD kündigt weiter Widerstand gegen die Pro-Atom-Haltung der Regierung an.
12. Jun. 1999	Treffen von BM Müller, parteilos (Wirtschaft) und den Vorstandschefs von Energie Baden-Württemberg (EnBW), RWE, Veba und Viag, um Vertrag über das „geordnete Auslaufen" der Kernkraftwerke in Deutschland auszuhandeln.[213]
23. Jun. 1999	Auftaktveranstaltung des „Energiedialogs 2000" in der FES in Bonn.

[213] Wortlaut des Vertrages findet sich (im Juni 2000) unter folgender Internetadresse: http://photon.de/news/news_99-06_energiekonsens_vertrag.htm.

9.2 Der Energiedialog 2000

Ein von der breiten Öffentlichkeit getragener Grundkonsens über die künftige Energiepolitik bestand wie oben ausführlich erläutert wurde noch nie. Der Energiedialog 2000 (nicht zu verwechseln mit den so genannten „Atom-Konsensgesprächen") ist eine in Deutschland nie erfolgte formale Einigung zwischen Politik und Wirtschaft, die in einem intensiven, ein Jahr dauernden Diskussionsprozess um die allgemeine Frage eines zukunftsfähigen nationalen Energiekonzepts kreiste und der amtierenden Bundesregierung schließlich eine Basis künftiger Energiepolitik lieferte.[214]

Die Diskussionen im Rahmen des einjährigen Dialogs waren auf drei Themenschwerpunkte konzentriert: „Wettbewerb und Regulierung", „Rationelle Energieverwendung, erneuerbare Energien und CO_2-Minderung im internationalen Rahmen" sowie „Energiestandort Deutschland – Versorgungssicherheit und Beschäftigung".

Am 23. Juni 1999 eröffneten der Bundesminister für Wirtschaft und Technologie, Dr. Werner Müller, und der Sprecher des Vorstands der Deutschen Bank, Dr. Rolf-E. Breuer, Vorsitzender des Kuratoriums des Forums für Zukunftsenergie, in der Friedrich-Ebert-Stiftung (FES) in Bonn den „Energiedialog 2000". Dabei ging die Auftaktdebatte, an der etwa 400 Spitzenvertreter der Wirtschaft, vor allem der Energiewirtschaft, der Politik, Verwaltung, Umweltverbände, Gewerkschaften und Medien sowie die Vorsitzenden der Bundestagsfraktionen der Regierungskoalition, Dr. Peter Struck und Rezzo Schlauch sowie der wirtschafts- und energiepolitische Sprecher der FDP, Paul K. Friedhoff, und der Energieexperte der CDU/CSU, Kurt-Dieter Grill, teilnahmen, um folgende Fragen:[215]

---

[214] „Noch in diesem Jahr wird die neue Bundesregierung zu Gesprächen über einen neuen Energiekonsens einladen. Gemeinsam mit der Energiewirtschaft sollen die Weichen gestellt werden für den Weg zu einem neuen, zukunftsfähigen Energiemix ohne Atomkraft." Auszug aus der Koalitionsvereinbarung zwischen SPD und Bündnis 90/Die Grünen von 20. Oktober 1998 (Punkt IV.3.1).

[215] Diskussionsgrundlage war das Thesenpapier „Zukünftige Energiepolitik – Rahmenbedingungen und Ziele", das Wirtschaftsminister Müller und Dr. Breuer vorgelegt hatten.

- Was gehört angesichts der grundlegend veränderten Rahmenbedingungen zu einer Energiepolitik für eine zukunftsfähige Energieversorgung?

- Wie könnte und sollte diese Energiepolitik in ihren Eckpunkten und Leitlinien aussehen?

- Welche Instrumente können und sollten für die Realisierung der gemeinsamen Ziele dieser Energiepolitik eingesetzt werden?

Bundesminister Dr. Müller und Dr. Breuer als Schirmherren dieses Prozesses legten zum Auftakt ein Thesenpapier mit dem Titel „Zukünftige Energiepolitik – Rahmenbedingungen und Ziele" vor, in dem grundsätzliche Einschätzungen der energiepolitischen und energiewirtschaftlichen Herausforderungen skizziert wurden.

Zentrales Motiv für die Organisierung des „Energiedialogs 2000" war, dass eine zukunftsfähige und nachhaltige[216] Energieversorgung in Deutschland von großer wirtschaftlicher, gesellschaftlicher und damit politischer Bedeutung ist, und dass deutsche Energiepolitik für eine zukunftsfähige Energieversorgung nur dann realisiert werden kann, wenn sie von einem breiten gesellschaftlichen Konsens getragen wird, den es bis dahin nicht gab (s. „Konsensgespräche"). Der notwendige Konsens zielt im wesentlichen auf folgende Punkte ab:[217]

- die sichere Versorgung mit Energie durch die Gewährleistung eines nach Energieträgern und Bezugsquellen breit gefächerten Energieangebots,

- die volkswirtschaftlich effiziente Erzeugung und Nutzung von Energie, bei der die Preise für Energie möglichst alle verursachten Kosten wiederspiegeln, Subventionen langfristig abgebaut werden, die internationale Wettbewerbsfähigkeit erhalten und die unternehmerische Entscheidungsfreiheit für Investitionen in diesen Bereich gewährleistet wird,

---

[216] „Nachhaltigkeit bedeutet, den wachsenden Energiebedarf der Menschheit zu befriedigen und dennoch möglichst viele Energieoptionen für kommende Generationen offenzuhalten. Einer der Hintergründe des Nachhaltigkeits-Prinzips ist die Erfahrung, dass sich das Wissen um die Verfügbarkeit und Umweltrelevanz von Energieressourcen und –anwendungen im Laufe der Jahrzehnte verändert und zu völlig neuen Schlussfolgerungen im Rahmen einer ganzheitlichen Betrachtung führen kann." (aus einem Vortrag von Prof. Dr.-Ing. Ulrich Wagner, Lehrstuhl für Energiewirtschaft und Anwendungstechnik der TU-München, zum Symposium 2000 der Bayerngas GmbH am 20. Juli 2000 in München).

[217] Siehe Thesenpapier Müller/Breuer (1999): „Zukünftige Energiepolitik – Rahmenbedingungen und Ziele", Bonn.

- die Umweltverträglichkeit bzw. Vermeidung von Umweltschäden bei der Produktion, bei der Verteilung und beim Verbrauch von Energie. Energieeinsparung und rationelle Energieverwendung sind dabei wichtige Elemente nachhaltiger Energieversorgungsstrukturen ebenso wie die weitere Entwicklung erneuerbarer Energien, die in Zukunft verstärkt zur Versorgung beitragen sollen,

- die nach vorn gerichtete Nutzung des wirtschaftlichen Strukturwandels, um Deutschland als Standort für die Erzeugung von Energie wettbewerbsfähig zu halten und über neue Produkte und Dienstleistungen neue Wertschöpfungsmöglichkeiten zu erschließen, Arbeitsplätze zu sichern und neue zu schaffen,

- *last but not least* die Notwendigkeit der Erhaltung und Stärkung einer leistungsfähigen Verbund- und Regionalstufe ebenso wie die einer kommunalen Versorgungsstufe, die arbeitsteilig dazu beitragen, dass Strom und Gas jederzeit für Konsumenten und die Industrie verfügbar sind.

Diese Ziele sollten und mussten sogar unter Berücksichtigung der europäischen Rahmenbedingungen erreicht werden. Zu diesen gehören vor allem die Ablösung der bislang monopolistisch strukturierten Strom- und Gasversorgung durch die Einführung liberalisierter Märkte sowie die Herausbildung vernetzter europäischer und transeuropäischer Märkte.

Auf der Abschlussveranstaltung am 5. Juni 2000 in der FES in Berlin hatten Bundeswirtschaftsminister Dr. Werner Müller und der Vorsitzende des Kuratoriums des Forums für Zukunftsenergien Dr. Rolf Breuer einen Konsens im Namen der Bundesregierung und der Unternehmen gefunden und bezeugten dies auch öffentlich:

> „Wir wollen heute also vorstellen, was politische Parteien und gesellschaftliche Gruppen verbindet. Eine als solche schon ungewöhnliche Botschaft. Ich kann Ihnen versichern, dass das keine Selbstverständlichkeit war. Das vielkritisierte und oft unterschätzte ‚Konsensmodell Deutschland' existiert in der Energiepolitik seit mehr als zwanzig Jahren nicht mehr. Darüber sind Investitionen in Desinvestitionen verwandelt worden und Koalitionen gestolpert oder fast gestolpert" (W. Müller)

Doch bis zu diesem Konsens wurden etliche kontroverse Diskussionen auf allen Ebenen geführt. Die dazu stattgefundenen Veranstaltungen können schon angesichs der Quantität[218] hier nicht im einzelnen aufgeführt werden, doch soll eine zusammenfassende Betrachtung des erzielten Konsens, von dem am 23. Juni 1999 eingeleiteten „Energiedialog 2000" im Folgenden dargestellt werden.

9.2.1 Die Initiatoren und Teilnehmer

Initiatoren des Energiedialogs 2000 waren das Bundesministerium für Wirtschaft und Technologie (BMWi), das Forum für Zukuftsenergien (Bonn) und die FES (Bonn/Berlin). Abgesehen von der so genannten „Steuerungsgruppe"[219] (s. u.) vollzieht sich der „Energiedialog 2000" als breit angelegter gesellschaftlicher Diskussionsprozess, der keine exklusive und enumerative Teilnehmerschaft hat. Vielmehr waren alle gesellschaftlichen Kräfte aufgerufen, sich zu beteiligen. Das Gesprächsangebot drückte sich u. a. darin aus, dass von Juni 1999 bis Juni 2000 zahlreiche öffentliche Veranstaltungen, Konferenzen, Kongresse, Fachgespräche und Expertendialoge stattgefunden haben, die ihre Beiträge dazu leisteten, Leitlinien für eine zukünftige Energiepolitik zu formulieren.

Bundesminister Dr. Müller hatte Persönlichkeiten der Energiewirtschaft, der Industrie, der Parteien, Gewerkschaften, Umweltverbände und anderer mit energiepolitischen Fragen befassten relevanten gesellschaftlichen Organisationen *ad personam* zu einer so genannten „Steuerungsgruppe" eingeladen, die von ihm und dem Vorsitzenden des Kuratoriums des Forums für Zukunftsenergien, Dr. Breuer, geleitet wurde und die Ergebnisse des Energiedialogs kondensierte.

Daneben wurde eine „Arbeitsgruppe" ins Leben gerufen, die, um noch arbeitsfähig zu bleiben, auf 40 bis 60 Personen beschränkt blieb (zum größten Teil waren dies Mitarbeiter der Personen aus der Steuerungsgruppe). Innerhalb der Arbeitsgruppe bildeten sich vier- bis achtköpfige Untergruppen, die relativ „paritätisch" (aus Gewerkschaften, Umweltverbänden, Kohle-, Atom-, Gas- und Stromvertreter etc.) besetzt waren und „Einzel-Papiere" erarbeiteten, die anschließend vom Arbeitsgrup-

---

[218] Eine unvollständige Liste der Veranstaltungen findet sich unter: http://www.energiedialog2000.de.

[219] Auf der Liste zu dieser Gruppe standen rund 40 vom Bundeswirtschaftsminister höchst persönlich ausgewählte Namen, die im Anhang der Arbeit noch einmal separat aufgeführt sind.

penplenum diskutiert, notfalls verändert oder zur weiteren redaktionellen Arbeit zurückverwiesen wurden.[220]

Erst wenn das gesamte Arbeitsgruppenplenum mit dem Papier einverstanden war,[221] kam es als „Abschnitt" in das später verfasste Abschlussdokument.

Erst in diesem Stadium wurde das Papier der Steuerungsgruppe vorgelegt und dort recht zügig, ganz im Geiste einer UN-Sitzung verabschiedet, d. h. die Papiere wurden Artikel für Artikel gelesen, gegebenenfalls brachten die Teilnehmer Einwände vor. Die Vorstände Müller und Breuer baten diesbezüglich um ein Meinungsbild, auf dessen Grundlage man sich auf die alte Formulierung oder eine neue einigte und zum nächsten Artikel überging.[222]

9.2.2 Auftakt und Verlauf des Energiedialogs 2000

Der Diskussionsprozess startete im Juni 1999 mit einer Auftaktveranstaltung in der FES in Bonn und dauerte bis Juni 2000.

Einzige Sorge der Regierung und auch der Wirtschaft war, dass durch den Begriff des Atomausstiegs quasi ein „rotes" Tuch in die Runde geworfen werden könnte, mit dem alle folgenden Diskussionen von vornherein blockiert würden. Dies veranlasste die beteiligten Gruppen dazu, bei ihrer Wortwahl die Betonung auf den „Einstieg in eine zukunftsfähige Energiepolitik" und nicht auf einen „Ausstieg aus der Kernenergie" zu legen.

So auch Bundeswirtschaftsminister Dr. Werner Müller:

> „Um die Akzeptanz wiederzugewinnen, brauchen wir eine vorwärtsgerichtete Diskussion über den Einstieg in einen neuen Energiemix und in eine Energiepolitik, die eine zukunftsfähige Energieversorgung unterstützt."[223]

---

[220] Michael Wübbels, Leiter der politischen Vertretung der ÖTV in Berlin, zeichnete sich dabei immer wieder als Person aus, die in den Kleingruppen Konsens schaffte.

[221] Es sei denn die Kritik war nicht integrierbar. Diese wurde dann lediglich als abweichende Meinung aufgenommen, berührte aber nicht den Inhalt des Papiers als solches.

[222] Protokolle gab es bei diesen Sitzungen offiziell keine. Lediglich eine BMWi-Mitarbeiterin schrieb auf, ob die Steuerungsgruppe sich bei den einzelnen Artikeln „vor allem", „hauptsächlich", „wesentlich" oder „tendenziell" geeinigt hatte, um dann durch Einfügung dieser Veränderungen die neue endgültige Fassung des Textes zu erstellen.

[223] Zitat Dr. Werner Müller in einer Rede vom 23. Juni 1999 zur Auftaktveranstaltung des „Energiedialog 2000" in der FES in Bonn.

Der Minister für Wirtschaft und Technologie formulierte in seinen sechs Eckpunkten zu Beginn des Energiedialog 2000 bereits die Taktik seiner zukünftigen Liberalisierungspolitik, denn schon am 23. Juni 1999 setzte er auf die „Konsensfähigkeit und Zukunftsorientiertheit der Marktpartner",[224] was der Politik die Möglichkeit gibt, sich weitgehend aus der Debatte herauszuhalten und die Ergebnisse beispielsweise in Form einer Neufassung der Verbändevereinbarungen für Strom abzuwarten und erst im Fall der Nichteinigung der Verbände, gesetzliche Regelungen anzustoßen. Die weiteren fünf Eckpunkte betrafen folgende Themen:

- die Schaffung eines „neuen marktwirtschaftlichen Ordnungsrahmens" für die Energiepolitik, womit erneut dem marktwirtschaftlichen Aspekt der Vortritt eingeräumt wird.

- als Konsequenz aus Punkt Nr. 1 soll die „Investitionsfreiheit der Unternehmen" gewährleistet werden, denn nach Ansicht Müllers passt „Investitionslenkung durch den Staat (...) nicht in eine Welt, die sich unter europäischen Wettbewerbsbedingungen bewähren muss."

- der „Standort Deutschland für die Energieerzeugung" sollte auch weiterhin gesichert und ausgebaut werden, was gerade im Hinblick auf die Beschäftigungspolitik maßgeblich ist (allein die Stromwirtschaft beschäftigt rund 160.000 Menschen. In der Gaswirtschaft sind es Ende 2000 immerhin noch 39.000).

- das „klassische Zieldreieck der Energiepolitik" (Wettbewerbsfähigkeit, Versorgungssicherheit und Berücksichtigung der Umweltbelange) steht bei Bundeswirtschaftsminister Müller im Vordergrund. „Effizienz von Energieversorgungsstrukturen zugunsten der Verbraucher und zugunsten der Wettbewerbsfähigkeit der Industrie" wird dabei jedoch nicht alleine von Bedeutung sein können, da sonst die übrigen Ziele einer zukunftsfähigen Energiepolitik nicht erreicht werden. Um dieses Vakuum nicht entstehen zu lassen, formuliert der Minister vorsichtig den „Bedarf an intelligenter Regulierung durch die Politik vor dem Hintergrund, dass die Ergebnisse betriebswirtschaftlicher Optimierung einerseits und volkswirtschaftlicher Wohlfahrt andererseits auseinanderklaffen können."

---

[224] In seiner Rede am 23. Juni 1999 nannte Bundesminister dies als zweiten Eckpunkt.

- Letzter Eckpunkt ist die Notwendigkeit, „langfristig zu subventionsfreien Energieversorgungsstrukturen" zu gelangen, was wiederum „auch in der Verantwortung der Unternehmen" liegt, „wenn Marktergebnisse den energiepolitischen Zielen Nachhaltigkeit und Versorgungssicherheit nicht entsprechen." Womit der Minister die Unternehmen in die Pflicht nimmt, Lösungen für Zukunftsaufgaben, sprich: zukunftsfähige Energiepolitik, vorzulegen und nicht ausschließlich an die nationale Politik als „Problem zu überweisen".

Das Ziel des Energiedialogs fasste Bundeswirtschaftsminister Dr. Werner Müller in folgenden drei Punkte zusammen:

> „Wir stellen uns vor, dass es gelingt, erstens die polarisierte Debatte der Vergangenheit zu beenden, weil sie uns für die Zukunft behindert; zweitens einen Korridor zu beschreiben, auf den sich die Mehrheit der politischen Parteien, der Gewerkschaften, der Unternehmen und der Umweltverbände verständigen kann. Dabei geht es nicht um die Veränderung von Grundüberzeugungen, sondern um pragmatische Lösungen mit dem Blick nach vorn. Und drittens, dass es gelingt, sich auf der Basis der genannten Ziele auf Kooperationsformen zwischen Politik und Wirtschaft zur Lösung der Zukunftsaufgaben zu einigen."

9.2.3 Das Ergebnis

Mehr als 30 hochrangige Entscheidungsträger aus Politik, Wirtschaft und gesellschaftlichen Gruppen (siehe Anhang 15.1 „Mitglieder der Steuerungsgruppe des Energiedialogs 2000", Seite 387) haben als Ergebnis der einjährigen Debatte die Leitlinien zur Energiepolitik formuliert und sie bei der Abschlussveranstaltung des Energiedialogs am 5. Juni 2000 in Berlin der Öffentlichkeit vorgestellt.

Die Teilnehmer waren sich nach Außen einig, dass die Energieversorgung und -bereitstellung am Leitbild der „nachhaltigen Entwicklung" auszurichten sei. Dieses Ergebnis ist ein erheblicher Fortschritt und ein Verdienst der Umweltverbände, deren Diskussionsanstöße, trotz ihres plötzlichen Ausscheidens kurz vor Ende, das Ergebnis stark beeinflusste. Politisch könnte man diesen Punkt dahingehend deuten, dass die Wettbewerbsfähigkeit und Umweltverträglichkeit keine sich ausschließenden Anliegen sein müssen, sondern Wirtschaft und Umweltverbände, gerade was diese Punkte angeht, einen gemeinsamen Weg finden können. Allerdings stellt die Reaktion der Umweltverbände durch ihren Austritt diese Vermutung in Frage.

Heinz Laing, Energieexperte von Greenpeace, erklärte den Entschluss der Verbände damit, dass im Abschlussbericht im wesentlichen nur der Status quo zementiert wird. Beispielsweise wird der Braunkohleanteil im Energiemix für 40 Jahre auf dem derzeitigen Niveau festgeschrieben, was mit dem Klimaschutz nicht zu vereinbaren sei. Konsens hätte es auch nicht zu Themen wie „Energiesparen als vorrangiges Ziel" gegeben. Frank Musiol vom NABU sprach nach dem Ausscheiden von eckigen Klammern hinter der betreffenden Passage mit dem Hinweis „Die Umweltverbände waren nicht einverstanden". Das wiederum war den Umweltverbänden nicht genug. Auch nicht, dass die Forderungen der Beteiligten hinter den beschlossenen Positionen des Kabinetts, beispielsweise zu einer EU-weiten Kerosinsteuer oder zur KWK-Förderung, zurückblieben.

Der Fraktionsvorsitzende der Bündnis 90/Die Grünen, Rezzo Schlauch, und Michaele Hustedt, energiepolitische Sprecherin, wiederum nahmen eine vermittelnde Position ein und erklärten, ein Dialog verlange von den Teilnehmern eine gewisse politische Reife, um von Maximalpositionen abzurücken und eine gemeinsame Schnittmenge zu formulieren. Wichtig sei allein die Tatsache, erstmals zu einem Gespräch zusammengefunden zu haben und ein Resultat präsentieren zu können.

Ein Konsens wurde schließlich dahingehend erzielt, dass marktwirtschaftliche Prozesse grundsätzlich am besten geeignet sind, um für eine effiziente Versorgungs- und Dienstleistungsstrukturen zu sorgen. Nur wo gewünschte Ziele im Markt nicht von allein erreicht werden können, ist staatliches Handeln notwendig. Diese subsidiäre Rolle des Staates war zu Beginn des Dialogs noch heftig umstritten gewesen.

Ein weiteres Ergebnis war die Einsicht der Teilnehmer, dass ein zukunftsfähiger Energiemix sich deutlich von dem heutigen unterscheiden müsse. Das heißt, fossile Energieträger müssen wenn überhaupt, dann effizienter eingesetzt werden, immer unter der Prämisse, ihren Anteil langfristig zu reduzieren, während gleichzeitig erneuerbare Energieträger (durch Förderung) größere Bedeutung erhalten. Ungeklärt blieb die Zeitspanne, in der diese Schritte erfolgen sollen. Einmütig haben die Teilnehmer des Dialogs unterstrichen, dass Deutschland ein starker Stromerzeugungsstandort bleiben und nicht zum Importland mutieren soll.

9.2.4 Die Leitlinien – der Konsens

„Energiepolitik für die Zukunft – Leitlinien zur Energiepolitik" heißt das abschließende Dokument dieses einjährigen Prozesses. Auf 21 Seiten wird die zukünftige Energiepolitik der Bundesregierung skizziert. Bundeswirtschaftsminister Dr. Werner Müller und Dr. Rolf E. Breuer, Vorsitzender des Forums für Zukunftsenergien, stellten es am 5. Juni 2000 in der FES in Berlin vor.

Ein Jahr lang waren u. a. auf Expertentreffen Einzelprobleme, wie z. B. zur Kraftwärmekopplung, analysiert und Gutachten zu einer Fülle von Fachfragen durch ein wissenschaftliches Begleitprogramm und von Fachleuten der beteiligten Gruppen erstellt worden. Der Deutsche Industrie- und Handelstag und die ÖTV, die Energiewirtschaft, die Umweltverbände im Dialog mit der Energieindustrie, politische Stiftungen, Parteien, Akademien und viele andere Gremien organisierten große, zum Teil mehrtägige Kongresse, auf denen führende Vertreter aus Politik, Wirtschaft, Gewerkschaften und Umweltverbänden die deutsche und die europäische Energiepolitik debattierten. Mehrere tausend Menschen nahmen auf diesem Weg zwischen Juni 1999 und Juni 2000 an den Erörterungen teil, nutzten die Homepage „www.energiedialog2000.de" zur Information über Dokumente, energiepolitische Veranstaltungen oder relevante Institutionen, Verbände sowie Firmen und gestalteten damit einen durchaus kontroversen und breiten Dialog.

Selten wurde ein Thema wohl so umfassend und ausführlich und so öffentlich debattiert, um die Betroffenen zusammenzuführen und die Politik zu orientieren. Der Energiedialog 2000 suchte gemeinsame Ergebnisse, auf denen die Politik aufbauen kann, und kam zu einer gemeinsamen Beschreibung der Realitäten, zu einem Einvernehmen über wesentliche Grundzusammenhänge sowie zu Schlussfolgerungen bezüglich Zukunftstendenzen und Empfehlungen für Handlungsansätze und Ziele.

Eine gemeinsame Einschätzung zur Kernenergie enthielt das Abschlussdokument nicht. Die Nichtbefassung mit der Kernenergie war eine Grunddefinition des Energiedialogs, wenngleich sie von Kernenergie-Befürwortern im Laufe des Dialogs immer wieder ignoriert wurde. Der Energiedialog 2000 sollte die zukünftige Energiepolitik und vor allem die zukunftsfähigen Energien, zu denen die Kernenergie nicht gehört, diskutieren. Die von der rot-grünen Regierung ja bereits vor Beginn der Jahresveranstaltung getroffene grundsätzliche Ausstiegsentscheidung aus der

Kernenergie wurde denn auch wenige Tage nach der Schlusskonferenz in der FES im Rahmen der parallel verlaufenen „Konsensgespräche" konkretisiert.

Ein abschließender Konsens mit den Umweltverbänden, wurde zwar nicht erreicht. Die rund elfmonatige Mitarbeit der Umweltverbände sowie die auf Kompromisse und Konsens angelegten Debatten und Verhandlungen garantierten jedoch, im Schlussdokument das gemeinsame Leitbild der Nachhaltigkeit und als Ziel der Energiepolitik „Umweltverträglichkeit" gleichberechtigt neben „Versorgungssicherheit" und „Wettbewerbsfähigkeit" zu bestätigen. Die „Leitlinien" sind somit die Ausgangsbasis für politischen Entscheidungen zur Konkretisierung eines Energiekonzeptes durch Parlamente sowie Regierungen auf Bundes- und Länderebene.

Fazit: Erfüllung der politikwissenschaftlichen Bedingungen zum erfolgreichen Konsensgespräch? An dieser Stelle sollen die von Lutz Mez aufgeführten Voraussetzung für erfolgreiche Konsens-Gespräche anhand des Energiedialogs verifiziert werden (Mez, 1997:435):

Erste Grundvoraussetzung, dass Zweck, Zeitablauf und Grundregeln bekannt sein müssen, wurde erfüllt (siehe Punkt 1 der Aufzählungen in Kapitel 9.2, Seite 234). Durch das BMWi als Mitinitiator des Geschehens wurde ein großes Interesse geweckt, das durch die Medienberichterstattung zusätzliche Verbreitung fand. Ebenso lag die Organisation und Durchführung des einjährigen Prozesses in den Händen einer kompetenten und bekannten politischen Stiftung (FES) und eines Forums, das sich unter der Schirmherrschaft einer der wichtigsten und einflussreichsten Personen in Deutschland (Dr. Rolf Breuer) befindet. Der Dialog richtete sich an alle (relevanten) gesellschaftlichen Gruppen und schloss somit die (Haupt-)Akteure ein, zum Teil als Mitglieder der Steuerungsgruppe. Gleichzeitig wurde auf eine ausgeglichene Teilnehmerschaft innerhalb der „offiziellen" Konferenzen und Veranstaltungen geachtet.

Ziel des Dialogs war die Kommunikation und der Diskurs, der in einem Konsens enden sollte, nicht in einem Disput. Deswegen wurde das Thema des „Ausstiegs" (aus der Atomkraft) in eine „Einstiegsdebatte" (in neue bzw. erneuerbare Energien) umgewandelt (s. o.).

Die Teilnahme war unmissverständlich an die Bedingung geknüpft, die Spielregeln des Diskurses und des zu lösenden Problems grundsätzlich anzuerkennen. Dies geschah zu Beginn sowohl von Seiten der Umweltverbände, als auch der Unternehmen, der Gewerkschaften und politischen Parteien, wenngleich sich beispielsweise die Umweltverbände kurz vor Ende von dem gesamten Prozess distanzierten und ihren Austritt bekanntgaben (s. o.). Die Mitglieder der Steuerungsgruppe garantierten sich gegenseitig, Stillschweigen über den aktuellen Gesprächsstand zu bewahren und diesen erst in Form des Abschlussdokuments der Öffentlichkeit zugänglich zu machen. Daneben wurden im gesamten Dialog-Jahr etliche Analysen, Gutachten und Prognosen von anerkannten Forschungsinstituten sowie Wissenschaftlern verfasst und veröffentlicht.

Einzige Frage bleibt, inwieweit der Energiedialog 2000 nach seinem Abschluss tatsächlich in die Politik eingeflossen ist. Die Frage nach der „Implementierung" und „Weiterentwicklung" angestoßener Themen findet keine konkrete Beantwortung. Im Gegensatz zu „energiepolitisch fortgeschrittenen Ländern", in denen dies in Form einer extra dafür eingesetzten Planungsbehörde erfolgt und wie Jänicke/Mez weiter vorschlagen

> „nach niederländischem Vorbild (...) auch regionale ‚concensus conferences' durchgeführt werden, die wiederum anerkannte nationale Vorgaben in dezentrale Teilziele und -maßnahmen umsetzen."[225]

Bleibt festzuhalten, dass die Rahmenbedingungen des Energiedialogs durch etliche Vorarbeiten mit den teilnehmenden Gruppen erfolgversprechend angelegt waren. Auch die Durchführung, die von der Möglichkeit eigener Initiative in Form einer Veranstaltung, über die Erstellung einer Internetseite zur Information(-sverbreitung) bis hin zu zahlreichen parallel erschienenen Analysen, reichte, geht mit den Bedingungen der beiden Politikwissenschaftler Jänicke und Mez und den in den USA gewonnenen Erfahrungen konform. Selbst das Abschlussdokument, in dem die Positionen der einzelnen gesellschaftlichen und politischen Gruppen (selbst die Mitwirkung der Umweltverbände trotz ihres überraschenden Austritts) integriert und

---

[225]Jänicke, Martin/Mez, Lutz (1995): Strategien zur Umsetzung des Projekts „Energie 2010". Hintergrundstudie für das Projekt „Energie 2010" - Diskursorientierte Projektstudie: Zukünftige Energiepolitik, FFU-Report 95-5, Berlin.

eine schriftliche Formulierung erhalten hatten, war ein Schritt in die richtige Richtung. Lediglich die Zukunftsfrage wurde unter den Tisch fallen gelassen.

Nach dem Ende im Juni 2000 fiel nur noch sehr vereinzelt der Begriff „Energiedialog", was nicht bedeutet, dass der Geist der Veranstaltung und ihre damals erzielten Ergebnisse für die weiteren Entscheidungen kein Gewicht mehr gehabt hätten. Inwiefern sie doch noch als Grundtenor der politischen Handlungen mitschwingen, werden die folgenden Kapitel zeigen.

9.2.5 Zeittafel des Energiedialogs 2000

Datum	Ereignis
23. Jun. 1999	Auftaktveranstaltung in der FES, Bonn
8. Sep. 1999	1. Tagung der AG-Energiedialog
6. Okt. 1999	2. Tagung der AG-Energiedialog
13. Okt. 1999	1. Sitzung der Steuerungsgruppe in der Deutschen Bank, München
23. Nov. 1999	3. Tagung der AG-Energiedialog
15. Dez. 1999	4. Tagung der AG-Energiedialog
17. Jan. 2000	2. Sitzung der Steuerungsgruppe im BMWi, Berlin
16. Feb. 2000	5. Tagung der AG-Energiedialog
15. Mrz. 2000	6. Tagung der AG-Energiedialog
27. Mrz. 2000	3. Sitzung der Steuerungsgruppe in der Deutschen Bank, Frankfurt
12. Apr. 2000	7. Tagung der AG-Energiedialog
2. Mai 2000	8. Tagung der AG-Energiedialog
10. Mai 2000	9. Tagung der AG-Energiedialog Austritt der Umweltverbände aus den Verhandlungen
22. Mai 2000	4. Sitzung der Steuerungsgruppe im Adlon Hotel, Berlin
5. Jun. 2000	Abschlussveranstaltung in der FES, Berlin

Quelle*: eigene Daten (durch aktive Mitarbeit am Energiedialog 2000)*

10 Rechtliche Rahmenbedingungen und Ausgangssituation

Das deutsche Energierecht kann als Vorreiter und Nachzügler in einem gesehen werden und befindet sich somit in einem ambivalenten Zustand:

> Es (Anm.: das deutsche Energierecht) ist im nationalen wie internationalen Rahmen Vorreiter und Nachzügler zugleich. Vorreiter ist es aufgrund der traditionell großen Bedeutung privater und gemischtwirtschaftlicher Akteur für die öffentliche Energieversorgung im allgemeinen und die (...) öffentliche Stromversorgung im besonderen. (...). Das deutsche Energierecht ist aber zugleich Nachzügler hinsichtlich der in anderen Bereichen bzw. Ländern mit der Privatisierung verbundenen Liberalisierung, d. h. der wettbewerbsorientierten Öffnung von Märkten." (Schneider, 1999:32f)

Für die leitungsgebundene Energieversorgung existierten in Deutschlandzwei Gesetzessäulen, die seit 1997 bzw. 1998 von zwei supranationalen ergänzt werden. Gemeint sind:

- Gesetz gegen Wettbewerbsbeschränkungen (GWB) von 1957
- Energiewirtschaftsgesetz (EnWG) von 1935
- EU-Binnenmarktrichtlinie für Elektrizität (EURStrom) von 1996
- EU-Binnenmarktrichtlinie für Gas (EURGas) von 1998.

Letztere hat am 20. Juli 1996 mit der Einigung aller europäischen Energieminister auf einen einheitlichen Standpunkt zur Liberalisierung der Energiemärkte dazu geführt, dass sich der deutsche Gesetzgeber gezwungen sah, die 1997 in Kraft getretene EURStrom und ein Jahr später die EURGas in nationales Recht umzusetzen. Ziel bei der einen wie bei der anderen ist es, die nationalen Märkte der EU-Mitgliedsländer für den internationalen Wettbewerb zu öffnen. Die Verantwortung einer Regulierung wurde den nationalen Wirtschaftsministern und Kartellämtern zugesprochen. Um den ordnungsrechtlichen Rahmen für den liberalisierten Elektrizitäts- und Gasmarkt zu gewährleisten, ist in Deutschland am 29. April 1998 das EnWG und am 1. Januar die 6. Novelle des GWB in Kraft getreten. Zusammen bilden die zwei Regelwerke den ordnungsrechtlichen Rahmen in Deutschland für den liberalisierten leitungsgebundenen Energiemarkt. Mit dem neuen EnWG ist eine sofortige vollständige Marktöffnung vorgenommen worden, was die Forderungen der EU-Kommission einer schrittweisen Öffnung der Märkte mehr als erfüllte. Bisher ist allerdings noch kein gesetzlicher Ordnungsrahmen für Erdgas geschaffen worden, was spätestens bis Frühjahr 2002 in Form einer Novellierung des EnWG von 1998 (Ausweitung der Bestimmungen explizit auf Gas) geschehen soll.

Wesentliche Eckpunkte der gesetzlichen Neuregelung sind die Abschaffung der bis dahin geschlossenen Versorgungsgebiete der Energieversorgungsunternehmen durch Beseitigung der kartellrechtlichen Privilegierung von Demarkations- und Konzessionsverträgen und die Schaffung umfassender Durchleitungsregelungen zu Lasten der Betreiber. Beide Punkte beziehen sich zu diesem Zeitpunkt lediglich auf die Stromwirtschaft und wurden erst im Nachhinein für den Gasmarkt interpretiert.

10.1 EnWG

10.1.1 Der lange Weg zur Neuregelung des EnWG

Das EnWG hat einen Paradigmenwechsel eingeläutet, der die europäische Entscheidung zur Liberalisierung der leitungsgebundenen Märkte in nationales Recht umsetzte.

Dem Entwurf des Gesetzes hatte das Bundeskabinett bereits am 23. Oktober 1996 zugestimmt, doch der Bundesrat hatten ihn am 19. Dezember abgelehnt. Erst ein Jahr später (28. November 1997) konnte der Deutsche Bundestag den Gesetzentwurf in der Fassung der Änderungsvorschläge der Koalitionsfraktionen in zweiter und dritter Lesung verabschieden. Daraufhin rief der Bundesrat Mitte Dezember den Vermittlungsausschuss an, der am 2. März 1998 die Überarbeitungsvorschläge der Vertreter der SPD gegen die Stimmen der Koalitionsvertreter als so genanntes unechtes Vermittlungsergebnis billigte. Dieses Ergebnis ist vom Bundestag am 5. März mit den Stimmen der Koalition zurückgewiesen worden. Einen Tag später behandelte der Bundesrat das EnWG als zustimmungspflichtig und verweigerte die Zustimmung gleichzeitig. Dennoch unterzeichnete Bundespräsident Herzog das Gesetz am 24. April 1998. Vier Tage später konnte es schließlich im Bundesgesetzblatt veröffentlicht werden. Damit wurde das alte EnWG aus dem Jahr 1935 abgelöst.

Bevor auf den Inhalt des neuen EnWG eingegangen wird, sollen die Diskussionen, die im Vorfeld und insbesondere nach Inkrafttreten geführt wurden, als Exempel politischen Agierens von SPD und Bündnis 90/Die Grünen zunächst aus der Opposition heraus und schließlich in der Regierungsverantwortung aufgezeigt werden. In Tabelle 23 findet sich die Chronologie des Gesetzgebungsverfahrens des neuen EnWG, noch einmal als Kurzfassung:

Tabelle 23: Chronologie des Gesetzgebungsverfahren zur EnWG-Neuregelung

Datum	Ereignis
23. Okt 1996	Bundeskabinett verabschiedet Regierungsentwurf zur Änderung
19. Dez 1996	Erster Durchgang und Stellungnahme im Bundesrat
18. März 1997	Gegenäußerung der Bundesregierung zur Bundesratstellungnahme
17. April 1997	1. Lesung im BT, Überweisung in den BT-Wirtschaftsausschuss
2. Juni 1997	Anhörung im Wirtschaftsausschuss und Beschluss des Regierungsentwurfes mit Änderungen
12. Nov 1997	Gruppenantrag der Koalitionsfraktionen CDU, CSU und FDP zur Änderung des Regierungsentwurfs
28. Nov 1997	2. und 3. Lesung.Verabschiedung des neuen Energierechts im BT
19. Dez 1997	2. Durchgang Bundesrat, Anrufung des Vermittlungsausschusses
2. März 1998	Keine Einigung im Vermittlungsausschuss, aber Beschlussempfehlung mit Änderungsvorschlägen mehrheitlich mit Stimmen der SPD-Vertreter (unechtes Vermittlungsverfahren)
5. März 1998	Bundestag lehnt Beschlussempfehlung des Vermittlungsausschusses ab
6. März 1998	Bundesrat verweigert Zustimmung, legt jedoch keinen Einspruch ein
24. April 1998	Bundespräsident Herzog unterschreibt Gesetz
29. April 1998	Inkrafttreten des Gesetzes nach Verkündung im Bundesgesetzblatt

10.1.2 Die Klage gegen das neue EnWG

Bereits der Entwurf der damaligen Regierungskoalition aus CDU/CSU und FDP für ein neues EnWG, wurde von den Oppositionsparteien SPD und BÜNDNIS 90/DIE GRÜNEN abgelehnt. Aus Sicht der Grünen beschränkte das neue EnWG den Ausbau regenerativer Energien, da maximal zehn Prozent des eingespeisten Stroms aus umwelt- und klimafreundlichen Quellen stammen durften, was in manchen Gegenden beispielsweise Schleswig-Holsteins mit der Kapazität der vorhandenen Windräder bereits nahezu erreicht worden war. Im Vermittlungsausschuss, in dem SPD und die Grünen die Mehrheit hielten, ging es um die Frage, ob der Bundesrat dem EnWG zustimmen muss, wobei ein Einspruch dieser Seite vom Bundestag zurückgewiesen werden kann. Die einzige Möglichkeit bestand für die Opposition also darin, das Gesetz nach seiner Verabschiedung mit Hilfe einer Normenkontrollklage, die von einer Landesregierung erhoben werden muss, zu kippen.

Doch zunächst schien die mehr als vier Jahre dauernde Diskussion über ein neues EnWG, das das seit 1935 geltende EnWG ablösen sollte, mit dem Inkrafttreten am 29. April 1998 vorerst beendet worden zu sein, wenngleich die kommunalen Spitzenverbände dieses Gesetz in der vorliegenden Form ablehnten, weil sie dadurch in fünf Kernpunkten ihre kommunalen Interessen massiv beeinträchtigt sahen:

1. die kommunale Regelungskompetenz für die örtliche Energieversorgung,

2. die unbefristete Aufnahme des Alleinabnehmersystems,

3. die Sicherung des Konzessionsabgabevolumens,

4. weitere Regelungen zur KWK und zur regenerativen Energienutzung sowie

5. Übergangsfristen.

Darüber hinaus war die SPD-Bundestagsfraktion der Auffassung, durch das neue Gesetz sei sowohl gegen das kommunale Selbstverwaltungsrecht nach Art. 28 Abs. 2 Satz 1 GG [226] als auch gegen Art 84 Abs. 1 GG verstoßen worden, da es der Zustimmung des Bundesrates bedurft hätte, wenn es um verbindliche Vorschriften für Länder und Kommunen geht.[227]

Aus diesen Gründen erhoben die SPD-Bundestagsfraktion und drei SPD-geführte Landesregierungen (Hessen, Schleswig-Holstein, Saarland) eine Verfassungsklage gegen die Neuregelung des EnWG und beantragten eine einstweilige Anordnung. Im Juli 1998 wurde das Normenkontrollverfahren gegen das Gesetz eingeleitet.

Die Kritik an der Neuregelung des EnWG äußerte sich vor allem dahingehend, dass die Befürchtung im Raum stand, durch die vom EnWG ausgehende Öffnung der Wettbewerbsmärkte leitungsgebundener Energien würden erhebliche Nachteile für die kommunale Regelungskompetenz, für die örtliche Energieversorgung, für die städtischen Finanzen und für die Stadtwerke entstehen. Die Städte wiesen vermehrt

---

[226] „Den Gemeinden muss das Recht gewährleistet sein, alle Angelegenheiten der örtlichen Gemeinschaft im Rahmen der Gesetze in eigener Verantwortung zu regeln." (Art. 28, Abs. 2, Satz 1 GG).

[227] „Führen die Länder die Bundesgesetze als eigene Angelegenheit aus, so regeln sie die Einrichtung der Behörden und das Verwaltungsverfahren, soweit nicht Bundesgesetze mit Zustimmung des Bundesrates etwas anderes bestimmen." (Art. 84, Abs. 1 GG).

darauf hin, dass Wettbewerb und kommunale Selbstverwaltung zugleich Freiheit und Verantwortung bedeuten und Wettbewerb demzufolge kein Selbstzweck sei, sondern lediglich ein Instrument zur Verwirklichung größerer Freiräume für Entscheidungen der Städte und die Optimierung kommunaler Dienstleistungen zugunsten der Bürgerinnen und Bürger. Es ging allerdings auch nicht darum, die Öffnung der Wettbewerbsmärkte für Energie zurückzunehmen (diese Forderung wäre ohnehin erfolglos geblieben), sondern vielmehr um eine Verbesserung der Rahmenbedingungen für eine chancengleiche Teilnahme durch die Kommunen und insbesondere durch die Städte und ihre Stadtwerke. Gleichzeitig forderten die Kläger, dass die vielfältigen Optionen, die die EURStrom eröffnet, auch ins deutsche Gesetz übernommen werden müssten.

Forderung der SPD-Bundestagsfraktion und der Länder war:

„Jede zukünftige Wettbewerbsordnung im Bereich der leitungsgebundenen Energieversorgung muss daher unter Wahrung des verfassungsrechtlich gewährleisteten kommunalen Selbstverwaltungsrechts der Notwendigkeit einer angemessenen kommunalen Finanzausstattung und auch der gewachsenen Teilhabe der Städte am Wirtschaftsleben ausreichend Rechnung tragen. Bei der im Gesetz vorgesehenen Öffnung der Märkte handelt es sich jedoch primär um einen Preiswettbewerb, der die spezifischen Besonderheiten der deutschen Energieversorgung nicht berücksichtigt. Die Verankerung der auf Art. 28 Abs. 2 Grundgesetz basierenden Regelungskompetenz der Städte für die örtliche Energieversorgung wurde im Gesetz nicht durchgesetzt. Die Inhalte der Entschließung des Bundestages, die die aus dem kommunalen Selbstverwaltungsrecht abgeleiteten Kompetenzen der Städte besonders hervorhebt, müssen nun in die Zweckbestimmung des Gesetzes aufgenommen werden. [228]

Ein weiterer strittiger Punkt waren die Konzessionsabgaben. Die Städte sahen einen Großteil ihres Aufkommens aus Konzessionsabgaben durch das EnWG gefährdet (1997 betrug der Anteil immerhin 6,41 Milliarden DM).[229] Allein eine diesbezügliche Regelung im Gesetz zur Sicherung der Abgaben war ihnen nicht genug, denn das Risiko im so genannten „vertraglosen Zustand", einen bestimmten Mindestgewinn angesichts des starken Wettbewerbs nicht zu erreichen, was dem Unterneh-

---

[228] Zitat Jörg Hennerkes, Beigeordneter für Umwelt-, Wirtschaft und Technik des Deutschen Städtetages unter: http://www.demo-online.de/1198/t1198_01.htm.

[229] Siehe unter: http://www.demo-online.de/1198/t1198_01.htm (Stand November 2001).

men das Recht einräumte, die Konzessionsabgabe zu reduzieren, wollten die Städte nicht tragen. Sie verlangten daher im Zusammenhang mit der Novelle des EnWG, insbesondere die Konzessionsabgabenverordnung den neuen (Markt-) Gegebenheiten anzupassen.

Weiterhin wurde befürchtet, Großkunden könnten aus dem Versorgungsgebiet herausfallen, während die kommunalen Versorger (sprich Stadtwerke) aufgrund von Beschränkungen der Länder-Gemeindeordnungen nur noch eingeschränkt, d. h. lediglich in ihrem Gemeindegebiet am Wettbewerb teilnehmen könnten.

Doch die „Existenzbedrohung" der Städte erwies sich im Nachhinein als Gespenst (siehe Kapitel 7.2, Seite 186). Im Gegenteil, die neue Wettbewerbs-Situation führte zu notwendigen Umstrukturierungen (intern oder auch durch Fusionen), die wirtschaftlichen Erfolg nach sich zogen und kein „Massensterben" wie vorhergesagt.

Bei der Umsetzung der EURStrom hat die rot-grüne Bundesregierung nach ihrem Wahlsieg im Herbst 1998 sehr viel stärker in den Prozess eingegriffen als es die Vorgänger-Regierung tat, da es hier auch um den Koalitionsvertrag ging, nämlich die Weichenstellung für einen „zukunftsfähigen" Energiemix, der beispielsweise Kraft-Wärme-Kopplung (KWK) bevorzugt und Kernenergie als Stromlieferant nach und nach reduziert. Die klagenden Städte sahen die KWK nicht umfassend durch das neue EnWG gesichert, wenngleich es dort heißt, die Durchleitung von Strom kann verweigert werden, wenn

> „Elektrizität aus fernwärmeorientierten, umwelt- und ressourcenschonenden sowie technisch-wirtschaftlich sinnvollen Kraft-Wärme-Kopplungsanlagen oder aus Anlagen zur Nutzung erneuerbarer Energien verdrängt und ein wirtschaftlicher Betrieb dieser Anlagen verhindert würde (...)" (EnWG, § 6, Abs. 3)

Durch die unzureichende Konkretisierung des EnWG sahen die Kritiker damit zusätzlich eine wirkungsvolle Umsetzung umweltpolitischer Ziele in Frage gestellt, weil die Berücksichtigung von KWK und erneuerbarer Energien im einzelnen Konfliktfall zu Rechtsstreitigkeiten führen würde.[230]

---

[230] Hermann Scheer, MdB, (SPD) ging noch einen Schritt weiter, als er in einem Interview mit Stefanie Christmann von der Ost-West-Wochenzeitschrift „Freitag 49", vom 31. März 2000 erklärt: „Das Gesetz nicht zu ändern, ist das Friedensangebot an die Energieindustrie."

Gegen die Konkretisierung u. a. der Netzzugangsentgelte in den Verbändevereinbarungen für Strom protestierten die kommunalen Spitzenverbände, da sie an den Verhandlungen nicht beteiligt worden waren. Die Regierungskoalition aus Christdemokraten und Liberalen setzte auf die Ergebnisse der Verbände VDEW (Vereinigung Deutscher Elektrizitätswerke e.V.), VIK (Verband der Industriellen Energie- und Kraftwirtschaft e. V.) und BDI (Bundesverband der Deutschen Industrie). Die Städte und Gemeinden sahen in der Tatsache, dass grundsätzliche Regelungen nicht in einem Gesetz, sondern im Rahmen einer freiwilligen Vereinbarung festgelegt würden, einen Widerspruch zu rechtsstaatlichen Prinzipien. Denn in einem solchen könne sich der Gesetzgeber nicht einfach der Verantwortung entziehen, um wichtige Neuerungen wie die einer zukünftigen Wettbewerbsordnung von anderen Gruppen regeln zu lassen.

Das Normenkontrollverfahren der SPD-Bundestagsfraktion gegen das neue EnWG wurde schließlich eingestellt, da der Kläger ab Herbst 1998 selbst in die Position eines Gesetzgebers gerutscht war und damit eine neue Gesetzesinitiative einleiten konnte. Am 9. September 1999 lehnte die 1. Kammer des Zweiten Senats des Bundesverfassungsgerichts (BverfG) somit zwei Anträge auf Erlass einer einstweiligen Anordnung von insgesamt 13 Städten ab. [231]

Die Begründung des BVerfG lautete folgendermaßen:

> Zwar ist die Verfassungsbeschwerde (Vb) weder unzulässig noch offensichtlich unbegründet. Die im Rahmen des vorläufigen Rechtsschutzverfahrens gebotene Folgenabwägung ergibt jedoch, dass der Erlass der beantragten einstweiligen Anordnung (e. A.) nicht zu rechtfertigen ist. Die Antragstellerinnen haben die Nachteile, die sie für den Fall des Nichtergehens einer e. A. befürchten, nicht hinreichend konkretisiert. Sie haben sich vielmehr im wesentlichen darauf beschränkt, mit allgemeinen Ausführungen ihre Befürchtungen über die Auswirkungen des neuen Gesetzes vorzutragen, ohne dabei konkret ihre jeweils individuelle Betroffenheit und die energiewirtschaftliche Situation im jeweiligen Gemeindegebiet im Einzelfall darzulegen. Der Sachvortrag enthält - bezogen auf die jeweils

---

[231] Im Wortlaut: „Die 1. Kammer des Zweiten Senats des BVerfG hat zwei Anträge auf Erlass einer einstweiligen Anordnung (e. A.) von insgesamt 13 Städten abgelehnt, das Gesetz zur Neuregelung des Energiewirtschaftsrechts von April 1998 (Energiewirtschaftsgesetz; EnWG), teilweise bis zum 10. August 2000 auszusetzen. Die Anträge haben mangels konkreter Darlegung der befürchteten Nachteile keinen Erfolg." siehe Pressemitteilung Nr. 98/99 vom 17. September 1999 unter: http://www.bverfg.de/cgi-bin/link.pl?presse.

individuelle energiewirtschaftliche Situation der einzelnen Antragstellerinnen - keine konkreten, durch Tatsachen belegte Anknüpfungspunkte für konkrete Gefährdungen.

Die Darlegung konkreter Nachteile ist auch nicht wegen deren Offensichtlichkeit entbehrlich. So liegt es insbesondere nicht auf der Hand, dass und warum es trotz der Weitergeltung der bisherigen Konzessionsverträge und trotz der unberührt bleibenden kommunal- und/oder gesellschaftsrechtlichen Beherrschung der kommunalen Energieversorgungsunternehmen durch die jeweilige Kommune zu den befürchteten Nachteilen kommen sollte.

Schließlich gründen sich die Befürchtungen der Antragstellerinnen auf bislang unbestätigte Prognosen über erwartete Schwierigkeiten beim Gesetzesvollzug. Dies gilt beispielsweise auch für die - ebenfalls nur pauschal vorgetragene - Gefährdung von kommunaleigenen Stromerzeugungsanlagen in der Technik der Kraft-Wärme-Kopplung. Für solche Anlagen hat der Gesetzgeber jedenfalls dann einen Schutz vorgesehen, wenn sie technisch-wirtschaftlich sinnvoll sind. Hierzu haben die Antragstellerinnen keine konkreten und auf ihren jeweiligen Einzelfall bezogenen Ausführungen gemacht. [232]

Ein ähnliches, aber ausführlicher begründetes Urteil beschloss das BVerfG am 27. April 2000 gegen den Antrag der Stadt Duisburg auf Erlass einer einstweiligen Anordnung (e. A.) im Zusammenhang mit der Neuregelung des Energiewirtschaftsrechts. Die Stadt wollte erreichen, dass bis zur Entscheidung des BVerfG über ihre Verfassungsbeschwerde (Vb) im Hauptsachverfahren einzelne Teile dieser Neuregelung ausgesetzt werden. Nach der Entscheidung der Kammer war die erforderliche Dringlichkeit für eine e. A. allerdings nicht gegeben und wurde somit abgelehnt.[233]

10.1.3 Inhalt und Bedeutung des neuen EnWG von 1998

Unter Geltung des „alten" EnWG wurde die Strom- und Gasversorgung in Deutschland weitgehend in geschlossenen Versorgungsgebieten durchgeführt. Von Ausnahmefällen einmal abgesehen, war damit der Bau paralleler Strom- und Gasnetze schon allein aus Kostengründen nicht zweckmäßig. Kartellrechtliche Sonderregelungen erlaubten den Energieunternehmen zum einen, ihre Versorgungsgebiete

---

[232] Beschluss vom 9. September 1999 - Az. 2 BvR 1646/98 und 2257/98; Karlsruhe.
[233] Beschluss vom 27. April 2000 - Az. 2 BvR 801/99, Karlsruhe.

durch Demarkationsverträge gegeneinander abzugrenzen, zum anderen konnten sie durch Konzessionsverträge mit Gemeinden ausschließliche Wegerechte innerhalb eines Versorgungsgebietes erwerben und damit die öffentlichen Straßen einer Gemeinde unter Ausschluss anderer Unternehmen für die Verlegung eigener Versorgungsleitungen nutzen. Mit dieser Regelung wurde jeder brancheninterne Wettbewerb ausgeschlossen und Monopole (staatlich) gefördert. Gerechtfertigt wurde der Ordnungsrahmen mit den Besonderheiten, die in der deutschen Gas- und Stromwirtschaft seit jeher bestanden. Dabei wurden die hohen Kapitalkosten für Erzeugungsanlagen und Netze angeführt, wie auch die begrenzte Speicherkapazität insbesondere von beiden Energien sowie die Abhängigkeit beim Gas von wenigen Förderunternehmen (vor allem im Ausland). In der Energiewirtschaft wurde Wettbewerb als Gefahr für die Versorgungssicherheit dargestellt und keinesfalls als Möglichkeit zu einer kostengünstigeren Versorgung für die Verbraucher.

Erste Gedanken seitens der deutschen Regierung in Richtung Liberalisierung der Strom- und Gaswirtschaft entstanden durch die einstimmige Forderung der Monopolkommission, der Deregulierungskommission und dem Sachverständigenrat zur Begutachtung der wirtschaftlichen Entwicklung im Jahr 1993. Die EU-Kommission bastelte bereits seit Mitte der 80er Jahre des 20. Jahrhunderts an der Formulierung einer Richtlinie, deren Ziel es sein sollte, einen wettbewerblich organisierten Binnenmarkt für Gas und Strom zu schaffen.

Unter die Kernpunkte des neuen Gesetzes fallen neben der wettbewerblichen Öffnung der Strom- und Gaswirtschaft und der sicheren wie preisgünstigen Versorgung, erstmals Ziele zum Umweltschutz. Oder, wie es im Gesetzestext über den Zweck heißt:

> „(...) eine möglichst sichere, preisgünstige und umweltverträgliche leitungsgebundene Versorgung mit Elektrizität und Gas im Interesse der Allgemeinheit."[234]

Bestehen blieben die allgemeine Anschluss- und Versorgungspflicht, das Recht zur Erhebung von Konzessionsabgaben durch die Städte und Gemeinden sowie die Ermächtigung des Ministeriums für Wirtschaft und Technologie (BMWi) zum Erlass einer Bundestarifordnung Elektrizität. Die Investitionskontrollen, die ebenso

---

[234] Vgl. EnWG §1.

wie die Bundestarifordnung für Gas schon lange nicht mehr praktiziert wurden, schaffte das BMWi ab. Das neue EnWG setzt außerdem die §§ 103 und 103a der 5. Novelle des GWB außer Kraft (siehe unter Kapitel 10.2, Seite 271). Damit fielen die vertikalen und horizontalen Demarkationsverträge sowie die Ausschließlichkeitsbindung in Konzessionsverträgen unter das Kartellverbot § 1 GWB.[235]

Der Weg, den die Deutschen zur Liberalisierung ihrer Märkte gewählt haben, ist ein ganz anderer als beispielsweise der des Nachbarn Frankreichs, dessen Liberalisierungspolitik dadurch gekennzeichnet ist, die eigene Gaswirtschaft nach Außen abzusichern und die Marktöffnung nur im minimalen erforderlichen Rahmen zu erfüllen (u. a. Wanke, 1999:12).

Der generelle Wettbewerb um den Endverbraucher steht eindeutig im Vordergrund. Und damit die Neuregelung der Netznutzung und des –zugangs, besonders in Bezug auf Dritte ohne eigene Transportkapazitäten, die ihre Energien (Gas oder Strom) diskriminierungsfrei über das Netz eines etablierten Unternehmens befördern dürfen. Die genauen Netzzugangsrechte bedürfen aber noch einer konkreten rechtlichen Umsetzung. Ob dies bereits durch das neue Kartellrecht und durch die in dem § 19 GWB verschärften kartellrechtlichen Missbrauchsvorschrift realisiert ist, wurde unter Experten kontrovers diskutiert.[236] Die technischen und wirtschaftlichen Aspekte jedenfalls wurden mit der VV I Gas und ihren Nachträgen sowie der VV II Gas mittlerweile gewährleistet aber rechtlich nicht abgedeckt (vgl. Kapitel 11.3.2, Seite 316).

Einen stufenweise Marktöffnung wie in den europäischen Richtlinien für Strom und Gas sieht das EnWG nicht vor. Der Wettbewerb auf den Energiemärkten soll durch den freien Leitungsbau und durch den Zugang Dritter zu den bestehenden

---

[235] Wortlaut von § 1GWB: „Vereinbarungen zwischen miteinander in Wettbewerb stehenden Unternehmen (...), die eine Verhinderung, Einschränkung oder Verfälschung des Wettbewerbs bezwecken oder bewirken, sind verboten."

[236] Vgl. Genge, Burkhard (1999): Effektiver Netzzugang mit freiwilligen Rahmenvereinbarungen, Manuskript eines Vortrags im Rahmen der 6. Handelsblatt-Jahrestagung „Die Energiewirtschaft – Aufbruch ins 21. Jahrhundert", Berlin 19.-21. Januar 1999, Seite 8; Burchard, Friedrich von/Riemer, Heinz (1998), in: Energiewirtschaftliche Tagesfragen, 48. Jhg, Heft 12., Seite 782-785; Mez, Lutz/Piening, Annette/Wanke, Andreas (1999): Chancen und Risiken innovativer Energiedienstleistungen in der Gaswirtschaft im internationalen Vergleich, Kurzstudie der Forschungsstelle für Umweltpolitik im Auftrag der GASAG.

Strom- und Gasnetzen herbeigeführt werden. Das Hauptaugenmerk der Regelungen liegt fast ausschließlich auf dem Elektrizitätssektor, weil bei der Verabschiedung des EnWG noch keine EURGas existierte. Gleiches gilt für die Paragraphen vier bis zehn, die Bestimmungen beinhalten, welche ausschließlich für die Stromnetze Relevanz besitzen.

Der deutsche Gesetzgeber sah vorläufig zwei Arten des Netzzugangs vor: den verhandelten (Art. 1 § 6 EnWG) und als befristete Zugangsalternative bis Ende 2005 den des *single buyer* (Art. 1 § 7 EnWG). Der reglementierte Netzzugang, den die EUR-Strom in Art. 18 vorschlägt, findet im deutschen Recht keine Anwendung. Was das Diskriminierungsverbot angeht, so gilt es jedoch auch im EnWG, wenn auch sehr allgemein gehalten:

> (1) Betreiber von Elektrizitätsversorgungsnetzen haben anderen Unternehmen das Versorgungsnetz für Durchleitungen zu Bedingungen zur Verfügung zu stellen, die nicht ungünstiger sind, als sie von ihnen in vergleichbaren Fällen für Leistungen innerhalb ihres Unternehmens oder gegenüber verbundenen oder assoziierten Unternehmen tatsächlich oder kalkulatorisch in Rechnung gestellt werden.[237]

Allerdings erhält das BMWi mit Zustimmung des Bundesrates in Art. 1 § 6 Abs. 2 die Ermächtigung, für die Stromwirtschaft eine Rechtsverordnung zu erlassen über „Kriterien zur Bestimmung von Durchleitungsentgelten", in der die Regeln des Netzzugangs konkretisiert werden. Von diesem Recht hat das BMWi jedoch noch keinen Gebrauch gemacht. Vielmehr haben sich vier Verbände zusammengetan und unter der passiven Regie von Bundeswirtschaftsminister Werner Müller 1999 die VV I Gas erarbeitet (vgl. Kapitel 11.3.2, Seite 316).

Dem Umweltschutz wird in Art. 1 § 6 Abs. 3 mit Verweis auf Art. 1 § 1 („Zweck des Gesetzes") Rechnung getragen, indem der Netzbetreiber die Möglichkeit bekommt, den Stromtransport Dritter zu verweigern, wenn

> „dadurch Elektrizität aus fernwärmeorientierten, umwelt- und ressourcenschonenden sowie technisch-wirtschaftlich sinnvollen Kraft-Wärme-Kopplungsanlagen oder aus Anlagen zur Nutzung erneuerbarer Energien verdrängt und ein wirtschaftlicher Betrieb dieser Anlagen verhindert würde" (Art. 1 § 6 Abs. 3).

---

[237] Wortlaut Art. 1 §6 Abs. 1.

Auf der anderen Seite wird in Art. 4 § 3 („Neue Länder") eine bis Ende 2003 befristete Ausnahmeregelung zum Schutz der Braunkohle in den Gesetzestext mitaufgenommen. Die Absicherung gegen europäische (internationale) Konkurrenten findet sich in Art. 4 § 2. Nach der so genannten „Schutzklausel" können bis Ende 2006 Stromversorgungsunternehmen den Netzzugang für Strom aus dem Ausland verweigern, soweit der zu „beliefernde Abnehmer dort nicht ebenfalls durch Dritte beliefert werden kann."

Wie in die EURStrom und EURGas sind auch in die EnWG Bestimmungen zum Betrieb von Versorgungsnetzen (Art. 1 § 4) und das so genannte *unbundling* (Art. 1 § 9) eingearbeitet worden. Letzteres betrifft die Trennung bei der Buchführung zwischen den Bereichen Erzeugung, Übertragung und Verteilung sowie Aktivitäten außerhalb des Strombereichs.

Gegen Marktteilnehmer, die gegen Artikel des EnWG verstoßen, kann Klage erhoben werden, was unter Umständen jahrelange gerichtliche Verfahren nach sich zieht. Obwohl der Gesetzgeber die Möglichkeit hatte, konkrete rechtliche Vorgaben in Form von Institutionen und Behörden zu verordnen, verzichtete er darauf und vertraute auf die regulierende Eigendynamik der leitungsgebundenen Märkte (vgl. Kapitel 11, Seite 289). Allerdings können jederzeit Organisationen ins Leben gerufen werden, um die Regulierung zu überwachen und nötigenfalls bei Wettbewerbsverstößen einzuschreiten. Nach Art. 1 § 8 EnWG hat das Bundesministerium für Wirtschaft dem Deutschen Bundestag im Jahr 2003 einen Bericht vorzulegen über

„die Erfahrungen mit den Wettbewerbswirkungen der Regelungen zum verhandelten Netzzugang und zur Netzzugangsalternative (...). Nach Auswertung dieser Erfahrungen und der einschlägigen Rechtsprechung soll darüber entschieden werden, ob zur Erreichung der Ziele des § 1(s.o.) und zur Gewährleistung wirksamen Wettbewerbs Änderungen der Regelung des Netzzugangs erforderlich sind, damit gleichwertige wirtschaftliche Ergebnisse, insbesondere eine direkt vergleichbare Marktöffnung sowie ein direkt vergleichbarer Zugang zu den Elektrizitätsmärkten erreicht werden. Sofern im Rahmen dieser Überprüfungen keine andere Regelung getroffen wird, treten die Bewilligungen nach § 7 Abs. 1[238] spätestens am 31. Dezember 2005 außer Kraft."

Zur Umsetzung der EURGas werden noch zusätzliche Regelungen für Gasversorgungsunternehmen in das EnWG eingearbeitet werden bzw. der Begriff „Strom" durch „Gas" erweitert. Dieser Schritt ist bis Ende 2001 allerdings noch nicht erfolgt.

In einer öffentlichen Anhörung von Sachverständigen vor dem Bundestags-Ausschuss für Wirtschaft und Technologie am 24. September 2001 ging es um die Detailregelungen der Novelle des EnWG (siehe Kapitel 10.1.5, Seite 262). Die vorsprechenden Gasunternehmen erwarten klare Bestimmungen zur sofortigen Vollziehbarkeit des vorgesehenen Netzzugangstatbestandes von der Politik. Wichtig für den Wettbewerb ist laut Unternehmen (z. B. durch Wingas-Geschäftsführer Dr. Rainer Seele vertreten), dass Durchleitungsansprüche grundsätzlich auch auf dem Wege des Eilverfahrens durchgesetzt werden können, denn allein der Anspruch auf Zugang zum Netz, reicht nicht aus, wenn er in der Praxis nicht zeitnah durchgesetzt werden kann. Angesichts der kurzen Laufzeit von Durchleitungsverträgen haben sich die Ansprüche, die sich über mehrjährige Gerichtsverfahren ziehen können, tatsächlich oder wirtschaftlich längst erledigt, was einem Netzbetreiber wie der Ruhrgas AG (größter Netzbetreiber in Deutschland) entgegenkommt. Die Nachteile, die sich dadurch im Wettbewerb ergeben, können auch durch die Geltendmachung späterer Schadensersatzansprüche nicht ausgeglichen werden.

Auch der Deutsche Industrie- und Handelstag (DIHT) wurde vor dem Ausschuss gehört und sprach sich aus oben genannten Gründen, für eine gesetzlich festgelegte, sofortige Vollziehbarkeit der kartellbehördlichen Entscheidungen zum Netzzugang aus. Zur Ergänzung des EnWG schlug der DIHT die konsequentere Trennung von Netzbetrieb und Handelsfunktion sowie eine generelle Veröffentlichungspflicht von

---

[238] Wortlaut Art. 1 § 7 Abs. 1: „Die Behörde erteilt Elektrizitätsversorgungsunternehmen für die Versorgung von Letztverbrauchern eine Bewilligung, durch die die Anwendung des § 5 ausgeschlossen wird. Die Bewilligung setzt voraus, dass der Netzzugang nach den Absätzen zwei bis fünf erfolgt und zu erwarten ist, dass dieser Netzzugang zu gleichwertigen wirtschaftlichen Ergebnissen und daher zu einer direkt vergleichbaren Marktöffnung sowie einem direkt vergleichbaren Zugang zu den Elektrizitätsmärkten führt. Die Bewilligung darf nur einheitlich für das gesamte Gebiet, in dem das Elektrizitätsversorgungsunternehmen die allgemeine Versorgung durchführt, oder für alle von ihm versorgten Gebiete einer Gemeinde erteilt werden."

Angaben über verfügbare Kapazitäten und absehbare Engpässe vor. Zu einer besseren Überprüfbarkeit der Netznutzungskonditionen würde seiner Meinung nach auch der getrennte Ausweis von Energie- und Netznutzungspreis auf den Kundenrechnungen beitragen. Dagegen seien Energieeinfuhrkontrollen und die Ausweitung der Reziprozitätsklausel auf den Gasmarkt abzulehnen, da die Einführung einer staatlichen Genehmigungspflicht für Energieimporte ebenso wie die Ausweitung der Reziprozitätsklausel auf den Gasmarkt Wettbewerbsprozesse verhindern würde, indem sie neuen Anbietern den Marktzutritt erheblich erschweren und den Nachfragenden Auswahlmöglichkeiten vorenthält. Ein Verzicht auf diese Regelungen sei daher anzuraten.

10.1.4 Vorgeschichte zur Novellierung des EnWG von 1998

Dem ordnungsrechtlichen Rahmen für die Umsetzung der EURGas ist mit dem neuen EnWG von 1998 und der 6. GWB-Novelle bereits in wesentlichen Punkten Rechnung getragen worden. Und die VV I Gas hat durch einige Grundsätze für die Nutzung der deutschen Versorgungsinfrastruktur, d. h. der „*Essential Facilities*" eine Lücke des EnWG marktwirtschaftlich ausgefüllt (Binde, 2001:24). Allerdings verlangte die EU-Kommission die explizite gesetzliche Umsetzung. Dieser Ordnungsrahmen für den liberalisierten Gasmarkt war Ziel des Gesetzentwurfs der Bundesregierung zur Novellierung des EnWG, das im Mai 2002 in Kraft getreten ist. Der Entwurf hatte den Bundesrat im ersten Durchgang bereits im Februar 2001 passiert und wurde gemeinsam mit einer Gegenäußerung des BMWi zur Stellungnahme des Bundesrates Anfang Mai 2001 im Bundeskabinett behandelt. Anschließend fand am 15. Mai 2001 die erste Lesung im Bundestag statt. Am 24. September erfolgte schließlich noch eine Expertenanhörung (s. u.).

Inhalte der Novelle sind beispielsweise (in diesem Fall und im Gegensatz zur VV I Gas) das Recht auf diskriminierungsfreien Netzzugang zu den Erdgasnetzen sowie die Einbeziehung der Erdgasspeicher, das nachvollziehbare *unbundling* verbundener Erdgasunternehmen durch die Buchhaltung und die Vorschriften zur Veröffentlichung der wesentlichen geschäftlichen Bedingungen für den Netzzugang durch die Netzbetreiber, die gleichzeitig die vertrauliche Behandlung sensibler Informationen im Zusammenhang mit dem Netzzugang beinhaltet, d. h., in einer internen Rechnungslegung werden die Kosten für Fernleitung, Verteilung und Speicherung gesondert aufgeführt. Schließlich die Möglichkeit der Netzzugangsverweigerung und die Reziprozitätsklausel für Erdgasdurchleitungen, d. h. Unternehmen aus Ländern, die ihre Märkte nicht für ausländische Gasanbieter geöffnet haben, muss kein Netzzugang erteilt werden. Gleichzeitig ermächtigt die Novelle den Bundeswirtschaftsminister, gegebenenfalls verordnend tätig zu werden. Das bedeutet, wenn in der Praxis das System des verhandelten Netzzugangs (Bedingung für eine Durchleitung) den deutschen Gasmarkt nicht effektiv öffnet, so kann das BMWi den Zugang zu den Gasversorgungsnetzen und zu den Speichern für Erdgas und Biogas immer noch durch eine Verordnung regeln.

Der Bundesrat bemängelte in seiner ersten Stellungnahme vor allem das vorgesehene Zugangsrecht Dritter zu Erdgasspeicheranlagen. Er argumentierte damit, dass Wettbewerb zwar nur dann in Gang kommen kann, wenn Dritte ohne Speicher über die Kapazitäten ihrer (alteingesessenen) Mitkonkurrenten verfügen können. Allerdings geht die Länderkammer davon aus, dass sich unter den neuen Bedingungen des freien Netzzugangs ein eigenständiges Speicherangebot für freie Gasanbieter und Großverbraucher entwickeln wird, was wiederum das Zugangsrecht Dritter zu den Anlagen ihrer Mitstreiter nicht mehr begründet. Sollte der Gesetzgeber mit der Verordnungsermächtigung von Anfang an die Speicheranlagen nicht als Gegenstand freier marktwirtschaftlicher Verfügung, vielmehr im Kontext eines allgemeinen Zugangsrechts sehen und gegebenenfalls auch noch staatlich regulieren, so würde die marktwirtschaftliche Entwicklung beeinträchtigt werden.

In ihrer Gegenäußerung unterstrich die Regierung die Notwendigkeit des eingebrachten Vorschlags mit dem „*worst case szenario*", wenn sich wider aller Prognosen doch kein freier Speichermarkt entwickeln sollte. Der Speicherzugang wäre in diesem Fall unverzichtbar, um die Belieferung von Kunden mit schwankendem Verbrauch zu ermöglichen. Außerdem müsse man die Vorschriften der EURGas vollständig umsetzen. Im Nachhinein bekommt die Regierung Recht, denn in Brüssel ist bereits eine Novellierung der EURGas vorgesehen. Die belgische Ratspräsidentschaft hat in einem ersten Entwurf die obligatorische Einsetzung einer Regulierungsbehörde zur Umsetzung und Überwachung der Liberalisierung in den einzelnen Mitgliedstaaten gefordert. Die Ermächtigung des Bundeswirtschaftsministers, gegebenenfalls verordnend (regulierend) tätig zu werden, könnte sich also noch als dankbare Hintertür erweisen.

10.1.5 Die Öffentliche Anhörung des Ausschusses für Wirtschaft und Technologie des Deutschen Bundestages

Ziel der Anhörung von Sachverständigen am 24. September 2001 war es, die Auswirkungen der geplanten Novellierung des EnWG von 1998 auf ihre Anwendung auf den Gasmarkt, den Markt für Biogas und den Strommarkt sowie auf den grenzüberschreitenden Handel von Strom und Gas zu erörtern und gegebenenfalls einzelne Punkte im Detail noch deutlicher zu regeln. Auch zur Weiterentwicklung der EU-Energiemärkte bis 2005 sollten die Sachverständigen Stellung beziehen Die geäußerten Vorwürfe gegenüber der VV I Gas thematisierten meist die Unzulänglichkeiten bei den Bestimmungen der Netzzugangsrechte und deren Einklagbarkeit, die mit Hilfe der Gesetzesnovelle behoben werden sollten.

Die Fülle differierender Einzelbewertungen und Sachaussagen lässt sich nicht im einzelnen darstellen, allerdings gab es zwischen der Gruppe der EVU/Netzbetreiber (einschließlich Gewerkschaften) und den weiteren Akteuren deutliche Bewertungsunterschiede der Wettbewerbssituation auf dem Strom- wie auch dem Gasmarkt und der jeweiligen Gesetzesvorlagen. Auf dem Gasmarkt wurde vorwiegend über einen nur mühsam in Gang kommenden Wettbewerb geklagt, der durch Oligolbildungen zusätzlich erschwert wird. Daneben seien die Netzentgelte noch immer intransparent und überteuert, was ein gesetzgeberisches Eingreifen unverzichtbar machte. Die Vertreter der Netzbetreiber hingegen lehnten dies strikt ab und betonten das Funktionieren des Wettbewerbs. Die deutschen Vertreter der EU-Kommission (DG IV und DG XVII) vertraten die Position starker Marktaufsicht (bei offener institutioneller Gestaltung), rechtsverbindlicher Netznutzungsregeln und strikter Entflechtung (*unbundling*) sowie deutlicher Betonung ihres Kompetenzanspruchs.

Um sich die Zusammensetzung der Akteure noch einmal vergegenwärtigen zu können, führt Tabelle 24 eine Liste der angehörten Verbände und anderer sachverständigen Institutionen mit dem Namen der sie vertretenden Person an.

Tabelle 24: Liste der Sachverständigen

Verein oder Unternehmen	Abkürzung	Vertreter
Bundesverband der Deutschen Industrie e. V.	BDI	Dr. Christof Bauer
Verband der Elektrizitätswirtschaft e. V.	VDEW	Dr. Eberhard Meller
Verband der Industriellen Kraftwirtschaft	VIK	Dr. Alfred Richmann
Bundesverband der deutschen Gas- und Wasserwirtschaft e. V.	BGW	Dr. Manfred Scholl (Präsident)
Industriegewerkschaft Bergbau, Chemie, Energie e. V.	IG BCE	Frank-Gerhard Hörnschemeyer
Gewerkschaft VER.DI	VER.DI	Dr. Reinhard Klopfleisch
Verband kommunaler Unternehmen e. V.	VKU	Heiner Müller
European Federation of Energy Traders (German Task Force Gas)	EFFET (-GTFG)	Jörg Spicker
Bundesverband der Energieabnehmer e. V.	VEA	Harald Wildhagen (Vorsitzender)
Verband Freier Energiedienstleister e. V.	FEDV	Robert Busch
Initiative Pro Wettbewerb		Dr. Henning Borchers
Verbraucherzentrale Bundesverband e. V.	VZBV	Prof. Dr. Edda Müller
Energiewirtschaftliches Institut Universität Köln	EWI	Prof. Dr. Walter Schulz
Institut für Energierecht der Universität Köln		Dr. Bodo J. Herrmann
Kanzlei Becker, Büttner, Held		Dr. Christian Theobald
Kommission der Europäischen Gemeinschaften – Generaldirektion IV (Wettbewerb)	DG IV	Michael Albers
Kommission der Europäischen Gemeinschaften – Generaldirektion XVII (Energie und Verkehr)	DG XVII	Klaus Geil (Gas), Stefan Gewaltig (Strom)
Deutscher Industrie- und Handelskammertag	DIHT	Dr. Kurt Fleckenstein
Verband der deutschen Verbundwirtschaft e. V.	VDW	Dr. Friedrich Kienle
Vorsitzende Richterin der 1. Kammer für Handelssachen		Kathrin Grote-Bittner

Quelle: *BMWi Internet, Stand September 2001*

10.1.6 Inhaltliche Schwerpunkte der Anhörung und Forderungen der Experten[239]

Stärkung der bestehenden Wettbewerbsaufsicht

Diese wird fast einhellig als zentral und notwendig angesehen und dem Bundeskartellamt zugerechnet. Mit Ausnahme der Netzbetreiber und Gewerkschaften bestand bei den Experten ein breiter Konsens darüber, dass die Stellung des Bundeskartell-

---

[239] Siehe auch Auswertung der Anhörung Energiewirtschaftsgesetznovelle der Arbeitsgruppe Energie des Bundestages, vom 26. September 2001, 6 Seiten.

amtes bei der Missbrauchsaufsicht gestärkt werden sollte. Die Idee einer sofortigen Missbrauchsverfügung, d. h. die sofortige Vollziehbarkeit behördlicher Verfügungen, was eine Änderung des § 64 GWB („Aufschiebende Wirkung") voraussetzt, wird vom BMWi unterstützt und wurde bereits vier Tage vor der Expertenanhörung von der SPD-Fraktion in Form eines entsprechenden Änderungsantrags eingeleitet. Da es sich bei der Novelle des GWB um ein Artikelgesetz handelt, das lediglich erweitert wird, bestehen formal-rechtlich gesehen keine Schwierigkeiten bei der Änderung, zumal hierin eine überparteiliche Zustimmung besteht.

Zurückhaltender wurde die Forderung nach einer Beweislastumkehr beim Netzzugang durch Wiedereinführung der Regelung vor der EnWG-Novelle von 1998 (Änderung § 103 GWB) aufgenommen, da dies einen tiefgreifenderen Eingriff in den Markt und eine Schwächung der Rechtspositionen der Betroffenen darstellt. Was zu massiven Konflikten für die mehrheitlich in deutschem Besitz befindlichen Netzbetreiber führen würde und damit zu einer Benachteiligung dieser im europäischen Wettbewerb und gegenüber ausländischen Akteuren, die weiterhin in geschützten Märkten agieren können.

Eine Konzentration der Kompetenz im Strom- und Gasbereich wurde unmissverständlich der Bundeskartellbehörde zugesprochen, gerade auch im Hinblick auf die Entstehung einer so genannten *„task force"* des BMWi, die mehrheitlich als wenig sinnvoll bewertet wurde. Ebenso sollte das Bundeskartellamt zur Vertretung der deutschen Interessen bei den europäischen Regulatoren benannt werden, während das BMWi lediglich kooperierend beisteht.

Regulierungsbehörde und Netzzugangsverordnung

Lediglich die neuen Marktteilnehmer befürworten die Errichtung einer Regulierungsbehörde. Alle anderen halten sie nicht für erforderlich, wenn stattdessen die bestehende Wettbewerbssituation gestärkt wird. Aus der nicht nur positiven Erfahrung mit Behörden und angesichts der politischen Gesamtlage erscheint die Schaffung einer Regulierungsbehörde den meisten Experten als nicht erfolgversprechend, teils sogar kontraproduktiv, vorausgesetzt die Rechtssicherheit der Marktakteure und eine kontrollierende Wettbewerbsaufsicht sind gewährleistet.

Ähnlich sieht es bei der Frage nach der Notwendigkeit einer *ex-ante* Kontrolle per Netzzugangsverordnung aus, in der die ablehnende Meinungen der Netzbetreiber und Gewerkschaften gegen die befürwortenden neuen Marktakteure stehen. Die Arbeitsgruppe Energie kommentiert diesen Punkt dahingehend, dass die Frage einer Verrechtlichung einiger wesentlicher Elemente der VV I Gas, in Anbetracht ihrer Unverbindlichkeit, der bestehenden Rechtsunsicherheit im Markt sowie der unbestreitbaren Assymetrien im Bereich „natürlicher Monopole" (Definitionen siehe unter Fußnoten 5, Seite 25 und Fußnote 14, Seite 34), politisch diskutiert werden muss. Vor allem bei Punkten wie standardisierte Verträge, transparente Entgelte/Gebühren und die Kostenerstattung/-wälzung nach EEG und KWK-Gesetz, existieren noch erhebliche Missbrauchstatbestände.

Das „Unbundling"

Die so genannte „Entflechtung" (*unbundling*) betrifft die Unterbindung der Quersubventionierung (z. B. durch Tochterunternehmen) und den Missbrauch des natürlichen Netzmonopols in vertikal integrierten Unternehmen. Die Experten der Gewerkschaften und der Netzbetreiber sehen keinen Handlungsbedarf hinsichtlich einer Qualitätsverbesserung, da ihrer Meinung nach bereits eine Übererfüllung der europarechtlichen Vorgaben bestünde. Die Meinung dieser Gruppe ging so weit, die vollständige Entflechtung gar als „unzweckmäßig" oder „verfassungsrechtlich bedenklich" einzustufen.[240] Alle anderen Sachverständigen waren sich jedoch in dem Punkt einig, dass eine graduell unterschiedlich angesetzte Verschärfung des *unbundling* oder auch die vollständige eigentumsrechtliche Entflechtung zu befürworten seien.

Kritischer Punkt ist der rechtliche Aspekt des *unbundlings*, denn der Eingriff berührt den grundgesetzlich verankerten Eigentumsschutz. Daher scheint es wenig wahrscheinlich, dass eine diesbezüglich weitergehende Regelung gegen die Ablehnung von Netzbetreibern und Gewerkschaften erfolgen kann. Zudem würden kleine deutsche Unternehmen objektive Wettbewerbsnachteile erfahren, indem die Hand-

---

[240] Siehe Auswertung der Anhörung Energiewirtschaftsgesetznovelle durch die Arbeitsgruppe Energie, Seite 3.

lungsfähigkeit der kommunalen Wirtschaft, wozu vor allem kleinere Stadtwerke zählen, eingeschränkt wäre.

Hinzu kommt, dass die deutschen Unternehmen, wie schon bei der oben genannten Beweislastumkehr, einen Nachteil gegenüber ihren europäischen Nachbarn hätten, wo das *unbundling* bislang weit hinter den deutschen Gesetzen zurücksteht und Quersubventionen ganz offiziell stattfinden, trotz der Forderungen aus Brüssel. Den Gedanken einer Schlichtungsstelle, die neben dem Kartellamt ihre Aufgaben wahrnehmen soll, sehen die Experten wie auch schon die *task force* des BMWi eher skeptisch, da sie keine rechtliche Kompetenzen besitzt und somit lediglich als Mediator tätig werden könnte. Eine Troika aus Schlichtungsstelle, Kartellbehörde und dem BMWi wird daher als nicht sinnvoll erachtet.

Zugang zu den Gasspeichern

Die Regelung der Gasspeicher wurde bisher nicht eindeutig geklärt. Der Gesetzentwurf zur Novellierung des EnWG von 1998 sieht den Netzzugang einschließlich der „Anlagen zur Speicherung, soweit sie in technischer Hinsicht für den wirksamen Netzzugang erforderlich sind" vor (Entwurf EnWG). Die Netzinhaber (und eine von NRW geführte Bundesratmehrheit) sehen darin eine Übererfüllung der EU-Forderungen. Die anderen Marktakteure hingegen fordern eine vollständige Speicheröffnung und die Streichung der restriktiven Formulierung „in technischer Hinsicht", da sie Raum für kaum überprüfbare Netzzugangsverweigerungen lässt, die nur durch zeit- und kostenaufwendige Klagen überprüft werden könnte. Zieht man aber die nicht unerhebliche Bedeutung von Speicherkapazitäten für neu etablierte Gasanbieter in Betracht, so ist die vorgeschlagene Formulierung nicht als unbillige Härte zu verstehen. Dem Speicherzugang kommt schon aufgrund der großen Bedarfsschwankungen beim Gas die Schlüsselrolle für einen funktionierenden Wettbewerb zu (siehe hierzu auch Kapitel 4.9, Seite 103) und diesem Punkt muss hinsichtlich neuer Marktanbieter Rechnung getragen werden.

Sonstige Themen

Weitere Themen der Anhörung waren u. a. die von der EU genehmigte Braunkohleschutzklausel, die im Kontext der Anschlussregelung zum EGKS-Vertrag steht und vermutlich ab Frühjahr 2003 entfällt, da sie nach der Neuordnung der ostdeutschen

Energielandschaft von den Sachverständigen (Ausnahme: IGBCE) als wettbe-werbshindernd, preistreibend und im Falle der Fusionierung von HEW, VEAG, Bewag und Laubag zur „Neuen Kraft" als hinfällig erachtet wird.

Zur Frage der Netzentlastung durch dezentrale Einspeisung schreibt die Arbeits-gruppe Energie, dass zahlreiche Belege für die unzureichende Regelung trotz VV I Gas vorliegen, wodurch die Netzbetreiber erhebliche Mitnahmeeffekte erzielen. Der VDEW forderte die Streichung der Rückvergütung, was zu einem Konflikt zwischen den EVU-Verbund und KWK-Betreibern sowie Regierungsfraktionen führen würde, zumal es sich hierbei nicht um eine Frage von „Subventionen", son-dern von sachgerechter Kosten-/Dienstleistungsentlastung handelt. Politischer Ausweg wäre gegebenenfalls eine gesetzliche Regelung, falls die Defizite in der Anwendung der VV bestehen bleiben.

Beim Thema Kostenwälzung des EEG wird, laut Aussage der Arbeitsgruppe Ener-gie, aufgrund der stark anwachsenden Strommengen eine Regelung zu treffen sein, damit dieser Strom nicht weiterhin als „nullwertig" zu Bruttokosten gewälzt wird. Gleichzeitig begrüßten die Experten die Einspeisungsmöglichkeiten von Biogas, wobei kein gesetzgeberischer Handlungsbedarf nach Vorbild des EEG gesehen wird.

Schließlich ging es um die im Gesetzentwurf enthaltene Verordnungsermächtigun-gen zum Bereich innerdeutscher Marktaufsicht und Kontrolle im Sinne von Ele-menten einer Netzzugangsverordnung sowie zu Schutzregelungen für Gas- und Stromimporte (Reziprozität). Letztere werden von der Mehrzahl der Sachverständi-gen (Ausnahme: Gewerkschaften) mit der Begründung abgelehnt, sie seien wett-bewerbsmindernd, handelshemmend, preistreibend und hinsichtlich der EU-, GATT- und WTO-Vorschriften rechtlich bedenklich. Der Herkunftsnachweis von Gas und Strom ist technisch nicht zu führen, ebenso ist das Stammsitzprinzip für Unternehmen leicht zu umgehen, was eine Anwendung der Reziprozitätsregelung in der Praxis ausschließt (im Strommarkt ist die bereits gesetzlich bestehende Rezi-prozität wirkungslos) und Rechtsstreitigkeiten vorprogrammiert. Im Gasbereich könnte eine Anwendung zur Protektion der Importeure führen, was nicht im Sinne des Gesetzgebers ist. Vielmehr sollte die Marktöffnung nach Ansicht der Experten innerhalb der EU beschleunigt und Drittstaaten bei der Umsetzung des Gemeinschaftsrechts (*acquis communautaire*) unterstützt werden.

10.1.7 Novellierung des EnWG im Jahr 2002

Wie erwartet, wurde am 17. Mai 2002 das EnWG novelliert und der Öffnung des Gasmarktes ein rechtlicher Rahmen gegeben. Da es sich um kein Zustimmungsgesetz handelte, war mit keinen weiteren wesentlichen Änderungen durch den Bundesrat zu rechnen. Die Novellierung dient, wie bereits oben erwähnt (siehe Kapitel 10.1.4, Seite 260), in erster Linie zur rechtlichen Umsetzung der EU-Richtlinie für Gas, weshalb sich Wirtschaftsminister Müller sogar überzeugt zeigte, dass die EU-Kommission nun das Verfahren gegen die Bundesrepublik wegen Vertragsverletzung bei der verzögerten gesetzlichen Umsetzung der Gas-Richtlinie aussetzen werde.

Zwei Tage zuvor, am 15. Mai, hatte der Wirtschaftsausschuss den Regierungsentwurf (Bundestagsdurcksache 14/5969) zur Neuregelung des derzeit gültgen EnWG gegen die Stimmen und die Entwürfe von CDU/CSU (Bundestagsdrucksache 14/7164), FDP (Bundestagsdrucksache 14/6796) und PDS (Bundestagsdrucksache 14/6795) beschlossen. Gleichzeitig wurde die Brankohleschutzklausel abgeschafft[241] und die sofortige Vollziehbarkeit von Kartellverfügungen[242] beschlossen.

Die unter Experten umstrittene Neuregelung, soll den jetzigen Ordnungsrahmen für die Gaswirtschaft ergänzen. Dabei geht es um Themen, die in den vorausgegangenen Abschnitten ausführlich beschrieben wurden, und die bereits in den Verbändevereinbarungen I und II eine zentrale Rolle spielten.

An dieser Stelle noch einmal zusammenfassend die nun tatsächlich eingearbeiteten Neuerungen des EnWG von 2002: Netzdefiniton, -betrieb und -zugangsrecht, die Veröffentlichung der wesentlichen Geschäftsbedingungen für den Zugang zum

---

[241] Ziel der Braunkohleschutzklausel war die Stabilisierung der ostdeutschen Braunkohleverstromung. An ihre Stelle ist inzwischen eine vertragliche Zusage der Hamburgischen Elektricitäts-Werke (HEW) gegenüber der Bundesregierung getreten, die Braunkohleverstromung in den neuen Ländern langfristig zu sichern. Damit kann die ostdeutsche Stromwirtschaft vollständig in den liberalisierten Strommarkt integriert werden.

[242] Damit soll erreicht werden, dass Netzbetreiber, die sich missbräuchlich verhalten, nicht allein durch langjährige Rechtsstreitigkeiten Wettbewerber mit Erfolg vom Marktzutritt abhalten können.

Netz (Preise, Tarifstrukturen, Netznutzung sowie aktuelle Netzkarten der Betreiber) und die Trennung der Rechnungslegung. Bei den Elektrizitätsimporten wurde zusätzlich eine Reziprozitätsklausel eingefügt, die angesichts des hohen Importanteils bei Gas vernachlässigt werden konnte. Der Zugang zu den Gasversorgungsnetzen erfolgt auch hier nach dem System des „verhandelten Netzzugangs". Ferner sollen die Netzbetreiber im Internet regelmäßig aktualisierte Angaben über die Kapazitätssituation an den für den Netzzugang wesentlichen Einspeisepunkten der Gasversorgungsnetze und der Erdgasspeicher machen. Ebenso sollen die Gemeinden mit § 14 EnWG, der die Konzessionsabgaben regelt und nun präzisiert wurde, das Recht erhalten, Wegenutzungsverträge nicht nur mit EVUs, sondern auch mit GVUs abzuschließen.

Das bedeutet, dass die Gemeinden das Konzessionsabgabenaufkommen ungeschmälert erhalten, weil der Netzbetreiber nicht mehr Versorger sein muss. So soll nicht mehr nur das Recht zu einer unmittelbaren Versorgung die Konzessionsabgabenpflicht begründen. Eine diese Pflicht begründende Versorgung von Letztverbrauchern liegt nunmehr auch dann vor, wenn ein weiterer Verteiler über öffentliche Verkehrswege mit Elektrizität oder Gas beliefert wird, der diese ohne Benutzung solcher Verkehrswege an Letztverbraucher weiterleitet. Außerdem wird in Abs. 3 klargestellt, dass alleine der Netzbetreiber die Konzessionsabgabe schuldet.

Durch die Neuregelung des § 11 Abs. 2 EnWG wird die Ermächtigungsgrundlage für Rechtsverordnungen auf den Erlass der allgemeinen Bedingungen für den Netzanschluss und dessen Nutzung, bei den an das Niederspannungs- oder Niederdrucknetz angeschlossenen Kunden erweitert.

Wie schon bei den VV I und II Gas ist die kostengünstige Durchleitung der Dreh- und Angelpunkt, der bisher jedoch nicht ausreichend konkretisiert wurde, weswegen die Regierungskoalition bereits einen Änderungsantrag einreichte.

Die Bezugnahme auf die VV II Gas in der Neufassung des EnWG wurde noch durch die Unterzeichnung dieser Vereinbarung am 3. Mai 2002 möglich, was zunächst durch die am 15. April 2002 gescheiterte Einigung der beteiligten Verbände zunächst aussichtslos erschien (vgl. DStGB Aktuell 1602-05 vom 19. April 2002). Der Bundesminister für Wirtschaft und Technologie hatte bereits eine Regulierungsbehörde für den Gasmarkt angekündigt.

Alles in allem ist die „Verrechtlichung" der Verbändevereinbarungen auf dem Strom- und Gassektor über den Netzzugang nicht nur auf Lob gestoßen.[243] Kritik äußerten neben der Regierungsopposition[244] insbesondere die neuen Marktteilneh-mer aber auch das Bundeskartellamt, das sich u. a. an der wagen Formulierung des § 6, Abs. 1 und 2 EnWG, der „guten fachlichen Praxis" störte, die bei Einhaltung der entsprechenden Verbändevereinbarungen (VV II Plus Strom und VV II Gas) bis zum 31. Dezember 2003 vermutet wird.[245] Ulf Böge, dem Präsident des Bundeskar-tellamtes, ging es im Wesentlichen darum, dass es zu keiner Diskriminierung beim Netzzugang kommen dürfe, und dass die Entgelte angemessen sein müssten. Die-sen Forderungen wurde ein so genanntes Vergleichsmarktkonzept zugrunde gelegt, das auf Preisen und Verträgen basiert, die im Wettbewerb zustande gekommen sind. Das Kartellamt überprüfte die Einhaltung der Verbändevereinbarungen, womit allen Beteiligten Sicherheit gegeben wurde. Demzufolge war nach Auffassung Böges, keine Verrechtlichung der Verbändevereinbarungen notwendig, um die Planungssi-cherheit der Unternehmen zu gewährleisten.

---

[243] Vor allem von den früheren Monopolisten. Aber auch vom Bundesverband der deutschen Gas- und Wasserwirtschaft (BGW), der den Änderungsantrag der Koalitionsfraktionen begrüßte. Da-mit erhielten die deutschen Unternehmen die gleiche Rechtssicherheit wie Unternehmen in den anderen EU-Staaten. Die jetzt geplante widerlegbare Vermutungsregelung für eine „gute fachli-che Praxis" stelle eine Verrechtlichung auf kleinster Stufe dar. Auch die Vereinigung Deutscher Elektrizitätswerke (VdEW) sprach in diesem Zusammenhang von einer „innovativen Konstrukti-on". Die Verrechtlichung bedeute eine einheitliche Basis, auf der alle Beteiligten planungssicher arbeiten könnten.

[244] Der CDU-Politiker Hartmut Schauerte, ebenso wie der energiepolitische Sprecher der FDP-Fraktion, Walter Hirche, bezeichneten das Gesetz als „stümperhaft" und kündigten eine erneute Änderung nach einem Regierungswechsel im September 2002 an.

[245] Die BT-Fraktionen wollen eine Vermutungsregelung für eine „gute fachliche Praxis" in das Gesetz aufnehmen und sie bis Ende 2003 befristen. Diese Anforderung soll grundsätzlich auch durch eine von den Verbändevereinbarungen abweichende Gestaltung der Netzzugangsbedingun-gen entsprochen werden können. Umgekehrt soll bei besonderen Umständen im Einzelfall eine Abweichung von der Verbändevereinbarung möglich sein. Bei ihrer Einhaltung hingegen wird in der Regel eben eine „gute fachliche Praxis" vermutet werden. Die Fraktionen erhoffen sich da-durch mehr Rechtssicherheit für alle Beteiligten. Die Verbändevereibarungen erhalten gleichzei-tig stärkeres Gewicht.

10.2 GWB und Kartellrecht

10.2.1 Wettbewerb im Allgemeinen

Wirtschaftswissenschaftlich gesehen werden in einer Marktwirtschaft die Aktivitäten von Produzenten und Konsumenten nicht von einer zentralen Instanz, sondern individuell von den einzelnen Wirtschaftsteilnehmern geplant.[246] Der Wettbewerb leistet dabei die Koordinierung dieser Planung. Anders ausgedrückt bedeutet das: die Marktpreise bilden sich durch das Zusammentreffen von Angebot (durch mehrere Anbieter) und Nachfrage. Den Anbietern zeigt sich durch die Preise, in welchen Bereichen sie ihre Produktionsfaktoren am effizientesten einsetzen können, und die Nachfragenden können sich auf dem freien Wettbewerbsmarkt aussuchen, wo sie ihren Bedarf am günstigsten decken (das muss nicht notwendigerweise den Preis betreffen). Preissenkungen und Qualitätsverbesserungen sind Effekte des Wettbewerbs, denn durch die Konkurrenz werden Unternehmen dazu angetrieben Leistungsanreize zu schaffen und zu verbessern, um wiederum höhere Gewinne zu erzielen. Gleichzeitig beugt ein funktionierendes Wettbewerbssystem, also Konkurrenz, einer zu starken gesellschaftlichen und politischen Machtstellung vor. Wettbewerb kann in diesem Zusammenhang durchaus als Motor der Marktwirtschaft bezeichnet werden.

Geht man von dem gesamtwirtschaftlich positiven Beitrag aus, den der Wettbewerb leistet, so stellt sich die Frage, warum ein Gesetz dafür geschaffen werden muss, das den Wettbewerb schützt. Grund dafür ist, dass es für einzelne Unternehmer oft lukrativer wäre, ein bestimmtes Angebot zu einem höheren Preis zu verkaufen und dafür den Wettbewerb, z. B. durch Absprachen (§ 14 ff GWB), Fusionen (Kartellbildung § 1 ff GWB bzw. Zusammenschlüsse § 35 GWB) oder andere wettbewerbsbeschränkende Verhaltensweisen (§ 19 ff GWB) zu behindern. Dem wirkt das GWB entgegen, was ihm durchaus die Stellung einer Art „Grundgesetz der Marktwirtschaft" verleiht.

---

[246] Siehe auch unter http://www.vwl.uni-muenchen.de/frauenbeauftragte/kartellv.htm (Stand Oktober 2000).

10.2.2 Weitere Begriffsdefinitionen: Kartelle und Fusionen

In einem Kartell koordinieren mehrere konkurrierende Unternehmen ihr Verhalten, um dadurch den Wettbewerb auszuschalten oder wenigstens zu dämpfen, z. B. im Falle von Gebiets-, Mengen- oder Preisabsprachen. Die positiven Auswirkungen auf die entsprechenden Unternehmen (höhere Gewinne) wirken sich auf die Verbraucher preistreibend aus. Daher sind nach § 1 GWB alle vertraglichen

> „Vereinbarungen zwischen miteinander im Wettbewerb stehenden Unternehmen, Beschlüsse von Unternehmensvereinigungen und aufeinander abgestimmte Verhaltensweisen, die eine Verhinderung, Einschränkung oder Verfälschung des Wettbewerbs bezwecken oder bewirken, verboten.“

Durch die zweite Kartellgesetznovelle von 1973 wurde das Kartell- und Empfehlungsverbot durch das Verbot des aufeinander abgestimmten Verhaltens ergänzt, womit auch die so genannten „Frühstückskartelle“ erfasst wurden, die ganz ohne Verträge oder Beschlüsse praktiziert werden.[247]

Während bei vertraglichen Wettbewerbsbeschränkungen die beteiligten Unternehmen rechtlich selbstständig bleiben, verlieren sie diese bei Unternehmenszusammenschlüssen (Fusionen), da sie durch Anteils- bzw. Vermögenserwerb entweder zu einem einheitlichen Unternehmen zusammengefasst oder zumindest durch ihr Kapital miteinander verflochten werden. Zusammenschlüsse sind in der Bundesrepublik Deutschland grundsätzlich erlaubt. Überschreiten sie allerdings eine bestimmte Umsatzgrenze, prüft das Bundeskartellamt, ob dadurch eine marktbeherrschende Stellung (Monopol) eintritt. In diesem Sinn prüfte das Bundeskartellamt die Großfusionen Veba/Viag zu E.ON oder auch RWE/VEW zu der neuen RWE (siehe Kapitel 8, Seite 199ff).

10.2.3 Das Gesetz gegen Wettbewerbsbeschränkungen (GWB)

Das GWB existiert seit dem 27. Juli 1957. Es trat am 1. Januar 1958 in Kraft zum Schutz des Wettbewerbs in der Bundesrepublik Deutschland und findet dementsprechend auf die gesamte deutsche Wirtschaft Anwendung. Sonderregelungen existieren z. B. für die Landwirtschaft (§ 28 GWB) sowie die Kredit- und Versicherungswirtschaft (§ 29 GWB).

---

[247] Siehe unter http://www.vwl.uni-muenchen.de/frauenbeauftragte/kartellv.htm (Stand Oktober 2000).

Gemäß § 103 Abs. 1 waren Konzessions- und Demarkationsverträge vom Kartellverbot freigestellt. Da die Versorgungsunternehmen der Kartellaufsicht unterliegen, war es für sie möglich, sich durch eben diese Verträge Gebietsmonopole aufzubauen und zu sichern. Fünf Novellen (1966, 1973, 1976, 1980 und 1989) haben an diesem Tatbestand nichts geändert. Mit Inkrafttreten des EnWG am 29. April 1998 sind die kartellrechtlichen Sondervorschriften der §§ 103 und 103a GWB (alt) für die Versorgung mit Elektrizität und Gas aufgehoben worden. Zugleich ist die sektorspezifische Missbrauchsaufsicht des § 103 Abs. 5 GWB (alt) entfallen. Was zur Folge hat, dass die Energiewirtschaft anderen Wirtschaftszweigen gleichgestellt ist.

Im Mai 1998 ist nach fast dreijähriger Beratung die sechste Novellierung des GWB verabschiedet worden, die am 1. Januar 1999 schließlich in Kraft trat. Das Wettbewerbsprinzip ist darin im Hinblick auf neue Anforderungen gestärkt und deutsches Recht an europäische Wettbewerbsregeln angeglichen worden.

Größere Veränderungen ergaben sich u. a. beim Kartellverbot des § 1 GWB, der nunmehr als echter Verbotstatbestand ausgestaltet wurde, oder auch bei den Einkaufskooperationen, für die eine gesetzliche Anmeldepflicht eingeführt wurde (§ 9 GWB). Als Instrumente kartellrechtlicher Missbrauchsaufsicht kamen bis dato, unabhängig von den energierechtlichen Netzzugangsregeln in Art. 6 und 7 EnWG („verhandelter Netzzugang" bzw. „Netzzugangsalternative"), allein die Paragraphen gegen „Missbrauch durch ein marktbeherrschendes Unternehmen" (seit 1999: § 19, vorher: § 22 GWB) und das „Diskriminierungsverbot" (seit 1999: § 20, vorher: 26 Absatz 2 GWB) zur Anwendung. Nach Wegfall des § 103 Abs. 5 Satz zwei Nummer zwei GWB (alt) erfolgte die kartellrechtliche Preismissbrauchsaufsicht bis Ende 1998 über § 22 Absatz 4 GWB (alt): dabei wird beim Vorwurf des Preismissbrauchs eine marktbeherrschende Stellung des Unternehmens vorausgesetzt. Das bedeutet, dass preismissbräuchliches Verhalten eines marktbeherrschenden Energieversorgungsunternehmens wie in anderen Wirtschaftszweigen auch anhand des so genannten Vergleichsmarktkonzepts festzustellen ist.

Das novellierte GWB enthält unter „Missbrauch einer marktbeherrschenden Stellung" (seit 1999: § 19 Absatz 4, Nummer 4, vor 1999 war es § 22 Absatz 4 Satz 2 Nummer 2 GWB) eine Regelung zum Netzzugang, die für alle Netzinfrastrukturen Gültigkeit besitzt. Darin heißt es, dass ein Missbrauch durch ein marktbeherrschendes Unternehmen dann vorliegt, wenn dieses einem anderen Unternehmen den Zugang zu den eigenen Netzen oder anderen Infrastruktureinrichtungen auch gegen angemessenes Entgelt verweigert. Es sei denn, der Marktbeherrscher kann nachweisen, dass die Mitbenutzung z. B. betriebsbedingt nicht zumutbar oder möglich ist. Das fordernde Unternehmen muss auf das Netz des marktbeherrschenden Unternehmens angewiesen sein, damit es überhaupt auf dem vor- oder nachgelagertem Markt als Wettbewerber tätig werden kann.

Wie bereits oben (Kapitel 10.1, Seite 248) erwähnt, findet sich im EnWG kein spezieller Durchleitungstatbestand für die Erdgasversorgung. Daher wird § 19 GWB gerade für den Erdgasmarkt von besonderer Bedeutung sein, wenn lediglich durch den Rückgriff auf das allgemeine Kartellrecht die Durchsetzung von Durchleitungsbegehren ermöglicht werden wird. Der Missbrauch einer marktbeherrschenden Stellung wurde außerdem einem Verbotsprinzip unterstellt, durch das betroffene Unternehmen die Möglichkeit bekommen, Zivilklage einzureichen.

Mit der 6. GWB-Novelle wurde auch das Vergaberecht in das GWB integriert (§§ 97 ff. GWB) sowie die Vergabe öffentlicher Aufträge zum ersten Mal im Sinne der europäischen Forderungen wettbewerblich und transparent geregelt. Die an öffentlichen Aufträgen interessierten Unternehmen erhalten ausdrücklich einen Anspruch auf Einhaltung von Vergaberegeln durch öffentliche Auftraggeber, der über Vergabekammern und Oberlandesgerichte durchsetzbar ist. Gleichzeitig wurde für missbräuchliche Verweigerung des Netzzugangs und des Zugangs zu anderen Infrastruktureinrichtungen eine neue Missbrauchsregelung geschaffen, die der *„essential-facilities-doctrine"* des us-amerikanischen Antitrustrechts nachgebildet ist. Demnach können wettbewerbsbegründende Durchleitungsansprüche unabhängig von den besonderen Netzzugangsregelungen gemäß §§ 6, 7 EnWG durchgesetzt werden.

10.2.4 Wettbewerbsbehörden

Nach § 48 GWB gelten das Bundeskartellamt, das BMWi und die nach Landesrecht zuständigen obersten Landesbehörden als Kartellbehörden. Für die Durchsetzung des europäischen Kartellrechts ist die EU-Kommission in Brüssel verantwortlich, wobei diese ein Verfahren an das nationale Bundeskartellamt zurückverweisen kann (siehe Kapitel 11.4.1, Seite 326).

Das Bundeskartellamt, mit Sitz in Bonn, ist eine selbstständige Bundesbehörde und gehört zum Geschäftsbereich des BMWi (§ 51 Abs. 1). Es verfolgt alle Wettbewerbsbeschränkungen, die sich in der Bundesrepublik Deutschland auswirken. D. h., seine Aufgaben sind die Durchführung der Fusionskontrolle (§ 35 ff GWB), wofür es die ausschließliche Zuständigkeit besitzt, die Durchsetzung des Kartellverbotes (§ 1 ff GWB) sowie die Ausübung der Missbrauchsaufsicht (§ 19 ff GWB). Aufgaben, die den EU-Mitgliedstaaten durch die Wettbewerbsregeln des EWG-Vertrages übertragen sind, werden ebenfalls von der Bundeskartellbehörde wahrgenommen (§ 50 Abs. 1 GWB).

Die Landeskartellbehörden sind für die Verfolgung von Wettbewerbsverstößen innerhalb ihrer Landesgrenzen zuständig. Geht „die Wirkung der Marktbeeinflussung oder des wettbewerbsbeschränkenden oder diskriminierenden Verhaltens oder einer Wettbewerbsregel über das Gebiet eines Landes" hinaus, so fällt die Zuständigkeit wieder an die Bundeskartellbehörde zurück (§ 48 Abs. 2 GWB).

Das BMWi agiert lediglich in Ausnahmefällen als Kartellbehörde. Es kann Kartelle und Zusammenschlüsse erlauben, wenn sie aus Gründen des Gemeinwohls notwendig sind (Stichwort: Ministererlaubnis § 8, § 24 Abs. 3 und § 42 GWB).

10.2.5 Unabhängigkeit des Bundeskartellamtes

Das Bundeskartellamt unterliegt keinen Weisungen des BMWi und entscheidet in Verwaltungs- und Bußgeldverfahren ausschließlich nach wettbewerblichen Kriterien. Der Wettbewerb ist aus oben genannten Gründen (Partikularinteressen) ständig bedroht und kein sich selbst erhaltendes System. Besonders in wirtschaftlichen Krisenzeiten finden Unternehmen viele Gründe, warum sie sich dem Wettbewerb entziehen wollen oder müssen.[248] Könnten Politiker, beispielsweise um Arbeitsplätze zu sichern, in diesen Situationen Druck auf die Bundeskartellbehörde ausüben, so

---

[248] Die Ende 1987 von der Bundesregierung eingesetzte „unabhängige Expertenkommission zum Abbau marktwidriger Regulierungen" (Deregulierungs-Kommission) übte scharfe Kritik an den Gebietsmonopolen der Stromversorger, und bezweifelte in einem abschließenden Gutachten vom März 1991 („Marktöffnung und Wettbewerb", siehe Literaturliste) die technisch-wirtschaftlichen Zwänge, die seitens der Stromwirtschaft geltend gemacht wurden, um ihre Ausklammerung vom Wettbewerb zu begründen. Sie schlug (lange vor der EU-Kommission) vor, die Netzbetreiber einer allgemeinen Durchleitungspflicht zu unterwerfen und den Netzbetrieb als eigenständige Dienstleistung von den sonstigen Geschäften zu trennen (*unbundling*). Siehe auch ergänzend: Hochmuth/Kassella, 1991.

würde das wettbewerbliche System in Frage gestellt und mit ihm all seine positiven Auswirkungen auf die Allgemeinheit.

Es ist allerdings nicht Aufgabe des Bundeskartellamtes, wirtschaftspolitische Ziele zu formulieren oder durchzusetzen, sondern die der Politik. Daher können im Einzelfall Wettbewerbsbeschränkungen (nachträglich) durch das BMWi genehmigt werden, wenn sie von

> „gesamtwirtschaftlichen Vorteilen des Zusammenschlusses aufgewogen werden oder der Zusammenschluss durch ein überragendes Interesse der Allgemeinheit gerechtfertigt ist" (§ 42 Abs 1, Satz 1 GWB).

Durch die Androhung einer Ministererlaubnis im Dezember 2001, als Reaktion auf das bundeskartellbehördliche Urteil in Bezug auf die Zusammenschlüsse von BP/Aral und DEA/Shell sowie ferner der Mehrheitsübernahme der Ruhrgas AG durch E.ON, wurde die Entscheidung des Bundeskartellamtes von Seiten der Politik im Voraus zu beeinflussen gesucht. Im Falle der Tankstellen wurde die Fusion unter gewissen Auflagen vom Bundeskartellamt genehmigt, was für eine erfolgreiche Druckausübung der Politik sprechen könnte. Im Fall Ruhrgas wiederum entschied das Bundeskartellamt im Januar 2002 gegen eine Übernahme und damit auch gegen die mögliche Einflussnahme des Bundeswirtschaftsministers, an den sich E.ON wandte, um eine Ministererlaubnis zu beantragen (mehr dazu in Kapitel 11.4.1, Seite 326ff).

10.2.6 Die Ministererlaubnis

Zunächst zum Begriff der Ministererlaubnis: fällt das Bundeskartellamt ein Urteil gegen den Zusammenschluss zweier oder mehrerer Unternehmen, mit dem diese nicht einverstanden sind, so können sie ein Gericht anrufen (§ 63 GWB), dessen Prüfkriterien allerdings wie schon beim Bundeskartellamt ausschließlich die wettbewerblichen Gesichtspunkte berücksichtigt. Geht es um nicht-wettbewerbliche Argumente der Unternehmen, so kann der Bundesminister für Wirtschaft um eine nachträgliche Erlaubnis des Zusammenschlusses bemüht werden. Der Minister kann ausnahmsweise eine Erlaubnis erteilen, wenn die Wettbewerbsbeschränkung von gesamtwirtschaftlichen Vorteilen des Zusammenschlusses aufgewogen wird oder der Zusammenschluss durch ein überragendes Interesse der Allgemeinheit gerechtfertigt ist (§ 24 Abs. 3 GWB).

Werner Müller (parteilos) ist als Bundeswirtschaftsminister qua Amt Hüter ordnungspolitischer Grundsätze. Seit seinem Amtsantritt im Jahr 1998 hat er offen zugegeben, statt für „hehre Grundsätze" mehr für pragmatische Politik einzutreten. Oder in seinen Worten wiedergegeben:

> „die Wirtschaft ist nicht für die Kartellbehörden geschaffen, sondern umgekehrt."[249]

In über 20 Jahren gab es erst 16 Anträge für eine Ministererlaubnis (bis 1973 waren es lediglich vier), wobei diese nur sechs Mal – davon vier Mal mit Auflagen – erteilt wurde. Dabei galt immer ein bestimmter Ablauf: das Kartellamt legte sein Veto ein, das betroffene Unternehmen beantragte die Ministererlaubnis, die Monopolkommission des Bundestages wurde angerufen und schließlich entschied der Bundeswirtschaftsminister in letzter Instanz.

So auch 1989 bei der letzten höchstumstrittenen Entscheidung bezüglich der Fusion von Daimler-Benz mit MBB. An zwei weiteren Fällen war auch die E.ON-Vorgängerin Veba beteiligt, nämlich beim Erwerb einer Mehrheit an Gelsenberg durch den Bund und der Verschmelzung mit Veba (1974) sowie beim Gelsenberg-Verkauf an den Mineralölkonzern BP (1979). Drei weitere Erlaubnisse erteilte das Wirtschaftsministerium für die zunächst nicht genehmigten Vorhaben im Textilmaschinenbereich von Babcock/Artos (1976), für den Kauf von Hüller Hille durch Thyssen (1977) und für die Übernahme des Maschinenbauers Wibau durch IBH (1981). Seit 1973 prüfte die Wettbewerbsbehörde insgesamt 30.000 Vorhaben, davon wurden 133 untersagt. Die bedeutendsten Verbote in den 90er Jahren waren die geplante Zusammenarbeit der Medienriesen Bertelsmann und Kirch bezüglich des Pay-TV-Senders „Premiere" sowie das Zusammenlegen der Baukonzerne Hochtief und Holzmann.[250]

Zum ersten Mal ist der „geregelte" Ablauf nun verändert. Minister Werner Müller (parteilos) hatte bereits im Vorfeld des Urteils der Bundeskartellbehörde die mögliche Notwendigkeit eines ministeriellen Einspruchs aufgrund der gefährdeten Ver-

---

[249] Zitat des Bundeswirtschaftsministers nach seinem Amtsantritt auf einer Kartellkonferenz (DIE ZEIT, Nr. 50 vom 6. Dez. 2001, Seite 27).

[250] Nachzulesen in einer dpa-Meldung vom 21. Januar 2002 sowie im Internet unter: http://www. monopolkommission.de/stellung/mine_t.htm sowie .../mine_e.htm.

sorgungssicherheit in Betracht gezogen. Diese Ankündigung des Bundeswirtschaftsminister bewirkte viel Kritik, zumal der Wirtschaftsminister durch seinen be-
ruflichen Hintergrund (s. u.) gute Beziehungen zu der Energiewirtschaft pflegt.

Der Diplom-Volkswirt war nach Lehraufträgen an der Universität Mannheim und
Regensburg von 1973 an zunächst bei der RWE AG tätig. 1980 wechselte er zur
E.ON-Vorgängerin Veba. Nachdem er Anfang der neunziger Jahre zunächst als Ge-
neralbevollmächtigter für Energiefragen arbeitete, galt er später als Anwärter auf
einen Sitz im Konzernvorstand. Nach Differenzen mit dem neuen Vorstandchef
Klaus Piltz bekam er mit einem Vorstandsposten bei der Veba Kraftwerke Ruhr AG
(VRK) aber nur die Führungsposition einer Konzerntochter. Bundeskanzler Gerhard Schröder holte den parteilosen Strommanager 1998 quasi über Nacht ins Ka-
binett. Er war bereits seit 1991 Berater Schröders in Energiefragen gewesen. Mit
seiner Zusage half Müller dem Kanzler kurzfristig aus der Verlegenheit, nachdem
der zunächst für das Amt vorgesehene Unternehmer Jost Stollmann aus Protest gegen die Beschneidung seiner Kompetenzen auf den Posten verzichtet hatte.

Nach dem Urteilsspruch des Bundeskartellamtes sprachen sich CDU/CSU und die
FDP gegen die Erteilung einer Ministererlaubnis zur Übernahme des Gasversorgers
Ruhrgas durch den E.ON-Konzern aus. Auch in der Regierungskoalition, insbesondere beim Bündnis 90/Die Grünen, wurde das Ergebnis im Fall E.ON/Ruhrgas be-
grüßt. Die Gerüchte um eine zukünftige Spitzenposition des Wirtschaftsministers in
den Vorstandsetagen bei RWE oder E.ON, haben eine mögliche Ministererlaubnis
in ein ungünstiges Licht gesetzt. Daher fordert die CDU/CSU-Bundestagsfrakion,
dass Werner Müller vor seiner Entscheidung definitiv erklären müsse, dass er nach
einem Ausscheiden aus dem Amt nach der Bundestagswahl im Herbst 2002 keinerlei Tätigkeit im Konzernbereich der beteiligten Unternehmen aufnehmen werde.
Gleichzeitig wurde Bundeskanzler Gerhard Schröder vom stellvertretenden FDP-
Fraktionsvorsitzenden Rainer Brüderle zu einem Machtwort aufgefordert, in dem er
in aller Deutlichkeit klarstellen sollte, dass die Prüfung der Ministererlaubnis vorur-
teilsfrei und unter Berücksichtigung der Wettbewerbswirkungen erfolgen würde. In
einem anderen Vorschlag von Seiten der Monopolkommission der Bundesregierung
sollte Müller seine Befugnis an Schröder abgeben. Tatsächlich aber beauftragte der

Bundewirtschaftsminister aufgrund seiner Befangenheit seinen Staatssekretär, Alfred Tacke dazu, die Entscheidung zu fällen (siehe Kapitel 8.2.5, Seite 210).

10.3 EU-Binnenmarktrichtlinie Erdgas

Bereits 1985 wurde das Ziel festgelegt, bis 1992 einen einheitlichen europäischen Markt ohne Binnengrenzen zu schaffen. Im Energiesektor erfolgte die Marktöffnung sehr viel später als in anderen Wirtschaftsbranchen. Mit den EURStrom[251] und EURGas[252] wurde das Ziel verfolgt, diese Lücke durch die schrittweise Einführung von Wettbewerb innerhalb der Mitgliedstaaten und zwischen ihnen zu schließen.

Die vorliegende Arbeit fokussiert die Liberalisierung des Erdgasmarktes in Deutschland, daher ist es unverzichtbar, den Blick auf die „prozessinitiierende" EURGas zu lenken, ohne dabei die EURStrom aus den Augen zu verlieren, denn beide Binnenmarktrichtlinien weisen etliche konzeptionelle Parallelen auf, die im Folgenden auch deutlich gemacht werden. Gleichzeitig weichen sie in mehreren Punkten voneinander ab, womit der Verschiedenheit der Produkte selber Rechnung getragen wird (vgl. auch Kapitel 11.2.1, Seite 293).

Nach Auffassung der EU-Kommission ist der Zugang zu den Strom- und Gasnetzen die vorrangige Vorraussetzung für einen intakten Wettbewerb. Aus ihrer Sicht kann der EU-Binnenmarkt nur dann wirklich vollendet werden, wenn Leitungsengpässe und die Diskriminierung bei Übertrags- und Transportpreisen sowohl innerhalb der Länder als auch zwischen den Mitgliedstaaten unterbunden werden. Außerdem präferiert die Kommission ein System, in dem die Kontrolle durch eine Regulierungsinstanz ausgeübt und nicht der Markt sich selber überlassen wird. Diese Auffassung teilen die deutsche Politik und Wirtschaft nicht.

Daher soll an dieser Stelle der Versuch unternommen werden, die Forderungen der EU-Kommission anhand der EURGas näher darzustellen, auf die Kritik angesichts einer mangelnden Umsetzung in nationales (deutsches) Recht einzugehen sowie die

---

[251] Richtlinie 96/92/EG des Europäischen Parlaments und des Rates vom 19. Dezember 1996 betreffend gemeinsame Vorschriften für den Elektrizitätsbinnenmarkt; Amtsblatt der EG, Nr. L 027 vom 30. Januar 1997, Seite 20.

[252] Richtlinie 98/30/EG des Europäischen Parlaments und des Rates vom 22. Juni 1998 betreffend gemeinsame Vorschrift für den Erdgasbinnenmarkt; Amtsblatt der EG, Nr. L 204 vom 21. Juli 1998, Seite 1.

ersten Vorschläge der belgischen Ratspräsidentschaft hinsichtlich einer Novellierung der EURGas zu erläutern.

10.3.1 Inhalt der EU-Binnenmarktrichtlinie Erdgas

Die EURGas trat am 10. August 1998 mit einer Frist von zwei Jahren zur Umsetzung in nationales Recht in Kraft und ist für die Bundesrepublik Deutschland als wichtiger erster Schritt zur Öffnung des Gasmarktes zu sehen, denn:

> Mit dieser Richtlinie werden gemeinsame Vorschriften für die Fernleitung, die Verteilung, die Lieferung und die Speicherung von Erdgas erlassen. Sie regelt ferner die Organisation und Funktionsweise des Erdgassektors, auch in Bezug auf verflüssigtes Erdgas (LNG), den Marktzugang, den Betrieb der Netze und die Kriterien und Verfahren für die Erteilung von Fernleitungs-, Verteilungs-, Liefer- und Speichergenehmigungen für Erdgas.[253]

Ziel der EURGas ist zunächst die Entstehung eines Gas-zu-Gas Wettbewerbs innerhalb der EU, der durch die Formulierung gemeinsamer Regeln für den Transport, die Verteilung, die Versorgung und Speicherung von Erdgas hervorgerufen wird. In Anlehnung an die EURStrom sollen durch schrittweise Marktöffnung grenzüberschreitender Wettbewerb erzielt und Bereiche, die bislang staatlicherseits vor Wettbewerb geschützt waren, neu geregelt werden.

Die EURStrom trat ein Jahr zuvor, am 17. Februar 1997, in Kraft und sollte ebenfalls zwei Jahre später von allen Mitgliedstaaten verbindlich umgesetzt sein. Artikel 1 spricht von den gemeinsamen Vorschriften für die Elektrizitätserzeugung, -übertragung und –verteilung, die durch diese Richtlinie erlassen werden.

Ferner regelt sie die

> „Organisation und Funktionsweise des Elektrizitätssektors, den Marktzugang, die Kriterien und Verfahren für die Ausschreibungen und die Vergabe von Genehmigungen sowie den Betrieb der Netze."[254]

Kernpunkt beider Richtlinien ist der diskriminierungsfreie Zugang zu den Verteilungsnetzen und die Zulassung Dritter nach objektiven, transparenten und nicht

---

[253] Kap. I, Art. 1, EU-Binnenmarktrichtlinie für Erdgas.
[254] Art. 1, EU-Binnenmarktrichtlinie für Strom.

diskriminierenden Kriterien (Art. 14 EURGas, Art. 16 EURStrom). Die Frage, ob ein verhandelter oder geregelter Netzzugang für Dritte erfolgt, bleibt bei der EUR-Gas den Staaten überlassen (Art. 16 EURGas). In der EURStrom können die Mitgliedstaaten zusätzlich noch das *Single Buyer*-Modell (Art. 18 EURStrom „Alleinabnehmer") wählen.

Beim Gas kann der Zugang von Betreiberseite aus verweigert werden, wenn die nötigen Infrastrukturkapazitäten nicht verfügbar sind oder die Erdgasunternehmen ihren gemeinwirtschaftlichen Verpflichtungen (*public service obligation*) nicht mehr nachkommen könnten (Art. 17 Abs. 1 EURGas). Der Netzzugang kann auch bei ungleichgewichtigen Marktöffnungen gegenüber anderen Mitgliedstaaten eingeschränkt werden. Zusätzlich kann nach Art. 25 Abs. 1 EURGas ein Erdgasunternehmen von der Verpflichtung entbunden werden, Dritten Zugang zu ihrem Netz zu gewähren, sollten dem Unternehmen daraus ernsthafte wirtschaftliche oder finanzielle Schwierigkeiten entstehen. Letzteres ist allerdings nur über Antragstellung möglich, die durch die zuständige Behörde und die EU-Kommission geprüft wird (Art. 25 Abs. 2 EURGas).

Beide Richtlinien schreiben keine konkret einzurichtenden Organisationsstrukturen vor, sie formulieren lediglich Vorschriften mit dem Ziel einer stufenweisen Marktöffnung. Den Ländern der EU bleibt somit genügend Raum bei der politischen Implementation.[255] Dies ist auch notwendig, wenn man die sehr unterschiedlichen Ausgangssituationen und Strukturen der einzelnen Staaten miteinander vergleicht (mehr zum Thema Ländervergleich findet sich in Kapitel 12.1, Seite 333 und Kapitel 12.5, Seite 342).

Art. 18 EURGas veranlasst die Staaten dazu, ihren Markt für zugelassene Kunden in der Weise zu definieren, dass gemessen am jährlichen Gesamtverbrauch zunächst 20 Prozent (Art. 18 Abs. 3 EURGas), nach fünf Jahren (2003) 28 Prozent (Art. 18

---

[255] Vgl. Vorwort zur EU-Binnenmarktrichtlinie für Gas: „...(9) Für die Organisation und Funktionsweise des Erdgassektors sind eine Reihe gemeinsamer Vorschriften zu erlassen. Im Einklang mit dem Subsidiaritätsprinzip stellen diese Vorschriften lediglich einen Rahmen allgemeiner Grundsätze dar, deren Umsetzung im Einzelnen den Mitgliedstaaten überlassen bleibt, die dasjenige System beibehalten oder wählen können, das ihrer besonderen Situation am besten entspricht, insbesondere im Hinblick auf die Genehmigung und Überwachung von Versorgungsverträgen."

Abs. 4 EURGas) und nach zehn Jahren 33 Prozent (Art. 18 Abs. 5) der Gasmärkte geöffnet sind. In die Kategorie der „zugelassenen Kunden" fallen von vornherein alle Betreiber gasbefeuerter Stromerzeugungsanlagen sowie Endverbraucher mit einem Bezug von über 25 Millionen Kubikmeter pro Jahr (Art. 18 Abs. 2 EURGas). Dieser Wert sinkt nach fünf Jahren auf 15 Millionen Kubikmeter und nach zehn Jahren auf fünf Millionen Kubikmeter (Art. 18 Abs. 6 EURGas).

Die Marktöffnung gemäß der EURStrom hingegen stellt den Mitgliedstaaten frei, allen Marktteilnehmern und Verbrauchern sofort Zugang zum Markt zu gewähren, oder aber nach einer gemeinschaftlichen Mindestmarktöffnung. Das heißt: zunächst für Endverbraucher mit einem Jahresverbrauch von mehr als 40 Gigawattstunden (pro Verbrauchsstätte und zuzüglich der Eigenerzeugung), nach drei Jahren (2000) gilt die Öffnung auch ab einem Jahresverbrauch mit 20 Gigawattstunden und nach neun Jahren (2006) sind es nur noch neun Gigawattstunden (Art. 19 Abs. 2 EUR-Strom).

Ungleichgewichte bei der Öffnung der Elektrizitätsmärkte werden vermieden, indem beispielsweise Lieferverträge mit einem zugelassenen Kunden aus dem System eines anderen Mitgliedstaates auch dann nicht untersagt werden dürfen, wenn die Definition des Begriffs „zugelassener Kunde" unterschiedlich ist (Art. 19 Abs. 5 EURStrom). Nach Art. 3 Abs. 2 der EURStrom können Mitgliedstaaten den Elektrizitätsunternehmen „gemeinwirtschaftliche Verpflichtungen im Allgemeininteresse" auferlegen, die sich auf die (Versorgungs-)Sicherheit, die Regelmäßigkeit, die Qualität und den Preis der Lieferungen sowie auf den Umweltschutz beziehen. Diese Verpflichtungen müssen klar definiert, transparent, nichtdiskriminierend und überprüfbar sein und ihre Erfüllung kann ebenfalls zur Begründung von Netzzugangsverweigerungen herangezogen werden.

Nach Art. 19 EURGas wiederum haben die Staaten die Möglichkeit, den Netzzugang bei ungleichgewichtiger Marktöffnung gegenüber einem anderen Mitgliedstaat einzuschränken. So auch wenn Unternehmen ernsthafte finanzielle und wirtschaftliche Schwierigkeiten dadurch entstehen, dass sie im Rahmen von *Take-or-Pay* Verträgen einem Dritten den Zugang zu ihren Netzen gewähren (s. o.). In diesem Fall können sie einen Antrag auf die Entbindung von ihren Verpflichtungen stellen (Art. 25 Abs. 1 EURGas).

Ausgenommen von den allgemeinen Regelungen sind die *emergent markets*, zu denen Griechenland und Portugal zählen. Sie müssen nur Teile der Richtlinie im gegebenen Zeitraum erfüllen (Art. 26 Abs. 3 und 4 EURGas). In den übrigen Ländern musste die EURGas bis spätestens August 2000 in nationales Recht umgesetzt sein, was nur bei zwei Drittel aller Mitgliedstaaten tatsächlich erfolgte.[256]

Des Weiteren ist in beiden Richtlinien das so genannte *„unbundling"*, die Trennung von Produktion, Weiterleitung und Verkauf, vorgesehen. In der EURStrom findet sich der Passus in Art. 7 Abs. 6:

> „Wenn das Übertragungssystem nicht ohnehin unabhängig von der Erzeugung und der Verteilung ist, muss der Netzbetreiber zumindest auf Verwaltungsebene unabhängig von den übrigen Tätigkeiten sein, die nicht mit dem Übertragungssystem zusammenhängen."

Das bedeutet, dass die Betreiber zu einer verwaltungstechnischen Entbündelung verpflichtet sind, also Tätigkeiten auf der Verwaltungsebene von denen der Erzeugung und Verteilung zu trennen. Damit wird der Bevorzugung beispielsweise von Tochterunternehmen ein Riegel vorgeschoben (Art. 7 Abs. 6 EURStrom).

Vergleichbar damit ist Art. 13 Abs. 3 der EURGas:

> Zur Vermeidung von Diskriminierungen, Quersubventionen und Wettbewerbsverzerrungen führen integrierte Erdgasunternehmen in ihrer internen Buchführung für ihre Erdgasfernleitungs-, -verteilungs- und -speicherungstätigkeiten getrennte Konten sowie gegebenenfalls konsolidierte Konten für ihre Tätigkeiten außerhalb des Erdgassektors in derselben Weise, wie sie dies tun müssten, wenn die betreffenden Tätigkeiten von separaten Firmen ausgeführt würden. Diese interne Buchführung enthält für jede Tätigkeit eine Bilanz sowie eine Ergebnisrechnung.

---

[256] Gesetzliche Regelungen zur Umsetzung der Gasrichtlinie wurden bereits frühzeitig und weitgehend in Belgien (4/99), Großbritannien (3/96), Irland (95) und Spanien (10/98) abgeschlossen. Im Juni 2000 trat Italien hinzu, gefolgt von Dänemark im Juli und Finnland sowie Schweden, wo zum 1. August 2000 die nationale Umsetzung erfolgte. In den Niederlanden traten die gesetzlichen Vorschriften größtenteils am 10. August 2000 in Kraft. Ebenso in Österreich, wo das Gesetz rückwirkend zum 10. August in Kraft trat. In Frankreich und Luxemburg lagen die Gesetzesentwürfe im August 2000 den Parlamenten vor, wurden jedoch erst lange nach Ablauf der Frist verabschiedet. Griechenland und Portugal fallen laut Art. 26 Abs. 2 unter den Status *emergent markets* (Status-Bericht der EU-Kommission nach Ablauf der Umsetzungsfrist 10. August 2000).

Was den Bau neuer Erdgasanlagen bzw. die Genehmigung für Erdgaslieferungen angeht, so legen Mitgliedstaaten, die nach Art. 4 Abs. 2 EURGas über ein Genehmigungssystem verfügen, objektive und nicht diskriminierende Kriterien fest. Für den Bau neuer Stromerzeugungsanlagen kann zwischen einem Genehmigungsverfahren und/oder einem Ausschreibungsverfahren gewählt werden, die aber ebenfalls nach objektiven, transparenten und nicht diskriminierenden Kriterien erfolgen sollen (Art. 4 EURStrom).

Nicht zu vergessen ist bei all den rechtlichen Regelungen die Importabhängigkeit Deutschlands von Ländern wie Russland und Norwegen, die keine Mitglieder der EU sind und deren Wettbewerbsverhalten nicht durch EU-Recht beeinflusst werden kann, auch wenn dies bei bestimmten Verhaltensweisen auf Produzentenseite einem EU-Land wie Deutschland wünschenswert erscheinen mag. Insofern muss bei der Umgestaltung eines Teils der Erdgaskette darauf geachtet werden, dass im Ergebnis nicht die Marktmacht der wenigen Gas-Anbieter gestärkt wird (Ströbele, 2000:20).

10.3.2 Mangelnde Umsetzung der Richtlinie in den Mitgliedstaaten

Allgemeine Kritikpunkte der EU-Kommission

Nachdem die Umsetzungsfrist der EURGas am 10. August 2000 abgelaufen war, stellte sich der Stand der Umsetzung in den Mitgliedstaaten für die EU-Kommission als nicht hinreichend befriedigend dar.[257] Zwar haben Zwei Drittel der Mitgliedstaaten gesetzliche Regelungen zur Erfüllung der Richtlinie weitgehend in Kraft gesetzt, allerdings wurden in Deutschland, Frankreich, Luxemburg sowie in den so genannten *emergent markets* Griechenland und Portugal die Umsetzungsprozesse noch immer nicht abgeschlossen. Wenngleich man in Deutschland der Ansicht war, dass mit dem neuen EnWG (von 1998), der Novellierung des GWB und der VV I Gas bereits ein wettbewerblicher Rahmen mit einer 100-prozentigen Marktöffnung für die Gaswirtschaft geschaffen und dadurch gleichzeitig die EUR-

---

[257] Siehe: DG for Energy and Transport (EU-Kommission): „State of Implementation of the EU Gas Direktive (98/30/EG) – an Overview" (Mai 2000) auch unter der Internetadresse: http://europa.eu.int/comm/energy/ en/gas_single_market/gas98_30.pdf (Stand September 2001).

Gas im Wesentlichen umgesetzt worden sei.[258] Gesetzliche Regelungen wurden lediglich in Belgien (im Wesentlichen im April 1999, es fehlten jedoch noch der Königliche Erlass zum Inkrafttreten und einige Ausführungsvorschriften), Großbritannien (März 1996), Irland (im Laufe von 1995) und Spanien (Oktober 1998, wobei einige Ausführungsvorschriften noch fehlten) frühzeitig abgeschlossen.

Für den verhandelten Netzzugang hat sich letzten Endes nur Deutschland entschieden.[259] Sieben Mitgliedstaaten wählten den regulierten Netzzugang.[260] In Dänemark und Österreich wurde eine Kombination aus beiden Systemen vorgesehen, während Portugal und Griechenland diese Frage vorerst noch unbeantwortet ließen.

Die Veröffentlichung der Netzzugangsbedingungen sah in Ländern mit reguliertem oder „gemixtem" System die Publikation von Standardbedingungen und Tarifen vor, während in Deutschland beispielsweise die Netzbetreiber bzw. Transportunternehmen ihre geschäftlichen Bedingungen bis August 2000 in Form von verhandelten indikativen oder maximalen Tarifen veröffentlichten.[261]

In Ländern mit reguliertem Netzzugang wurden Regulierungsbehörden eingerichtet, die sowohl für Strom als auch für Gas verantwortlich sind. In Österreich soll bis Ende 2002 eine unabhängige Gasregulierungsbehörde eingerichtet werden. Dänemark und Schweden entschieden sich für eine Energieaufsicht und einen Energiebeschwerdeausschuss bzw. eine Energieverwaltungsbehörde, ohne dabei die Ver-

---

[258] Diese Sichtweise findet sich beispielsweise in der Kurz-Information der Ruhrgas AG „Rahmenbedingungen der Liberalisierung in Deutschland" (September 2000). Darin begründet Ruhrgas die Umsetzung der Gasrichtlinie durch folgende Punkte: Mit den Kernelementen der Änderung des EnWG, d. h. dem Wegfall der Demarkation (Alleinvertriebsrechte/Gebietsschutz) und der ausschließlichen Wegerechte (alleinige Wegenutzung) ist die Gaswirtschaft den übrigen Wirtschaftszweigen gleichgestellt worden. Auf Basis der allgemeinen Missbrauchsregelungen des GWB (§§ 19, 20) wird der Netzzugang auf eine neue, stärker wettbewerbsorientierte Grundlage gestellt. Außerdem sind mit der Unterzeichnung der VV I Gas (Juli 2000) wesentliche Regelungen eines verhandelten Netzzugangs erreicht worden. Fazit: Mit diesen drei Elementen der Gasmarktliberalisierung und der vollen Marktöffnung sind in Deutschland de iure und de facto Durchleitung und Transportgeschäft möglich.

[259] Belgien wollte zunächst, schwenkte dann allerdings doch zum regulierten Netzzugang um, und in den Niederlanden gilt der behördlich kontrollierte verhandelte Netzzugang nur für die Fernleitungen (EU-Kommission, Internet Mai 2000).

[260] Finnland, Irland, Italien, Schweden und Spanien. In Frankreich und Großbritannien sind Ausnahmen davon möglich (Ruhrgas AG, Kurz-Information September 2000).

[261] Ruhrgas AG, Kurz-Information September 2000.

antwortungsbereiche konkret zu benennen. In Belgien setzte man eine Regulierungskommission für Strom und Gas ein und zwar schon bevor das Land vom ursprünglich verhandelten zum regulierten Netzzugang wechselte. In den Niederlanden besteht neben der Regulierungskommission noch eine Wettbewerbsaufsichtsbehörde, die ebenfalls Regulierungsaufgaben wahrnimmt.

Im Mai 2000 veröffentlichte die EU-Kommission einen voraussichtlichen Zeitplan der Marktöffnung in den EU-Mitgliedstaaten. Bis auf Frankreich und die *emergent markets* wollen alle Mitgliedstaaten ihre Märkte über die Mindestforderungen öffnen. Die Gasmärkte in Deutschland und Großbritannien sind bereits im Jahr 2000 zu 100 Prozent geöffnet werden. Österreich (2000: 49 Prozent) folgte dem Beispiel bis 2002. Italien (2000: 96 Prozent) und Spanien (2000: 72 Prozent) wollten dies bis 2003. Die Niederlande (2000: 45 Prozent) bis 2004. Schweden (2000: 47 Prozent) bis 2006 und Belgien bis 2010 (2000: 59 Prozent). Finnland hat bereits im Jahr 2000 sein Ziel für 2008 von 90 Prozent erfüllt. Dänemark strebt bis 2008 eine 43-prozentige Öffnung an (2000: 30 Prozent). Irland hat im Jahr 2000 bereits 75-prozentige Marktöffnung und Luxemburg 51 Prozent.[262]

Die Marktöffnung ist für die Entwicklung von Wettbewerb bedeutsam, allerdings bietet diese quantitative Öffnung noch keine Gewähr dafür, dass der Markt in der Praxis funktioniert (EU-KOM, 2001:3).

Kritik der EU-Kommission an deutscher (Nicht-) Umsetzung

Im September 2000 stellte die EU-Kommission eine mangelnde Umsetzung der EURGas in Deutschland fest und führte dabei folgende Punkte an:[263]

- mangelnde buchhalterische Entflechtung (*unbundling*) integrierter Erdgasunternehmen

- unzureichende Veröffentlichung der wesentlichen geschäftlichen Bedingungen für den Netzzugang

- die fehlende Einführung der technischen Vorschriften zur Sicherung der Interoperabilität (grenzüberschreitender Handel)

---

[262] Im Durchschnitt sind demnach bereits zum Jahrtausendwechsel 79 Prozent der Märkte geöffnet (EU-Kom, 2001:5).

[263] Siehe auch Wulf Binde: „Entwicklung der Liberalisierung des Erdgasmarktes in Deutschland", in: VIK-Mitteilungen 4/2001, Seite 23-26.

- das Erdgassystem wurde nicht hinreichend definiert, um den Zugang für Dritte sicherzustellen (Speicher etc.)

- schwaches Recht auf Netzzugang

- das nicht ausreichend beachtete Prinzip der Nicht-Diskriminierung

- unzulänglicher Schutz der Vertraulichkeit geschäftlich sensibler Informationen.

Letztendlich mahnte die Kommission Deutschland die Verzögerung bei der gesetzlichen Umsetzung der EURGas in nationales Recht an. Dem versuchte die amtierende rot-grüne Regierung mit der Novelle des EnWG nachzukommen, deren in Kraft treten für Mai 2002 geplant wurde.

10.3.3 Vorschläge zur Novellierung der EU-Binnenmarktrichtlinie Erdgas

Im März 2001 legte die EU-Kommission dem Europäischen Rat in Stockholm bereits einen ersten Entwurf zur Novellierung der EURStrom und EURGas zur Beschleunigung der Liberalisierung vor. Diese Novelle sieht u. a. die Öffnung der Erdgasmärkte durch ein strukturelles *unbundling* vor. Des Weiteren den Zugang zu Erdgasspeichern, mehr Transparenz und den wettbewerblichen Zugang zu *Upstream*-Netzen.[264] Die Vorschläge werden von vielen Lobbyisten in Brüssel favorisiert.[265]

Ein sicherlich für Deutschland problematischer Punkt des Novellierungsvorschlags ist die Ausschließlichkeit des RTPA, des regulierter Netzzugangs. Das heißt, der bisher alternativ dazu geltende NTPA, der verhandelte Netzzugang, würde komplett abgeschafft werden, was bis auf die Deutschen kein anderes EU-Mitgliedsland in sonderliche Bedrängnis bringt, da sich die meisten ohnehin zu einem rein regulierten Netzzugang entschlossen haben (s. o.). Könnte sich der Rat mit seinem Vor-

---

[264] „Die dafür notwendigen Impulse und Maßnahmen (...) betreffen den Grad der Marktöffnung (,quantitative Vorschläge') und die Mindestverpflichtungen im Hinblick auf Netzzugang, Verbraucherschutz, Regulierung und Entflechtung von Übertragung/Fernleitung und Verteilung in vertikal integrierten Gas- und Stromunternehmen (,qualitative Vorschläge')." (EU-KOM, 2001:2).

[265] Bsp.: neben Verbänden der industriellen Erdgaskunden, der Gaswirtschaft, der Verbraucher etc. auch von den Mitgliedern der *International Federation of Industrial Energy Consumers* (I F I E C Europe), dem Dachverband der europäischen Industrie- und Gewerbeenergiekundenverbände (siehe unter: http://www.ifiec-europe.be/).

schlag durchsetzen, wäre damit allerdings dem Grundsatz der Subsidiarität widersprochen. Denn die freie Gestaltungsmöglichkeit der Länder würde erheblich eingeschränkt werden. Deutschland müsste sich einen neuen Weg der Umsetzung suchen, obwohl der bislang eingeschlagene sich bereits beim Strommarkt als erfolgreich erwiesen hat. In Deutschland ist man sich bewusst, insbesondere durch Mahnungen des Bundeskartellamtes (vgl. hierzu Kapitel 11.4, Seite 326), dass am System des verhandelten Netzzugangs Ergänzungen notwendig sind, um weiter existierende Netzmonopole abzuschaffen und den Wettbewerb nicht nur im Inland, sondern auch mit den europäischen Mitgliedsländern in Gang zu bringen.

11 Eine Verbändevereinbarung für Erdgas

11.1 Kernfragen der Gasmarktliberalisierung

Um eine Monopolstruktur aufzubrechen so wie sie auf dem Gasmarkt in Deutschland bestand (und inoffiziell weiter besteht), müssen einige wichtige Fragen geklärt werden. So z. B. die Frage nach der Netzbetreiberstruktur (wem gehören die Netze?), wie sie genutzt werden (wer hat Zugang zu den Netzen?) und zu welchen Bedingungen der Netzzugang gewährt wird. Denn am Netzzugang, dem „zentralen Marktplatz", entscheidet sich letzten Endes der Erfolg der Gasmarktliberalisierung.[266]

Die Wirtschaft braucht klare gesetzliche Rahmenbedingungen, sonst kann sie nicht zukunftsgewandt agieren, sondern reagiert lediglich kurzfristig (siehe Kapteil 12.5.4, Seite 356). Die derzeitige Situation in Bezug auf die Regulierung ist nicht eindeutig geklärt. Zwar ermöglicht die EURGas eine Wahl zwischen reguliertem und verhandeltem Netzzugang, die Kommission präferiert jedoch den regulierten Zugang und beobachtet gegensätzliche Entwicklung in Deutschland mit Argus-Augen. Ein von der belgischen Ratspräsidentschaft unterstützter Vorschlag zur Novellierung der EURGas sieht den regulierten Netzzugang als verbindlich vor (s. o.). Diese Richtungsänderung würde Deutschland in rechtliche Schwierigkeiten bringen, denn einer EU-Richtliniennovellierung müsste in der ohnehin verspäteten Umsetzung in deutsches Recht durch die EnWG-Novellierung (siehe Kapitel 10.1.4, Seite 260) Rechnung getragen werden. Das heißt, entscheidet sich der deutsche Gesetzgeber dazu, am verhandelten Netzzugang festzuhalten, so muss er sich gleichzeitig eine Tür offen halten, um gegebenenfalls durch Verordnungsermächtigung die Etablierung einer Regulierungsbehörde veranlassen zu können. Weder für die Politik noch für die Wirtschaft sind die Ergebnisse derzeit absehbar.

Ebenfalls unklar ist das „*unbundling* der Netze". In der EURGas ist die buchhalterische Trennung des Transportbereichs vorgesehen. Die Novellierung der EURGas wiederum sieht eine unternehmensrechtliche, womöglich sogar eine eigentumsrechtliche Trennung vor, was sich rechtlich gesehen nicht ganz so unproblematisch darstellt, da der grundgesetzlich gewährleistete Eigentumsschutz berührt wird. In

---

[266] Frau von dem Busche (Wingas) in einem Vortrag am 8. November 2001.

der Novelle des deutschen EnWG dagegen ist lediglich eine buchhalterische Trennung vorgesehen. Aus dieser Situation heraus wird einerseits der Netz-zu-Netz Wettbewerb derzeit behindert, andererseits werden die Unternehmen ihre Investitionen in die Infrastruktur weitgehend zurücknehmen, bis die Rechtslage geklärt ist. Der Investitionsrückgang ist auch ein prägnantes Beispiel aus dem kalifornischen Energiemarkt, wo bis zum „Energie-Kollaps" Anfang 2001 jahrelang kaum investiert wurde (siehe Kapitel 12.5.4, Seite 356). Was den Netz-zu-Netz Wettbewerb angeht, so ist die VV I Gas aus Sicht der Unternehmen zwar ein Schritt in die richtige Richtung, allerdings mit dem großen Nachteil der schwer zu realisierenden Einklagbarkeit. Ein Rechtsstreit über die Durchleitung kann sich über Monate, wenn nicht sogar Jahre ziehen. Und die Klagen mehren sich, denn die Durchleitungsentgelte sind insbesondere auf der Regionalstufe sehr hoch und somit prohibitiv zur Erreichung von Wettbewerb (siehe die folgenden Abbildungen).[267]

Abbildung 13: Vergleich Netzzugangsentgelte Gas für die regionale Ferngasversorgung (in Pf/kWh H_o)

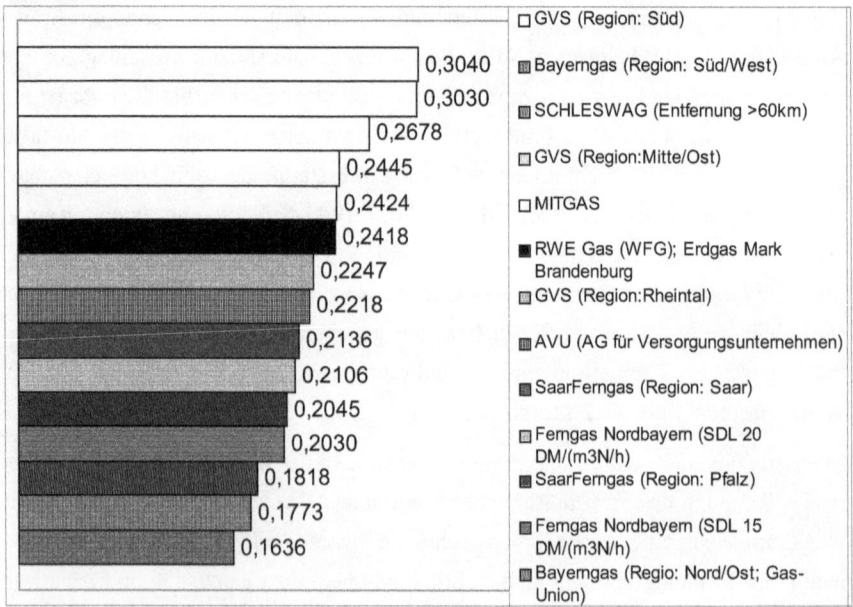

0,3040	GVS (Region: Süd)
0,3030	Bayerngas (Region: Süd/West)
0,2678	SCHLESWAG (Entfernung >60km)
0,2445	GVS (Region:Mitte/Ost)
0,2424	MITGAS
0,2418	RWE Gas (WFG); Erdgas Mark Brandenburg
0,2247	GVS (Region:Rheintal)
0,2218	AVU (AG für Versorgungsunternehmen)
0,2136	SaarFerngas (Region: Saar)
0,2106	Femgas Nordbayern (SDL 20 DM/(m3N/h)
0,2045	SaarFerngas (Region: Pfalz)
0,2030	Femgas Nordbayern (SDL 15 DM/(m3N/h)
0,1818	Bayerngas (Regio: Nord/Ost; Gas-Union)
0,1773	
0,1636	

Quelle: *VIK, Internet Stand: 29.11.2001*

---

[267] Frau von dem Busche (Wingas) in einem Vortrag am 8. November 2001.

Abbildung 14: Vergleich Netzzugangsentgelte Gas für die überregionale Ferngasversorgung (in Pf/kWh H_o)

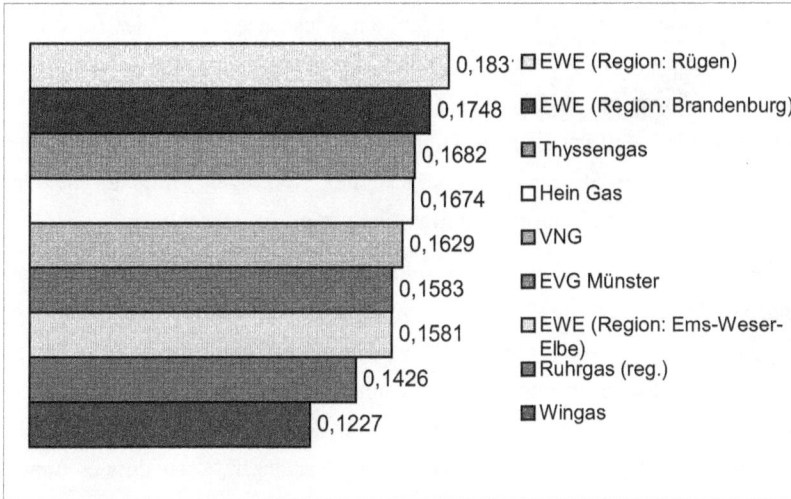

Quelle: *VIK, Internet Stand: 29.11.2001*

Abbildung 15: Vergleich Netzzugangsentgelte Gas für die Endverteilung (in Pf/kWh H_o)

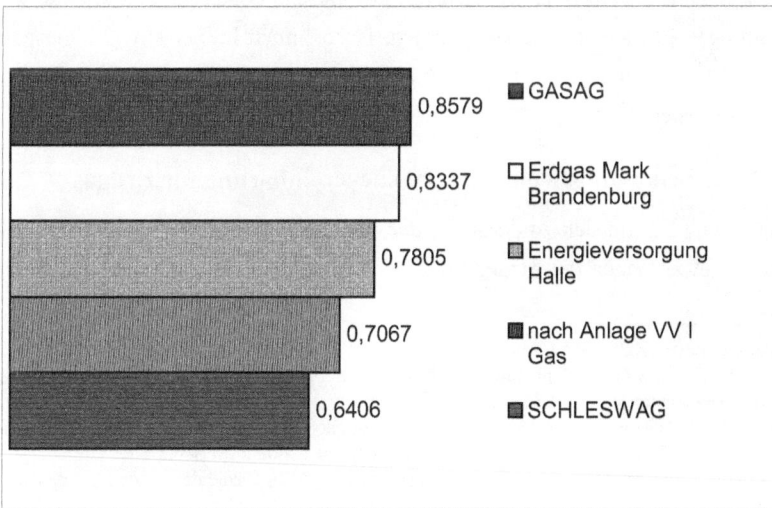

Quelle: *VIK, Internet Stand: 29.11.2001*

In den Abbildung 14 bisAbbildung 15wird deutlich, dass die Preise auf der überregionalen Ferngasstufe sehr viel niedriger sind, obwohl mehr Gas über längere Strecken transportiert wird. Auf der eigentlich wichtigen Ebene, der regionalen Ferngasversorgung (siehe Abbildung 13), liegen die Preise teilweise auf doppeltem Niveau (vgl. Wingas mit 0,1227 Pf/kWh H_0 gegenüber der GVS-Region Süd mit 0,3040 Pf/kWh H_0). Auf der Endverteilungsstufe (Abbildung 15) sind die Preise am teuersten, trotz kurzer Strecken. Die dargestellten Netzzugangsentgelte enthalten die Nettoentgelte für den Transport und für die Systemsdienstleistungen.

Ein weiteres Dilemma, resultierend aus unklaren politischen Vorgaben, ist der freie Leitungsbau. Die Novelle der EURGas sieht ganz konkrete Bestimmungen für den Leitungsbau vor. Die Novelle des EnWG wiederum fordert ausreichende Leitungskapazitäten zur Gewährleistung eines wirksamen Wettbewerbs. Gleichzeitig wurden allerdings die umweltbedingten Kriterien für den Leitungsbau durch die EU-UVP (Umweltverträglichkeitprüfungs)-Richtlinie verschärft,[268] so dass Leitungsbauvorhaben auch politisch zunehmend schwerer durchzusetzen sind. Das Projekt einer Rhein-Main-Leitung durch den Bauherren Wingas beispielsweise scheiterte aufgrund nicht erfüllbarer Umweltauflagen. Der Gas-zu-Gas-Wettbwerb, der schon zu Zeiten demarkierter Monopole lediglich dort durchbrochen werden konnte, wo neue Leitungen geplant und gebaut wurden, basiert noch immer auf Leitungsbau und Speicherkapazitäten. Er wird jedoch angesichts möglicher neuer Bestimmungen in Frage gestellt.

11.2 Rahmenbedingungen einer Verbändevereinbarung für Erdgas

Im Zusammenhang mit den Änderungen der Rahmenbedingungen für die Energiewirtschaft sind zwischen der Stromwirtschaft und der Industrie mittlerweile schon

---

[268] Die Richtlinie des Rates der Europäischen Gemeinschaften 85/337/EWG vom 27. Juni 1985 über die Umweltverträglichkeitsprüfung bei bestimmten öffentlichen und privaten Projekten, ABl. Nr. L 175/40 vom 5. Juli 1985, verfolgt das Ziel, die rechtlichen Rahmenbedingungen zur Genehmigung von Großvorhaben, bei denen mit erheblichen Auswirkungen auf die Umwelt zu rechnen ist, innerhalb der Mitgliedstaaten der Europäischen Union zum Schutz der Umwelt und der Lebensqualität anzugleichen und Wettbewerbsverzerrungen zu vermeiden. Dies soll einerseits durch eine Harmonisierung des Anwendungsbereiches erreicht werden, andererseits durch die Vorgabe von Mindesterfordernissen für die Umweltverträglichkeitsprüfung. Auch die Verpflichtung, die Ergebnisse der UVP bei der Entscheidung über das Vorhaben zu berücksichtigen, dient diesem Ziel.

zwei VV für Strom verabschiedet worden, die den kommerziellen Rahmen für den Netzzugang Dritter regeln. Zusätzlich hat die Stromwirtschaft einen *Grid Code* erarbeitet, der die technischen Anforderungen regelt und recht schnell erfolgreich umgesetzt wurde.

Für die Gasbranche sollte auf der Basis der gemachten Erfahrungen auf dem Strommarkt ebenfalls eine VV geschlossen werden, die den Zugang Dritter zum Erdgastransportnetz regelt. Eine erste VV wurde zwischen dem Bundesverband der deutschen Gas- und Wasserwirtschaft (BGW) und dem Verband kommunaler Unternehmen (VKU) einerseits sowie dem Bundesverband der Deutschen Industrie (BDI) und dem Verband der industriellen Kraftwirtschaft (VIK) andererseits, im Beisein von Bundeswirtschaftsminister Werner Müller im Juli 2000 abgeschlossen (siehe Kapitel 11.3.2, Seite 316).

Strom und Gas sind beides leitungsgebundene Energien. Daher könnte man versucht sein, die beiden VV für Strom mit kleinen Korrekturen auf den Gasmarkt anzuwenden. Stellt sich die Frage, ob dies sachgerecht wäre. Die Reform der stromwirtschaftlichen Regulierung hat für die gesamte Energiewirtschaft, einschließlich dem Gasmarkt, einen durchaus modellhaften Charakter.

Das neue EnWG von 1998 wirkte sich auf die Energiepolitik und das Energierecht aus. Die Stromliberalisierung betraf neben der Regulierung von Erzeugung, Distribution und der Verwendung leitungsgebundener Energie auch die Gewinnung, Verteilung und Verwendung von Primärenergien im Allgemeinen. Viele der im Stromsektor gemachten Erfahrungen sind sinngemäß auf andere Wirtschaftszweige übertragbar. Es scheint daher angebracht, sich zunächst mit den Unterschieden aber auch Gemeinsamkeiten zwischen Strom und Gas auseinander zu setzen, um die daraus gewonnenen Erkenntnisse auf die VV I Gas anzuwenden.

11.2.1 Unterschiede zwischen Gas und Strom

Kurzer historischer Stromexkurs

Beim Strom sind die historischen Zusammenhänge nicht ganz unbedeutend für die heutige Situation. Strom hat ein wirtschaftlich noch schnelleres Wachstum Anfang des 20. Jahrhunderts ermöglicht. Die Geschichte der Elektrizitätserzeugung in Deutschland nahm im Dezember 1866 ihren Anfang, als Werner Siemens seine

Schrift „Über die Umwandlung von Arbeitskraft in elektrischen Strom ohne Anwendung permanenter Magnete" verfasste, die er im Januar des darauffolgenden Jahres der Berliner Akademie der Wissenschaften vorlegte (Zängl, 1989:14). Allgemein gilt er als Entdecker des dynamoelektrischen Prinzips (s. Trendelenburg, 1975:11, Wilke, 1898:2).

Aus heutiger Sicht gibt es jedoch keinen „Urvater" des Stroms. Vielmehr kann man von einer Mehrfacherfindung sprechen, die außer Siemens noch die Engländer Wheatstone und Varley zeitgleich gemacht hatten (Zängl, 1989:14).

Die Entwicklungsstufen der Elektrizität sind ebenfalls nicht eindeutig festzulegen. Die Zeit von 1866 bis 1882 kann als „Versuchszeit" angesehen werden (von Miller, 1932:177). Das folgende Jahrzehnt ist die praktische Umsetzung. Zur Jahrhundertwende werden die elektrotechnischen Anwendungen insbesondere auf die Industrie und Haushalte erweitert. Auch die Landwirtschaft profitiert davon, doch in weit geringerem Maß. Durch den Ersten Weltkrieg (1914-1918) entsteht ein Bedarf an Großkraftwerken. Mit ihrem Bau wird die Verbundwirtschaft Realität.

Bis 1928 verstärken sich die strukturellen Konzentrationsbewegungen der Elektrizitätswirtschaft. Somit konnten sich Großerzeugung und Verbundwirtschaft in der Elektrizitätswirtschaft in Deutschland noch vor der Weltwirtschaftskrise als dominierendes System etablieren. Ganz im Gegenteil zur Ferngasversorgung, deren Aufbauphase exakt in die folgenden desolaten Wirtschaftsjahre fiel (Niemann, 1997:63).

In den Jahren nach 1930 stagniert der Stromabsatz. Als Reaktion darauf wird der Elektrowärmemarkt auf die Haushalte ausgedehnt. Gleichzeitig ist ein neues Gesetz in Vorbereitung, das die Elektrizitätswirtschaft regeln soll. Die Energieversorgungsunternehmen strukturieren es 1933 bereits vor, so dass die Ratifizierung des EnWG von 1935 lediglich zu einem formalen Akt wird. Durch die Rüstungsproduktion während des Nationalsozialismus steigt der Stromabsatz gewaltig an. Auch der ländliche Bereich wird nun über Elektrowärme in den Strommarkt integriert.

Nach dem Zweiten Weltkrieg (1939-1945) kann die Stromproduktion fast problemlos wieder aufgenommen werden, da nur wenige Anlagen zerstört worden sind. Rund zehn Jahre nach dem Krieg beteiligt sich Deutschland (erneut) an der Kernforschung. In den „goldenen" 50ern werden die Haushalte „grundelektrifiziert". Kühlschrank und Elektroherd erobern die Küchen. 1960 darf Deutschland nach gründlicher Vertragsregelung Kernenergie zur friedlichen Nutzung verwenden. Die ersten Atomkraftwerke werden gebaut und gehen ans Netz (Obrigheim 1968, Stade 1972). Die Nachtspeicherheizung wird als Novum eingeführt. Trotz des Vorfalls 1979 in Harrisburg (USA) und der Anti-Atombewegung wird die Kernkraft weiter ausgebaut. Der Reaktorunfall 1986 in Tschernobyl (Ukraine) provoziert insbesondere in Deutschland eine grundlegende Diskussion um den Bau, den Betrieb und die Entsorgung von Kernkraftanlagen.

Neben der Kernenergie werden andere Energieträger zur Stromerzeugung genutzt. In Tabelle 25 sind die Anteile aller Energieträger neben der Kernenergie, die den größten Teil ausmacht, für das Jahr 2000 aufgeführt und in Prozentangaben bzw. Milliarden Kilowattstunden dargestellt. Die Entwicklung der Erdgasnutzung sowie der Ferngasversorgung hatte im Vergleich zur Elektrizitätswirtschaft eine völlig andere Ausgangslage, wie in Kapitel 2 „Historischer Exkurs in die fünf Phasen deutscher Energiepolitik" (Seite 53) bereits ausführlicher gezeigt wurde. Während die Stromerzeugung und -verteilung von Anfang an als „kohärentes System konzipiert wurde" (Niemann, 1997:63), war das Kokereigas (mit dem der Beginn der Ferngasversorgung verbunden ist) mehr Nebenprodukt,

> „das erst unter den besonderen wirtschaftlichen Bedingungen und Rationalisierungszwängen nach dem Ersten Weltkrieg verstärkt in das Blickfeld des Bergbaus geriet" (Niemann, 1997:63).

Abbildung 16 und Tabelle 25 (als Legende) veranschaulichen noch einmal im Einzelnen die aktuellen Zahlen der Bruttostromerzeugung nach Energieträgern für Deutschland. Die Kernenergie macht fast ein Drittel der gesamten Stromerzeugung aus. Mit den festen Brennstoffen (Stein- und Braunkohle) sind es über drei Viertel. Erdgas liegt mit 8,5 Prozent auf dem vierten Platz gefolgt von Wasserkraft und Heizöl.

Tabelle 25: Bruttostromerzeugung in Deutschland nach Energieträgern in Mrd. kWh (im Jahr 2000)

Abbildung 16: Anteil der Energieträger an der Bruttostromerzeugung (2000) in Prozent

Kernenergie	169,0	30,1%
Braunkohle	146,0	25,9%
Steinkohle	143,0	25,4%
Erdgas	48,0	8,5%
Wasserkraft	24,5	4,3%
Heizöl	3,0	0,5%
Sonstige*	29,8	5,3%
Stromerzeugung insg: .562,8		

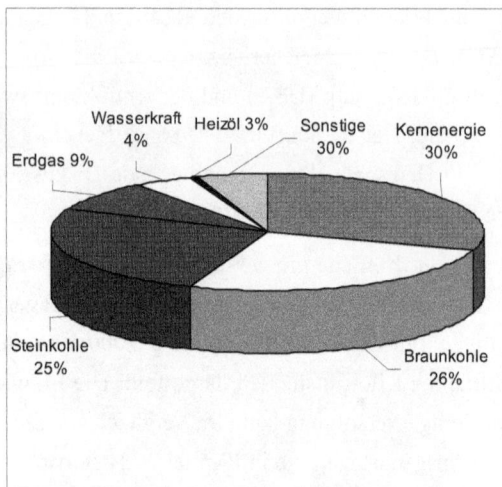

Quelle: *Berechnungen des BMWi, des VDEW und des DIW*

*darunter Windenergie mit 9,2 Mrd. kWh, das sind 1,6 Prozent an der gesamten Stromerzeugung.

Tabelle 26 führt die Stromgewinnung durch Kohle, Erdöl und Erdgas in den jeweils zehn produktionsstärksten Länder der Erde auf. Die USA erzielen die höchste Stromgewinnung aus den Energieträgern Kohle und Gas. Beim Öl liegen sie hinter Japan. Asien, allen voran China gewinnt Strom vor allem durch die Verwendung von Kohle.[269] Wohingegen Russland Strom vor allem aus seinen großen Gasreserven gewinnt. Deutschland liegt sowohl beim Gas als auch bei der Kohle an vierte Stelle in der Welt (siehe auch Tabelle 25, Seite 296).

---

[269] Kein anderes Land produziert und verbraucht soviel Kohle wie China (drei Viertel seines Energiebedarfs. 17 Prozent stammen aus Erdöl). Elektrizität ist die Energieform, für die der Bedarf am schnellsten wächst. Zwischen 1984 und 1994 um knapp zehn Prozent (siehe: China Energy Annual Review, 1996:91), d. h. die Kraftwerkskapazität (75 Prozent davon werden mit Kohle befeuert) in China muss sich alle zehn Jahre verdoppeln. Ebenso die Kohleproduktion von 1,3 Milliarden Tonnen im Jahr 1996 bis 2020 (siehe: Worldbank Summary Report, 1994:22). Größtes Problem: die Luftverschmutzung (in Beijing oder Shenjang so hoch wie nirgendwo auf der Welt). 1990 gab China 580 Millionen Tonnen CO_2 ab und liegt damit hinter den USA noch vor Russland (Hertsgaard, 1998:221ff).

Tabelle 26: Stromgewinnung durch verschiedene Energieträger

Kohle	TWh	Öl	TWh	Gas	TWh
USA	2.006	Japan	170	USA	558
China	885	USA	147	Russland	353
Indien	372	Italien	107	Japan	218
Deutschland	300	Mexiko	101	Großbritannien	116
Japan	198	Saudi Arabien	73	Iran	82
Südafrika	188	China	52	Italien	71
Russland	160	Russland	51	Deutschland	54
Australien	156	Taipeh	34	Niederlande	52
Polen	136	Irak	30	Thailand	47
Großbritannien	123	Pakistan	24	Saudi Arabien	43
Andere Staaten	979	Andere Staaten	491	Andere Staaten	718
Gesamt (Welt)	*5.503*	*Gesamt (Welt)*	*1.280*	*Gesamt (Welt)*	*2.312*

Quelle: *IEA (2001)*

In Abbildung 17 und Abbildung 18 sind die Anteile an der Stromerzeugung von 1973 im Vergleich zu 1998 dargestellt. Dabei wird deutlich, dass die Bedeutung des Erdöls weltweit zurückgegangen ist. Kohle konnte sich auch 25 Jahre später auf dem gleichen Niveau halten. Der Anteil der Kernenergie ist rasant gestiegen. Ebenso der von Gas, wenngleich etwas moderater. Die Stromerzeugung per Wasserkraft ist um drei Prozentpunkte zurückgegangen.

Abbildung 17: Anteile der Energieträger an der Stromerzeugung weltweit 1973

Abbildung 18: Anteile der Energieträger an der Stromerzeugung weltweit 1998

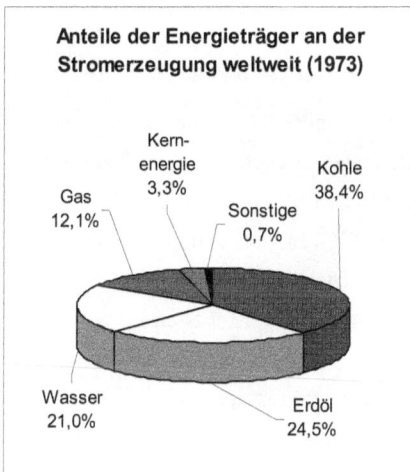

Anteile der Energieträger an der Stromerzeugung weltweit (1973)

Kern-energie 3,3%
Kohle 38,4%
Gas 12,1%
Sonstige 0,7%
Wasser 21,0%
Erdöl 24,5%

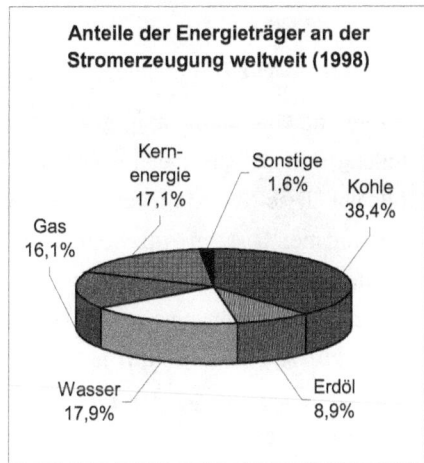

Anteile der Energieträger an der Stromerzeugung weltweit (1998)

Kern-energie 17,1%
Sonstige 1,6%
Kohle 38,4%
Gas 16,1%
Wasser 17,9%
Erdöl 8,9%

Quelle: *IEA (2001)*

Tabelle 27 schließlich, führt die zehn größten Stromerzeuger, -exporteure und -importeure auf. Die USA liegen bei der Erzeugung von Strom Zwei Drittel über dem zweitgrößten Stromerzeuger, nämlich China (s. o. und Fußnote 269, Seite 296). Japan liegt an dritter Stelle, gefolgt von Russland, Kanada und Deutschland. Bei den Exporteuren sind die USA weit abgeschlagen an achter Stelle. Frankreich nimmt durch seine Atomstromexporte den ersten Rang ein. Deutschland ist immerhin viertgrößter Exporteur, gleichzeitig aber auch viertgrößter Importeur. Dabei handelt es sich um fast gleiche Verhältnisse (39 TWh Export versus 38 TWh Import). Die USA hingegen stehen zwar als Stromimporteure an zweiter Stelle, allerdings mit einem deutlich kleineren Volumen verglichen mit ihrer Erzeugung.

Tabelle 27: Erzeuger, Exporteure und Importeure von Strom

Erzeuger	TWh	in%	Exporteure	TWh	Importeure	TWh
USA	3.804	26,5	Frankreich	62	Italien	42
China	1.166	8,1	Paraguay	45	USA	40
Japan	1.036	7,2	Kanada	45	Brasilien	39
Russland	826	5,8	Deutschland	39	Deutschland	38
Kanada	562	3,9	Schweiz	30	Schweiz	24
Deutschland	552	3,9	Russland	26	Kanada	17
Frankreich	507	3,5	Schweden	17	Großbritannien	13
Indien	494	3,4	USA	13	Niederlande	12
Großbritannien	357	2,5	Tschechien	11	Österreich	10
Brasilien	322	2,2	Ukraine	11	Ukraine	10
Andere Staaten	4.705	33,0	Andere Staaten	123	Andere Staaten	171
Gesamt	*14.331*	*100*	*Gesamt*	*422*	*Gesamt*	*416*

Quelle: *IEA (2001)*

Technische Unterschiede zwischen den Produkten Strom und Gas

Strom und Gas sind leitungsgebundene Energieträger, deren Übertragung und Verteilung in Kilowattstunden über vermaschte Netze erfolgt. Bis zur Liberalisierung bildeten diese Netze in Deutschland die natürlichen Monopole, die ihre gesetzliche Legitimation besaßen (vgl. Kapitel 10.2, Seite 271). In Deutschland werden ca. 900 Strom- und 700 Gasnetze privatwirtschaftlich betrieben, die sowohl von den technischen Rahmenbedingungen als auch in ihren Produkteigenschaften schwer miteinander zu vergleichen sind (Binde, 1999:30). Die Unterschiede zwischen ihnen bedingen, dass die in den VV für Strom getroffenen Regelungen nicht ohne weiteres auf Gas übertragen werden können. Im Folgenden sollen einige dieser Punkte aufgezeigt werden, die einen direkten Vergleich beider Energieformen erschweren.

Geht man von den Produkten selber aus, stellt sich Gas als Primärenergie, Strom dagegen als Sekundärenergie heraus. Die Qualität von Gas ist unterschiedlich und wird mit Hilfe des Wobbeindex in H-Gas (höherer Brennwert) und L-Gas (niedriger Brennwert) unterschieden (siehe Kapitel 4.2, Seite 86). Das heißt, neben unterschiedlichem Druck in einzelnen Leitungen, unterscheiden sich die eingespeisten Gasmengen auch noch in ihrer Zusammensetzung und ihren brenntechnischen Eigenschaften, was sie nur begrenzt substituierbar macht. Strom dagegen ist genormt.

Die Einspeisepunkte in Deutschland sind, im Gegensatz zu Ländern wie Großbritannien, rund um die Außengrenzen verteilt. Es gibt somit keine dominierende Transportrichtung. Für die Frage der Entgelte kommt diesem Punkt eine nicht unwesentliche Bedeutung zu (vgl. Kapitel 11, Seite 289). Strom kann dezentral eingespeist werden und hat eine wesentlich höhere Dichte als Gas.

Wiederum lässt sich Gas speichern. Strom nicht. Auch ist Gas z. B. durch konkurrierende Energieträger wie Heizöl oder Kohle ersetzbar. Strom kennt keine Ersatzmöglichkeiten. Der Konkurrenzdruck entsteht durch einen Strom-zu-Strom Wettbewerb, allerdings erst seit Liberalisierung des Strommarktes.

Nicht zu vergessen sind fördertechnische Bedingungen der Energieformen Strom und Gas. Während Strom vorwiegend in Deutschland hergestellt wird und zusätzliche Mengen meist aus dem europäischen Ausland stammen, lassen sich derzeit beim Gas drei wesentliche Import-Aufkommen unterscheiden: Gas aus Russland, Norwegen und den Niederlanden. Insofern liegen die Kostenpunkte allein durch die weiten Transportwege höher als beim Strom. Die Gasproduzenten benötigen aus diesem Grund langfristige Lieferverträge mit hohen Abnahmeverpflichtungen. Diese sind die Basis, um eine Entwicklung der Infrastruktur und Erdgasförderung zu gewährleisten und die hohen Investitionskosten von der Förderung bis zum Transport ausgleichen und kalkulieren zu können.

Ein weiterer Unterschied zwischen Strom und Gas besteht darin, dass die Netzflüsse in Stromnetzen sich infolge der jeweiligen Netzbelastung und der jeweiligen momentanen Einspeisungen in das Netz ergeben. Die jeweilige Netzbelastung ist stark von den Verbrauchsgewohnheiten und nur zu einem geringen Teil von natürlichen Gegebenheiten wie dem Wetter abhängig. Im Vergleich hierzu bilden sich im Gasferntransport eindeutige Vorzugsflussrichtungen aus. Dies gilt insbesondere im

Spitzenfluss. Erdgasnetze müssen so ausgelegt werden, dass die Versorgung auch im kältesten Winter sichergestellt ist.

Aufkommens- und Transportsituation im Gas- und Stromsektor

Der Druck im Erdgasleitungssystem dient im Wesentlichen Transportzwecken. Auf hundert Kilometer fällt der Druck in den Leitungen um zehn bar. Das bedeutet, dass an verschiedenen Stellen im System unterschiedlicher Druck herrscht, wo das Gas mit variierenden Zustandsgrößen vorliegt. Daher muss an bestimmten Stellen, so genannten Vermaschungspunkten, ein bestimmter Druck bewusst mit Hilfe von Verdichterstationen (siehe Kapitel 4, Seite 85) eingestellt werden. Auf den unteren Ebenen umso stärker.

Der Strommarkt, auf der anderen Seite, verfügt über viele dezentrale Einspeisungspunkte, da, wie oben bereits erwähnt, Kraftwerksstandorte meistens verbrauchsnah und bereits entsprechend der jeweiligen Netzerfordernisse ausgewählt werden, was kurze Transportwege zur Folge hat. Strom kann aus verschiedenen fossilen Energieträgern wie Uran (Kernenergie), Kohle, Erdöl, Erdgas, aber auch aus regenerativen wie Wasser- und Windenergie hergestellt werden. Der Transport der Energiequelle erfolgt über relativ kurze Distanzen zu den jeweiligen Kraftwerken. Die Toleranzbänder bei Spannung und Frequenz sind im Netz mit fließendem Strom nur gering. Grundsätzlich herrschen an allen Stellen einer Spannungsebene die gleichen Verhältnisse, wodurch ein Austausch an grundsätzlich jedem Vermaschungspunkt gegeben ist.

Weitere Unterschiede und Zusammenfassung

Wie oben bereits dargestellt, unterscheiden sich die technischen Randbedingungen sowie der Transport von Strom und Gas weitgehend voneinander. Dies sind jedoch nicht die einzigen Unterschiede, denn gerade auch die Produkte Strom und Gas als solche sind schwer miteinander zu vergleichen.

Da Strom als Sekundärenergie wie Koks, Brikett, Fernwärme, Benzin und Heizöl, aus der Umwandlung von Primärenergieträgern gewonnen wird, können wesentliche Produkteigenschaften bei der Erzeugung eingestellt werden (Schaefer, 1995:25). Dies bedeutet, dass jedes Kraftwerk ein genormtes Produkt mit fast identischer Qualität liefern kann. Dadurch lässt sich Strom unterschiedlicher Hersteller problemlos austauschen. Elektrizität wird, wie oben erwähnt, meist über kurze Entfernungen transportiert, was zum einen kostengünstiger ist und zum anderen – verglichen mit Erdgas – technisch weniger hohe Anforderungen stellt (Stichwort: Druckabfall). In diesem Zusammenhang ist auch der Spitzenfluss zu sehen, denn das Produkt wird durch die gegebene Spannungsebene sowie die Frequenz definiert, wobei zwischen den Spannungsstufen eine so genannten Umspannung möglich ist. Daher kann Strom auf breiter Ebene angewendet werden und ist kaum durch andere Energien substituierbar. Einziger Konkurrent ist der Strom anderer Lieferanten oder der vom Anwender selbst erzeugte Strom. Ein weiterer Vorteil, den das Gas nicht hat, ist die direkte Messbarkeit des Strombezugs.

Erdgas ist eine Primärenergie, also ein Energieträger, der noch keiner Umwandlung unterworfen wurde. Zu diesen „natürlichen" Energien zählen neben Erdgas noch Holz, Stein- und Braunkohle, Erdöl, Uranerz und Wasser. Bis auf Gas, das Primär- und Endenergie in einem ist, müssen alle anderen Rohstoffe in der Regel erst umgewandelt werden (teils mit hohem Energieverlust). Das eigentliche „Produkt", um das es beim Erdgas geht – sofern es nicht als so genannter „*feedstock*" in der chemischen Industrie eingesetzt wird –, ist sein Wärmeinhalt, womit gleichzeitig sein herausragendes Marktsegment genannt ist. Auf dem Wärmemarkt steht Erdgas nicht nur im Wettbewerb zu anderem Erdgas, sondern auch zu den Substituten Kohle und Heizöl. Im Kontrast zum Strombezug, der direkt messbar ist, kann der Wärmeinhalt von Gas nur indirekt über den Volumenstrom, die Zustandsgrößen (d. h. Druck, Temperatur) und die Ermittlung des spezifischen Wärmeinhalts des Gases erfasst werden.

Während sich die Netzflüsse in Stromnetzen infolge der jeweiligen Netzbelastung und der jeweiligen Einspeisungen in das Netz ergeben, bilden sich im Ferngastransport Vorzugsflussrichtungen aus (s. o.). Die Netzbelastung beim Strom hängt nur zum geringen Teil von äußeren Gegebenheiten wie dem Wetter ab, hauptsächlich aber von den Verbrauchergewohnheiten. Die eigentliche Aufgabe der Erdgasverteilung besteht in der Organisation von Speicherkapazitäten, die im Sommer aufgebaut werden, um die Versorgung auch im kältesten Winter sicherzustellen (siehe Kapitel 4.9, Seite 103).

Zusammenfassend kann festgehalten werden, dass jede Regelung die historisch gewachsenen Strukturen der deutschen Erdgaswirtschaft und Unterschiede in Bezug auf die Liberalisierungsschritte anderer Staaten beachten sollte. Wiederum können bestimmte (Test-)Module aus Großbritannien oder den USA, wie sich noch zeigen wird, durchaus auch vom deutschen Markt übernommen werden. Der Vergleich mit dem Strommarkt ist also aus den dargestellten Gründen nicht uneingeschränkt möglich, da der Erdgasmarkt beispielsweise keine vergleichbaren Überkapazitäten (in Westeuropa) aufweist. Auch ist der Marktzutritt für neue Anbieter technisch sehr kompliziert, darüber hinaus funktioniert das Transportsystem anders als beim Strom. Diese grundsätzlichen Unterschiede dienen im Folgenden der Analyse der VV I Gas.

11.2.2 Technisch-wirtschaftliche Grundvoraussetzungen für die Verbändevereinbarung

Die Stromverbändevereinbarungen als „Muster" für die Verbändevereinbarung Gas?

Die Differenzen zwischen Strom und Gas bedingen, dass die in den VV I und II Strom getroffenen Regelungen nicht ohne weiteres auf Gas übertragen werden können. Kernpunkte der, beispielsweise am 1. Januar 2000 wirksam gewordenen VV I Strom sind das jährliche Netznutzungsentgelt, womit eine vom Empfänger zu bezahlende „Jahreskarte" zu beliebig häufiger Netznutzung berechtigt. Dabei ist der Lieferantenwechsel problemlos möglich. Zweiter Punkt sind die vom Lieferanten zu bezahlenden entfernungsabhängigen Kosten im Rahmen des so genannten Zwei-Zonen-Modells, d. h. sowohl bei Überschreitung der Handelsgrenze zwischen der südlichen und nördlichen Zone Deutschlands, als auch bei der Stromlieferung aus dem Ausland wird vom Netzbetreiber ein fester Betrag pro Kilowattstunde erhoben (im Jahr 2000 ca. 0,25 Pf/kWh).[270] Um die gasspezifischen Verhältnisse sachgerecht zu erfassen, sollen im Folgenden die Erfordernisse von Transportnetzen und die maßgeblichen Parameter, die in Kapitel 4.7 „Flüssiger und gasförmier Transport" (Seite 97) bereits angesprochen wurden, ausführlich dargestellt werden.

---

[270] Siehe auch http://www.online-tarife.de.

302

Struktur des Erdgastransports in Deutschland

Der deutsche Erdgasmarkt wird nur durch einige, wenige große Aufkommen mit Erdgas versorgt. An den Einspeisestellen stehen folglich große Erdgasmengen an, die zu den Verbrauchsschwerpunkten transportiert werden müssen. Hierfür werden Leitungen mit hoher Transportkapazität benötigt.

Die Verbrauchsschwerpunkte – z. B. große Industrieanlagen und Städte – verteilen sich über ganz Deutschland, so dass die Gasmengen auch nach dem Passieren deutscher Grenzen über größere Entfernungen weiter transportiert werden müssen. Die Transportleitungen, die das Gas von den Anlandepunkten zu den Verbrauchsschwerpunkten bringen, erfüllen daher überregionale Transportaufgaben. Längs dieser Hauptleitungen – möglichst in der Nähe der jeweiligen Verbrauchsschwerpunkte – werden Teilmengen in nachgeordnete Leitungssysteme ausgespeist. Die ausgespeisten Mengen entsprechen jeweils „nur" dem Bedarf an den Verbrauchsschwerpunkten – sind also im Vergleich zu den großen Gesamtmengen im überregionalen Transportsystem eher klein, müssen allerdings in der Regel nur über kürzere Entfernungen transportiert werden. Diese Leitungen haben regionale Transportaufgaben wofür mittlere Kapazitäten benötigt werden. Längs dieser regionalen Transportleitungen werden an den jeweiligen Verbrauchsschwerpunkten Teilmengen entweder an Industrieanlagen oder in lokale Verteilsysteme ausgespeist. Je nach Größe des Verbrauchs werden hierfür Rohre mit mittlerer bis kleiner Transportkapazität benötigt.

Die Kapazität spielt also eine große Rolle im Erdgastransport und soll im Folgenden eine nähere Betrachtung erfahren. Sie ist grundsätzlich von zwei Parametern abhängig: dem Leitungsdurchmesser und dem Druckpotential.

Bedeutung des Druckverlaufs für den Erdgastransport

Die absolute Höhe des Drucks wie auch der Druckverlauf spielen eine ganz maßgebliche Rolle bei der Auslegung von Erdgasnetzen. Je höher der Eingangsdruck ist, desto mehr Energie kann in eine Leitung eingespeist werden. Dem sind allerdings durch die Materialeigenschaften Grenzen gesetzt. Gas fließt jeweils nur „bergab", das heißt mit fallendem Druck. Dies bedingt, dass sich die Zustandsgrößen des Gases kontinuierlich ändern: Mit fallendem Druck ändert sich auch die

Gastemperatur und erhöht sich das Gasvolumen. Hierdurch fließt das Gas längs der Leitung unterschiedlich schnell und mit unterschiedlicher Energiedichte. Ergo hängen die maßgeblichen Zustandsgrößen des Gases einerseits von dem jeweiligen Startdruck und andererseits vom Druckabfall – also der jeweiligen Leitungsbelastung – ab. Soll an bestimmten Punkten im Leitungssystem eine Überspeisung möglich sein, so müssen an diesem Punkt sowohl ein bestimmter Druck als auch eine kompatible Gasbeschaffenheit eingestellt werden. Dies hat gravierende Auswirkungen für die Auslegung von Leitungsnetzen und führt letztlich dazu, dass Transportnetze insgesamt deutlich geringer vermascht sind als Stromnetze.

Grundüberlegungen zur Auslegung von Erdgastransportleitungen

Wie gesehen ist bei Leitungsauslegungen in jedem Fall sicherzustellen, dass an jeder Stelle im System der erforderliche Druck eingehalten wird. Dies kann durch die Dimensionierung der Leitung, das heißt die Auswahl eines geeigneten Leitungsdurchmessers im Zusammenspiel mit einer entsprechenden Druckvorhaltung erfolgen, für die gegebenenfalls eine „Kopfverdichtung" am Anfang der Leitung oder eine Zwischenverdichtung erforderlich ist. Die Schwierigkeit der Leitungsauslegung besteht nun darin, die „richtige" Wahl zu treffen. Hierbei ist nicht nur der für die Zukunft bereits planbare Transportbedarf zu berücksichtigen, es muss ebenso erwogen werden, dass sich die Verhältnisse, zum Beispiel aufgrund von Bedarfsänderungen auch ganz anders als geplant entwickeln können.

Die tatsächliche Auslegung stellt jeweils ein technisch wie wirtschaftliches Optimum dar, welches die jeweiligen Netzgegebenheiten berücksichtigt. Leitungen gleicher Durchmesser können dabei durchaus unterschiedliche Kapazitäten aufweisen. Es dürfte daher kaum ausreichen, vereinfachend für alle Leitungen von gleichen Druckverläufen auszugehen.

Die maßgeblichen Investitionsanteile beim Leitungsbau

Wonach sich das integrierte Optimum nun tatsächlich bemisst, ist eine Frage, die nur auf Basis der individuellen Netzsituation zu beantworten ist. Dabei spielen die jeweils entstehenden Kosten sicherlich eine maßgebliche Rolle. Insofern erscheint es sinnvoll, einen kurzen Blick auf die bei Leitungsbauten auftretenden Kosten zu werfen. Den größten Anteil an den Leitungsbaukosten haben bei Ferntransportsystemen Rohrleitungen, Armaturen und Formstücke einerseits sowie Erd- und Verlegearbeiten andererseits (BEB Unternehmensbericht, 2000:14f). Die Kosten für Erstere hängen von den jeweiligen Weltmarktpreisen ab. Die Kosten für Erdarbeiten wiederum von Faktoren wie beispielsweise der Geländeformation oder den Bodenverhältnissen. Länge und Durchmesser der Leitung spielen eine wichtige Rolle. Für die wirtschaftliche Bewertung sind letztlich jedoch nicht nur die Kosten in absoluter Höhe entscheidend, sondern die „spezifischen Stückkosten". Um diese zu ermitteln, werden die jeweiligen Transportkapazitäten miteinbezogen.

Leitungskapazität und entstehende Kosten

Aufgrund der hydraulischen Gegebenheiten steigt die rechnerische Kapazität mit steigendem Durchmesser überproportional an, trotz gleicher Randbedingungen wie Druck, Druckverlauf und Temperatur. Gründe dafür liegen einerseits bei der Querschnittsfläche des Rohres, die mit steigendem Durchmesser quadratisch wächst, und andererseits am Reibungsverlust in der Grenzfläche zwischen Rohr und strömendem Medium, der mit steigendem Durchmesser deutlich abnimmt. Dies bedingt, dass die spezifischen Kosten für die Darstellung von Transportkapazität bei jeweiliger Vollauslastung am Durchmesser berechnet werden. Transporte in großen, kapazitätsstarken Leitungen sind folglich spezifisch preiswerter als Transporte in dünnen kapazitätsschwachen Leitungen.

Tatsächlich wird Vollauslastung in Leitungssystemen jedoch meist erst nach einigen Jahren Anlaufzeit erreicht, da Leitungsbauten erforderlich sind, bevor Gas darin fließen kann und da die Dimensionierung auf die projektierte Kapazität im Endausbau abstellt. Nur in den seltensten Fällen zeigt der Markt einen vergleichbar sprunghaften Anstieg im Bedarf.

Vernachlässigt man diesen Aspekt, so kann festgestellt werden, dass die Reichweite bei gleichen Transportkosten allerdings mit unterschiedlichen Rohrdurchmessern stark differiert: In „dicken" Leitungen kommt man mit ein und demselben Betrag viel weiter als in „dünnen" Leitungen. Der Grund, warum dennoch Leitungen mit kleinen Durchmessern gebaut werden ist der, dass nicht ausgelastete, größere Leitungen noch teurer wären. Dieser Punkt macht deutlich, dass nicht alle Leitungen für alle Einsatzzwecke gleich gut geeignet sind, sondern jeweils unterschiedliche funktionale Aufgaben erfüllen, was technische und kommerzielle Auswirkungen auf die Regelungsnotwendigkeit der VV hat.

Transportfragen und die Verbändevereinbarung

Bei der VV geht es um die Fragen der Zugangsvoraussetzungen, der Nutzungsregelungen sowie -beschränkungen und der kommerziellen Zugangsbedingungen für die Netznutzung durch Dritte. Das heißt, das Thema kreist in erster Linie um den Transport, was die vorausgegangene ausführliche Einleitung erklärt.

Eine Voraussetzung für den Netzzugang ist zum Beispiel, dass freie Kapazitäten vorhanden sind. Weiter sind nur Gase, die bestimmte Mindestvoraussetzungen erfüllen, in der öffentlichen Gasversorgung zugelassen. Den groben Rahmen hierfür liefert die G 260, die im wesentlichen brenn- und sicherheitstechnische Mindestanforderungen regelt. Gase, die diese Mindestanforderungen nicht erfüllen, sind für den „öffentlichen Verkehr" nicht zugelassen.[271]

Eine weitere Voraussetzung ist, dass potentielle Nutzer des Systems über Kommunikationswege verfügen, die kompatibel zu denen in der Gaswirtschaft üblichen Kommunikationseinrichtungen sind. Diese sind für die Mengennominierungen erforderlich, denn der Netzbetreiber muss für eine vernünftige Abwicklung der Mengen wissen, wer, wann, wo, welche Mengen in das Netz ein- bzw. ausspeisen möchte. Dabei ist von dem jeweiligen Netznutzer sicherzustellen, dass die Summe seiner Einspeisungen und Ausspeisungen zusammenpassen.

Neben den sicherheits- und brenntechnischen Eigenschaften von Gas muss auch sichergestellt sein, dass die Abrechenbarkeit unter Einhaltung der eichrechtlichen Vorschriften im gesamten Netz gewährleistet wird. Die einschlägigen Vorschriften finden sich in der G 685 (siehe DVGW-Merkblätter). Diese schränkt die zulässige Schwankungsbreite des Brennwertes in Gebieten, in denen keine kontinuierliche Wärmemengenerfassung vorgenommen wird, auf plus minus zwei Prozent ein.

---

[271] Vgl. VV I Gas (2000) „Kompatibilität". Außerdem sieht der Gesetzentwurf der Bundesregierung für die Novellierung des EnWG in § 4a vor, dass die Netzbetreiber technische Mindestanforderungen für die Einspeisung von Biogas festlegen und veröffentlichen. In der Begründung wird in diesem Zusammenhang auf die DVGW-Merkblätter G 260 und G 262 verwiesen. Damit ist eine Gleichbehandlung von Biogas mit anderen Gasen gegeben, sofern eine Beschaffenheit entsprechend dieser DVGW-Anforderung vorliegt.

Dies reduziert folglich auch den nach G 260 (s. o.) möglichen Spielraum der Zumischung von Gasen mit unterschiedlicher Beschaffenheit und führt zu Nutzungsbeschränkungen im Netz. Weitere Beschränkungen bestehen zum Beispiel durch die Druckanforderung an Ausspeise- oder Vermaschungspunkten, die erheblichen Einfluss auf die verfügbare Kapazität haben. Die Liste der Beschränkungen ließe sich fortführen.

Durchleitung aus Sicht der Betreiber

Als Fallbeispiele sollen die Wingas, Kassel, und Ruhrgas AG, Essen, dienen. Beide Unternehmen halten große Anteile am deutschen Ferngasnetz (Ruhrgas 60 Prozent und Wingas 13 Prozent). Strategie des Kasseler Unternehmens ist es, das eigene Pipeline-Netz trotz oder gerade wegen der Gasmarktliberalisierung auszubauen. Die Begründung hierfür lautet, dass nur durch den konkurrierenden Leitungsbau die regionalen Monopole gebrochen werden können, denn wo es nur ein Rohr gibt, kann kein Wettbewerb entstehen.[272] In diesem Zusammenhang lehnt die Wingas den Einsatz einer Regulierungsbehörde nicht grundsätzlich ab und plädiert für den marktwirtschaftlichen Ansatz einer VV.

Die Ruhrgas (u. a.) tritt ebenfalls massiv gegen eine mögliche staatliche Regulierung und damit gegen „kalifornische Verhältnisse" ein, die die Investitionsbereitschaft der Unternehmen konterkarieren könnte. Gleichzeitig wird dem größten deutschen Gasimporteur von Seiten anderer Gasunternehmen vorgeworfen, dass er die Durchleitung für Dritte und damit den Wettbewerb zu lange hinausgezögert und blockiert hat. Auf der anderen Seite zeigt eine Erhebung der EU-Kommission, dass die Ruhrgas-Durchleitungsentgelte im EU-Vergleich zu den günstigsten gehören.

Die von Ruhrgas angebotene Entgeltsystematik ist außerdem die einfachste im europäischen Vergleich und soll zu keinen Anwendungsproblemen in der Praxis führen. Ruhrgas bietet zwei nach überregionalem und regionalem Netz getrennte, entfernungsabhängige Einheitspreise für Transportgeschäfte an (siehe auch Homepage der Ruhrgas).

---

[272] Rainer Seele, Wingas, in einem Interview mit der FTD, erschienen am 23. Juli 2001.

11.2.3 Zusammenfassung

Zu den kommerziellen Zugangsbedingungen sind in der Gasdirektive der EU-Kommission in Brüssel einige umschreibende Bedingungen ausgeführt. Bei der Vielzahl der unterschiedlichen Verhältnisse in einzelnen europäischen Netzen und Netzteilen scheint eine allgemeingültige Vereinheitlichung und Vereinfachung sinnvoll. Problem dabei sind die unterschiedlichen Entwicklungsstufen der Gaswirtschaften einerseits und die fristgerechte Öffnung der einzelnen Märkte andererseits. Diese wird vor allem von den Ländern eingefordert, die damit bereits weit über die Forderung der EU-Kommission hinausgegangen sind (Spanien hat seinen Gasmarkt zu 67 Prozent geöffnet, Italien zu 96 Prozent, Großbritannien und Deutschland zu 100 Prozent) und die nun ihrerseits in andere europäische Märkte vordringen wollen, was ihnen teilweise verwehrt wird (Frankreich hält sich strikt an die Vorgaben der Kommission und schützt seine Märkte gegen Konkurrenz von Außen).

11.3 Das Ringen um eine Verbändevereinbarung für Gas

11.3.1 Die Rolle der Verbände im Liberalisierungsprozess in Deutschland

Im deutschen Gasmarkt sind eine Reihe von Verbänden aktiv, die politische, wirtschaftliche und technische Interessen sowohl der Gasunternehmen wie auch der Verbraucherseite vertreten. Ob als Lobbyisten in Brüssel oder als Experten vor Ausschüssen im Inland (siehe Kapitel 10.1.5, Seite 262), Verbände spielen eine wichtige Rolle als Informationsträger und -vermittler sowohl was den politischen als auch den institutionellen Prozess angeht. Dabei sprechen sie immer im Namen ihrer Mitglieder und vertreten diese in politischen Entscheidungsgremien und im Rahmen von so genannten *Hearings*. Bei den Verhandlungen um eine VV Gas hatten die daran teilnehmenden Verbände maßgeblichen Einfluss auf die konkrete Politikgestaltung. Wirtschaftsminister Werner Müller (parteilos) hatte ausdrücklich alle Entscheidungsgewalt an die (Wirtschafts-) Verbände abgegeben. Ganz im Gegenteil zu der Stromvereinbarung, bei der die Politik das Heft weitgehend selber in der Hand behielt. In Anbetracht der maßgeblichen Rolle im Liberalisierungsprozess, sollen im Folgenden einige große Verbände der Gas- und übergeordneten Wirtschaft vorgestellt werden.

DVGW (Deutscher Verein des Gas- und Wasserfachs e.V.)[273]

Der älteste Verein Deutschlands ist im Mai 1859 in Frankfurt am Main als „Verein deutscher Gasfachmänner und Bevollmächtigter deutscher Gasanstalten" von 28 Gaswerksleitern ins Leben gerufen worden. Laut der Satzung war Zweck dieses ersten Fachvereins in der noch in den Windeln liegenden Gasindustrie:

> „...erstens, die nähere persönliche Bekanntschaft der Fachkollegen in jährlich sich wiederholenden Versammlungen, zweitens der Austausch von Erfahrungen und Ideen auf dem Fachgebiet sowie Klärung widersprechender Ansichten durch persönliche Besprechung, und endlich drittens Anstellung von Untersuchungen und Versuchen."

Zwei Jahre später wurde die endgültige Satzung unter dem Namen „Verein von Gasfachmännern Deutschlands" in Dresden verabschiedet. Im Laufe der Zeit folgten mehrere Namensänderungen, bis schließlich 1976 der heutige Name eingeführt wurde. Heute ist der DVGW durch seine Mitglieder am Transport, der Verteilung und der Gasgewinnung beteiligt. Er ist nach eigener Aussage wirtschaftlich und politisch unabhängig und neutral. Sein Zweck liegt darin, das Gas- und Wasserfach in technisch und technisch-wissenschaftlicher Hinsicht zu fördern. Zur Erfüllung dienen folgende Aufgabenfelder:

- die Regelsetzung und Normung, d. h. Erarbeitung und Herausgabe der anerkannten Regeln der Technik für Planung, Bau und Betrieb von Rohrleitungen und Anlagen (Funktionsnormung) sowie für Bauteile, Materialien und Geräte (Produktionsnormung) der öffentlichen Versorgung mit Gas und Wasser - DVGW Regelwerk, Mitwirkung bei der europäischen (CEN) und internationalen (ISO) Normung

- die Prüfung und Zertifizierung von gas- und wasserfachlichen Produkten, von Personen (Sachverständigen) und Unternehmen sowie von Qualitätssystemen (QSS, QMS)

- die Forschung und Entwicklung durch Forschung und Publikationen

- Berufsbildung z. B. durch Veranstaltungen und deren Dokumentation

- Information durch Schriftenreihen, die Fachzeitschrift ‚gwf - Das Gas- und Wasserfach' in zwei Ausgaben „Gas/Erdgas" und „Wasser/Abwasser", die

---

[273] Siehe unter der Internethomepage: http://www.dvgw.de/ (Stand Juni 2001).

Mitgliederzeitschrift DVGW Energie Wasser Praxis sowie spartenspezifische Informationen

- Beratung in technischen und wissenschaftlichen Fragen.

Dabei vollzieht sich die Arbeit des DVGW vor allem in seinen Ausschüssen. Dort erarbeiten Fachleute der Gas- und Wasserversorgungsunternehmen, der einschlägigen Zulieferindustrie, des Rohrleitungs- und Anlagenbaus, der Gerätehersteller, des Handwerks, der Prüflaboratorien und der Behörden sowie aus Lehre und Forschung in ehrenamtlicher Zusammenarbeit das DVGW-Regelwerk. Die Ingenieure und Naturwissenschaftler der DVGW-Hauptgeschäftsführung unterstützen die Facharbeit, organisieren und koordinieren die Zusammenarbeit und stellen die Öffentlichkeit für die allgemeine Anerkennung der Arbeitsergebnisse her.

FIGAWA (Bundesvereinigung der Firmen im Gas- und Wasserfach e.V.)

Am 10. Dezember 1920 wurde die „Vereinigung der Fabrikanten des Gas- und Wasserfachs (FAGAWA) in Weimar gegründet. Ziel war die Mitgestaltung einer zukunftssicheren Gas- und Wasserversorgung und Ordnung der neuen Aufgaben im Gas- und Wasserfach. 1936 wurde der Sitz der Vereinigung nach Berlin verlegt, wo die 156 Mitgliedsunternehmen der FAGAWA während des Zweiten Weltkriegs kriegswirtschaftlichen Zielen zugeordnet wurden und fachfremde Aufgaben in der Rüstungsindustrie übernehmen mussten. Erst 1969 kommt die Vereinigung zu ihrem heutigen Namen.

Heute, nach 76 Jahren zählt der Verein 1.300 Mitglieder, die Produkte und Ausrüstung für die Gas- und Wasserwirtschaft bereitstellen. Aus diesem Grund ist die FIGAWA eng mit dem DVGW verbunden, der die Abnehmerseite an den Produkten zur Gewinnung, dem Transport und der Verteilung speziell von Gas vertritt.

Aufgabengebiete der Vereinigung lassen sich folgendermaßen zusammenfassen:

- Mitarbeit bei der Aufstellung einschlägiger Normen und Regelwerke
- Mitwirkung an der Unternehmens- und Produktzertifizierung durch den DVGW
- Organisation beruflicher Fort- und Weiterbildung
- Bereitstellung einer Diskussionsplattform zur Klärung technisch-wissenschaftlicher Sachverhalte

- Beschaffung und Aufbereitung von Informationen aus Wissenschaft, Technik und Praxis

- Mitwirkung bei der technischen Verbesserung der erforderlichen Einrichtungen und Betriebsmittel für die Erzeugung und Gewinnung, die Aufbereitung, den Transport, die Verteilung und Verwendung von Gas und Wasser

- Anregung und Förderung von technischen und technisch-wissenschaftlichen Arbeiten im Gas- und Wasserfach

- Förderung einer zukunftssicheren, preiswerten und umweltfreundlichen Energieversorgung mit Erdgas – von der Quelle bis zum Kunden.

W.E.G. (Wirtschaftsverband Erdöl- und Erdgasgewinnung e.V.)[274]

Der Wirtschaftsverband Erdöl- und Erdgasgewinnung e. V. wurde am 18. Dezember 1945 in Hannover gegründet mit dem Ziel, die Belange der deutschen Erdgas- und Erdölförderunternehmen sowie der für sie tätigen Dienstleistungs- und Zulieferfirmen zu vertreten. Dabei reicht das Themengebiet von energiepolitischen, wirtschaftlichen, sozialen, steuerlichen und rechtlichen Fragen über technische und umweltpolitische bis zur Öffentlichkeitsarbeit (Informationen). Der Vorstand besteht zur Zeit aus sechs Mitgliedern und wird von Wulf Hagemann, Vorsitzender der Geschäftsführung der Preussag Energie GmbH, Lingen, geleitet. Seine Stellvertreter sind, Dr. Gernot Kalkoffen, der Sprecher der Geschäftsführung der BEB Erdöl und Erdgas GmbH, Hannover sowie Dr. Georg Schöning, Sprecher des Vorstandes der RWE-DEA AG für Mineralöl und Chemie, Hamburg. Anfang 2001 waren 30 Unternehmen im W.E.G. organisiert. Darunter fünf FGGs (Wintershall, EWE, Erdgas Münster, BEB, Mobil).

Der W.E.G. ist selbst in anderen Organisationen vertreten z. B. dem Forum für Zukunftsenergien (siehe Kapitel 9.2, Seite 234), dem Bundesverband der Deutschen Industrie (BDI), dem Institut der deutschen Wirtschaft Köln (IW), der International Association of Oil and Gas Producers (OGP) und anderen.

BGW (Bundesverband der deutschen Gas- und Wasserwirtschaft)[275]

Der Bundesverband der deutschen Gas- und Wasserwirtschaft hat 1.200 Mitglieder aus den Sektoren Gasversorgung (GVU), Wasserversorgung und Abwasserentsor-

---

[274] Siehe unter der Internethomepage: http://www.erdoel-erdgas.de/ (Stand Juni 2001).

[275] Siehe unter Internethomepage: http://www.bundesverband-gas-und-wasser.de/ (Stand: Juni 2001).

gung und vertritt diese in politischen, wirtschaftlichen, ökonomisch-technischen und rechtlichen Fragen. Beim Erdgas repräsentiert der BGW die gesamte Versorgungskette von Produktion und Import bis zur Endverteilung. Das Leistungsspektrum des BGW umfasst nach eigener Darstellung im Internet die politische Interessenvertretung und Rechtsberatung seiner Mitglieder sowie berufliche Bildung und Tagungen, Marketing und Öffentlichkeitsarbeit, Pressearbeit sowie das Erstellen von Statistiken und wirtschaftlicher bzw. technisch-wirtschaftlicher Analysen. Der BGW ist auf Länderebene organisiert und eine der 17 Vereinigungen der deutschen Industrie, die 1995 eine Selbstverpflichtung zur Einsparung von CO_2-Emissionen unterzeichneten. Seit Mai 2001 ist der RWE Gas AG-Vorstandsvorsitzende Dr. Manfred Scholl neuer Präsident des BGW. Zum ersten Vizepräsidenten wurde Dr. Burckhard Bergmann, neuer Vorstandsvorsitzender der Ruhrgas AG Essen, der Friedrich Späth in seinem Amt bei der Ruhrgas im Herbst 2001 ablöste. Zweiter Vizepräsident ist Ulrich Hartmann, Vorsitzender der Geschäftsführung der Hamburger Gaswerke GmbH.

VKU (Verband kommunaler Unternehmen)[276]

Der Verband kommunaler Unternehmen e.V. (VKU) vertritt die Interessen der Wirtschaft in den Bereichen Energie- und Wasserversorgung, Entsorgung, Telekommunikation und Umweltschutz. Bundesweit sind über 950 Mitgliedsunternehmen mit einem Gesamtumsatz von rund 72 Milliarden DM und 130.000 Beschäftigten im VKU organisiert. Er ist darüber hinaus Gründungsmitglied des Europäischen Dachverbands der öffentlichen kommunalen Energieversorgungsunternehmen CEDEC[277] in Brüssel. Auch arbeitet er mit dem BGW (s. o.), dem Deutschen Städtetag und dem Verband der Elektrizitätswirtschaft (VDEW) zusammen. Der VKU hat ausgerechnet, dass seine Mitgliedsunternehmen einen wichtigen Beitrag zur Energie- und Wasserversorgung leisten. Die Zahlen sind auf 1998 bezogen:

Strom	36 Prozent der bundesweiten Stromerzeugung (164.901 Mio. kWh)
Gas	73 Prozent beim Gas (465.737 Mio. kWh) auf Orts- und Regionalstufe
Wärme	61 Prozent des Wärmemarktes (55.417 Mio. kWh)
Wasser	50,7 Prozent im Wassersektor (3.417 Mio. m^3)

---

[276] Siehe unter Internethomepage: http://www.vku.de/ (Stand: Juni 2001).

[277] Siehe unter Internethomepage: http://www.cedec.com (Stand: Juni 2001).

BDI (Bundesverband der Deutschen Industrie)[278]

Der BDI ist der Spitzenverband der deutschen Industrie. Zu seinen Mitgliedern zählen insgesamt 35 industrielle Branchenverbände, von der Automobil- bis zur Zuckerindustrie. Die Aufgabe des BDI besteht darin, die wirtschaftspolitischen Interessen der Industrie gegenüber Parlament und Regierung, politischen Parteien, wichtigen gesellschaftlichen Gruppen sowie gegenüber der Europäischen Union zu vertreten. Dabei steht die Verbesserung der wirtschaftlichen Rahmenbedingungen und Sicherung der Arbeitsplätze sowie die Stärkung des Wirtschaftstandortes Deutschland auch in Bezug auf die internationale Wettbewerbsfähigkeit, im Vordergrund. Darüber hinaus engagiert er sich in internationalen Organisationen wie z. B. dem europäischen Dachverband UNICE.

VIK (Verband der industriellen Kraftwirtschaft)[279]

Der Verband der industriellen Kraftwirtschaft steht seit 1947 als Energiefachverband der deutschen Industrie zur Verfügung und seit kurzem auch für die gesamte gewerbliche Wirtschaft. Er ist eine Solidargemeinschaft der energie- und wasserverwendenden Wirtschaft und ihrer Stromeigenerzeuger und versteht sich, nach eigenen Angaben, „als konstruktives Gegengewicht zu den Energieversorgungsunternehmen und deren Verbänden". Der VIK berät die Mitgliedsunternehmen in allen Energie- und energierelevanten Umwelt- und Wasserfragen im Betrieb. Wie die anderen Verbände auch, vertritt er die gemeinsamen Interessen der Mitglieder gegenüber Politik, Verwaltung, Wirtschaft und Rechtsprechung in Deutschland und der Europäischen Union. Seine Mitglieder rekrutieren sich hauptsächlich aus der energieerzeugenden und -verbrauchenden Industrie-, aber auch aus Wirtschaftsunternehmen aller Sparten und allen Betriebsgrößen. Seinen Fokus legt er auf rund 80 Prozent des industriellen Energieverbrauchs und ungefähr 90 Prozent der industriellen, d. h. nicht EVU-gebundenen Stromerzeugung in Deutschland.

---

[278] Siehe unter Internethomepage: http://www.bdi-online.de/ (Stand: Juni 2001).

[279] Siehe unter Internethomepage: http://www.vik-online.de/ (Stand: Juni 2001).

VEA (Bundesverband der Energie-Abnehmer)[280]

Der 1950 gegründete Bundesverband der Energie-Abnehmer e.V. (VEA) ist, nach eigenen Angaben, mit 4000 Mitgliedern aus mittelständischen Industrie- und Handelsunternehmen aller Branchen und öffentlichen Einrichtungen, im gesamten Bundesgebiet der größte Zusammenschluss von Energiekunden. Sein Ziel ist die Energiekostensenkung, dafür berät er seine Mitglieder bei der Umsetzung von Einsparmöglichkeiten auf tariflichem, vertraglichem und betrieblich-technischem Gebiet. Indem er die Preise am Markt transparenter macht, fördert er aktiv den Wettbewerb. Aufgrund der neuen Wettbewerbssituation auf dem Strommarkt tritt der VEA als Energieagentur auf, um seine Ziele zu erreichen.

RWI (Rheinisch-Westfälisches Institut für Wirtschaftsforschung)[281]

Das Rheinisch-Westfälische Institut für Wirtschaftsforschung in Essen ist eine unabhängige und gemeinnützige Einrichtung der wissenschaftlichen Forschung, die sich mit der Beobachtung und Analyse der Wirtschaft und ihrer Entwicklung befasst.

Das Institut wurde 1926 von Walther Däbritz auf Anregungen aus Kreisen der Ruhrwirtschaft als Abteilung Westen des Instituts für Konjunkturforschung (jetzt: Deutsches Institut für Wirtschaftsforschung), Berlin, gegründet. Seit 1943 arbeitet es in rechtlicher Selbständigkeit als eingetragener Verein. Die satzungsmäßigen Organe des Vereins sind die Mitgliederversammlung, der Verwaltungsrat und der Vorstand. Die Aufgaben ergeben sich aus der Satzung. Seine Aufgabe ist die wirtschaftswissenschaftliche Forschung, insbesondere die Erarbeitung von Grundlagen für wirtschaftspolitische Entscheidungen. Diesem Zwecke dienen u. a. der Auf- und Ausbau ökonometrischer Modelle, insbesondere in den Bereichen der Konjunktur-, Struktur- und Energieforschung sowie die Pflege von Datenbanken etwa im Bereich der Regionalforschung. Neben Forschungsarbeiten und Gutachten für die öffentliche Verwaltung und Wirtschaft führt das RWI eine breit gefächerte Beratung von Behörden und Unternehmen durch.

---

[280] Siehe unter Internethomepage: http://www.vea.de/default.shtml (Stand: Juni 2001).

[281] Weitere Informationen unter Internethomepage: http://www.rwi-essen.de/ (Stand: Juni 2001).

Das RWI will mit seinen Arbeiten über wirtschaftliche Entwicklungen und deren Bestimmungsgründe informieren, der Wirtschaftspolitik sachgerechte Entscheidungen erleichtern und allgemein in der Öffentlichkeit das Verständnis für gesamtwirtschaftliche Zusammenhänge fördern. Die Ergebnisse der Untersuchungen werden in der Regel veröffentlicht.

Der Schwerpunkt der Forschungsarbeiten liegt bei Diagnosen und Prognosen der konjunkturellen und strukturellen Entwicklung der Wirtschaft in Deutschland und in bedeutenden Industrieländern. Schon allein standortbedingt zählt auch die Analyse der Wirtschaft des Landes Nordrhein-Westfalen sowie der Bereiche Energie und Stahl zu den wichtigen Arbeitsgebieten des Instituts. Traditionell umfasst der Aufgabenbereich außerdem die Analyse des Handwerks, neuerdings auch die des Mittelstandes. Besondere Aufmerksamkeit wird ferner der Regionalforschung, der europäischen Integration und der Umweltökonomie gewidmet. Den beiden letzteren in Gestalt von so genannten „Querschnittsthemen".

EFET (European Federation of Energy Traders)[282]

Der europäische Verband der Energiehändler besteht aus 47 im Energiehandel tätigen Unternehmen aus 14 europäischen Ländern. In der EFET sind mehrere Arbeitsgruppen und Sondereinheiten aktiv, von denen eine die „German Task Force Gas" (GTFG) ist, in der 13 deutsche Mitglieder ihre Arbeit machen. Vorsitzender der GTFG ist Dr. Jörg Spicker, Generaldirektor der Aquila Energie GmbH, Essen. Die EFET-GTFG hatte eine Absichtserklärung zur Teilnahme (an der Seite des VIK/BDI-Verhandlungsteams) an den Gesprächen zur künftigen VV II Gas als fünfter Verband unterzeichnet, nachdem sie bereits drei Positionspapiere zur VV I Gas veröffentlicht und darüber hinaus Lobbyarbeit beim BMWi, dem Federal Cartel Office (FCO) und der Europäischen Kommission betrieben hatte sowie an Anhörungen teilnahm. Mit den anderen Verbänden wurde der Kompromiss geschlossen, dass zwei Mitglieder der deutschen EFET innerhalb eines erweiterten VIK/BDI-Verhandlungsteams, ab dem 23. November 2000 an der VV II teilnehmen sollten.

---

[282] Siehe unter Internethomepage: http://www.efet.org/ (Stand: Oktober 2001).

11.3.2 Die erste Verbändevereinbarung für Erdgas (Juli 2000)

Am 4. Juli 2000 haben die Verbände (BDI, VIK, BGW und VKU) im Beisein des Bundeswirtschaftminister Dr. Werner Müller die Verbändevereinbarung für Gas (VV I Gas) unterzeichnet. Wie schon auf dem Strommarkt sollte nun auch der Gasmarkt durch Zusammenspiel von staatlichen und privatwirtschaftlichen Regeln für den Wettbewerb geöffnet werden. Die VV I Gas wurde bis zum 30. September 2001 befristet und betraf zunächst nur den Großhandelsmarkt. Auf Basis praktischer Erfahrungen sollte sie bis zum 1. Oktober 2001 weiterentwickelt werden und dann für alle Endverbraucher (einschließlich der Privaten) gelten.

Der deutsche Wirtschaftsminister hat, im Gegensatz zu seinen europäischen Kollegen, für die Bundesrepublik Deutschland den verhandelten Netzzugang zur Liberalisierung des deutschen Gasmarktes gewählt, was angesichts einer Novellierung der EURGas im Sinne der belgischen Ratspräsidentschaft zu Problemen geführt hat (siehe Kapitel 10.3.3, Seite 287).

Die VV I Gas hatte Folgendes zum Ziel:

> „(...) die Organisation des Netzzugangs auf Vertragsbasis (NTPA) von Erdgas zu konkretisieren nach Maßgabe der Richtlinie betreffend gemeinsame Vorschriften für den Erdgasbinnenmarkt (98/30/EG), des Gesetzes gegen Wettbewerbsbeschränkungen (GWB) und des Gesetzes zur Neuregelung des Energiewirtschaftsrechts (EnWG). Sie schafft damit eine Grundlage für frei auszuhandelnde Vereinbarungen über den Netzzugang auf Vertragsbasis (NTPA) und die entsprechenden Netzzugangsentgelte. Die Vereinbarung soll den Wettbewerb gemäß den Zielen der o. g. Richtlinie 98/30/EG und der genannten Gesetze fördern."[283]

Die Vereinbarung ist der Versuch einer Einigung zwischen dem Bundesverband der deutschen Gas- und Wasserwirtschaft (BGW) und dem Verband kommunaler Unternehmen (VKU) auf der Seite der Versorgungsunternehmen sowie dem Bundesverband der deutschen Industrie (BDI) und dem Verband der industriellen Kraftwirtschaft (VIK) auf der Verbraucherseite. Sie stellt eine Absprache unter Marktteilnehmern dar, was gleichzeitig bedeutet, dass sie der Prüfung durch das deutsche Kartellrecht und dem EU-Recht standhalten muss. Gegenüber hoheitlichen Regu-

---

[283] Zitat aus: „Verbändevereinbarung zum Netzzugang bei Erdgas zwischen den Verbänden BDI, VIK, BGW und VKU vom 4. Juli 2000".

lierungen ist die VV laut deutscher Unternehmen der marktwirtschaftlichere Weg, der leichter veränderbar ist, individueller wirken und der Realität somit eher gerecht werden kann (siehe Kapitel 10.1.5, Seite 262). Die Erdgaswirtschaft wie auch schon die Stromwirtschaft unterstützen grundsätzlich die privatwirtschaftliche Lösung, die Bundeswirtschaftsminister Müller vorschlägt. Der VV kommt allerdings nur eine Orientierungsfunktion zu. Sie ist kein Ersatz für ein Gesetz, das die EU-Kommission forderte, und hat auch keine konkrete rechtliche Einklagbarkeit.

Ihre Aufgabe ist es, praxiskonforme und wettbewerbsgerechte Spielregeln für die Nutzung der Versorgungsinfrastruktur für Erdgas zu schaffen mit dem Ziel der Organisation des Netzzugangs für Dritte auf Vertragsbasis, wobei allgemeine Grundsätze und Kriterien des Netzzugangs in Anlehnung an die EURGas formuliert wurden (Binde, 2001:24).

Nach Vorgaben der EU-Kommission können die einzelnen Mitgliedstaaten bei der Regelung des Netzzugangs und der Preisbildung zwischen reguliertem und verhandelten Netzzugang wählen und die Entgelte insgesamt verursachungs- und nutzungsgerecht festlegen. Dabei muss der Netzzugang laut EURGas allen Marktteilnehmern zu „objektiven, transparenten und nichtdiskriminierenden Bedingungen" ermöglicht werden. Die Netzzugangspreise sollten kostenorientiert sein. Die Netznutzungskosten dürfen ebenfalls nicht diskriminierend sein, das heißt, Gasversorgungsunternehmen (GVUs) müssen Dritte so behandeln wie verbundene Unternehmen. Bei Transportanforderungen – eigenen wie Dritten – geht es in der Regel um die Vorhaltung einer definierten Kapazität zwischen der Netzein- und -ausspeisung. Dabei sind die Kapazitätskosten im Wesentlichen von den Transportentfernungen, dem Leitungsdurchmesser, den Leitungsbaukosten und der Transportkapazität abhängig. Diese Vorgaben müssen sich in der Entgeltkonzeption wiederspiegeln.

Mit der am 4. Juli unterzeichneten VV I Gas haben die Verbände in folgenden Punkten Übereinstimmung erzielt:

- Kompatibilität von Gasbeschaffenheiten
- technischer Netzzugang

- Ausgleich von Differenzen zwischen Ein- und Ausspeisung (Bilanzausgleich)
- Veröffentlichung wesentlicher geschäftlicher Bedingungen
- Angaben zur Beantwortung von Netzzugangsanfragen
- Transparenz des Erdgasleitungssystems
- Laufzeit der Netzzugangsverträge
- konkrete Entgeltmodelle für den Netzzugang
- Schlichtungsstelle.

Die VV I Gas steckt die zentralen Rahmenpunkte für einen Netzzugang im Bereich der Erdgas-Pipelines ab. Danach sollen die Regelungen bezüglich des Zugangs zu Speicheranlagen, LNG-Anlagen, Mischanlagen und sonstigen Einrichtungen unter Einbeziehung der nationalen Gesetzgebung zunächst noch außen vor bleiben (siehe Anhang 15.5 „Verbändevereinbarung für Erdgas vom 4. Juli 2000, Seite 401).

Punkt 3 der VV nennt die „Allgemeinen Grundsätze" für den Netzzugang, der „nach objektiven, transparenten und nicht-diskriminierenden Kriterien für die Erdgasunternehmen und Kunden im Regelfall gewährt" (VV I Gas, 2000:3) wird, wobei die Netzeigentumsverhältnisse nicht berührt werden. Die unterschiedliche Gasbeschaffenheiten ist kein Ablehnungsgrund für den Netzzugang, ebenso wie die Transportleistung laut VV I „auch gegen die jeweils physische Flussrichtung vereinbart werden kann" und die Beweislast für nicht freie Kapazitäten beim Netzbetreiber liegt. Die Kosten für die Erstellung, den Betrieb und die Instandhaltung des technischen Netzzugangs gehen zu Lasten der Kunden des Netzeinspeisers. Für die Veröffentlichung der geschäftlichen Bedingungen für den Netzzugang haben die Netzbetreiber von 4. Juli bis spätestens 10. August 2000 Zeit. Ebenso legt die VV auch für die Anfrage zum Netzzugang sieben Punkte fest, die beim Netzbetreiber schriftlich eingereicht werden müssen (siehe Anhang VV I Gas, 2000:4). Die Entgelte sind entgegen dem britischen *Entry-Exit-Fee*-Modell bundesweit nicht pauschaliert geregelt, sondern in drei Kategorien, was allerdings der Struktur des deutschen Gasmarktes entspricht.

Zusammenfassend ist festzuhalten, dass die VV I Gas zwar nicht alle Einzelheiten regelt, aber einen deutlichen Rahmen absteckt, der den Wettbewerb fördert. Dem ersten Einigungspapier kann zugute gehalten werden, dass es Raum für Änderungen zulässt, die erst durch Erfahrung einzubringen sind. Auch andere Länder, in denen die Liberalisierung weiter vorangeschritten ist, haben etliche Jahre gebraucht, um die notwendigen Regeln schrittweise an den Markt anzupassen. Deutschland hat das ehrgeizige Ziel, diesen grundsätzlich langwierigen Prozess in nur drei bis fünf Jahren gänzlich zu vollziehen. Die VV I Gas vom 4. Juli 2000 bleibt zunächst bis zum 30. April 2002 in Kraft. Am 11. April 2002 wird schließlich ein weiteres Spitzengespräch der Verbände stattfinden.

Kritik an der ersten Verbändevereinbarung Gas

Kritik ertönt vor allem von Seiten der neu auf den Markt drängenden Gasanbieter und auch der EU-Kommission in Brüssel. Bemängelt wird, dass die VV I Gas alles andere als praktikabel sei, da sie keinen problemlosen Gastransport durch fremde Netze gewährleiste, sondern darüber hinaus potenzielle Anbieter wegen der Kompliziertheit der Vereinbarung abschrecke.[284] Damit ist für die EU-Kommission die Garantie eines diskriminierungsfreien und fairen Zugangs neuer Anbieter zu den Netzen, der auf dem Markt bereits langfristig agierenden Unternehmen nicht gegeben. Weiterhin konzentrieren sich die Vorwürfe aus der belgischen Hauptstadt auf die Unzulänglichkeiten in Deutschland bei der Entflechtung (*unbundling*) und getrennten Rechnungslegung von Erdgasunternehmen, so wie es die EU-Vorschrift fordert.

Dabei wird übersehen, dass die VV lediglich als erste Orientierung gedacht ist und nur für ein Jahr gilt. Danach soll eine zweite Vereinbarung auf der Grundlage gemachter Erfahrungen erfolgen (siehe Kapitel 11.3.5, Seite 324). Die VV soll Rechensystematiken und Grenzwerte liefern und das bisher noch bestehende Defizit ausfüllen. Die in einer zweiten Vereinbarung konkret ausgehandelten Entgelte können durchaus unter denen, der in der VV I Gas vorgesehenen liegen. Diese soll zunächst das Dreieck zwischen: a) Kunden und Netzbetreibern, b) Netzbetreibern untereinander, c) Lieferanten und Netzbetreibern und d) Lieferanten und Kunden, durch wettbewerbsgerechte Spielregeln erhalten.

---

[284] Kritiker der VV I Gas z.B. Manfred Panitz, geschäftsführendes Vorstandsmitglied des Bundesverbandes der Energie-Abnehmer e. V. (VEA) in Hannover. Siehe auch unter:
http://www.vea.de/pre03/pr080601.html (Stand: Juni 2001).

Offene Punkte, die in der künftigen VV II Gas nachgetragen werden müssen, sind beispielsweise die Zuteilungsregelungen im Falle knapper Transportkapazitäten. In Großbritannien wurde dafür die *„first-committed-first-serve"*-Regelung eingeführt. Klärungsbedürftig sind auch die kommerziellen Zugangsbedingungen für Speichernutzungen, ohne die ein Wettbewerb nicht funktioniert. Auch müssen Standards und Bonitätsregeln für Händler geschaffen werden, um die Risiken für den Markt zu begrenzen. Folgende Punkte werden in den Nachträgen der VV I Gas bearbeitet werden müssen:

- Weiterentwicklung und Vereinfachung des Netzzugangs und der Entgeltmodelle
- technische Rahmenbedingungen
- Umsetzung von Regelungen auf EU-Ebene zu LNG-Anlagen, Mischanlagen und sonstigen Einrichtungen unter Einbeziehung der nationalen Gesetzgebung
- kommerzieller Speicherzugang
- Maßnahmen zum Anschluss von nicht leistungsgemessenen Kunden (Haushalts- und Kleingewerbekunden)
- Aktualisierung der digitalisierten Netzkarte
- Engpassmanagement
- Unterstützung der Börsenfähigkeit des Erdgashandels
- Definitionen/Begriffsbestimmungen.

11.3.3 Der erste Nachtrag zur Verbändevereinbarung Erdgas (März 2001)

Am 15. März 2001, acht Monate nach Verabschiedung der VV I Gas, einigten sich BDI und VIK als Vertreter der Verbraucher sowie BGW und VKU, Interessenvertreter der Versorgungswirtschaft, auf einen ersten „Nachtrag". Darin wurden der kommerzielle Speicherzugang, die technischen Rahmenbedingungen des Netzzugangs, der Bilanzausgleich und das Engpassmanagement sowie die Bedingungen zur Einrichtung einer Schlichtungsstelle überarbeitet und weiterentwickelt. Auch die Anwendung von Lastenprofilen zur Einbeziehung der Haushalte in den Gas-zu-Gas-Wettbewerb nach britischem Muster wurde neu eingebracht. Diese Einbeziehung erfolgt zum 1. Januar 2002, wobei ab 1. Oktober 2001 bereits eine Test- und

Erprobungsphase für Haushaltskunden durch die Anwendung eben dieser Lasten-profile stattfand. Die Test- und Erprobungsphase ist notwendig für die Implemen-tierung der Lastenprofile und als Schulung für die Unternehmen zur praktischen Anwendung.

Bundeswirtschaftsminister Dr. Werner Müller wertete dieses neue Papier als Beleg für die Überlegenheit einer marktnahen und flexiblen VV gegenüber einem Regu-lierungsansatz. Auch die WEFA-Studie im Auftrag der EU-Kommission, die im Frühjahr 2001 veröffentlicht wurde, hob die Marktveränderungen in Deutschland durch die VV I positiv hervor.[285] Tatsächlich haben sich der Studie zufolge die Marktstrukturen verändert, der Gaspreis für Großverbraucher ist gesunken und der Markteintritt neuer Gasanbieter aus dem In- und Ausland bereits erfolgt. Zahlreiche Unternehmen bieten aufgrund der Liberalisierung und ferner auch aufgrund der VV neue Dienstleistungen an, wie z. B. eine Hilfestellung bei der Abwicklung und Or-ganisation des Netzzugangs für Dritte. Diese Ansätze könnten, sofern sie eine Fort-führung durch die Mehrheit der Gasversorger erfahren, die Diskussion um eine staatlichen Regulierung obsolet werden lassen. Kritik am Nachtrag kam hauptsäch-lich vom Verband der Energiehändler (EFET), der über VIK mit am Verhandlungs-tisch saß und dem die einzelnen Punkte nicht weit genug gingen.

Kritik am ersten Nachtrag der Verbändevereinbarung Erdgas

Im Juni 2001 kritisierte der Präsident des Bundeskartellamtes, Ulf Böge, in einem Brief an die vier Verbände VIK, BGW, BDI und VKU, dass auf der Grundlage der bisher gefundenen Regelungen noch keine hinreichende Öffnung der Gasmärkte festgestellt werden könnte.

Den Verzicht auf Netzzugangsregelungen zur Belieferung nicht leistungsgemesse-ner Kunden hat Böge als „nicht akzeptabel" bezeichnet.[286] Problem wäre noch im-mer, dass ein Netznutzer darauf angewiesen ist, mit jedem einzelnen Netzbetreiber

---

[285] DRI-WEFA (2001): European Gas Supply and Demand. Review and Outlook to 2025, Lon-don. Bestellbar unter: http://www.dri-wefa.com/products_services/download.cfm/GasSD_0901. pdf?file=317.

[286] Siehe FAZ Nr. 142 vom 22. Juni 2001. Seite 13; Berliner Zeitung vom 21. Juni 2001, Wirt-schafts-Ressort unter: http://www.berlinonline.de/wissen/berliner_zeitung/archiv/2001/0621/wirt-schaft/0109/.

Verhandlungen über den Zugang und die Entgelte zu führen. Eine zentrale Stelle für die Abwicklung des Netzzugangs gibt es bislang nicht. Zwischen der Durchleitungsanfrage und dem Abschluss eines Vertrags liegen zum Teil Wochen oder Monate. Ein Punkttarif nach dem Vorbild des Strommarktes könnte Abhilfe schaffen und wird auch vom Kartellamt gefordert. Ebenso ist das Verfahren zur Berechnung der Transporttarife bisher unübersichtlich und nicht plausibel. Das Kartellamt verlangte objektive und nachvollziehbare Kriterien zur Abgrenzung der einzelnen Entgeltstufen, damit die Netznutzer schnell erkennen könnten, welche Regelungen zur Anwendung kämen (FAZ, 22. Juni 2001:13).

Ein weiteres Manko auf dem im Wandel begriffenen Gasmarkt ist, dass von rund 730 GVUs in Deutschland bis Juni 2001 erst 67 Anbieter ihre Netzzugangsentgelte veröffentlicht haben (Bundeskartellamt, Internet Stand Juni 2001). Auch das in der VV I Gas angelegte Zuteilungsverfahren bei Engpässen an Transportkapazität ist aus Sicht des Bundeskartellamtes ungeeignet, da es tendenziell die Vertriebsabteilung des Netzbetreibers oder verbundene Unternehmen bevorzugt. Der BGW hat hingegen darauf verwiesen, dass die Unternehmen, die 90 Prozent des Gasverkaufs repräsentierten, ihre Entgelte veröffentlicht hätten. Die Mahnung des Bundeskartellamtes, den Wettbewerb auch für die normalen Haushalte zu öffnen, wäre eingeplant (s. u.), doch zunächst müssten die Lastenprofile ermittelt werden (siehe vorausgegangenes Seite 320), was auch bei den VV für Strom einige Zeit in Anspruch genommen hatte.

11.3.4 Der zweite Nachtrag zur Verbändevereinbarung Erdgas (September 2001)

Die Verbände der Gasverbraucher, der BDI und der VIK sowie BGW und VKU für die Seite der Gasversorgungsunternehmen, haben am 21. September 2001 den zweiten Nachtrag zur VV I Gas vom 4. Juli 2000 unterzeichnet.

Für den zweiten Nachtrag wurden die Öffnung des Speicherzugangs und der Bilanzausgleich ausformuliert. Des Weiteren beinhaltete der Text Regeln zur Einrichtung einer Schlichtungsstelle und zur Einbeziehung von Haushaltskunden in den Wettbewerb (seit 2002 können Haushalte ihren Gasanbieter frei wählen). Die technischen Rahmenbedingungen, die bereits im ersten Nachtrag thematisiert wurden, fanden weitere Konkretisierung. Damit wurden alle im Stufenplan der VV I Gas aufgeführten Themen in den Grundzügen abgearbeitet. Die Verbände leisteten mit den bisher erarbeiteten Lösungen ihren Beitrag zur Praktizierung des verhandelten Netzzugangs.

Bundeswirtschaftsminister Müller wies zu diesem Anlass erneut darauf hin, dass ihm das Konzept des verhandelten Netzzugangs in Deutschland am ehesten geeignet erschien, die Liberalisierung des Gasmarktes voranzutreiben. Sowohl die Gasverbraucher als auch die Gasversorger hätten seit über einem Jahr gezeigt, dass sie den filigranen gesetzlich Rahmen, der ihnen vorgegeben wurde, als solchen begreifen und praktisch weiterentwickeln, um eine konkrete Nachbearbeitung von Seiten der Politik, und im Sinne der EU-Kommission in Brüssel zu verhindern.

Trotz aller Fortschritte bei der VV I Gas und ihren Nachträgen blieben einzelne Themenkomplexe übrig, die nach einer genaueren Definition verlangten, damit Wettbewerb am Gasmarkt zum Massengeschäft wird. So beispielsweise die Regelungen zum neuen „Netzzugangsmodell" und zu den kostenbasierten „Entgeltfindungskriterien". Hier ging es darum, die Senkung der Netzzugangsentgelte durch eine erhöhte Transparenz dergleichen zu erreichen und das bisher geltende dreistufige Netzzugangsmodell in ein Punktmodell analog dem Strommarkt umzuwandeln (Binde, 2001:25). Die Verbände haben diesbezüglich bereits verlauten lassen, auf jene Themen zügig und konstruktiv einzugehen.

Fazit: Wenn die einzelnen Verbände und die Unternehmen auch in vielen Punkten differenter Meinung sind, so sind sie sich in einer Sache alle einig: keine staatliche Regulierung(-sbehörde). Ergo: nur eine alltagstaugliche VV kann den Weg in die Regulierung verhindern.

Kritik am zweiten Nachtrag der Verbändevereinbarung Erdgas

Der Dreh- und Angelpunkt der Diskussion bleibt weiterhin der Netzzugang. Auch im zweiten Nachtrag konnten praktische Umsetzungsprobleme bei der Durchleitung Dritter in die Leitungen der ehemaligen Monopolisten nicht behoben werden. Kritisiert wurden vor allem die hohen Transaktionskosten, die bis zur endgültigen Realisierung eines Transportvertrages gelten und die langwierige Bearbeitung von Durchleitungsanfragen. Aufgrund der fehlenden Rechtsgrundlage dauert die juristische Auseinandersetzung oft zu lange, weshalb die Einforderung der Durchleitung

auch als Androhung keine Wirkung erzielen kann. Bis März 2001 gab es 300 Anfragen für Durchleitungen. Bei einem Drittel wurden daraufhin konkrete Verhandlungen geführt, die aber nur zu 30 Verträgen führten (ZfK, 7. März 2001). Im Dezember 2001 konnte allein das Kasseler Unternehmen Wingas immerhin 25 Kunden per Durchleitung beliefern. Allerdings sieht der Geschäftsführer Dr. Rainer
Seele die einzige Alternative zur Durchleitung im Leitungsbau. Dieses sehr kapital-
intensive Unterfangen (siehe Kapitel 4.8, Seite 100) können sich allerdings nicht
viele Gasversorger leisten. Und als bloße Androhung ohne die notwendige Durch-
setzungskraft taugt das Mittel nicht. Im Gegenteil, es verliert umso mehr an seiner
Wirkung. Das heißt, der Bau muss sich in der Gesamtbetrachtung wirtschaftlich
darstellen. Das gilt sowohl für kleinere Anschlussleitungen wie auch für überregionale Ferngasleitungen wie die geplante Süddeutschland-Anbindungsleitung
(SÜDAL) der Wingas.

11.3.5 Die zweite Verbändevereinbarung für Erdgas (Mai 2002)

Am 6. Mai 2002 wurde die Verbändevereinbarung für Erdgas (VV Gas II) in Frankfurt am Main unterzeichnet. Sie tritt am 1. Oktober in Kraft und läuft bis zum 30.
September 2003. Bis dahin sollen die Verbände die Regelungen weiter optimieren.
Vorausgegangen waren auch dieses Mal ein zähes Ringen, das beinahe zur Gründung einer Regulierungsbehörde geführt hatte und erst nach dem zweiten Anlauf
eine Einigung erzielte.

Ziel dieser zweiten Vereinbarung ist wie bereits erwähnt, die Vereinfachung der
Durchleitung von Erdgas für alle Wettbewerber sowie eine transparente Regelung
der Netznutzungsentgelte. Letztere soll, laut Wirtschaftsministerium auch dem Verbraucher zugute kommen, was Experten wie Manfred Scholle (Präsident BGW) bezweifeln, da eine steigende Erdgasnachfrage und die Entwicklung der Ölpreise diese Wunschvorstellung konterkarieren könnten. Die Hoffnung der EU-Kommission
auf einen regulierten Netzzugang ist somit vorerst enttäuscht worden und Deutschland bleibt auch weiterhin einziges EU-Land mit verhandeltem Netzzugang.

Kritik an der zweiten Verbändevereinbarung für Gas

Auch an der VV II Gas wurde Kritik vor allem von Seiten der Gasunternehmen Kritik geübt. Die Berliner natGAS AG sieht auch nach der Verabschiedung dieser Vereinbarung keinen Wettbewerb:

> „Mit der Unterzeichnung der Verbändevereinbarung II Gas ist der etablierten Gaswirtschaft faktisch ein Geniestreich gelungen. Denn durch eine VV II Gas rückt vermutlich nicht nur die angedrohte und längst überfällige Regulierungsinstanz in weite Ferne, vielmehr wird es den meisten Industriekunden auch völlig unmöglich sein, ein seriöses Lieferangebot für das kommende Gaswirtschaftsjahr zu erhalten."[287]

Das Netzzugangsmodell wird als intransparent und zu kompliziert gewertet. Insbesondere die Durchleitungsentgelte werden dabei kritisiert. Die neuen Entgelte für die überregionale und die regionale Stufe sollten nach der VV II Gas bis zum 30. Juni 2002 veröffentlicht worden sein. Da allerdings bis dato noch nicht einmal alle Netzbetreiber die Durchleitungsentgelte auf der Grundlage der Verbändevereinbarung aus dem Jahre 2000 veröffentlicht haben, ist mit einer Preistransparenz wohl kurzfristig kaum zu rechnen. Kritisch bewertet wurde auch, dass die Entgelte für die lokale Stufe individuell vereinbart werden sollen, womit dem Preismissbrauch Tor und Tür geöffnet wird.

Das Punkt-Zahl-Modell, das als wesentlicher Reformschritt gepriesen worden war, ist durch die Reduktion der nebeneinander existierenden Engeltmodelle von drei auf zwei lediglich der alte Entfernungstarif im neuen Gewand. Von einem Rückschritt ist sogar die Rede.[288] Die Problematik besteht darin, dass letzten Endes nur der Netzbetreiber selbst die Transportwege des Erdgases kennt und steuert. Insbesondere auf der Regionalebene, wo die Netze besonders stark vermascht sind. Ein Außenstehender kann nicht überprüfen, ob der im Internet angebotene Transportweg korrekt ist, oder ob der Netznutzer bewusst in eine Umleitungsschleife geschickt wird, um den Preis zu erhöhen. In vielen Fällen ist es daher auch für Firmen nicht möglich, das Netznutzungsentgelt zu kalkulieren, um ihren Kunden ein Lieferangebot zu unterbreiten.

---

[287] Siehe unter: http://www.strom-magazin.de/news/detail_Standpunkt_Stimmen_zur_Verbaendevereinbarung_II_Gas_Kein_Wettbewerb_in_Sicht_7123.html.

[288] Jürgen Borowka, Transportmanager der Statkraft und Co-Autor des im Jahr 2000 vom Wirtschaftsministerium beauftragten Gutachtens zur Verbändevereinbarung Erdgas.

Das Vergleichsmarktkonzept der VV II Gas widerspricht der am 2. Mai 2002 verkündeten Entscheidung des Oberlandesgerichts (OLG) Düsseldorf, in dem die Netzbetreiber zur Offenlegung ihrer Kalkulation der Durchleitungsentgelte verpflichtet wurden. Es könnte sogar sein, dass es zu einer Fortsetzung des Vertragsverletztungsverfahrens gegen die Bundesrepublik kommen wird, wenn die Europäische Kommission die VV II Gas auf ihre Vereinbarkeit mit dem europäischen Kartellrecht und der Gas-Richtlinie hin untersucht. Daher konnte der Deutsche Bundstag die Verbändevereinbarundauch nicht zum Bestandteil der Neufassung des EnWG machen.

Das Fazit der Kritik findet sich in dem im vom Wirtschaftsministerium in Auftrag gegebenen Gutachten „Analyse und wettbewerbliche Bewertung der Verbändevereinbarung Gas zum Netzzugang" (November 2000):

> „In den letzten zwei Jahren hat sich kaum etwas getan, neue Marktteilnehmer sehen sich noch immer völlig unzureichenden und nicht diskriminierungsfreien Netzzugangsbedingungen gegenüber und eine regulierende Instanz sollte sich besser gestern als heute formieren."

11.4 Rolle und Sichtweise der Bundeskartellbehörde

11.4.1 Abgrenzung zwischen Bundeskartellamt und EU-Kommission

Grundsätzlich sind deutsches und europäisches Kartellrecht miteinander verwandt. In beiden ist ein Kartellverbot mit Ausnahmen bzw. Freistellungsmöglichkeiten enthalten sowie eine Missbrauchsaufsicht vorgesehen ebenso wie eine Fusionskontrolle, deren materielles Eingreifkriterium die Entstehung oder Verstärkung einer marktbeherrschenden Stellung ist. Der Unterschied besteht in der institutionellen Ausgestaltung beider Rechtssysteme: in Deutschland wird das Kartellrecht auf Bundesebene durch eine selbständige Behörde angewandt (mit einer verfahrensrechtlich getrennten Ausnahmemöglichkeit durch den Wirtschaftsminister siehe Kapitel 10.2.6 „Die Ministererlaubnis" auf Seite 276). Nach EG-Recht entscheidet die EUKommission in Brüssel, die als politisches Organ auch für wirtschaftliche Entscheidungen zuständig ist.[289]

---

[289] Siehe: http://www.vwl.uni-muenchen.de/frauenbeauftragte/kartellv.htm (Stand Oktober 2000).

Der Inhalt der folgenden Abschnitte stammt weitgehend aus einem WDR-Interview-Mitschnitt vom 5. August 2001 mit dem Präsidenten des Bundeskartellamtes, Ulf Böge. Die Fragen stellte Klaus Harke.

Aufgabenverteilung zwischen Bonn und Brüssel

Seit 2002 wird der Verkauf von Kapitalbeteiligungen steuerlich begünstigt, was starken Einfluss auf den Wettbewerb ausübt und das Kartellamt vor neue Aufgaben stellt. Gleichzeitig steht das deutsche Kartellamt zunehmend im Wettbewerb mit der Europäischen Kommission. Entscheidungen nämlich, die in Brüssel getroffen werden, haben oft unmittelbare Auswirkungen auf einen oder alle EU-Mitgliedsstaaten. Die EU-Kommission und das Bundeskartellamt sind sich allerdings in dem Punkt einig, nämlich dass die Prüfung von Fusionen dort stattfinden soll, wo größerer Sachverstand herrscht und die bessere Markteinschätzung erfolgen kann. Gemäß dem Subsidiaritätsprinzip, d. h. dort prüfen, wo es am besten und effizientesten erledigt werden kann. Beispiel: die beiden großen Fusionen zwischen BP und Veba Oel sowie Shell und RWE-DEA. Allerdings ist die Abgrenzung zwischen dem Bundeskartellamt und der EU eindeutig geregelt:

Die EU-Kommission ist für alle Wettbewerbsbeschränkungen zuständig, die den Handel zwischen den Mitgliedstaaten beeinträchtigen (könnten). Die nationalen Kartellbehörden können die Wettbewerbsregeln des EG-Vertrages anwenden, wenn die EU-Kommission selbst kein Verfahren eingeleitet hat. Für die Anwendung der europäischen Fusionskontrolle ist die EU-Kommission allein zuständig, geht es dabei um Zusammenschlüsse von so genannter gemeinschaftsweiter Bedeutung (siehe EG-Vertrag). Das heißt: Fusionen, die ein Umsatzvolumen von fünf Milliarden Euro überschreiten, sind Fälle für Brüssel. Das gilt jedoch dann nicht, wenn zwei Drittel der Umsatzerlöse auf dem nationalen Markt – beispielsweise dem deutschen – erzielt werden. In diesem Fall kann die nationale Behörde einen Rückverweisungsantrag stellen (so geschehen am 1. August 2001 für den Zusammenschluss RWE-Shell/DEA und am 20. August 2001 für die Fusion BP-Veba Oel).

Fälle und Entscheidungen des Bundeskartellamtes

Was das Geschäft zwischen E.ON und BP angeht, so handelt es sich sowohl um ein so genanntes Tauschgeschäft als auch um einen getrennten Fusionsfall. BP beteiligt sich an Veba Oel und E.ON (als Muttergesellschaft von Veba Oel) und erhält dafür die Anteile an Gelsenberg von BP. Im Fall E.ON-Gelsenberg, werden zwei Drittel der Umsatzerlöse auf dem deutschen Markt erzielt, wonach dieser Teil des Tauschgeschäftes vom Bundeskartellamt zu prüfen wäre. Der „Ölfall" ist nach der Fusionskontrollverordnung wiederum in Brüssel zu entscheiden. Sinnvoll, auch vom bürokratischen Aufwand her, ist die Bearbeitung beider Fälle bei nur einer Behörde. Daher hat das Bundeskartellamt im Einvernehmen mit dem Bundesminister für Wirtschaft und Technologie bei der EU-Kommission einen Antrag auf Verweisung des Zusammenschlussvorhabens BP/Veba Oel und Shell/DEA eingereicht, dem auch stattgegeben wurde.

Für die Bearbeitung durch das Bundeskartellamt spricht zudem die Tatsache, dass der wirtschaftliche und wettbewerbliche Schwerpunkt der beabsichtigten Fusion auf den Mineralölmärkten in Deutschland liegt. Veba Oel ist insbesondere mit seiner Tankstellenmarke Aral überwiegend in Deutschland tätig. E.ON hat am 16. August 2001 im Bundeskartellamt das Vorhaben angemeldet, im Gegenzug zu dem geplanten Verkauf von Veba Oel von BP alle Anteile an der Gelsenberg AG zu erwerben. Letztere hält über 25,5 Prozent an Deutschlands größtem Gasanbieter der Ruhrgas AG, Essen. Dieses Vorhaben von E.ON ist in wirtschaftlicher Hinsicht untrennbar mit dem Erwerb der Veba Oel durch BP verbunden. Die wettbewerbliche Beurteilung des Erwerbs von Gelsenberg durch E.ON hat durch die dabei entstehenden Folgen (E.ON würde mit Gelsenberg und der Übernahme der Bergemann GmbH 60 Prozent der Ruhrgas-Anteile erhalten) Rückwirkungen auf das bei der Kommission angemeldete Zusammenschlussvorhaben im Mineralölbereich (siehe Kapitel 8.2.4, Seite 206).

> „Dem Zusammenschlussvorhaben BP/E.ON und Shell/DEA kommt eine Schlüsselfunktion im Rahmen des Konzentrationsprozesses im Mineralölbereich in Deutschland zu. Die in Deutschland vorhandenen wettbewerblich relevanten Ressourcen wie beispielsweise Raffinerien und Pipelines würden künftig im Wesentlichen von nur vier Unternehmen kontrolliert. Da beide Fusionsvorhaben in ökonomischer und rechtlicher Hinsicht weitgehend übereinstimmende Fragen aufwerfen, liegt eine gemeinsame Prüfung durch das Bundeskartellamt nahe. Es liegt rechtlich bei der Europäischen Kommission, diesen Anträgen zu entsprechen, womit ich rechne." (Bundeskartellamtspräsident Ulf Böge, August 2001)

Das Bundeskartellamtes hat die Sorge, dass Aral-Eigentümer E.ON durch die zusätzliche Übernahme der Mehrheit an der Ruhrgas AG eine marktbeherrschende Rolle sowohl auf dem Treibstoffmarkt als auch dem Strom- bzw. Gasmarkt übernimmt.

11.4.2 Bewertung von Marktliberalisierungen

Energiemarkt: Strom

Auf beiden Energiemärkten –Strom- und Gasmarkt – hat Deutschland den Weg des „verhandelten Netzzugangs" gewählt, das heißt, die beteiligten Wirtschaftsverbände sollen selber die nötigen Kriterien festlegen, damit ein diskriminierungsfreier, einfacher und transparenter Netzzugang möglich wird, so dass auch jeder Verbraucher seinen Lieferanten wechseln kann.

Im Strombereich ist der Wettbewerb relativ gut angelaufen. Aus Sicht der Kartellbehörde gab es nur zwei Dinge, die nachbesserungsbedürftig waren und die bereits zu einer Vielzahl von Verfahren geführt haben:

1. Das Agieren der im Markt befindlichen bereits etablierten Unternehmen und das der Stadtwerke. Solange letztere keine Eigenproduktion besaßen, profitierten sie sehr stark vom neuen Wettbewerb, denn sie konnten sich so günstig wie nie zuvor mit Strom versorgen gaben diesen Vorteil jedoch nicht unbedingt an die Verbraucher weiter. Im Gegenteil, die Stadtwerke haben nach Ansicht des Bundeskartellamtes alle möglichen Maßnahmen ergriffen – sei es durch Wechselgebühren oder unübersichtliche seitenlange Netznutzungsverträge, die von den bisherigen Endkunden abgeschlossen werden mussten –, um den Wechsel ihrer Kunden zu einem anderen Energieanbieter zu verhindern oder diesen doch wenigstens stark zu erschweren.

2. Die Angemessenheit der Durchleitungsentgelte. Mehrere Verfahren gegen überzogene Tarife wurden eingeleitet, z. B. gegen Edis-Nord (ein E.ON-Tochterunternehmen), das sofort eine Preissenkung vornahm, was den Kartellwächtern jedoch noch nicht ausreichte, denn die Netzdurchleitungsgebühren werden mit anderen Unternehmen verglichen und erst auf dieser Grundlage bewertet. Um auch einzelnen Beschwerden nachgehen zu können, hat das Bundeskartellamt seit dem 1. August 2001 eine eigenständige Beschlussabteilung eingerichtet.

Energiemarkt: Gas

Was den Gasmarkt betrifft, schließt sich die nationale Kartellbehörde der Kritik aus Brüssel weitgehend an. Denn auch wenn eine zeitliche Verschiebung von einem Jahr zwischen EURStrom (1997) und EURGas (1998) liegt, so ist dies, nach Meinung der Kartellaufsicht kein Hinderungsgrund für die zügige Umsetzung dergleichen. Sollten die Verbände weiterhin nicht in der Lage sein eine akzeptable VV zu beschließen (siehe Kapitel 11.3.4, Seite 322), d. h., speziell den Durchleitungswettbewerb zu garantieren, und wird die Richtlinie nicht bald in einer Novellierung des EnWG gesetzlich umgesetzt, kann es von Seiten der deutschen Politik auf eine Rechtsverordnung, gegebenenfalls auch einen staatlichen Regulierer hinauslaufen, was die EU-Kommission in Brüssel stark befürwortet. Sowohl aus Sicht der deutschen Wirtschaft als auch der des Kartellamtes wäre dieser Schritt nicht wünschenswert, da in einer Marktwirtschaft der Staat zwar die Aufsicht haben sollte, es für die sektorale Regulierung jedoch Kartellgesetze gibt.[290]

Von wirtschaftstheoretischer Seite aus betrachtet stellt der Markt jeden Tag neue Angebots- und Nachfrageverhältnisse auf, was einen Ausgleich bewirkt. Ein Regulierer hat nicht das Wissen des Marktes, das heißt, er wird entweder die Preise für die Nutzung der Netze zu hoch ansetzen oder aber er setzt sie zu niedrig an, weil politischer Druck ihm dazu veranlasst. So oder so führt sein Verhalten dazu, dass weniger Investitionen stattfinden, dass die Modernisierung damit ausbleibt und der Engpass Netz zum Problem wird. In beiden Fällen würden die anfallenden Kosten durch extrem hohe Energiepreise auf den Verbraucher abgewälzt. Dieses Beispiel missglückter staatlicher Regulierung konnte in Kalifornien während der 1990er Jahre beobachten werden.

In einem Brief vom 12. Juni 2001 (s. o. Fußnote 286, Seite 321) hat sich das Bundeskartellamt explizit an die Teilnehmer der VV I Gas gewandt und kritische Feststellungen getroffen. Bemängelt wurden vor allem die, trotz Fristsetzung vom 10. August 2000, noch ausstehenden Veröffentlichungen der Netzzugangstarife vieler GVUs. Ein weiterer Kritikpunkt betraf die unübersichtlichen Transporttarifbe-

---

[290] Dieser Meinung schließt sich auch der Deutsche Industrie- und Handelskammertag (DIHK) an (in einer Anhörung von Sachverständigen vor dem Bundestags-Ausschuss für Wirtschaft und Technologie am 24. September 2001).

rechnungen der einzelnen Entgeltstufen, die nach Meinung der Bundeskartellbehörde nicht plausibel seien.

Post, Telekommunikation und Bahn

Zwei ganz andere große deregulierte Bereiche sind die Post- und Telekommunikationsmärkte. Da es sich bei beiden um Staatsmonopole handelte, gab es von Anfang an Regulierungsbehörden, schon allein, um die existierenden Monopolrenten zu reduzieren. Während es im Strom- und Gasbereich bereits Hunderte von Unternehmen gab, die im Wettbewerb zueinander standen, musste neuen Wettbewerbern der alten (Staats-) Monopolisten die Möglichkeit gegeben werden, Fuß zu fassen. Wobei Letztere sich über Wettbewerbsbehinderung beklagen und die Regulierungsbehörde als ineffizient bezeichnen. Nimmt man beispielsweise das Thema „Ferngespräche", so hat das Unternehmen Deutsche Telekom in den relevanten so genannten „letzten Meilen" nach wie vor einen Marktanteil von weit über 90 Prozent. Der Regulierer steht demnach vor dem gleichen Problem, das sich zwangsläufig ergibt, wenn ein Unternehmen aus der Monopolstellung heraus in einen Wettbewerb geführt wird.

Bei der Bahn besteht eine ähnliche Situation, denn der Marktanteil der Bahn AG ist nach wie vor hoch. Allerdings ist das Kartellamt bei der Frage um die Kontrolle der Netze (der Punkt, bei dem es um das eigentliche natürliche Monopol geht) in Form des Trassenpreissystems gegen die Bundesbahn vorgegangen und konnte die sofortige Einstellung bewirken. Die Einsetzung eines Eisenbahnbundesamtes als Regulierer lehnt das Bundeskartellamt ab, da zwei Ämter auf das Instrument des Kartellrechts zurückgreifen und damit doppelte Arbeiten ausführen würden. Rechtlich gesehen käme zusätzlich die Schwierigkeit hinzu, dass unterschiedliche Gerichtswege beschritten werden müssten. Trifft das Bundeskartellamt eine Entscheidung, so kann Beschwerde beim Oberlandesgericht in Düsseldorf (eine Art spezialisiertes Kartellgericht) eingelegt werden, nicht so beim Eisenbahnbundesamt, das in zweiter Instanz über den Verwaltungsgerichtsweg ginge.

11.4.3 Fazit

Es kann festgehalten werden, dass das Bundeskartellamt den „verhandelten Netz-zugang" auf den Energiemärkten grundsätzlich für richtig hält und angesichts der gesunkenen Stromkosten seit der Liberalisierung bei Industrie- (um dreißig Pro-zent) und tariflichen Kleinkunden (zehn bis zwanzig Prozent) auch als „bewährt" ansieht (so Ulf Böge, am 25. September 2001 im Ausschuss für Wirtschaft und Technologie s. u.), wenngleich diese Ergebnisse aus bekannten Gründen nicht eins zu eins auf den Gasmarkt übertragen werden können (siehe Kapitel 11.2.1, Seite 293). Eine staatliche Regulierungsbehörde lehnte das Bundeskartellamt aus Kosten- und Verwaltungsgründen ab, sah sie dennoch als möglichen Ausweg, falls die Wirt-schaftsverbände keine Einigung erzielt hätten.

Konflikte mit der amtierenden Regierung sind vorhersehbar, sollte die Bundeskar-tellbehörde die Bewertung von Zusammenschlüssen allein auf „mittelstandsorien-tierte Wettbewerbskriterien" reduzieren.[291] Der parteilose Energie- und Wirt-schaftsminister wollte Shell und BP dazu verpflichten, die Raffineriekapazitäten in Deutschland zu erhalten und gleichzeitig eine Garantieerklärung der beiden Öl-Multis bekommen, wonach sie die deutschen Verbraucher keinesfalls schlechter stellen dürften als die Mineralöl-Kunden in anderen EU-Staaten. Schon damals machte Werner Müller deutlich, dass er die geplante Fusion auch gegen etwaige Bedenken des Bundeskartellamtes qua Ministererlaubnis durchsetzen werde, was in der Bundesrepublik in dieser Form noch nie erfolgt ist und ein neues Verhältnis zwischen Bundeskartellamt und Exekutive einläutet (siehe Kapitel 10.2.6, Seite 276).

---

[291] Zitat Werner Müller in der Berliner Zeitung vom 16. November 2001.

12 Deutschland zwischen Liberalisierung und Regulierung

12.1 Beispiele regulierter Märkte

Anders als in den meisten anderen EU-Märkten, die alle auf Regulierung setzen, gibt es in Deutschland einen Gas-zu-Gas-Wettbewerb, freien Leitungsbau, Transportgeschäfte und eine 100-prozentige Marktöffnung. Eine Regulierung lässt sich schwer in die dezentrale Struktur der deutschen Gaswirtschaft einfügen. Zumal Regulierung, wie noch zu zeigen sein wird, unter Umständen zu Verknappung führen kann und nur kurzfristig niedrige Preise hervorruft.

Regulierte Systeme wie in Großbritannien und den USA haben die Kehrseite regulierter Märkte deutlich gemacht. Sie schaffen unflexible Strukturen und müssen ständig nachreguliert werden. Im Falle Kaliforniens führte die Regulierung sogar zu einer Energiekrise.[292] Auch in Großbritannien wächst die Kritik an der Regulierung, die mittlerweile ein komplexes System ist. Seit 1990 gab es 450 Verordnungen, mit denen sich die Gaswirtschaft befassen musste (Midttun, 2001). Darüber hinaus bestätigen Studien die Erfahrungen aus der Praxis, dass die Investitionen zur Auffindung und Entwicklung neuer Öl- und Gasfelder zurückgegangen sind.[293] Die deutsche Gaswirtschaft hingegen hat in den letzten zehn Jahren beispielsweise Sachinvestitionen in Höhe von rund 65 Milliarden DM getätigt, den Großteil davon für den Ausbau des Leitungsnetzes und der Speicheranlagen (Ruhrgas AG, 2001).

Hinter der Regulierung steht die Wunschvorstellung dauerhaft niedriger Preise. Sowohl in den USA als auch in Großbritannien waren diese allerdings nicht von Dauer. Die Gaspreise haben sich auch in diesen Märkten oft nicht von der Ölpreisentwicklung abgekoppelt. Vielmehr bestimmen die Ölpreise auch in so genannten „liberalisierten" Märkten den Preistrend. Die durch die Regulierung eingetretene Verknappung hatte 2001 dazu geführt, dass sich die Gasbeschaffungspreise in den

---

[292] Hierzu Tagespresse im Januar 2001, z. B. „Blackout im Paradies" (Fritz Vorholz) in: DIE ZEIT, vom 25. Jan. 2001, Seite 21. Andere Schlagzeilen: "Eine Energiekrise wie in Kalifornien droht den Deutschen nicht" (FAZ, vom 22. Feb. 2001), "In Kalifornien spitzt sich die Krise zu" (FAZ, vom 19. Jan. 2001) und "Führende Stromversorger Kaliforniens vom Konkurs bedroht".

[293] Vgl. OFGAS-Aussagen im Internet (Stand Juni 2001).

USA verfünffacht haben, während in Deutschland „nur" eine Verdoppelung eingetreten ist.[294]

Auch in Großbritannien hat die Liberalisierung nicht zu einer Verselbstständigung der Gaspreisentwicklung geführt, vielmehr zu einer ausgeprägten Unberechenbarkeit der Preisentwicklung. Die *Interconnector*-Anbindung wird z. B. wie früher schon einmal, derzeit wieder in Flussrichtung vom Kontinent nach Großbritannien betrieben, da die Gaspreise in England höher sind. Und das trotz eines relativ hohen Preisniveaus auch auf dem Festland (beispielsweise in Deutschland).

Bei der Angebotssituation für den deutschen Erdgasmarkt sind langfristige Verträge ein stabilisierender Faktor für die Preisentwicklung. Anders als in den USA und in Großbritannien entwickeln sich die Erdgaspreise in Deutschland und Kontinentaleuropa stabil und berechenbar. Sie entsprechen dem Preistrend der Hauptwettbewerbsenergien.

Die Wirkung regulierender Eingriffe in die Preisbildung hat in Kalifornien zum Kollaps der Energieversorgung geführt. Notwendige Investitionen im Energiesektor blieben aus, weil ihnen die wirtschaftliche Rentabilität entzogen wurde. Die US-Regierung unter Präsident Bush jr. hat inzwischen vor einer nationalen Energiekrise gewarnt und betrachtet die Wiederherstellung einer stabilen Energieversorgung als eine ihrer ersten Aufgaben. Nun werden für Kalifornien aus Gründen der Versorgungssicherheit die in Kontinentaleuropa üblichen langfristigen Verträge gefordert. Letztendlich kann man sagen: Kalifornien ist überall dort, wo eine extensive staatliche Regulierung der leitungsgebundenen Energiewirtschaft stattfindet.

Ein Blick über die Grenzen zeigt außerdem, dass von gleichen Wettbewerbschancen innerhalb der EU keine Rede ist. Zwar errechnet die EU-Kommission im Jahr 2001 eine durchschnittliche Marktöffnung in der gesamten EU von rund 78 Prozent. Die hohe Marktöffnung geht jedoch im Wesentlichen auf Deutschland, Großbritannien und Italien zurück, die knapp zwei Drittel des EU-Gasmarktes ausmachen und ihre Märkte zu 100 Prozent bzw. zu fast 100 Prozent geöffnet haben. Ohne diese drei Länder würde sich die Marktöffnung in der EU noch nicht einmal auf 15 Prozent belaufen.

---

[294] Siehe Ruhrgas AG im Internet (Stand: Oktober 2001).

12.2 Reaktion der Politik auf die Gasmarktliberalisierung

Im Januar 2001 gab es eine Bundestagsdebatte zur Energiepolitik der rot-grünen Bundesregierung, in der über den „richtigen" Kurs zwischen Liberalisierung und Regulierung gestritten wurde.[295] Obwohl die derzeitige Regierung weitgehend die Energiepolitik ihrer Vorgänger (CDU/CSU und FDP) weiterführt, wie auch anhand der „Konsensgespräche" (1993/94) und des „Energiedialogs 2000" (1999/00) aufgezeigt wurde (s. o. Kapitel 9.1, Seite 223 und Kapitel 9.2, Seite 234), kamen sehr verschiedene Positionen der im Bundestag vertretenen Parteien zum Ausdruck: nach den Worten Wirtschaftsminister Müllers ist die Gaswirtschaft aufgefordert, sich selber einen Wettbewerbsrahmen zu geben, in dem der Gasmarkt ablaufen soll, es sei denn, die Energiewirtschaft wolle eine Regulierungsbehörde. Auch diesem Wunsch könne die Politik entsprechen. Weiterhin lehnte der Bundestag eine Reihe von energiepolitischen Anträgen der Opposition ab. Auf Empfehlung des Ausschusses für Wirtschaft und Technologie fand ein Antrag der CDU/CSU zur „Energiepolitik für Deutschland – Konsequenzen aus dem Energiedialog 2000" keine Mehrheit. Darin war die Regierung aufgefordert worden, sich für ein Energiekonzept zu entscheiden, dessen Kern eine sichere, preiswerte und umweltverträgliche Energieversorgung sein sollte. Bedingung war auch die Wettbewerbsfähigkeit der deutschen Unternehmen und die Beschäftigung im Energiesektor sowie in der energieverbrauchenden Wirtschaft zu erhalten.

Ein weiterer Antrag der FDP-Fraktion, scheiterte ebenfalls auf Anraten des Wirtschaftsausschusses (Drucksache 14/2946),[296] in dem es um eine „Zukunftsfähige Energiepolitik für den Standort Deutschland" ging (Drucksache 14/2364).[297] Danach sollten zusätzliche Belastungen des Energieverbrauchs nur im europäischen Gleichschritt beschlossen werden, die Regierung die Hemmnisse für den Einsatz erneuerbarer Energien abbauen, ebenso wie die Entwicklung neuer Technologien angemessen fördern und Kernkraftwerke für die vorgesehene Betriebszeit nutzen.

---

[295] Folgende Abschnitte siehe unter:
http://www.bundestag.de/aktuell/bp/2001/bp0101/0101028.html.
[296] Siehe unter: http://www.bundestag.de/aktuell/bp/2001/bp0101/0101028.html.
[297] Siehe unter: http://www.bundestag.de/aktuell/bp/2000/bp0002/0002028a.html
und http://www.bundestag.de/aktuell/bp/1999/bp9912/9912039a.html.

Das Parlament lehnte darüber hinaus auf Empfehlung des Wirtschaftsausschusses (Drucksache 14/3343)[298] einen Entschließungsantrag der FDP (Drucksache 14/2778)[299] ab, der sich auf das EEG (Drucksache 14/2341)[300] bezogen hatte. Darin wurde die Regierung aufgefordert, ein anderes Konzept vorzulegen, das dem Ziel der Förderung erneuerbarer Energien vor dem Hintergrund von Wirtschaftlichkeit, Versorgungssicherheit und Umweltverträglichkeit verpflichtet sei.

12.3 Aussagen der Bundesregierung zur staatlichen Regulierung[301]

Bei seinen Besuchen in der EU-Kommission in Brüssel war Bundeswirtschaftsminister Müller bemüht, der Aussage, Deutschland habe als einziges EU-Mitgliedsland keinen Regulator, sondern gehe den „Sonderweg" des verhandelten Netzzugangs, nicht die Unterstellung folgen zu lassen, dass daher auch keine Regulierung der Strom- und Gasmärkte existiere. Deutschland hat durch das Bundeskartellamt noch zusätzlich eine unabhängige Instanz, von den Länderinstanzen einmal abgesehen (siehe Kapitel 10.2, Seite 271).

In der EU gibt es derzeit unterschiedliche Marktöffnungsgrade und sehr unterschiedliche Regulierungssysteme. Neben Deutschland haben ohnehin erst drei Mitgliedstaaten (Finnland, Großbritannien und Schweden) eine vollständige Marktöffnung realisiert, von denen wiederum nur Großbritannien eine ex-post Preisregulierung hat. Schweden und Finnland hingegen bevorzugen die ex-ante Regulierung, die dem deutschen System der kartellbehördlichen Kontrolle ähnelt. Wenn die EU-Kommission demnach auf Erfahrungswerte zurückgreift, die für eine zwingende ex-ante Preisaufsicht durch einen nationalen Regulator sprechen, so stützt sie sich

---

[298] siehe unter: http://www.bundestag.de/aktuell/bp/2001/bp0101/0101028.html.

[299] siehe unter: http://www.bundestag.de/aktuell/bp/2000/bp0002/0002025.html.

[300] siehe unter:

http://www.bundestag.de/aktuell/bp/2000/bp0004/0004041a.html,
http://www.bundestag.de/aktuell/bp/2000/bp0002/0002025.html,
http://www.bundestag.de/aktuell/bp/2000/bp0001/0001037b.html,
http://www.bundestag.de/aktuell/bp/1999/bp9912/9912034.html.

[301] Statements aus einer Rede von Dr. Christel Möller, Leiterin der Abteilung Energie im BMWi auf der 6. Euroforum Jahrestagung „Die Zukunft der Energieversorgung" vom 19.–21. September 2001 in Berlin zum Thema Nationale Reaktionen auf die Ankündigung aus Brüssel – Wie lange ‚schützen' die Verbändevereinbarungen Strom und Gas noch vor einem Regulator?

bislang lediglich auf das Beispiel Großbritannien und bleibt den Beweis schuldig, dass ein Regulator effizienter ist und bessere Wettbewerbsergebnisse erzielt.

Die Wettbewerbsindikatoren für Deutschland sind auch nach unabhängigen Studien, die von der EU-Kommission in Auftrag gegeben wurden, nicht schlecht zu bewerten (WEFA, 2001). Geht man zunächst vom Strommarkt aus, da dieser bereits über einen Zeitraum von drei Jahren liberalisiert ist, liegen beispielsweise die Preise für die Industrie im unteren Mittelfeld, auf dem Niveau von Großbritannien. Die Haushaltsstrompreise sind zwar ebenfalls gesunken, liegen aber im europäischen Vergleich eher im oberen Bereich, dennoch lässt sich daraus noch keine Überlegenheit des Regulierungsmodells gegenüber dem deutschen System ableiten.

Was den Indikator der Marktteilnehmer auf der Angebotsseite angeht, so hat Deutschland mit vier oder fünf Kräften unter allen europäischen Ländern die größte Vielfalt aufzuweisen. Bis auf zehn Prozent sind Stromunternehmen, die noch in der Hand von Unternehmen mit öffentlicher Beteiligung liegen, privatisiert. Ganz im Gegensatz zu Italien, Portugal oder Frankreich, wo Staatsunternehmen noch immer teilweise über 85 Prozent des Marktes beherrschen. Dementsprechend zögernd und strikt an den Vorgaben der EU-Kommission festhaltend wird der Markt dieser Länder geöffnet.

Deutschland hat sowohl was den Strom- als auch was den Gasmarkt betrifft, eine große Vielfalt von Netzbetreibern, die als quasi „natürliches Monopol" (Definition siehe unter Fußnote 5, Seite 25 und Fußnote 14, Seite 34) vorrangige Adressaten eines Regulator wären. Auf der Verteilerebene beispielsweise stehen 600 deutschen Netzbetreibern nur 14 in Großbritannien und 200 in Italien gegenüber. Was die Kosten einer Regulierungsbehörde angeht – die Effektivität einmal außen vor gelassen –, stellt sich die Frage, ob diese nicht proportional mit der Vielfalt der Marktstrukturen und dem Marktöffnungsgrad steigen. Das Budget beispielsweise der Regulierungsbehörde OFGEM in Großbritannien mit ungefähr 66,5 Millionen Euro (130 Millionen DM) für 320 Mitarbeiter übersteigt bereits das des Bundeskartellamtes um mehr als das Fünffache. Hinzu kommt noch, dass das Bundeskartellamt für alle Wirtschaftsbereiche zuständig ist, was angesichts der zunehmenden Fusionsbereitschaft in Zukunft zur Arbeitsüberlastung führt. Das gehört allerdings zu einem anderen Themenkomplex. Die Grundsatzfrage jedoch bleibt: bedeutet mehr Wettbewerb im Gegenzug auch mehr Regulierung für Deutschland, das heißt höhere Kosten?

Das BMWi erstellte ein Maßnahmenbündel, das im Wesentlichen auf drei Kernpunkten beruht:

- Stärkung des Bundeskartellamtes
- mehr Einmischung des BMWi
- anpassung des untergesetzlichen Ordnungsrahmens an Wettbewerbsmärkte

Das bedeutet im Einzelnen, dass durch Entscheidung des Bundeswirtschaftministers eine 11. Beschlussabteilung für den Energiebereich des Bundeskartellamtes eingerichtet wird und zugleich die rechtlichen Instrumentarien verschärft werden sollen, damit kartellbehördliche Netzzugangsverfügungen sofort vollzogen werden können. Das bedeutet weiter, dass es in Zukunft eine *Task Force* „Netzzugang" im BMWi gäbe (dieser ist höchst umstritten siehe „Stärkung der bestehenden Wettbewerbsaufsicht" Seite 263 und „Das Unbundling", Seite 265), die mit zwei Hauptaufgaben betraut sein würde, nämlich dem Abbau von Hemmnissen beim Netzzugang, was den Lieferantenwechsel miteinschließt und Überprüfung der Netznutzungsentgelte nach der *„best-practice"*-Methode (der Input für eine effiziente Vertrags- und Verfahrensgestaltung soll von der Gasbranche selber kommen). Außerdem würde die *Task Force* die Verbände VDEW und BGW, die sich angeboten haben, für ein effizientes Beschwerdemanagement (Streitschlichtung) zu sorgen, durch ein Monitoring unterstützen. Die Aufgabenverlagerung soll die Kartellbehörde entlasten, ihr aber im Fall eines Fortbestehens des Streits die Möglichkeit geben, sich im Rahmen ihrer Ermessensausübung einzuschalten.

Und schließlich möchte das BMWi den untergesetzlichen Ordnungsrahmen an die Wettbewerbsmärkte anpassen. Als erstes die „Allgemeinen Bedingungen für die Elektrizitätsversorgung von Tarifkunden", bei denen es darum geht, neue Vertragsbedingungen für die Gruppe der früheren Tarifkunden zu schaffen. Ziel soll es sein, mit Inkrafttreten der gesetzlichen Änderungen durch die laufende EnWG-Novelle den BMWi-Entwurf der Zustimmung des Bundestages weiterleiten zu können. Nach Ansicht des BMWi müssen vorrangig die Marktöffnungsgrade der Mitgliedstaaten harmonisiert werden. Erst dann kann das Marktöffnungssystem eines EU-Mitgliedstaates hinsichtlich seines Erfolgs oder Misserfolgs bewertet werden.

12.4 Liberalisierung und Veränderungen – Erfahrungen anderer Länder

Aufgrund der relativ kurzen Zeit einer Liberalisierung der deutschen Energie-märkte, können noch keine definitiven Aussagen gemacht werden, was Erfolg oder Misserfolg bei der Implementierung betrifft. In Ländern, die schon sehr viel früher mit der Liberalisierung und (De-)Regulierung begonnen haben, dauerte es bis zum Erreichen der heutigen Wettbewerbsstufe rund 15 Jahre.

Ein logischer Ansatz, um die Einführung zu beschleunigen, wäre demnach, die Er-fahrungen der länger liberalisierten Märkte auf die „jungen" bzw. noch zu liberali-sierenden zu übertragen. Aufgrund unterschiedlicher historischer, struktureller, wirtschaftlicher wie politischer Ausgangsbedingungen ist dies nicht einfach. Die europäische Gasversorgung ist durch Vielfalt gekennzeichnet. Länder mit ausge-prägten und hoch vermaschten Netzen (z. B. Großbritannien, Deutschland) stehen neben Ländern, die gerade erst dabei sind, ein Gasversorgungssystem aufzubauen (z. B. Portugal, Griechenland). Zentralistische Strukturen (wie z. B. in Frankreich) stehen neben dezentral und kommunalwirtschaftlich organisierten Märkten (z. B. in den Niederlanden). Ebenso ist der Stellenwert des Energieträgers Gas und seiner Verwendung in den einzelnen Staaten sehr unterschiedlich. Der Anteil des Gasein-satzes am PEV beträgt in den Niederlanden mehr als 40 Prozent, in Großbritannien fast genauso viel, in Dänemark und Deutschland dagegen rund die Hälfte.[302] Den-noch finden sich Konstellationen bei den europäischen Nachbarn oder auch im in-ternationalen Vergleich, die für Deutschland von Bedeutung sein könnten.

Was den Wettbewerb im Hinblick auf die Liberalisierung des Gasmarktes angeht, kann bereits heute sehr sicher von einigen Veränderungen ausgegangen werden:[303]

- Der Wettbewerb Gas-zu-Gas wird sich unter dem Preisdruck verschärfen. Bisher war es in der deutschen Gaswirtschaft eher üblich, gemeinsam gegen die Substitutionsenergien Strom und Kohle vorzugehen, denn der Markt war regional zwischen den Gasversorgungsunternehmen so aufgeteilt, dass kein ernsthafter Konkurrenzkampf befürchtet werden musste. Nach dem Motto:

---

[302] Vgl. IEA-Statistik 1998/99 unter: http://www.iea.org/statist/keyworld/keystats.htm (Mai 2001).

[303] Die Liste möglicher Veränderungen orientiert sich an einer Studie der Forschungsstelle für Umweltpolitik (FFU), Berlin für die GASAG (Wanke, 1999, 5ff).

Leben und leben lassen, ging es viele Jahrzehnte lang mehr um das Verteilen als um das Verkaufen von Gas. Ob der Wettbewerb tatsächlich einen deutlichen Preisrückgang wie beim Strom auslöst, bezweifeln Experten.[304] (mehr dazu in Kapitel 11.2.1, Seite 293 und Kapitel 0, Seite 302).

- Die verschärfte Wettbewerbssituation wird zu neuen Marketingstrategien führen. Die Gaswirtschaft muss sich von der Idee des „am-gleichen-Seil-Ziehens" verabschieden. Die Unternehmen werden Marketingwege finden müssen, um ihr Produkt zu verkaufen. Gas wird zum „Markenprodukt". Gerade unter diesem Aspekt erhält der folgende Punkt eine völlig neue Dimension:

- Das Verhältnis Kunde-Lieferant verändert sich. Der Fokus wird sich zugunsten des Käufers verschieben. Das bedeutet im Umkehrschluss eine verstärkte Kundenwerbung von Seiten der Gasunternehmen und Anstrengungen, den Kunden zu halten. In den Worten der PR-Branche ausgedrückt: Kundenzufriedenheit und daraus resultierende Kundentreue werden strategischer Erfolgsfaktor und damit ein wichtiges Unternehmensziel.

- Die Vermarktung weiterer Dienstleistungen, wodurch die unternehmensbezogene Wertschöpfungskette erweitert wird. Ziel ist es, gegenüber der Konkurrenz ein Produktprofil zu entwickeln, das eine differenzierte Bedarfsstruktur aufweist, die sich am einzelnen Kunden orientiert. Betriebswirtschaftlich gesehen geht es dabei um preiswerte Energie, verbunden mit etlichen Energiedienstleistungen, die dem Kunden einen höheren Nutzen als beim Konkurrenten suggerieren. Besonders anglophone Ländern sind in dieser Hinsicht sehr innovativ.

- Fusionen und strategische Allianzen werden aufgrund des *unbundling* (Trennung von Produktion, Transport und Handel) immer wichtiger werden. In Deutschland sind die Unternehmen, was diesen Punkt angeht, schon relativ weit. Die komplizierte Verflechtung der Gaswirtschaft untereinander bzw. mit der Strom- und Ölwirtschaft verdeutlicht dies (siehe auch Kapitel 7, Seite 179).

---

[304] Das Rheinisch-Westfälische Institut (RWI) hält nach einer Pressemitteilung vom 17. März 1998 die Kostensenkungspotentiale für eng begrenzt, da fast 90 Prozent der Gesamtkosten auf der Transportstufe und rund 80 Prozent auf der Verteilungsstufe „außerwirtschaftlichen oder politischen Einflüssen zuzurechnen (sind), die sich einer unmittelbaren Gestaltbarkeit durch die Gaswirtschaft entziehen."

- Auch die grenzüberschreitenden Kooperationen werden in liberalisierten Ländern wichtiger, denn sie verringern die Abhängigkeit von einigen wenigen Lieferquellen. Daneben drängen auch ausländische Gasunternehmen auf den deutschen Markt. Etliche Beteiligungen zeigen sehr deutlich die Entwicklung auf (vgl. z. B. Vattenfallbeteiligungen an deutschen Energieversorgern siehe Kapitel 7.3.3, Seite 192).

- Neue Akteure werden, ähnlich wie im Stromgeschäft, auftauchen und den rund 700 etablierten GVUs gegenüberstehen. Allerdings ist es sehr viel einfacher, Strom zu produzieren und in ein Netz einzuspeisen, als Gas. Andererseits zeigen Beispiele aus dem Ausland, dass neue Marktteilnehmer in Erscheinung treten, die Teil- oder auch ergänzende Leistungen anbieten. Daneben werden Personen wie z. B. Makler, Broker und Portfoliomanager auftauchen, die selbst keinen physischen Gashandel betreiben, sondern für Gaskunden Ausschreibungen organisieren, Preise und Lieferbedingungen eruieren sowie die günstigsten Lieferverträge vermitteln.

- Sehr wahrscheinlich ist die Abkoppelung von der Ölpreisbindung. Sie wird bereits von der Kommission in Brüssel diskutiert. In Großbritannien gibt es schließlich auch keinen anlegbaren Preis (siehe auch Kapitel 5.3, Seite 126).

- Technische Innovationen werden erforderlich, um nicht nur preislich mit (inländischen) Mitbewerbern konkurrenzfähig zu bleiben, sondern auch auf dem internationalen Markt. Im Verkehrssektor z. B. mit Hilfe der Brennstoffzellen-Technik. Die Politik leistet einen produktiven Beitrag, wenn sie durch Gesetze (Ökosteuer, Kraft-Wärme-Kopplung, Förderprogramme zur Einsparung von CO_2) die Unternehmen zum Umdenken zwingt.[305]

Diese Punkte möglicher Veränderungen auf dem deutschen Gasmarkt zeigen die wichtigsten externen Herausforderung an die Unternehmen wie man sie aus den Erfahrungen anderer Länder und Branchen auf dem Gasmarkt in Deutschland ableiten kann.

---

[305] Jänicke, Martin/Jörgens, Martin/Kern, Kristine (1999): „Die Diffusion umweltpolitischer Innovation. Ein Beitrag zur Globalisierung von Umweltpolitik", Forschungsstelle für Umweltpolitik Berlin, FFU-rep. 99-11; Brauch, Hans-Günter (Hrsg.) (1997): Energiepolitik, Berlin (mehrere Artikel); Jänicke, Martin/Kunig, Philip/Stitzel, Michael (1999): Lern- und Arbeitsbuch Umweltpolitik. Politik, Recht und Management des Umweltschutzes in Staat und Unternehmen, Bonn, Seite 101ff; Altner, Günter/Weizsäcker, Ernst. U. von (Hrsg. u.a.): Jahrbuch Ökologie 2000, München, Seite 38ff.

12.5 Der Blick über die Landesgrenze

In den folgenden Ausführungen soll der Blick über die Landesgrenze gerichtet werden und Erfahrungen anderer Länder mit der Gasmarktliberalisierung aufgenommen werden. In den vorangegangenen Kapiteln ist deutlich geworden, dass die Struktur der deutschen Gaswirtschaft unter ganz speziellen Umständen entstanden und Teil des politischen wie wirtschaftlichen Systems ist. Erfahrungen aus der Liberalisierung des Strommarktes in Deutschland waren kaum auf den Gasmarkt übertragbar (siehe Kapitel 11.2.1, Seite 293). Welche Veränderungen sich auf europäischen Märkten sowie auf Gasmärkten in den USA und Kanada durch die Liberalisierung vollzogen haben, inwieweit alte Strukturen aufbrachen und ob trotz aller Unterschiedlichkeit zwischen den Märkten Erfahrungen anderer Länder direkt auf Deutschland angewendet werden können, versucht dieses Kapitel zu beantworten. Doch zunächst sollen die allgemeinen Ausgangsdaten dargestellt werden. Eine eingehendere Betrachtung der einzelnen Länder erfolgt anschließend.

Erdgas ist, seit dem ersten Ölpreisschock, in den westeuropäischen Staaten langsam aber kontinuierlich zum zweitwichtigsten Energieträger aufgestiegen. Wurden 1970 lediglich 70 Milliarden Kubikmetern Erdgas verbraucht, so lag die Zahl 1997 bei 340 Milliarden Kubikmeter (Czernie, 1998:56).[306] Bezogen auf den Anteil am gesamten PEV bedeutet dies eine Steigerung von sechs auf 21 Prozent, was dem heutigen Durchschnittsniveau weltweit entspricht (IEA, 2000).

Warum Erdgas einen derartigen Aufstieg in den westeuropäischen Ländern erlebt hat und auch in Zukunft zur größten Wachstumsenergie in Europa werden könnte, liegt an denselben Gründen, die auch größtenteils für Deutschland gelten. Ein Grund ist sicherlich der, dass Westeuropa über eigene Quellen (hauptsächlich in Norwegen, den Niederlanden und Großbritannien) verfügt und damit bisher rund 70 Prozent seines eigenen Erdgasbedarfs deckt. Die Importabhängigkeit beträgt 30 Prozent, wovon 17 Prozent aus Russland und 13 Prozent größtenteils als verflüssigtes Gas (LNG) aus Libyen und Algerien importiert werden (Czernie, 1998:56). Ein weiterer wichtiger Punkt ist das europäische Leitungssystem, das heute mit einer

---

[306] Prognosen gehen von einem Anstieg des Erdgasanteils Westeuropas am gesamten PEV von rund 100 Milliarden Kubikmeter, also auf ca. 440 Milliarden Kubikmeter im Jahr 2010 aus, was einem Viertel des gesamten PEV entsprechen würde (Prognos, 1999).

Gesamtlänge von etwa 30.000 Kilometern (Czernie, 1998:56) von der Nordsee bis zum Mittelmeer und vom Atlantik bis Zentraleuropa reicht. Abbildung 19 verdeutlicht den europäischen Gasverbund noch einmal graphisch.[307] Erstaunlicherweise wurde dieses Pipelinesystem nicht zentral geplant und gebaut, sondern ist Ergebnis bedarfsbezogener kommerzieller Entscheidungen zwischen grenzüberschreitend kooperierenden Gasgesellschaften, die ein weitverzweigtes europäisches Leitungsnetz geschaffen haben (Czernie, 1998:56).

Abbildung 19: Das europäische Gasleitungssystem

Quelle: *Gas-Union (http://www.gas-union.de/14.html)*

Neben diesen Gemeinsamkeiten und den technisch-wirtschaftlichen Kooperationen der europäischen Länder untereinander, bestehen allerdings auch erhebliche Unterschiede zwischen ihnen. Größtes Hindernis bei der Liberalisierung der europäischen Gasmärkte ist die Vielfalt der Strukturen und der rechtlichen wie politischen Rahmenbedingungen. Ein Blick auf den europäischen Erdgasverbund macht deut-

---

[307] Karte mit dem Titel „*European Gas Pipeline System*" auch über Wingas (Friedrich-Ebert-Str. 160, 34119 Kassel) bzw. WIEH (Düsseldorfer Str. 38, 10707 Berlin) erhältlich.

lich, wie unterschiedlich die Ausbaustufen der Gaswirtschaften sind. Während in Deutschland beispielsweise eine hochentwickelte Gaswirtschaft und ein sehr gut ausgebautes Leitungsnetz existieren, werden diese in einigen Ländern, wie Griechenland und Portugal, gerade erst aufgebaut. Ähnlich sieht es mit dem Stellenwert der Importe aus. Norwegen (kein EU-Mitglied, aber großer Erdgasproduzent in Europa) verfügt zum Beispiel über relativ große Erdgasvorkommen, nutzt diese aber praktisch kaum selber, sondern exportiert sie. Deutschland wiederum verfügt zwar über einige heimische Erdgasquellen, ist aber zu 80 Prozent von Importen aus dem Ausland abhängig.

Auch die Organisationsstruktur der westeuropäischen Gaswirtschaften unterscheidet sich diametral voneinander. Dezentrale Strukturen, die nach privatwirtschaftlichen Kriterien ausgerichtet sind, (z. B. Deutschland oder die Niederlande) stehen stark zentralistischen (z. B. Frankreich) bis hin zu staatlichen Monopolgesellschaften (ehemals in Großbritannien) gegenüber (Czernie,1998:56f) . Daneben haben natürliche Gegebenheiten, ökonomische und politische Entscheidungen einzelner EU-Länder spezielle Bedingungen und Verwendungszwecke für Erdgas geschaffen. So werden insbesondere für Italien, Großbritannien und Spanien steigende Erdgasbeiträge bei der Stromerzeugung erwartet (Czernie, 1998:57). Gleichzeitig sehen sich die europäischen Staaten in den kommenden zwanzig Jahren weiterer Veränderung gegenüber, die unabhängig von der EURGas von der Europäischen Kommission in Brüssel eine Verschiebung der derzeitigen Erdgaseinfuhren und –ausfuhren zur Folge haben werden: die Endlichkeit westeuropäischer Erdgasquellen, die durch zusätzliche Importe aus dem Ausland gedeckt werden müssen, was langfristige Verträge auch künftig zum Rückgrat der Erdgasbeschaffung in Europa machen wird (Czernie, 1998:57).

Stellt sich nun die Frage nach den Details. Wie sind einzelne EU-Mitgliedstaaten mit der Liberalisierung leitungsgebundener Märkte umgegangen. Wann haben sie mit der Umstellung begonnen? Welche Erfahrungen können gegebenenfalls aus den USA und Europa auf Deutschland übertragen werden? Wie steht es mit der Struktur und Entwicklung des Gasaufkommens in den einzelnen Ländern? Welches sind die wichtigsten Wettbewerbsmerkmale der untersuchten Gaswirtschaften? Von den sieben bedeutendsten europäischen Erdgasmärkten (Prognos AG/ EWI, 1999:46) –

Deutschland, Großbritannien, Italien, die Niederlande, Frankreich, Belgien und Spanien –, die in der Tabelle 28 zusammengefasst sind, wird der Fokus im Folgenden besonders auf Großbritannien (europäischer Vorreiter im Liberalisierungsprozess) und die Niederlande (hat einen Erdgasanteil von über 40 Prozent am PEV) gelegt. Wie in der folgenden Tabelle 28 deutlich wird, entfällt der mit Abstand größte Erdgasabsatz (87 Milliarden Kubikmeter), im Vergleich zu den wichtigsten Handelsunternehmen in West-Europa, auf die Gasunie (Niederlande). Einen ebenfalls hohen Erdgasabsatz weisen ENI/SNAM (Italien) und die Ruhrgas (Deutschland) je mit rund 60 Milliarden Kubikmetern auf. In Großbritannien verkaufte Centrica 1997 ca. 47 Milliarden Kubikmeter, während BG Transco fast 80 Milliarden Kubikmeter Erdgas durch seine Leitungen transportierte (Prognos AG/EWI, 1999:48)

Marktstufen in ausgewählten Europäischen Gaswirtschaften – D, GB, ITL, NL, F, B, ES

	Deutschland	Großbritannien	Italien	Niederlande	Frankreich	Belgien	Spanien
Gesamtverbrauch*	82,8 Mrd. m^3	88,2 Mrd. m^3	60,8 Mrd. m^3	41,4 Mrd. m^3	39,6 Mrd. m^3	14,7 Mrd. m^3	14,0 Mrd. m^3
Förderung Main Player	BEB, Mobil	Centrica (früher BG), Shell, Esso, BP,Mobil,Total	AGIP (100% ENI)	NAM (je 50% Esso und Shell)	Elf Aquitaine	keine	Repsol
Gesamte Förderung**	20 Mrd. m^3	110 Mrd. m^3	19 Mrd. m^3	73 Mrd. m^3	13 Mrd. m^3	keine	15 Mrd. m^3
Import	de facto Monopol	de facto Monopol	de facto Monopol	de facto Monopol	gesetzl. Monopol	de facto Monopol	de facto Monopol
Main Player	u.a.Ruhrgas, BEB, VNG, Thyssengas	BG plc.	SNAM (100% ENI)	Gasunie	GdF	Distrigaz	Gas Natural (45,3% Repsol)
Export				de facto Monopol	gesetzl. Monopol	de facto Monopol	de facto Monopol
Main Player	u.a Ruhrgas, VNG	BG, Centrica, BP, Mobil, Conoco,	keinen	Gasunie	GdF	Distrigaz	keinen
Transport	Oligopol	de facto Monopol	Quasi Monopol	Quasi Monopol	Quasi Monopol	de facto Monopol	de facto Monopol
Main Player	16 FGGs (u.a. Ruhrgas, VNG, Thyssengas, Wingas)	Transco (Centrica)	SNAM (100% ENI)	Gasunie (50% Staat, je 25% Shell+Esso)	GdF (100% Staat) CFM (50% GdF, 40% Elf, u.a.), GSO (70% Elf, 30% GdF)	Distrigaz (42% Tractebel, 17% Shell, 17% Staat u.a.)	Enagas (100% Gas Natural)
Verteilung		Wettbewerb	Quasi Monopol	Quasi Monopol	Quasi Monopol		Quasi Monopol
Main Player	16 FGGs & ca. 600 komm. und reg. OVU	Centrica, Eastern Natural Gas, ScottishPower, Beacon Gas, Calortex	Italgas (40,9% SNAM) & über 700 OVU	Gasunie & 34 GVU auf lokaler Ebene (davon 12 reine VU u. 22 Querverbundunternehmen	GdF & 17 „Régies"	Distrigaz & 23 GVU	Enagas, Gas Natural

Quelle: *Maske von Prognos AG/EWI (1999:49, Tabelle 17) mit eigenen Daten (2000) ergänzt*

*Zahlen nach VNG, Leipzig für das Jahr 1998   **Zahlen nach CEDIGAZ 1998/BP Amoco: Gas and power 2000

12.5.1 Die Niederlande

Die Niederlande sind für Deutschland zusammen mit Russland und Norwegen der wichtigste Erdgasimporteur. Seit Mitte 1995 wurde die Deregulierung des niederländischen Gasmarktes durch das Dritte Energiememorandum beschleunigt (Wanke, 1999:46). Bis dahin hatte Erdgas aber schon eine lange Geschichte:

1924 wurden erstmals Erdöl und Erdgasquellen in den Niederlanden entdeckt, wobei diese Ereignisse damals eher als historische Fußnote angesehen wurden.[308] Erst kurz vor dem Zweiten Weltkrieg (1939-1945) erkannte man die mögliche wirtschaftliche Bedeutung von Erdgas und begann gezielt, aber meist erfolglos danach zu suchen.

1947 wurde die niederländische Erdölgesellschaft (De Nederlandse Aardolie Maatschappij, NAM) gegründet, die ein Jahr später bei Steenwijksmoer (Gemeinde Coevorden) auch Erdgas fand. Da zu dieser Zeit noch immer das Napoleonische Minengesetz von 1810 in Kraft war, demzufolge die Krone alle Rechte über Erdbodenschätze besaß, übertrug sie der NAM am 3. Mai 1948 eine Konzession, mit der diese Erdgas fördern konnte, aber einen gewissen Anteil ihre Gewinns an den Staat abgeben sowie das Naturgas zu einem „vernünftigen" Preis an ihn verkaufen musste. 1954 wurde der Transport und Verkauf von Erdgas unter die Kontrolle des Ministeriums für Gas (später umbenannt in „Staatliches Gasunternehmen", SGB), innerhalb des Tätigkeitsbereiches des Wirtschaftsministeriums, gestellt. Bis 1955 war Erdgasproduktion (trockenes Gas) fest in „ostniederländischer Hand". Ab 1957 kam Erdgas im Westen der Niederlande als Nebenprodukt bei der Erdölexploration hinzu.

Die ersten Erdgasverträge mit dem Ausland wurden 1965 mit der Distrigas in Brüssel (Belgien) geschlossen. In Deutschland wurden Kontakte zu Thyssengas (Duisburg) und der Ruhrgas (Essen) hergestellt. Großbritannien fand im gleichen Jahr selber Erdgas in der britischen Nordsee und entfiel damit als zukünftiger Exportpartner der Niederlande.

---

[308] Informationen zu Geschichte und aktuelle Daten unter Homepage der Gasunie und Obragas (siehe http://www.gasunie.nl/eng/f_home.htm sowie http://www.obragas.nl).

1968 wurde in Ommen die damals weltweit größte Verdichterstation gebaut. Im Jahr 1986 wurde Vlieland als letzte niederländische Gemeinde an das unterirdische Pipelinenetz angeschlossen, dass nun insgesamt 11.000 Kilometer betrug.[309]

Größtes und wichtigstes GVU in den Niederlanden ist Gasunie. Bis 1998 war sie einziger Transportnetzbetreiber und besaß das alleinige Recht, die regionalen und örtlichen Verteilungsunternehmen mit Gas zu beliefern. Das Unternehmen beschäftigt im Jahr 2000 rund 1.500 Mitarbeiter und ist in den Bereichen Import, Export,[310] Transport und der Weiterleitung von Erdgas tätig. An der Gasunie ist der niederländische Staat noch mit zehn Prozent beteiligt. Den größten Anteil hat die Energie Beheer Nederland B. V. (40 Prozent). Der Rest verteilt sich zu je 25 Prozent auf Esso Holding Company Holland, Inc. und Shell Nederland B. V.

Die Erdgasreserven in den Niederlanden werden voraussichtlich noch ein Viertel Jahrhundert ausreichen (BP, 2001:20), dennoch zeigen die Produktionsstätten deutliche Abfälle in den vergangenen sieben Jahren (siehe Tabelle 29). Um die niederländischen Produktionsstätten zu schonen und auch die zukünftige Gasversorgung langfristig zu sichern, wurde am 16. Mai 1996 ein Vertrag zwischen der Gasunie und dem russischen Gasproduzenten Gazprom unterzeichnet, in dem 80 Milliarden Kubikmeter Erdgas von 2001 an über 20 Jahre aus Russland in die Niederlande eingeführt werden sollen.

Tabelle 29: Herkunft des Naturgas in den Niederlanden (in Prozent)

	1994	1995	1996	1997	1998	1999	2000
Groningen	42	41	45	35	29	26	26
andere Felder	54	55	51	60	66	67	67
Importe	4	4	4	5	5	7	7

Quelle: *Gasunie Annual Report (2000)*

Die Entwicklung der Liberalisierung des Gasmarktes begann 1998, als im niederländischen Unterhaus ein Gesetzentwurf verabschiedet wurde, der eine schrittweise

---

[309] Die Erdgasleitungen in den NL waren hauptsächlich im Besitz der Gasunie. Ende 1972 hatte sie ein Haupttransportnetz von 2.550 Kilometern (1964: 500 Kilometer) und ein 5.960 Kilometer langes regionales Netz (1964: 3.610 Kilometer). Vgl. Homepage: www.gasunie.nl (Geschichte).

[310] Fast die Hälfte der Exporte gehen nach Deutschland (siehe Tabelle 30, Seite 350). Der Rest verteilt sich auf Italien, Belgien, Frankreich und die Schweiz (Jahresbericht Gasunie, 2000:12).

Öffnung des Gasmarktes in drei Stufen bis zum Jahr 2007 vorsieht. Was den Transport und den Großhandel angeht, so traten ab 1998 neben der Gasunie die beiden Energieversorgungsunternehmen Delta und PNEM/MEGA auf. Sie bauten die erste parallele Gaspipeline der niederländischen Gaswirtschaft von Zelzate an der belgischen Grenze nach Bergen op Zoom (Kettrup, 1999:704f). 600 Millionen Kubikmeter Gas hauptsächlich von dem britischen Unternehmen Centrica fließen durch das Netz. Dennoch entfallen rund 46 Prozent des Haupttransportleitungsnetzes (40-65 bar) und rund 54 Prozent des regionalen Transportleitungsnetzes (weniger als 40 bar) auf die Gasunie.

Der 1998 in Gang gesetzte Verlauf hat einen starken Konzentrationsprozess der niederländischen Energieversorgungsunternehmen nach sich gezogen, die sich von 127 auf 30 Unternehmen reduzierten, wobei der Absatz von rund 20 auf 23 Millionen Kubikmeter Gas stieg (Kettrup, 1999:705).

Da die Liberalisierung vor allem einen Preisrückgang bezweckt, der aber nicht zu Lasten der Versorgungssicherheit gehen darf, führte die Gasunie 1998 ein neues Preissystem, das „Commodity Service System", kurz: CSS, ein. Das hieß für Industriekunden mit einer jährlichen Abnahmerate von mehr als 50 Millionen Kubikmeter (ab 2002 über zehn Millionen Kubikmeter), dass sie die Möglichkeit hatten, die Komponenten Gasbezug, Durchleitung und Service einzeln zu beziehen (Kettrup, 1999:705).

Die Kalkulation der Ware Gas allgemein in den Niederlanden hat J. W. de Pous, damals Minister für Wirtschaft, am 11. Juli 1962 folgendermaßen zusammengefasst:

> "Die kommerzielle Basis, auf der Erdgas vermarktet wurde (...), unterschied sich grundsätzlich nicht von der anderer Energieformen in den Niederlanden. Dieses Marketingprinzip führt dazu, dass Gas, aus Sicht der nationalen Wirtschaft, auf die geeignetste Weise genutzt wird." (eigene Übersetzung)

Das heißt, der Marktwert wird als Grundlage zur Feststellung des Gaspreises benutzt. Der Gaswert wiederum basiert auf den Kosten, die ein Konsument auch für eine alternative Energie zahlen müsste. Auch in den Niederlanden gibt es die Ölpreiskopplung. Die Industrie orientiert sich dabei an schwerem Heizöl, während für die Haushalte die Kosten für leichtes Heizöl entscheidend sind. Obwohl im Laufe der Jahre die Bedeutung von Erdöl in den Niederlanden abgenommen hat, ist es noch immer die kostengünstigste Alternative zu Erdgas und behält weiterhin eine nennenswerte Größe auf dem Energiemarkt.

Tabelle 30: Gasexporte aus den Niederlanden (in Mrd. m³)

	1995	1996	1997	1998	1999	2000
Belgien	4.8	6.0	4.9	5.6	5.7	5.9
Deutschland	23.9	28.3	23.6	21.1	19.7	17.7
Frankreich	5.1	6.0	5.4	5.7	5.8	5.7
Italien	4.0	4.9	5.5	3.3	3.2	6.7
Schweiz	0.6	0.7	0.6	0.7	0.6	0.6
Gesamt	*38.4*	*45.9*	*40.0*	*36.4*	*35.0*	*36.6*

Quelle: *Gasunie Annual Report (2000)*

Der niederländische Gasmarkt ist mit einem jährlichen Verbrauch von 48 Milliarden Kubikmeter der viertgrößte in Europa (Kettrup, 1999:704). Von den im Jahr 2000 insgesamt 73 Milliarden Kubikmeter gefördertem Erdgas verbrauchen die Niederlande rund 50 Prozent selbst (36,4 Milliarden Kubikmeter). Der andere Teil wird ins Ausland exportiert (siehe Tabelle 30). Damit sind sie weiterhin zweitgrößtes westeuropäisches Förderland nach Norwegen und erzielen jährlich einen Gesamtumsatz von rund 20 Milliarden Gulden (entspricht ca. neun Milliarden Euro).

Seit 1998 bestand für Kunden mit einer jährlichen Abnahmemenge von über zehn Millionen Kubikmetern die Möglichkeit der freien Lieferantenwahl, was einer Marktöffnung von 46 Prozent entsprach (Kettrup, 1999:704). Ab 2002 wurde der Schwellenwert auf 170.000 Kubikmeter herabgesetzt, womit der Markt zu 64 Prozent geöffnet ist, bevor er 2007 schließlich gänzlich liberalisiert sein wird. Es findet keine Diskriminierung bei der Einspeisung von Erdgas Dritter statt. Die Tarife sind transparent und werden sowohl auf Kunden angewendet, die Erdgas von Gasunie kaufen, als auch auf jene, die nur von der Infrastruktur der Gasunie Gebrauch machen. Dieses neue Tarifsystem ist von den Entwicklungen auf dem westeuropäischen Gasmarkt gekennzeichnet. Es orientiert sich an der EURGas, die noch als nationales Gesetz in Kraft treten muss.

12.5.2 Frankreich

In Frankreich ist die Energieversorgung Aufgabe des Staates, die er gegenüber seinen Bürgern zu erfüllen hat. Bis heute wird die Struktur der Gasversorgung von einer starken Regulierung bestimmt, die mit der Nationalisierung der französischen Gaswirtschaft nach dem Zweiten Weltkrieg eingeführt wurde. Der Staatsbetrieb *Gaz de France* (GdF) verfügt über ein legales Export- und Importmonopol und dominiert die Weiterverteilung sowie den Endverbrauchermarkt.[311] Lediglich die Städte Grenoble, Bordeaux und Straßburg haben ihre eigene kommunal organisierte Gasversorgung.

Von daher war Frankreich von jeher sehr zurückhaltend bei der Liberalisierung seiner Energiemärkte und nimmt daher in Europa eine „Nachzüglerrolle" ein. Es ist das einzige Land (abgesehen von den *emergent markets*, Griechenland und Portugal), dessen Marktöffnungskonzepte für die Strom- und Gasversorgung sich an den stufenweisen Vorgaben der EURGas orientierten und keinen Schritt darüber hinaus wagt (Wanke, 1999:12).

So wurde z. B. das neue Stromgesetz erst im Februar 2000 vom Parlament verabschiedet. Ein Jahr nach dem von der EU-Kommission gesetzten Termin zur Erfüllung der EURStrom. Folglich war der französische Markt gegenüber ausländischen Unternehmen abgeschirmt, was wiederum Energieunternehmen in mehreren anderen EU-Mitgliedstaaten dazu veranlasste, die Öffnung ihrer Märkte gegenüber GdF und *Electricité de France* (EdF), Europas größtem Stromerzeuger, zu verweigern. Spanien gelang die Blockade gegen EdF erfolgreich. Großbritannien hingegen wurde von der Europäischen Kommission ermahnt, den französischen Konkurrenten auf den heimischen Markt zu lassen, da Großbritannien selber die EURStrom noch nicht in nationales Recht umgesetzt hatte. Ergebnis der Verwarnung war, dass britische Versorgungsunternehmen zwar nicht in den französischen Elektrizitätsmarkt eindringen konnten, jedoch EdF recht schnell sieben Prozent des Strombedarfs des Inselstaates deckte. Aus dem britischen Handels- und Industrieministeri-

---

[311] Nur noch zwei weitere Unternehmen, an denen die GdF nach dem Gesetz zu 30 Prozent beteiligt sein muss, haben eine staatlich ausgestellte Durchleitungslizenz. Siehe Informationsbroschüre „Thema Europa: Der Europäische Erdgasbinnenmarkt – eine Herausforderung für die deutsche Energieversorgung", von Rolf Linkohr, MdEP, September 1997.

um wurde daraufhin Unmut laut. Großbritannien stellte sich auf den Standpunkt, dass es seine Märkte über die Forderungen der EURGas hinaus liberalisiert hätte, was eine zusätzliche Umsetzung in nationales Recht überflüssig mache.

Francois Roussely, seit Juli 1998 Vorsitzende der EdF, kündigte im Jahr 2000 an, dass bis Ende des Jahres wenigstens ein Drittel des französischen Marktes für ausländische Mitbewerber geöffnet sein würden. Die Worte widersprachen allerdings dem neuen Deregulierungsgesetz, nach dem von mindestens 26 Prozent des Versorgungsmarktes die Rede war. Außerdem wurden bisher auch keine weiteren ernsthaften Schritte in Richtung Privatisierung der beiden großen Energieunternehmen GdF und EdF unternommen. Ebenso ist der Zugang Dritter zum Verteilungsnetz eher schwach ausgeprägt, obwohl die GdF zum 10. August 2000 die Bedingungen für den offenen Zugang zu den Netzen veröffentlichte.

Im Oktober 2001 erwog die französische Regierung, Teile der EURGas in einem „Mini-Gesetz" zu verankern, in dem zum einen der Netzzugang geregelt, zum anderen mögliche Streitfälle beigelegt werden sollten. Klagen gegen Netzzugangsentgelte sollten entweder vor dem Industrieministerium oder vor der *„Commission de Regulation d'Electricité"* (CRE) angehört werden können (La Tribune, 10. Oktober 2001). Die eigentliche Debatte zur Umsetzung der Richtlinie wird aber erst nach den Präsidentschaftswahlen im Juni 2002 erwartet.

12.5.3 Großbritannien[312]

Die ersten Erdgasfunde in Großbritannien wurden 1967 in der britischen Nordsee gemacht. 1999 hatten die Briten 79 küstennahe Bohrinseln für Erdgas und 109 für Erdöl.[313] Der Prozess der Gasmarktliberalisierung begann 1986 während der Regierung Margaret Thatchers (1979-92) mit der Privatisierung des staatlichen Monopolunternehmens British Gas, dem größten Gasproduzenten und GVUs in Großbritannien. Die Fusions- und Monopolkommission zwang British Gas aufgrund von Verbraucherklagen dazu, Informationen über ihre (Durchleitungs-)Tarife zu veröffentlichen. Gleichzeitig verpflichtete sich British Gas dazu, in Zukunft nicht

---

[312] Informationen zur Geschichte siehe unter: http://www.platts.com/ukgas/history.shtml (Stand 2001).

[313] Siehe unter: http://www.oilandgas.org.uk/education/leaflets/sheet004.htm (Stand 2001).

mehr als 90 Prozent eines neuen Gasfeldes vertraglich an sich zu binden. 1991 legte das *Office of Fair Trading* fest, dass British Gas, um den Wettbewerb zu garantieren, seinen Marktanteil insgesamt nicht über 40 Prozent ausweiten dürfe.

Seit 1990 können britische Industriekunden (mit einem Jahresverbrauch von mehr als 732.000 kWh) ihren Gasversorger frei wählen. Zwei Jahre später stand dieses Recht auch kleineren Verbrauchergruppen (d. h. mit einem Jahresverbrauch von mehr als 73.200 kWh) offen. Die Regierung unter John Major (1992-97) führte die Liberalisierungspolitik Margaret Thatchers weiter. 1993 schließlich erfolgte ein *unbundling*, in dem British Gas in fünf Geschäftsbereiche eingeteilt wurde: Exploration und Produktion, LNG, Durchleitung und Weiterleitung sowie Speicherung. Die Folge des gesamten Liberalisierungsprozesses war ein Stellenabbau von rund 25.000 Arbeitsplätzen, wodurch der Kundenservice stark nachließ, was die Öffentlichkeit wiederum prompt mit Image- und Kundenverlust quittierte (Wanke, 1999:20).[314]

Die Rahmenbedingungen für den Wettbewerb um die Haushalte wurden in Form neuer Lizensierungsgesetze und der Einführung eines Netzwerkcodes im *Gas Act* von 1996 festgelegt. Der Netzwerkcode ist dabei ein gemeinsames Regelwerk für alle Beteiligten der Gasindustrie und stellt sicher, dass der Wettbewerb beim Transport und der Versorgung auf allen Ebenen erleichtert wird. Das Pilotprojekt für die freie Gasversorgerwahl britischer Haushalte startete im Südwesten Englands (Cornwall, Devon und Somerset). Zwei Jahre später (1998) wurde der Wettbewerb auf die übrigen Haushalte im ganzen Land ausgeweitet. Nach Angaben der hoheitlichen Regulierungsbehörde OFGAS (*Office of Gas Supply*)[315] wechselten bereits im ersten Jahr vier Millionen Haushaltskunden von dem ehemaligen Monopolisten British Gas zu anderen Anbietern (siehe Tabelle 31). Wobei British Gas mit einem

---

[314] Im Jahr 2000 hatte Centrica insgesamt 28.305 Mitarbeiter, das waren 8705 mehr als im Vorjahr (Centrica Geschäftsbericht, 2000:39).

[315] 1999 wurde OFGAS und OFFER (*Office for Electricity*) in das *Office of Gas and Electricity Markets* (OFGEM) verschmolzen. An der Spitze der Regulierungsstellen stand von 1989 bis 1999 Stephen Littlechild als *Director General of Electricity Supplies* (DGES), der vom *Office of Electricity Regulation* (OFFER) durch ungefähr 250 Mitarbeitern unterstützt wurde. Sein Nachfolger Callum McCarthy hat die Rolle des DGES übernommen. Seit 2001 bilden vier Personen den DGES (Midttun, 2001:81ff).

Marktanteil von 80 Prozent bei den Haushaltskunden weiterhin dominant blieb.[316] Ebenfalls 1996 begann der Bau der *Interconnector*-Pipeline, die 1998 fertiggestellt wurde und mit deren Hilfe fortan britisches Erdgas über den Ärmelkanal nach Westeuropa gelangte.

Tabelle 31: Zahl der Kunden in Großbritannien, die nach der Marktöffnung zu einem anderen Gasversorger gewechselt haben

Zeitpunkt der Marköffnung	Region	Gaskunden (insgesamt)	gewechselte Kunden	in %t
April 1996	Cornwall, Devon, Somerset	0,6 Mio.	150.000	24,7
März 1997	Dorset, Avon, Kent, Sussex	1,6 Mio.	450.129	27,0
Nov. 1997	Schottland, York u.a.	2,5 Mio.	589.289	23,5
Feb. 1998	Cumbria, York u.a.	2,7 Mio.	544.284	20,1
April 1998	Chesire, South Yorksire u.a.	3,2 Mio.	587.961	19,4
Mai 1998	Bedfordshire, Berkshire u.a.	3,2 Mio.	587.923	18,3
Mai 1998	Greater London	3,1 Mio.	453.756	14,5

Quelle: *Mitteilung der OFGAS, 1999*

1997 wurde British Gas zu Centrica. Centrica plc. war bis dahin der Handelsname von British Gas in Großbritannien, während Britsh Gas plc. nach Außen auftrat. Bis Oktober 2000 war British Gas plc. an Transco, einer der größten Pipelinegesellschaften Großbritanniens, beteiligt, bevor die Lattice Group plc. in diese Rolle schlüpfte.

1999 schließlich trat die EURGas der Europäischen Kommission in Kraft, die bis 2008 eine Öffnung der Märkte von 33 Prozent vorsieht sowie den freien Netzzugang für Dritte. Mit Inkrafttreten der Richtlinie war der britische Gasmarkt der einzige in Europa, der bereits sukzessiv auf alle relevanten Marktstufen über *third-party-access* organisiert worden war und damit zum Vorreiter der Gasmarktliberalisierung in Europa wurde (Prognos AG/EWI, 1999:49).

Heute gibt es auf dem britischen Gasmarkt über 20 Anbieter, die mit Dumping-Angeboten den Marktzutritt erlangt haben. Der Darstellung der Erdgaspreise wird,

---

[316] Im Jahr 2000 sind es 70 Prozent der Haushalte, d.h. fast 2,5 Millionen Kunden (Centrica, 2000:6). Im Großkundenbereich hat das ehemalige Monopolunternehmen British Gas Ende 1998, nach sechs Jahren vollständiger Marktöffnung, nur noch einen Marktanteil von 25 Prozent (nach Mitteilung von OFGAS, 1999).

insbesondere auf den Internetseiten der Unternehmen, zentrale Bedeutung beigemessen.

Daneben finden sich die Seiten von Gasmaklern (z. B. unter der Internetseite http://www.powercheck.demon.co.uk/gas), deren Hauptaufgabe darin besteht, die preisgünstigsten Gasangebote zu vermitteln.

Zusammenfassend kann festgestellt werden, dass die vielfältigen Regulierungseingriffe der britischen Regierung zwar die Entwicklung des Wettbewerbs (z. B. die Transportkonditionen und -preise) maßgeblich beeinflusst und forciert haben, allerdings waren dazu keine Strukturvorgaben der Regulierungsbehörden erforderlich (Prognos AG/EWI, 1999:49).

Der britische Handelsmarkt für Erdgas gliedert sich seit 1998 in die Großhandels- und die Einzelhandelsstufe. Letztere unterteilt sich in die Teilmärkte private Haushalte, Industrie und Kleingewerbe sowie Stromerzeugung (Prognos AG/EWI, 1999:50). Der Großhandelsmarkt, auf dem neue Marktteilnehmer, meist als *Joint-Ventures*, gegründet wurden, kann in die Gruppe der Tochterunternehmen teils internationaler Gas- und Ölproduzenten und in die Gruppe der Tochterunternehmen regionaler Stromversorger in Großbritannien eingeteilt werden. Diese Aufteilung ist in Bezug auf Deutschland von Bedeutung, denn auch dort stellt sich bereits die Frage, welche Fusionen (Gas- mit Strom- oder Gas- mit Ölunternehmen) in Zukunft über die größten Marktanteile verfügen werden. Wie in Großbritannien könnte es auch in Deutschland darauf hinauslaufen, dass die Ölmultis sich mit den großen Gasförderunternehmen zusammenschließen werden (BEB, Wintershall etc.) und Fusionen zwischen Gas- und Elektrizitätswirtschaft in erster Linie den Haushaltsmarkt bedienen, was die Ausschöpfung von Synergien (Multi Utility-Unternehmen, das z. B. Strom, Gas, Wasser und Telekommunikation) miteinschließen kann (siehe Kapitel 7, Seite 179). Umgekehrt versuchte beispielsweise der ehemalige Monopolist British Gas (also Centrica) neben seinen Größenvorteilen im Massenkundenmarkt (speziellen Tarifen, Vergünstigungen und Serviceerweiterungen, um Erdgaskunden langfristig zu binden) gleichzeitig auch die Marktanteilsverluste im Zuge der Liberalisierung, durch entsprechende Gewinne auf dem Strom-

markt, auf dem das Unternehmen verstärkt tätig werden wollte, wieder auszugleichen (Prognos AG/EWI, 1999:54).[317]

12.5.4 USA[318]

Die Gaswirtschaft in den USA kann in zwei Teilbereiche aufgeteilt werden: zum
einen in den national regulierten Markt, der den innerstaatlichen Transport sowie
die Gasförderung umfasst und seit Mitte der 70er Jahre des 20. Jahrhunderts dereguliert worden ist; zum anderen in die sehr heterogenen Märkte der einzelnen Bundesstaaten selber, die bis heute eine überwiegend monopolistische Grundstruktur
im Bereich des innerstaatlichen Gastransports und der Versorgungsstufe aufweisen
(Wanke, 1999:23). Bis März 2000 konnten nur in vier Bundesstaaten alle Verbraucher ihren Gasversorger frei wählen. 22 Staaten befanden sich in der Phase der Einführung solcher Regularien, entwickelten Pilotprojekte dazu oder stellten erste
Überlegungen an. In immerhin 18 Staaten waren keine erkennbaren Aktivitäten entwickelt worden (Quelle: EIA; Internet März 2000).

Die Geschichte der Regulierung des us-amerikanischen Marktes beginnt 1938 mit
dem *National Gas Act* (NGA), der von der *Federal Power Commission* (FPC) zur
Regulierung der Gaspipelines eingesetzt wurde. 1954 beschloss das *Supreme Court*,
das Ziel des NGA bestehe darin, den Konsumenten vor der preislichen Willkür der
Gasversorger zu schützen (*Phillip's Decision*). Durch dieses Urteil wurde die Struktur der Gasindustrie in den USA verändert. Die preislich regulierten Gasproduzenten verkauften das Erdgas an preisregulierte Netzbetreiber, die dieses wiederum an
die lokalen GVUs weiterleiteten, von denen es an die Endverbraucher ging.

Dadurch wurde das Erdgas für den Verbraucher billiger, doch gab die Regelung den
Produzenten keinen Anreiz dazu, ihre Reserven aufzustocken, was zu einer sehr
angespannten Lage bei der Nachfrage führte.

---

[317] Centrica beliefert vier Millionen (Haushalts-)Kunden und rund 100.000 kleine bis mittelgroße
Unternehmen mit Strom (Geschäftsbericht, 2000:7). Im Rahmen der Expansion in den Strommarkt stellt Centrica überdies Überlegungen zum Kauf eines Kraftwerks (von National Power
und PowerGen) und der Ausdehnung ihrer Aktivitäten im Erzeugungssektor an (Prognos
AG/EWI, 1999:54).

[318] Informationen zur Geschichte siehe unter: http://www.platts.com/usgas/history.shtml (Stand
2001).

1978 entstand die *Federal Energy Regulatory Commission* (FERC) aus der FPC, die mittels der „*wellhead deregulation*" eine Reform der Naturgasförderung dirigieren sollte. Im Wesentlichen war dies eine Umkehrung der Phillip's Entscheidung, da die Erdgasförderung nach und nach von regulativen Beschränkungen befreit und bis 1986 vollkommen dereguliert wurde (womit auch die Deregulierung der ursprünglichen Preise verbunden war). Die Folge: ein Produktionsanstieg, der auf die bis dahin angespannte Nachfrage reagierte und in den 80er Jahren zu einem Gasüberschuss führte, der wiederum den Aufbau von Speicherkapazitäten zur Folge hatte. Trotzdem entwickelte sich kein Wettbewerb auf dem Markt, denn seit die Pipelinegesellschaften den Verbrauchern die Kosten in Rechnung stellen konnten, die sie selber an die Produzenten zahlen mussten, gab es für sie keine Notwendigkeit mehr, das preislich wettbewerbfähigste Erdgas auszuwählen.

Aus diesem Grund entstand 1985 die *FERC Order 436*, die von den Pipelinebesitzern den offenen Netzzugang auch für Großverbraucher verlangte und den Konsumenten die Möglichkeit gab, die Preise für Erdgas direkt mit dem Produzenten zu verhandeln, sowie separat einen Durchleitungsvertrag mit der Pipelinegesellschaft zu schließen. Zwei Jahre später (1987) wurden mit der *Order 500* geteilte Vertragskosten implementiert, die auf einem *take-or-pay* (TOP) Vertrag basierten, d. h., der Käufer kommt für einen Teil der Kosten auf, selbst wenn das Produkt in dieser Zeit nicht zur Verfügung steht. Durch die Kombination aus *Order 436* und *Order 500* konnte der Produzent Nachfrage und Angebot besser austarieren. Gab es in einer Region einen Mangel an Erdgas, während in der anderen ein Überschuss bestand, so konnte der Produzent das Erdgas jeweils dorthin transportieren, wo es benötigt wurde. Das Transportsystem blieb weiterhin im Besitz eines Unternehmens, andere erhielten aber auf gleicher Basis Zugang, entsprechend dem Konzept des *open-access* oder auch TPA (*third party access*). Die Differenz zwischen der vertraglich vereinbarten Gasdurchleitung und dem tatsächlichen Erdgasverbrauch stellte die Pipelinegesellschaft in Rechnung, derweil die FERC auf einen ausgeglichenen Wettbewerb achtete.

Eine direkte Folge der Gasmarktderegulierung war die Gründung vieler neuer Gasunternehmen, die keine traditionellen Bindungen zu anderen Firmen hatten und so als Vermittler zwischen Käufern und allen anderen Industriebereichen agierten.

1989 wurde der *Natural Gas Wellhead Decontrol Act* eingeführt, der die Deregulierung weiter vorantrieb. Alle Preiskontrollen von Verkäufen, die direkt am Bohrturm erfolgten, wurden abgeschafft, so dass ab dem 1. Januar 1993 der Naturgaspreis keine Einschränkung mehr erfuhr, um auf den Markt zu gelangen.

1992 kam die *Order 636* heraus, in der erstmals eine Trennung von Verkauf und Transport erfolgte (*unbundling*), d. h., der Kunde konnte nun das Versorgungs- und Transportunternehmen seiner Wahl in ganz individueller Kombination und jeglichen Mengen beauftragen, was die TOP-Verträge endgültig der Vergangenheit angehören ließ. Im Jahr 2000 wurde die Pipeline-Regulierung durch die FERC *Order 637* noch etwas weiter ausgefeilt, um den Ineffizienzen bei den Kapazitäten auf dem Erdgasmarkt beizukommen.

Alles in allem war die Deregulierung der us-amerikanischen Erdgasindustrie flüchtig betrachtet sehr erfolgreich. Gerade auch in Bezug auf die preisliche Komponente, die in Tabelle 32 neben der Energiebranche auch für andere liberalisierte Industrien noch einmal konkret aufgeführt ist.

Tabelle 32: Preisreduktionen durch Liberalisierung in den USA nach fünf und zehn Jahren (in Prozent)

Wirtschaftsbranche	5 Jahre in %	10 Jahre in %	Kostenentlastung der Kunden (Mrd. US-$)
Gas (seit 1984)	20	30	25
Ferngespräche (seit 1984)	25	40	5
Flug-Transporte (seit 1977)	12	29	19
LKW-Transporte	10	30	20
Schienen-Transporte	20	44	9

Quelle: *IFIEC EUROPE (Internet unter http://www.ifiec-europe.be/)*

Der Verbraucher hatte die Möglichkeit, sich ein Angebot für die Versorgung und den Transport einer Energie machen zu lassen, während er gleichzeitig mit einer alternativen Energiequelle um noch bessere Konditionen verhandeln konnte. Allerdings ist die Deregulierung des regionalen Gastransports und der Gasverteilung in den einzelnen Bundesstaaten sehr unterschiedlich gestaltet (Wanke, 1999:12).[319]

---

[319] Kalifornien ist Vorreiter, was die Liberalisierung der Energiemärkte im Allgemeinen und der Gasmärkte im Speziellen angeht (siehe im Internet die Southern California Gas Company unter: http://www.socalgas.com/).

Trotzdem wurde es in den USA versäumt, Bedingungen für einen dauerhaft erfolgreichen Wettbewerbsmarkt anzulegen. Statt dessen bemühte sich der Regulator fast ausschließlich darum, den Kunden Preisvorteile zu verschaffen und übersah dabei, dass so genannte „*price caps*" (Höchstpreise) die Gasversorger nicht zu Investitionen ermuntern, genauso wenig wie ungeklärte rechtliche Situationen.

> „37 major tariff amendments since April 1997 (averaging one amendment per month) created a climate where generation and market investment was severely curtailed due to the perceived level of regulatory risk and the inability for that risk to be reflected in market prices. As a result investors, including the now almost bankrupt investor owned utilities, invested in other states or countries where there was less market uncertainty. This demonstrates the importance of a clear and transparent regulatory contract." (EFET, 2001)

Nachdem 1998 das Gesetz zur Deregulierung der kalifornischen Kraftwerksindustrie verabschiedet worden war, gab es Pläne zum Bau neuer Erzeugungsstätten mit einer Gesamtleistung von rund 18.000 Megawatt. In der Praxis wurden bis zum Jahrtausendwechsel lediglich 672 Megawatt realisiert. Und das zu einer Zeit, in der der Mehrbedarf an Energie um 10.000 Megawatt anstieg. Es brauchte sieben Jahre, um die Versäumnisse der Vergangenheit nachzuholen und die benötigte Kraftwerksleistung zu bauen (EFET, 2001).

Last but not least ist auch in den USA mit einer Verknappung der Rohstoffe zu rechnen, denn dort haben die heimischen Erdgasreserven aufgrund der steigenden Produktion und der deutlich reduzierten Verbraucherpreise stark abgenommen, was in den kommenden Jahrzehnten durch vermehrte Importe aus dem Ausland kompensiert werden muss (siehe Kapitel 3.4, Seite 77).

12.5.5 Zusammenfassung

Wie anhand der ausgewählten Länderbeispiele deutlich wurde, gibt es ganz verschiedene Entwicklungen und Strategien der Unternehmen und der Politik bei der Liberalisierung der Strom- und Gasmärkte. Ehemalige Monopolisten müssen sich gegen den Wettbewerb mit vielen jungen Unternehmen behaupten. Dies erfolgt auf unterschiedliche Weise. Fusionen spielen dabei eine wichtige Rolle, ebenso Preise und Kundenfreundlichkeit sowie zusätzliche Serviceleistungen.

In den USA, in Kanada und in Großbritannien führte die Liberalisierung im Industriekundenbereich und nach der ersten Entwicklungsphase auch für alle anderen Kunden zu einem starken Preiswettbewerb (Binde, 2001:26). Wie Tabelle 32: Preisreduktionen durch Liberalisierung in den USA nach fünf und zehn Jahren (in Prozent)" (Seite 358) zeigt, sind Preisreduzierungen von bis zu 25 Prozent, die zum Großteil aus dem Produktionsbereich stammen, keine Seltenheit.[320]

In den USA konkurrieren Tausende, in Großbritannien nahezu 100 Produzenten miteinander, und es besteht ein beträchtliches Überangebot. Aus diesem Grund bilden sich in den angelsächsischen Ländern Spotmärkte, die 20 bis 40 Prozent des Gesamtmarktes ausmachen.[321] An den Gasbörsen wird neben dem Handel mit physischen Gasmengen ein reiner Papierhandel abgewickelt – meist zu Risikoabsicherungsgeschäften. Diese sind nötig, da die Preise auf den Spotmärkten bzw. Gasbörsen äußerst volatil sind, d. h. mit Preisausschlägen von weit über 100 Prozent.

Wie die Erfahrungen aus anderen Staaten zeigen, gewinnt im künftigen Wettbewerb die Handelsfunktion zunehmend an Bedeutung, d. h., nur wer die Nachfrage bündelt, hat genügend Marktmacht, um wettbewerbsfähige Konditionen zu erreichen.[322] Wie die Beispiele Großbritannien und USA gezeigt haben, wird dies umso wichtiger, je mehr sich ein (europäischer) Gashandel und Spotmärkte etablieren.

---

[320] Bayerngas-Geschäftsführer Dr. Ulrich Mössner im Rahmen der 3. Informationsveranstaltung über industrielle Gasverwendung, die im Oktober 1999 in München stattfand.

[321] Während im Strombereich eine Börse aufgrund der Überkapazitäten als sicher gilt, ist die Ausbildung eines größeren Spotmarktes bei Gas kaum denkbar. Dennoch erscheint die Bildung eines begrenzten Spotmarktes zumindest wahrscheinlich – und auch ein kleiner Spotmarkt kann die sonstigen Marktpreise beeinflussen. Nach Einschätzung der Ruhrgas AG wiederum werden Spotmarktgeschäfte und Transporte in Deutschland lediglich begrenzte Markterscheinungen darstellen, die das Kerngeschäft ergänzen (Ruhrgas AG im Internet). Dieser Meinung schließen sich auch Wirtschaftsfachleute in Deutschland und Europa an, z. B. ging Ewald Holst, Vorstandsvorsitzender der VNG, Leipzig von einem Spotmarkt-Anteil von heute drei auf höchstens zehn bis fünfzehn aus (siehe Handelsblatt-Tagung „Energiewirtschaft Österreich" im Oktober 2001 in Wien).

[322] Der bereits beginnende Wettbewerb um Industrie- oder Bündelkunden führt zur Bildung von Einkaufsgesellschaften, die den Bedarf bündeln, Verhandlungen koordinieren und attraktive Einkaufskonditionen sichern. Zu den neuen Marktteilnehmern werden auch Gas-/Energiehändler (Marketer) und Broker (mehr finanzieller Handel auf fremde Rechnung) zählen. Die Marketer führen Angebot und Nachfrage zusammen, organisieren Transport und Verteilung und bieten Risiko- und Serviceleistungen. Sie bieten Energie (Gas, Strom, Öl) aus einer Hand ohne eigene Leitungen (Bayerngas-Geschäftsführer Dr. Ulrich Mössner).

In den USA führte die Liberalisierung zu einer Verlängerung der Lieferketten durch den Markteintritt von Brokern, Marketern und Aggregatoren. Ein mehrstufiges Verteilersystem ist in der deutschen Gaswirtschaft allerdings nichts Ungewöhnliches.

Um im Preiswettbewerb bestehen und die Margenverluste auffangen zu können, müssen alle Möglichkeiten zur Rationalisierung genutzt werden. Bayerngas beispielsweise gehört zu den Gasversorgern mit der größten Effizienz und den niedrigsten Betriebskosten. In einer Kennzahlen-Analyse der deutschen Energieversorger untersuchte die LBD-Beratungsgesellschaft in Berlin (Informationen unter: http://www.lbd.de/) die Wettbewerbsposition der einzelnen Unternehmen. Im Gesamt-Ranking belegt Bayerngas den 12. Platz von rund 200 Unternehmen. Bayerngas hat schon frühzeitig Kostensenkungsprogramme umgesetzt. Zwischen 1990 und 2000 hat das Unternehmen zum Beispiel die spezifischen Betriebskosten je Leitungs-Kilometer um 60 Prozent gesenkt (Bayerngas Geschäftsbericht, 2000).

Die Kurzstudie der FFU Berlin im Auftrag der GASAG (Berliner Gaswerke Aktiengesellschaft) verweist zwar gleich zu Beginn auf die Vielfalt der europäischen Gasversorgungen und -strukturen, gleichzeitig räumt sie aber trotz dieser Unterschiede einen gewissen „Entwicklungskorridor" aus den internationalen Erfahrungen ein, „der auch für die etablierten GVU in der Bundesrepublik Bedeutung hat" (Wanke, 1999:5).

Will man eine vorsichtige Prognose für die Entwicklungen auf dem deutschen Gasmarkt wagen, so werden vermutlich die GVUs in Zukunft mit dem aufkommendem Wettbewerb ihr Heil in der Bildung von Kooperationen oder strategischen Allianzen suchen (mehr unter Kapitel 7, Seite 179). Zweck ist die Reduzierung von Kosten durch die Ausschöpfung von Synergien. Beispiele sind die Bildung von Einkaufsgesellschaften und Vertriebsgemeinschaften, Kooperationen in Betrieb, Transport, Kundenabrechnung und EDV-Systemen.

Wie Auslandserfahrungen zeigen, reichen lose Kooperationen oder Allianzen häufig nicht aus, um die bezweckten Vorteile zu erreichen. Sie sind daher oft nur die Vorstufe für größere horizontale und vertikale Fusionen. Bei der kleinteilig organisierten deutschen Gaswirtschaft ist daher mit einer starken Konzentrationstendenz zu rechnen, damit Kostendegressionen ausgeschöpft, bessere Marktpositionen gesichert und europäische Dimensionen erreicht werden. Der Trend wird zu integrierten

Energie-Dienstleistern gehen, um höhere Zuwachsraten zu erzielen und weil für Kraftwerke in Zukunft steigende Gasmengen benötigt werden.[323]

Der künftige Gasmarkt hat ganz eindeutig europäische Dimension. Der Wettbewerb wird sich sehr stark auf Deutschland konzentrieren. Deutschland ist der zweitgrößte Gasmarkt (nach Großbritannien) und ein attraktiver Industriemarkt dazu. Zudem liegt er im Zentrum Europas und in der Schnittlinie der europäischen Verbundnetze. Diese zunehmende Internationalisierung schließt die Beteiligung ausländischer Konzerne an bestehenden Unternehmen ein (Beispiel: Die Gaz de France, GdF ist mit 31,575 Prozent an der GASAG beteiligt) sowie die Gründung von Auslandsgesellschaften (z. B. Ruhrgas Austria, Enron Deutschland) und *last but not least* die grenzüberschreitende Belieferung (beispielsweise liefert die Ruhrgas AG Erdgas nach Linz und Luxemburg).

---

[323] Es gibt vermehrt Anzeichen, dass die Industrie zunehmend integrierte Energielösungen sucht, teilweise in Form von *Outsourcing*-Konzepten. Integrierte Energiedienstleister können durch die Spartenzusammenlegung auch erhebliche Synergiepotentiale erzielen. Teilweise werden neben Energie auch noch andere Sparten wie Wasser, Entsorgung oder Telekommunikation mit einbezogen. Darin liegt eine Chance für Stadtwerke, die diese Sparten meist schon unter einem Dach haben.

13 Schluss

Die noch nicht abgeschlossenen Veränderungen auf dem deutschen Energiemarkt, speziell dem in dieser Arbeit behandelten Gasmarkt, greifen tief in eine über hundertjährige Geschichte und Wirtschaftsstruktur ein. Es wurde versucht, einen gesetzlich geschützten Monopolmarkt innerhalb kürzester Zeit nach außen und innen zu öffnen, was zu schwierigen Umdenkprozessen innerhalb der GVUs, aber auch auf Kundenseite geführt hat. Die Unternehmen in Deutschland werden sich der neuen Situation anpassen und haben sich teilweise schon umgestellt. Dabei geht es bei der zukünftigen Unternehmensstrategie nicht allein um Größe oder Kapital. Fusionen müssen nicht immer zu einem besseren Ergebnis führen, wie das Beispiel Enron verdeutlicht hat (siehe Kapitel 7.3.4, Seite 195), sie können jedoch, gezielt und überlegt eingesetzt, positive Synergien entfalten, wenn die Kompetenzen und Stärken eines Partners sinnvoll ausgenutzt werden. Auch die Kooperationen zwischen Stadtwerken und Importgesellschaften sowie den Stadtwerken untereinander spielen vor dem Hintergrund der Kostensenkung und Strukturoptimierung eine wichtige Rolle, ein Umstand, der mehrmals im Text angesprochen wurde.

Bei der Änderung der energiewirtschaftlichen Rahmenbedingungen durch die Liberalisierung des Gasmarktes steht für die Verbraucher und neuen wie alten Marktteilnehmer die Frage nach den preislichen Auswirkungen im Vordergrund. Bei der Beantwortung dieser Frage darf nicht vergessen werden, dass die Gasversorgung Deutschlands bzw. Kontinentaleuropas im Wesentlichen reinen Erdgasfeldern entspringt. Ganz im Gegensatz zu der Gasversorgung beispielsweise in Großbritannien, die zu einem nicht unerheblichen Teil auf assoziiertem Gas aufbaut, d. h. Gas aus Kuppel- oder Ölproduktion, was in Deutschland nur den kleineren Anteil an der Gaswirtschaft ausmacht (siehe Kapitel 5.2, Seite 114). Für die erdgasfördernden Länder in Europa werden die Lagerstätten im nächsten Jahrzehnt geologisch immer schwerer zu erschließen und laut Prognosen binnen zweier Jahrzehnte gänzlich erschöpft sein, so dass Erdgas vorwiegend aus Russland und Nordafrika bereitgestellt werden muss. Bis zu diesem Zeitpunkt wird das Potential an Kosteneinsparung in der Produktion nicht erhöht werden können, im Gegenteil: durch die weiter entfernt und tiefer liegenden Vorkommen muss sogar teurere Technologie eingesetzt werden, was sich auf die Preise auswirkt. Bleibt darüber hinaus die Koppelung von

Gas- an die Heizölpreise bestehen, so wird sich in preislicher Hinsicht gegenüber früher nur wenig ändern. Auch von Seiten der Produzenten wird kaum eine Preisreduzierung erfolgen. Zumal die Margen hierzu viel enger als die beim Strom sind.

Im Gegensatz zu dem in der Bundesrepublik Deutschland lange Zeit praktizierten Prinzip der Anlegbarkeit, das zu dem höchstmöglich erzielbaren Preis gegenüber der Konkurrenzenergie führt, erzwingt der von der EURGas eingeführte Gas-zu-Gas-Wettbewerb schnell wettbewerbsfähige Erdgaspreise.

Das Problem, vor dem insbesondere die Unternehmen in Deutschland zur Zeit stehen, sind die unklaren politischen und rechtlichen Vorgaben. Wie bereits mehrfach erwähnt wurde, benötigt die Wirtschaft klare Rahmenbedingungen, an denen sie sich orientieren kann. Die diffusen Zielsetzungen sowohl der Europäischen Kommission mit der EURGas sowie deren Vorschlag zur Novellierung und gleichzeitigen rechtlichen Umsetzung der Gasrichtlinie in nationales (sprich: deutsches) Gesetz signalisieren nicht nur die inhaltliche Uneinigkeit, sondern auch die Tendenz der Mitgliedsstaaten, sich auf ihre nationalen Energiemärkte zu beschränken. Eine gemeinsam getragene europäische Perspektive, die den einzelnen Mitgliedsstaaten zur Erfüllung der Ziele Umsetzungsfreiheiten lässt, fehlt. Ebenso fehlt die integrierende Wirkung einer europäischen Instanz, die mit ihrer rechtlichen Kompetenz Vorgaben zu energiewirtschaftlichen Zielen formuliert, damit die Märkte nicht weiterhin individuell, national und separat nebeneinander agieren. Wünschenswert wäre ein Konsens über die politischen Ziele und schließlich die konkrete, inhaltliche, rechtlich-politische Ausfüllung sowohl national als auch auf europäischer und internationaler Ebene.

Wie gesehen, hängt es von der Person des Ministers ab, inwieweit Einfluss von außen, z. B. der Wirtschaft, auf seinen Politikbereich ausgeübt werden kann. Die Unternehmen müssen sich grundsätzlich in jedem Fall zunächst an die Politik wenden. Das bedeutet, sie werden Kontakt zu den Fachressorts aufnehmen, die den Minister beraten, um mit ihren Ideen und Gedanken in den näheren Dunstkreis des *„policymakings"* zu kommen. Im Falle der Gasmarktliberalisierung und seit dem Amtsantritt von Bundeswirtschaftsminister Werner Müller sieht der Informationsfluss ein wenig anders aus. Für einzelne Unternehmen hat sich das „Verfahren" vereinfacht, denn der Minister pflegt und kennt seinen „eigenen" Informationskreis. Die Konzernspitze von E.ON beispielsweise hat direkten Zugang zu ihm, ohne vorher umständlich über Ressorts weitergeleitet oder vertröstet zu werden. Für andere Energiekonzerne hingegen wie beispielsweise EnBW hat sich der Weg erschwert. Das Verhältnis zu Wirtschaftsminister Werner Müller ist gespannt aufgrund der Rolle des Vorstandsvorsitzenden der EnBW, Goll, als Preisbrecher für Yello-Strom, und seinem Vorpreschen (trotz Reziprozitätsklausel) im Falle der Electricité de France, der er durch Beteiligung an seinem Unternehmen die Tür zum deutschen Strommarkt öffnete. Auf die Arbeitsebene im Wirtschaftsministerium griff der amtierende Wirtschaftsminister immer nur dann punktuell zurück, wenn er trotz seiner langjährigen Erfahrungen in der Energiebranche seine dortigen Verbindungen nicht nutzen wollte oder konnte und deshalb auf die offizielle Ebene auswich.

„Die Politik" ist ohnehin zur Zeit weder innerhalb der SPD, noch zwischen den regierenden Koalitionspartnern aus SPD und Bündnis90/Die Grünen in ihrer Haltung einmütig, was die Position der Fraktionen schwächt und die des BMWi und der großen Energieversorger stärkt. Die SPD hatte im Wahljahr 1998, wie bereits an anderer Stelle erwähnt, weitreichende Vorschläge für eine grundlegende EnWG-Novellierung formuliert. Nach der Amtsübernahme wurden diese von Teilen des Koalitionspartners, die damals vehement gegen die kommunale Wirtschaft eingestellt waren, und unter der Argumentationshilfe des neuen parteilosen Bundeswirtschaftsministers Müller verworfen. Bei der Umsetzung der EURGas sollte sich die Wirtschaft nach Möglichkeit selbst einigen. Aus „Fehlern" bei den Verbändevereinbarungen für Strom hatte der Bundeswirtschaftsminister nach eigenen Worten „gelernt".

Spätestens nach der bloßen Andeutung einer Ministererlaubnis, die gegen die Urteile der Kartellbehörde eingesetzt werden würde, darf die Frage nach einer Parteinahme der Politik (in diesem Fall konkret: des Bundeswirtschaftsministers und ehemaligem Veba-Managers) erlaubt sein. Misstrauen nicht nur der deutschen Kartellbehörde, sondern auch von Seiten der EU-Kommission, sind angesichts solcher Äußerungen zu erwarten und wohl schwer wieder zu zerstreuen. Zumal der Minister nach den Bundestagswahlen am 22. September 2002 auch im Falle eines erneuten Wahlsiegs der regierenden Koalition nicht mehr als Minister zur Verfügung stehen möchte, sondern wieder in die Wirtschaft wechseln wird. Im Gespräch ist beispielsweise der Posten des Vorstandsvorsitzenden bei RWE, deren amtierender Vorsitzender Dietmar Kuhnt Ende 2002 in Rente gehen wird.[324]

Größter Kritikpunkt an der freiwilligen VV I Gas war der Netzzugang für Dritte. Fast scheint es, dass ein reiner Durchleitungswettbewerb auf dem deutschen Erdgasmarkt entstanden ist. Dies birgt Gefahren für die Zukunft, denn allen Prognosen zufolge ist Erdgas auch aufgrund seiner umweltschonenden Produkteigenschaften eine Wachstumsenergie. Wenn man nicht vor den gleichen Strukturproblemen wie Kalifornien Anfang 2001 stehen möchte, so muss dem wachsenden Bedarf Rechnung getragen werden, insbesondere durch ein förderliches Investitionsumfeld, das in den USA gänzlich fehlte. Die Politik kann durch beschleunigte Genehmigungsverfahren zu entsprechenden Rahmenbedingungen beitragen.

Ebenso müssen Kunden die Möglichkeit erhalten, problemlos und frei ihren Lieferanten zu wählen, das heißt, auch zu wechseln, was wiederum den (Preis-)Wettbewerb belebt. Um das Investitionsrisiko für den Leitungsbau zu mindern, ist Liefersicherheit notwendig, also mittelfristige Vertragslaufzeiten zwischen drei bis fünf Jahren. Doch dafür ist die Rechtslage noch nicht eindeutig genug.

Was den Umweltschutz in der Energiefrage allgemein angeht, so kann davon ausgegangen werden, dass es gerade in wirtschaftlicher Hinsicht Gewinner und Verlierer geben wird. Jene Länder, die an veralteten Strukturen und überkommenen fossilen Energien festhalten wollen oder müssen, werden zurückfallen und verpassen den Zug in ein neues Energiezeitalter – gerade auch wirtschaftlich gesehen (Brauch, 1997:22ff.)[325] Zu den Gewinnern werden jene Länder zählen, die durch neue (Politik-)Konzepte[326] innovationsfördernd in die Forschung und Wirtschaft

---

[324] Wochenzeitschrift „Stern", vom 10. Jan. 2002, Seite 25.

[325] Brauch erklärt in seinem Artikel, warum die USA seit den 70er Jahren ihre Führungsposition bei den erneuerbaren Energien gegenüber Japan und Deutschland eingebüßt haben und welche Anstrengungen die Bush- bzw. Clinton-Administration unternahm, um wieder Vorreiter zu werden.

[326] Ob es sich dabei immer um den politischen Anstoß handeln muss, sei dahingestellt. Die Politik kann auch mit so genannten *„non decisions"* Wege für Reformen ebnen. Wie das Beispiel der liberalisierten Energiemärkte beweist, sind Industriezweige durchaus im Stande, sich selber zu regulieren.

eingreifen, um diese zu Investitionen zu ermutigen, die weltweiten Absatz finden werden.[327] Dabei spielt bei den „Pionieren" weder die Größe noch die politische oder wirtschaftliche Bedeutung eine maßgebliche Rolle. Dänemark galt als entsprechendes Beispiel für innovative und erfolgreiche Energiepolitik.[328]

Allerdings werden es auch weiterhin große Industrienationen wie die USA sein, die entscheidenden Einfluss auf die weltweite Klimadiskussion und ihren Erfolg haben. Der Grund hierfür ist simpel: 20 Prozent der Weltbevölkerung verbrauchen 80 Prozent der Ressourcen, allen voran die Nordamerikaner. Von diesen Staaten hängt bei internationalen Konferenzen und Vertragsunterzeichnungen letztendlich die Durchsetzbarkeit und Relevanz umweltpolitischer Maßnahmen im Wesentlichen ab. Ohne ihre Zustimmung und wirtschaftliche Stärke gibt es wenig Chancen auf eine weltweite Richtungsänderung im Klima- und Energiebereich (was nach dem Wechsel Clinton-Bush im Weißen Haus und nach eigenen Aussagen des derzeit amtierenden Präsidenten Bush jr. in weite Ferne gerückt scheint).

Gleichzeitig haben technologischer Fortschritt und Globalisierung die Verantwortung jedes einzelnen Landes hinsichtlich Ressourcenschonung und Klimaschutz offensichtlich werden lassen: Das bedeutet, dass auch kleinere Staaten den Anfang machen können, zukunftsfähige Wege einzuschlagen. Untersuchungen konnten belegen, dass sich aktive Umweltpolitik noch für kein Land negativ ausgewirkt hat oder ein Wettbewerbsnachteil aus ihr entstanden ist. Im Gegenteil, es konnten eher umweltpolitisch stimulierte Exporterfolge erzielt werden.[329]

---

[327] Bsp. japanische Energiepolitik, siehe Helmar Krupp (in: Brauch, 1997:243) und Helmut Weidner (1996).

[328] Siehe Kern, Kristine/Jörgens, Helge/Jänicke, Martin (FFU rep 99-11): Die Diffusion umweltpolitischer Innovationen. Ein Beitrag zur Globalisierung von Umweltpolitik.

[329] Vgl. Aussagen von Wallace, 1995; OECD, 1996; Simonis, 1996.

14 Literaturliste

Abelshauser, Werner (1984): Der Ruhrkohlenbergbau seit 1945, München

Alemann, Ulrich von (1994): Grundlagen der Politikwissenschaft, Reihe „Grundwissen Politik", Bd. 9, Opladen, Leske + Budrich

Alemann, Ulrich von (1995): Politikbegriffe, in: Nohlen, Dieter (Hrsg.) Wörterbuch Staat und Politik, Bonn, S. 542 – 545

Arentsen, Maarten/Künneke, Rolf (Hrsg.) (2002): Gas market reform in Europe, Elsevier

Arndt, Hans-Wolfgang/Hillebrandt, Bernhard/Ströbele, Wolfgang (1998): Ökosteuer und Nachhaltigkeit: Chancen und Risiken bestehender und vorgeschlagener Energiesteuerkonzepte und deren Übertragbarkeit auf die Bundesrepublik Deutschland, in: Zeitschrift für angewandte Umweltforschung: ZAU, Berlin, 11 (1998), 3/4, S. 338-357

Bach/Kohlhaas/Meinhardt (1994): Wirtschaftliche Auswirkungen einer ökologischen Steuerreform, DIW-Studie, Berlin

Beyme, Klaus von (1985): Policy Analysis und traditionelle Politikwissenschaft, in: Hans-Hermann Hartwich (Hrsg.): Policy-Forschung in der Bundesrepublik Deutschland. Opladen, Westdeutscher Verlag, S. 7-9

Beyme, Klaus von (1988): Vergleich in der Politischen Wissenschaft, München, Piper

Binde, Wulf (1999): Wettbewerb auf dem Gasmarkt: Status quo, Entwicklung, Chancen, in: VIK-Mitteilungen 2-1999

Binde, Wulf (2001): Entwicklung der Liberalisierung des Erdgasmarktes in Deutschland, in: VIK-Mitteilungen 4-2001

Börner, Achim-Rüdiger (1996): Der Energiemarkt und die geschlossenen Versorgungsgebiete der Strom- und Gaswirtschaft im Übergang zum Wettbewerb, Baden-Baden, Nomos (Reihe: Zeitschrift für öffentliche und gemeinwirtschaftliche Unternehmen)

Bohnen, Ulrich (1983): Die französische Energiepolitik zwischen Markt und Planung, München, Oldenburg

Borgmann, Klaus (1994): Rechtliche Möglichkeiten und Grenzen des Ausstiegs aus der Kernenergie (Dissertation), Berlin, erschienen in der Reihe: Kloepfer, Michael (Hrsg.): Schriften zum Umweltrecht, Bd. 37

BP (2001): Statistical Review of World Energy June 2001, London

Bundesanstalt für Geowissenschaften und Rohstoffe, BGR (1998): Reserven, Ressourcen und Verfügbarkeit von Energierohstoffen 1998, Untersuchung für das BMWi, Dokumentation Nr. 465, Hannover (auch in der E. Schweizerbart'sche Vertragsbuchhandlung Nägele und Obermiller, Stuttgart)

Bundesministerium für Wirtschaft, BMWi (Hrsg.) (1973): Leistung in Zahlen 1973, S. 42

Bundesministerium für Wirtschaft, BMWi (1992): Energiepolitik für das vereinte Deutschland, Bonn

Bundesministerium für Wirtschaft und Technologie, BMWi (April 1998): Klimaschutz und Energiepolitik, 4. Bericht des AK I „Energieversorgung" der IMA „ CO_2-Reduktion", Bonn

Bundesministerium für Wirtschaft und Technologie, BMWi (1999a): Die längerfristige Entwicklung der Energiemärkte im Zeichen von Wettbewerb und Umwelt, Untersuchung im Auftrag des Bundesministeriums für Wirtschaft und Technologie, Nr. 469, November 1999, Berlin

Bundesministerium für Wirtschaft und Technologie, BMWi (Hrsg.) (1999b): Daten zur Entwicklung der Energiewirtschaft in der Bundesrepublik Deutschland, Bonn

Bundesministerium für Wirtschaft und Technologie, BMWi (2000): Energie Daten 2000. Nationale und internationale Entwicklung, Bonn

Bundeszentrale für politische Bildung (Hrsg.) (1992): Information zur Politischen Bildung: Energie, Heft Nr. 234, Bonn

Burger, Christina/Handler, Heinz (2001): Vom Leistungserbringer zum Regulator – ein Paradigmenwechsel, in: Österreichisches Bundesministerium für Wirtschaft und Arbeit: Österreichs Außenwirtschaft, Update Juli 2001, Kapitel 17, Seite 260-276

Burchhard, Friedrich von /Eckert, Lutz (1995): Natural gas and EU energy law, Baden-Baden, Nomos

Burkhardt, André (2001): Liberalisierung des Erdgasmarktes in den USA und Deutschland – Unterschiede, in: Energiewirtschaftliche Tagesfragen, 51. Jhg. (2001) Heft 4, S. 212-216

Brauch, Hans Günter (Hrsg.) (1997): Energiepolitik. Technische Entwicklung, politische Strategien, Handlungskonzepte zu erneuerbaren Energien und zur rationellen Energienutzung, Berlin, Heidelberg (u. a.), Springer

Commerzbank AG (2000): Wer gehört zu wem. Beteiligungsverhältnisse in Deutschland, Frankfurt am Main

Council on Environmental Quality (Hrsg.) (1981): Global 2000, Frankfurt am Main, (Hrsg. der dt. Übersetzung bei Zweitausendeins: Reinhard Kaiser)

Czakainski, Martin (1989): Energie für die Zukunft, Frankfurt a. M/Berlin

Czakainski, Martin (1993): Energiepolitik in der Bundesrepublik Deutschland 1960 bis 1980 im Kontext der außenwirtschaftlichen und außenpolitischen Verflechtungen, in: Hohensee, Jens (Hrsg.): Energie - Politik - Geschichte, Stuttgart, 1993, S. 17 - 34

Czernie, Wilfried (1998): Die Europäische Gaswirtschaft im strukturellen Wandel: Chancen und Risiken, in: BWK, Bd. 50 (1998), Nr. 7/8 – Juli/August, S. 56-60

Damm, Winfried (1997): Energiekonzepte in Westdeutschland. Umsetzungsergebnisse und -bedingungen auf Bundes-, Länder- und Kommunalebene (Dissertation), Freie Universität Berlin (Fachbereich Politische Wissenschaft)

Deregulierungskommission (1993): Marktöffnung und Wettbewerb, Stuttgart, C.E. Poeschel Verlag

Deutsches Institut für Wirtschaftsforschung, DIW (u.a.) (2001a): Die Lage der Weltwirtschaft und der deutschen Wirtschaft im Frühjahr 2001. Beurteilung der Wirtschaftslage durch Mitglieder der Arbeitsgemeinschaft deutscher wirtschaftswissenschaftlicher Forschungsinstitute e.V., Essen, 10. April 2001

Deutsches Institut für Wirtschaftsforschung, DIW (2001b): Stagnierender Primärenergieverbrauch im Jahre 2000, in: DIW Wochenbericht 5/2001, 78-91

DRI.WEFA (2001): Report for the European Commission Directorate General for Transport and Energy to determine changes after opening of the Gas Market in August 2000, Volume II: Country reports, July 2001

Dudley, Geoffrey/Parsons, Wayne/Radaelli, Claudio M./Sabatier, Paul (2000): Theories of the Policy Process, Symposium, in: Journal of European Public Policy, March 1st 2000, p. 122-40 (auch im Internet s. u. "Sonstige ausländische Seiten")

Dye, Thomas R. (1976): Policy-Analysis. What Governments Do, Why They Do It, And What Difference It Makes, Alabama, University of Alabama Press

Easton, David (1965): A Framework for Political Analysis, New York (u. a.), Wiley

Economic Commission for Europe (1999): Underground Storage in Europe and Central Asia, Survey 1996-1999, UNO, Genf

Engelmann, Ulrich (1990): Beiträge zur Energiepolitik der Bundesrepublik Deutschland 1974-1990, Düsseldorf, ETV

Enquête-Kommission „Schutz der Erdatmosphäre" des 12. Deutschen Bundestages, Schlußbericht (1995): Mehr Zukunft für die Erde. Nachhaltige Energiepolitik für dauerhaften Klimaschutz, Bonn, Economica-Verlag

Erdmann, Georg (1995): Energieökonomik, Zürich, Vdf, Hochschulverlag an der ETH Zürich

EU-Kommission (DG for Transport and Energy) (2000): State of Implementation of the EU Gas Directive (98/30/EG) – an Overview, Mai 2000, Brüssel

EU-Kommission (2001): Arbeitsdokument der Kommissionsdienststellen. Vollendung des Energiebinnenmarktes, SEC (2001) 438, 12. März 2001, Brüssel

EU-Kommission (2001): Mitteilung der Kommission an den Rat und das Europäische Parlament: Vollendung des Energiebinnenmarktes, EU-KOM (2001) 125 endgültig, vom 13. März 2001, Brüssel

European Federation of Energy Traders, EFET (2001): California Experience – Why the Market Failed, EFET Position Paper on California 12/4/01

Fischer, Wolfgang/Häckel, Erwin (1987): Internationale Energieversorgung und politische Zukunftssicherung. Das europäische Energiesystem nach der Jahrtausendwende: Außenpolitik, Wirtschaft, Ökologie, München, R. Oldenbourg-Verlag

Freiburg im Breisgau, Stadt/FEW, Freiburger Energie- und Wasserversorgungs AG (1996): Energiewende. Energieversorgungskonzept Freiburg. Energiepolitik der Stadt Freiburg im Breisgau 1986-1996, Freiburg i. B., Stadt Freiburg im Breisgau

Fritzler, Marc (1997): Ökologie und Umweltpolitik, Bonn, München, Bundeszentrale für politische Bildung

Gaz de France (1999): Gaz de France, leader européen du Gaz Naturel Liquéfié (GNL), Paris

Gebhardt, Gerhard (1957): Ruhrbergbau. Geschichte, Aufbau und Verflechtung seiner Gesellschaften und Organisation, Essen

Gormley, William T. (1982): Alternative Models of the Regulatory Process: Public Utility Regulation in the States, in: Eastern Political Quarterly, Vol. 35, S. 297-317

Gormley, William T. (1983): The Politics of Public Utility Regulation, Pittsburgh, University of Pittsburgh Press

Grüske, Karl-Dieter/Recktenwald, Horst Claus (1995). Wörterbuch der Wirtschaft, Stuttgart

Gutmann, Gernot/Thalheim, Karl C./Wohlke, Wilhelm (Hrsg.) (1984): Das Energieproblem in Ostmitteleuropa. Teil II: Energiepolitik und Energieverbund in den mitteleuropäischen RGW-Staaten, Marburg, J. G. Herder-Institut

Hake, Jürgen-Friedrich (1999): Liberalisierung des Energiemarktes –Vortragsmanuskripte des 5. Ferienkurses „Energieforschung" vom 27. Sep. bis 1. Okt. 1999 im Congrescentrum Rulduc und im Forschungszentrum Jülich, Jülich

Hartwich, Hans-Hermann (Hrsg.) (1985): Policy-Forschung in der Bundesrepublik Deutschland, Opladen

Härter, Manfred/Siefen, Heinz (Hrsg.) (1989): Einstieg in den Ausstieg? Bestandsaufnahme zur Diskussion über einen Kernenergieausstieg in Westeuropa, Köln, Verlag TÜV Rheinland

Heinloth, Klaus (1983): Energie. Physikalische Grundlagen ihrer Gewinnung, Umwandlung und Nutzung, Stuttgart, B.G. Teubner Verlag

Héritier, Adrienne (Hrsg.) (1993) : Policy-Analyse. Kritik und Neuorientierung. Politische Vierteljahresschrift, Sonderheft 24/1993, Opladen

Héritier, Adrienne (u. a.) (1994): Die Veränderung von Staatlichkeit in Europa. Ein regulativer Wettbewerb: Deutschland, Großbritannien, Frankreich, Opladen

Héritier, Adrienne (1995): Die Koordination von Interessenvielfalt im europäischen Entscheidungsprozess und deren Ergebnis: Regulative Politik als „Patchwork", Max-Planck-Institut für Gesellschaftsforschung (MPIFG) Discussion Paper, Köln

Hertsgaard, Mark (1998): Expedition an Ende der Welt. Auf der Suche nach unserer Zukunft, Frankfurt a. M., Fischer

Hochmuth, Uwe/Kassella, Thomas (1991): Auswertung der Berichte der unabhängigen Expertenkommission zum Abbau marktwidriger Regulierungen (Deregulierungskommission), Tübingen

Hohensee, Jens/Salewski, Michael (Hrsg.) (1993): Energie - Politik - Geschichte. Nationale und internationale Energiepolitik seit 1945, Stuttgart, Steiner

Holst, Klaus-Ewald/Altmann, Walter (1995): Entwicklung der Ferngasversorgung Ostdeutschlands von 1945 bis 1995, Sonderdruck aus „gwf –Gas/Erdgas" 136 (1995), Heft 6, S. 233-245

Howlett, Michael/Ramesh, M. (1995): Studying Public Policy: Policy Cycles and Subsystems, Oxford, Oxford University Press

Hustedt, Michaele (1998): Die energiepolitischen Vorstellungen von Bündnis 90/Die Grünen, in: Energiewirtschaftliche Tagesfragen: ET, Zeitschrift für Energiewirtschaft, Recht, Technik und Umwelt, 48 (1998), 7, S. 444-445

Intergovernmental Panel on Climate Change, IPPC (1997): Stabilization of Atmospheric Greenhouse Gases: Physical, Biological an Socio-Economic Implications – IPCC Technical Paper III, February 1997, Genf

International Energy Agency (IEA) (1998): Energy Policies of IEA Member States, 1998 Review, Paris

International Energy Agency (IEA) (1998): World Energy Outlook, Paris,

International Energy Agency (IEA) (1999): World Energy Outlook, Paris,

International Energy Agency (IEA) (2000): World Energy Outlook, Paris,

International Energy Agency (IEA) (2001). Key World Statistics from the IEA, Paris

Jann, Werner (1995): Politikfeldanalyse, in: Nohlen, Dieter (Hrsg.): Wörterbuch Staat und Politik, Bonn, S. 550 – 555

Jänicke, Martin/Kunig, Philip/Stitzel, Michael (1999): Lern- und Arbeitsbuch Umweltpolitik, Bonn, Dietz

Kettrup, Heinrich W. (1999): Liberalisierung in anderen europäischen Ländern am Beispiel von Großbritannien und den Niederlanden, in: gwf, 140 (1999), Nr. 10., S. 702-706

Kitschelt, Herbert (1983): Politik und Energie. Energie-Technologiepolitiken in den USA, der Bundesrepublik Deutschland, Frankreich und Schweden, Frankfurt a.M., Campus

Klom, Arthur (1996) : Liberalisation of Regulated Markets and its consequences for Trade: The Internal Market for Electricity as a Case Study, in: Journal for Energy & Natural Resources Law, Vol. 14, 1996

Knieps, Günter (2001): Wettbewerbsökonomie, Regulierungstheorie, Industrieökonomie, Wettbewerbspolitik, Heidelberg, Springer

Koch, Hans-Joachim/Roßnagel, Alexander (2000): Neue Energiepolitik und Ausstieg aus der Kernenergie, in: Neue Zeitschrift für Verwaltungsrecht, 19 (2000), 1, S. 1-9

König, Klaus/Benz, Angelika (Hrsg.) (1997): Privatisierung und staatliche Regulierung, Baden-Baden

Königs, Tom/Schäffer, Roland (Hrsg.) (1993): Energiekonsens? Der Streit um die zukünftige Energiepolitik, München

Kroker, Evelyn (1993): Zur Entwicklung des Steinkohlenbergbaus an der Ruhr zwischen 1945 und 1980, in: Hohensee, Jens (1993): Energie - Politik - Geschichte, Stuttgart, S. 75-88

Krüper, Manfred (1977): Energiepolitik. Kontroversen - Perspektiven, Köln, Bund-Verlag

Kumkar, Lars (2000): Wettbewerbsorientierte Reformen der Stromwirtschaft, Tübingen, Mohr Siebeck, (Kieler Studien 305, Institut für Weltwirtschaft an der Universität Kiel)

Kusche, Hans Christian (1998): Gesetzgebungs- und Verwaltungskompetenzen der Bundesländer für die Umsetzung einer klimaschutzorientierten Energiepolitik, Heidelberg, von Decker

Lehmann, Harry/Reetz, Torsten (1995): Zukunftsenergien. Strategien einer neuen Energiepolitik, Berlin, Basel, Boston, Birkhäuser Verlag GmbH

Lerner, David/Laswell, Harold D. (eds.) (1951): The Policies Sciences. Recent Developments in Scope and Method, Stanford, Stanford University Press.

Lindberg, Leon N. (1977): Comparing Energy Policies: Political Constraints and the Energy Syndrome, in: Lindberg (Hrsg.): The Energy Syndrome, Lexington, Massachusetts, Lexington Books, S. 325-356.

Lyon, Thomas P./Mayo, John W. (1997): Liberalising European Markets for Energy and Telecommunications: some Lessons from the U. S. Electricity Utility Industry, Zentrum für europäische Integrationsforschung (ZEI) Policy Paper B97-03

Majone, Giandomenico (1989): Evidence, argument and persuasion, in the policy process, New Haven, Yale University Press

Majone, Giandomenico (1990): Deregulation or re-regulation?: regulatory reform in Europe and the United States, London, Pinter

Martiny, Martin/Schneider, Hans-Jürgen (Hrsg.) (1981): Deutsche Energiepolitik seit 1945. Vorrang für die Kohle. Dokumente und Materialien zur Energiepolitik der Industriegewerkschaft Bergbau und Energie, Köln, Bund-Verlag

Matthes, Felix C. (2000): Stromwirtschaft und deutsche Einheit, Berlin, edition energie+umwelt,

Meadows, Dennis und Donella (1973): Die Grenzen des Wachstums. Bericht des Club of Rome zur Lage der Menschheit, Hamburg, Reinbeck

Mez, Lutz/Jänicke, Martin/Pöschk, Jürgen (1991): Die Energiesituation in der vormaligen DDR. Darstellung, Kritik und Perspektiven der Elektrizitätsversorgung, Edition Sigma Bohn, Berlin

Mez, Lutz (1994): Energiewirtschaft – Energiepolitik. Skript für den Weiterbildungsstudiengang „Umweltschutz" der Humboldt-Universität zu Berlin, 2. überarbeitete und aktualisierte Auflage, S. 133-150

Mez, Lutz (1995): The Changing Nature of Electric Energy as an Industry, Paper für die Konferenz "Industry Restructuring in Electric Energy and Environmental Protection", Salzburg 27-30 May, S. 16-18

Mez, Lutz (1997a): Energiekonsens in Deutschland? Eine politikwissenschaftliche Analyse der Konsensgespräche - Voraussetzungen, Vorgeschichte, Verlauf und Nachgeplänkel, in: Brauch, Hans Günter (Hrsg.) (1997): Energiepolitik. Technische Entwicklung, politische Strategien, Handlungskonzepte zu erneuerbaren Energien und zur rationellen Energienutzung, Berlin Heidelberg (u. a.), Springer, S. 433-447.

Mez, Lutz/Midttun, Atle (1997b): The Politics of Electricity Regulation, in: Atle Midttun (ed.) European Electricity Systems in Transition, Oxford: Elsevie, S. 307-331

Mez, Lutz (1997c): Klimaschutzpolitik als CO_2-Minderungspolitik. Dänemark und Deutschland im nationalen Alleingang, in: Mez, Lutz/Jänicke, Martin (Hrsg.): Sektorale Umweltpolitik. Analysen im Industrieländervergleich, Berlin, edition sigma, S. 15-32.

Mez, Lutz (2002): New Corporate Strategies in the German Electricity Supply Industry, in: Jean-Michel Glachant (ed.): Electricity in Europe in the XXIst Century, London: Edward Elgar

Meyer-Renschhausen, Martin (1977): Energiepolitik in der BRD von 1950 bis heute. Analyse und Kritik, Köln, Pahl-Rugenstein

Michaelis, Hans/Salander, Carsten (Hrsg.) (1995): Handbuch Kernenergie. Kompendium der Energiewirtschaft und Energiepolitik, Frankfurt a. M. VWEW-Verlag

Midttun, Atle (Hrsg.) (2001): European Energy Industry Business Strategies, Amsterdam, London, New York u. a.

Miller, Oskar von (1932): Erinnerungen an die Internationale Elektrizitäts-Ausstellung im Glaspalast zu München im Jahre 1882, Berlin

Mobil (1997): Erdöl und Erdgas: Suchen, Fördern, Verarbeiten, Hamburg

Mobil Oil AG (1999): Jahresringe. Jubiläumsmagazin, Hamburg

Mohr, Markus/Ziolek, Andreas (u. a.) (Hrsg.) (1998): Zukunftsfähige Energietechnologien für die Industrie, Berlin, Heidelberg, New York, Springer

Mückl, Wolfgang J. (1976): Die Auswirkungen der Energieverteuerung auf die Wirtschaft der Bundesrepublik, in: Der Bürger im Staat, S. 1-15

Müller, Friedemann/Ott, Susanne (eds.) (1998): Bridging Divides – Transformation in Eastern Europe: Connecting Energy and Environment. Refocusing the Transformation Process in Central and Eastern European Countries (CEEC) and the Commonwealth of Independent States (CIS), Baden-Baden, Nomos Verlagsgesellschaft

Müller, Michael (1999): Der Ausstieg ist möglich: eine sichere Energieversorgung ohne Atomkraft, Bonn, Dietz

Neu, Axel D. (2000): Perspektiven des Erdgasmarktes nach der Liberalisierung, in: Ener-Energiewirtschaftliche Tagesfragen 50. Jhg. (2000) Heft 3

Niedersächsisches Landesamt für Bodenforschung, NLfB (2001): Erdöl und Erdgas in der Bundesrepublik Deutschland 2000, Hannover

Niemann, Hans-Werner (1997): „Dornröschenschlaf" der deutschen Gaswirtschaft? Das Großsystem Ferngasversorgung im Spannungsfeld konkurrierender politischer und ökonomischer Interessen, in: Zeitschrift für Unternehmensgeschichte (ZUG), Heft 1/97, S. 39-64

OECD (1996): Integrating Environment and Economy: Progress in the 1990s, Paris

Pazelt, Werner J. (1993): Einführung in die Politikwissenschaft. Grundriß des Faches und studiumbegleitende Orientierung, Passau, Wissenschaftsverlag Richard Rothe

Plorin, Petra (1997): Energiepolitik der Union und Umweltschutz. Unter besonderer Berücksichtigung des energiepolitischen Ziels der Gewährleistung einer gesicherten und preisgünstigen Energieversorgung (Dissertation), Universität Osnabrück, Fachbereich Rechtswissenschaften

Prittwitz, Volker von (1994): Politikanalyse, Opladen, Leske + Budrich

Prognos AG (Hrsg.) (1996): Energiereport II. Die Energiemärkte Deutschlands im zusammenwachsenden Europa - Perspektiven bis zum Jahr 2020. Studie im Auftrag des Bundesministeriums für Wirtschaft, Stuttgart, Schäffer-Poeschel

Prognos AG/Energiewissenschaftliches Institut, EWI (1999): Die längerfristige Entwicklung der Energiemärkte im Zeichen von Wettbewerb und Umwelt, Studie im Auftrag des Bundesministeriums für Wirtschaft und Technologie, Basel

Rempel, Hilmar (2000): Geht die Kohlenwasserstoff-Ära zu Ende, Vortrag auf der DGMK/BGR Veranstaltung „Geowissenschaften für die Exploration und Produktion: Informationsbörse für Forschung und Industrie" in Hannover am 23. Mai 2000

Rempel, Hilmar (2001): Erdgas im 21. Jahrhundert, Vortrag auf der Frühjahrstagung 2001 des Fachbereiches Aufsuchung und Gewinnung der DGMK in Celle am 26. April 2001

Renn, Ortwin (u. a.) (1985): Sozialverträgliche Energiepolitik. Ein Gutachten für die Bundesregierung, München, High Tech Verlag

Rennings, Klaus (1995): Neue Wege in der Energiepolitik unter Berücksichtigung der Situation in Baden-Württemberg, Mannheim: Zentrum für Europäische Wirtschaftsforschung.

Rheinisch-Westfälisches Institut für Wirtschaftsforschung, RWI (1999): Kräftigung der Konjunktur, 17. Dezember 1999, Essen

Rieder, Stefan (1998): Regieren und Reagieren in der Energiepolitik. Die Strategien Dänemarks, Schleswig-Holsteins und der Schweiz im Vergleich, Bern (u. a.), Haupt

Ruhrgas AG (2001): Erdgaswirtschaft – Eine Branche im Überblick, September 2000, Essen

Sabatier, Paul A. (1988): An advocacy coalition framework of policy change and the role of policy-oriented learning there, in: Policy Science 21, 1988, S. 129-168

Sabatier, Paul A. (1993): Advocacy-Koalitionen, Policy-Wandel und Policy-Lernen: Eine Alternative zur Phasenheuristik, in: PVS-Sonderheft 24/1993, Opladen, Westdeutscher Verlag, S. 116-148

Sabatier, Paul A. (ed.) (1999): Theories of the Policy Process, Westview Press

Sabatier, Paul A. (2000): Clear enough to be wrong, in: Journal of European Public Policy, March 1st 2000, p. 135-140

Schaefer, Helmut/Geiger, Bernd/ Rudolph, Manfred (1995): Energiewirtschaft und Umwelt, Umweltschutz Grundlagen und Praxis, Bd. 14, Bonn.

Scheer, Hermann (1999): Solare Weltwirtschaft. Strategie für die ökologische Moderne, München, Kunstmann

Schiffer, Hans-Wilhelm (1999): Energiemarkt Deutschland, 7. Auflage, Köln, TÜV-Verlag, insbesondere Kapitel 2.4 „Erdgas", S. 128-149

Schmidt, Manfred G. (1987): Vergleichende Policy-Forschung, in: Berg-Schlosser/Müller-Rommel (Hrsg.): Vergleichende Politikwissenschaft, Opladen, Leske+Budrich, S. 197-212

Schmidt, Manfred G. (1995): Wörterbuch zur Politik, Stuttgart

Schmitt, Dieter/Heck, Heinz (1990): Handbuch Energie, Pfullingen, Verlag Günther Neske

Schmitt, Dieter (1999): Hält die Energiesteuer, was sie verspricht?, in: Energiewirtschaftliche Tagesfragen, 49 (1999), 9, S. 580-585

Schmitt, Julius (1932): Die Großgaserei Mitteldeutschland Aktiengesellschaft, Bd. 25, Leipzig

Schneider, Friedrich (Hrsg.) (1990): Privatisierung und Deregulierung öffentlicher Unternehmen in westeuropäischen Ländern, Wien, Manz

Schneider, Jens-Peter (1999): Liberalisierung der Stromwirtschaft durch regulative Marktorganisation, Baden-Baden, Nomos Verlagsgesellschaft

Scholz, Hans-Eike von (1991): Die Energiepolitik der EG, in: G/T/E, Kommentar zum EWG-Vertrag, Bd. 4, S. 6241ff

Scholz, Rupert/Langer Stefan (1992): Europäischer Binnenmarkt und Energiepolitik, Berlin, Duncker & Humblot GmbH

Schubert, Klaus (1991): Politikfeldanalyse. Eine Einführung, Reihe „Grundwissen Politik" Bd. 6, Opladen, Leske + Budrich

Schuppe, Thomas/Nolden, Alexander (1999): Markt- und Unternehmensstrukturen im Europäischen Strom- und Gasmarkt, EWI Working Paper 99/1

Seele, Rainer (2001): Flexible Partnerschaften – Erfolgsstrategie für Stadtwerke, in: Energiewirtschaftliche Tagesfragen, 51 Jhg. (2001) Heft 9

Seidewinkel, Gregor/Seifert, Andreas/Wetzel, Uwe (2001): Rechtsgrundlagen bei dem Netzzugang für Erdgas, Bonn, wfgw

Sharky, William W. (1982): The theory of natural monopoly, Cambridge, Cambridge University Press

Simonis, Udo E. (1996): Weltumweltpolitik. Grundriß und Bausteine eines neuen Politikfeldes, Berlin

Sitte, Ralf (1994): Energiepolitik im geeinten Deutschland. Eine Bestandsaufnahme zwischen ökologischer Neuordnung und Tradierung überkommener Strukturen, Hans-Böckler-Stiftung, Düsseldorf

Specht, Heinrich (2001): Gasbeschaffung im liberalisierten Energiemarkt, Köln, Fachverlag Deutscher Wirtschaftsdienst

Spitzley, Helmut (1989): Die andere Energiezukunft. Sanfte Energienutzung statt Atomwirtschaft und Klimakatastrophe, Stuttgart, Bonn Aktuell

Stahl, Wolfgang (1998): Die weltweiten Reserven der Energierohstoffe: Mangel oder Überfluß?, BGR-Studie, Hannover

Statistisches Bundesamt (Hrsg.) (2000): Datenreport 1999, Bonn, Bundeszentrale für politische Bildung

Stihl, Hans Peter (1998): Perspektiven der Energiepolitik: aus Sicht der Wirtschaft, in: Atomwirtschaft, Atomtechnik, internationale Zeitschrift für Kernenergie, 43 (1998), 3, S. 147-150

Straßburg, Wolfgang (1999): Kernenergie am Ende?: Der Konflikt zwischen Politik, Ökologie und Recht, in: atw, 44 (1999), 12, S. 715-718

Stratmann, Eckhard (u. a.)/Die Grünen im Bundestag/AG Energie (Hrsg.) (1989): Das Grüne Energiewende-Szenario 2010. Sonne, Wind und Wasser, Köln, Volksblatt Verlag

Ströbele, Wolfgang (2000): Zur Verbändevereinbarung zum Netzzugang für Erdgas, Gutachten im Auftrag von BGW und VKU, Dezember 2000

Trendelenburg, Ferdinand (1975): Aus der Geschichte der Forschung im Hause Siemens, Düsseldorf

Trittin, Jürgen (1999): Die ersten hundert Tage – nicht viel, aber genug Zeit, um einige entscheidende Weichen zu stellen, in: grün & bündig, (1999), 1, S. 6

Ueberhorst, Stefan (1999): Energieträger Erdgas: Exploration, Produktion, Versorgung, Landsberg/Lech, Verlag Moderne Industrie

United States Geological Survey, USGS (2000): US-Geological survey Petroleum Assessment 2000 – Description and Results, USGS Digital Data Series DDS-60. CD-ROM

Wallace, David (1995): Environmental Policy and Industrial Innovation. Strategies in Europe, USA and Japan, London

Wanke, Andreas/Piening, Annette/Mez, Lutz (1999): Chancen und Risiken innovativer Energiedienstleistungen in der Gaswirtschaft im internationalen Vergleich, Kurzstudie im Auftrag der Berliner Gaswerke Aktiengesellschaft, GASAG

Wirtschaftsverband Erdöl- und Erdgasgewinnung e.v., W.E.G. (2000a): Erdgas – Erdöl: Entstehung – Suche – Förderung, Publikation Stand Dezember 2000

Wirtschaftsverband Erdöl- und Erdgasgewinnung e.v., W.E.G. (2000b): Jahresbericht. Zahlen & Fakten

Weidner, Helmut (1996): Basiselemente einer erfolgreichen Umweltpolitik - Beschreibung, Analyse und Evaluation der Instrumente der japanischen Umweltpolitik, Berlin, edition sigma.

Welsch, Heinz (1996): Klimaschutz, Energiepolitik und Gesamtwirtschaft. Eine allgemeine Gleichgewichtsanalyse für die Europäische Union, München, R. Oldenbourg Verlag

Wilke, Arthur (1898): Die Elektrizität, ihre Erzeugung und ihre Anwendung in Industrie und Gewerbe, Leipzig

Winje, Dietmar/Witt, Dietmar (1991): Energiewirtschaft, Berlin/Köln

Wirtschaftsverband Erdöl- und Erdgasgewinnung e.V., W.E.G. (2001): Jahresbericht 2000, Hannover

Wirtschaftsvereinigung Bergbau (Hrsg.) (1983): Das Bergbau-Handbuch, Essen

Windhoff-Héritier, Adrienne (1987): Policy-Analyse. Eine Einführung, Frankfurt a. M./New York, Campus Studium

Wood, Doug (2000): Schritte zur Liberalisierung des europäischen Gasmarktes, in: Energiewirtschaftliche Tagesfragen, 50. Jhg. (2000) Heft 7, S. 503-507

Zängl, Wolfgang (1989): Deutschlands Strom: die Politik der Elektrifizierung von 1866 bis heute, Frankfurt a. M. (u. a.), Campus

Zängl, Wolfgang (1993): Der Energiekonsens als Politik. Eine ausgewählte Presse-Chronologie, in: Königs, Tom/Schäffer, Roland (Hrsg.) (1993): Energiekonsens? Der Streit um die zukünftige Energiepolitik, München

Jahresberichte (Ferngasgesellschaften/Verbände/Institute)

Ferngasgesellschaften (Geschäftsberichte für 1999 und 2000):

Avacon AG: Geschäftsbericht 1999 (und 2000), Helmstedt

Bayerngas GmbH: Geschäftsbericht (1999 und 2000), München

BEB Erdgas und Erdöl GmbH: Unternehmens- und Geschäftsbericht 1999 (und 2000), Hannover

EWE AG: Geschäftsbericht 1999 (und 2000), Oldenburg

Erdgas-Verkaufs-Gesellschaft mbH: Geschäftsbericht 1999 (und 2000), Münster

Erdgasversorgung Thüringen-Sachsen: Geschäftsbericht 1999 (und 2000), Erfurt

ESSO Mobil: Unternehmensbericht 1999 (und 2000), Hamburg

Gas-Union: Geschäftsbericht 1999 (und 2000), Frankfurt am Main

Gasversorgung Süddeutschland, GVS: Geschäftsbericht 1998/1999 (und 1999/2000), Stuttgart

Ruhrgas AG: Geschäftsbericht 1999 (und 2000), Essen

SaarFerngas AG: Geschäftsbericht 1999 (und 2000), Saarbrücken

Thyssengas GmbH: Geschäftsbericht 1999 (und 2000), Duisburg

Verbundnetz GAS AG, VNG: Geschäftsbericht 1999 (und 2000), Leipzig

RWE Gas AG: Geschäftsbericht 1999 (und 2000), Dortmund

Wintershall AG: Geschäftsbericht 1999 (und 2000), Kassel

Sonstige:

Arbeitsgemeinschaft Regionaler Energieversorgungs-Unternehmen e.V., ARE (1999): Tätigkeitsbericht – Regionale Energieversorgung 1998-1999, April 2000, Hannover

BEWAG (2000): Geschäftsbericht 2000/01, Berlin

Bundesanstalt für Geowissenschaften und Rohstoffe, BGR (1999/2000): Tätigkeitsbericht der BGR, Hannover

Centrica plc: Annual report and accounts 2000, Berkshire

E.ON (2000a): Geschäftsbericht, Düsseldorf

E.ON (2000b): Strategie und Kennzahlen 2001, Düsseldorf

Gasunie: Annual Report on the 2000 financial Year of N.V. Nederlandse Gasunie, Groningen

Ruhrgas Energie Beteiligungs-AG, RGE: Geschäftsbericht 2000. Europa im Blick, Essen

<u>Gesetzestexte</u>

Gesetz über die Elektrizitäts- und Gasversorgung (Energiewirtschaftsgesetz, EnWG) vom 24. April 1998, BGBl. I S. 730

Gesetz zur Neuregelung des Energiewirtschaftrechts, in: Bundesgesetzblatt Teil I, Nr. 23 (G 5702), Bonn 28. April 1998, S. 730-736

Gesetz gegen Wettbewerbsbeschränkungen (GWB), in: BGBl. I, S. 2546

Richtlinie 98/30/EG des Europäischen Parlaments und des Rates vom 22. Juni 1998 betreffend gemeinsame Vorschriften für den Erdgasbinnenmarkt; Amtsblatt der EG, Nr. L 204 vom 21. Juli 1998, S. 1

Richtlinie 96/92/EG des Europäischen Parlaments und des Rates vom 19. Dezember 1996 betreffend gemeinsame Vorschriften für den Elektrizitätsbinnenmarkt; Amtsblatt der EG, Nr. L 027 vom 30. Januar 1997, S. 20

Internetquellen

Allgemein

- AG-Energiebilanzen: http://www.ag-energiebilanzen.de
- Arbeitsgemeinschaft regionaler Energieversorgungsunternehmen: http://www.are -regional.de/
- Bündnis 90/Die Grünen: www.gruene.de
- Bundesanstalt für Geowissenschaften und Rohstoffe: http://www.bgr.de/
- Bundesamt für Wirtschaft und Ausführkontrolle: http://www.bawi.de/
- Bundeskartellamt: http://www.bundeskartellamt.de/
- Bundesverband Gas und Wasser: http://www.bundesverband-gas-und-wasser.de/
- Bundesverband der Deutschen Industrie: http://www.bdi-online.de/
- Bundesverband der Energie Abnehmer: http://www.vea.de/default.shtml
- BP: http://www.bp.com/centres/energy und http://www.bp.com/centres/ energy/index.asp (für Publikationen)
- Bundesverfassungsgericht: http://www.bverfg.de/
- Christlich Demokratische Union Deutschlands (CDU): http://www.cdu.de/
- Deutsches Institut für Wirtschaftsforschung: http://www.diw.de
- Deutsche Vereinigung des Gas- und Wasserfachs: http://www.dvgw.de/ dvgw/index.htm
- Energienetz: http://www.energienetz.de/verbraucherpower/steuerung-home/ Startseite/EnergienetzStartseite.html
- Energiewirtschaftliche Tagesfragen: http://www.et-energie-online.de/
- Energy Information Administration: http://www.eia.doe.gov
- E.ON: http://www.eon-energie.com/EONENERGIE.jsp
- Erdgas Online: http://www.erdgasonline.de/
- Erdöl-Erdgas: http://www.erdoel-erdgas.de
- Europäische Union: http://europa.eu.int/index_de.htm
- European Federation of Energy Traders: http://www.efet.org/
- Eurostat: http://europa.eu.int/comm/eurostat/

- Financial Times Deutschland: http://www.ftd.de/cgi-bin/gx.cgi/AppLogic +ftdTest?pagename=HomePage
- Fraunhofer Institut für Systemtechnik und Innovationsforschung: http://www.isi.fhg.de
- Freie Demokratische Partei Deutschlands (FDP): http://www.fdp.de/portal/
- Gastarife Online Informationen: http://www.gastarife-online.de/
- Get Gas Informationen: http://www.getgas.de/
- Hessischer Städtetag: http://www.hess-staedtetag.de/Info/info1998/inf08-98/08_98_16.htm
- Infodienst Regenerative Energien: http://www.boxer99.de/
- Institut für Wirtschaftsforschung: http://www.ifo.de/orcl/dbssi/main.htm
- International Energy Agency: http://www.iea.org/
- International Gas Union: http://www.igu.org/
- Landeszentrale für politische Bildung Baden-Württemberg: http://www.lpb.bwue.de/
- Niedersächsische Energie Agentur: http://nds-energie-agentur.de/
- Niedersächsisches Landesamt für Bodenforschung: http://www.bgr.de/
- Prognos: http://www.prognos.de
- Rheinisch-Westfälisches Institut für Wirtschaftsforschung: http://www.rwi-essen.de/
- Sozialdemokratische Partei Deutschlands (SPD): http://www.spd.de/
- Statistisches Bundesamt Deutschland: http://www.destatis.de/
- Syngenta Foundation for Sustainable Agriculture: http://www.syngentafoundation.com/bevoelkerungswachstum.htm
- Verband der Elektrizitätswirtschaft (VDEW): http://www.strom.de/
- Verband der Industriellen Energie- und Kraftwirtschaft: http://www.vik-online.de/
- Verband kommunaler Unternehmen: http://www.vku.de/
- WDR: http://online.wdr.de/online/wirtschaft/bp_aral/index.phtml

- Wirtschaftsverband Erdöl- und Erdgasgewinnung: http://www.erdoel-erdgas.de/

- Zeitung für kommunale Wirtschaft: http://www.zfk.de/

Ferngasgesellschaften:

- Avacon: http://www.avacon.de/

- Bayerngas: http://www.bayerngas.de/

- BEB: http://www.beb.de/

- Erdgas Münster: http://www.erdgas.de/

- EWE: http://www.ewe.de/

- Ferngas Nordbayern: http://ferngas-nordbayern.de/

- Gas Union: http://www.gas-union.de/

- Gasversorgung Süddeutschland: http://www.gvs-erdgas.de/

- Mobil. http://www.mobil-oil.de/verie_4/index.html

- Ruhrgas: http://www.ruhrgas.de/deutsch/index.htm

- RWE: http://www.rwe.com/

- RWE Gas: http://www.rwegas.de/

- SaarFerngas: http://www.saar-ferngas.de/index_fl.html

- Thyssengas: http://www.thyssengas.de/

- Verbundnetz Gas AG: http://www.vng.de/indexhome.html

- Wingas: http://www.Wingas.de/

- Wintershall: http://www.wintershall.de/www/wintershall.nsf/content/home

FFU-Berlin

folgende Titel (FFU-reports als PDF-Dateien) unter der Adresse: http://www.fu-berlin.de/ffu/ffurep/rep_start.html (Stand November 2001):

Baentsch, Florian/Krämer, Hans-Henning/Metz, Lutz (FFU-Report 94-2): Die Umstrukturierung der Gaswirtschaft in den neuen Bundesländern und Berlin, 50 Seiten

Bratzel, Stefan/Sander, Ingbar (FFU rep 97-1): Probleme und Strategien umweltverträglicher Energie- und Verkehrspolitik in Wachstumsregionen Ost- und Südostasiens, 23 Seiten

Jänicke, Martin/ Mez, Lutz/Wanke, Andreas/Binder, Manfred (FFU rep 98-2): Ökologische und wirtschaftliche Aspekte einer Energiebesteuerung im internationalen Vergleich. Gutachten für Greenpeace Deutschland, 27 Seiten

Jänicke, Martin (FFU rep 98-1): Umweltpolitik: global am Ende oder am Ende global? Über Umweltdeterminanten des Weltmarktes und die Pionierrolle von National-staaten - zwölf Thesen, 12 Seiten

Jänicke, Martin/Mez, Lutz (FFU rep 95-5): Strategien zur Umsetzung des Projekts „Energie 2010". Hintergrundstudie für das Projekt „Energie 2010" - Diskursorientierte Projektstudie: Zukünftige Energiepolitik

Jänicke, Martin (FFU rep 97-3): Umweltinnovationen aus der Sicht der Policy-Analyse: vom instrumentellen zum strategischen Ansatz der Umweltpolitik, 17 Seiten

Kern, Kristine/Jörgens, Helge/Jänicke, Martin (FFU rep 99-11): Die Diffusion umweltpo-litischer Innovationen. Ein Beitrag zur Globalisierung von Umweltpolitik, 30 Seiten

Kern, Kristine (FFU rep 99-8): Politische Kultur und Umweltpolitik. Die amerikanischen Einzelstaaten im Vergleich, 29 Seiten

Kern, Kristine/Bratzel, Stefan (FFU rep 94-3): Erfolgskriterien und Erfolgsbedingungen von (Umwelt-) Politik im internationalen Vergleich: Eine Literaturstudie, 59 Seiten

Wanke, Andreas/Piening, Annette/Mez, Lutz (1999): Chancen und Risiken innovativer Energiedienstleistungen in der Gaswirtschaft im internationalen Vergleich, Kurz-studie im Auftrag der Berliner Gaswerke Aktiengesellschaft, GASAG, 66 Seiten

Universitäten/Ministerien:

- Fernuni Hagen: http://www.ifo.de/orcl/dbssi/main.htm

- Forschungsstelle für Umweltpolitik der Freien Universität Berlin: http://www.fu-berlin.de/ffu/index.htm

- Ministerium für Finanzen und Energie (Schleswig-Holstein): http://www.schleswig-holstein.de/landsh/mfe/berichte/energie/energiebe-richt 401.htm

- Bundesministerium für Wirtschaft und Technologie: http://www.bmwi.de/Homepage/Startseite.jsp

- TU-Dresden: http://www.tu-dresden.de/jfzivil8/new/enwg.htm (Gesetzes-text)

Sonstige ausländische Seiten:

- Cedigaz: http://www.cedigaz.com/

- Energy Source Network http://www.naturalgas.com/

- Gasunie: http://www.gasunie.nl/eng/f_home.htm

- Gaz de France: http://www.gazdefrance.com/index_ie.php3

- Obragas: http://www.obragas.nl/

- Platts Information: http://www.platts.com/ukgas/overview.shtml
- The Australian Gas association :
- http://www.gas.asn.au/information_papers/submission.htm
- Theories (Dudley u.a.):
- http://www.tandf.co.uk/journals/tf/13501763.html; (Stand August 2001)
- US-Department of Energy: http://energy.gov/

15 Anhang

15.1 Mitglieder der Steuerungsgruppe des Energiedialogs 2000

Name, Vorname	Unternehmen/Organisation	Funktion
Behrens, Brigitte	Greenpeace e. V.	Geschäftsführerin
Bonekamp, Berthold	Rheinbraun AG/	Vorsitzender des Vorstands
Dr. Breuer, Rolf E.	Deutsche Bank AG	Sprecher des Vorstands
Prof. Dr. Burger, Helmut	Viessmann Werke GmbH & Co.	Mitglied Geschäftsleitung
Dr. Domitra, Michael	FES	Leiter der Stabsabteilung
Prof. Dr. Engelhardt, Wolfgang	Deutscher Naturschutzring (DNR)	Präsident
Dr. Fechner, Hans	BDAG Balcke-Dürr AG	Mitglied des Vorstands
Genge, Burkhard	Wingas GmbH	Sprecher Geschäftsführung
Dr. Gerlach, Hans-Otto	PCK Raffinerie GmbH	Geschäftsführer
Goll, Gerhard	Energie Baden-Württemberg AG	Vorsitzender des Vorstandes
Grill, Kurt-Dieter	CDU-Bundestagsfraktion	MdB
Dr. Harig, Hans-Dieter	E.ON Energie AG	Vorsitzender des Vorstands
Henze, Hans Christian	Henze Harvestore GmbH	Mitglied Geschäftsleitung
Hirche, Walter	FDP-Bundestagsfraktion	MdB, stellvertr. Fraktionsvorsitzender
Dr. Holst, Klaus-Ewald	VNG-Verbundnetz Gas GmbH	Vorsitzender des Vorstands
Koschützke, Albrecht	FES	Konzeption und Organisation des Energiedialogs 2000
Mai, Herbert	ÖTV	Vorsitzender
Dr. Michelfelder, Sigfrid	Babcock Borsig AG	Generalbevollmächtigter
Dr. Möller, Christel	BMWi	Leiterin Abt. III, Energie
Dr. Müller, Werner	BMWi	Minister
Prof. Neipp, Gerhard	RAG	Vorsitzender des Vorstands
Rambow, Klaus Peter	Bundesverband Glasindustrie	Präsident
Rauen, Aloysius	DaimlerChrysler AG	Bereichsvorstand
Reich, Hans W.	Kreditanstalt für Wiederaufbau	Mitglied des Vorstands
Remmel, Manfred	RWE Energie AG	Vorsitzender des Vorstands
Salvamoser, Georg	Solar-Fabrik GmbH	Geschäftsführer
Prof. Dr. Schadow, Ernst	Celanese AG	Vorstandsmitglied

Schlauch, Rezzo	Bündnis90/Grüne-Bundestagsfraktion	MdB, Fraktionsvorsitzender
Schmoldt, Hubertus	IG BCE	Vorsitzender
Dr. Schommer, Kajo	Wirtschaftskonferenz für Wirtschaft und Arbeit	Vorsitzender und Staatsminister
Dr. Schulte, Heinrich-Hermann	Buderus Heiztechnik GmbH	Mitglied Geschäftsführung
Schwanhold, Ernst	LM Wirtschaft und Mittelstand, Energie und Verkehr, Düsseldorf	Minister
Späth, Friedrich	Ruhrgas AG	Vorsitzender des Vorstands
Dr. Struck, Peter	SPD-Bundestagsfraktion	MdB, Fraktionsvorsitzender
Dr. Teltschik, Horst	Münchner Konferenz für Sicherheit	Leiter

15.2 Gesetz gegen Wettbewerbsbeschränkungen (GWB) vom 1. Januar 1999

Im folgenden soll lediglich das Inhaltsverzeichnis des GWB mit Angabe der Paragraphen wiedergegeben werden. Der Gesetzestext selber umfasst ca. 75 Seiten und ist über Suchmaschinen im Internet (google.de, altavista.de, fireball.de, yahoo.de etc) mehrfach zu finden, nachzulesen oder auch unter folgenden Adressen herunterzuladen:

- als html-Format unter:

http://transpatent.com/gesetze/gwbzit.html (Stand Aug. 2002)

- als pdf-Format (Acrobat Reader notwendig) unter:

http://www.bundeskartellamt.de/kartellgesetz.html (Stand Aug. 2002)

Bekanntmachung der Neufassung vom 26. August 1998
in Kraft getreten am 1. Januar 1999
BGBl. I, S. 2546

in der Fassung der Änderungen:

1. durch Artikel 9 des GKV-Gesundheitsreformgesetzes 2000 vom 22. Dezember 1999

in Kraft getreten am 1. Januar 2000

BGBl. Teil I/1999, S. 2652; Beifügung letzter Satz in § 87 Abs. 1 und § 96

2. durch das "Gesetz zur Sicherung der nationalen Buchpreisbindung" vom 30. November 2000

in Kraft getreten mit Wirkung vom 1. Juli 2000

BGBl. Teil I/2000, S. 1634 (Erweiterung § 15 Absatz 1)

3. durch Artikel 4 des "Gesetzes zur Einführung einer Dienstleistungsstatistik und zur Änderung statistischer Rechtsvorschriften" vom 19. Dezember 2000

in Kraft getreten mit Wirkung vom 1. Januar 2001

BGBl. Teil I/2000, S. 1767 (Änderung von § 47 Absatz 1)

4. durch Artikel 7 (33) des "Gesetzes zur Neugliederung, Vereinfachung und Reform des Mietrechts (Mietrechtsreformgesetz)" vom 19. Juni 2001

in Kraft getreten mit Wirkung vom 1. September 2001

BGBl. Teil I/2001, S. 1173 (Änderung in § 99 Absatz 2 und § 100 Absatz 2 (h))

5. durch Artikel 45 des "Zivilprozessreformgesetzes" - ZPO-RG - vom 27. Juli 2001

in Kraft ab 1. Januar 2002

BGBl. Teil I/2001, S. 1922 - Änderung im § 76(2, Satz 1) und § 94 Abs. 1 Nr. 3

6. durch Artikel 120 der "Siebenten Zuständigkeitsanpassungs-Verordnung" vom 29. Oktober 2001,

in Kraft ab 7. November 2001

BGBl. Teil I/2001, S. 2808

7. und durch Artikel 7 des "Gesetzes zur Umstellung von Gesetzen und Verordnungen im Zuständigkeitsbereich des Bundesministeriums für Wirtschaft und Technologie sowie des Bundesministeriums für Bildung und Forschung auf Euro (Neuntes Euro-Einführungsgesetz)" vom 10. November 2001,

in Kraft ab 1. Januar 2002

BGBl. Teil I/2001, S. 2995 - Änderung in §§ 35, 41(4), 80, 81(2) und 128(2)

Inhaltsübersicht GWB

Erster Teil: Wettbewerbsbeschränkungen §§ 1 - 47 b
  1. Abschnitt: Kartellvereinbarungen, Kartellbeschlüsse und abgestimmtes Verhalten
    § 1 Kartellverbot
    § 2 Normen- und Typenkartelle, Konditionenkartelle
    § 3 Spezialisierungskartelle
    § 4 Mittelstandskartelle
    § 5 Rationalisierungskartelle
    § 6 Strukturkrisenkartelle
    § 7 Sonstige Kartelle
    § 8 Ministererlaubnis
    § 9 Anmeldung von Kartellen, Widerspruchsverfahren
    § 10 Freistellungsantrag, Erteilung der Freistellung
    § 11 Auskunft über Kartelle, Bekanntmachung
    § 12 Mißbrauchsaufsicht, Aufhebung der Freistellung
    § 13 Kartellvertreter
  2. Abschnitt: Vertikalvereinbarungen
    § 14 Verbot von Vereinbarungen über Preisgestaltung oder Geschäftsbedingungen
    § 15 Preisbindung bei Verlagserzeugnissen
    § 16 Mißbrauchsaufsicht über Ausschließlichkeitsbindungen
    § 17 Lizenzverträge
    § 18 Verträge über andere geschützte und nichtgeschützte Leistungen und über Saatgut
  3. Abschnitt: Marktbeherrschung, wettbewerbsbeschränkendes Verhalten
    § 19 Mißbrauch einer marktbeherrschenden Stellung
    § 20 Diskriminierungsverbot, Verbot unbilliger Behinderung
    § 21 Boykottverbot, Verbot sonstigen wettbewerbsbeschränkenden Verhaltens
    § 22 Empfehlungsverbot
    § 23 Unverbindliche Preisempfehlung für Markenwaren
  4. Abschnitt: Wettbewerbsregeln
    § 24 Begriff, Antrag auf Anerkennung
    § 25 Stellungnahme Dritter
    § 26 Anerkennung
    § 27 Auskunft über Wettbewerbsregeln, Bekanntmachungen
  5. Abschnitt: Sonderregeln für bestimmte Wirtschaftsbereiche
    § 28 Landwirtschaft
    § 29 Kredit- und Versicherungswirtschaft
    § 30 Urheberrechtsverwertungsgesellschaften
    § 31 Sport
  6. Abschnitt: Sanktionen
    § 32 Untersagung
    § 33 Schadensersatzpflicht, Unterlassungsanspruch
    § 34 Mehrerlösabschöpfung
  7. Abschnitt: Zusammenschlußkontrolle
    § 35 Geltungsbereich der Zusammenschlußkontrolle
    § 36 Grundsätze für die Beurteilung von Zusammenschlüssen
    § 37 Zusammenschluß
    § 38 Berechnung der Umsatzerlöse und der Marktanteile

§ 39 Anmelde- und Anzeigepflicht
§ 40 Verfahren der Zusammenschlußkontrolle
§ 41 Vollzugsverbot, Entflechtung
§ 42 Ministererlaubnis
§ 43 Bekanntmachungen
8. Abschnitt: Monopolkommission
   § 44 Aufgaben
   § 45 Mitglieder
   § 46 Beschlüsse, Organisation, Rechte u. Pflichten der Mitglieder
   § 47 Übermittlung statistischer Daten

Zweiter Teil: Kartellbehörden §§ 48 - 53
1. Abschnitt: Allgemeine Vorschriften
   § 48 Zuständigkeit
   § 49 Bundeskartellamt und oberste Landesbehörde
   § 50 Tätigwerden des Bundeskartellamtes beim Vollzug des europäischen Rechts
2. Abschnitt: Bundeskartellamt
   § 51 Sitz, Organisation
   § 52 Veröffentlichung allgemeiner Weisungen des Bundesministeriums für Wirtschaft
   § 53 Tätigkeitsbericht

Dritter Teil: Verfahren §§ 54 - 96
1. Abschnitt: Verwaltungssachen
   I. Verfahren vor den Kartellbehörden
   § 54 Einleitung des Verfahrens, Beteiligte
   § 55 Vorabentscheidung über Zuständigkeit
   § 56 Anhörung, mündliche Verhandlung
   § 57 Ermittlungen, Beweiserhebung
   § 58 Beschlagnahme
   § 59 Auskunftsverlangen
   § 60 Einstweilige Anordnungen
   § 61 Verfahrensabschluß, Begründung der Verfügung, Zustellung
   § 62 Bekanntmachung von Verfügungen
   II. Beschwerde
   § 63 Zulässigkeit, Zuständigkeit
   § 64 Aufschiebende Wirkung
   § 65 Anordnung der sofortigen Vollziehung
   § 66 Frist und Form
   § 67 Beteiligte am Beschwerdeverfahren
   § 68 Anwaltszwang
   § 69 Mündliche Verhandlung
   § 70 Untersuchungsgrundsatz
   § 71 Beschwerdeentscheidung
   § 72 Akteneinsicht
   § 73 Geltung von Vorschriften des GVG und der ZPO
   III. Rechtsbeschwerde
   § 74 Zulassung, absolute Rechtsbeschwerdegründe
   § 75 Nichtzulassungsbeschwerde
   § 76 Beschwerdeberechtigte, Form und Frist

IV. Gemeinsame Bestimmungen
    § 77 Beteiligtenfähigkeit
    § 78 Kostentragung und -festsetzung
    § 79 Rechtsverordnungen
    § 80 Gebührenpflichtige Handlungen
2. Abschnitt: Bußgeldverfahren
    § 81 Bußgeldvorschriften
    § 82 Zuständigkeit für Verfahren wegen der Festsetzung einer Geldbuße gegen eine juristische Person oder Personenvereinigung
    § 83 Zuständigkeit des OLG im gerichtlichen Verfahren
    § 84 Rechtsbeschwerde zum BGH
    § 85 Wiederaufnahmeverfahren gegen Bußgeldbescheid
    § 86 Gerichtliche Entscheidungen bei der Vollstreckung
3. Abschnitt: Bürgerliche Rechtsstreitigkeiten
    § 87 Ausschließliche Zuständigkeit der Landgerichte
    § 88 Klageverbindung
    § 89 Zuständigkeit eines Landgerichts für mehrere Gerichtsbezirke
    § 90 Benachrichtigung und Beteiligung des Bundeskartellamtes
4. Abschnitt: Gemeinsame Bestimmungen
    § 91 Kartellsenat beim OLG
    § 92 Zuständigkeit eines OLG oder des ObLG für mehrere Gerichtsbezirke in Verwaltungs- und Bußgeldsachen
    § 93 Zuständigkeit für Berufung und Beschwerde
    § 94 Kartellsenat beim BGH
    § 95 Ausschließliche Zuständigkeit
    § 96 Bürgerliche Rechtsstreitigkeiten

Vierter Teil: Vergabe öffentlicher Aufträge §§ 97 - 129
1. Abschnitt: Vergabeverfahren
    § 97 Allgemeine Grundsätze
    § 98 Auftraggeber
    § 99 Öffentliche Aufträge
    § 100 Anwendungsbereich
    § 101 Arten der Vergabe
2. Abschnitt: Nachprüfungsverfahren
    I. Nachprüfungsbehörden
    § 102 Grundsatz
    § 103 Vergabeprüfstellen
    § 104 Vergabekammern
    § 105 Besetzung, Unabhängigkeit
    § 106 Einrichtung, Organisation
    II. Verfahren vor der Vergabekammer
    § 107 Einleitung, Antrag
    § 108 Form
    § 109 Verfahrensbeteiligte, Beiladung
    § 110 Untersuchungsgrundsatz
    § 111 Akteneinsicht
    § 112 Mündliche Verhandlung
    § 113 Beschleunigung

§ 114 Entscheidung der Vergabekammer
§ 115 Aussetzung des Vergabeverfahrens
III. Sofortige Beschwerde
§ 116 Zulässigkeit, Zuständigkeit
§ 117 Frist, Form
§ 118 Wirkung
§ 119 Beteiligte am Beschwerdeverfahren
§ 120 Verfahrensvorschriften
§ 121 Vorabentscheidung über den Zuschlag
§ 122 Ende des Vergabeverfahrens nach Entscheidung des Beschwerdegerichts
§ 123 Beschwerdeentscheidung
§ 124 Bindungswirkung und Vorlagepflicht
3. Abschnitt: Sonstige Regelungen
§ 125 Schadensersatz bei Rechtsmißbrauch
§ 126 Anspruch auf Ersatz des Vertrauensschadens
§ 127 Ermächtigungen
§ 128 Kosten des Verfahrens vor der Vergabekammer
§ 129 Kosten der Vergabeprüfstelle

Fünfter Teil: Anwendungsbereich des Gesetzes
§ 130 Unternehmen der öffentlichen Hand, Geltungsbereich

Sechster Teil: Übergangs- und Schlußbestimmungen
§ 131 Aufhebung, Übergangsbestimmungen

15.3 Gesetz zur Neuregelung des Energiewirtschaftsrechts (EnWG) vom 24. April 1998

§ 1 Zweck des Gesetzes

Zweck des Gesetzes ist eine möglichst sichere, preisgünstige und umweltverträgliche leitungsgebundene Versorgung mit Elektrizität und Gas im Interesse der Allgemeinheit.

§ 2 Begriffsbestimmungen

(1) Energie sind Elektrizität und Gas, soweit sie zur leitungsgebundenen Energieversorgung verwendet werden.

(2) Energieanlagen sind Anlagen zur Erzeugung, Fortleitung oder Abgabe von Energie, soweit sie nicht lediglich der Übertragung von Signalen dienen.

(3) Energieversorgungsunternehmen sind alle Unternehmen und Betriebe, die andere mit Energie versorgen oder ein Netz für die allgemeine Versorgung betreiben.

(4) Umweltverträglichkeit bedeutet, dass die Energieversorgung den Erfordernissen eines rationellen und sparsamen Umgangs mit Energie genügt, eine schonende und dauerhafte Nutzung von Ressourcen gewährleistet ist und die Umwelt möglichst wenig belastet wird. Der Nutzung von Kraft-Wärme-Koppelung und erneuerbaren Energien kommt dabei besondere Bedeutung zu.

(5) Die Abnahme- und Vergütungspflicht für die Einspeisung von Elektrizität aus erneuerbaren Energien in das Netz für die allgemeine Versorgung richtet sich nach dem Stromeinspeisungsgesetz.

§ 3 Genehmigung der Energieversorgung

(1) Die Aufnahme der Energieversorgung anderer bedarf der Genehmigung durch die Behörde. Der Genehmigungspflicht unterliegen nicht

1. die Einspeisung in das Netz eines Energieversorgungsunternehmens;

2. die Versorgung von Abnehmern außerhalb der allgemeinen Versorgung im Sinne des § 10 Abs. 1, sofern die Belieferung überwiegend aus Anlagen zur Nutzung erneuerbarer Energien, aus Kraft-Wärme-Kopplungsanlagen oder aus Anlagen erfolgt, die Industrieunternehmen zur Deckung des Eigenbedarfs betreiben sowie

3. die Versorgung verbundener Unternehmen im Sinne des § 15 des Aktiengesetzes.

(2) Die Genehmigung darf nur versagt werden, wenn

1. der Antragsteller nicht die personelle, technische und wirtschaftliche Leistungsfähigkeit besitzt, um die vorgesehene Energieversorgung entsprechend den Zielen und Vorschriften dieses Gesetzes auf Dauer zu gewährleisten, oder

2. bei Aufnahme der Elektrizitätsversorgung die beantragte Versorgungstätigkeit zu ungünstigeren Versorgungsbedingungen für die betroffenen Abnehmer insgesamt führen würde oder sich für das verbliebende Gebiet des bisherigen Versorgers erhebliche Nachteile ergeben würden; dabei ist das Ziel einer möglichst sicheren, preisgünstigen und umweltverträglichen Energieversorgung angemessen zu berücksichtigen.

§ 4 Betrieb des Elektrizitätsversorgungsnetzes

(1) Elektrizitätsversorgungsunternehmen sind zu einem Betrieb ihres Versorgungsnetzes verpflichtet, der eine Versorgung entsprechend den Zielen des § 1 sicherstellt.

(2) Die Betreiber des Übertragungsnetzes für Elektrizität sind verpflichtet, technische Mindestanforderungen für den Anschluß an dieses Netz festzulegen und zu veröffentlichen. Die Anforderungen sind der Behörde sowie der Europäischen Kommission mitzuteilen.

(3) Die Betreiber des Übertragungsnetzes für Elektrizität sind verpflichtet, objektive Kriterien für die Einspeisung aus Erzeugungsanlagen und die Benutzung von Verbindungsleitungen festzulegen und diskriminierungsfrei anzuwenden. Die Kriterien sind zu veröffentlichen.

(4) Das Übertragungsnetz ist als eigene Betriebsabteilung, getrennt von Erzeugung und Verteilung sowie von den übrigen Tätigkeiten, die nicht mit ihm zusammenhängen, zu führen.

§ 5 Zugang zum Elektrizitätsversorgungsnetz

Der Zugang zum Elektrizitätsversorgungsnetz erfolgt, vorbehaltlich des § 7 , nach dem System des verhandelten Netzzugangs.

§ 6 Verhandelter Netzzugang

(1) Betreiber von Elektrizitätsversorgungsnetzen haben anderen Unternehmen das Versorgungsnetz für Durchleitungen zu Bedingungen zur Verfügung zu stellen, die nicht ungünstiger sind, als sie von ihnen in vergleichbaren Fällen für Leistungen innerhalb ihres Unternehmens oder gegenüber verbundenen oder assoziierten Unternehmen tatsächlich oder kalkulatorisch in Rechnung gestellt werden. Dies gilt nicht, soweit der Betreiber nachweist, dass ihm die Durchleitung aus betriebsbedingten oder sonstigen Gründen unter Berücksichtigung der Ziele des § 1 nicht möglich oder nicht zumutbar ist. Die Ablehnung ist schriftlich zu begründen. § 22 Abs. 4 und § 26 Abs. 2 des Gesetzes gegen Wettbewerbsbeschränkungen bleiben unberührt.

(2) Das Bundesministerium für Wirtschaft kann, soweit dies zur Erreichung der Ziele des § 1 und zur Gewährleistung wirksamen Wettbewerbs erforderlich ist, durch Rechtsverordnung mit Zustimmung des Bundesrates die Gestaltung der Verträge nach Absatz 1 regeln und Kriterien zur Bestimmung von Durchleitungsentgelten festlegen.

(3) Bei der Beurteilung der Zumutbarkeit nach Absatz 1 Satz 2 ist besonders zu berücksichtigen, inwieweit dadurch Elektrizität aus fernwärmeorientierten, umwelt- und ressourcenschonenden sowie technisch-wirtschaftlich sinnvollen Kraft-Wärme-Kopplungsanlagen oder aus Anlagen zur Nutzung erneuerbarer Energien verdrängt und ein wirtschaftlicher Betrieb dieser Anlagen verhindert würde, wobei Möglichkeiten zum Verkauf dieser Elektrizität an Dritte zu nutzen sind.

(4) Die Betreiber des Elektrizitätsversorgungsnetzes veröffentlichen jährlich, erstmals im Jahr 2000, Richtwerte zur Spanne der Durchleitungsentgelte. In den folgenden Jahren sollen die Angaben auf dem Durchschnitt der in den vergangenen zwölf Monaten ausgehandelten Entgelte beruhen.

§ 7 Netzzugangsalternative

(1) Die Behörde erteilt Elektrizitätsversorgungsunternehmen für die Versorgung von Letztverbrauchern eine Bewilligung, durch die die Anwendung des § 5 ausgeschlossen wird. Die Bewilligung setzt voraus, dass der Netzzugang nach den Absätzen 2 bis 5 erfolgt und zu erwarten ist, dass dieser Netzzugang zu gleichwertigen wirtschaftlichen Ergebnissen und daher zu einer direkt vergleichbaren Marktöffnung sowie einem direkt vergleichbaren Zugang zu den Elektrizitätsmärkten führt. Die Bewilligung darf nur einheitlich für das gesamte Gebiet, in dem das Elektrizi-

tätsversorgungsunternehmen die allgemeine Versorgung durchführt, oder für alle von ihm versorgten Gebiete einer Gemeinde erteilt werden.

(2) In den Fällen des Absatzes 1 ist das Elektrizitätsversorgungsunternehmen verpflichtet, die Elektrizität abzunehmen, die ein Letztverbraucher, der im Gebiet, auf das sich die Bewilligung nach Absatz 1 bezieht, ansässig ist, bei einem anderen Elektrizitätsversorgungsunternehmen gekauft hat. § 6 Abs. 1 Satz 2 bis 4 und Abs. 3 findet entsprechende Anwendung.

(3) Die Vergütung für nach Absatz 2 abzunehmende Elektrizität muss mindestens dem vom Letztverbraucher an das versorgende Elektrizitätsversorgungsunternehmen zu zahlenden Preis, vermindert um den Tarif für die Nutzung des Versorgungsnetzes, entsprechen. § 6 Abs. 1 Satz 1 gilt dabei entsprechend. Dieser Tarif bedarf der Genehmigung durch die Behörde und ist durch das Elektrizitätsversorgungsunternehmen öffentlich bekannt zu machen.

(4) Die Tätigkeiten des Elektrizitätsversorgungsunternehmens nach den Absätzen 2 und 3 sind getrennt von der Erzeugungs- und Verteilungstätigkeit zu verwalten. Es dürfen keine Informationen zwischen den Tätigkeiten nach den Absätzen 2 und 3 und den Erzeugungs- und Verteilungsaktivitäten vermittelt werden, es sei denn, dass diese Informationen für die Erfüllung der Aufgaben nach den Absätzen 2 und 3 erforderlich sind.

(5) Das Bundesministerium für Wirtschaft kann, soweit dies zur Erreichung der Ziele des § 1 und zur Gewährleistung wirksamen Wettbewerbs erforderlich ist, materiellrechtliche Einzelheiten zu den in den Absätzen 1 bis 4 getroffenen Regelungen durch Rechtsverordnung mit Zustimmung des Bundesrates festlegen.

§ 8 Überprüfung der Netzzugangsregelung

Das Bundesministerium für Wirtschaft hat dem Deutschen Bundestag im Jahr 2003 über die Erfahrungen mit den Wettbewerbswirkungen der Regelungen zum verhandelten Netzzugang und zur Netzzugangsalternative zu berichten. Nach Auswertung dieser Erfahrungen und der einschlägigen Rechtsprechung soll darüber entschieden werden, ob zur Erreichung der Ziele des § 1 und zur Gewährleistung wirksamen Wettbewerbs Änderungen der Regelung des Netzzugangs erforderlich sind, damit gleichwertige wirtschaftliche Ergebnisse, insbesondere eine direkt vergleichbare Marktöffnung sowie ein direkt vergleichbarer Zugang zu den Elektrizitätsmärkten erreicht werden. Sofern im Rahmen dieser Überprüfungen keine andere Regelung getroffen wird, treten die Bewilligungen nach § 7 Abs. 1 spätestens am 31. Dezember 2005 außer Kraft.

§ 9 Rechnungslegung der Elektrizitätsversorgungsunternehmen

(1) Elektrizitätsversorgungsunternehmen der allgemeinen Versorgung haben, auch wenn sie nicht in der Rechtsform einer Kapitalgesellschaft betrieben werden, einen Jahresabschluß nach den für Kapitalgesellschaften geltenden Vorschriften des Ersten und Dritten Unterabschnitts des Zweiten Abschnitts des Dritten Buchs des Handelsgesetzbuchs aufzustellen und prüfen zu lassen. Soweit eine Verpflichtung zur Offenlegung nach den §§ 325 bis 329 des Handelsgesetzbuchs nicht besteht, ist eine Ausfertigung des Jahresabschlusses in der Hauptverwaltung zur Einsicht bereitzuhalten.

(2) Elektrizitätsversorgungsunternehmen der allgemeinen Versorgung haben in ihrer Buchführung getrennte Konten für die Bereiche Erzeugung, Übertragung und Verteilung sowie für Aktivitäten außerhalb des Elektrizitätsbereichs zu führen. Sie haben für jede Aktivität und die zusammengefaßten Aktivitäten außerhalb des Elektrizitätsbereichs eine Bilanz sowie eine Gewinn- und Verlustrechnung in den Anhang ihres Jahresabschlusses aufzunehmen. Soweit dabei eine direkte Zuordnung zu den einzelnen Aktivitäten nicht möglich ist oder mit unvertretbarem Auf-

wand verbunden wäre, hat die Zuordnung durch Schlüsselung der Konten, die sachgerecht und für Dritte nachvollziehbar sein muss, zu erfolgen.

(3) Im Anhang zum Jahresabschluß sind die Regeln anzugeben, nach denen die Gegenstände des Aktiv- und Passivvermögens sowie die ausgewiesenen Aufwendungen und Erträge den Konten nach Absatz 2 zugewiesen werden. Änderungen dieser Regeln in Ausnahmefällen sind zu erläutern und zu begründen.

(4) Im Anhang zum Jahresabschluß sind die Geschäfte größeren Umfangs, die mit verbundenen oder assoziierten Unternehmen oder mit Unternehmen derselben Aktionäre getätigt worden sind, gesondert darzustellen.

§ 10 Allgemeine Anschluß- und Versorgungspflicht

(1) Energieversorgungsunternehmen haben für Gemeindegebiete, in denen sie die allgemeine Versorgung von Letztverbrauchern durchführen, Allgemeine Bedingungen und Allgemeine Tarife für die Versorgung in Niederspannung oder Niederdruck öffentlich bekanntzugeben und zu diesen Bedingungen und Tarifen jedermann an ihr Versorgungsnetz anzuschließen und zu versorgen. Diese Pflicht besteht nicht, wenn der Anschluß oder die Versorgung für das Energieversorgungsunternehmen aus wirtschaftlichen Gründen nicht zumutbar ist. Unterschiedliche Allgemeine Tarife für verschiedene Gemeindegebiete sind nicht zulässig, es sei denn, dass hierfür ein sachlich gerechtfertigter Grund nachgewiesen wird, dadurch für keinen Kunden eine Preiserhöhung entsteht und die Preisunterschiede für alle Kunden zumutbar sind.

(2) Wer zur Deckung des Eigenbedarfs eine Anlage zur Erzeugung von Energie betreibt oder sich von einem Dritten versorgen läßt, kann sich nicht auf die allgemeine Anschluß- und Versorgungspflicht nach Absatz 1 Satz 1 berufen. Er kann aber Anschluß und Versorgung im Umfang und zu Bedingungen verlangen, die für das Energieversorgungsunternehmen wirtschaftlich zumutbar sind. Satz 1 gilt nicht für die Deckung des Eigenbedarfs von Tarifabnehmern aus Anlagen der Kraft-Wärme-Kopplung bis 30 Kilowatt elektrischer Leistung und aus erneuerbaren Energien.

(3) Das Bundesministerium für Wirtschaft kann durch Rechtsverordnung mit Zustimmung des Bundesrates regeln, in welchem Umfang und zu welchen Bedingungen Anschluß und Versorgung nach Absatz 2 Satz 2 wirtschaftlich zumutbar sind. Dabei sind die Interessen der Energieversorgungsunternehmen und der Abnehmer unter Beachtung des Ziels einer möglichst sicheren, preisgünstigen und umweltverträglichen Energieversorgung angemessen zu berücksichtigen.

§ 11 Allgemeine Tarife und Versorgungsbedingungen

(1) Das Bundesministerium für Wirtschaft kann durch Rechtsverordnung mit Zustimmung des Bundesrates die Gestaltung der Allgemeinen Tarife der Elektrizitätsversorgungsunternehmen unter Berücksichtigung des Gesetzeszweckes regeln und diese Tarife von einer Genehmigung abhängig machen. Es kann dabei Bestimmungen über Inhalt und Aufbau der Tarife treffen sowie die tariflichen Rechte und Pflichten der Elektrizitätsversorgungsunternehmen und ihrer Abnehmer regeln. Es kann bestimmen, dass bei der Genehmigung der Tarife Aufwendungen eines Elektrizitätsversorgungsunternehmens für Maßnahmen zur sparsamen und rationellen Verwendung von Elektrizität bei den Abnehmern bei der Feststellung der Kosten- und Erlöslage des Unternehmens anerkannt werden, sofern diese Maßnahmen elektrizitätswirtschaftlich rationeller Betriebsführung entsprechen und den Wettbewerb nicht verzerren.

(2) Das Bundesministerium für Wirtschaft kann durch Rechtsverordnung mit Zustimmung des Bundesrates die Allgemeinen Bedingungen für die Belieferung von Tarifabnehmern mit Energie angemessen gestalten und dabei die Bestimmungen der Verträge einheitlich festsetzen und Regelungen über den Vertragsabschluß, den Gegenstand und die Beendigung der Verträge treffen so-

wie Rechte und Pflichten der Vertragspartner festlegen. Hierbei sind die beiderseitigen Interessen angemessen zu berücksichtigen. Dem Interesse des Anschlußnehmers an kostengünstigen Lösungen ist dabei besonderes Gewicht beizumessen. Die Sätze 1 bis 3 gelten entsprechend für Bedingungen öffentlich-rechtlich gestalteter Versorgungsverhältnisse mit Ausnahme der Regelung des Verwaltungsverfahrens.

§ 12 Enteignung

(1) Die Entziehung oder die Beschränkung von Grundeigentum oder von Rechten am Grundeigentum im Wege der Enteignung ist zulässig, soweit sie für Vorhaben zum Zwecke der Energieversorgung erforderlich ist.

(2) Die Zulässigkeit der Enteignung nach Absatz 1 stellt die Behörde fest.

(3) Das Enteignungsverfahren wird durch Landesrecht geregelt.

§ 13 Wegenutzungsverträge

(1) Gemeinden haben ihre öffentlichen Verkehrswege für die Verlegung und den Betrieb von Leitungen, einschließlich Fernwirkleitungen zur Netzsteuerung und Zubehör, zur unmittelbaren Versorgung von Letztverbrauchern im Gemeindegebiet diskriminierungsfrei durch Vertrag zur Verfügung zu stellen. § 6 Abs. 3 gilt für Elektrizitätsversorgungsleitungen bis zum Ablauf der Frist gemäß § 8 entsprechend. Unbeschadet ihrer Verpflichtungen nach Satz 1 können die Gemeinden den Abschluß von Verträgen ablehnen, solange das Elektrizitätsversorgungsunternehmen die Zahlung von Konzessionsabgaben in Höhe der Höchstsätze nach § 14 Abs. 2 verweigert und eine Einigung über die Höhe der Konzessionsabgabe noch nicht erzielt ist.

(2) Verträge von Energieversorgungsunternehmen mit Gemeinden über die Nutzung öffentlicher Verkehrswege für die Verlegung und den Betrieb von Leitungen zur Durchführung der allgemeinen Versorgung nach § 10 Abs. 1 Satz 1 im Gemeindegebiet dürfen höchstens für eine Laufzeit von 20 Jahren abgeschlossen werden. Werden solche Verträge nach ihrem Ablauf nicht verlängert, so ist das bisher versorgende Unternehmen verpflichtet, seine für die allgemeine Versorgung im Gemeindegebiet notwendigen Verteilungsanlagen dem neuen Energieversorgungsunternehmen gegen Zahlung einer wirtschaftlich angemessenen Vergütung zu überlassen.

(3) Die Gemeinden machen spätestens zwei Jahre vor Ablauf von Verträgen nach Absatz 2 das Vertragsende in geeigneter Form bekannt. Sofern sich mehrere Unternehmen bewerben, macht die Gemeinde bei Neuabschluß oder Verlängerung von Verträgen nach Absatz 2 ihre Entscheidung unter Angabe der maßgeblichen Gründe öffentlich bekannt.

(4) Die Absätze 2 und 3 finden für Eigenbetriebe der Gemeinden entsprechend Anwendung.

(5) Die Aufgaben und Zuständigkeiten der Kartellbehörden nach dem Gesetz gegen Wettbewerbsbeschränkungen bleiben unberührt.

§ 14 Konzessionsabgaben

(1) Konzessionsabgaben sind Entgelte, die Energieversorgungsunternehmen für die Einräumung des Rechts zur unmittelbaren Versorgung von Letztverbrauchern im Gemeindegebiet mit Energie mittels Benutzung öffentlicher Verkehrswege für die Verlegung und den Betrieb von Leitungen entrichten.

(2) Das Bundesministerium für Wirtschaft kann durch Rechtsverordnung mit Zustimmung des Bundesrates die Zulässigkeit und Bemessung der Konzessionsabgaben regeln. Es kann dabei jeweils für Elektrizität oder Gas, für verschiedene Kundengruppen und Verwendungszwecke und

gestaffelt nach der Einwohnerzahl der Gemeinden unterschiedliche Höchstsätze in Pfennigen je gelieferter Kilowattstunde festsetzen.

(3) Konzessionsabgaben sind in der vertraglich vereinbarten Höhe auch für Energie zu zahlen, die mittels Durchleitung an Letztverbraucher im Gemeindegebiet geliefert wird.

(4) Die Pflicht zur Zahlung der vertraglich vereinbarten Konzessionsabgaben besteht auch nach Ablauf des Konzessionsvertrages für ein Jahr fort, es sei denn, dass zwischenzeitlich eine anderweitige Regelung getroffen wird.

§ 15 Konzessionsabgaben für die Wasserversorgung

Für die Belieferung von Letztverbrauchern im Rahmen der öffentlichen Wasserversorgung gilt § 14 entsprechend.

§ 16 Anforderungen an Energieanlagen

(1) Energieanlagen sind so zu errichten und zu betreiben, dass die technische Sicherheit gewährleistet ist. Dabei sind vorbehaltlich sonstiger Rechtsvorschriften die allgemein anerkannten Regeln der Technik zu beachten.

(2) Die Einhaltung der allgemein anerkannten Regeln der Technik wird vermutet, wenn bei Anlagen zur Erzeugung, Fortleitung und Abgabe

1. von Elektrizität die technischen Regeln des Verbandes Deutscher Elektrotechniker,

2. von Gas die technischen Regeln des Deutschen Vereins des Gas- und Wasserfachs e. V.

eingehalten worden sind.

(3) Bei Anlagen oder Bestandteilen von Anlagen, die nach den in einem anderen Mitgliedstaat der Europäischen Union oder in einem anderen Vertragsstaat des Abkommens über den Europäischen Wirtschaftsraum geltenden Regelungen oder Anforderungen rechtmäßig hergestellt und in den Verkehr gebracht wurden und die gleiche Sicherheit gewährleisten, ist davon auszugehen, dass die Anforderungen nach Absatz 1 an die Beschaffenheit der Anlagen erfüllt sind. In begründeten Einzelfällen ist auf Verlangen der Behörde nachzuweisen, dass die Anforderungen nach Satz 1 erfüllt sind.

(4) Das Bundesministerium für Wirtschaft kann, soweit Fragen des Arbeitsschutzes betroffen sind, im Einvernehmen mit dem Bundesministerium für Arbeit und Sozialordnung, Rechtsverordnungen mit Zustimmung des Bundesrates über Anforderungen an die technische Sicherheit von Energieanlagen erlassen.

§ 17 Vorratshaltung zur Sicherung der Energieversorgung

Das Bundesministerium für Wirtschaft wird ermächtigt, zur Sicherung der Energieversorgung durch Rechtsverordnung mit Zustimmung des Bundesrates

1. Vorschriften zu erlassen über die Verpflichtung von Energieversorgungsunternehmen sowie solcher Eigenerzeuger von Elektrizität, deren Kraftwerke eine elektrische Nennleistung von mindestens 100 Megawatt aufweisen, für ihre Anlagen zur Erzeugung von

a) Elektrizität ständig diejenigen Mengen an Mineralöl, Kohle oder sonstigen fossilen Brennstoffen,

b) Gas aus Flüssiggas ständig diejenigen Mengen an Flüssiggas als Vorrat zu halten, die erforderlich sind, um 30 Tage ihre Abgabeverpflichtungen an Elektrizität oder Gas erfüllen oder ihren eigenen Bedarf an Elektrizität decken zu können,

2. Vorschriften zu erlassen über die Freistellung von einer solchen Vorratspflicht und die zeitlich begrenzte Freigabe von Vorratsmengen, soweit dies erforderlich ist, um betriebliche Schwierigkeiten zu vermeiden oder die Brennstoffversorgung aufrechtzuerhalten,

3. den für die Berechnung der Vorratsmengen maßgeblichen Zeitraum zu verlängern, soweit dies erforderlich ist, um die Vorratspflicht an Rechtsakte der Europäischen Gemeinschaften über Mindestvorräte fossiler Brennstoffe anzupassen.

§ 18 Aufsichtsmaßnahmen, Auskunftspflicht, Betretungsrecht

(1) Die Behörde überwacht die Einhaltung der Vorschriften dieses Gesetzes. Sie kann im Einzelfall die erforderlichen Maßnahmen zur Durchführung des Gesetzes anordnen.

(2) Die Energieversorgungsunternehmen haben auf Verlangen der Behörde Auskünfte über technische und wirtschaftliche Verhältnisse zu geben, die zur Überwachung der sich aus diesem Gesetz ergebenden Pflichten erforderlich sind. Der Auskunftspflichtige kann die Auskunft auf solche Fragen verweigern, deren Beantwortung ihn selbst oder einen der in § 383 Abs. 1 Nr. 1 bis 3 der Zivilprozeßordnung bezeichneten Angehörigen der Gefahr strafgerichtlicher Verfolgung oder eines Verfahrens nach dem Gesetz über Ordnungswidrigkeiten aussetzen würde.

(3) Die von der Behörde mit der Aufsicht beauftragten Personen sind berechtigt, Betriebsgrundstücke, Geschäftsräume und Einrichtungen der Energieversorgungsunternehmen zu betreten, dort Prüfungen vorzunehmen sowie die geschäftlichen und betrieblichen Unterlagen der Energieversorgungsunternehmen einzusehen, soweit dies zur Überwachung der sich aus diesem Gesetz ergebenden Pflichten erforderlich ist. Das Grundrecht der Unverletzlichkeit der Wohnung (Artikel 13 des Grundgesetzes) wird insoweit eingeschränkt.

§ 19 Bußgeldvorschriften

(1) Ordnungswidrig handelt, wer vorsätzlich oder fahrlässig

1. ohne Genehmigung nach § 3 Abs. 1 Satz 1 die Energieversorgung aufnimmt,

2. entgegen § 18 einer Anordnung nicht Folge leistet oder eine Auskunft nicht, nicht richtig, nicht vollständig oder nicht rechtzeitig erteilt oder

3. einer nach § 17 dieses Gesetzes oder nach dem bisher geltenden Energiewirtschaftsgesetz erlassenen Rechtsverordnung zuwiderhandelt, soweit sie für einen bestimmten Tatbestand auf diese Bußgeldvorschrift verweist.

(2) Die Ordnungswidrigkeit kann mit einer Geldbuße bis zu zweihunderttausend Deutsche Mark geahndet werden.

(3) Soweit in Bußgeldvorschriften, die nach dem Energiewirtschaftsgesetz in der bisher geltenden Fassung erlassen sind, auf § 15 Abs. 2 Nr. 4 verwiesen wird, gelten diese Verweisungen als Verweisungen auf Absatz 1 Nr. 3.

15.4 Entwurf vom 4. Dezember 2000 für ein erstes Gesetz zur Änderung des Gesetzes zur Neuregelung des Energiewirtschaftsrechts

Auch hier der Verweis auf das Internet als pdf-Datei unter:

- www.bmwi.de/textonly/Homepage/download/ energie/Energiewirtschaftsrecht.pdf

15.5 Verbändevereinbarung für Erdgas vom 4. Juli 2000

Verbändevereinbarung zum Netzzugang bei Erdgas zwischen den Verbänden :
- Bundesverband der Deutschen Industrie e.V. - BDI, Berlin
- Verband der Industriellen Energie- und Kraftwirtschaft e.V. - VIK, Essen
- Bundesverband der deutschen Gas- und Wasserwirtschaft e.V. - BGW, Bonn
- Verband kommunaler Unternehmen e.V. - VKU, Köln

1. Einleitung

Die oben genannten Verbände haben in Verhandlungen Einigkeit über eine Verbändevereinbarung zum Netzzugang von Erdgas in der Bundesrepublik Deutschland erzielt.

Sie hat zum Ziel, die Organisation des Netzzugangs auf Vertragsbasis (NTPA) von Erdgas zu konkretisieren nach Maßgabe der Richtlinie betreffend gemeinsame Vorschriften für den Erdgasbinnenmarkt (98/30/EG), des Gesetzes gegen Wettbewerbsbeschränkungen (GWB) und des Gesetzes zur Neuregelung des Energiewirtschaftsrechts. Sie schafft damit eine Grundlage für frei auszuhandelnde Vereinbarungen über den Netzzugang auf Vertragsbasis (NTPA) und die entsprechenden Netzzugangsentgelte. Die Vereinbarung soll den Wettbewerb gemäß den Zielen der o.g. Richtlinie 98/30/EG und der genannten Gesetze fördern.

2. Umfang der Verbändevereinbarung

Die Verbände haben sich darauf verständigt, dass die Verbändevereinbarung Regeln zu folgenden gaswirtschaftlichen Leistungen umfassen soll:
- Fernleitung
- Verteilung
- Bilanzausgleich
- Kompatibilität

Die Parteien verständigen sich darauf, dass Regelungen auf EU-Ebene für den Zugang zu Speicheranlagen, LNG-Anlagen, Mischanlagen und sonstigen Einrichtungen unter Einbeziehung der nationalen Gesetzgebung in die weiteren Verhandlungen einbezogen werden.

3. Allgemeine Grundsätze

Der Netzzugang wird nach objektiven, transparenten und nicht-diskriminierenden Kriterien für Erdgasunternehmen und Kunden im Regelfall gewährt. Die Erdgasunternehmen unterlassen auf jeden Fall jegliche diskriminierende Behandlung von Netzbenutzern oder Kategorien von Netzbenutzern, insbesondere zugunsten ihrer verbundenen Unternehmen. Im übrigen gelten die entsprechenden Kriterien der EU-Gasrichtlinie.

Die Eigentumsverhältnisse an den Netzen werden nicht berührt.

Unterschiedliche Gasbeschaffenheiten sind kein grundsätzlicher Ablehnungsgrund für den Netzzugang. Im einzelnen gelten die Regelungen der Anlage "Kompatibilität".

Die Transportleistung kann grundsätzlich auch gegen die jeweilige physische Flußrichtung vereinbart werden. Die Nutzung der Transportleistung kann vom Netzbetreiber unter den Vorbehalt gestellt werden, dass die physischen Gegebenheiten dies im Einzelfall ermöglichen.

Die Parteien werden die vertragliche Organisation des Netzzugangs, wenn mehrere Netzbetreiber betroffen sind, im Hinblick auf eventuell mögliche Vereinfachungen auf der Basis der mit dieser Verbändevereinbarung gemachten Erfahrungen prüfen und gegebenenfalls eine Anpassung der Verfahren spätestens bis zum Ende der Laufzeit der Verbändevereinbarung I abstimmen.

Die Kosten für Erstellung, Betrieb und Instandhaltung des technischen Netzzugangs insbesondere auch der dazugehörigen Meß-, Regelungs- und Übertragungseinrichtungen gehen zu Lasten des Kunden. Der Anschlusspunkt ist im Hinblick auf die Gegebenheiten des Netzes unter Berücksichtigung der Interessen des Kunden festzulegen.

Die Verbände werden bezüglich der Verteilung knapper freier Transportkapazitäten bei konkurrierenden Netzzugangsanfragen sobald als möglich Allokationsverfahren abstimmen. Es wird angestrebt, dies bis zum 31.12.2000 abzuschließen.

Die Verbände werden technische Rahmenbedingungen für den Netzzugang miteinander abstimmen. Diese sollen bis zum 10.08.2000 in geeigneter Form bekanntgegeben werden.

Für den Ausgleich von Differenzen zwischen Ein- und Ausspeisung gelten die Regelungen der Anlage "Bilanzausgleich".

Die wesentlichen geschäftlichen Bedingungen sowie die Anhaltswerte für die Netzzugangsentgelte gemäß den Ziffern 5 und 6 werden durch die jeweiligen Netzbetreiber regelmäßig veröffentlicht. Die erste Veröffentlichung erfolgt spätestens bis zum 10.08.2000.

Eine Anfrage, in der ein Netzzugang angefragt wird, muss schriftlich erfolgen und mindestens konkrete Angaben zu folgenden Punkten enthalten, damit eine sachgerechte Prüfung durch den Netzbetreiber und eine Antwort möglich sind:
- Maximal vorzuhaltende Leistung in m^3/h
- Einspeisepunkt ins Netz des Netzbetreibers
- Ausspeisepunkt aus dem Netz des Netzbetreibers
- Zeitraum (Beginn und Ende des Netzzugangs)
- Anforderung des Kunden am letzten Ausspeisepunkt
- Gasbeschaffenheit und Druck am Einspeisepunkt in das Netz der überregionale Ferngasversorgung
- geplante Ausspeisemenge aus dem Netz (nur Endverteilung)

Reichen diese Angaben zur Beantwortung der Anfrage nicht aus, wird der Netzbetreiber die von ihm benötigten Angaben innerhalb einer angemessenen Frist möglichst innerhalb von 5 Werktagen nachfragen.

Der Netzbetreiber wird eine solche vollständige Anfrage innerhalb einer angemessenen Frist möglichst innerhalb von 12 Werktagen nach Eingang beim Netzbetreiber gegenüber dem Transportkunden beantworten. Für die Aufnahme eines Gas-zu-Gas-Wettbewerbs ist ein hohes Maß an Transparenz unabdingbar. Der BGW verpflichtet sich, bis zum 10. August 2000 eine Netzkarte zu veröffentlichen, die nachfolgend genannte Angaben enthalten wird: Netzkarte des Erdgasleitungssystems (Ausnahme: Endverteilung) mit Bezeichnung der Netzbetreiber, Nenndurchmesser und Nenndruck sowie Kennzeichnung der Verbindungsstellen. Jeder Netzbetreiber wird eine Kontaktstelle für Anfragen bezüglich Netzzugang (Telefon/Telefax/Internet/E-Mail) veröffentlichen. Für jede Abnahmestelle wird im Falle eines Briefmarkensystems das Netzzugangsentgelt berechnet.

Im Zuge der weiteren Entwicklung der Verbändevereinbarung sind für die Endverteilung zügig die Voraussetzungen zu schaffen, um den Netzzugang auch für nicht leistungsgemessene Kunden zu ermöglichen.

4. Laufzeit der Netzzugangsverträge

Die Laufzeit des Vertrages beträgt im Regelfall ein zusammenhängendes Jahr oder ein ganzzahliges Vielfaches davon, jeweils beginnend am 1.10. oder am 1.4. eines Jahres und entsprechend endend am 30.9. bzw. am 31.3. eines Jahres. Der Netzzugang kann auch für einen Zeitraum von weniger als einem Jahr und / oder zu anderen Zeitpunkten des Jahres vertraglich vereinbart werden. Wird der Netzzugang für einen Zeitraum von weniger als einem Jahr und/oder zu anderen Zeitpunkten des Jahres in Anspruch genommen, werden im entsprechenden Vertrag Preisvereinbarungen entsprechend der Entgeltmodelle getroffen. Bei diesen Vereinbarungen sind die Besonderheiten der Leistungsinanspruchnahme bzw. der Netzbelastung in den Wintermonaten (Zeitraum von Oktober bis März) und in den Sommermonaten (Zeitraum von April bis September) zu berücksichtigen.

5. Systemdienstleistungen

Systemdienstleistungen (SDL) sind Handlungen bzw. Maßnahmen von Netzbetreibern (NB), die für den Netzzugang erforderlich sind. Dazu gehören:
- Empfang und Bestätigung von periodischen Ad-hoc-Mengennominierungen und -änderungen sowie Meßwerte über die Beschaffenheit des eingespeisten Gases, Disposition, Mengenübernahme und -übergabe, Messung und/oder Allokation bei Übernahme und Übergabe in vorhandenen Anlagen des NB (soweit vom NB erbracht; sonst Nachweis für und Kontrolle durch NB); Auswertung der Messungen, Dokumentation, Abrechnung und Rechnungserstellung.
- Netzsteuerung durch NB zur Gewährleistung von Zeitgleichheit und Wärmeäquivalenz der übergebenen und übernommenen Mengen im Rahmen der Meß- und Steuerungstoleranzen durch Einsatz von vorhandenen Verdichtern und Erdgasspeichern.
- Odorierung (im Bereich der Regional- und Endverteilung).

6. Netzzugangsmodelle und -entgelte

Die Unternehmen der Gaswirtschaft bieten den Netzzugang auf Vertragsbasis für die überregionale Ferngasversorgung, die regionale Ferngasversorgung sowie die Endverteilung auf der Grundlage der nachstehend beschriebenen Modelle an.. Die Netzzugangsentgelte müssen sich unter Berücksichtigung sachlich gerechtfertigter Besonderheiten am internationalen Vergleichsmarkt messen lassen. Die Anhaltswerte und Beispielrechnungen für die Endverteilungsstufe befinden sich in der Anlage "Endverteilung."

6.1 Überregionale Ferngasversorgung

Der Netzbetreiber hält eine vereinbarte Transportkapazität in Höhe der vereinbarten maximal vom Kunden nutzbaren Stundenleistung in m3N pro Stunde im Jahr für die tatsächliche Leitungsstrecke zwischen Einspeise- und Ausspeisepunkt vor - Punkt-zu-Punkt-Modell.

Der Kunde ist berechtigt, die für ihn vorgehaltene maximale Stundenleistung flexibel zu nutzen. Ihm steht eine Steuerungsdifferenz im Rahmen vorhandener Netzkapazitäten von zusätzlich 2 % der vereinbarten maximal nutzbaren Stundenleistung zur Verfügung, die bei Inanspruchnahme entgeltpflichtig ist. Zu einer darüber hinausgehenden Inanspruchnahme ist der Kunde nicht berechtigt.

Überschreitet der Kunde die vereinbarte maximal nutzbare Stundenleistung einschließlich der zusätzlichen Steuerungsdifferenz von 2 %, so wird für die Überschreitung das Entgelt auf Basis des erhöhten bzw. mehrfachen Leistungspreises berechnet.

Befürchtet der Netzbetreiber aufgrund der Nichteinhaltung der vorstehenden Regelungen durch den Kunden nicht unerhebliche Beeinträchtigungen der Netzanlagen, der Rechte Dritter oder der Versorgungssicherheit, so ist der Netzbetreiber insoweit zur Reduzierung oder Einstellung des Netzzugangs für den Kunden berechtigt, als dies den regelwidrigen Zustand beseitigt.

Das Netzzugangsentgelt setzt sich zusammen aus dem Entgelt für die vereinbarte Transportkapazität und dem Entgelt für Systemdienstleistungen.

Der jeweils zu zahlende Leistungspreis hängt von der jeweiligen Nennweite der dem Transportvertrag zugrunde liegenden Leitungsstrecke ab. Die Leitungen sind in Leitungsgruppen zusammengefaßt. Zu jeder Leitungsgruppe gehört ein Leistungspreis.

Das Entgelt (DM/Jahr) für die vereinbarte Transportkapazität ergibt sich aus dem Produkt aus dem spezifischen Leistungspreis (DM/(m3N/h)/km/a) der jeweiligen Leitungsgruppe mit der maximal nutzbaren Stundenleistung (m3N/h) und mit der tatsächlichen Leitungsstrecke (km) zwischen Einspeisung und Ausspeisung.

Es werden folgende Leitungsgruppen gebildet:

Gruppe	Nennweite (DN) in mm
A	x > 1000
B	700 =<x< 1000
C	500 =<x< 700
D	350 =<x< 500
E	x< 350

6.2 Regionale Ferngasversorgung

Der Netzbetreiber definiert aus dem in seinem Eigentum stehenden Netz eine oder mehrere Ausspeiseregionen. Entsprechend dieser Definition entstehen für den Fall der Festlegung mehrerer Ausspeiseregionen regionale Teilnetze des Netzbetreibers (Regionenmodell).

Regionale Teilnetze können zum Beispiel gebildet werden aufgrund des tatsächlichen physischen Gasflusses oder aufgrund nicht kompatibler Erdgasbeschaffenheiten.

Der Netzbetreiber hält eine vereinbarte Transportkapazität in Höhe der vereinbarten maximal vom Kunden nutzbaren Stundenleistung in m^3n pro Stunde im Jahr zwischen Einspeise- und Ausspeisepunkt innerhalb des regionalen Netzes vor.

Der Kunde ist berechtigt, die für ihn vorgehaltene maximale Stundenleistung flexibel zu nutzen. Ihm steht eine Steuerungsdifferenz im Rahmen vorhandener Netzkapazitäten von zusätzlich 2 % der vereinbarten maximal nutzbaren Stundenleistung zur Verfügung, die bei Inanspruchnahme entgeltpflichtig ist. Zu einer darüber hinausgehenden Inanspruchnahme ist der Kunde nicht berechtigt.

Überschreitet der Kunde die vereinbarte maximal nutzbare Stundenleistung einschließlich der zusätzlichen Steuerungsdifferenz von 2 %, so wird für die Überschreitung das Entgelt auf Basis des erhöhten bzw. mehrfachen spezifischen Leistungspreises berechnet.

Befürchtet der Netzbetreiber aufgrund der Nichteinhaltung der vorstehenden Regelungen durch den Kunden nicht unerhebliche Beeinträchtigungen der Netzanlagen, der Rechte Dritter oder der

Versorgungssicherheit, so ist der Netzbetreiber insoweit zur Reduzierung oder Einstellung des Netzzugangs für den Kunden berechtigt, als dies den regelwidrigen Zustand beseitigt.

Das Netzzugangsentgelt setzt sich zusammen aus dem Entgelt für die vereinbarte Transportkapazität und dem Entgelt für Systemdienstleistungen.

Für die vereinbarte Transportkapazität innerhalb einer Ausspeiseregion wird ein Leistungspreis in Form einer Briefmarke erhoben (Regionalbriefmarke). Zu jeder Ausspeiseregion gehört ein spezifischer Leistungspreis [DM/(m³/h) pro Jahr].. Bei der Ermittlung der spezifischen Leistungspreise für die jeweiligen Ausspeiseregionen wird der Transport des Erdgases von den möglichen Einspeisepunkten in das Netz des regionalen Netzbetreibers zur Ausspeiseregion berücksichtigt.

Das Entgelt für die vereinbarte Transportkapazität (DM/Jahr) für die Ausspeiseregion ergibt sich aus dem Produkt des spezifischen Leistungspreises derjenigen Ausspeiseregion, in dem der Ausspeisepunkt liegt, und der vereinbarten Transportkapazität.

Betrifft ein Netzzugang hintereinander mehr als einen Regionalnetzbetreiber sollte mit dem Regionalnetzbetreiber dessen Netz im Transit genutzt wird, eine einzelfallspezifische Lösung im Rahmen der Systematik dieser Verbändevereinbarung gefunden werden.

Das Entgelt für Systemdienstleistungen (DM/Jahr) ergibt sich aus dem Produkt des spezifischen Entgelts für Systemdienstleistungen und der vereinbarten Transportkapazität.

Der Netzbetreiber kann und wird, soweit möglich, auf der Basis individueller Vereinbarungen im Rahmen der Regelungen innerhalb der Anlage Bilanzausgleich ein zusätzliches entsprechendes Angebot dem Kunden unterbreiten.

6.3 Endverteilung

Der Netzbetreiber hält eine vereinbarte Transportkapazität in Höhe der vereinbarten maximal vom Kunden nutzbaren Stundenleistung in m³n pro Stunde im Jahr zwischen Einspeise- und Ausspeisepunkt vor.

Der Kunde ist berechtigt, die für ihn vorgehaltene maximale Stundenleistung flexibel zu nutzen. Ihm steht eine Steuerungsdifferenz im Rahmen vorhandener Netzkapazitäten von zusätzlich 2 % der vereinbarten maximal nutzbaren Stundenleistung zur Verfügung, die bei Inanspruchnahme entgeltpflichtig ist. Zu einer darüber hinausgehenden Inanspruchnahme ist der Kunde nicht berechtigt.

Überschreitet der Kunde die vereinbarte maximal nutzbare Stundenleistung einschließlich der zusätzlichen Steuerungsdifferenz von 2 %, so wird für die Überschreitung das Entgelt auf Basis des erhöhten bzw. mehrfachen Lei-stungspreises berechnet.

Befürchtet der Netzbetreiber aufgrund der Nichteinhaltung der vorstehenden Regelungen durch den Kunden nicht unerhebliche Beeinträchtigungen der Netzanlagen, der Rechte Dritter oder der Versorgungssicherheit, so ist der Netzbetreiber insoweit zur Reduzierung oder Einstellung des Netzzugangs für den Kunden berechtigt, als dies den regelwidrigen Zustand beseitigt.

Das Netzzugangsentgelt (Kommunalbriefmarke) für die vereinbarte Transportkapazität setzt sich zusammen aus einem Arbeitsentgelt, einem Leistungsentgelt und einem Entgelt für Systemdienstleistungen.

Besondere strukturelle Erschwernisse und Besonderheiten können begründet im Einzelfall zu höheren Netzzugangsentgelten als die Anhaltswerte führen. Die Erschwerniszuschläge können - bezogen auf eine Abnahmestelle - nur für Abnahmestellen mit einem Jahresverbrauch von bis zu 30 Mio kWh geltend gemacht werden.

Die Höhe des Netzzugangsentgelts im Endverteilungsbereich beruht auf An- haltswerten auf der Grundlage durchschnittlicher Kosten.

Der Netzbetreiber kann auf der Basis individueller Vereinbarungen im Rahmen der Regelungen innerhalb der Anlage Bilanzausgleich ein zusätzliches entsprechendes Angebot dem Kunden unterbreiten.

7. Schlichtungsstelle

Zur einverständlichen Beilegung von Meinungsverschiedenheiten, die die Auslegung dieser Vereinbarung betreffen oder im Zusammenhang mit ihrer Anwendung stehen, richten die Verbände bei Bedarf eine Schlichtungsstelle ein.

Jeder Vertragspartner im Sinne einer Netzzugangsvereinbarung hat das Recht, die Schlichtungsstelle anzurufen. Schließt sich der andere Vertragspartner dem an, findet ein Schlichtungsverfahren statt.

Jeder Vertragspartner stellt der Schlichtungsstelle die zur Klärung der Meinungsverschiedenheiten erforderlichen ihm zugänglichen Informationen innerhalb einer angemessenen Frist zur Verfügung.

Können die Meinungsverschiedenheiten von der Schlichtungsstelle nicht ausgeräumt werden, kann diese im Einverständnis mit den Vertragspartnern zwei neutrale Sachkenner benennen, die zu den weiteren Verhandlungen hinzugezogen werden. Diese Sachkenner dürfen den beteiligten und mit ihnen verbundenen Unternehmen nicht angehören.

Die Sachkenner sollen den Parteien eine angemessene Regelung vorschlagen. Kommt keine Einigung zustande, bleibt es jeder Partei unbenommen, die ihr zweckmäßig erscheinenden Schritte zu unternehmen.

Die Verbände wirken darauf hin, dass bei Meinungsverschiedenheiten zunächst möglichst von den Schlichtungsmöglichkeiten der Schlichtungsstelle Gebrauch gemacht wird.

Die Inanspruchnahme des Rechtsweges oder die Einleitung anderer Schritte bleiben unberührt.

8. Überprüfung der Vereinbarung

Die Verbändevereinbarung soll zunächst bis zum 30.9.2001 gelten.

Die beteiligten Verbände sind sich darin einig, dass der Netzzugang auch in der Folgezeit auf der Grundlage der zwischen ihnen vereinbarten Grundsätze stattfinden soll.

9. Anlagen :
- Kompatibilität,
- Bilanzausgleich,
- Endverteilung.
- Begriffsbestimmungen/Definitionen (werden noch zwischen den Parteien abgestimmt.)
- Stufenplan zur unverzüglichen Weiterbehandlung der Verbändevereinbarung zum Netzzugang bei Erdgas.

Unterschrieben im Beisein des Bundesministers für Wirtschaft und Technologie
Dr. Werner Müller

Bundesverband der Deutschen Industrie e.V. (BDI)
Bundesverband der deutschen Gas- und Wasserwirtschaft e.V. (BGW)
Verband der Industriellen Energie- und Kraftwirtschaft e.V. (VIK)
Verband kommunaler Unternehmen e.V. (VKU).

Anlage

Kompatibilität

Die Anforderungen an die Beschaffenheit des Erdgases ergeben sich aus den Technischen Regeln des DVGW-Regelwerkes. Soweit das zum Transport vorgesehene Erdgas des Kunden aus Gründen der Sicherheit, Anwendungstechnik und Abrechnung mit den jeweiligen tatsächlichen Verhältnissen in den relevanten Netzteilen des Netzbetreibers nicht kompatibel ist, gilt Ziffer 2.

1. Kompatibilität ohne zusätzliche Angleichungs- oder Umwandlungsmaßnahmen
Die Kompatibilität des zum Transport vorgesehenen Erdgases des Kunden im Sinne dieser Anlage ist gegeben, wenn der Kunde
   - es mit einer Spezifikation zur Übergabe anstellt, die für den Transport des Erdgases zur Ausspeisestelle keine im Vergleich zum bestehenden Zustand zusätzliche Angleichungs- oder Umwandlungsmaßnahmen durch den Netzbetreiber an die jeweiligen Gegebenheiten und Verhältsnisse in den relevanten Netzteilen erfordert (z.B. wenn die Erfordernisse nach G 260 und G 685 nicht verletzt werden) und
   - es an der Einspeisestelle mit einem Druck anstellt, der es ermöglicht, das Gas ohne zusätzliche Maßnahmen durch den Netzbetreiber ins Netz zu übernehmen.
Die Nämlichkeit des Gases braucht bei der Ausspeisung nicht gewahrt zu werden.

2. Herstellung der Kompatibilität durch Angleichungs- oder Umwandlungsmaßnahmen
Ist die Kompatibilität des zu transportierenden Erdgases des Kunden im Sinne dieser Anlage aus Sicht des Netzbetreibers nicht gegeben, wird dies dem Kunden gegenüber begründet bzw. nachgewiesen. Der Netzbetreiber wird in diesem Fall soweit möglich dem Kunden ein Angebot zur Herstellung der Kompatibilität und zu dem dafür zu zahlenden angemessenen und wettbewerbsfähigen Preis unterbreiten, um den Transport des Erdgases zu ermöglichen. Ist ihm ein solches Angebot nicht möglich, wird der Netzbetreiber dem Kunden auf dessen Wunsch die Hinderungsgründe erläutern. Bei Meinungsverschiedenheiten über diesbezügliche Kompatibilitätsfragen kann die Schlichtungsstelle gemäß Ziffer 7 angerufen werden.

Anlage

Bilanzausgleich

Angestrebt wird grundsätzlich die zeitgleiche Ein- und Ausspeisung durch Maßnahmen des Kunden zur Anpassung von Ein- und Ausspeisung.

Aufgrund unvermeidbarer, strukturell nicht planbarer Lastschwankungen kann es sich ergeben, dass die Zeitgleichheit von Ein- und Ausspeisung nicht erreicht werden kann. Hierfür wird dem Kunden zur Erleichterung der Anpassung die nachstehend beschriebene Flexibilität eingeräumt:

I. Flexibilität

Die kumulierten Differenzen zwischen den Einspeise- und den Ausspeisemengen dürfen zu keinem Zeitpunkt größer als 15 % der maximalen Tagesmenge sein. Diese maximale Tagesmenge wird gebildet aus der maximal nutzbaren Stundenleistung gemäß Ziffer 6.1 x 24. Die Ein- und Ausspeisung der benötigten Tagesmengen sollte möglichst gleichmäßig über den Tag erfolgen.

Wird eine Flexibilität bei der stündlichen Einspeisung verlangt, gilt folgendes:Die Differenz zwischen den Einspeise- und Ausspeisemengen darf bezogen auf die Stunde nicht größer als 15 % der vom Kunden maximal nutzbaren Stundenleistung gemäß Ziffer 6.1 sein. Eine Abweichung von maximal 15 % kann sowohl in einer im Vergleich zur Ausspeisung höheren Einspeisung als auch in einer im Vergleich zur Einspeisung höheren Ausspeisung bestehen.

In keinem Fall darf die maximal nutzbare Stundenleistung gemäß den Bedingungen in Ziff. 6.1 überschritten werden.

II. Überschreitung der Flexibilitätsgrenzen

Werden die kumulierte Differenz in Höhe von maximal 15 % gemäß Ziff. I Absatz 1 und/oder die stündliche Differenz in Höhe von maximal 15 % gemäß Ziff. I Absatz 2 überschritten, so ist die Überschreitungsmenge jeweils von dem Kunden mit dem Preis [A] zu bezahlen oder ihm vom Netzbetreiber mit dem Preis [B] zu vergüten (die Preise A und B werden im individuellen Transportvertrag geregelt). Die Abrechnung erfolgt jeweils am Monatsende..

Werden die vorstehenden Regelungen gemäß Ziff. I von dem Kunden nicht eingehalten, kann der Netzbetreiber die Einrichtung technischer Maßnahmen zu Lasten des Kunden verlangen, die die Einhaltung dieser Regelungen gewährleisten.

Befürchtet der Netzbetreiber aufgrund der Nichteinhaltung der vorstehenden Regelungen durch den Kunden nicht unerhebliche Beeinträchtigungen der Netzanlagen, der Rechte Dritter oder der Versorgungssicherheit, so ist der Netzbetreiber insoweit zur Reduzierung oder Einstellung des Transports für den Kunden berechtigt, als dies den regelwidrigen Zustand beseitigt.

III. Monatsabrechnung innerhalb des Flexibilitätsbandes

Auch die Differenzmenge, die am Monatsende innerhalb des Differenzbandes von 15 % besteht, wird am Monatsende abgerechnet und ist entsprechend der Regelung in Ziff. II vom Kunden zu bezahlen oder ihm vom Netzbetreiber zu vergüten.

IV. Geltungsbereich des Bilanzausgleichs

Die Flexibilitätsregelung in Ziff. I gilt aus steuerungstechnischen Gründen nur ab einer vereinbarten Transportentfernung von mindestens 100 km und setzt geeignete Einrichtungen beim Kunden zur Fernübertragung der für Kontrolle und Abrechnung erforderlichen Daten voraus. Bei einer geringeren vereinbarten Transportentfernung ist zu klären, inwieweit gleichwohl eine gegenüber 15 % reduzierte Differenz angeboten werden kann.

Anlage Beispiel für Entgelte in der Endverteilungsstufe

Jahresmenge kWh	Arbeitspreis Pf/kWh	Benutzungs- stunden	Mischpreis Pf/kWh
1.000.000	0,471	4.000	1,124
10.000.000	0,319	4.500	0,832
100.000.000	0,166	5.000	0,342
200.000.000	0,120	6.000	0,267

Arbeitspreis:
Entgelt = 13 - 0,7 ln (x) in Pf/m 3 ; x in m3
Funktion gilt bis zu einer Menge von 1 Mrd. kWh/a

Leistungspreis: Entgelt = 280 - 0,17 z in DM/m3/h ; z in m3/h
Für Leistungen über 1100 m3/h gilt: LE = 93 DM/m3/h
[Brennwert 10,57 kWh/m3]

Die Systemdienstleistung (SDL) beträgt 106 DM/Kontakt. Im Sonderkundenbereich werden zwölf Kontakte pro Jahr angesetzt.

Anlage

Stufenplan zur unverzüglichen Weiterbehandlung der Verbändevereinbarung zum Netzzugang bei Erdgas

Die jetzt abgeschlossene Verbändevereinbarung stellt in wesentlichen Punkten eine Weiterentwicklung des Eckpunktepapiers vom 17. März 2000 dar.

Sie umfaßt z.B. Regelungen zu folgenden Punkten:
-   Kompatibilität von Gasbeschaffenheiten
-   technischer Netzzugang
-   Ausgleich von Differenzen zwischen Ein- und Ausspeisung (Bilanzausgleich)
-   Veröffentlichung wesentlicher geschäftlicher Bedingungen
-   Angaben zur Beantwortung von Netzzugangsanfragen
-   Transparenz des Erdgasleitungssystems
-   Laufzeit der Netzzugangsverträge
-   konkrete Entgeltmodelle für den Netzzugang
-   - Schlichtungsstelle.

Damit ist eine wichtige Grundlage für den Gas-zu-Gas-Wettbewerb auf der Basis des verhandelten Netzzugangs geschaffen.

Entsprechend dem Schreiben der beteiligten Verbände an den Bundeswirtschaftsminister vom 9. März 1999 soll die Vereinbarung die Kriterien marktwirtschaftlich, wettbewerbsfähig, fair, transparent und einfach erfüllen und damit auch einen Beitrag zur Entwicklung einer Börse für den Handel mit Erdgas leisten.

Die Verbände haben Einigkeit darüber erreicht, folgende Schwerpunkte zügig weiterzuverhandeln:
-   Weiterentwicklung und Vereinfachung des Netzzugangs und der Entgeltmodelle
-   technische Rahmenbedingungen
-   Umsetzung von Regelungen auf EU-Ebene zu LNG-Anlagen, Mischanlagen und sonstigen Einrichtungen unter Einbeziehung der nationalen Gesetzgebung
-   kommerzieller Speicherzugang
-   Maßnahmen zum Anschluß von nicht leistungsgemessenen Kunden (HuK-Kunden)
-   Aktualisierung der digitalisierten Netzkarte
-   Engpaßmanagement - Unterstützung der Börsenfähigkeit des Erdgashandels
-   Definitionen/Begriffsbestimmungen

15.6 Erster Nachtrag vom 15. März 2001 zur Verbändevereinbarung für Erdgas

(Auch als pdf-Datei unter: www.bundesverband-gas-und-wasser.de/ bgw/presse/nachtrag.pdf)

zwischen den Verbänden
- Bundesverband der Deutschen Industrie e.V. - BDI, Berlin
- VIK-Verband der Industriellen Energie- und Kraftwirtschaft e.V., Essen
- Bundesverband der deutschen Gas- und Wasserwirtschaft. e.V. - BGW, Berlin
- Verband kommunaler Unternehmen e.V. - VKU, Köln

Die vorgenannten Verbände haben sich auf den nachfolgenden ersten Nachtrag zur Verbändevereinbarung zum Netzzugang bei Erdgas vom 4. Juli 2000 geeinigt:
-   Verbesserte Transparenz und Vereinfachung des Netzzugangs
-   Kommerzieller Speicherzugang
-   Bilanzausgleich
-   Engpassmanagement.

Dieser 1. Nachtrag regelt Einzelheiten zu diesen Themen und tritt mit Wirkung vom 1. April 2001 in Kraft. Er ist integraler Bestandteil der Verbändevereinbarung Erdgas vom 4. Juli 2000.

Dieser 1. Nachtrag gilt zwischen den Unterzeichnerverbänden bis zu einer einvernehmlichen Neufassung nach einer weiteren Verhandlungsstufe als verbindlich verhandelt. Er kann nur einvernehmlich aufgehoben werden. Die einzelnen Mitgliedsunternehmen der Verbände sind jedoch frei, bilateral auf dem Verhandlungswege einvernehmlich für bestimmte Sachfragen neue bzw. von diesen Ergänzungen abweichende Lösungen zu vereinbaren.

Die Verbände verpflichten sich, entsprechend dem in der Verbändevereinbarung Erdgas vom 4.7.2000 vereinbarten Stufenplan die restlichen Punkte zügig weiter zu verhandeln und fristgerecht abzuarbeiten. Dies gilt insbesondere für die dem Bundeswirtschaftsministerium zugesagten Themenbereiche

- Weiterentwicklung und Vereinfachung des Netzzugangs und der Entgeltmodelle, die bis zum 31. Juli 2001 erarbeitet werden sollen;

- Maßnahmen zum Anschluß von nicht leistungsgemessenen Kunden (HuK-Kunden). Hierzu werden die Ergebnisse der von BGW und VKU vergebenen Gutachten zum 30.9.2001 vorgelegt, auf deren Basis transparente und verlässliche Verfahren zur Öffnung des HuK-Marktes erarbeitet werden. Die Verbände gehen davon aus, dass die Umsetzung in die Praxis Anfang 2002 erfolgt.

1. Verbesserte Transparenz und Vereinfachung des Netzzugangs

1.1 Abgrenzung der Entgeltstufen

Für die in der Verbändevereinbarung Erdgas vom 4. Juli 2000 vereinbarten Netzzugangsmodelle und -entgelte ist eine Aufteilung des Netzzugangs auf Vertragsbasis für die überregionale Ferngasversorgung, die regionale Ferngasversorgung sowie die Endverteilung vereinbart worden. Zur Abgrenzung dieser Entgeltmodelle sowie der erforderlichen klaren Zuordnung der anzuwendenden Entgelte auf die oben genannten drei Bereiche verpflichten sich die Unternehmen der Gaswirtschaft, zukünftig eine verbesserte Transparenz sicherzustellen. Dabei sind diskriminierende oder sachlich nicht begründete Optimierungen bei der Zuordnung zu den Entgeltstufen auszuschließen. Zu diesem Zweck werden BGW und VKU schnellstmög-lich einen Vorschlag zur Abgrenzung vorlegen. Dieser soll eine klare Zuordnung ermöglichen, die auch für Dritte erkennbar macht, welches Entgeltmodell in einem konkreten Netzzugangsfall jeweils zur

Anwendung kommt. Nach einvernehmlicher Abstimmung dieses Vorschlages mit BDI/VIK wird bis spätestens 30.06.01 ein entsprechender Nachtrag zur Verbändevereinbarung verabschiedet.

1.2 Entgeltberechnung

Auf der selben Entgeltstufe erfolgt keine Addition von Transportbriefmarken bei der Berechnung von individuellen Netzzugangsentgelten.

1.3 Transport durch mehrere Erdgasnetze

Die Verbände werden darauf hinwirken, dass Netzbetreiber organisatorische Hilfestellung gegen Entgelt bei der Anbahnung von Transporten durch mehrere Netze durchführen; damit soll sichergestellt werden, dass wenn mehrere Stufen oder einzelne Netze von mehreren Netzbetreibern in Anspruch genommen werden, dieses Netzzugangsbegehren durch einen kompetenten Dienstleister, ein kompetentes GVU oder einen kompetenten Netzbetreiber abgewickelt werden kann.

2. Kommerzieller Speicherzugang

2.1 Kommerzieller Speicherzugang und geografische Lage der Speicher

Die überregionalen Ferngasunternehmen BEB, Ruhrgas, Thyssengas, VNG und Wingas werden mit Wirkung zum 30.Juni 2001 im Zusammenhang mit dem Netzzugang auch Dritten den kommerziellen Zugang zu allen ihren freien Speicherkapazitäten nach Maßgabe der von ihnen zu veröffentlichenden wesentlichen geschäftlichen Bedingungen gewähren.

Die nachfolgend aufgeführten einzelnen Speicherstandorte bzw. technischen Informationen dieser im Eigentum der fünf oben genannten Ferngasunternehmen stehenden Speicher basieren auf den vom Niedersächsischen Landesamt für Bodenforschung, Hannover im Internet veröffentlichten Daten (Stand: Februar 2001).

Speicher - Standort	Betreiber Eigentümer	Speichertyp	Speichervolumen (Mio m^3)	Max. Arbeits-Gasmenge (Mio m^3)	Max. Entnahmerate (1.000 m^3/h)
Bad Lauchstädt	VNG	16 Kavernen	804	705	833,0
Bad Lauchstädt	VNG	Erdgasfeld	657	426	238
Bernburg	VNG	27 Kavernen	937	830	1.250
Bierwang b. München	Ruhrgas	Erdgasfeld	2.457	1.300	1.200
Buchholz b. Potsdam	VNG	Aquifer	210	160	100
Burggraf Bernsdorf b. Naumburg	VNG	stilllgelegtes Bergwerk	5,1	3,4	40
Dötlingen b. Oldenburg	BEB	Erdgasfeld	4.383	2.025	840
Epe b. Münster	Ruhrgas	32 Kavernen	2.250	1.600	2.000
Epe b. Münster	Thyssengas	5 Kavernen	245	192	380
Eschenfelden b. Nürnberg	Ruhrgas	Aquifer	168	72	130
Hähnlein b. Darmstadt	Ruhrgas	Aquifer	160	80	100
Harsefeld	BEB	2 Kavernen	186	140	300
Ketzin b. Potsdam	VNG	Aquifer	271	135	79
Kirchheiligen b. Mühlhausen	VNG	Erdgasfeld	250	200	187
Rehden b. Diepholz	WINGAS	Erdgasfeld	7.000	4.200	2.400
Stockstadt b. Darmstadt	Ruhrgas	Erdgasfeld	94	45	} 135
Stockstadt b. Darmstadt	Ruhrgas	Aquifer	180	90	
Uelsen	BEB	Erdgasfeld	1.220	660	310
Xanten am Niederrhein	Thyssengas	8 Kavernen	225	195	280

BGW/VKU werden darauf hinwirken, dass noch weitere - als die bereits genannten - Speicherbetreiber ihre Speicher für den kommerziellen Speicherzugang zur Verfügung stellen (z.b. Hamburger Gaswerke GmbH).

Speicher im Sinne dieser Vereinbarung sind Hohlraum- und Porenuntergrundspeicher zur Lagerung von Erdgas. Zum Speicherbetrieb gehören auch die erforderlichen Anschlußleitungen des Speichersystems an das Gastransportnetz und Nebeneinrichtungen auf dem Gelände des Speichers. Ausgenommen sind Speicher oder Teile von Speichern, die im Rahmen der Gewinnungstätigkeit, z.B. für die Einlagerung von Sauergas und Gasmengen aus niederpermeablen Produktionsbohrungen genutzt werden.

Freie Speicherkapazität ist die dem Speicherbetreiber zur Verfügung stehende technische Speicherkapazität abzüglich der vertraglich für Dritte oder das eigene/oder verbundene Unternehmen vorzuhaltenden Speicherkapazität. BGW/VKU sichern zu, dass alle im Zusammenhang mit dem Speicherzugang verknüpften Bedingungen diskriminierungsfrei auch von den Handelsfunktionen eines vertikal integrierten GVUs eingehalten werden müssen.

Eingelagerte Mengen unterliegen im Rahmen des abzuschließenden Speichervertrages der uneingeschränkten Verfügungsgewalt des Speicherkunden.

2.2 Entgeltfindungskriterien

Bei dem Angebot des kommerziellen Speicherzugangs können die Speicherbetreiber, bzw. die jeweiligen Unternehmen, die über Speicherkapazitäten verfügen, gesonderte Entgelte als Marktpreise für die einzelnen Leistungskomponenten in Ansatz bringen. Diese vergleichbaren Leistungskomponenten können sich aus nachfolgenden Entgeltkomponenten zusammensetzen:
- bestellte Einspeicherleistung [DM / Nm³ / h]
- Kompressorarbeit [DM / kWh oder DM/ Nm³]
- bestellte Arbeitskapazität [DM / Nm³]
- bestellte Ausspeicherkapazität [DM / Nm³ / h]
- Systemdienstleistungen [DM/Speichervertrag]
- An- und Abtransport des Gases zum und vom Speicher [DM / Nm³ / h / km]

In diesen Entgelten sind sämtliche Aufwendungen einschließlich Kissengas und Speicherverluste enthalten.

Für die Laufzeit der Speicherverträge gilt Punkt 4. "Laufzeit der Netzzugangsverträge" der Verbändevereinbarung Erdgas vom 4. Juli 2000 entsprechend.

Speicherbetreiber stellen dem Kunden - soweit vorhanden - die für eine Steueranmeldung nach dem Mineralölsteuergesetz erforderlichen Daten zur Verfügung.

2.3 Angemessenheit der Entgeltfindung

Die Parteien der Verbändevereinbarung gehen davon aus, dass sich Marktpreise für den kommerziellen Speicherzugang bilden werden. Soweit dies nicht der Fall ist, muss eine Arbeitsgruppe der Verbände über die Angemessenheit der Entgeltfindung beraten.

Für den Fall, dass BDI/VIK die von dem Speichereigentümer geforderten Speicherentgelte nicht für angemessene Marktpreise hält, vereinbaren die Verbände eine Revisionsmöglichkeit. Die Verbände werden in diesem Falle dann zusammen über die Angemessenheit der berechneten Entgeltkomponenten beraten und anschließend einvernehmlich auf der Basis betriebswirtschaftlicher Grundsätze neue Entgeltregeln vereinbaren. Diese Revisionsklausel kann frühestens zum 30. September 2001 von BDI/VIK in Anspruch genommen werden.

2.4 Art des Speicherzugangs

Die fünf o.g. überregionalen Ferngasunternehmen werden den kommerziellen Speicherzugang virtuell und/oder physisch gewähren.

3. Bilanzausgleich

Sowohl der kommerzielle Speicherzugang als auch der Bilanzausgleich bieten dem Netzzugangskunden die Möglichkeit erhöhter Flexibilität zum Ausgleich von Gasmengendifferenzen zwischen Ein- und Ausspeisepunkt. Auf Grundlage der nachfolgenden Regelungen erfolgt eine Klarstellung sowie Erweiterung des in der Verbändevereinbarung vom 4. Juli 2000 vorgesehenen Bilanzausgleichs:

3.1 Ergänzung bzw. Änderung der Anlage Bilanzausgleich der VV Gas v. 4. Juli 2000

Abschnitt I. Flexibilität, 2. Absatz, Satz 1 erhält folgende neue Fassung:

"Verlangt der Netzzugangskunde Flexibilität bei der stündlichen Einspeisung, gilt folgendes:

Die Differenz zwischen den Einspeise- und Ausspeisemengen darf bezogen auf die Stunde nicht größer als 15 % der vom Kunden maximal nutzbaren Stundenleistung gemäß Ziffer 6.1 sein. Eine Abweichung von maximal 15 % kann sowohl in einer im Vergleich zur Ausspeisung höheren Einspeisung als auch in einer im Vergleich zur Einspeisung höheren Ausspeisung bestehen.In keinem Fall darf die maximal nutzbare Stundenleistung gemäß den Bedingungen in Ziff. 6.1 überschritten werden."

3.2 Verhältnis zum Speicherzugang

Der Bilanzausgleich entsprechend Anlage Bilanzausgleich der Verbändevereinbarung Gas v. 4. Juli 2000 ist im veröffentlichten Netzzugangsentgelt der Netzbetreiber auf der Stufe der Überregionalen Ferngasunternehmen enthalten und unabhängig vom Speicherzugang.

3.3 Erweiterung des Bilanzausgleichs

Der über die in der Anlage Bilanzausgleich hinausgehende, vom Netzzugangskunden gewünschte erweiterte Bilanzausgleich wird entgeltlich innerhalb einer bestimmten Bandbreite, z.B. durch virtuellen Speicherzugang angeboten. Zu der Regelung der Schnittstelle zwischen Bilanzausgleich und kommerziellem virtuellem oder physischen Speicherzugang sind in den bis zum 30.6.2001 zu veröffentlichenden wesentlichen geschäftlichen Bedingungen Regelungen zu treffen.

Falls der nach VV vereinbarte unentgeltliche Bilanzausgleich nicht ausreicht, wird von den Netzbetreibern gemäß der Speicherregelung entgeltlich ein erweiterter Bilanzausgleich angeboten. Im Rahmen dieses erweiterten Bilanzausgleichs werden Gasmengendifferenzen, die über den allgemeingültigen Bilanzausgleich hinausgehen, ausgeglichen. Dadurch entfällt für den Kunden die Verpflichtung, die nach VV Anhang "Bilanzausgleich" ermittelte Überschreitungsmenge mit dem "Preis [A]" zu bezahlen und Überschussmengen, gemessen zwischen Ein- und Ausspeisemenge oberhalb des Bilanzausgleichs an den Netzbetreiber zum "Preis [B]" zu verkaufen.

3.4 Monatliche Mengenbilanz

Der Speicherbetreiber übergibt dem Speicherkunden im Rahmen der abgegoltenen Speichersystemdienstleistung eine monatliche schriftliche Mengenbilanz, aus der ersichtlich ist, welche Speichergasmengen sich zu seiner Verfügungsgewalt im virtuellen/physischen Speichersystem befinden.

4. Engpassmanagement

Alle Netzbetreiber in Deutschland - überregionale Ferngasunternehmen, regionale Ferngasunternehmen und Endverteilungsunternehmen - werden nach folgenden objektiven, transparenten und dsikriminierungsfreien Regeln Netzzugang bei Knappheit von Transportkapazitäten gewähren.

4.1 Kapazitätsbedarf bei Lieferantenwechsel

Beim Wechsel eines Endverbrauchers zu einem neuen Lieferanten, wird bei der Verteilung von Netzkapazitäten gegenüber dem Kunden bzw. dem neuen Lieferanten wiefolgt verfahren:

* Eine aufgrund des Lieferantenwechsels des Endkunden
* gegebenenfalls nicht mehr beanspruchte Kapazitätsbuchung oder
* eine entsprechende Kapazität im Endverteilernetz oder
* eine dem Endkunden zuzuordnende Kapazität in einer Stichleitung zu diesem Kunden

muss vorrangig zur Deckung des durch den Lieferantenwechsel entstehenden Kapazitätsbedarfs des Endkunden zur Verfügung gestellt werden.

4.2 Engpass der Transportkapazität und Transparenz

Ein Engpass der Transportkapazität ist dann gegeben, wenn bei Vorliegen konkurrierender vollständiger Netzzugangsanfragen nur eine beschränkte und damit insgesamt zur Deckung aller Anfragen auf der angefragten Transportstrecke bzw. in den relevanten Netzteilen nicht ausreichende freie Transportkapazität zur Verfügung steht. Die freie Transportkapazität wird ermittelt, indem von der jeweils für den Netzbetreiber verfügbaren technischen Transportkapazität die bereits für Dritte oder das eigene/verbundene Unternehmen vorzuhaltende Transportkapazität abgezogen wird.

Der jeweilige Netzbetreiber wird dem von dem Engpass bezüglich der Transportkapazität jeweils betroffenen Netzzugangsinteressenten den Engpass unter Angabe der technischen Kapazität und der Summe der Buchungen auf diesem Leitungsabschnitt schriftlich mitteilen. Eine Veröffentlichung im Internet steht einer schriftlichen Mitteilung gleich. Die Verbände wirken darauf hin, dass die Transparenz, insbesondere bei Engpässen, verbessert wird.

4.3 Allokationsverfahren

Liegt ein Engpass von Transportkapazitäten vor, wird der Netzbetreiber die Allokation der knappen Kapazität nach dem von ihm zuvor veröffentlichten Verfahren vornehmen. Hierzu stehen dem Netzbetreiber folgende Verfahren zur Verfügung:

4.3.1 Allokation nach dem Grundsatz "first committed - first served"

4.3.2 Unterscheiden sich die Netzzugangsanfragen hinsichtlich der nachgefragten Leistungen (z.B. Transportkapazität, Laufzeit etc.) wird der Netzbetreiber mit den Interessenten parallel über die Konditionen zur Erbringung der Leistungen verhandeln. Der Netzbetreiber wird den Zuschlag dem aus seiner Sicht jeweils wirtschaftlich günstigsten Angebot innerhalb einer angemessenen Frist erteilen und die übrigen Bewerber über die Entscheidung informieren.

4.4 Unterbrechbare Netzzugangsverträge bei Kapazitätsengpässen

Besteht keine freie Transportkapazität zur vollständigen Deckung eines der Netzzugangsanfrage zugrundeliegenden Transportbegehrens, hat der nachfragende Netzzugangsinteressent einen Anspruch auf das Angebot eines durch den Netzbetreiber unterbrechbaren Netzzugangsvertrages.

Bundesverband der Deutschen Industrie e.V. (BDI), Bundesverband der deutschen Gas- und Wasserwirtschaft e.V. (BGW), Verband der Industriellen Energie- und Kraftwirtschaft e.V. (VIK), Verband kommunaler Unternehmen e.V. (VKU)

Hamburg, den 15. März 2001

15.7 Zweiter Nachtrag vom 21. September 2001 zur Verbändevereinbarung für Erdgas

zwischen den Verbänden
Bundesverband der Deutschen Industrie e.V. - BDI, Berlin
VIK-Verband der Industriellen Energie- und Kraftwirtschaft e.V., Essen
Bundesverband der deutschen Gas- und Wasserwirtschaft e.V. – BGW, Berlin
Verband kommunaler Unternehmen e.V. – VKU, Köln

Die vorgenannten Verbände haben sich auf den nachfolgenden 2. Nachtrag zur Verbändevereinbarung zum Netzzugang bei Erdgas vom 4. Juli 2000 mit folgenden Regelungen geeinigt:

- Technische Rahmenbedingungen zum Netzzugang bei Erdgas einschließlich der Anlage Abrechnungsmessung und Datenbereitstellung
- Verfahrensregeln zur Durchführung einer Schlichtung
- Einbeziehung der Haushaltskunden in den Gas-zu-Gas-Wettbewerb ab 1. Januar 2002.

Dieser 2. Nachtrag regelt Einzelheiten zu diesen Themen und tritt mit Wirkung vom 21. September 2001 in Kraft. Das Verfahren zur Anwendung von Lastprofilen zur Einbeziehung der Haushaltskunden in den Gas-zu-Gas-Wettbewerb tritt mit einer Test- und Erprobungsphase zum 1. Oktober 2001 in Kraft. Der zweite Nachtrag ist integraler Bestandteil der Verbändevereinbarung Erdgas vom 4. Juli 2000.

Die o.g. Verbände erklären, dass sie das Thema Netzabgrenzung zurückstellen.

Dieser 2. Nachtrag gilt zwischen den Unterzeichnerverbänden bis zu einer einvernehmlichen Neufassung nach einer weiteren Verhandlungsstufe als verbindlich verhandelt. Er kann nur einvernehmlich aufgehoben werden. Die einzelnen Mitgliedsunternehmen der Verbände sind jedoch frei, bilateral auf dem Verhandlungswege einvernehmlich für bestimmte Sachfragen neue bzw. von diesen Ergänzungen abweichende Lösungen zu vereinbaren.

Die Verbände haben damit den in der Verbändevereinbarung Erdgas vom 4. Juli 2000 vereinbarten Stufenplan weitestgehend abgearbeitet. Sie verpflichten sich, in einer weiteren Verhandlungsstufe über Entgeltfindungskriterien und alternative Netzzugangsmodelle zügig zu verhandeln. Hierzu liegt bereits ein Vorschlag von BDI/VIK vom 14.09.2001 vor, der eine der Gesprächsgrundlagen für die weiteren Verhandlungen sein soll. Die Verbändevereinbarung Erdgas vom 4. Juli 2000 bleibt zunächst bis zum 30. April 2002 in Kraft. Am 11. April 2002 wird ein weiteres Spitzengespräch der Verbände stattfinden. Wenn sich konkrete Verbesserungen abzeichnen, werden die Verbände die Vereinbarung zunächst bis zum 30. September 2002 verlängern.

Die vollständige Vereinbarung umfasst 50 Seiten und ist als PDF-Datei über verschiedene Internetseiten zum Herunterladen erhältlich. Zum Beispiel:

über den VIK: http://www.vik-online.de/aktuell/verbaendevereinbarungen/download/pdf/2_Nachtrag_VVGII.pdf

über die IHK Würzburg: http://www.wuerzburg.ihk.de/energie/service/energierecht/2_Nachtrag_VVGII_vom_21092001.pdf

über die FGG EWE: http://www.ewe.de/img/vv2_erdgas.pdf

15.8 Auszüge aus der EU-Richtlinie für Erdgas vom 22. Juni 1998

KAPITEL I

GELTUNGABEREICH UND EGRIFFSBESTIMMUNGEN

Artikel 1

Mit dieser Richtlinie werden gemeinsame Vorschriften für die Fernleitung, die Verteilung, die Lieferung und die Speicherung von Erdgas erlassen. Sie regelt ferner die Organisation und Funktionsweise des Erdgassektors, auch in Bezug auf verflüssigtes Erdgas (LNG), den Marktzugang, den Betrieb der Netze und die Kriterien und Verfahren für die Erteilung von Fernleitungs-, Verteilungs-, Liefer- und Speichergenehmigungen für Erdgas.

Artikel 2

Im Sinne dieser Richtlinie bezeichnet der Ausdruck

1. „Erdgasunternehmen" eine natürliche oder juristische Person, die von den Funktionen Gewinnung, Fernleitung, Verteilung, Lieferung, Kauf oder Speicherung von Erdgas, einschließlich verflüssigtes Erdgas, mindestens eine wahrnimmt und die kommerzielle, technische und/oder wartungsbezogene Aufgaben im Zusammenhang mit diesen Funktionen wahrnimmt, mit Ausnahme der Endverbraucher;

2. „vorgelagertes Rohrleitungsnetz" Rohrleitungen oder ein Netz von Rohrleitungen, deren Betrieb und/oder Bau Teil eines Öl- oder Gasgewinnungsvorhabens ist oder die dazu verwendet werden, Erdgas von einem oder mehreren solcher Vorhaben zu einer Aufbereitungsanlage, zu einem Terminal oder zu einem an der Küste gelegenen Endanlandeterminal zu leiten;

3. „Fernleitung" den Transport von Erdgas durch ein Hochdruckfernleitungsnetz, mit Ausnahme von vor-gelagerten Rohrleitungsnetzen, im Hinblick auf die Versorgung von Kunden;

4. „Fernleitungsunternehmen" eine natürliche oder juristische Person, die die Funktion der Fernleitung wahrnimmt;

5. „Verteilung" den Transport von Erdgas über örtliche oder regionale Leitungsnetze im Hinblick auf die Versorgung von Kunden;

6. „Verteilerunternehmen" eine natürliche oder juristische Person, die die Funktion der Verteilung wahrnimmt;

7. „Versorgung" die Lieferung und/oder den Verkauf von Erdgas, einschließlich verflüssigtes Erdgas, an Kunden;

8. „Versorgungsunternehmen" eine natürliche oder juristische Person, die die Funktion der Versorgung wahrnimmt;

9. „Speicheranlage" eine einem Erdgasunternehmen gehörende und/oder von ihm betriebene Anlage zur Speicherung von Erdgas, mit Ausnahme des Teils, der für eine Gewinnungstätigkeit genutzt wird;

10. „Speicherunternehmen" eine natürliche oder juristische Person, die die Funktion der Speicherung wahrnimmt;

11. „LNG-Anlage" eine Kopfstation zur Verflüssigung von Erdgas oder zur Entladung, Speicherung und Wiederverdampfung von verflüssigtem Erdgas;

12. „Netz" alle Fernleitungs- und/oder Verteilernetze und/oder LNG-Anlagen, die einem Erdgasunternehmen gehören und/oder von ihm betrieben werden, einschließlich seiner Anlagen, die zu Hilfsdiensten eingesetzt werden, und der Anlagen verbundener Unternehmen, die für den Zugang zur Fernleitung und Verteilung erforderlich sind;

13. „Verbundnetz" eine Anzahl von Netzen, die miteinander verbunden sind;

14. „Direktleitung" eine zusätzlich zum Verbundnetz errichtete Erdgasleitung;

15. „integriertes Erdgasunternehmen" ein vertikal oder horizontal integriertes Unternehmen;

16. „vertikal integriertes Unternehmen" ein Erdgasunternehmen, das mindestens zwei der folgenden Funktionen wahrnimmt: Gewinnung, Fernleitung, Verteilung, Lieferung oder Speicherung von Erdgas; 17. „horizontal integriertes Unternehmen" ein Unternehmen, das von den Funktionen Gewinnung, Fernleitung, Verteilung, Lieferung oder Speicherung von Erdgas mindestens eine wahrnimmt und außerdem eine weitere Tätigkeit außerhalb des Gasbereichs ausübt;

18. „verbundenes Unternehmen" ein verbundenes Unternehmen im Sinne von Artikel 41 der Siebenten Richtlinie 83/349/EWG des Rates vom 13. Juni 1983 aufgrund von Artikel 54 Absatz 3 Buchstabe g) des Vertrages über den konsolidierten Abschluß und/ oder ein assoziiertes Unternehmen im Sinne von Artikel 33 Absatz 1 derselben Richtlinie und/oder ein Unternehmen, das denselben Aktionären gehört;

19. „Netzbenutzer" jede natürliche oder juristische Person, die in das Netz einspeist oder daraus versorgt wird;

20. „Kunden" Erdgasgroßhändler oder –endverbraucher und Erdgasunternehmen, die Erdgas kaufen;

21. „Endverbraucher" einen Verbraucher, der Erdgas für den Eigenbedarf kauft;

22. „Großhändler" alle natürlichen und juristischen Personen — soweit ihre Existenz von den Mitgliedstaaten anerkannt wird —, die Erdgas kaufen und ver-kaufen, ohne innerhalb oder außerhalb des Netzes, in dem sie eingerichtet sind, eine Fernleitungs- oder Verteilungsfunktion wahrzunehmen;

23. „langfristige Planung" die langfristige Planung der Versorgungs- und Transportkapazitäten von Erdgasunternehmen zur Deckung der Erdgasnachfrage des Netzes, zur Diversifizierung der Versorgungsquellen und zur Sicherung der Versorgung der Kunden;

24. „entstehender Markt" einen Mitgliedstaat, in dem die erste kommerzielle Lieferung aufgrund seines ersten langfristigen Erdgasliefervertrags nicht mehr als zehn Jahre zurückliegt;

25. „Sicherheit" sowohl die Sicherheit der Versorgung mit und Bereitstellung von Erdgas als auch die Betriebssicherheit.

KAPITEL II

ALLGEMEINE VORSCHRIFTEN FÜR DIE ORGANISATION DES SEKTORS

Artikel 3

(1) Die Mitgliedstaaten tragen entsprechend ihrem institutionellen Aufbau unter Beachtung des Subsidiaritätsprinzips dafür Sorge, dass Erdgasunternehmen unbeschadet des Absatzes 2 nach den in dieser Richtlinie festgelegten Grundsätzen und im Hinblick auf die Errichtung eines wettbewerbsorientierten Erdgasmarkts betrieben werden, und dass hinsichtlich der Rechte und Pflichten allen Unternehmen die gleiche Behandlung zuteil wird.

(2) Die Mitgliedstaaten können bei uneingeschränkter Beachtung der einschlägigen Bestimmungen des Vertrags, insbesondere des Artikels 90, den Erdgasunternehmen gemeinwirtschaftliche Verpflichtungen im Allgemeininteresse auferlegen, die sich auf die Sicherheit, einschließlich der Versorgungssicherheit, die Regelmäßigkeit, die Qualität und den Preis der Lieferungen sowie auf den Umweltschutz beziehen können. Diese Verpflichtungen müssen klar definiert, transparent, nichtdiskriminierend und überprüfbar sein; diese gemeinwirtschaftlichen Verpflichtungen sowie deren etwaige Änderungen werden veröffentlicht und der Kommission von den Mitgliedstaaten unverzüglich mitgeteilt. Als Mittel zur Erfüllung der gemeinwirtschaftlichen Verpflichtungen im Bereich der Versorgungssicherheit können die Mitgliedstaaten, die dies wünschen, eine langfristige Planung vorsehen; dabei ist der Möglichkeit Rechnung zu tragen, dass Dritte Zugang zu dem Netz erhalten wollen.

(3) Die Mitgliedstaaten können beschließen, die Regelungen des Artikels 4 in Bezug auf die Verteilung nicht anzuwenden, soweit ihre Anwendung die Erfüllung der den Erdgasunternehmen übertragenen gemeinwirtschaftlichen Verpflichtungen de jure oder de facto verhindern würde und soweit die Entwicklung des Handelsverkehrs nicht in einem Ausmaß beeinträchtigt wird, das den Interessen der Gemeinschaft zuwiderläuft. Zu den Interessen der Gemeinschaft gehört insbesondere der Wettbewerb um zugelassene Kunden in Übereinstimmung mit dieser Richtlinie und mit Artikel 90 des Vertrags.

Artikel 4

(1) In Fällen, in denen eine Genehmigung (z. B. eine Lizenz, Erlaubnis, Konzession, Zustimmung oder Zulassung) für den Bau oder den Betrieb von Erdgasanlagen erforderlich ist, erteilen die Mitgliedstaaten oder eine von ihnen benannte zuständige Behörde nach den Absätzen 2 bis 4 Genehmigungen zum Bau und/oder Betrieb derartiger Anlagen, Leitungen und dazugehöriger Einrichtungen in ihrem Hoheitsgebiet. Die Mitgliedstaaten oder eine von ihnen benannte zuständige Behörde können auf derselben Grundlage ferner Genehmigungen für die Lieferung von Erdgas, auch an Großhändler, erteilen.

(2) Mitgliedstaaten, die über ein Genehmigungssystem verfügen, legen objektive und nichtdiskriminierende Kriterien fest, die ein Unternehmen erfüllen muss, das eine Genehmigung für den Bau und/oder den Betrieb von Erdgasanlagen oder eine Genehmigung für die Lieferung von Erdgas beantragt. Die Kriterien und die nichtdiskriminierenden Verfahren für die Erteilung von Genehmigungen werden spätestens sechs Monate nach Inkrafttreten dieser Richtlinie veröffentlicht.

(3) Die Mitgliedstaaten tragen dafür Sorge, dass die Gründe für die Verweigerung einer Genehmigung objektiv und nichtdiskriminierend sind und dem Antragsteller bekanntgegeben werden. Die Begründung der Verweigerung wird der Kommission zur Unterrichtung mitgeteilt. Die Mitgliedstaaten führen ein Verfahren ein, das dem Antragsteller die Möglichkeit gibt, gegen eine Verweigerung Rechtsbehelfe einzulegen.

(4) Bei der Erschließung neu in die Versorgung einbezogener Gebiete und allgemein im Interesse eines effizienten Betriebs können es die Mitgliedstaaten unbeschadet des Artikels 20 ablehnen, eine weitere Genehmigung für den Bau und den Betrieb von Verteilerleitungsnetzen in einem bestimmten Gebiet zu erteilen, wenn in diesem Gebiet bereits solche Leitungsnetze gebaut wurden oder in Planung sind und die bestehenden oder geplanten Kapazitäten nicht ausgelastet sind.

Artikel 5

Die Mitgliedstaaten tragen dafür Sorge, dass für den Anschluß von LNG-Anlagen und Speicheranlagen, von anderen Fernleitungs- oder Verteilernetzen und von Direktleitungen an das Netz technische Vorschriften mit Mindestanforderungen betreffend Auslegung und Betrieb ausgearbeitet und zur Verfügung gestellt werden. Diese technischen Vorschriften müssen die Interoperabilität der Netze sicherstellen und objektiv und nichtdiskriminierend sein. Sie werden der Kommission gemäß Artikel 8 der Richtlinie 83/189/EWG des Rates vom 28. März 1983 über ein Informationsverfahren auf dem Gebiet der Normen und technischen Vorschriften mitgeteilt.

KAPITEL III

FERNLEITUNG, SPEICHERUNG UND LNG

Artikel 6

Die Mitgliedstaaten treffen die erforderlichen Maßnahmen, um sicherzustellen, dass Fernleitungs-, Speicher- und LNG-Unternehmen die Artikel 7 und 8 einhalten.

Artikel 7

(1) Jedes Fernleitungs-, Speicher- und/oder LNG-Unternehmen hat unter wirtschaftlichen Bedingungen und unter gebührender Beachtung des Umweltschutzes sichere, zuverlässige und leistungsfähige Fernleitungs-, Speicher- und/oder LNG-Anlagen zu betreiben, zu warten und auszubauen.

(2) Die Fernleitungs-, Speicher- und/oder LNG-Unternehmen unterlassen auf jeden Fall jegliche diskriminierende Behandlung von Netzbenutzern oder Kategorien von Netzbenutzern, insbesondere zugunsten ihrer verbundenen Unternehmen.

(3) Jedes Fernleitungs-, Speicher- und/oder LNG-Unter-nehmen erteilt jedem anderen Fernleitungs- und/oder Speicherunternehmen und/oder jedem Verteilerunternehmen ausreichende Informationen, um zu gewährleisten, dass der Transport und die Speicherung von Erdgas in einer mit dem sicheren und leistungsfähigen Betrieb des Verbundnetzes zu vereinbarenden Weise erfolgen kann.

Artikel 8

(1) Unbeschadet des Artikels 12 und sonstiger rechtlicher Verpflichtungen zur Offenlegung von Informationen behandelt jedes Fernleitungs-, Speicher- und/oder LNG-Unternehmen wirtschaftlich sensible Informationen, von denen es bei der Ausübung seiner Geschäftstätigkeit Kenntnis erlangt, vertraulich.

(2) Fernleitungsunternehmen ist es untersagt, wirtschaftlich sensible Informationen, die sie von Dritten im Zusammenhang mit der Gewährung eines Netzzugangs oder mit Verhandlungen hierüber erhalten, beim Verkauf oder Erwerb von Erdgas durch sie selbst oder verbundene Unternehmen zu mißbrauchen.

KAPITEL IV

VERTEILUNG UND VERSORGUNG

Artikel 9

(1) Die Mitgliedstaaten sorgen dafür, dass die Verteilerunternehmen die Artikel 10 und 11 einhalten.

(2) Die Mitgliedstaaten können den Verteiler- und/oder Versorgungsunternehmen die Verpflichtung auferlegen, Kunden in einem bestimmten Gebiet und/oder Kunden einer bestimmten Kategorie zu beliefern. Der Tarif für diese Lieferungen kann festgelegt werden, z. B. um die Gleichbehandlung der Kunden zu gewährleisten.

Artikel 10

(1) Jedes Verteilerunternehmen hat unter wirtschaftlichen Bedingungen und unter gebührender Beachtung des Umweltschutzes ein sicheres, zuverlässiges und leistungsfähiges Netz zu betreiben, zu warten und auszubauen.

(2) Es unterläßt auf jeden Fall jegliche diskriminierende Behandlung von Netzbenutzern oder Kategorien von Netzbenutzern, insbesondere zugunsten seiner verbundenen Unternehmen.

(3) Das Verteilerunternehmen erteilt jedem anderen Verteiler- und/oder Fernleitungsunternehmen und/oder jedem Speicherunternehmen ausreichende Informationen, um zu gewährleisten, dass der Transport von Erdgas in einer mit dem sicheren und leistungsfähigen Betrieb des Verbundnetzes zu vereinbarenden Weise erfolgen kann.

Artikel 11

(1) Unbeschadet des Artikels 12 und sonstiger gesetzlicher Verpflichtungen zur Offenlegung von Informationen behandelt jedes Verteilerunternehmen wirtschaftlich sensible Informationen, von denen es bei der Ausübung seiner Geschäftstätigkeit Kenntnis erlangt, vertraulich.

(2) Verteilerunternehmen ist es untersagt, wirtschaftlich sensible Informationen, die sie von Dritten im Zusammenhang mit der Gewährung eines Netzzugangs oder mit Verhandlungen hierüber erhalten, beim Verkauf oder Erwerb von Erdgas durch sie selbst oder verbundene Unternehmen zu mißbrauchen.

KAPITEL V

ENTFLECHTUNG UND TRANSPARENZ DER BUCHFÜHRUNG

Artikel 12

Die Mitgliedstaaten oder die von ihnen benannten zuständigen Behörden, einschließlich der in Artikel 21 Absatz 2 und Artikel 23 Absatz 3 vorgesehenen Stellen zur Beilegung von Streitigkeiten, haben das Recht auf Einsichtnahme in die Buchführung der Erdgasunternehmen gemäß Artikel 13, die sie für die Erfüllung ihrer Aufgaben einsehen müssen. Die Mitgliedstaaten und die von ihnen benannten zuständigen Behörden, einschließlich der Stellen zur Beilegung von Streitigkeiten, wahren die Vertraulichkeit wirtschaftlich sensibler Informationen. Die Mitgliedstaaten können Ausnahmen vom Grundsatz der Vertraulichkeit vorsehen, wenn dies für die Erfüllung der Aufgaben der zuständigen Behörden erforderlich ist.

Artikel 13

(1) Die Mitgliedstaaten treffen die erforderlichen Maßnahmen, um sicherzustellen, dass die Buchführung der Erdgasunternehmen gemäß den Absätzen 2 bis 5 erfolgt.

(2) Ungeachtet ihrer Eigentumsverhältnisse oder ihrer Rechtsform erstellen und veröffentlichen die Erdgasunternehmen ihre Jahresabschlüsse und lassen diese überprüfen, und zwar gemäß den nationalen Rechtsvorschriften über die Jahresabschlüsse von Gesellschaften, die in Umsetzung der Vierten Richtlinie 78/660/EWG des Rates vom 25. Juli 1978 aufgrund von Artikel 54 Absatz 3 Buchstabe g) des Vertrages über den Jahresabschluß von Gesellschaften bestimmter Rechtsformen erlassen worden sind. Unternehmen, die zur Veröffentlichung ihrer Jahresabschlüsse gesetzlich nicht verpflichtet sind, halten eine Ausfertigung des Jahresabschlusses in ihrer Hauptverwaltung zur Verfügung der Öffentlichkeit.

(3) Zur Vermeidung von Diskriminierungen, Quersubventionen und Wettbewerbsverzerrungen führen integrierte Erdgasunternehmen in ihrer internen Buchführung für ihre Erdgasfernleitungs-,

-verteilungs- und -speicherungstätigkeiten getrennte Konten sowie gegebenenfalls konsolidierte Konten für ihre Tätigkeiten außerhalb des Erdgassektors in derselben Weise, wie sie dies tun müßten, wenn die betreffenden Tätigkeiten von separaten Firmen ausgeführt würden. Diese interne Buchführung enthält für jede Tätigkeit eine Bilanz sowie eine Ergebnisrechnung. Kommt Artikel 16 zur Anwendung und erfolgt der Netzzugang auf der Grundlage einer Gesamtabrechnung für Fernleitung und Verteilung, so können die Konten für Fernleitung und Verteilung zusammengelegt werden.

(4) In der internen Buchführung geben die Unternehmen unbeschadet der innerstaatlich anwendbaren Vorschriften für die Rechnungslegung die Regeln, einschließlich der Abschreibungsregeln, an, nach denen die Gegenstände des Aktiv- und Passivvermögens sowie die ausgewiesenen Aufwendungen und Erträge den gemäß Absatz 3 separat geführten Konten zugewiesen werden. Änderungen dieser Regeln sind nur in Ausnahmefällen zulässig. Diese Änderungen müssen erwähnt und ordnungsgemäß begründet werden.

(5) Im Anhang zum Jahresabschluß sind die Geschäfte größeren Umfangs, die mit verbundenen Unternehmen getätigt worden sind, gesondert aufzuführen.

KAPITEL VI

NETZZUGANG

Artikel 14

Für den Netzzugang können die Mitgliedstaaten eines der in den Artikeln 15 und 16 genannten Systeme oder beide Systeme wählen. Diese Systeme werden nach objektiven, transparenten und nichtdiskriminirenden Kriterien gehandhabt.

Artikel 15

(1) Beim Netzzugang auf Vertragsbasis treffen die Mitgliedstaaten die erforderlichen Maßnahmen, damit die Erdgasunternehmen und die zugelassenen Kunden, die sich innerhalb oder außerhalb des Verbundnetzgebiets befinden, einen Netzzugang aushandeln können, um untereinander Lieferverträge auf der Grundlage freiwilliger kommerzieller Vereinbarungen schließen zu können. Die Parteien müssen dazu verpflichtet werden, den Netzzugang nach dem Grundsatz von Treu und Glauben auszuhandeln.

(2) Die Verträge für den Netzzugang müssen mit den betreffenden Erdgasunternehmen ausgehandelt werden. Die Mitgliedstaaten verlangen, dass die Erdgasunternehmen innerhalb des ersten Jahres nach dem Beginn der Anwendung dieser Richtlinie und in der Folge einmal jährlich ihre wesentlichen geschäftlichen Bedingungen für die Nutzung des Netzes veröffentlichen.

Artikel 16

Die Mitgliedstaaten, die sich für ein System mit geregeltem Netzzugang entscheiden, treffen die erforderlichen Maßnahmen, um den Erdgasunternehmen und den zugelassenen Kunden, die sich innerhalb oder außerhalb des Verbundnetzgebiets befinden, auf der Grundlage veröffentlichter Tarife und/oder sonstiger Bedingungen und Verpflichtungen für die Nutzung des Netzes ein Netzzugangsrecht zu gewähren. Dieses Recht auf Zugang kann den zugelassenen Kunden dadurch gewährt werden, dass es ihnen ermöglicht wird, Versorgungsverträge mit anderen konkurrierenden Erdgasunternehmen als dem Eigentümer und/oder Betreiber des Netzes oder einem verbundenen Unternehmen zu schließen.

Artikel 17

(1) Erdgasunternehmen können den Netzzugang verweigern, wenn sie nicht über die nötige Kapazität verfügen oder der Netzzugang sie daran hindern würde, die ihnen auferlegten gemeinwirt-

schaftlichen Verpflichtungen gemäß Artikel 3 Absatz 2 zu erfüllen, oder in Bezug auf die in Artikel 25 festgelegten Kriterien und Verfahren und die von dem Mitgliedstaat gemäß Artikel 25 Absatz 1 gewählte Alternative aufgrund von Verträgen mit unbedingte Zahlungsverpflichtung ernsthafte wirtschaftliche und finanzielle Schwierigkeiten bestehen. Die Verweigerung ist ordnungsgemäß zu begründen.

(2) Die Mitgliedstaaten können die erforderlichen Maßnahmen ergreifen, um zu gewährleisten, dass Erdgasunternehmen, die den Netzzugang aufgrund unzureichender Kapazität oder eines mangelnden Netzverbunds verweigern, für den erforderlichen Ausbau Sorge tragen, soweit dies wirtschaftlich vertretbar ist oder wenn ein potentieller Kunde bereit ist, hierfür zu zahlen. In den Fällen, in denen die Mitgliedstaaten Artikel 4 Absatz 4 anwenden, ergreifen sie diese Maßnahmen.

Artikel 18

(1) Die Mitgliedstaaten benennen die zugelassenen Kunden; unter „zugelassenen Kunden" sind die Kunden in ihrem Hoheitsgebiet zu verstehen, die die Rechts- und Geschäftsfähigkeit haben, nach den Artikeln 15 und 16 Erdgaslieferverträge zu schließen, wobei alle in Absatz 2 genannten Kunden einzubeziehen sind.

(2) Die Mitgliedstaaten treffen die erforderlichen Maßnahmen, um sicherzustellen, dass zumindest die folgenden Kunden als zugelassene Kunden benannt werden:

— Betreiber von gasbefeuerten Stromerzeugungsanlagen, und zwar unabhängig von ihrem Jahresverbrauch; zur Wahrung des Gleichgewichts auf ihrem Elektrizitätsmarkt können die Mitgliedstaaten jedoch für die Zulassung der Betreiber von Kraft-Wärmekopplungsanlagen einen Schwellenwert einführen, der die für andere Endverbraucher vorgesehene Höhe nicht überschreiten darf. Derartige Schwellenwerte sind der Kommission mitzuteilen;

— andere Endverbraucher mit einem Jahresverbrauch von mehr als 25 Millionen Kubikmeter Gas je Verbrauchsstätte.

(3) Die Mitgliedstaaten tragen dafür Sorge, dass die Festlegung der zugelassenen Kunden gemäß Absatz 1 zu einer Marktöffnung von mindestens 20 % des jährlichen Gesamtgasverbrauchs auf dem einzelstaatlichen Gasmarkt führt.

(4) Der in Absatz 3 genannte Prozentsatz ist fünf Jahre nach dem Inkrafttreten dieser Richtlinie auf 28 % und zehn Jahre nach dem Inkrafttreten dieser Richtlinie auf 33 % des jährlichen Gesamtgasverbrauchs auf dem einzelstaatlichen Gasmarkt anzuheben.

(5) Führt die Festlegung der zugelassenen Kunden nach Absatz 1 zu einer Marktöffnung von mehr als 30 % des jährlichen Gesamtgasverbrauchs auf dem einzelstaatlichen Gasmarkt, so kann der betreffende Mitgliedstaat die Festlegung der zugelassenen Kunden dahingehend ändern, dass die Marktöffnung auf 30 % oder mehr des jährlichen Gesamtgasverbrauchs auf dem einzelstaatlichen Gasmarkt verringert wird. Die Mitgliedstaaten ändern die Festlegung der zugelassenen Kunden in ausgewogener Weise, so dass keine speziellen Nachteile für bestimmte Arten oder Kategorien von zugelassenen Kunden entstehen, sondern bestehende Marktstrukturen berücksichtigt werden.

(6) Die Mitgliedstaaten ergreifen die folgenden Maßnahmen, um sicherzustellen, dass sich ihr Erdgasmarkt über einen Zeitraum von zehn Jahren weiter öffnet:

— der in Absatz 2 zweiter Gedankenstrich festgelegte Schwellenwert für andere zugelassene Kunden als Betreiber gasbefeuerter Stromerzeugungsanlagen ist fünf Jahre nach Inkrafttreten dieser Richtlinie auf 15 Millionen Kubikmeter jährlich je Verbrauchsstätte und zehn Jahre nach Inkrafttreten dieser Richtlinie auf 5 Millionen Kubikmeter jährlich je Verbrauchsstättezu senken;

— der in Absatz 5 genannte Prozentsatz ist fünf Jahre nach Inkrafttreten dieser Richtlinie auf 38 % des jährlichen Gesamtgasverbrauchs auf dem einzelstaatlichen Gasmarkt und zehn Jahre nach Inkrafttreten dieser Richtlinie auf 43 % dieses Verbrauchs anzuheben.

(7) Die schrittweise Marktöffnung gemäß diesem Artikel findet auf entstehende Märkte ab dem Zeitpunkt Anwendung, zu dem die Ausnahmeregelung abläuft.

(8) Verteilerunternehmen, die nicht bereits als zugelassene Kunden nach Absatz 1 benannt sind, haben die Rechts- und Geschäftsfähigkeit, um über die Erdgasmenge, die ihre Kunden, die als zugelassene Kunden benannt wurden, innerhalb ihres Verteilernetzes verbrauchen, Erdgaslieferverträge unter den Bedingungen der Artikel 15 und 16 zu schließen, um diese Kunden zu versorgen.

(9) Die Mitgliedstaaten veröffentlichen bis zum 31. Januar eines jeden Jahres die Kriterien für die Festlegung der zugelassenen Kunden nach Absatz 1. Diese Informationen werden der Kommission zusammen mit allen anderen zweckdienlichen Angaben, die die Erfüllung der Marktöffnung gemäß diesem Artikel belegen, im Hinblick auf ihre Veröffentlichung im *Amtsblatt der Europäischen Gemeinschaften* mitgeteilt. Die Kommission kann einen Mitgliedstaat auffordern, seine Benennungen zu ändern, wenn durch sie Hindernisse für die ordnungsgemäße Anwendung dieser Richtlinie hinsichtlich des einwandfreien Funktionierens des Erdgasbinnenmarkts entstehen. Kommt der betreffende Mitgliedstaat der Aufforderung nicht innerhalb einer Frist von drei Monaten nach, so wird nach dem Verfahren I des Artikels 2 des Beschlusses 87/373/EWG des Rates vom 13. Juli 1987 zur Festlegung der Modalitäten für die Ausübung der der Kommission übertragenen Durchführungsbefugnisse ein endgültiger Beschluß gefaßt

Artikel 19

(1) Ungleichgewichte bei der Öffnung der Erdgasmärkte werden bis zu dem in Artikel 28 genannten Zeitpunkt wie folgt vermieden:

a) Erdgaslieferverträge gemäß den Artikeln 15, 16 und 17 mit einem zugelassenen Kunden aus dem Netz eines anderen Mitgliedstaates dürfen nicht untersagt werden, wenn der Kunde in den beiden betreffenden Netzen als zugelassener Kunde betrachtet wird.

b) In Fällen, in denen Geschäfte nach Buchstabe a) mit der Begründung abgelehnt werden, dass der Kunde nur in einem der beiden Netze als zugelassener Kunde gilt, kann die Kommission auf Antrag des Mitgliedstaats, in dem der zugelassene Kunde ansässig ist, unter Berücksichtigung der Marktlage und des gemeinsamen Interesses der ablehnenden Partei auferlegen, die gewünschten Erdgaslieferungen auszuführen.

(2) Parallel zu dem in Artikel 28 vorgesehenen Verfahren und Zeitplan und spätestens nach Ablauf der Hälfte des in jenem Artikel genannten Zeitraums prüft die Kommission unter Zugrundelegung der Marktlage und unter Berücksichtigung des gemeinsamen Interesses die Anwendung des Absatzes 1 Buchstabe b). Die Kommission bewertet die Lage im Licht der gesammelten Erfahrungen und erstattet Bericht über etwaige Ungleichgewichte bei der Öffnung der Erdgasmärkte im Zusammenhang mit Absatz 1 Buchstabe b).

Artikel 20

(1) Die Mitgliedstaaten treffen die erforderlichen Maßnahmen, damit

— Erdgasunternehmen, die in ihrem Hoheitsgebiet niedergelassen sind, die in Artikel 18 beschriebenen Kunden über eine Direktleitung versorgen können;

— jeder zugelassene Kunde im Sinne des Artikels 18 in ihrem Hoheitsgebiet von Erdgasunternehmen über eine Direktleitung versorgt werden kann.

(2) In Fällen, in denen eine Genehmigung (z. B. eine Lizenz, Erlaubnis, Konzession, Zustimmung oder Zulassung) für den Bau oder den Betrieb von Direktleitungen erforderlich ist, legen die Mitgliedstaaten oder eine von ihnen benannte zuständige Behörde die Kriterien für die Erteilung von Genehmigungen für den Bau oder den Betrieb von Direktleitungen in ihrem Hoheitsgebiet fest. Diese Kriterien müssen objektiv, transparent und nichts-diskriminierend sein.

(3) Die Mitgliedstaaten können die Genehmigung zur Errichtung einer Direktleitung entweder von der Verweigerung des Netzzugangs auf der Grundlage des Artikels 17 oder von der Einleitung eines Streitbeilegungsverfahrens gemäß Artikel 21 abhängig machen.

Artikel 21

(1) Die Mitgliedstaaten tragen dafür Sorge, dass die Parteien über den Netzzugang nach dem Grundsatz von Treu und Glauben verhandeln und dass keine Partei ihre Verhandlungsposition mißbraucht, um den erfolgreichen Abschluß dieser Verhandlungen zu vereiteln.

(2) Die Mitgliedstaaten benennen eine von den Parteien unabhängige zuständige Stelle, die für die umgehende Beilegung von Streitigkeiten im Zusammenhang mit diesen Verhandlungen zuständig ist. Diese Stelle hat insbesondere die Aufgabe, Streitigkeiten im Zusammenhang mit Verhandlungen und Zugangsverweigerungen, die in den Geltungsbereich dieser Richtlinie fallen, beizulegen. Sie unterbreitet ihre Schlußfolgerungen unverzüglich oder, falls möglich, innerhalb von zwölf Wochen, nachdem sie mit den betreffenden Streitigkeiten befaßt worden ist. Die Inanspruchnahme der Stelle geschieht unbeschadet der Rechtsbehelfe des Gemeinschaftsrechts.

(3) Bei grenzüberschreitenden Streitigkeiten ist jeweils die Streitbeilegungsstelle des Netzes des Erdgasunternehmens zuständig, das die Nutzung des Netzes oder den Netzzugang verweigert. Sind bei grenzübergreifenden Streitigkeiten mehrere solcher Stellen für das betreffende Netz zuständig, so sorgen diese Stellen in gegenseitigem Benehmen dafür, dass diese Richtlinie übereinstimmend angewandt wird.

Artikel 22

Die Mitgliedstaaten schaffen geeignete und wirksame Mechanismen für die Regulierung, die Kontrolle und die Sicherstellung von Transparenz, um den Mißbrauch von marktbeherrschenden Stellungen, insbesondere zum Nachteil der Verbraucher, und Verdrängungspraktiken zu verhindern. Diese Mechanismen tragen den Bestimmungen des Vertrags, insbesondere dessen Artikel 86, Rechnung.

Artikel 23

(1) Die Mitgliedstaaten treffen die erforderlichen Maßnahmen, um sicherzustellen, dass die Erdgasunternehmen und die Kunden, die nach Artikel 18 als zugelassene Kunden zu benennen sind, ungeachtet ihres Niederlassungsorts im Einklang mit den Bestimmungen dieses Artikels Zugang zu den vorgelagerten Rohrleitungsnetzen, einschließlich der Einrichtungen, die die mit einem derartigen Zugang verbundenen technischen Dienstleistungen erbringen, jedoch mit Ausnahme der Netzteile und Teile von Einrichtungen, die für örtliche Produktionstätigkeiten auf einem Gasfeld verwendet werden, erhalten können. Diese Maßnahmen werden der Kommission gemäß Artikel 29 mitgeteilt.

(2) Der Mitgliedstaat legt entsprechend den einschlägigen Rechtsinstrumenten fest, in welcher Weise der Zugang gemäß Absatz 1 zu ermöglichen ist. Die Mitgliedstaaten legen dabei folgende Ziele zugrunde: offener Zugang zu fairen Bedingungen, Schaffung eines wettbewerbsorientierten Erdgasmarkts und Vermeidung des Mißbrauchs einer marktbeherrschenden Stellung, wobei einer gesicherten und regelmäßigen Versorgung, den bestehenden Kapazitäten und den Kapazitäten, die nach vernünftigem Ermessen verfügbar gemacht werden können, sowie dem Umweltschutz Rechnung getragen wird. Folgendes kann berücksichtigt werden:

a) Notwendigkeit der Verweigerung des Zugangs, wenn technische Spezifikationen nicht auf zumutbare Art und Weise miteinander in Übereinstimmung zu bringen sind,

b) Notwendigkeit der Vermeidung von nicht auf zumutbare Art und Weise zu überwindenden Schwierigkeiten, die die Effizienz der laufenden und der künftigen Kohlenwasserstoffgewinnung, auch bei Feldern mit geringer wirtschaftlicher Rentabilität, beeinträchtigen könnten,

c) Notwendigkeit der Anerkennung gebührend belegter und angemessener Erfordernisse, die der Eigentümer oder Betreiber des vorgelagerten Rohrleitungsnetzes für Erdgastransport und - aufbereitung geltend macht, und der Wahrung der Interessen aller anderen möglicherweise betroffenen Benutzer des vorgelagerten Rohrleitungsnetzes oder der einschlägigen Aufbereitungs- oder Umschlagseinrichtungen, und

d) Notwendigkeit der Anwendung der einzelstaatlichen Rechtsvorschriften und Verwaltungsverfahren zur Erteilung von Genehmigungen für Produktions- oder vorgelagerte Entwicklungstätigkeiten in Übereinstimmung mit dem Gemeinschaftsrecht.

(3) Die Mitgliedstaaten sorgen für eine Streitbeilegungsregelung — zu der auch eine von den Parteien unabhängige Stelle gehört, die zu allen einschlägigen Informationen Zugang hat —, mit der Streitigkeiten im Zusammenhang mit dem Zugang zu vorgelagerten Rohrleitungsnetzen zügig beigelegt werden können, wobei den in Absatz 2 genannten Kriterien und der Zahl der Parteien, die möglicherweise an Verhandlungen über den Zugang zu derartigen Netzen beteiligt sind, Rechnung zu tragen ist.

(4) Bei grenzüberschreitenden Streitigkeiten gilt die Streitbeilegungsregelung des Mitgliedstaats, der für das vorgelagerte Rohrleitungsnetz, das den Zugang verweigert, zuständig ist. Sind bei grenzübergreifenden Streitigkeiten mehrere Mitgliedstaaten für das betreffende Netz zuständig, so sorgen diese Mitgliedstaaten in gegenseitigem Benehmen dafür, dass die vorliegende Richtlinie übereinstimmend angewandt wird.

KAPITEL VII

SCHLUSSBESTIMMUNGEN

Artikel 24

(1) Treten plötzliche Marktkrisen im Energiesektor auf oder ist die Sicherheit von Personen, Geräten oder Anlagen oder die Unversehrtheit des Netzes gefährdet, so kann ein Mitgliedstaat vorübergehend die notwendigen Schutzmaßnahmen treffen.

(2) Diese Maßnahmen dürfen nur ein Mindestmaß an Störungen im Funktionieren des Binnenmarktes hervorrufen und nicht über das zur Behebung der plötzlich aufgetretenen Schwierigkeiten unbedingt erforderliche Ausmaß hinausgehen.

(3) Der betreffende Mitgliedstaat teilt diese Maßnahmen unverzüglich den anderen Mitgliedstaaten und der Kommission mit; diese kann beschließen, dass der betreffende Mitgliedstaat diese Maßnahmen zu ändern oder aufzuheben hat, soweit sie den Wettbewerb verzerren und den Handel in einem Umfang beeinträchtigen, der dem gemeinsamen Interesse zuwiderläuft.

Artikel 25

(1) Entstehen einem Erdgasunternehmen wegen seiner im Rahmen eines oder mehrerer Gaslieferverträge eingegangenen unbedingten Zahlungsverpflichtungen ernsthafte wirtschaftliche und finanzielle Schwierigkeiten oder werden solche Schwierigkeiten befürchtet, so kann an den betreffenden Mitgliedstaat oder an die benannte zuständige Behörde ein Antrag auf eine befristete Ausnahme von Artikel 15 und/oder Artikel 16 gestellt werden. Die Anträge werden je nach Wahl des Mitgliedstaates für jeden Einzelfall entweder vor oder nach der Verweigerung des Netzzugangs gestellt. Die Mitgliedstaaten können es dem Erdgasunternehmen auch freistellen, ob es einen Antrag vor oder nach der Verweigerung des Netzzugangs stellen möchte. Hat ein Erdgasunternehmen den Zugang verweigert, so wird der Antrag unverzüglich gestellt. Den Anträgen werden alle sachdienlichen Angaben über die Art und den Umfang des Problems und die von dem Gasunternehmen zu dessen Lösung unternommenen Anstrengungen beigefügt. Falls nach vernünftigem Ermessen keine Alternativlösungen zur Verfügung stehen, kann der Mitgliedstaat oder die benannte zuständige Behörde unter Beachtung der Bestimmungen des Absatzes 3 die Bewilligung einer Ausnahme beschließen.

(2) Der Mitgliedstaat oder die benannte zuständige Behörde übermitteln der Kommission unverzüglich ihre Entscheidung über die Genehmigung einer Ausnahme zusammen mit allen einschlägigen Angaben zu der betreffenden Ausnahme. Diese Angaben können der Kommission in einer zusammengefaßten Form übermittelt werden, die es der Kommission ermöglicht, eine wohlbegründete Entscheidung zu treffen. Die Kommission kann binnen vier Wochen nach Eingang der Mitteilung verlangen, dass der betreffende Mitgliedstaat bzw. die betreffende benannte zuständige Behörde die Entscheidung über die Genehmigung einer Ausnahme ändert oder zurücknimmt. Kommt der betreffende Mitgliedstaat bzw. die betreffende benannte zuständige Behörde der Aufforderung nicht innerhalb von vier Wochen nach, so wird nach dem Verfahren I des Artikels 2 des Beschlusses 87/373/EWG umgehend ein endgültiger Beschluß gefaßt. Die Kommission behandelt wirtschaftlich sensible Informationen vertraulich.

(3) Der Mitgliedstaat oder die benannte zuständige Behörde und die Kommission berücksichtigen bei der Entscheidung über die Ausnahmen nach Absatz 1 insbesondere folgende Kriterien:

a) das Ziel der Vollendung eines wettbewerbsorientierten Gasmarktes;

b) die Notwendigkeit, gemeinwirtschaftliche Verpflichtungen zu erfüllen und die Versorgungssicherheit zu gewährleisten;

c) die Stellung des Erdgasunternehmens auf dem Gasmarkt und die derzeitige Wettbewerbslage auf diesem Markt;

d) die Schwere der aufgetretenen wirtschaftlichen und finanziellen Schwierigkeiten von Erdgasunternehmen und Fernleitungsunternehmen bzw. zugelassenen Kunden;

e) den Zeitpunkt der Unterzeichnung sowie die Bedingungen des betreffenden Vertrags oder der betreffenden Verträge und inwieweit diese Marktänderungen berücksichtigen;

f) die zur Lösung des Problems unternommenen Anstrengungen;

g) inwieweit das Unternehmen beim Eingehen der betreffenden unbedingten Zahlungsverpflichtungen unter Berücksichtigung dieser Richtlinie vernünftigerweise mit dem wahrscheinlichen Auftreten von ernsten Schwierigkeiten hätte rechnen können;

h) das Ausmaß, in dem das Netz mit anderen Netzen verbunden ist, sowie den Grad an Interoperabilität dieser Netze;

i) die Auswirkungen, die die Genehmigung einer Ausnahme für die korrekte Anwendung dieser Richtlinie in Bezug auf das einwandfreie Funktionieren des Erdgasbinnenmarktes haben würde. Eine Entscheidung über einen Ausnahmeantrag in Bezug auf Verträge mit unbedingter Zahlungsverpflichtung, die vor dem Inkrafttreten dieser Richtlinie geschlossen worden sind, sollte nicht zu einer Lage führen, in der es unmöglich ist, wirtschaftlich tragfähige Absatzalternativen zu finden. Auf jeden Fall wird davon ausgegangen, dass keine ernsthaften Schwierigkeiten vorliegen, wenn die Erdgasverkäufe nicht unter die in Gaslieferverträgen mit unbedingter Zahlungsverpflichtung vereinbarte garantierte Mindestabnahmemenge sinken oder sofern der betreffende Gasliefervertrag mit unbedingter Zahlungsverpflichtung angepaßt werden oder das ErdgasunternehmenAbsatzalternativen finden kann.

(4) Erdgasunternehmen, die keine Ausnahmegenehmigung nach Absatz 1 erhalten haben, dürfen den Netzzugang wegen im Rahmen eines Gasliefervertrags eingegangener unbedingter Zahlungsverpflichtungen nicht bzw. nicht länger verweigern. Die Mitgliedstaaten stellen sicher, dass alle einschlägigen Bestimmungen des Kapitels VI eingehalten werden.

(5) Die im Rahmen der obigen Bestimmungen genehmigten Ausnahmen müssen ordnungsgemäß begründet werden. Die Kommission veröffentlicht die Entscheidung im *Amtsblatt der Europäischen Gemeinschaften.*

(6) Die Kommission legt binnen fünf Jahren nach Inkrafttreten dieser Richtlinie einen Bericht über die bei der Anwendung dieses Artikels gemachten Erfahrungen vor, damit das Europäische Parlament und der Rat zu gegebener Zeit prüfen können, ob dieser Artikel angepaßt werden muss.

Artikel 26

(1) Mitgliedstaaten, die nicht direkt an das Verbundnetz eines anderen Mitgliedstaats angeschlossen sind und nur einen externen Hauptlieferanten haben, können von Artikel 4, Artikel 18 Absätze 1, 2, 3, 4 und 6 und/oder Artikel 20 abweichen. Als Hauptlieferant gilt ein Lieferant mit einem Marktanteil von mehr als 75 %. Die betreffende Ausnahme erlischt automatisch, sobald mindestens eine der genannten Bedingungen nicht mehr gegeben ist. Alle derartigen Ausnahmen sind der Kommission mitzuteilen.

(2) Ein als entstehender Markt eingestufter Mitgliedstaat, der durch die Anwendung dieser Richtlinie in erhebliche Schwierigkeiten geriete, die nicht mit den in Artikel 25 genannten vertraglichen Abnahmeverpflichtungen zusammenhängen, kann von Artikel 4, Artikel 18 Absätze 1, 2, 3, 4 und 6 und/oder Artikel 20 dieser Richtlinie abweichen. Die entsprechende Ausnahme erlischt automatisch, sobald der betreffende Mitgliedstaat nicht mehr als entstehender Markt anzusehen ist. Alle derartigen Ausnahmen sind der Kommission mitzuteilen.

(3) Falls die Anwendung dieser Richtlinie in einem geographisch begrenzten Gebiet eines Mitgliedstaates, insbesondere hinsichtlich der Entwicklung der Fernleitungsinfrastruktur, erhebliche Schwierigkeiten verursachen würde, kann er Mitgliedstaat im Hinblick auf die Förderung der Investitionen bei der Kommission für Entwicklungen in diesem Gebiet eine befristete Ausnahme von Artikel 4, Artikel 18 Absätze 1, 2, 3, 4 und 6 und/oder Artikel 20 beantragen.

(4) Die Kommission kann die in Absatz 3 genannte Ausnahme unter Berücksichtigung insbesondere der nach-stehenden Kriterien genehmigen:

— Bedarf an Infrastrukturinvestitionen, die in einem wettbewerbsorientierten Marktumfeld nicht rentabel wären;

— Umfang der erforderlichen Investitionen und Aussicht auf Rückzahlung;

— Größe und Entwicklungsstand des Gasnetzes in dem betreffenden Gebiet;

— Aussichten für den betreffenden Gasmarkt;

— geographische Größe und Merkmale des betreffenden Gebiets oder der betreffenden Region sowie

— sozioökonomische und demographische Faktoren.

Eine Ausnahme darf nur genehmigt werden, wenn in diesem Gebiet noch keine Gasinfrastruktur errichtet worden ist oder die Errichtung einer derartigen Infrastruktur weniger als zehn Jahre zurückliegt. Die befristete Ausnahme darf nicht für einen Zeitraum von mehr als zehn Jahren ab der ersten Versorgung mit Gas in dem betreffenden Gebiet gewährt werden.

(5) Vor einer Entscheidung nach Absatz 4 unterrichtet die Kommission die Mitgliedstaaten unter Wahrung der Vertraulichkeit über die gemäß Absatz 3 gestellten Anträge. Die Entscheidung sowie die Ausnahmen nach den Absätzen 1 und 2 werden im *Amtsblatt der Europäischen Gemeinschaften* veröffentlicht.

Artikel 27

(1) Die Kommission legt vor Ablauf des ersten Jahres nach Inkrafttreten dieser Richtlinie dem Europäischen Parlament und dem Rat einen Bericht über den nicht mit dieser Richtlinie zusammenhängenden Harmonisierungsbedarf vor. Sie fügt dem Bericht gegebenenfalls die für das reibungslose Funktionieren des Erdgasbinnenmarkts notwendigen Harmonisierungsvorschläge bei.

(2) Das Europäische Parlament und der Rat nehmen zu diesen Vorschlägen spätestens zwei Jahre nach ihrer Vorlage Stellung.

Artikel 28

Die Kommission überprüft die Anwendung dieser Richtlinie und legt einen Bericht über die Erfahrungen mit dem Funktionieren des Erdgasbinnenmarktes und der Durchführung der allgemeinen Vorschriften des Artikels 3 vor, damit das Europäische Parlament und der Rat zu gegebener Zeit im Lichte der gesammelten Erfahrungen prüfen können, ob Vorschriften zur weiteren Verbesserung des Erdgasbinnenmarktes erlassen werden können, die zehn Jahre nach dem Inkrafttreten der Richtlinie wirksam würden.

Artikel 29

Die Mitgliedstaaten setzen die erforderlichen Rechts- und Verwaltungsvorschriften in Kraft, um dieser Richtlinie binnen zwei Jahren nach dem in Artikel 30 genannten Zeitpunkt nachzukommen. Sie unterrichten die Kommission

unverzüglich davon. Wenn die Mitgliedstaaten Vorschriften nach Absatz 1

erlassen, nehmen sie in den Vorschriften selbst oder durch einen Hinweis bei der amtlichen Veröffentlichung auf diese Richtlinie Bezug. Die Mitgliedstaaten regeln die Einzelheiten der Bezugnahme.

Artikel 30

Diese Richtlinie tritt am zwanzigsten Tag nach ihrer Veröffentlichung im *Amtsblatt der Europäischen Gemeinschaften* in Kraft.

Artikel 31

Diese Richtlinie ist an die Mitgliedstaaten gerichtet. Geschehen zu Luxemburg am 22. Juni 1998.